KB140735

백 제 정 치 사

백제
정치사

―

노중국

일조각

책을 펴내며

I

저자는 1971년에 계명대학교 사학과를 졸업한 후 서울대학교 대학원 국사학과에 진학하였다. 1977년에 「백제왕실의 남천과 지배세력의 변천」으로 석사학위를 받았고, 1986년에 「백제정치사연구―국가형성과 지배세력의 변천을 중심으로―」로 박사학위를 받았다. 그리고 박사학위 논문을 수정·보완하여 1988년에 본서의 초판본이라 할 수 있는 『백제정치사연구』(일조각)를 출판하였다. 저자의 석사학위논문, 박사학위논문, 저서는 해방 이후 우리나라 연구자가 쓴 최초의 백제사 관련 석사학위논문, 박사학위논문, 단행본이다. 저자로서는 큰 영광이라 하지 않을 수 없다.

『백제정치사연구』는 1990년에 2쇄를 찍은 후 어느 시기에 절판되었다. 저자가 절판 사실을 알게 된 것은 2002년 제1기 한일역사공동연구위원회 위원으로 참여하면서 각자의 업적을 제출할 때였다. 책이 절판된 것도 모른 채 10여 년을 무심히 지나쳐 버린 것이다. 좀 더 관심을 가지고 그때그때 수정, 보완하였으면 좋았을 것이라는 아쉬움을 금할 수 없었다. 이에 초판본을 개정증보한 책을 내기로 마음먹었다.

막상 작업을 시작하고 보니 일의 진척이 더디기만 하였다. 그동안 나온 연구 성과를 비롯하여 고고학적 발굴로 출토된 새로운 금석문, 목간 자료들을 통해 알게 된 사실들을 반영하는 작업은 쉽지 않았다. 학교 내외에서의 이런저런 일들이 겹쳐 집필에 집중하기도 어려웠다. 이렇게 미루적거려서는 안 되겠다는 생각에서 출판 시기를 저자가 정년퇴임하는 2014년 8월까지로 정하고 작업에 속도를 냈지만 생각만큼 진행되지 않았다. 결국 정년퇴임한 지 만 4년이 되어서야 이 책을 내놓을 수 있게 되었다.

초판본 『백제정치사연구』는 백제의 국가 발전 과정, 지배 세력의 변천, 통치조직으로 구성되었다. 이 세 부분을 중심으로 백제정치사의 전개 과정을 개관하다 보니 역사적 사건에 대한 해석이나 설명이 상대적으로 간략해지기도 하고 중요한 사건이지만 관심 부족과 시각이 미치지 못해 다루지 못한 경우도 있었다. 이런 미비한 점을 보완하고 내용을 추가하다 보니 상당 부분은 새 글이 되었다. 그에 따라 자연히 서술 분량이 늘어나 세 부분을 모두 포괄할 수 없었다. 이에 제한된 지면을 고려하여 본서에서는 백제의 국가 발전 과정과 지배 세력의 변천을 집중적으로 다루기로 하고 책 제목을 『백제정치사』로 바꾸었다. 본서에서 다루지 못한 통치조직과 향촌 사회와 관련한 부분은 율령제, 군사조직, 신분제, 왕·후호제, 문서행정 등을 보완하여 가까운 시일 내에 『백제정치제도사』(가제)로 출간할 예정이다.

본서는 초판본을 일부 보완한 정도가 아니라 초판본의 서술 순서를 바꾸거나 새로운 내용도 많이 추가하였다. 또한 초판본과는 견해가 달라진 내용도 있어 해당 부분에 이전 견해를 수정하였음을 표기하였다. 본서가 백제정치사의 전개 과정을 이해하고 연구를 촉진하는 데 조그마한 도움이 되었으면 하는 바람이다.

II

본서는 크게 머리글, 본론, 맺는 글로 구성하였다. 역사는 일정한 공간에서 시간의 흐름에 따라 이루어진 인간의 활동과 경험의 축적이다. 역사에 대한 연구는 인간 경험의 축적을 담은 사료를 객관적이고 합리적으로 해석하는 것을 바탕으로 한다. 이러한 관점에서 머리글의 주제는 두 가지로 하였다. 하나는 백제사 연구에서 기본이 되는 자료인『삼국사기』초기기록과『삼국지』동이전 그리고『일본서기』의 백제 관련 기록을 보는 시각이다. 기본 자료를 보는 시각과 관련하여 저자는『삼국사기』초기기록과『삼국지』동이전의 내용은 서로 보완해서 활용해야 한다는 입장에서 초기기록은 그 내용을 분해해서 보아야 한다는 '분해론'을, 동이전은 각국의 정치 발전 과정을 통합해서 단계화시켜 보아야 한다는 '단계화론'을 제시하였다.『일본서기』는 해당 기사에서 왜곡되거나 윤색된 부분을 제거하고 사실로 인정할 수 있는 부분만 이용하였다.

다른 하나는 백제 주민의 형성 과정이다. 주민은 국가의 토대이며, 사회의 변화를 가져오는 원동력으로서 역사의 주인공이다. 백제를 구성한 주민의 종족적 계통은 '한족韓族'과 '예족濊族'이었다. 한족과 예족은 백제사의 전개 과정에 따라 융합되어 갔다. 본서에서는 한족과 예족의 융합 과정을 백제 주민의 형성 과정으로 보고 이를 정리하였다.

맺는 글에서는 '대왕'과 '폐하'라는 칭호를 통해 백제의 천하관과 삼한일통의식을 정리하였다. 국왕은 자신의 존엄을 높이기 위해 칭호를 격상시키는 한편 자국을 중심에 두고 주변국들을 이적시夷狄視하는 자신만의 천하관을 만들어 나갔다. 중국 왕조와의 외교 관계에서는 제후적인 입장을 취하였지만 국내에서는 황제국이라는 '외왕내제外王內帝'의식을 가졌다. 이러한 국왕의 칭호와 천하관은 시기마다 달라 어느 한 시기에서 다루기가 어려워 맺는 글에서 종합적으로 정리하였다. 또한 초판본에서 다룬 '백제사의 시기 구분'은 본론 속에 적절히 안배하여 정리하였다. 정치사의 시기 구분은 경제사적·사회사적 측면에서 본 시기 구분과 종합해서 살펴야 제대로 그 정리가 가능하다고 판단하였기 때문이다.

본론은 8부로 나누어 정리하였다. 한국고대 정치사의 시작은 '국國'의 성립부터이고 이후 정치사의 전개 과정은 국의 발전과 변화 과정이라 할 수 있다. 따라서 정치사를 제대로 이해하기 위해서는 국가 형성 과정과 발전 단계를 정리해야 한다. 저자는 한국고대국가의 발전 단계를 읍락 단계-국 단계-국연맹 단계-부체제 단계-중앙집권국가 단계로 설정하였다. 본서는 이 발전단계론에 따라 백제가 중앙집권국가를 이루기까지의 과정을 국의 성립과 연맹체의 결성, 부체제의 형성으로 나누어 서술하였다. 중앙집권국가를 이룬 이후의 백제정치사의 전개 과정은 수도를 중심으로 한성도읍기, 웅진도읍기, 사비도읍기로 나누어 살펴보았다. 백제사의 특징은 천도에서 잘 나타나고 있기 때문이다.

백제 정치를 움직인 핵심 세력은 왕과 왕을 둘러싼 지배 세력이다. 지배세력은 중앙귀족 세력과 지방 세력으로 나누어진다. 중앙귀족 세력은 백제가 초기국가를 이루면서 성립되기 시작하였고, 영역이 확장되면서 피정복국 수장 세력들의 일부가 편입됨에 따라 점차 그 범위가 확대되었다. 반면에 지방에 남은 세력들은 재지 세력으로 편제되어 지방관을 보좌하였다. 지배 세력들은 민民에 대한 지배를 둘러싸고 왕권과 때로는 공조하고 때로는 대립과 갈등을 빚었다. 이 과정에서 왕위계승전이 일어나 비정상적으로 왕위 교체가 이루어지는 등 중앙귀족 세력 사이에 부침浮沈이 있었다.

먼저 읍락 단계에서부터 부체제 단계까지는 1부와 2부로 나누었다. 1부에서는 백제가 건국되고 성장하여 연맹체를 형성하고 그 연맹체의 맹주국이 되기까지의 과정을 다루었다. 2부에서는 백제국이 연맹체를 구성한 국들을 정복하거나 병합하여 왕권이 보다 강화된 부체제를 확립하기까지의 과정을 다루었다. 부체제 단계는 국 단계에서 중앙집권국가로 이행하는 과도기의 성격을 갖고 있다. 이를 극복하여 전 영역을 국왕이 직접 지배하는 중앙집권국가를 확립하기까지의 과정은 3부에서 다루었다. 중앙집권국가를 이룬 백제는 고구려와 쟁패하면서 영역을 확대하고 지배체제를 정비하였다. 이 시기의 지배 세력은 시조 온조왕을 따라 내려온 부여족 계통 집단과 한강유역권에 기반을 둔 세력들이었다. 이 가운데 정치 운영의 축은 왕족 부여씨 세력, 왕비를 배출한 진씨 세력과 해씨 세력, 목씨 세력이었다. 4부에서는 이 세력들의 길항拮抗 관계를 다루었다.

한성에서 웅진으로의 천도는 타의에 의해 이루어졌다는 독특한 성격을 지닌다. 웅진 천도로 한성의 귀족들은 자신들의 경제적 기반을 상실한 채 왕실을 따라 내려와 자체 분열을 거듭하였다. 반면에 새로이 수도권이 된 금강유역권에 기반을 둔 신진 세력이 중앙귀족으로 등장함에 따라 지배 세력의 구성에 큰 변화가 생겼다. 무령왕은 왕족을 중용하면서 이러한 변화를 잘 조절하여 왕권 중심의 지배 질서를 확립하였다. 5부에서는 웅진 도읍기를, 웅진 천도 이후 동성왕 대까지는 한성도읍기의 연장선이며 무령왕부터 성왕의 사비 천도 전까지는 사비도읍기의 준비 과정이라는 관점에서 보아 이 시기의 정치사를 정리하였다.

538년 성왕의 사비 천도는 계획적으로 이루어졌다. 이 천도는 성왕의 의지가 강하게 작용하였다. 천도 이후 백제는 남래해 온 귀족들과 신진 귀족들을 적절히 조절하면서 왕족뿐만 아니라 중국계 및 왜계 인물들을 등용하여 왕권 중심의 정치 운영을 펼쳐 나갔다. 그러나 이러한 정치 운영은 554년 관산성 전투 패전으로 큰 변화를 맞았다. 이 전투로 국왕과 4명의 고위 귀족을 비롯해 3만에 가까운 병사들이 전사하였는데, 그 충격으로 왕권은 미약해져서 '대성팔족大姓八族'이 정치 운영을 좌우하게 되었다. '대성팔족'이라는 특정 명칭으로 불리는 고위 귀족가문의 등장은 고구려나 신라에서는 볼 수 없는 백제만의 특징이다. 6부에서는 사비 천도와 체제 정비, 관산성 전투, 대성팔족을 중심으로 정치사의 전개 과정을 정리하였다.

미륵사지 서탑에서 출토된 〈사리봉영기〉는 백제사 연구에 획기적인 자료이다. 여기에는 무왕이 '대왕폐하大王陛下'로 나오며 사탁씨 왕후가 '무육만민撫育萬民'하는 내용이 나온다. 이를 중심으로 7부에서는 무왕이 익산 경영을 통해 왕권을 강화하고 폐하를 칭하면서 천하를 일통하려는 모습을 왕궁 건설, 제석사와 미륵사 창건, 9층·7층 목탑 조영을 중심으로 다루었다. 8부에서는 의자왕 대의 정치를 친위정변을 단행하여 왕권 강화를 이룬 전기와 질병 등으로 말미암아 황음탐락에 빠진 후기로 나누어 정리한 후, 멸망 이후 곧바로 일어난 부흥군이 나당점령군과 대결하면서 세운 부흥백제국을 다루었다. 왕조가 멸망한 이후 점령군이 주둔하고 있는 상황에서 새 왕조를 연 것은 우리 역사에서 부흥백제국이 처음이어서 그 정치적 함의가 크다.

지배 세력의 변화는 국왕의 국정 운영 철학, 국정을 장악할 수 있는 힘, 대내외 위기에 대처할 수 있는 능력 등에 따라 달라진다. 여기에는 국왕은 '정상적으로 판단하고 결정한다'는 전제가 암묵적으로 깔려 있다. 그러나 국왕은 상황에 따라 비정상적인 판단을 내리기도 한다. 비정상적인 판단에 크게 작용하는 것의 하나가 국왕의 건강 상태이다. 백제 국왕 가운데 건강 상태를 알 수 있는 왕이 의자왕이다. 의자왕의 질병은 『문관사림』에 수록된 당 태종이 의자왕에게 보낸 국서에 의해 짐작할 수 있다. 본서에서는 의자왕의 질병이 정치사의 전개에 미치는 영향도 다루었다.

지배 방식은 국가 발전 단계에 따라 다르게 나타난다. 중앙의 집권력이 미약하던 국연맹 단계에 맹주국과 연맹의 구성국 사이의 관계는 구성국이 맹주국에 대해 일정하게 신속을 표하는 관계였다. 이를 공납적 관계라고 한다. 부체제 단계에는 국왕의 집권력이 이전에 비해 강화되어 중앙과 지방이 생겨나게 되었지만 영역에 대한 지배는 부의 유력자들을 통해 이루어지기도 하였다. 이를 간접 지배라고 한다. 간접 지배가 행해진 지역은 반공지半公地의 성격을, 거기에 살고 있는 민은 반공민半公民의 성격을 지녔다. 그러나 생산력의 증대에 따른 집권력의 강화와 자연촌의 성장은 부체제를 해체시켜 중앙집권국가를 이루게 하였다. 그 결과 모든 영역은 국왕의 지배를 받는 공지公地가 되었고, 모든 민은 공민公民이 되었다. 이 공지와 공민을 지배하기 위해 국왕은 지방통치조직을 만들고 지방관을 파견하였다.

지방에 대한 지배력의 강약 여부는 생산력의 증대에 따른 왕권 강화 및 자연촌의 성장과 함수 관계를 가진다. 백제는 3세기에 들어와 남택南澤을 개간하여 논으로 만들고, 4세기 초에 김제에 벽골제를 축조하고, 축력의 사용도 보편화하는 등 농업생산력 증대를 꾀하였다. 웅진 천도 이후에는 축소된 경제 기반을 확대하기 위해 저수지 제방을 완고完固하게 하고 농토를 떠나 떠돌아다니는 유식자들을 귀농시키는 등 민생 안정 정책을 적극 펼쳤다. 이리하여 생산력이 증대되고 자연촌이 성장하였다.

한성도읍기에 설치되어 웅진도읍기까지 이어진 담로제라고 하는 지방통치조직은 마한연맹체를 구성한 국을 단위로 하여 편제되었다. 즉 국읍國邑-읍락邑落-낙落으로 이루어진 국의 구조를 치소성治所城-성-촌으로 재편제한 것이 담로제였다. 여기에는 마한연맹체 이래 국의 전통이 남아 있었다. 그러나 자연촌이 성장하고 인구가 크게 늘어남에 따라 지방통치조직을 편제하는 기준도 전정田丁(토지)과 호구의 다과多寡로 바뀌었다. 이 기준에 의해 편제된 것이 사비도읍기의 지방통치조직인 5방-37군-200성(현)으로 이루어진 방-군-성(현)제이다. 이에 따라 지방통치조직의 수는 대폭 늘어났고, 지방통치조직의 편제 단위인 촌락의 공간 규모는 축소되었다. 지방통치조직 수의 증가와 편제 단위 규모의 축소는 재지 세력의 힘을 약화시켰고 그와 비례하여 중앙의 지방에 대한 지배력은 보다 강화되었다.

Ⅲ

2018년도는 저자에게 감회가 남다른 해이다. 개인적으로 올해는 저자가 만 70세가 된 해이고, 결혼한 지 만 40년이 된 해이다. 연구자로서는 초판본을 발간한 지 만 30년이 된 해이고, 저자가 초대~4대 회장을 맡았던 한국고대사학회의 발전의 토대가 된 〈울진봉평리신라비〉가 저자의 고향 울진에서 발견된 지도 만 30년이 된 해이며, 2대 회장을 맡았던 백제학회가 창립된 지 만 10주년이 된 해이다. 이 사이에 저자가 추진위원장을 맡았던 공주·부여·익산의 백제역사유적지구가 2015년 7월에 세계유산으로 등재되는 쾌거도 있었다. 이 해에 책을 마무리하게 되어 한량없이 기쁘다. 이런 면에서 본서는 저자의 학문적 여정의 중간 결산이라고도 할 수 있다. 그러나 스스로 되돌아보니 아쉬운 점이 없지 않다. 무엇보다도 "지방문화의 수준이 높아져야만 우리나라 전체 문화 수준이 높아진다"는 명제를 안겨 주신 대학원 지도교수 고 김철준 교수님의 말씀을 떠올려 볼 때마다 학문의 지방분권화와 지방의 학문 역량 제고에 제대로 기여하지 못했다는 생각을 금할 수 없다. 그러나 이루지 못한 것을 이루기 위한 저자의 학문적 여정은 힘닿는 데까지 계속될 것이다.

이 책을 내는 데 고마움을 표해야 할 사람도 많다. 어려운 출판 상황에도 불구하고 선뜻 출판을 허락해 준 일조각의 김시연 사장님과 본문의 내용은 물론 각주까지를 꼼꼼하게 살펴 잘못을 바로 잡고 모양 좋은 책으로 만들어 준 편집부의 강영혜 선생님에게 먼저 감사의 말씀을 드린다. 내용 설명을 보완해 주는 각종 귀한 사진 자료를 사용할 수 있도록 허락해 준 여러 기관과 선생님들에게도 감사드린다. 전공하지 않은 사람이 이해할 수 있어야 제대로 된 글이라고 하면서 옆에서 내용을 경청해 주고 때로는 미처 생각지도 못한 질문을 던져 주기도 한 아내 전중기에게도 감사의 마음을 표한다. 그러나 자식을 위해 밤낮없이 기도해 주신 아버지와 어머니의 생전에 이 책을 보여 드리지 못해 마음이 아프다. 반면에 이 사이에 외손주들을 보게 된 것이 큰 기쁨이다. 이룸과 못 이룸, 잃음과 얻음, 슬픔과 기쁨은 교차되는가 보다. 모두 다 가지려는 것은 욕심일 뿐이다. 삼가 이 책을 아버지, 어머니의 영전에 바치면서 동시에 외손주들에게 자랑거리로 주고자 한다.

2018년 12월
팔공산 아래 단산 저수지를 바라보며
미관未盥 노중국 삼가 쓰다.

차례

제1부
건국과 성장

제2부
집권력 강화와 부체제

제4부
한성도읍기 지배 세력의 변천

제5부

웅진 천도와 신진 세력의 등장

제8부

백제의 멸망과 부흥백제국

머리글

I. 기본 자료를 보는 시각

1. 『삼국사기』 초기기록과 『삼국지』 동이전

(1) 초기기록과 동이전의 비교

한국고대사를 연구할 때, 특히 삼국의 초기 역사를 연구할 때 핵심이 되는 자료는 『삼국사기』 초기기록과 『삼국지』 동이전의 기록이다. 『삼국사기』 초기기록은 일반적으로 고구려는 태조왕太祖王(53~146) 이전, 백제는 고이왕古爾王(234~286) 이전, 신라는 나물왕奈勿王(356~402) 이전 시기의 기록을 말한다.

초기기록에 대해 일제강점기 일인 사학자들은 중국 정사에 보이는 삼국과 중국 왕조의 교섭 기사를 기준으로, 또는 『일본서기』에 실려 있는 왕위 계승 관계 기사를 기준으로 초기기록의 내용과 왕계를 검토한 후 신빙할 수 없는 것으로 부정해 버렸다.[1] 이를 '초기기록 불신론'이라 한다. 그래서 백제사의 경우 중국 사서에 동진과의 첫 교섭 기록이 보이는 근초고왕

---

[1] 津田左右吉, 1921, 「百濟に關する日本書紀の記載」, 東京帝国大学文学部 編, 『滿鮮地理歷史研究報告』 第八, 東京帝國大學文學部, 128~132쪽; 太田亮, 1928, 『日本古代史新研究』, 磯部甲陽堂, 430~442쪽. 일제강점기 일인 사학자들의 『삼국사기』 초기기록 불신론의 요점에 대해서는 최재석, 1985, 「삼국사기 초기기록은 과연 조작된 것인가—소위 문헌고증학에 의한 삼국사기 비판의 정체」, 『한국학보』 제11권 1호, 일지사 참조.

부터의 역사는 믿을 수 있고, 그 이전의 역사는 믿을 수 없는 역사 또는 전설의 역사로 취급하였다.

1970년대에 들어와서 고고학적인 연구 성과의 축적에 따라 『삼국사기』 초기기록을 그대로 취신取信하여 삼국의 초기 역사를 재구성해야 한다는 주장이 제기되었다. 이를 '초기기록 신빙론'이라 한다. 초기기록 신빙론은 중국 군현인 낙랑군 지역에서 한대漢代의 유물이 출토되는 유적의 분포 범위가 매우 좁다는 것과 군의 치소治所 근처에까지 토착인의 묘제인 지석묘가 분포하고 있다는 사실을 토대로 낙랑군의 세력 범위와 성격을 평양을 중심으로 한 대동강구의 작은 조계지租界地와 같은 것으로 파악하여[2] 나온 것이다. 이러한 견해를 토대로 하여 백제사의 경우 초기기록을 그대로 신빙하여 온조왕 대를 영역국가의 단계로 파악하거나[3] 고이왕 대에 중앙집권적 전제왕권이 확립된 것으로 보는 견해도[4] 나왔다. 이후 초기기록 신빙론은 학계의 커다란 쟁점이 되었고[5] 학계의 연구 수준을 한 단계 끌어올리는 계기가 되었다.

초기기록 신빙론은 일인 사학자들의 초기기록 불신론을 극복하려는 노력에서 나왔다는 점에서 주목된다. 그러나 초기기록을 그대로 신빙하면 『삼국지』 동이전의 내용과 어긋나는 문제가 생겨난다. 두 사서는 삼국 초기의 상황에 대해 내용 면에서나 연대 면에서 커다란 차이를 보여 주고 있기 때문이다. 예를 들면 『삼국사기』 백제본기에는 백제가 온조왕 27년(9)에 마한을 멸망시켰고, 3세기 중반 고이왕 대에는 6좌평 16관등제로 대변

---

2 김원용, 1967, 「삼국시대의 개시에 관한 일고찰―삼국사기와 낙랑군에 대한 재검토―」, 『동아문화』 제7호, 서울대학교 동아문화연구소.

3 천관우, 1976, 「삼한의 국가 형성 (하)」, 『한국학보』 제2권 2호, 일지사.

4 이종욱, 1977, 「백제왕국의 성장―통치체제의 강화와 전제왕권의 성립―」, 『대구사학』 12·13합집, 대구사학회.

5 이에 대한 종합적 정리는 한림대학교 아시아문화연구소, 1987, 『아시아문화―동아고문헌의 신빙성―』 2호 참조.

되는 잘 짜인 국가체제를 갖춘 것으로 되어 있지만,『삼국지』동이전에는 마한은 3세기 중반경까지 존재하였으며, 백제는 마한연맹체를 구성한 54국 가운데 한 나라로 나올 뿐이다. 그럼에도 불구하고 초기기록의 내용과 연대를 그대로 취신하면『삼국지』동이전이 보여 주는 반면의 실상마저 버리는 오류에 빠지게 된다.

『삼국지』동이전의 사료적 가치와 성격에 대해서는 그동안 여러 각도에서 검토되었다. 그 결과『삼국지』동이전은 단순한 교섭 기사로만 이루어진 것이 아니라 민족지적 성격을 띠고 있다는 것,[6] 앞 시대의 사실도 당시대와 연관시켜 압축해서 기록하고 있다는 점,[7] 서술의 하한은 265년경으로 볼 수 있다는 점, 그리고 진국, 진왕, 삼한의 문제에 대해서는『후한서』동이전보다는『삼국지』동이전을 취신해야 한다는 점[8] 등이 밝혀졌다.

『삼국지』동이전은 1~3세기에 한강 이남의 각 지역에 여러 국들이 성립되어 있었다는 것과 이 국들로 이루어진 삼한 사회의 모습을 보여 준다. 그러나 동이전에는 연대기적 자료가 거의 없을 뿐만 아니라 그 내용도 매우 소략해서 시간의 흐름에 따른 삼한 사회의 역사 전개 모습을 구체적으로 파악하기 어렵다. 이 때문에 연대기적 자료는『삼국사기』초기기록으로 보완해야 한다. 따라서『삼국사기』초기기록과『삼국지』동이전은 제3의 결정적인 자료가 나오지 않는 한 어느 하나만을 취신할 수 없다. 양 사서의 성격을 파악하고 그 내용을 체계화해서 이를 종합하여 일관성 있게 정리할 수 있는 방법을 모색해야 한다.

그 방법으로 저자는 이전 연구에서『삼국사기』초기기록의 내용을 분해하고『삼국지』동이전의 내용을 단계화하여 양자를 종합하는 방안을 제

---

6 김철준, 1976,「위지. 동이전에 나타난 한국고대사회의 성격」,『한국문화사론』, 지식산업사.
7 전해종, 1980,『동이전의 문헌적 연구―위략·삼국지·후한서 동이 관계 기사의 검토―』, 일조각.
8 천관우, 1976,「〈삼국지〉 한전의 재검토」,『진단학보』41집, 진단학회.

시하였다. 즉 중앙집권적 국가체제가 성립되기 이전인 1~3세기까지의
정치사의 전개 과정은 『삼국지』 동이전의 내용을 단계화하여 정리하고
각 단계에서 이루어진 구체적인 역사 전개의 모습은 『삼국사기』 초기기
록의 내용을 분해하여 정리하는 것이다. 이렇게 하면 양 사서의 내용은 모
순되는 것이 아니라 서로 보완하고 활용할 수 있는 자료가 된다.[9] 본서에
서는 이를 『삼국사기』 초기기록의 분해론分解論과 『삼국지』 동이전의 단
계화론段階化論으로 명명한다.

(2) 초기기록의 분해

기원전후한 시기부터 3세기 중반경까지의 만주와 한반도의 상황을 보
여 주는 것이 『삼국지』 동이전이다. 동이전에 의하면, 3세기 중반경까지
만주와 한반도에는 크고 작은 여러 국들이 존재하고 있었다. 만주 지역에
는 부여와 고구려, 읍루 등이 있었으며, 한반도 동북부 지역에는 옥저, 동
예 등이 있었다. 한강 이남 지역에는 마한, 진한, 변한의 삼한이 형성되어
있었다. 마한은 54국으로, 진한과 변한은 각각 12국으로 이루어진 연맹체
였다. 백제국은 마한연맹체를 구성한 54국 가운데 하나였다.

『삼국사기』 초기기록에도 마한, 진한, 변한이 나온다. 그러나 그 기사의
내용은 간단할 뿐만 아니라 마한은 온조왕 대에 백제에 의해, 진한과 변한
은 혁거세왕 대에 신라에 의해 병합된 것으로 나온다. 초기기록이 보여 주
는 이러한 모습은 3세기 중반까지 한강 이남 지역에 크고 작은 여러 국들
이 분립해 있는 상태를 보여 주는 『삼국지』 동이전의 내용과 맞지 않는다.

한편 초기기록에는 백제의 전신인 십제국十濟國과 신라의 전신인 사로
국斯盧國이 처음부터 각각 마한연맹체와 진한연맹체 내에서 가장 우월한

---

9 노중국, 1988, 『백제정치사연구─국가형성과 지배체제의 변천을 중심으로─』, 일조각,
  26~27쪽 참조.

세력으로 나온다. 그러나 온조가 세운 십제국이 마한 맹주국인 목지국目
支國에 신속의 예를 표하였다는 것에서 보듯이 이들보다 강한 세력이 이
미 존재하고 있었다. 십제국이나 사로국이 처음부터 가장 우월한 세력이
아니었음에도 불구하고 처음부터 마한연맹체와 진한연맹체의 중심 세력
으로 나오는 것은 초기기록이 뒷날 통일왕국을 이룬 백제와 신라가 통일
왕국을 이루기 이전에도 가장 우월했던 것처럼 소급시켜 정리하였기 때문
이다.

초기기록이 가지는 이러한 성격을 고려하지 않고 초기기록의 내용을 그
대로 믿으면 통일왕국 형성 이전에 분립分立해 있던 여러 정치 세력들의
존재 양태를 제대로 파악할 수 없게 된다. 또 십제국과 사로국이 여러 정
치체들을 통합해 가는 과정도 분명히 정리하기 어렵다. 따라서 사로국과
십제국이 처음부터 가장 우월하였다는 단순 논리로는 역사적 실상을 제대
로 파악할 수 없다.

초기기록이 갖는 이런 문제점들을 해결하기 위해 저자가 제시한 초기기
록 분해론은, 삼국이 통일왕국을 형성하기 이전에는 여러 정치 세력들이
분립해 있던 상태였다는 전제 위에서 초기기록의 내용을 분해해서 이를
국가 발전 단계와 연관시켜 재정리하는 것이다. 초기기록에서 분해의 주
대상은 정복 관계 기사, 일원적으로 정리된 초기 왕계王系, 관등과 관직의
설치 기사 등이다.

『삼국사기』백제본기의 초기기록을 보면, 백제의 정복 및 영역 확대 기
사는 온조왕조에 집중되어 있다. 온조왕이 마한을 정복하고 여러 곳에 성
을 축조하였다는 것이 그것이다. 정복 관계 기사의 분해는 시조가 모두 이
룩한 것처럼 되어 있는 정복 기사와 축성 기사를 백제의 성장 과정에 맞추
어 재정리하는 것이다. 예를 들면 온조왕 13년(기원전 6)조에 보이는 백제
와 마한의 강역 획정 기사는 초고왕 대(166~214)의 상황을 반영하는 것으

로, 온조왕 26~27년(8~9)조에 보이는 마한 멸망 기사는 고이왕 대에 마한 맹주국인 목지국을 병합한 것을 반영해 주는 것으로 파악하는 것이다.

삼국 왕실의 성姓을 보면 고구려의 왕성에는 고씨高氏와 해씨解氏가 보이고, 신라의 경우 박씨, 석씨, 김씨가 나온다. 백제의 경우 부여씨扶餘氏와 해씨解氏가 나온다. 이때의 왕성은 연맹장을 배출한 집단의 성姓이다. 그런데 연맹체 단계에서 연맹장盟主의 지위는 고정된 것이 아니라 힘의 우열에 의해 교체되기도 하였다. 신라에서 왕위가 박씨에서 석씨로, 석씨에서 김씨로 바뀐 것이 그 예가 된다. 초기기록에 나오는 둘 또는 세 개의 왕성은 연맹장을 배출한 집단이 둘 또는 셋이 있었고 이들에 의해 맹주의 지위가 교체되었음을 보여 준다. 그런데도 백제의 경우 초기 왕계는 모두 시조 온조왕의 후손으로 되어 있다. 이렇게 시조 온조왕의 후손으로 일원화되어 있는 초기 왕계를 부여씨계와 해씨계로 분해한 후 이 성씨들을 연맹장을 배출한 집단의 성씨로 재정리하는 것이 초기기록 분해의 또 하나의 대상이다.

관등과 관직은 국가 운영과 지배 세력을 편제하는 데 핵심적인 제도이다. 초기기록에는 백제의 관등과 관직 그리고 이와 연동되는 복색제가 고이왕 대에 모두 이루어진 것으로 나온다. 이러한 관제는 정치 발전 단계가 한발 앞섰던 고구려보다 훨씬 잘 정비된 모습이어서 3세기의 실상에 맞지 않는다. 도리어 고이왕 대의 기사는 6세기 사비도읍기의 관제를 보여 주는『주서』백제전과『구당서』백제전의 16관등제 및 6좌평제와 일치한다. 이는 초기기록이 사비도읍기의 관제를 고이왕 대로 소급·부회하였기 때문이다. 관등과 관직에 대한 초기기록 분해는 고이왕 대에 집중되어 있는 관제 정비 기사를 백제의 발전 과정에 맞추어 재정리하는 것이다.

(3) 동이전의 단계화와 국가 발전 단계

백제정치사에 대한 보다 나은 이해 체계를 얻기 위해서는 먼저 백제의 국가 발전 단계에 대한 이해가 필요하다. 국가 발전 단계에 대한 지금까지 학계의 연구 경향을 보면 다음 몇 가지 단계설이 적용되어 왔다. 첫째, 모건Morgan의 학설의 영향을 받은 부족국가-부족연맹체-고대국가설이다. 둘째, 중국의 읍제邑制국가설을 바탕으로 한 성읍국가-영역국가-대제국설이다. 셋째, 성읍국가-연맹왕국-집권적 귀족국가설이다. 넷째, 미국의 신진화주의 인류학자들의 이론에 입각한 군群사회-부족사회-군장(추장)사회-국가설이다.[10]

이와 같은 여러 설의 공통점은 외국에서 만들어진 이론 모델이나 틀을 한국고대사에 적용시킨 것이다. 이론 모델은 여러 사례를 종합하여 일반화한 것이다. 그러나 한국고대사의 역사 전개 과정은 다른 나라가 거친 과정과는 다른 면을 가지고 있기 때문에 일반성을 가지는 어떤 이론 모델을 그대로 한국고대사에 적용하면 잘 맞지 않는 경우들이 생긴다. 따라서 외국의 사례를 토대로 만들어진 이론을 그대로 한국고대사에 적용하기보다는 한국고대사와 직접 관계되는 자료를 이용하여 먼저 국가 발전 단계에 대한 일정한 틀을 만들고 이것을 외국의 이론 모델과 비교·검토하는 작업이 필요하다. 그 방법으로 저자가 제시한 것이 『삼국지』 동이전의 단계화론이다.

『삼국지』 동이전의 단계화는 다음과 같은 시각에서 설정된 것이다. 첫째, 동이전에 보이는 부여, 고구려, 동옥저, 예, 한, 왜에 대한 내용은 3세기 중반까지 만주와 한반도 및 일본 열도 각 지역에 성립해 있던 여러 국國

---

10 국가 발전 단계설에 대해서는 천관우 편, 1975, 『한국상고사의 쟁점』, 일조각; 노태돈, 1982, 「국가의 성립과 발전」, 한국사연구회 편, 『한국사연구입문』, 지식산업사; 이기동, 1987, 「한국고대국가기원론의 현단계」, 한국정신문화연구원 편, 『한국상고사의 제문제』, 한국정신문화연구원; 한국고대사연구회 편, 1990, 『한국 고대국가의 형성』, 민음사 참조.

들의 상황을 보여 준다. 둘째, 동이전에 나오는 각 국들의 정치 발전의 정도는 일정 시기를 기준으로 단면지어 보면 동일하지 않다. 셋째, 각 지역에서 성립한 여러 국들의 발전 수준을 시간적인 선후로 배열하면 국가 발전의 단계를 설정하는 것이 가능하다.

이러한 전제 위에서 동이전에 나오는 여러 국들의 정치 발전 수준을 분석해 보면 부여와 고구려는 삼한三韓이나 예濊보다 한 단계 더 발전해 있었다. 따라서 삼한의 상태는 부여·고구려 단계 이전의 모습을 보여 주는 것으로, 부여·고구려의 단계는 삼한이 한 걸음 더 발전했을 때 도달할 수 있는 단계로 설정해 볼 수 있다.

삼한 가운데 마한은 54국, 진한과 변한은 각각 12국으로 이루어져 있었다. 이렇게 여러 국들로 이루어진 정치체를 연맹체라고 한다. 따라서 마한, 진한, 변한은 지역별로 성립해 있던 여러 국國들로 이루어진 국연맹체 단계로 파악할 수 있다.

삼한을 형성한 각 국들은 삼한이 형성되기 이전에 각 지역에 분립分立해 있었다. 각 국들의 성립 시기와 성립 과정은 달랐고, 세력에도 대소의 차이가 있었다. 그렇지만 각 국은 자신의 국호를 가진 독립적인 정치체였다. 국이 성립하여 각 지역에서 분립하고 있던 시기를 국國 단계로 볼 수 있다.

이 국은 기본적으로 몇 개의 읍락邑落으로 구성되었다. 이 읍락은 사로국을 구성한 6촌, 가락국을 구성한 9촌에서 보듯이 촌村으로도 표기되었다. 이 읍락(촌)은 일정한 지역을 배타적 생활권으로 하여[11] 각각 독립성을 지니고 있었다. 이 가운데 중심이 되는 읍락이 국읍國邑이다. 이 국읍이 주변의 여러 읍락을 통합하여 만든 정치체가 국이다. 읍락은 시간적으로 국보다 먼저 성립하였으므로 국 성립 이전은 읍락 단계라고 할 수 있다.

한편 『삼국지』 동이전에 의하면, 고구려의 경우 소노부·절노부·순노

---

11 『삼국지』 권30 위서 동이전 예조의 "其俗重山川 山川各有部分 不得妄相涉入" 참조.

부·관노부·계루부 등 5부部가 지배층의 중심을 이루고 있었다. 부여도 제가들이 별도로 주관한 사출도四出道에 왕실이 직접 주관한 곳을 포함하면 5부가 된다. 부部는 중앙의 지배자공동체를 말한다. 고구려와 부여는 부가 정치 운영의 중심축이었다. 부의 장長인 제가들은 수천 가家 또는 수백 가를 별도로 주관하고 있었다. 국왕은 부의 장들을 통해 사출도 지역을 지배하였다. 이런 지배 방식을 간접 지배라고 한다. 간접 지배가 행해진 사출도는 반공지半公地이고, 사출도에 사는 민들은 반공민半公民이다. 간접 지배는 국왕의 통치력이 강고하지 못한 상황에서 나온 것이다. 이처럼 영역에 대한 지배가 국왕에 의한 직접 지배와 부의 장을 통한 간접 지배가 동시에 작동하고 있던 단계를 부체제 단계라고 할 수 있다.

부체제 성립 이후 왕권은 점차 강화되어 주변국들을 정복·병합하였다. 그 결과 정복국은 중앙이 되고 피정복국들은 지방이 되었다. 이로써 중앙과 지방이 생겨났다. 국왕은 강화된 왕권을 배경으로 영역 전체를 지배하려 하였다. 이 과정에서 이원적인 지배체제로 이루어졌던 부체제는 해체되었다.

부체제를 극복한 이후 삼국은 전 영역을 국왕이 직접 지배할 수 있도록 지방통치조직을 새로 만들었다. 고구려의 지방통치조직은 대성-성-소성으로 이루어졌다. 백제의 지방통치조직은 처음에는 담로제였는데 뒤에는 방-군-성(현)제로 바뀌었다. 신라의 지방통치조직은 주-군-성(촌)으로 이루어졌다. 왕은 이곳에 자신을 대신하여 지방을 지배하는 관료인 지방관을 파견하였다. 지방관을 파견함으로써 부의 장들의 지방에 대한 장악력은 와해되고, 부의 장들이 별도로 주관하였던 민들은 국왕의 지배 아래에 들어갔다. 이에 따라 모든 영역은 공지公地가 되고 영역 내에 살고 있는 사람들은 모두 공민公民이 되었다. 이로써 왕은 영역 전체를 직접 통치하였다. 이 단계를 중앙집권국가 단계라고 할 수 있다.

이렇게『삼국지』동이전의 내용을 단계화해 보면, 한국고대국가의 발전
단계는 읍락 단계-국 단계-국연맹 단계(삼한)-부체제 단계(부여·고구려)-
중앙집권국가 단계로 정리할 수 있다. 백제의 국가 발전도 이러한 단계를
거친 것으로 볼 수 있다.

2.『일본서기』의 한국 관련 기사

『삼국사기』초기기록과『삼국지』동이전 외에 한국고대사 및 백제정
치사 연구에서 검토되어야 할 또 하나의 사료는 720년에 편찬된『일본서
기』이다. 여기에는 한국과 관련한 기사가 많이 나온다.『일본서기』는 천
황체제를 합리화하기 위해 편찬된 사서로서 한국 관계 기사는 기본적으로
임나일본부의 한반도 남부 지역 통치라는 틀 속에서 서술되었고, 왜와 삼
국의 관계는 천황을 중심축에 두고 설정하였다.[12] 그렇기 때문에 편찬자
가 가필하거나 윤색하거나 또는 사실을 왜곡한 부분이 많다. 왜왕이 임나
일본부를 설치하여 한반도 남부 지역을 다스렸다는 것, 삼국이 왜에 보낸
사신을 조공사로 부른 것, 삼국이 왜국을 귀국貴國으로 부르고 왜왕을 천
황으로 불렀다는 것, 왜왕이 가야의 땅을 정복한 후 백제에 하사해 주었다
는 것, 한반도에서 왜로 건너간 사람들을 귀화인歸化人이라 부른 것 등이
그것이다.

그러나『일본서기』에는『삼국사기』에 보이지 않는 고대 한국과 관련한
내용이 다수 수록되어 있다. 백제사와 관련한 내용은 구이신왕 대에 목만
치가 전횡을 하였다는 기사, 성왕이 관산성 전투에서 패하여 죽음에 이르
는 과정을 소상하게 그린 기사, 의자왕이 즉위 초에 친위정변을 일으켰다

12『일본서기』의 편찬 과정, 성격 등에 대한 전반적인 개관은 坂本太郎 外 校注, 1967,『日本書
　　紀 上』(日本古典文学大系 67), 岩波書店; 山田英雄 저, 이근우 역, 1988,『일본서기 입문』,
　　민족문화사 참조.

는 기사 등이다. 그러나 이 기사들 속에는 사실에 대한 가필과 윤색으로 왜곡된 부분이 많아 사료로서 그대로 이용하기는 어렵다. 그대로 이용하면 임나일본부설을 인정하게 된다. 따라서 『일본서기』의 한국 관계 기사를 사료로서 이용하고자 할 때는 엄밀한 사료 비판이 필요하다.

『일본서기』에 수록된 한국과 관련한 기사를 어떻게 이해해야 할 것인가에 대해 여러 가지 견해가 제시되었다. 여기서는 이러한 견해들의 핵심 내용과 그 견해가 가지는 한계성이 무엇인지를 간략히 정리해 두기로 한다.

첫째, 『일본서기』의 한국 관계 기사가 사실을 그대로 반영해 준다는 관점에서 이 기사들은 야마토大和 정권의 한반도 진출과 한반도 경영에서 나온 것으로 보는 견해이다. 이러한 견해는 일제 관학파의 일차적이고도 교과서적인 해석으로 비록 사료에 대한 비판을 하더라도 임나일본부의 한반도 남부 지역 지배라는 기본 틀은 그대로 유지하고 있다. 따라서 이러한 견해는 받아들일 수 없다.

둘째, 삼한·삼국이 일본 열도 내로 진출하여 분국分國을 설치하고 그러한 분국들이 뒷날 야마토 조정에 의해 통합되어 가는 과정을 보여 주는 것으로 파악한 견해이다.[13] 이 견해는 일제 관학파들의 교과서적인 임나경영설을 전반적으로 재검토하고 이를 극복하려는 노력에서 나온 것이다. 이 견해처럼 한반도의 우수한 문화를 가지고 일본 열도로 건너간 이주민들이 각 지역에서 정치 세력을 형성하였을 가능성은 있다. 그렇지만 삼한·삼국이 조직적으로 이민단移民團을 일본 열도에 파견하여 분국을 설치하였는지는 의문이다. 또 한반도에서 건너간 사람들이 과연 왜에서 백제·신라·가야라는 국명을 그대로 사용하면서 삼국과의 관계를 모국-분국으로 인식하고 있었는지도 분명하지 않다. 그러므로 분국설은 재검토

---

13 金錫亨, 1963, 「三韓三國の日本列島內分國について」, 井上秀雄·旗田巍 編, 1974, 『古代日本と朝鮮の基本問題』, 学生社.

되어야 한다.

셋째, 백제가 근초고왕 대에 가야 지역을 평정하고 이후 이 지역을 경영하기 위해 군사령부를 설치한 것으로 보고, 『일본서기』의 임나일본부는 바로 가야 지역에 설치된 백제의 군사령부로 파악하는 견해이다.[14] 이 견해 역시 일제 관학파의 교과서적인 해석을 극복하기 위해 나온 것으로서 한반도 내에서 왜 세력의 존재를 배제하고 백제의 활동을 부각시킨 점이 특징이다. 그러나 백제가 4세기 중반에 가야 지역에 군사령부를 두었는지 분명하지 않다. 또 이 군사령부가 가야 세력의 성립·성장과 어떠한 관련이 있고 가야의 어디에 두어졌는지도 분명하지 않다.

넷째, 임나일본부는 야마토 정권의 파견기관[出先機關]이 아니라 임나에 있는 재지 호족을 중심으로 한 기관으로 보는 견해이다.[15] 이 견해는 신라와 백제가 『삼국지』 동이전 한조에 보이는 왜를 가야제국加羅諸國의 별명으로 보았다는 관점에서 나온 것이다. 그러나 가야제국이 왜로 불렸다는 것은 확인되지 않는다. 또 가야 지역에 거주한 왜인들이 재지 세력들을 지배할 만큼 정치적 집단을 이루고 있지도 않았다. 다만 이 견해에서 임나일본부가 야마토 정권과는 아무런 관계가 없다고 한 것은 일제 관학파의 견해와는 다른 것으로 지적할 수 있다.

다섯째, 임나는 백제의 직할령이고 일본부는 임나 직할령의 관인官人의 관직명에서 나온 것으로서 임나일본부는 백제 직할령 통할기관 명칭으로 파악한 견해이다.[16] 이 견해는 왜계 백제 관료를 설정하고 이들이 용병傭兵의 성격을 띠고 있다는 전제에서 나온 것이다. 백제 내에 왜계 관료가 있었음은 분명하며 이들은 당연히 백제 관료이다. 그러나 이들이 오랜 기간 동안 용병으로 활동하였다고 보는 것은 의문이다. 또 백제가 자신의 직

---

14 천관우, 1977~1978, 「복원 가야사 상·중·하」, 『문학과 지성』 28·29·31호, 문학과 지성사.
15 井上秀雄, 1978, 『任那日本府と倭』, 寧樂社.
16 金鉉球, 1985, 『大和政權の對外關係研究』, 吉川弘文館, 제1편, 제2편 참조.

할령을 임나로 불렀는지도 분명치 않다.

이처럼 『일본서기』에 보이는 한국 관계 기사는 사료로서 그대로 활용하기는 어렵다. 그러나 문헌 사료가 영성한 현재의 상황에서 『일본서기』의 기사를 도외시할 수도 없다. 『일본서기』를 사료로 이용하기 위해서는 『일본서기』에 대한 나름대로의 객관적인 이해 기준이 있어야 한다. 저자는 다음과 같은 입장에서 『일본서기』의 한국 관계 기사를 이용하고자 한다.

첫째, 『일본서기』 속의 임나일본부는 『일본서기』 편찬자가 고대 천황제의 위엄을 과시하기 위해 왜가 이전에 한반도의 여러 나라와 가졌던 경험을 천황제 중심으로 재편집하고 윤색한 데서 이루어진 것으로 본다. 이러한 입장에서 저자는 일인 사학자들의 교과서적인 견해는 취하지 않는다.

둘째, 백제는 4세기 중반에 가야 지역으로 진출하여 영향력을 행사하였다. 따라서 『일본서기』 신공기 49년조에 보이는 왜의 군사 활동은 백제의 군사 활동으로 바꾸어 보는 이른바 '주체교체론'은[17] 타당하다고 본다. 저자는 주체교체론의 입장에서 신공기의 내용을 정리하기로 한다.

셋째, 『일본서기』에는 왜에서 한반도로 건너간 사람들을 귀화인歸化人으로 표현하였는데, 이러한 표현은 『일본서기』 편찬자들이 천황의 위엄을 높이기 위해 만들어 낸 것이어서 그대로 받아들일 수 없다. 이에 대한 대안으로 일본 학계에서는 도래인渡來人이라는 용어를 사용하고 있다. 이 용어는 가치중립적인 것으로서 의미가 있지만 일본 열도를 중심으로 한 것이어서 왜로 건너간 사람들의 출발점이 되는 한반도에서 보면 적합하지 않다. 근래에 한반도에서 왜로 건너간 사람들을 '도왜인渡倭人'으로 불러야 한다는 견해가 제시되었다.[18] 이 표현은 신라에서 당나라로 공부하기 위해 건너간 사람들을 '도당유학생渡唐留學生'이라고 부르는 것과 같

17 천관우, 1977~1978, 「복원 가야사 상·중·하」, 『문학과 지성』 28·29·31호, 문학과 지성사.
18 김기섭. 2005, 「5세기 무렵 백제 도왜인의 활동과 문화 전파」, 한일관계사연구논집 편찬위원회 편, 『왜 5왕 문제와 한일관계』 (한일관계사연구논집 2), 경인문화사.

은 맥락이다. 본서에서는 이 견해를 받아들여 백제에서 왜로 건너간 사람들을 도왜인으로 부르기로 한다.

넷째, 『일본서기』의 연대 가운데 신공기에서 웅략기까지의 연대는 2주갑二周甲(120년) 인하해야 『삼국사기』의 연대와 일치한다.[19] 2주갑 인하설은 연구자들에 의해 일반적으로 받아들여지고 있다. 그렇다고 그 내용 모두를 인하된 연대의 사실로 단정지을 수는 없다. 여기에 바로 『일본서기』의 기사를 이용함에 어려움이 있다. 저자는 응신기나 인덕기에 보이는 사건들 가운데는 『일본서기』 본래의 연대에 해당되는 사건도 있다는 입장에서 정리해 보기로 한다.

본서는 『일본서기』에 수록된 한국 관계 기사를 전부 분석·검토하는 것이 목적이 아니다. 『일본서기』에 대한 세밀한 분석과 검토 및 종합은 앞으로 우리 학계가 해야 할 몫이다. 여기서는 백제 관련 기사에서 가필되거나 윤색된 부분은 비판적으로 검토한 후 선별적으로 이용하였음을 미리 밝혀둔다.

Ⅱ. 백제의 주민 구성과 백제인의 형성

1. 〈광개토대왕비〉에 보이는 한과 예

백제정치사를 올바르게 이해하기 위해서는 백제는 어떠한 주민들로 구성되었고 그들의 종족적 계통이 어떠하며, 어떠한 과정을 거쳐 백제인이 형성되었는지를 살펴보는 것이 필요하다. 이 주민들을 토대로 백제국이

---

19 三品彰英, 1962, 『日本書紀朝鮮關係記事考證 (上)』, 吉川弘文館, 126~127쪽; 이병도, 1976, 「백제칠지도고」, 『한국고대사연구』, 박영사, 517~518쪽.

형성되고 발전하였기 때문이다. 백제국을 구성한 민들은 처음부터 동일한 종족은 아니었다. 백제 주민의 종족적 계통에 대해서는 문헌 자료가 거의 없기 때문에 고고학적 자료와 연계하여 살펴볼 필요가 있다.

백제가 발상한 한강 유역 각처에는 청동기시대와 초기철기시대 문화가 형성되어 있었다. 이를 보여 주는 대표적인 것이 무덤이다. 청동기시대의 묘제로는 지석묘·석관묘·적석총 등이 있고, 초기철기시대의 묘제로는 토광묘·옹관묘 등이 있다. 묘제는 그것을 만든 집단의 계통과 그 집단의 전통을 잘 보여 준다. 따라서 한강 유역의 다양한 묘제들은 시기를 달리하면서 여러 계통의 주민들이 한강 유역으로 이동해 와서 정착하였음을 보여 준다. 이 주민들이 뒷날 백제를 구성한 주민의 주류를 이루었다.

다양한 묘제를 사용한 주민들이 구체적으로 어떠한 종족이며 어느 계통인가에 대한 해명은 각 지역의 묘제와 거기에서 반출되는 각종 부장품에 대한 종합적인 정리와 분석이 선행되어야 한다. 이와 같은 고고학적인 정리는 보다 많은 자료가 확보되고 종합되어야만 가능하다. 이는 저자의 능력을 넘어서는 것이다. 여기서는 문헌 자료와 금석문 자료를 중심으로 백제 주민의 계통 문제를 정리하기로 한다.

백제의 주민 구성을 보여 주는 금석문 자료가 414년에 세워진 〈광개토대왕비〉이다. 여기에는 396년에 백제를 공격한 광개토대왕이 58성·700촌을 함락한 후 그 지역 사람들을 포로나 생구生口로 데려온 사실이 기록되어 있다. 이들은 '침략해 잡아 온 한예略來韓濊' 또는 '새로이 온 한예新來韓濊' 등에서 보듯이 '한韓'과 '예濊'로 표현되고 있다. 장수왕은 광개토대왕의 유조遺詔에 따라 한과 예 220가를 차출하여 수묘호守墓戶로 삼았다.

220가가 차출된 지역은 모두 36성이다. 36성 가운데 그 이름에 한이나 예가 붙은 성은 두비압잠한豆比鴨岑韓, 구저한求底韓, 사조성한예舍蔦城韓

穢, 객현한客賢韓, 파노성한巴奴城韓, 백잔남거한百殘南居韓, 태산한太山韓 등이다. 이 성들은 백잔남거한을 빼고는 한강 이북 지역에 위치하였다.[20] 따라서 이름에 한과 예가 붙은 성은 한강 이북 지역에 한인과 예인이 거주하고 있었음을 보여 준다.

그러나 '백잔남거한'은 성 이름이 아니어서 그 의미를 정리할 필요가 있다. '백잔남거한'에서 '백잔'은 백제를 낮추어 부른 말이다. 그런데 〈광개토대왕비〉에는 신라의 수도를 '신라성新羅城', 동부여의 수도를 '여성餘城'으로 표현하고 있다. 이로 미루어 백잔은 '백잔성百殘城'의 의미를 가지며 곧 백제의 수도를 가리킨다고 볼 수 있다. 그렇다면 '백잔남거한'의 실체는 '백제 수도의 남쪽에 거주하는 한'으로[21] 해석된다. 구체적으로는 아신왕이 광개토대왕에게 항복하면서[歸王請命] 바친 남녀 생구生口 1천 명이라 할 수 있다. 이들이 한韓으로 불린 것은 수도 남쪽 지역에 거주한 백제민들이 한인이었음을 보여 준다.

광개토대왕의 공격을 받아 포로로 잡혀 오기 이전에 이들이 살았던 36성은 광개토대왕이 백제를 공격해 취한 58성 속에 포함된다. 이 58성은 그 위치가 어디이든 모두 백제왕의 통치를 받고 있던 지역이었다. 따라서 수묘호로 차정된 220가의 주민들은 모두 백제왕의 지배를 받던 백제민이었다. 그럼에도 광개토대왕은 이들을 백제인으로 부르지 않고 한인과 예인으로 구별해 불렀다. 이 표현은 백제를 구성한 민이 한인과 예인으로 이루어졌음을 보여 준다. 『삼국지』 동이전에 빈번히 나오는 '한예韓濊'라는 기사가 이를 뒷받침해 준다.

---

20 이병도, 1976, 「광개토왕의 웅략」, 『한국고대사연구』, 박영사, 381~382쪽.
21 노태돈, 2007, 「문헌상으로 본 백제의 주민 구성」, 충청남도역사문화연구원 편, 『백제의 기원과 건국』(백제문화사대계 연구총서 2), 충청남도역사문화연구원.

2. 한인과 예인의 주 분포지와 계통

(1) 주 분포지

백제를 구성한 민들이 한인과 예인으로 구별된 것은 이들의 종족적 계통이 다르기 때문일 것이다. 한인과 예인이 한강 유역과 그 이남 지역에 정착한 시기를 분명히 알기 어렵다. 그러나 기원전 194년 위만에게 나라를 빼앗긴 준왕이 좌우 궁인을 거느리고 한지韓地에 도착하였다는 기사, 진秦나라 말기의 고역[秦役]을 피해 온 망인亡人들이 한국韓國에 온[22] 시기가 기원전 3세기 말경이라는 사실, 〈부조예군은인夫租濊君銀印〉이 출토된 평양 부근 토광묘의 축조 연대가 기원전 2세기경으로 편년된다는 사실[23] 등에서 미루어 이들의 정착 시기는 늦어도 기원전 3세기 이전으로 볼 수 있다. 기원전 3세기 말~기원전 2세기 초는 초기철기시대에 해당된다. 따라서 한인과 예인은 한강 유역을 비롯한 남한 일대에 정착하여 초기철기문화를 이룩한 주인공으로 볼 수 있다.

한인과 예인은 '사조성의 한예舍蔦城韓穢'에서 보듯이 섞여 살기도 하였지만 대체적으로 분포지가 달랐다. 한인은 삼한의 여러 국들을 형성한 토착인이었다. 이들의 주된 분포지는 삼한이 위치한 임진강 유역 일대와 한강 유역을 비롯해 그 이남의 호서, 호남, 영남권을 포괄하는 태백산맥 이서의 남한 지역으로 볼 수 있다. 〈광개토대왕비〉에 보이는 '백잔남거한'이라는 용어, 준왕이 위만에게 쫓겨 남쪽으로 내려와 정착한 익산이 한지韓地로 나온다는 사실,[24] 백제가 웅진으로 천도한 것을 '남한지南韓地'로

---

22 『삼국지』 권30 위서 동이전 한조의 "古之亡人 避秦役 來適韓國" 참조.

23 岡崎敬, 1968, 「夫租薉君銀印をめぐる諸問題」, 『朝鮮學報』 46輯, 天理大學朝鮮學會; 김정학, 1983, 「청동기의 전개」, 『한국사론』 13 (한국의 고고학 II—상), 국사편찬위원회, 132~133쪽.

24 『제왕운기』 권하 후조선조시 기자; 『고려사』 권57 지 제11 지리2 전라도 전주목 금마군조; 『신증동국여지승람』 권33 전라도 익산군 건치연혁조.

옮겼다고 한 것,[25] 상주에서 출토된 〈위솔선한백장동인魏率善韓佰長銅印〉에[26] 보이는 한 등이 이를 입증해 준다.

예와 관련되는 지역은 〈진솔선예백장인晉率善濊佰長印〉[27]이 출토된 포항시 신광면, 〈예왕지인濊王之印〉이 발견되었고 '고지예국古之濊國'[28]으로 알려진 강릉, 동예가 자리를 잡은 함흥,[29] 〈부조예군은인夫租濊君銀印〉의 부조夫租(옥저)가 위치한 함흥 이북 지역, 『설문해자』에 보이는 예야두국濊邪頭國의 위치로 비정되는 함남 정평 부근,[30] 〈예왕지인濊王之印〉이 발견되었고 예성濊城이 있던 부여가 자리를 잡은 중국 길림성 농안·장춘 지역, 〈임예승인臨濊丞印〉이 찍힌 봉니封泥가[31] 보여 주는 중국 요령성 금현金縣 보란점시普蘭店市 등을 들 수가 있다. 이 지역들을 연결시켜 보면 예인의 주된 분포지는 만주 지역에서는 동가강과 부여의 수도가 있던 북류 송화강 유역과 요동반도 일대이고, 한반도 내에서는 함경도 및 태백산맥 이동의 동해안 일대이며, 가장 남쪽은 경북 영일만 지역이다.

한인이 주로 한강 이남 태백산맥 이서 지역에, 예인이 태백산맥 이동의 동해안 일대와 함경도 일대에 주로 분포하였다고 할 때 또 하나 정리해야 할 것은 서북한 지역에 거주하고 있던 주민의 실체이다. 서북한 지역은 고조선이 위치한 곳이었다. 이 지역 주민의 실체는 고조선의 주민 구성 문제

---

25 『양서』 권54 열전 제48 제이 백제전의 "尋爲高句麗所破 衰弱者累年 遷居南韓地" 참조.

26 이현혜, 1984, 『삼한사회형성과정연구』, 일조각, 107쪽, 주) 18.

27 岡崎敬, 1968, 「夫租薉君銀印をめぐる諸問題」, 『朝鮮學報』 46輯, 天理大學朝鮮學會.

28 『삼국사기』 권제1 신라본기 제1 남해차차웅 16년조의 "春二月 北溟人耕田 得濊王印獻之"; 『삼국사기』 권제35 잡지 제4 지리2 명주조의 "溟州 … 賈耽古今郡國志云 今新羅北界溟州 蓋濊之古國" 참조.

29 『삼국지』 권30 위서 동이전 예조; 이병도, 1976, 『한국고대사연구』, 박영사, 228~230쪽.

30 이병도, 1976, 『한국고대사연구』, 박영사, 199~200쪽. 한편 낙랑 지역에서 출토된 〈邪頭昧宰印〉 封泥의 '邪頭昧'는 '薉邪頭國'과 같다고 할 수 있다.

31 劉俊勇 저, 최무장 역, 1997, 『中國大連考古硏究』, 학연문화사, 105쪽; 한국고대사회연구소 편, 1992, 『역주 한국고대금석문』 제1권(고구려·백제·낙랑 편), 가락국사적개발연구원, 317쪽.

와도 연관된다. 종래의 연구에서는『한서』지리지의 기자의 범금犯禁 8조
에 나오는 '낙랑조선민樂浪朝鮮民'과『삼국사기』신라본기의 '조선 유민
朝鮮遺民'에 근거하여 '조선민'을 고조선을 구성한 종족으로 이해하기도
하였다. 즉 조선민을 종족 명칭으로 본 것이다. 그러나 '조선민'은 '조선
을 구성한 민'이라는 의미이지 종족명은 아니다. 따라서 고조선을 구성한
민을 조선족으로 부를 수 없다.

  서북한 지역 주민의 종족적 계통을 추론하는 데 단서가 되는 것이 기원
전 194년에 위만에게 쫓겨난 기자조선의 준왕이 '한지韓地'로 이동하여
스스로 '한왕韓王'을 칭하자 준왕의 친속으로서 위만조선에 그대로 남은
자들이 스스로 '한성韓姓'을 칭한 사실이다.[32] 한성韓姓은 한지韓地 또는
한인韓人과 연관하여 생겨난 것이다. 이후 한성韓姓은 뒷날 한사군이 설치
된 평양이나 황해도 신천 등의 지역에서 출토되는 동인銅印, 봉니封泥, 전
명塼銘 등에 많이 보인다.[33] 특히 〈영화구년명전永和九年銘塼〉에 한韓이 요
동, 현토와 병렬되고 있는 것은[34] 한이 하나의 집단을 이루거나 일정한 지
역을 차지하고 있었음을 보여 준다.

  서북한 지역의 토착민들이 한성韓姓을 칭한 것은 중국의 한씨 성韓氏 姓
의 영향이라기보다는 자신들은 중국인과는 다른 한인韓人이라는 인식에서
칭하였을 가능성이 크다. 이는 준왕이 자신이 정착한 지역이 '한지韓地'여
서 '한왕'을 칭한 사실과 진한 우거수 염사착廉斯鑡이 중국인 호래戶來의
말이 한어韓語가 아님을 알아차린 사실 등에서 방증이 되리라 본다. 그렇
다면 한성韓姓의 연원은 기자조선시대로까지 올라가며 이후 한성을 칭하

32 『삼국지』권30 위서 동이전 한조의 "侯準旣僭號稱王 爲燕亡人衛滿所攻破 將其左右宮人 走
入海 居韓地 自號韓王 (魏略曰 其子及親留在國者 因冒姓韓氏)" 참조.
33 한국고대사회연구소 편, 1992,「제3편 낙랑 및 중국계 금석문」,『역주 한국고대금석문』제1
권(고구려·백제·낙랑 편), 가락국사적개발연구원.
34 〈永和九年銘塼〉의 "永和九年三月十日 遼東韓玄菟太守領佟利造" 참조.

는 전통이 후대에로까지 이어지면서 서북한 지역의 주민들은 주로 한성을 칭하였던 것 같다.[35] 따라서 '한인'과 '조선민'은 같은 계통이 된다.[36] 이러한 관점에서 저자는 서북한 지역에 거주한 주민은 한인이고 이들이 바로 고조선을 구성한 주민, 즉 '조선민'으로 파악한다.

(2) 계통

한인과 예인이 서북 지방과 동북 지방에서 이동해 와서 그중 일부가 한강 유역과 그 이남 지역에 정착하였다고 할 때 한인과 예인의 종족적 계통이 문제가 된다. 이는 한반도 내에서 청동기시대의 무문토기문화를 성립시킨 주민의 종족적 계통과도 관련되는 것이다. 이 문제를 해명하기 위해서는 먼저 예와 맥의 관계가 밝혀져야 하고 다음으로는 예·맥과 한의 관계가 정리되어야 한다.

예와 맥은 『삼국지』 동이전에는 '예'로 나오기도 하고 '맥'으로 나오기도 하고 때로는 '예맥'으로 통칭되어 나오기도 한다. 이에 대한 견해는 세 가지로 살펴볼 수 있다. 첫째, 예맥을 예인과 맥인으로 나누고 예인을 신석기시대의 즐문토기인으로, 맥인을 청동기시대의 무문토기인으로 비정한 후 예인과 맥인은 시대도 계통도 다른 종족으로 파악한 견해이다.[37]

둘째, 예맥을 연칭連稱으로 보고 계통은 동일하나 분포하는 지역에 따라 예 또는 맥으로 불렸다고 보는 견해이다.[38] 이 견해에 의하면, 맥은 산동 지역과 요동 지방의 일부 지역에 분포하였고, 예는 남만주 지방과 한반도

---

35 토착인 중에는 王調처럼 왕씨를 칭한 집단도 있었다. 왕조는 종족적으로는 韓族이지만 왕씨를 칭한 것으로 보인다. 왕조에 대해서는 『후한서』 권76 순리열전 제66 왕경전 참조.

36 천관우, 1975, 「삼한의 성립과정―「삼한고」 제1부―」, 『사학연구』 26집, 한국사학회, 61~65쪽.

37 三上次男, 1966, 「東北アジアにおける有文土器系社會と穢人」, 『古代東北アジア史研究』, 吉川弘文館, 407~409쪽.

38 이병도, 1959, 『한국사 (고대편)』, 을유문화사, 10쪽; 김정배, 1973, 『한국민족문화의 기원』, 고려대학교출판부, 33~34쪽.

의 일부 지역에 분포한 것이 된다.

셋째, 예와 맥은 기원이 다른 두 갈래의 종족으로 예족은 기원전 3세기까지는 맥족보다 중국에서 훨씬 먼 곳에 살고 있었으며 늦어도 기원전 2세기경부터 서로 섞여 예맥으로 불리게 되었다고 보는 견해이다.[39]

저자는 이 가운데 세 번째 견해가 타당하다고 본다. 이에 의하면 예와 맥은 동일 계통에서 출발하였지만 분포 지역이 달랐으며 거주하는 과정에서 구분 의식이 생겨난 것으로 보인다. 〈광개토대왕비〉에 맥인이 세운 고구려가 한강 유역의 주민을 한과 예로 구분한 것이 그러한 의식의 소산이 아닐까 한다.

예와 맥을 이렇게 보았을 때 예·맥과 한의 관계에 대한 정리도 필요하다. 예·맥과 한의 관계에 대해 예맥을 한민족의 근간으로 보고 한인은 예·맥의 지역화·남한화된 집단으로 보는 견해가 있다.[40] 이와는 달리 한민족의 근간을 한-조선계와 예맥-부여계로 나눈 견해도 있다. 이 견해에서는 한-조선계와 예맥-부여계는 동원同源에서 분파하여 이동해 오는 과정에서 나누어졌으며, 한-조선계는 조선·삼한 등의 정치 세력을 형성하였고, 예맥-부여계는 부여·고구려 등의 국가를 형성하였다고 보았다.[41]

후자의 견해에서 한을 예맥과 대등한 선상에 놓고 이들이 동원에서 출발하였으나 양계로 갈라졌다고 파악한 것은 한반도에 거주한 주민의 복합성을 이해하는 데 주목된다. 이 견해를 바탕으로 저자는 〈광개토대왕비〉에 보이는 한인은 한계로, 예인은 예계로 파악하며 한계와 예계는 넓게는 동이족에 속하나 시기를 달리하여 한강 유역에 이동해 와서 정착한 것으로 본다. 그리고 백제의 지배층을 형성한 부여족 집단은 맥과 연결되는 것으로 보고자 한다.

---

39 이옥, 1986, 『고구려 민족형성과 사회』, 교보문고, 25~33쪽.
40 김원용, 1979, 『한국고고학개설』, 일지사, 130쪽.
41 천관우, 1975, 「삼한의 성립과정―「삼한고」 제1부―」, 『사학연구』 26집, 한국사학회, 61~65쪽.

3. 언어학상으로 본 한계와 예계

한인과 예인은 종족적 계통이 달랐을 뿐만 아니라 주된 분포지도 달랐음은 언어학상에서도 살펴볼 수 있다. 고대한국어를 재구성할 수 있는 주된 자료는 『삼국지』 동이전의 언어 관계 기록과 『삼국사기』 지리지의 지명 관계 기사이다. 이러한 자료를 바탕으로 한국어는 부여·한공통조어扶餘韓共通祖語에서 기원하는데 이 공통조어에서 원시부여어와 원시한어가 나왔고, 원시부여어는 고구려어가 되었으며, 원시한어는 신라어가 되어 이 신라어가 중세국어의 근간을 이루었다고 보는 견해가[42] 있다. 이를 토대로 원시한어를 한-조선계의 언어와, 원시부여어를 예맥-부여계의 언어와 연결 짓는 견해도 나왔다.[43]

고대한국어의 기반을 원시한어와 원시부여어로 파악할 때 그 분포권을 정리할 필요가 있다. 『삼국지』 동이전에 의하면, 고구려는 부여와 언어가 대개 같았고[略同], 동옥저의 언어는 고구려와 대동大同하였다. 동예는 고구려와 동종同種이었을 뿐만 아니라 언어와 법속도 고구려와 같았다. 이처럼 언어가 '약동略同' 또는 '대동大同'한 부여·고구려·옥저·동예는 하나의 언어권으로 설정해 볼 수 있다.

원시한어와 관련이 있는 삼한의 경우 진한과 변한은 의복과 거처居處(주거)도 같았고 언어와 법속도 서로 비슷하였다.[44] 따라서 진한과 변한을 하나의 언어권으로 묶을 수 있다. 그런데 『삼국지』 동이전에는 진한과 마한은 언어가 같지 않다고 나온다.[45] 이를 근거로 진한을 구성한 민과 마한을 구성한 민의 언어가 다른 것으로 보는 견해도 있다. 그러나 진한과 마한은

---

42 이기문, 1972, 『국어사개설』, 민중서관, 41쪽.
43 천관우, 1975, 「삼한의 성립과정—「삼한고」 제1부—」, 『사학연구』 26집, 한국사학회, 61~65쪽.
44 『삼국지』 권30 위서 동이전 한조의 "衣服居處與辰韓同 言語法俗相似" 참조.
45 『삼국지』 권30 위서 동이전 한조의 "其言語不與馬韓同" 참조.

'한韓'을 공통으로 하고 있다. '한'은 종족 명칭이므로 진한과 마한을 구성한 주민들은 모두 한인이다. 따라서 이들의 언어도 같은 것으로 볼 수 있다. 염사착 사화史話에 진한 우거수 염사착이 한인漢人 포로 호래戶來를 만났을 때 그 언어가 '비한인非韓人'이라고 한 것이[46] 이를 말해 준다. 그렇다면 마한과 진·변한의 언어도 하나의 언어권으로 묶을 수 있다. 다만 진한과 마한의 언어가 다르다고 한 것은 진한을 세운 주체 세력이 진역秦役을 피해 온 중국 출신이라는 데서[47] 비롯된 것이 아닐까 한다.

한편『삼국지』동이전에는 부여어권과 한어권의 관계에 대해 아무런 언급이 없다. 양자의 관계를 추정하는 데 단서가 되는 것이『삼국사기』지리지의 지명 관련 기사이다. 고구려의 지명 어미語尾에는 성城을 의미하는 '홀忽'이 붙어 있는 것이 특징이다. 한주조의 '백성군본고구려나혜홀白城郡本高句麗奈兮忽', 삭주조의 '기성군본고구려동사홀군岐城郡本高句麗冬斯忽郡', 명주조의 '야성군본고구려야시홀군野城郡本高句麗也尸忽郡'등이 그 예다. '홀'은 '구루句婁'와 통하는데 구루는 고구려어로 '성城'을 의미한다.[48]『삼국사기』지리지는 '홀'이 한반도 중부 이북 지역에서 하나의 언어권을 형성하였음을 보여 준다.

백제의 지명 어미에는 '부리夫里'가 붙어 있는 것이 특징이다. 웅주조의 '부여군본백제소부리군扶餘郡本百濟所夫里郡', 전주조의 '고부군본백제고사부리군古阜郡本百濟古沙夫里郡', 무주조의 '반남군본백제반나부리현潘南郡本百濟半奈夫里縣'등이 그 예가 된다. 이 '부리'는 대체로 충청·전라도 지역에 분포하고 있다. 신라의 지명 어미로는 '벌伐'·'화火'가 붙어

---

46 『삼국지』권30 위서 동이전 한조의 "至王莽地皇時 廉斯鑡爲辰韓右渠帥 … 出其邑落 見田中驅雀男子一人 其語非韓人 問之 男子曰 我等漢人 名戶來 …"참조.

47 김방한, 1983,『한국어의 계통』, 민음사, 99~100쪽.

48 『삼국지』권30 위서 동이전 고구려조의 "于東界築小城 … 今胡猶名此城爲幘溝漊 溝漊者句麗名城也"참조.

있는 것이 특징이다. 그 예로는 상주조의 '상주첨해왕시취사벌尙州沾解王
時取沙伐', 양주조의 '밀성군본추화군密城郡本推火郡' 등을 들 수 있다. 이
'벌'·'화'는 경상도 지역에 주로 분포하고 있다.[49]

'벌'은 벌판의 뜻을 가지고 있고 '화'는 '벌'에 대한 음역이다. 화왕군
(경남 창녕군)의 다른 이름인 '비자화比自火'를 비사벌比斯伐로 표기한 것이
그 예가 된다. 한편 전라도 지역에 많이 분포하고 있는 '부리'도 평야를 의
미하는 말이다.[50] 따라서 '벌-부리'도 하나의 언어권으로 파악할 수 있다.

그러나 『삼국사기』에는 서북한 지역, 즉 평안도 지역의 언어에 대해 아
무런 언급이 없다. 저자는 앞서 언급한 준왕 집단이 한과 연결된다는 사실
과 또 한반도 중부의 언어는 한어가 주류를 이룬다는 점에서 서북한 지역
의 언어도 한어권에 포함되는 것으로 추정한다. 이렇게 보면 3세기 중반
까지 남한 지역과 서북한 지역은 기본적으로 한어의 분포권이 되고 함경
도 일대와 동해안 일대 및 압록강 중류 지역은 부여어권, 즉 '홀'계 언어
권이 된다. 이 언어권의 분포는 앞서 언급한 한계 종족과 예계 종족이 분
포한 지역과 대략 일치한다.

서북한 지역이 한어계라고 할 때 경기도와 황해도 일대에 고구려어의
특징을 보여 주는 '홀'이 붙은 지명이 나오는 현상을 정리해 둘 필요가 있
다. 이 현상에 대해 한강 이북의 지명에 붙은 '홀'은 4세기에 고구려가 낙
랑·대방군을 멸망시키고 서북한 지역을 영역으로 편입하고 난 뒤 붙여진
'홀'계 지명이고, 고구려에 의한 지명 변화가 있기 이전 이 지역의 언어,
즉 토착인의 언어는 길리야크어와 관계 깊은 고아시아어이거나 또는 일찍

49 井上秀雄, 1974, 「古代朝鮮の文化境域」, 『新羅史の基礎研究』, 東出版, 58~59쪽의 표5·표6;
    도수희, 1986, 「백제의 언어자료」, 『백제연구』 17집, 충남대학교 백제연구소, 147쪽의 표6
    참조.
50 이기문, 1972, 『국어사개설』, 민중서관, 37쪽.

소멸해 버린 알타이어계의 어떤 언어일 수 있다는 견해가 있다.[51]

이 견해에서 경기도·황해도 일대의 홀계 지명이 고구려의 지명 개정에 의해 이루어졌다는 것과 한반도의 기층어로서 원시한반도어를 설정한 것은 주목된다. 그러나 한반도 중부의 토착언어가 고아시아어였을 가능성이 크다는 것은 받아들이기 어렵다. 고구려가 한반도 중부 지역을 점령한 것이 4세기 이후이고 이때까지 이 지역에 거주한 주민은 한인과 예인이었기 때문이다. 한인과 예인은 고아시아인이 아니다.

한반도 중부 지역은 고구려에 의해 지명 변화가 있기 이전에는 한어가 중심을 이루었고, 인천이 미추홀彌鄒忽이라 불린 데서 보듯이 예계 언어도 일부 있었다. 『삼국지』 동이전에 한반도 중부 지역 세력을 '한예'로 표현한 것과 〈광개토대왕비〉에 사조성舍蔦城에 사는 주민을 '사조성 한예舍蔦城韓穢'로 표기한 것이 이를 보여 준다. 그러나 4세기에 들어와 고구려가 낙랑군과 대방군을 멸망시켜 이 지역을 영역으로 편입하고 4세기 말에서 5세기 초에 황해도는 물론 한강 이북의 경기도 일대를 영토로 삼음에 따라 이 지역에서는 고구려식 지명이 보다 널리 사용되었다. 그 결과 『삼국사기』 지리지에 이 지역 지명의 대다수가 홀계 지명으로 남게 되지 않았을까 한다.

4. 한인과 예인의 융합과 백제인의 형성

백제 시조 온조는 졸본부여(고구려)에서 한강 유역으로 이동해 와서 나라를 세웠다. 온조 집단은 부여씨를 칭하였으며, 시조묘에는 부여족 전체의 족조族祖인 동명東明을 모셨다. 개로왕은 472년에 북위에 보낸 국서에서 백제와 고구려는 부여에서 기원하였음을 주장하였다. 성왕은 웅진에

---

51 김방한, 1983, 『한국어의 계통』, 민음사, 110~114, 135~137쪽.

서 사비로 천도하면서 국호를 '남부여'로 고쳤다. 이러한 사실들은 백제가 부여계 출자임을 보여 준다.

부여계 백제 왕실이 지배하는 지역에 거주한 주민들은 한족과 예족이었다. 한족과 예족은 5세기 전반까지도 융합되지 않았다. 414년에 세워진 〈광개토대왕비〉에 백제의 주민이 한인과 예인으로 기록되고 있는 것이 이를 보여 준다. 이러한 모습은 언어에서도 확인된다. 『주서』 백제전에 의하면, 왕실에서는 왕을 '어라하於羅瑕'라 부른 반면에, 민은 '건길지鞬吉支'라 불렀다.[52] 어라하의 '하瑕'는 고구려나 부여에서 족장을 의미하는 '가加'와 음운이 상통함으로 '부여어계'라 할 수 있다. '건길지'는 『일본서기』에 백제 왕호를 훈독한 '코키시コキシ'・'코니키시コニキシ'에 해당되는데 신라의 '길사吉師', 가야의 '한기旱岐'와 상통하여[53] '한어계'라 할 수 있다. 이렇게 왕에 대한 표기가 고구려어식과 한어식으로 나오는 것은 부여계와 한계 사이에 언어적 융합이 아직 이루어지지 않았음을 의미한다.

그런데 『수서』 백제전에는 "(백제의 주민에는) 신라인, 고려인, 왜인 등이 섞여 있고 중국인도 있다"고[54] 하였다. 이 기사에서 '신라인', '고려인', '왜인', '중국인' 등은 외국인이었다. 그러면 '백제인'은 내국인, 즉 백제의 영토 안에서 백제왕의 지배를 받는 민을 말한다. 이는 〈광개토대왕비〉에서 백제인을 '한인'과 '예인'으로 구별한 것과는 다르다. 따라서 『수서』의 이 기사는 이 시기에 백제왕의 지배를 받는 여러 계통의 주민들이 서로의 구별이 필요 없을 정도로 융합되었음을 보여 준다. 이러한 주민의 융합은 몇 단계를 거쳐 이루어졌다.

---

52 『주서』 권49 열전 제41 이역 상 백제전의 "王姓扶餘氏 號於羅瑕 民呼爲鞬吉支 夏言竝王也 妻號於陸 夏言妃也" 참조.
53 이병도, 1977, 『국역 삼국사기』, 을유문화사, 351쪽의 주) 1.
54 『수서』 권81 열전 제46 동이 백제전의 "其人雜有新羅高麗倭等 亦有中國人" 참조.

첫 번째 단계는 한성도읍기에 한강 유역에서의 문화 복합이다. 지정학적인 측면에서 볼 때 한강 유역은 서북한 지역과 동북한 지역을 접속시키는 좋은 조건을 가지고 있다. 서북한 지역은 한계 문화가 강하고 동북한 지역은 예계 문화가 강한 곳이었다. 이러한 문화들이 한강 유역에 들어오면서 문화 복합이 이루어져 점토대토기 문화가 만들어졌다. 점토대토기 문화의 형성은 한성도읍기에 한족과 예족의 융합 과정이 점진적으로 진행되었음을 보여 준다.

두 번째 단계는 백제 왕실의 웅진으로의 천도이다. 이때 황해도와 경기도 일대에 거주하고 있던 주민들의 일부는 왕실과 더불어 황급히 웅진으로 내려왔다. 이 가운데는 예계 주민들도 포함되어 있었을 것이다. 그러나 남하해 온 예계 주민들의 수는 적었을 뿐만 아니라 근거지를 버리고 내려왔기 때문에 웅진도읍기에 이들의 정치적·사회적 영향력은 제한적이었다. 반면에 새로이 왕도가 된 웅진과 금강유역권은 '남한지南韓地'라는 표현에서 보듯이 한인들의 주 분포지였다. 여기에 백제 왕실이 내려옴에 따라 백제 주민의 대다수는 한족이 차지하게 되었다.[55] 이리하여 사씨, 연씨, 백씨 세력 등 한계 출신 세력들은 중앙으로 진출하여 점차 정치 운영의 중심부를 이루었다. 그 결과 경제적 기반도 없고 수적으로도 열세인 예계인들은 점차 한족문화에 융합되어 갔다.

세 번째 단계는 사비 천도이다. 538년 사비로 천도를 단행한 성왕은 중앙집권적 국가체제를 재정비하고 지방에 대한 통제력을 강화하였다. 특히 지방을 5방-37군-200성(현)으로 편제하여 지방통치조직을 세분화한 것은 재지 세력들의 힘을 약화시켜 중앙의 지배력이 지방 곳곳에 미치도록 하였고 지역과 지역 사이의 폐쇄성을 허무는 데도 크게 기여하였다. 이

55 노태돈, 2007, 「문헌상으로 본 백제의 주민 구성」, 『백제의 기원과 건국』(백제문화사대계 연구총서 2), 충청남도역사문화연구원, 156쪽.

리하여 한강 유역에서 이동해 온 부여계 주민 집단 및 일부 예계 주민들의
한족화韓族化는 보다 빨리 진행되었다. 그에 따라 한족과 예족을 구분하는
의식은 없어지고 백제 영역 내에서 백제왕의 지배를 받는 사람들은 모두
'백제인'이라는 의식을 가지게 되었다.[56] 그 결과 언어도 한어로 융합되었
다.『수서』백제전의 기사는 한과 예의 융합이 이루어진 시기의 모습을 보
여 주는 것이다.

56 노태돈, 2007,「문헌상으로 본 백제의 주민 구성」,『백제의 기원과 건국』(백제문화사대계
　　연구총서 2), 충청남도역사문화연구원, 156쪽.

제1부
건국과 성장

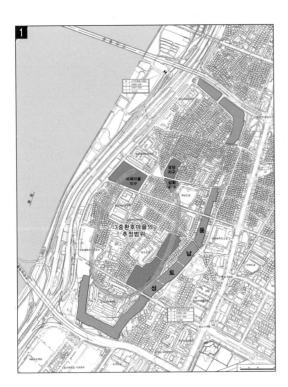

1 풍납토성 내의 환호성(한성백제박물관 제공)

풍납토성 내부 발굴에서 확인된 삼중 환호성은 백제가 하북에서 하남으로 중심지를 옮기면서 만든 초기 하남위례성으로 보인다. 환호성이 만들어짐으로써 성안의 지배층과 성 밖의 피지배층의 거주지가 구별되었다. 이 환호성은 『삼국사기』 백제본기에 백제가 한산으로 이도移都하면서 목책성을 만들었다는 기사와 대응된다. 그림 내 노란색 선은 발굴된 삼중 환호를 기준으로 환호성의 범위를 추정하여 표시한 것이다.

2 서울 석촌동고분군 전경(한성백제박물관 제공)

석촌동고분군은 한성도읍기 백제 왕실의 능묘 구역이다. 봉토분, 즙석총, 적석총 등 여러 형태의 무덤들이 남아 있어 백제 왕실 묘제의 변화를 잘 보여 준다. 특히 고구려 적석총과 흡사한 백제 적석총은 왕실이 고구려 계통임을 보여 주는 증거로 많이 언급되고 있다.

3 『삼국사기』 권제23 백제본기 시조 즉위년조의 건국설화(연세대학교 하일식 교수 제공)

『삼국사기』에는 온조 중심의 건국설화와 비류 중심의 건국설화가 전해지고 있다. 두 개의 건국설화가 전하는 나라는 백제가 유일하다. 이 두 설화 모두 온조와 비류가 형제로 나온다. 시조형제설화는 온조 세력과 비류 세력이 연맹체를 형성한 후 연맹체의 결속을 공고히 하기 위해 만들어졌다고 생각된다.

3

三國史記卷第二十三

百濟本紀第一

　宣撫

百濟始祖温祚王其父鄒牟或云朱蒙自北扶
餘逃難至卒本扶餘扶餘王無子只有三女子
見朱蒙知非常人以第二女妻之未幾扶餘王
薨朱蒙嗣位生二子長曰沸流次曰温祚或云
朱蒙到卒本娶越郡女生二子及朱蒙在北所生子來爲太
子沸流温祚恐爲太子所不容遂與烏干馬黎
等十臣南行百姓從之者多遂至漢山登負兒
嶽望可居之地沸流欲居於海濱十臣諫曰惟
此河南之地北帶漢水東據高岳南望沃澤
西阻大海其天險地利難得之勢作都於斯不
亦宜乎沸流不聽分其民歸彌鄒忽以居之溫
祚都河南慰禮城以十臣爲輔翼國號十濟是
前漢成帝鴻嘉三年也沸流以彌鄒土濕水鹹
不得安居歸見慰禮都邑鼎定人民安泰遂
慙悔而死其臣民皆歸於慰禮後以來時百姓樂
從改號百濟其世系與高句麗同出扶餘故以
扶餘爲氏　一云始祖沸流王其父優台北扶餘王解扶婁庶孫母召西奴卒本人延陀勃之女始歸于優台生子二人長曰沸流次曰溫祚優台死寡居于卒本後朱蒙不容於扶餘以前漢建昭二年春二月南奔至卒本立都號高句麗娶召西奴爲妃其於開基創業頗有內助故朱蒙寵接之特厚待沸流等如己子及朱蒙在扶餘所生禮氏子孺留來爲太子以至嗣位焉於是沸流謂弟溫祚曰始大王避扶餘之難逃歸至此我母氏罄家財助成邦業其勤勞多矣

제1장

십제국의 건국

I. 한강 유역의 선주 세력: 진국

1. 진국의 위치

백제의 건국 과정을 올바르게 이해하기 위해서는 시조 온조 집단이 한강 유역으로 남하해 오기 이전 이 지역의 상황에 대해 정리해 둘 필요가 있다. 이는 백제 건국을 이해하는 데 토대가 되기 때문이다. 한반도에서 청동기문화가 성립됨에 따라 신석기시대의 씨족공동체적 사회관계가 분해되어 점차 지배계급과 피지배계급으로 이루어진 계급 사회가 형성되었다. 씨족공동체 관계의 해체와 계급의 형성은 청동기문화가 발전하고 또 철기문화가 전파됨에 따라 보다 촉진되었다. 이러한 전반적인 문화 변동 속에서 한반도 각 지역에는 크고 작은 정치체들이 성립하였다. 이 정치체들은 국國으로 표현되었다. 문헌상으로 국의 존재가 확인되는 가장 빠른 사례로는 개국蓋國과 진국辰國 그리고 한韓을 들 수 있다. 한에 대해서는 뒤에 언급할 것이다.

'개국'은 중국의 지리서인 『산해경』에 그 이름이 나온다.[1] 이 '개국'에 대해 '개마한蓋馬韓'의 약칭이며 진국의 별칭이라고 하면서 뒷날 삼한의

---

1 『산해경』 제12 해내북경의 "蓋國在鉅燕南倭北 倭屬燕"참조.

전신으로 보는 견해가 있다.[2] 그러나 자료가 없어 더 이상 실체를 분명히 알기 어렵다.

'진국'은 『사기』 조선전에 처음으로 나온다. 판본에 따라 '진국辰國'으로 또는 '중국衆國'으로 나온다.[3] 이로 말미암아 진국이 옳다는 설과[4] 중국이 옳다는 설[5] 등이 제기되었다. 그러나 『한서』 조선전을 비롯하여 『위략』과 『삼국지』 동이전 및 『후한서』 동이전에는 모두 진국으로 나오므로 진국으로 보는 것이 타당하다. 다만 중국衆國이 여러 나라를 무엇인가를 고리로 하여 하나로 묶어 표현한 표기라면 그 의미를 살릴 필요가 있다. 이에 대해서는 뒤에 다시 언급할 것이다.

진국의 위치에 대해, 기원전 2세기 대에 한반도 중남부 지역 가운데 익산, 완주 지역이 세형동검문화가 가장 발달한 곳이라는 점에 주목하여 금강~만경강 유역으로 보는 견해와[6] 세형동검, 세문경 외에 철부, 철착, 철사와 같은 주조철기들이 출토된 서산, 당진, 예산 일대로 보는 견해 등이 있다.[7] 이외에 요동에 있던 북진한北辰韓이 남하하여 경상도에 최종 정착하는 과정에서 한반도 중부 지역에 일시적으로 머물렀던 정치체로 보는 견해도[8] 있다.

지명이나 나라의 위치를 비정할 때 고고학적 유적이나 유물도 중요하지만 지리적 단서가 보다 중요하다. 지리가 일차 조건이기 때문이다. 진국

---

2 이병도, 1976, 「개국과 진국문제」, 『한국고대사연구』, 박영사, 238~239쪽.
3 『사기』 권115 조선열전 제55 현행본의 "眞番傍辰國"과 宋本의 "眞番傍衆國" 참조.
4 이병도, 1976, 「개국과 진국 문제」, 『한국고대사연구』, 박영사, 239쪽.
5 정중환, 1956, 「진국·삼한급가라의 명칭고」, 『부산대학교 10주년기념논문집』, 부산대학교, 10쪽.
6 김정배, 1976, 「준왕 및 진국과 '삼한정통론'의 제문제―익산의 청동기문화와 관련하여―」, 『한국사연구』 13집, 한국사연구회; 전영래, 1983, 「한국 청동기문화의 연구―금강유역권을 중심으로―」, 『마한·백제문화』 6집, 원광대학교 마한·백제문화연구소.
7 이현혜, 2007, 「마한사회의 형성과 발전」, 『백제의 기원과 건국』(백제문화사대계 연구총서 2), 충청남도역사문화연구원, 222~224쪽.
8 천관우, 1975, 「삼한의 성립과정―「삼한고」 제1부―」, 『사학연구』 26집, 한국사학회.

의 위치를 짐작하게 하는 지리적 단서는 『사기』 조선전의 "진국은 진번의 곁에 있었다[辰番傍辰國]"는 기사이다. 진번의 위치를 알면 그 곁에 있던 진국의 위치도 짐작할 수 있다. 진번은 임둔과 더불어 위만조선 이전에 이미 있던 국이었는데 위만조선이 성립하자 그 세력권 안으로 편입되었다.[9] 그후 한 무제는 위만조선을 멸망시킨 후 4군을 설치하면서 진번국에는 진번군을 두었다.

진번군의 위치에 대해 압록강 이북의 만주 지역에 있었다고 보는 설도 있지만 이 견해로는[10] 진국의 위치 문제를 해결할 수 없다. 진번군의 위치는 동쪽은 현재의 춘천 일대, 북쪽은 자비령을 한계로 하고 남쪽은 한강북안에 이르는 지역으로 보는 견해가[11] 타당하다. 그렇다면 익산 지역이나 서산·당진 지역은 진번군의 '곁'으로 보기에는 너무 멀다. 반면에 한강 유역은 '곁'이라고 하는 지리적 조건을 충족시켜 준다. 따라서 진국은 한강 유역을 중심으로 하는 경기도 일대에 위치한 것으로 비정할 수 있다. 다만 이를 입증해 줄 수 있는 물질적인 증거는 앞으로의 고고학적 발굴 성과에 기대해 본다.

2. 진국의 성립과 성격

진국의 성립 시기는 『사기』 조선전의 "진국이 한漢에 글을 올려 통교하려 하자 위만조선의 우거왕이 방해하여 막았다"는 기사에서[12] 추정해 볼수 있다. 이 기사는 진국과 위만조선이 동시기에 존재한 것을 보여 준다. 위만조선은 연나라에서 망명해 온 위만이 기원전 194년에 기자조선의 준

---

9 『사기』 권115 조선 열전 제55의 "侵降其旁小邑 眞番臨屯 皆來服屬" 참조.
10 천관우, 1975, 「삼한의 성립과정―「삼한고」 제1부―」, 『사학연구』 26집, 한국사학회.
11 이병도, 1976, 「개국과 진국 문제」, 『한국고대사연구』, 박영사, 117~125쪽.
12 『사기』 권115 조선열전 제55의 "眞番旁辰國 欲上書見天子 又擁閼不通" 참조.

왕을 쫓아내고 세운 후 기원전 108년에 한 무제에 의해 멸망당할 때까지 존재하였다. 이로 미루어 진국은 늦어도 위만조선이 성립한 기원전 2세기 전반경에는 성립한 것으로 볼 수 있다. 기원전 2세기 전반은 고고학적으로 초기철기시대에 속한다.

한강 유역의 초기철기 유적지로는 경기도 가평 마장리와 경기도 양평 대심리, 강원도 춘천 중도, 충북 충주시 지동리 등의 주거지 유적을 들 수가 있다. 한강 유역은 농업에 적합한 지대로서 청동기시대 이래 잡곡농사와 도작이 행해지고 있었다. 대심리에서 나온 호미 끝과 같은 철제도구의 파편은 이 시기에 철제농구가 농경에 사용되었음을 보여 준다. 한강 유역의 이러한 초기철기문화는 진국이 성립할 수 있는 문화 기반이 되었다.

이러한 문화 기반 위에서 한강 유역의 곳곳에 진국만이 아니라 여러 국들이 성립해 있었다. 이를 시사해 주는 것이 『사기』 송본의 '중국衆國'이란 표현이다. 이때의 '중국'은 고유명사로서의 국명이라기보다는 글자 그대로 '여러 국'을 가리키는 표현이다. 그렇다면 한강 유역을 비롯한 경기도 일대에는 여러 국이 성립해 있었고 진국은 그 가운데 하나였다고 할 수 있다.

이러한 여러 국 가운데 진국만이 대외적으로 이름이 알려진 것은 진국이 여러 국들을 대표하는 국이기 때문이었을 것이다. 어느 한 국이 여러 국을 대표하는 현상은 연맹체를 형성하였을 때 생겨난다. 연맹체가 형성되면 연맹체를 이끌어 가는 주도 세력, 즉 맹주국이 대외적으로 연맹체를 대표하기 때문이다. 그렇다면 한강 유역에는 여러 국으로 이루어진 연맹체가 있었고 이 연맹체를 대표하는 맹주국이 진국이라 할 수 있겠다.

이를 방증해 주는 것이 임둔과 진번이다. 임둔과 진번은 위만조선이 세워지기 전에 이미 성립해 있었다. 그 정치적 성격은 한 무제가 설치한 임둔군과 진번군의 내부 모습에서 살펴볼 수 있다. 임둔군은 동이, 불이, 화

려 등 15개 현으로 구성되었고, 진번군은 대방, 소명, 열구 등 15개 현으로
구성되었다. 이 현들은 원래 독립적인 국이었는데 한漢이 국을 현으로 편
제한 것이다. 이는 뒷날 후한이 영동 7현을 후국侯國으로 삼고 현 가운데
거수는 현후縣侯로 봉한 것에서[13] 확인된다. 즉 임둔과 진번은 한사군이
설치되기 이전에는 여러 국들로 이루어진 연맹체였던 것이다. 이를 원용
하면 진국도 여러 국들로 이루어진 연맹체였으며, 이 국들은 한강 유역을
중심으로 하여 경기도 일대에 분포하고 있었던 것으로 볼 수 있다. 이러한
입장에서 저자는 진국은 연맹체를 대표하는 국명이면서 동시에 연맹체 자
체의 명칭으로 파악한다.

　진국의 성격을 이렇게 보았을 때 또 하나 정리해야 할 것은 『후한서』 동
이전에 '삼한의 78국은 모두 옛 진국'이라[14] 한 기사이다. 이 기사를 그
대로 따르면 진국은 삼한보다 앞서 성립하였으며, 이 진국에서 삼한(마
한·진한·변한) 78국이 나왔고, 삼한이 위치한 남한 지역은 모두 진국의
범위가 된다. 그래서 진국을 삼한 전 지역을 포괄하는 연맹체로 보는 견
해도 나왔다.[15] 그러나 『삼국지』 동이전에는 '진한은 옛 진국'이라[16] 하였
다. 이 기사는 진한만이 진국의 후신이며 진한이 성립되었을 당시 진국은
이미 소멸되었음을 보여 준다.

　『후한서』 동이전 한조의 기사는 『삼국지』 동이전 한조의 기사를 압
축·윤문한 것이어서 삼한에 관한 한 『삼국지』의 기사가 더 신빙성이 있

---

13 『삼국지』 권30 위서 동이전 동옥저조의 "漢光武六年 … 省邊郡都尉 由此罷 … 其後 皆以
　其縣中渠帥爲縣侯 … 不耐華麗沃沮諸縣 皆爲侯國" 참조.
14 『후한서』 권85 동이열전 제75 한전의 "韓有三種 一曰馬韓 二曰辰韓 三曰弁韓 馬韓在西 有
　五十四國 … 辰韓在東 十有二國 … 弁辰在辰韓之南 亦十有二國 … 凡七十八國 … 皆古之辰
　國也" 참조.
15 이병도, 1976, 「개국과 진국 문제」, 『한국고대사연구』, 박영사.
16 『삼국지』 권30 위서 동이전 한조의 "辰韓者古之辰國也" 참조.

다.[17] 또 삼한의 기원은 기자조선의 준왕이 남쪽의 익산 지역으로 내려와 세운 '한연맹체'이고 이 한연맹체는 위만조선과 같은 시기에 존재하였다. 이는 진국과 한이 동시기에 존재한 것이지 진국이 먼저이고 한이 뒤인 것이 아님을 보여 준다. 따라서 진국과 삼한의 관계는 『후한서』보다는 『삼국지』 동이전 한조의 기사를 근거로 설명해야 한다.

이러한 관점에서 저자는 '진한은 옛 진국'이라는 『삼국지』 동이전의 기사를 다음과 같이 이해한다. 진한이 성립되기 이전에 진국은 존재하였다. 진국은 한강 유역을 중심으로 하는 경기도 일대에 성립한 여러 국들로 이루어진 연맹체였다. 그 후 어느 시기에 진국이 해체되고 진국을 이루었던 세력들에 의해 진한이 성립되었다. 그래서 '진한은 옛 진국'으로 표현되었다. 이렇게 보면 위만조선이 성립해 있을 당시 한반도 중부 이남 지역에는 한강 유역의 진국으로 대표되는 연맹체와 익산 지역의 한연맹체가 동시에 성립해 있었다고 할 수 있다.

3. 진국의 해체

기원전 2세기 전반에 성립한 진국은 위만조선 말기까지 존재하였다. 진국이 해체된 시기는 '진한은 옛 진국'이란 기사에서 추론해 볼 수 있다. 진한이 성립되었을 때 진국은 이미 해체되었기 때문이다.

진한은 진역秦役을 피해 내려온 옛 유망민들이 세웠다.[18] 유망민들이 진역을 피해 내려온 시기는 진나라 말기 한나라 초기로 대략 기원전 3세기 말에서 기원전 2세기 초이다. 이후 진한의 우거수였던 염사착廉斯鑡이 왕망 지황 연간(20~22)에 낙랑군에 항복하였다. 염사착의 존재는 기원전에

17 천관우, 1976, 「〈삼국지〉 한전의 재검토」, 『진단학보』 41집, 진단학회.
18 『삼국지』 권30 위서 동이전 한조의 "辰韓在馬韓之東 其耆老傳世自言 古之亡人避秦役 來適韓國" 참조.

진한이 이미 성립되어 있었음을 보여 준다. 그렇다면 진국의 해체 시기도 기원전 1세기 이전으로 볼 수 있다.

진국이 해체된 배경으로 주목되는 것이 위만조선 말기의 상황이다. 위만조선은 성립 이후 한漢과 그 주변국들 사이에서 중개무역으로 이익을 취하고 있었다. 그런데 진국이 위만조선의 중개를 거치지 않고 한과 직접 교섭을 시도하자 위만조선은 이를 방해하였다. 이로 말미암아 위만조선과 한 사이에 무력 충돌이 일어나게 되었다.

이때 조선상朝鮮相 역계경은 우거왕에게 한과 충돌하지 말 것을 간하였다. 우거왕이 그 간언을 듣지 않자 역계경은 2천여 호를 거느리고 위만조선을 이탈하여 진국으로 내려왔다.[19] 그 시기는 위만조선이 멸망한 기원전 108년 직전이다. 역계경 집단은 '동의 진국으로 갔다[東之辰國]'는 기사에서 미루어 위만조선의 수도 평양에서 출발하여 '함흥 지역으로 가서[東之]' 거기에서 원산 지역으로 내려와 추가령구조곡을 타고 한강 유역의 진국으로 온 것으로 추정된다.

2천여 호라고 하는 대규모 집단의 이주가 진국에 준 충격은 컸을 것이다. 그 결과 진국연맹체는 그 충격을 견디지 못해 와해되고 말았다. 이는 연나라에서 무리 1천여 명을 거느리고 망명해 온 위만이 기자조선의 준왕 정권을 붕괴시킨 것과 유사하다. 차이점은 위만은 새로운 왕조를 열었지만 역계경은 그렇게 하지 못하였다는 것이다. 선진 문화 경험을 가진 집단이었음에도 역계경이 새로운 구심 세력으로 등장하지 못한 이유가 무엇인지는 앞으로 면밀히 검토해야 할 것이다.

역계경 집단의 이동이 준 충격으로 이루어진 한강 유역의 진국 세력 해체는 연쇄적인 주민 이동의 파동을 야기하였다. 그 과정에서 진국을 영도

---

19 『삼국지』 권30 위서 동이전 한조의 "魏略曰 初右渠未破時 朝鮮相歷谿卿以諫 右渠不用 東之辰國" 참조.

하던 집단들은 소백산맥을 넘어 경상도의 각 지역으로 이동하였다. 이 유민들은 새로운 정착지에 분거分居하면서[20] 선주 토착 집단들을 정복하거나 이들과 결합하여 각 지역에서 국을 세웠다. 이 국들이 어느 시기에 유력한 국을 중심으로 연맹체를 형성하였다. 이 연맹체가 진한연맹체이다. 그래서 진한은 '옛 진국'으로 인식되었던 것이다. 이렇게 보면 역계경 집단의 남하, 진국 세력의 해체, 진한연맹체의 성립은 시간의 선후 속에서 일어난 연속된 사건으로 파악할 수 있다.

II. 온조의 십제국 건국과 지배조직

1. 건국 시조에 대한 여러 설의 검토

위만조선 멸망 전후에 야기된 대규모의 유이민 파동에 의해 진국 세력이 와해된 이후 한강 유역에는 기존의 토착 세력 집단과 새로이 이주해 온 유이민 집단 사이에 연합이나 정복 과정이 행해졌을 것이다. 이 과정에서 기존의 세력들이 재편되기도 하면서 새로운 국들이 각 지역에서 형성되기도 하였을 것이다.

이 시기에 한강 유역에서 두각을 나타낸 세력으로는 미추홀 세력, 위례 세력, 동부의 흘씨屹氏 세력, 북부의 해씨解氏 세력과 진씨眞氏 세력 등이 주목된다. 이 세력들은 나중에 백제국에 통합될 때까지 각각 별도의 국을 성립시킨 주체 세력들이라 할 수 있다. 『삼국사기』 초기기록에 이 세력들이 처음부터 백제국에 포함된 것으로 나오는 것은 뒷날 백제국 중심으로

---

20 『삼국사기』 권제1 신라본기 제1 혁거세 거서간 즉위년조의 "始祖 姓朴氏 諱赫居世 … 先是 朝鮮遺民 分居山谷之間爲六村 …" 참조.

역사를 정리한 결과이다. 이 세력들 가운데 건국 과정을 살펴볼 수 있는 것은 온조 집단이 세운 십제국(백제국)과 비류 집단이 세운 국뿐이다.

『삼국사기』를 비롯하여 국내외 사서에는 백제의 건국 시조와 건국 과정에 대해 다양한 내용이 나온다. 이를 종합하면 시조 온조설, 시조 비류설, 시조 구이仇台설, 시조 도모설로 묶을 수 있다.

시조 구이에 대해 『주서』 백제전에 "백제의 선조는 개마한의 속국이요 부여의 별종이었다. 구이라는 자가 처음으로 대방고지에 나라를 세웠다. 백제는 매년 시조 구이의 사당에 네 번 제사를 드렸다"라고[21] 나온다. 『수서』 백제전에는 구이는 동명의 후손으로 요동태수 공손도가 자기 딸을 구이의 처로 삼게 하였다는[22] 내용이 첨가되어 있다. 『한원』에 인용된 『괄지지』에는 구이 사당의 제사 내용만 나온다.[23] 구이의 실체에 대한 견해는 세 가지로 정리해 볼 수 있다.

첫째, 이 구이를 제8대 고이왕과 동일 인물로 보는 것이다.[24] 이 견해는 『삼국사기』에 관등제의 정비, 색복제의 제정, 좌장의 설치 등의 기사가 고이왕 대에 집중적으로 나온다는 것과 구이仇台의 '이台'는 오늘날에는 '대臺'로 발음하지만 원음은 '이以(i)'로서 '與之'·'盈之'·'延知'로 반절됨으로 '구이'와 '고이'는 음운이 상통하여 양자를 동일시할 수 있다는 것에 근거하였다. 이를 뒷받침해 주는 것이 요동태수 공손도가 자기 딸을 시조 '구이'에게 시집보냈다는 기사이다. 공손도는 후한 말 요동의 세력가로서 스스로 요동후 평주목이라 칭하였다. 그는 204년에 죽었다. 공손도가 과연 구이에게 딸을 시집보냈느냐의 사실 여부는 차치하고 연대로

---

21 『주서』 권49 열전 제41 이역 상 백제전의 "百濟者 其先蓋馬韓之屬國 扶餘之別種 有仇台者 始國於帶方故 … 又每歲四祠其始祖仇台之廟" 참조.

22 『수서』 권81 열전 제46 동이 백제전의 "東明之後有仇台者 … 始立其國于帶方故地 漢遼東太守公孫度以女妻之" 참조.

23 『한원』 번이부 백제조 옹씨주 『괄지지』의 "百濟城立其祖仇台廟 四時祠之也" 참조.

24 이병도, 1976, 『한국고대사연구』, 박영사, 475~476쪽.

보았을 때 이 시기에 가장 가까운 왕은 고이왕이다. 따라서『주서』와『수서』에 나오는 '구이'는 백제 시조가 아니라 '고이왕'을 가리키는 것으로 보는 것이 타당할 것이다. 구이에 대해서는 뒤에 다시 언급할 것이다.

둘째, 백제의 왕계를 주몽-온조계와 우태-비류계로 보고 구태(구이)를 시조 비류의 아버지인 우태와 동일한 인물로 보는 견해이다.[25] 이 견해는 온조 중심의 건국설화와 비류 중심의 건국설화를 토대로 백제의 왕계를 둘로 나누고, '仇台'를 '구태'로 읽은 후 이 구태는 음과 글자 형태가 '優台(우태)'와 통할 수 있다는 것에 근거하였다. 건국설화를 중심으로 왕계를 나눈 것은 타당하다. 그러나 우태는 해부루왕의 서손이면서 비류를 낳은 인물이지 백제 시조는 아니므로 구이를 우태와 동일 인물로 볼 수 없다.

셋째, 구이를 온조와 동일한 인물로 보는 견해이다.[26] 이 견해는 "『해동고기』에는 '시조 우이'가,『수서』및『북사』에는 '시조 구이'가 나오지만 동명이 시조인 것은 사적이 명백하므로 다른 기록은 믿을 수 없다"고 한 『삼국사기』제사조의 세주를 수용하고, 백제본기에 동명의 사당[東明廟]은 나오지만 시조 온조의 사당[溫祚廟]은 나오지 않는 것에 근거한 것이다. 그러나『삼국사기』편찬자의 견해는 '우태'나 '구이'는 백제 시조가 아니라는 점을 강조한 것이다. 또 '온조'와 '구이'는 음운이 전혀 통하지 않는다. 따라서 구이를 온조와 동일시할 수 없다.

시조 도모都慕에 대해『속일본기』에는 "대저 백제 태조 도모대왕은 일신日神이 영험을 내려 부여를 가려서 나라를 열었다. 천제가 도록을 주었다. 여러 한을 총괄하며 왕을 칭하였다"라고[27] 나온다. '도모都慕'를 'と

---

25 천관우, 1975, 「삼한의 성립과정—「삼한고」제1부—」,『사학연구』26집, 한국사학회.
26 임기환, 1998, 「백제 시조전승의 형성과 변천에 관한 고찰」,『백제연구』28집, 충남대학교 백제연구소.
27 『속일본기』권40 연력 9년조의 "秋七月 夫百濟太祖都慕大王者 日神降靈 奄扶餘而開國 天帝 授錄 摠諸韓而稱王" 참조.

ʊ'로 읽으면 음운상 '동명'과 통한다. 동명은 부여의 건국자이면서 부여
족의 족조로서의 위상을 가지고 있었다.[28] 동명의 건국 모습은 도모대왕
이 '일신이 영험을 내려 부여를 가려 나라를 열었다'고 한 것과 유사하다.
따라서 도모대왕은 부여의 시조 동명으로 볼 수 있다.

부여의 시조 도모가 백제 태조로 나오게 된 배경은 백제의 시조묘 건립과
관련이 있는 것 같다. 『삼국사기』에 의하면, 시조 온조는 즉위 원년에 부여
족의 족조인 동명을 모시는 사당을 세웠다. 이것이 동명묘東明廟이다. 온조
왕의 동명묘 건립은 고구려 2대 유리왕과의 정통성 경쟁에서 우위를 차지
하기 위해 나온 것이다. 동명묘는 시조묘始祖廟로서의 위상을 가졌으며 백
제는 대대로 동명묘에 제사를 드렸다. 이로 말미암아 동명(도모)왕이 백제
를 세운 것처럼 왜에 전해져 『속일본기』에 채록된 것 같다. 따라서 도모 역
시 백제의 시조가 아니다. 이렇게 보면 백제의 건국 시조는 온조설과 비류
설로 좁혀진다. 온조설은 『삼국사기』 백제본기의 본문에, 비류설은 세주에
기록되어 있다. 시조 비류에 대해서는 뒤에 다시 언급할 것이다.

2. 온조 집단의 이동과 십제국의 건국

『삼국사기』 백제본기 온조왕 즉위년조에는 온조를 시조로 하는 건국설
화가 나온다. 그 내용은 대략 다음과 같다.

백제 시조 온조의 아버지는 추모(鄒牟: 주몽)였다. 주몽은 북부여에서 도망해
와서 졸본부여왕의 둘째 딸과 결혼하였다. 둘 사이에 비류와 온조가 태어났다.
주몽은 졸본부여왕이 죽자 그 뒤를 이어 왕위에 올라 고구려를 세웠다. 주몽이

---

28 노명호, 1981, 「백제의 동명신화와 동명묘─동명신화의 재생성 현상과 관련하여─」, 『역사
   학연구』 X, 전남대학교 사학회.

북부여에 있을 때 낳은 아들 유리琉璃가 찾아오자 주몽은 그를 태자로 삼았다. 온조와 비류는 태자에게 용납되지 못할까 두려워하여 오간, 마려 등 10명의 신하와 더불어 남으로 갔다. 그러나 비류는 십신十臣의 간언을 듣지 않고 무리를 나누어 미추홀로 돌아가 살았고, 온조는 하남위례성에 도읍하였다. 나라를 세울 때 10명의 신하가 보좌하였기 때문에 국호를 십제十濟라 하였다.[29]

시조 온조는 북부여에서 도망해 온 주몽과 졸본부여왕의 둘째 딸 사이에서 태어났다. 그런데 온조의 탄생설화에는 고구려 시조 주몽이나 신라 시조 혁거세가 알에서 태어났다고 하는 '난생'과 같은 신비한 요소가 없다. 이는 백제 시조 탄생설화의 특징이다. 그 이유가 무엇인지 분명하지 않지만 부여족의 족조인 동명의 신화가 고리국에서 부여로, 부여에서 고구려로, 고구려에서 백제로 2차, 3차로 전파되는 과정에서 시조의 신성성을 강조하는 방법이 변화된 결과가 아닐까 한다.[30]

시조 온조가 위례로 내려와 나라를 세우게 된 배경은 주몽 말년에 전개된 왕위 계승 문제와 연계성을 가진다. 그 발단은 주몽이 북부여에 있을 때 맞이한 예씨禮氏 부인과의 사이에 태어난 유리가 찾아오면서부터이다. 주몽은 유리와 온조 가운데 하나를 후계자로 택해야 하였다. 온조는 어머니가 졸본부여왕녀였다는 것이 유리한 조건이었고, 유리는 주몽의 장자라는 것이 강점이었다. 주몽은 결국 온조 대신 유리를 태자로 삼아 왕위를 계승하도록 하였다. 그 배경은 몇 가지로 생각해 볼 수 있다.

첫째, 주몽이 북부여에서 도망쳐 내려올 때 숨겨 둔 부러진 칼을 찾아오면 자기 자식으로 인정하겠다고 한 약속이다.[31] 자식으로 인정하겠다는 것은 후계자로 삼겠다는 뜻을 내포하고 있기 때문이다. 둘째, 유리는 부여

---

29 『삼국사기』 권제23 백제본기 제1 시조 온조왕조 본문.
30 김철준, 1975, 「백제사회와 그 문화」, 『한국고대사회연구』, 지식산업사, 45~47쪽.
31 『삼국사기』 권제13 고구려본기 제1 유리명왕 즉위년조.

에서 출생하였기 때문에 부여족의 정통성을 가지고 있다는 점이다. 셋째, 유리가 지닌 신비한 능력이다. 『동국이상국집』, 「동명왕편」에 의하면 유리는 문호를 박차고 하늘로 날아올랐다고 한다.[32] 이는 후계자로서의 유리의 능력을 보여 주는 것이다. 주몽왕은 이러한 점들을 고려하여 유리를 후계자로 삼지 않았을까 한다.

유리의 태자 책봉으로 온조와 비류는 왕위 계승에서 밀려났다. 굴러들어온 돌이 박힌 돌을 밀어낸 것이다. 이는 온조 집단과 비류 집단의 반발을 불러일으켰다. 비류가 온조에게 '우리가 이곳에 있는 것이 군더더기 살과 같아 울울한 심정을 금할 수 없다'고 한 말이나 '태자에게 용납되지 못할까 두려워하였다'는 말이 이를 보여 준다. 따라서 온조 집단의 남하와 이동은 졸본 지역에서 벌어진 신구 세력 사이의 갈등의 산물이라 할 수 있다.

그런데 왕위 계승은 왕자들만의 문제가 아니라 왕자들을 둘러싼 지배 세력들의 문제이기도 하다. 그래서 고구려 지배층은 유리를 지지하는 세력과 온조를 지지하는 세력으로 나뉘어 대립하였다. 온조를 지지한 세력은 오간烏干과 마려馬黎 등 10명의 신하였다. 이들은 온조가 남하할 때 위험을 무릅쓰고 동행하였다. 이 가운데 오간과 마려는 이름에서 미루어 주몽이 북부여에서 화를 피해 떠나올 때 함께 한 오이烏伊, 마리摩離와 동일 인물로 보인다. 이들은 협보陝父와 생사를 같이하면서 주몽의 고구려 건국에 공을 세운 건국공신이었다.[33]

그러나 후계 문제와 관련해서는 이들 3명의 행보는 달랐다. 오이와 마리는 주몽왕의 기대와는 달리 온조를 지지하였다. 반면에 협보는 태자 유리를 지지한 것 같다. 협보가 온조와 동행하지 않았을 뿐만 아니라 유리왕

---

32 이규보, 『동국이상국집』 전집 3권 「동명왕편 병서」의 "類利應聲 舉身聳空 乘牖中日 示其神聖之異" 참조.
33 『삼국사기』 권제13 고구려본기 제1 시조 동명성왕 즉위년조의 "朱蒙乃與烏伊摩離陝父等三人爲友 行至淹虎水" 참조.

이 즉위한 후에는 최고위직인 대보大輔를 맡았다는 것이[34] 이를 말해 준다.

유리와의 후계자 경쟁에서 밀린 온조는 오간과 마려 등 지지 세력과 함께 고구려를 떠나 남으로 내려와 마침내 한강 유역의 위례 지역(현재의 서울)에 정착하였다. 이 시기 평안도와 황해도 지역에는 낙랑군이 존재하고 있었다. 이 때문에 온조 집단은 곧장 남으로 내려올 수 없었다. 온조 집단은 앞에서 언급한 역계경 집단의 이동처럼 개마고원을 넘어 함흥 지역에 이르는 고대교통로를 따라 남하하여 원산으로 내려온 후 다시 추가령구조곡을 타고 한강 유역에 도달하지 않았을까 한다. 고구려 계통의 적석총이 대체로 임진강 유역, 북한강 유역, 남한강 유역에 분포하고 있는 상황도[35] 이러한 이동 경로를 방증해 준다.

원주지를 떠난 이주민 집단이 다른 곳에 정착하는 것은 쉽지 않다. 비록 신라의 사례지만 완하국琓夏國에서 바다를 건너온 탈해 집단이 김해 금관국 지역에 정착하려다가 먼저 자리를 잡고 있던 수로 집단에 의해 쫓겨났다는 것이[36] 이를 잘 보여 준다. 온조 집단의 경우도 예외는 아니다.

온조 집단은 건국하기까지 두 단계의 고비를 넘겨야 하였다. 하나는 한강 유역에 제대로 정착하는 것이었다. 앞에서 언급한 바와 같이 한강 유역에는 진국연맹체와 연관되는 선주 세력들이 존재하고 있었다. 그러나 온조 집단이 선주 집단을 정복하였다는 기록은 없다. 이는 온조 집단이 선주 토착 세력들과 큰 마찰 없이 일정한 타협 속에서 정착하였음을 의미한다. 온조 집단이 선주 토착 집단의 묘제인 토광묘를 왕실의 묘제로 채택한 것

---

34 『삼국사기』 권제13 고구려본기 제1 유리명왕 22년조의 "十二月 王田于質山陰 五日不返 大輔陝父諫曰 …" 참조.

35 권오영, 1986, 「초기백제의 성장과정에 관한 일고찰」, 『한국사론』 15집, 서울대학교 국사학과; 심재연, 2017, 「한강 중·상류역의 적석총과 석촌동 적석총과의 관계」, 한성백제박물관 백제학연구소 편, 『백제 초기 고분의 기원과 계통』 (한성백제박물관 학술총서), 한성백제박물관.

36 『삼국유사』 권제2 기이 제2 가락국기조.

이 이를 보여 준다. 이에 대해서는 뒤에 다시 언급할 것이다.

다른 하나는 마한 맹주국과의 관계를 조절해야 하는 것이었다. 이 시기 한강 유역은 이미 건마국을 맹주로 하는 마한연맹체의 영향권 내에 있었다.[37] 이 때문에 마한연맹체의 배려 없이 건국하는 것이 쉽지 않았다. 결국 온조 집단은 마한의 협조를 이끌어 내었다. 마한왕이 온조왕에게 "왕이 처음 강을 건너왔을 때 발붙일 땅도 없었는데 마한이 100리의 땅을 할애해 주었다"고[38] 한 말이 이를 보여 준다. 이로써 온조 집단은 건국의 토대를 마련할 수 있게 되었다.

마한 맹주국이 온조 집단을 우대한 배경에는 두 가지 요건이 작용한 것 같다. 하나는 온조 집단이 마한 맹주국에 대해 신속의 예를 약속한 것이다. 건국 후 온조왕이 사로잡은 신록神鹿을 마한왕에게 보낸 것이[39] 이를 보여 준다. 다른 하나는 마한 목지국이 온조 집단을 북쪽의 낙랑이나 말갈 등의 압박을 막는 방파제로 삼으려는 의도이다. 이동해 온 집단을 울타리로 삼는 사례로는 기자조선의 준왕이 연나라에서 망명해 온 위만에게 100리의 땅을 주고 서쪽 변경을 지키도록 한 것을[40] 들 수 있다. 목지국이 100리의 땅을 할애해 준 것도 이와 유사하다고 하겠다.

이렇게 정착한 온조 집단은 주변의 선주 세력들을 통합하였다. 이러한 통합에는 온조 집단이 가진 고구려의 선진 문화가 큰 힘이 되었다. 온조 집단은 마침내 나라를 세우고 국호를 십제十濟라 하였다. 온조왕의 건국 연대는 『삼국사기』에는 기원전 18년으로 나온다. 반면 백제토기의 성립이 3세기 중반경이고 또 풍납토성이란 대규모 성곽 시설이 3세기 중후반

---

37 노중국, 1987, 「마한의 성립과 변천」, 『마한·백제문화』 10, 원광대학교 마한·백제문화연구소.
38 『삼국사기』 권제23 백제본기 제1 시조 온조왕 24년조의 "秋七月 王作熊川柵 馬韓王遣使責讓曰 王初渡河 無所容足 吾割東北一百里之地安之" 참조.
39 『삼국사기』 권제23 백제본기 제1 시조 온조왕 10년조.
40 『삼국지』 권30 위서 동이전 한조의 "魏略曰 … 燕人衛滿亡命爲胡服 東度浿水 詣準降 說準求居西界 … 準信寵之 拜爲博士 賜以圭 封之百里 令守西邊" 참조.

에 조영造營되었다는 것에 근거하여 건국 시기를 3세기 후반으로 낮추어 보는 견해도 있다.[41] 그러나 『삼국사기』 초기기록의 연대와 사건을 그대로 믿을 수는 없지만 그렇다고 건국 시기마저 3세기 중후반으로 내릴 수는 없다.

온조의 건국 시기는 국가 발전 단계와 연동해서 보아야 한다. 한국고대사회에서 국가 발전 단계는 앞에서 언급한 것처럼 읍락 단계-국 단계-국연맹 단계-부체제 단계-중앙집권국가 단계로 설정할 수 있다. 발전 단계론에 입각해 보면 국 단계부터 건국으로 볼 수 있다. 국이 성립하기 이전에는 방국邦國의 칭호도 없고 군신의 칭호도 없이 추장만 있었지만[42] 국이 성립하면서부터 왕과 신하와 백성이 있고 일정한 범위를 영역으로 확보하고 있기 때문이다. 이러한 관점에서 저자는 십제국의 건국 시기는 『삼국사기』의 기사처럼 기원 전후한 시기로 보고, 풍납토성과 몽촌토성이 축조된 3세기 중후반은 부체제 단계에 해당되는 것으로 파악한다. 부체제에 대해서는 뒤에 다시 언급할 것이다.

3. 십제국의 구조와 지배조직

건국 당시 십제국은 사방 100리 정도의 규모였다. 이 규모는 한반도 각지역에서 성립한 국들의 일반적인 규모였다. 『삼국유사』가 『통전』을 인용하여 조선 유민들이 나누어져 세운 70여 국의 땅이 '사방 100리'라고 한 것이[43] 이를 방증해 준다.

---

41 박순발, 2001, 『한성백제의 탄생』, 서경문화사; 권오영, 2001, 「백제국에서 백제로의 전환」, 『역사와 현실』 40집, 한국역사연구회.

42 『삼국유사』 권제2 기이 제2 가락국기의 "開闢之後 此地未有邦國之號 亦無君臣之稱 越有我 刀干汝刀干彼刀干五刀干 … 神鬼干等九干者 是酋長 領總総百姓 …" 참조.

43 『삼국유사』 권제1 기이 제1 72국조의 "通典云 朝鮮之遺民 分爲七十餘國 皆地方百里" 참조.

십제국의 내부 구조를 보여 주는 자료는 『삼국사기』 백제본기에 없기 때문에 『삼국지』 동이전을 중심으로 살펴보아야 한다. 동이전에 의하면 국은 국읍國邑과 읍락邑落으로 구성되었고 특수한 읍락으로 별읍別邑이 있었다. 읍락 가운데 중심이 되는 읍락, 즉 건국을 주도한 세력들이 자리한 읍락이 국읍이다.[44] 국國은 국읍이 중심이 되어 주변의 몇 개의 읍락을 아울러서 형성한 정치체인 것이다.[45] 사로국이 6촌으로, 가락국이 9촌으로 이루어진 것이 이를 보여 준다.

국의 이러한 구조는 마한 맹주국인 목지국에서도 찾아볼 수 있다. 『삼국사기』 백제본기에는 마한과 관련하여 국읍, 원산성, 금현성, 우곡성 등이 나온다. 이 기사의 국읍은 목지국의 중심 읍락인 국읍을 말하고, 마한이 망하자 백제국에 저항한 원산성과 금현성 및 우곡성 등은 목지국을 구성한 읍락으로 볼 수 있다.

이러한 사례들을 원용하면 십제국도 국읍과 몇 개의 읍락(촌)으로 이루어진 것으로 볼 수 있다. 온조 집단의 첫 정착지는 하북위례성이었다. 그 위치는 종로구 일대로 비정된다. 따라서 이곳이 국읍이 되었을 것이다. 그렇다면 여타 읍락들은 종로구 이외의 지역에 위치하였을 것이다. 그러나 건국에 참여한 읍락의 수는 알 수 없다.

십제국의 국읍을 구성한 주요 세력은 크게 두 부류로 나누어 볼 수 있다. 하나는 온조를 따라온 10명의 신하十臣로 대변되는 세력이다. 이 십신에 대해 온조의 가신으로 파악하거나,[46] 온조를 따라온 10개의 친족 집

---

44 노중국, 1989, 「한국고대의 읍락의 구조와 성격—국가형성과정과 관련하여—」 『대구사학』 38집, 대구사학회, 3~4쪽.

45 이현혜, 1984, 『삼한사회형성과정연구』, 일조각, 104~110쪽; 권오영, 1996, 「삼한의 '국'에 대한 연구」, 서울대학교 대학원 박사학위논문.

46 이종욱, 1977, 「백제왕국의 성장—통치체제의 강화와 전제왕권의 성립—」, 『대구사학』 12·13합집, 대구사학회, 67쪽.

단으로 보기도 한다.[47] 저자는 이전 연구에서 이 십신을 십제국을 형성한 10개의 선주 토착 집단으로 파악하였다.[48] 그렇지만 십신 가운데 오간과 마려는 고구려 출신이 분명하므로 본서에서는 온조와 함께 내려온 10개의 친족 집단으로 보는 견해를 따른다.

다른 하나는 선주 세력이다. 이 선주 세력은 온조 집단이 마한 목지국으로부터 할애받은 100리의 땅에 먼저 정착해 있었다. 이 가운데 온조 집단에 적극 협조한 세력이 국읍을 구성하는 일원이 되었을 것이다. 그러나 이세력들의 구체적인 모습은 알 수 없다.

국읍을 구성한 세력 가운데 건국 초기에는 십신들의 정치적 영향력과 위상이 높았다. 그래서 십신 세력이 중심이 되어 주변의 읍락들을 통합하여 십제국이 세워졌다. 국호에 '십신의 보익輔益'이 강조되고 있는 것이 이를 보여 준다.

십제국이 건국된 이후 지배조직은 고구려나 신라 및 왜의 사례를 통해 추론해 볼 수밖에 없다. 고구려의 경우, 대가나 소가는 그 아래에 사자使者, 조의皂衣, 선인先人을 두었다.[49] 대가나 소가들은 본래 환나국桓那國이나 조나국藻那國 등과 같은 국의 지배자였다가 뒷날 중앙의 지배자 집단이되었다. 따라서 사자, 조의, 선인은 대가나 소가들이 국의 지배자였을 때 그 아래에 둔 관직으로 볼 수 있다.

신라의 경우, 족장을 의미하는 간干 아래에 일벌一伐, 일척一尺, 피일彼日, 아척阿尺이 있었다.[50] 〈포항중성리신라비〉에는 일금지壹今智도 보인

---

47 노태돈, 1975, 「삼국시대 '부'에 관한 연구—성립과 구조를 중심으로—」, 『한국사론』 2집, 서울대학교 국사학과, 59쪽.

48 노중국, 1988, 『백제정치사연구—국가형성과 지배체제의 변천을 중심으로—』, 일조각 52~53쪽.

49 『삼국지』 권30 위서 동이전 고구려조의 "諸大加亦自置使者皂衣先人 名皆達於王 如卿大夫之家臣" 참조.

50 『삼국사기』 권제40 잡지제9 직관 하 외관 외위조의 "外位 文武王十四年 … 其位視京位 …

다. 간干은 사로국(서라벌국)의 우두머리를 거서간居西干이라 한 것에서 보듯이 국의 수장을 가리키는 칭호였다. 따라서 일벌, 일척, 피일, 아척 등은 국의 지배자 아래에 둔 관직으로 볼 수 있다.

왜의 경우 대개의 국들은 대마국의 비구卑狗-비노모리卑奴母離처럼 2개의 관官으로 이루어진 지배조직을 가지고 있었다. 그러나 세력이 상대적으로 큰 이도국은 이지爾支-설모고泄謨觚-병거고柄渠觚의 3개의 관으로 이루어진 지배조직을, 세력이 가장 큰 야마대국邪馬臺國은 이지마伊支馬-미마승彌馬升-미마획지彌馬獲支-노가제奴佳鞮 등 4개의 관으로 이루어진 지배조직을 가지고 있었다.[51]

고구려, 신라, 왜 등의 사례에서 미루어 십제국에도 그 수장 아래에 지배조직이 있었음은 분명하다. 그 조직의 모습을 추론하는 데 단서가 되는 것이 16관등의 하부를 구성하고 있는 좌군佐軍, 진무振武, 극우剋虞이다. 이 세 관官은 달솔, 은솔 등의 솔계 관등이나 장덕, 고덕 등의 덕계 관등처럼 자체적으로 분화되지 않았다. 이는 신라의 간 아래에 두어진 일벌, 일척, 피일, 아척이 분화되지 않은 것과 유사하다. 이러한 관점에서 저자는 좌군, 진무, 극우를 십제국 수장 아래에 둔 지배조직으로 파악한다.

4. 십제국의 첫 중심지: 하북위례성

『삼국사기』 백제본기에는 온조 집단이 정착해 나라를 세운 곳이 위례성慰禮城으로 나온다. 위례성의 위치에 대해 『삼국유사』는 '지금의 직산稷山'이라 하였다.[52] 이 설은 조선 후기까지 대체로 받아들여졌다. 그러나 정

干視舍知 一伐視吉次 彼日視小烏 阿尺視先沮知" 참조.

51 『삼국지』 권30 위서 동이전 왜인조.

52 『삼국유사』 권제1 왕력 제1 백제 제1 온조왕조의 "都慰札城 一云蛇川 今稷山"; 권제2 기이 제2 남부여 전백제 북부여조의 "彌鄒忽 仁州 慰禮 今稷山" 참조.

약용은 백제 위례성은 처음부터 한강 유역에 있었다고 설파하였다.[53] 그 근거로 백제가 말갈, 낙랑과 근접해 있어 그들의 침략을 자주 받았다는 사실, 온조왕이 한수 남쪽을 순수하면서 하남위례성이 가지는 좋은 입지 조건을 알았다는 사실,『북사』백제전에 백제 시조가 나라를 세웠다고 한 대방고지는 한강 이북에 위치하였다는 사실 등을 들었다. 이러한 다산의 견해는 이후 통설이 되었다.

위례성이 한강 유역에 있었다고 할 때 구체적인 위치와 관련하여『삼국사기』백제본기에는 두 가지 자료가 나온다. 하나는 첫 도읍지를 하남위례성이라 한 것이고,[54] 다른 하나는 첫 중심지는 하북에 있었고 그 후에 하남으로 옮겼다는 것이다.[55]

이로 말미암아 백제의 첫 도읍지에 대해 처음부터 하남에 자리를 잡은 것으로 보는 하남위례성설과[56] 처음에는 하북위례성에 있었고 후에 하남위례성으로 천도한 것으로 보는 견해가[57] 제시되었다. 전자의 견해에서는 백제 왕성인 풍납토성과 몽촌토성이 한강 이남에 위치한다는 사실을 입론의 주요 근거로 삼았다.

그런데 시조 온조왕 즉위년조에는 건국 과정과 건국 이후 일어난 일련의 일들이 모두 건국 당시에 있었던 것처럼 기술되어 있다. 비류 집단이 온조 집단에 귀부해 온 것, 국호를 십제에서 백제로 고친 것 등이 그것이

---

53 정약용,『아방강역고』권3「위례고」.
54 『삼국사기』권제23 백제본기 제1 시조 온조왕 즉위년조의 "十臣諫曰 惟此河南之地 北帶漢水 東據高岳 南望沃澤 西阻大海 其天險地利 難得之勢 作都於斯 不亦宜乎 … 溫祚都河南慰禮城"참조.
55 『삼국사기』권제23 백제본기 제1 시조 온조왕 13년조의 "夏五月 王謂臣下曰 … 必將遷國 予昨出巡 觀漢水之南 土壤膏腴 宜都於彼 以圖久安之計 秋七月 就漢山下 立柵 移慰禮城民戶 八月 遣使馬韓 告遷都 …"; 14년조의 "春正月 遷都"참조.
56 이홍직, 1971,「백제건국설화에 대한 재검토」,『한국고대사의 연구』, 신구문화사, 321~327쪽; 今西龍, 1934,「百濟史略」,『百濟史研究』, 近澤書店, 10쪽.
57 이병도, 1976,『한국고대사연구』, 박영사, 491~497쪽.

다. 하남위례성에 자리를 잡았다는 것도 그중 하나이다. 이러한 일들은 십제국이 건국된 이후 성장해 가는 과정에서 순차적으로 일어난 것이지 시조가 건국하면서 한꺼번에 이룰 수 있는 것은 아니다. 반면에 온조왕 13년조 기사에는 말갈과 낙랑의 공격에 대비해야 함으로 천도해야 한다는 천도의 이유가 구체적으로 기록되어 있다. 이는 13년조의 기사가 보다 사실적임을 보여 준다.

동일한 내용이 시기가 다르게 기록된 경우에 시조 즉위년보다는 기년 기사에 신빙성을 두는 것이 타당하다. 시조 즉위년 기사에는 시조의 위대함이나 신성함을 나타내기 위해 여러 가지 수식이 덧붙여지기 때문이다. 따라서 십제국의 첫 도읍지는 온조왕 13년조의 기사처럼 하북위례성이고, 뒤에 하남위례성으로 옮긴 것으로 파악해야 할 것이다.

하북위례성의 위치에 대해 정약용은 서울 동소문 밖 10리의 삼각산 동록 일대로 보았다. 이후 서울 세검정 일대로 보는 설,[58] 중랑천 부근에 비정하는 견해[59] 등이 나왔다. 이와는 달리 예성강과 임진강 사이의 경기 북부 지역에 백제국伯濟國이 있었고 그 중심지는 파주 육계토성이라는 견해도 있다.[60]

저자는 하북위례성의 위치로 오늘날 서울 사대문 안의 종로구 일대를 주목하고자 한다. 이 지역은 조선시대에는 한양 도성이 자리한 곳이었고, 고려시대에는 남경이 위치하였다. 이곳은 방어하기도 좋고 생산력도 풍

58 이병도, 1976,『한국고대사연구』, 박영사, 493~495쪽.
59 최몽룡·권오영, 1985,「고고학적 자료를 통해 본 백제초기의 영역고찰—도성 및 영역문제를 중심으로 본 한성시대백제의 성장과정—」,『천관우선생 환력기념 한국사학논총』, 정음문화사.
60 문안식, 1996,「백제의 대중국군현관계 일고찰」,『전통문화연구』4집, 조선대학교 전통문화연구소, 169~179쪽; 이현혜, 1997,「3세기 마한과 백제국」,『백제의 중앙과 지방』, 충남대학교 백제연구소, 10~11쪽; 김기섭, 2002,「위례성에서 한성으로」,『향토서울』62집, 서울특별시사편찬위원회.

부한 곳이었다. 따라서 종로구 일대가 온조가 세운 십제국의 정치적 중심지, 즉 국읍이 아니었을까 한다. 다만 이를 뒷받침해 줄 수 있는 유적이나 유물은 현재까지 확인되지 않았다. 이 문제는 앞으로 고고학적 발굴 성과에 의해 해결되기를 기대해 본다.

한편 『수서』 백제전에는 '백제 시조 구이가 대방고지帶方故地에 나라를 세웠다'고 기록되어 있다.[61] 대방고지는 '대방군의 옛 땅'이라는 말이다. 대방군은 후한 건안 연간(196~220)에 요동 지역에서 패권을 잡고 있던 공손강이 둔유현 이남의 황지를 개발하여 설치한 군으로[62] 치소는 황해도 봉산군 사리원 지역이다. 사리원역 부근의 한 고분에서 출토된 '대방태수 장무이帶方太守張撫夷'가 새겨진 전돌이 이를 방증해 준다.

이 기사를 토대로 2세기 후반에서 3세기 말경에 고구려에 의해 멸망된 동부여계 세력이 남으로 내려와 백제 왕위를 차지한 것으로 보는 견해도 있고,[63] 고구려의 비류부 세력이 남쪽으로 내려와 백제의 고이계 왕실을 축출하였다고 보는 견해도 있다.[64] 그러나 구이가 대방고지에 나라를 세워 백제 시조가 되었다는 것은 다음 몇 가지 측면에서 성립할 수 없다.

첫째, 공손강이 설치한 대방군은 314년에 고구려에 의해 멸망되었다.[65] 대방군이 멸망된 후 '그 옛 땅[故地]'에 나라를 세웠다면 백제국의 건국은 314년 이후가 되어야 한다. 이는 백제국의 성립 시기를 너무 늦추어 보는 것이다. 둘째, 『삼국사기』의 기사대로 백제가 기원 전후한 시기에 건국되

---

61 『수서』 권81 열전 제46 동이 백제전의 "東明之後有仇台者 篤於仁信 始立其國于帶方故地" 참조.

62 『삼국지』 권30 위서 동이전 한조의 "建安中 公孫康分屯有縣以南荒地 爲帶方郡" 참조.

63 이장웅, 2016, 「백제 시조 구태·비류 전승의 성립과 고구려·공손씨 관계」, 『백제문화』 55집, 공주대학교 백제문화연구소.

64 조영광, 2017, 「고구려·부여계 유이민의 남하와 백제 부여씨의 등장」, 『선사와 고대』 53집, 한국고대학회.

65 『삼국사기』 권제17 고구려본기 제5 미천왕 15년조의 "秋九月 南侵帶方郡" 참조.

었다면 이 시기에 대방군은 아직 설치되지 않았다. 두 사건은 시간적으로 맞지 않는다. 셋째, 대방군은 고구려에 의해 소멸되었으므로 대방고지의 핵심 지역은 고구려의 영역이 되었다. 따라서 고구려 땅에 백제가 나라를 세울 수 없다. 백제가 이 지역을 차지한 것은 근초고왕 대이다. 이러한 사실들을 종합해 볼 때 대방고지는 온조왕의 첫 정치적 중심지로 볼 수 없다.

제2장

지역연맹체 형성과 하남위례성 천도

I. 비류의 미추홀국 건국

1. 비류 집단의 이동

『삼국사기』백제본기 온조왕 즉위년조 본문 말미의 세주細注에는 비류를 시조로 하는 건국설화가 실려 있다. 시조 온조의 건국설화가 있는 데도 시조 비류의 건국설화가 나오고 또 두 시조가 형제라고 하는 것은 고구려나 신라에는 보이지 않는 백제만의 현상이다. 이러한 설화가 나오게 된 배경은 연맹체의 형성과 관련이 있다. 이에 대해서는 뒤에 언급할 것이다. 시조 비류의 건국설화 내용은 다음과 같다.

시조 비류왕沸流王은 그 아버지는 우태優台로 북부여 왕 해부루解夫婁의 서손庶孫이었고, 어머니는 소서노召西奴로 졸본 사람 연타발延陀勃의 딸이었다. (소서노는) 처음에 우태에게 시집가서 아들 둘을 낳았는데 맏아들은 비류라 하였고, 둘째는 온조라 하였다. 우태가 죽자 (소서노는) 졸본에서 과부로 지냈다. 뒤에 주몽이 부여에서 용납되지 못하자 전한 건소建昭 2년(기원전 37) 봄 2월에 남쪽으로 도망하여 졸본에 이르러 도읍을 세우고 국호를 고구려高句麗라고 하였으며, 소서노를 맞아들여 왕비로 삼았다. 주몽은 그녀가 나라를 창업하는 데 잘 도와주었기 때문에 그녀를 총애하고 대접하는 것이 특히 후하였고, 비류 등을 자기 자식처럼 대하였다. 주몽이 부여에 있을 때 예씨禮氏에게서 낳은 아들 유류孺留가 오자 그를 태자로 삼았고, 왕위를 잇기에 이르렀다. 이에 비류가 동생 온조에게 말하였다. "처음 대왕께서 부여에서의 난을 피하여 이곳으로 도망하여 오자 우리 어머니께서 재산을 기울여 나라를 세우는 것을 도와 애쓰고 노력함이 많았다. 대왕이 세상을 떠나시고 나라가 유류에게 속하게 되었으니, 우리들은 그저 군더더기 살[疣贅]처럼 답답하게 여기에 남아 있는 것은 어머니를 모시고 남쪽으로 가서 땅을 택하여 따로 도읍을 세우는 것만 같지 못하다." 마침내 동생과 함께 무리를 거느리고 패수浿水와 대수帶水 두 강을 건너 미추홀 彌鄒忽에 이르러 살았다.[66]

이 건국설화에 의하면 비류는 연타발의 딸 소서노와 북부여왕 해부루의 서손인 우태 사이에서 태어났다. 우태가 죽은 후 과부로 지내던 소서노는 주몽과 재혼하였다. 주몽이 나라를 세우는 데 소서노가 물심양면으로 도왔기 때문에 주몽은 비류와 온조를 친자식같이 대하였다. 그래서 비류는 주몽의 친자식은 아니지만 후계가 될 자격이 있었다. 그러나 주몽은 첫째 아들 유리가 북부여에서 고구려로 오자 태자로 삼았고, 이로 말미암아 비류는 후계에서 배제되어 울울하게 지내야 하였다. 이는 비류 집단이 후계 구도를 둘러싸고 고구려 내에서 일어난 정치적 갈등에서 밀려난 것을 보여 준다. 이에 비류 집단은 남으로 이동하여 패수와 대수를 건넜다. 패수는 예성강에, 대수는 임진강에 비정된다. 이로 미루어 비류 집단은 서해안을 타고 내려와 패수와 대수를 건너 미추홀에 정착한 것으로 보인다.

그런데 '비류沸流'라는 명칭은 국명, 군명, 강명 등으로 여러 곳에 나온다. 주몽과 경쟁한 송양왕의 비류국은 압록강의 지류인 혼강渾江(동가강) 유역에 위치하였다. 평남 성천 지방은 비류국 송양왕의 고도古都로 전해

---

66 『삼국사기』 권제23 백제본기 시조 온조왕 즉위년조 세주.

져 오는데 여기에는 군명郡名으로 비류군, 강명으로 비류수, 고적으로 비류국 이름이 나온다.[67] 또한 함남 영흥 지방에는 비류수가 보인다.[68]

비류라는 명칭이 여러 곳에 남게 된 것은 동가강 유역에서 비류국을 이루었던 부여족의 지파들이 어떤 사정으로 다른 지역으로 이동하여 정착하면서 생겨난 것으로 보인다. 그렇다면 비류 집단도 비류국 계통의 한 분파로서 미추홀 지역으로 이동해 정착한 것으로 파악할 수 있다. 이동 경로는 분명치 않으나 패수(예성강)와 대수(임진강)를 건넜다는 사실에서 미루어 서해안을 타고 내려온 것으로 보인다.

한편『제왕운기』에는 백제 시조 온조溫祚의 모형母兄으로 은조殷祚가 나온다.[69] 모형은 동모형同母兄을 말한다. 내용에서 미루어 은조는 비류와 동일 인물이지만 음운이 통하지 않는다. '은조'는 비류가 온조와 형제라는 사실에 근거하여 후대에 돌림자 형식으로 만든 이름일 가능성이 크다.

이외에 비류와 연결되는 인물로『신찬성씨록』에 피류왕避流王이[70] 나온다. 피류왕을 근초고왕의 아버지 비류왕比流王의 오기로 보는 견해도 있다.[71] 그러나『신찬성씨록』에는 비류왕比流王은 예외 없이 비류比流로 표기하고 있다. 따라서 피류는 비류沸流와 동일 인물로 보는 것이 타당하다.

2. 미추홀국 건국

졸본 지역을 출발한 비류 집단은 남으로 이동하여 미추홀에 정착하였

---

67 『신증동국여지승람』 권54 평안도 성천도호부조.
68 『신증동국여지승람』 권48 함경도 영흥대도호부 산천조.
69 『제왕운기』 권하 백제기의 "百濟始祖名溫祚 東明聖帝其皇考 其兄類利來嗣位 心不能平 乃南渡(與母兄殷祚 南奔立國 殷祚立五月而卒) …" 참조.
70 『신찬성씨록』 섭진국 제번 백제조의 "廣井 連 百濟國避流王之後也" 참조.
71 홍사준, 1977, 「신찬성씨록의 백제인 성씨고」, 『마한·백제문화』 2집, 원광대학교 마한·백제문화연구소, 209쪽.

다. 미추홀은 고구려 당시에는 매소홀買召忽로 불렸는데 현재의 인천 지역이다.[72] 인천의 문학산 일대에는 비류와 관련한 유적이 많다. 문학산 위에는 비류성기沸流城基, 성문비판城門扉板, 비류정沸流井 등이 남아 있다.[73] 『인천읍지』는 이 성을 미추홀彌鄒忽 고성이라 하였다.[74] 문학동에는 미추왕릉으로 불리는 유적도 있다.[75] 이러한 사실들을 종합하면 비류 집단은 문학산 일대에 정착하였고 뒷날 이곳이 국읍이 된 것으로 볼 수 있다.

문학산 일대에 자리 잡은 비류 집단은 점차 주변의 여러 읍락들을 통합하여 나라를 세웠다. 건국에 참여한 읍락의 수가 얼마인지, 이 읍락들이 어디에 위치하였는지는 알 수 없다. 비류 집단이 세운 국명에 대해 안정복은 『동사강목』에서 미추홀국이라 하였다. 이와는 달리 목지국으로 비정하는 견해도 있고,[76] 미추홀의 다른 이름인 매소買召가 마한 54국의 하나인 모수국牟水國의 모수牟水와 음상사한 것에 근거해서 모수국으로 보는 견해도 있다.[77] 저자는 이전 연구에서 모수국설을 따랐지만[78] 여기서는 정치적 중심지가 국명으로 사용되는 점 등을 고려하여 미추홀국으로 수정한다.

비류 집단이 미추홀에 나라를 세운 시기에 대해 『삼국사기』에는 온조 집단의 건국과 동일한 시기로 기록하고 있다. 그러나 비류 중심의 건국설화에는 비류의 아버지 우태가 주몽보다 먼저 졸본 지역에 정착한 세력가로 나타나 있고, 비류 집단과 온조 집단이 남하하여 정주지를 정할 때 미

72 『삼국사기』 권제35 잡지 제4 지리2 한주 율진군조의 "邵城縣 本高句麗買召忽縣 景德王改名 今仁州 一云慶原 買召一作弥鄒" 참조.

73 안정복, 『동사강목』 제1 상의 "渡浿帶二水 至彌鄒忽 (今仁川 俗傳文鶴山上 有沸流城基 城門扉板 至今猶存 城內有沸流井 昧淸洌云 勝覽不載可歎)" 참조.

74 인천직할시사편찬위원회, 1993, 『인천시사』.

75 정영호, 1979, 「백제문화 연구의 현황과 과제—제5회 마한 백제문화 학술회의—: 서울지역의 백제문화」, 『마한 · 백제문화』 3집, 원광대학교 마한 · 백제문화연구소, 87쪽.

76 천관우, 1979, 「삼한의 국가형성」, 『한국사연구』 24집, 한국사연구회, 26~27쪽.

77 유창균, 1983, 『한국고대한자음의 연구 II』, 계명대학교 출판부, 58~59쪽.

78 노중국, 1988, 『백제정치사연구—국가형성과 지배체제의 변천을 중심으로—』, 일조각, 60쪽.

추홀 지역이 먼저 거론되고 있다. 또 비류국의 송양왕이 주몽과 술수 경쟁을 한 시기는 주몽의 장자 유리가 고구려로 오기 이전이다. 이런 사실 등에서 미루어 비류 집단은 온조 집단보다 앞서 남으로 내려와 미추홀에 정착하여 나라를 세우지 않았을까 한다.

건국설화에 의하면, 비류는 북부여왕 해부루解夫婁의 서손인 우태의 아들이었다. 해부루의 '해解'는 성이고 '부루'는 이름이므로 북부여 왕실의 성은 해씨가 된다. 따라서 해부루의 계보를 잇고 있는 비류 집단의 출자는 부여족 계통이며, 성씨는 해씨로 볼 수 있다. 『삼국유사』에 백제 왕실의 성씨로 부여씨 외에 해씨가 나오는 것이[79] 이를 입증해 준다.

II. 지역연맹체의 결성과 주도권 장악

1. 지역연맹체의 결성

서울 지역에 십제국이, 인천 지역에 미추홀국이 성립되었을 당시를 전후하여 경기도 일원에는 여러 국들이 있었다. 이 국들은 마한연맹체의 일원이었다. 그런데 시간이 흐름에 따라 마한연맹체 내에서 지역연맹체가 형성되기 시작하였다. 지역연맹체는 큰 연맹체 내에서 지리적으로 근접해 있는 국들이 형성한 작은 연맹체를 말한다. 대표적인 사례로는 246년 마한이 중국 군현과의 전쟁에서 패하자 마한을 이탈하여 군현에 항복한 나해국那奚國 등 수십 국과[80] 영산강 유역을 기반으로 한 신미국新彌國 등

---

79 『삼국유사』권제2 기이 제2 남부여 전백제 북부여조의 "其世系與高句麗 同出扶餘 故以解爲氏" 참조.

80 『삼국지』권4 위서 삼소제기 제왕전 정시 7년조의 "春二月 幽州刺史丗丘儉討高句麗 夏五月 討濊貊 皆破之 韓那奚等數十國 各率種落降" 참조.

20여 국을[81] 들 수 있다.

십제국과 미추홀국도 건국 시기와 건국 지역은 달랐지만 지역연맹체를 형성하였다. 이를 보여 주는 것이 시조 온조와 시조 비류가 형제라고 하는 이른바 '시조형제설화'이다. 이때의 형제는 혈연상의 형제가 아니라 두 집단이 연맹을 형성하였을 때 그 관계를 합리화하는 이데올로기로 만들어진 것이다. 이를 방증해 주는 것이 대가야의 시조인 뇌질주일惱窒朱日과 금관국주인 뇌질청예惱窒靑裔가 천신 이비가夷毘訶와 가야산신 정견모주正見母主 사이에서 형제로 태어났다는 신화이다.[82] 가야연맹체는 처음에는 금관가야가 맹주국이었고, 뒤에 대가야가 맹주국이 되었다. 맹주국이 된 대가야는 이 연맹관계를 보다 공고히 하기 위해 대가야의 시조와 금관가야의 시조가 형제라고 하는 시조형제설화를 만들었던 것이다.[83] 이를 원용하면 온조와 비류가 형제라는 것은 비류계 세력과 온조계 세력이 연맹을 형성한 후 그 연맹관계를 합리화하고 연맹을 결속하기 위한 상징으로 만든 것이라 할 수 있다.

지역연맹체는 두 집단 사이의 경제적 교환 관계라든가, 외적의 침입에 대한 공동 방어의 필요성 등에 의해 만들어졌다.[84] 경제적으로 볼 때 미추홀 지역은 바다를 이용하는 해양적 성격이 강한 곳이었고, 위례 지역은 농업에 적합한 곳이었다. 두 집단은 한강을 매개로 해산물과 농산물을 교역하였고 소금이 중요한 교역품이었을 것이다.[85] 이러한 경제적 교환을 통해

---

81 『진서晉書』 권36 열전 제6 장화전의 "東夷馬韓新彌諸國等 依山帶海 … 歷世未附者二十餘 國 並遣使朝獻" 참조.

82 『신증동국여지승람』 권29 경상도 고령현 건치연혁조.

83 김철준, 1952, 「신라 상대사회의 Dual Organization (상)」, 『역사학보』 1집, 역사학회, 36~38쪽.

84 이현혜, 1984, 『삼한사회형성과정연구』, 일조각, 194쪽.

85 이도학, 1992, 「백제국의 성장과 소금 교역망의 확보」, 『백제연구』 23집, 충남대학교 백제연구소.

두 집단은 결속을 다졌을 것이다.

외부로부터의 위협은 중국 군현과 말갈의 압박을 들 수 있다. 중국 군현은 한강 유역에서 통합된 세력이 성장하는 것을 억제하고자 분열 정책을 시도하였고, 말갈 세력은 북한강 상류를 타고 내려와 약탈적으로 침입해 왔다.[86] 이에 따라 위례 세력과 미추홀 세력은 외부로부터의 압력에 효율적으로 대응하기 위해 지역연맹체를 형성한 것으로 보인다.

두 세력이 언제 지역연맹체를 형성하였는지는 분명하지 않지만 그 시기를 추론하는 데 단서가 되는 것이 환령지말桓靈之末(147~188) 중국 군현의 상황이다. 이 시기 후한은 환관들의 발호로 정치가 매우 문란하여 중앙정부는 낙랑군이나 대방군과 같은 변방에 위치한 군들을 제대로 지원해 줄 수 없었다. 이로 말미암아 중국 군현은 주변의 한과 예 세력을 제어하지 못하였다. 그 결과 민들은 점차 군현의 지배를 벗어나 한과 예 지역으로 빠져 나가는 상황이 되었다.[87]

이때의 한은 마한을 가리키는 것이 분명하다. 이 시기에 마한을 구성한 여러 국들 가운데 중국 군현에 보다 적극적으로 대응한 세력은 지리적인 조건에서 볼 때 한강 유역을 기반으로 성립한 십제국이나 미추홀국 등일 가능성이 크다. 중국 군현이 이 세력을 '한예강성韓濊强盛'으로 표현한 것은 이 세력들이 군현에 위협이 될 만큼 성장하였음을 보여 준다. 그 토대는 지역연맹체 결성에 의한 힘의 결집이었을 것이다. 그렇다면 위례 세력과 미추홀 세력을 중심으로 하는 지역연맹체는 2세기 중반에는 형성되었고, 2세기 말에 와서는 중국 군현이 능히 제압할 수 없을 정도로 성장하였다고 볼 수 있다.

---

86 『삼국사기』 권제23 백제본기 제1 시조 온조왕 13년조의 "國家東有樂浪 北有靺鞨 侵軼彊境 少有寧日 …" 참조.
87 『삼국지』 권30 위서 동이전 한조의 "桓靈之末 韓濊强盛 郡縣不能制 民多流入韓國" 참조.

2. 지역연맹체 주도권의 장악

지역연맹체를 형성하면 연맹체를 대표하는 세력, 즉 맹주국이 있기 마련이다. 그러나 맹주국은 연맹체를 구성한 국들 가운데 상대적으로 세력이 강하였지만 여타 세력들을 압도할 만큼 강성하지 않았다. 이를 보여 주는 것이 『삼국지』 한조에 "진왕은 대대로 그 지위를 이었지만 자립하여 왕이 될 수는 없었다"고[88] 한 기사이다. 이 기사의 진왕辰王은 마한연맹체를 대표하는 연맹장(맹주)의 칭호이고, '자립하여 왕이 될 수 없었다'는 것은 연맹장이 연맹체를 구성한 국들을 장악하지 못하였음을 보여 준다. 그에 따라 연맹장은 힘의 우열에 의해 교체되기도 하였다. 비록 신라의 경우지만 연맹장의 지위가 박씨에서 석씨로, 석씨에서 김씨로 바뀐 것이 방증 사례가 된다.

맹주국의 교체는 위례 세력과 미추홀 세력에 의해 형성된 지역연맹체의 경우에도 예외는 아니다. 지역연맹체가 형성된 초기에는 비류 세력이 연맹체를 이끌었다. 이는 시조형제설화에서 비류가 형으로, 온조가 동생으로 나오는 사실에서 알 수 있다. 형과 아우는 정치적 힘의 우열을 상징하기 때문이다.

그러나 비류가 죽자 그를 따르던 무리들이 온조에게 귀부歸附하였다. 무리들의 귀부는 힘의 쏠림 현상을 말한다. 이러한 힘의 쏠림 현상으로 비류 세력은 더 이상 맹주국의 위상을 유지할 수 없었다. 그 결과 맹주국의 지위는 온조 집단으로 넘어갔다. 즉 맹주국이 교체된 것이다.

맹주국의 교체에는 두 집단의 경제력의 우열이 작용하였다. 건국설화에 의하면 "미추홀 지역은 땅이 습하고 물은 짜서 살기에 좋지 않았지만 위례는 도읍이 세 솥발처럼 안정되고[鼎定] 백성들이 편안하고 태평하였다

---

88 『삼국지』 권30 위서 동이전 한조의 "辰王常用馬韓人作之 世世相繼 辰王不得自立爲王" 참조.

[安泰]"고[89] 하였다. 이 기사는 미추홀 지역이 농경에 적합하지 못하여 경제 여건이 좋지 않은 반면에 위례 지역은 농업생산력이 풍부하였음을 보여 준다. 위례 세력은 이러한 우월한 경제력을 바탕으로 연맹체의 주도권을 잡을 수 있었던 것이다.

맹주국의 교체가 일어난 시기에 대해 건국설화에는 온조왕 대로 나온 다. 그러나 온조왕 대는 십제국 시기로 건국 초창기였고 이 시기에 십제국 은 지역연맹체도 형성하지 않았다. 온조왕 대에 맹주국의 교체가 이루어 진 것으로 나오는 것은 뒷날 역사서를 정리하는 과정에서 시조의 탁월한 면모를 돋보이게 하기 위해 후대에 이루어진 사실을 시조 대에 일어난 사 실로 부회한 결과이다. 저자는 맹주국의 교체 시기는 초고왕 대로 본다. 이에 대해서는 뒤에 다시 언급할 것이다.

3. 지역연맹체 범위의 확대

온조왕이 십제를 건국한 시기를 전후하여 한강 유역에는 한반도 북부에 서 정치적 혼란이 있을 때마다 이동해 온 유이민 집단들이 여러 지역에 정 착해 있었다. 대표적 예로 위만조선 말기에 역계경 집단이 거느린 2천여 호의 유이민 집단, 고구려 유리왕에게 전렵하지 말 것을 간하였다가 좌천 되자 남한南韓으로 내려온 협보 집단,[90] 부여인으로 나오는 해루 집단 등을 들 수 있다. 협보나 해루 집단은 부여-고구려계 집단이다. 이 집단들은 고 구려 지역에서 내려와 임진강 일대 및 북한강과 남한강 일대에 정착하였 다. 이 지역 일대에 분포하고 있는 고구려식 적석총과 즙석식적석총이 이

---

89 『삼국사기』 권제23 백제본기 제1 시조 온조왕 즉위년조의 "沸流以彌鄒 土濕水鹹 不得安居 歸見慰禮 都邑鼎定 人民安泰 …" 참조.
90 『삼국사기』 권제13 고구려본기 제1 유리명왕 22년조의 "十二月 … 大輔陜父諫曰 … 王聞之 震怒 罷陜父職 俾司官園 陜父憤去之南韓" 참조.

를 보여 준다. 이외에 동부의 흘우屹于 세력, 북부의 진씨 세력 등도 있었다. 흘우 세력은 맥계일 가능성이 크고 진씨 세력은 말갈, 즉 예계일 가능성이 크다.

지역연맹체를 형성한 이후 십제국은 이러한 세력들을 연맹체에 끌어들였다. 그 과정을 보여 주는 것이 우보와 좌보의 임명이다. 우보와 좌보의 정치적 성격은 『삼국지』에 인용된 『위략魏略』에 나오는 염사착廉斯鑡 사화史話에서 추론해 볼 수 있다. 염사착은 염사국의 수장, 즉 염사읍군廉斯邑君이면서[91] 진한연맹체의 우거수右渠帥였다. 좌우의 관점에서 볼 때 우거수는 좌거수左渠帥의 존재를 설정할 수 있게 한다. 따라서 진한연맹체에는 우거수 외에 좌거수도 있었고 좌·우거수는 연맹장을 보좌하였다고 할 수 있다.

진한연맹체의 거수가 좌우로 나누어진 것은 보輔가 좌우로 나누어진 것과 동일하다. 좌·우거수와 좌·우보는 둘 다 비슷한 시기에 설치되었다. 이렇게 보면 좌·우보의 보輔는 한문식으로 아화雅化한 것일 뿐 실제는 거수渠帥와 같은 성격으로서 연맹장을 보좌하는 직이라고 할 수 있다.

여기에서 주목되는 것은 진한연맹체의 경우 좌·우거수는 연맹체에 참여한 유력한 국의 수장이 맡았다는 사실이다. 우거수 염사착이 본래는 염사의 읍군, 즉 염사국의 수장이기 때문이다. 이로 미루어 백제의 우보와 좌보도 연맹체를 구성한 유력한 국의 수장이 맡은 것으로 볼 수 있다. 그렇다면 우보와 좌보의 임명 순서는 유력 세력들이 연맹체에 참여한 과정을 보여 준다고 하겠다.

최초로 우보에 임명된 자는 온조왕의 족부族父 을음乙音이었다.[92] 족부는 삼촌을 말한다. 온조왕이 을음을 최초로 우보에 임명한 것은 일족을 먼

---

91 『삼국지』권30 위서 동이전 한조의 "魏略曰 … 至王莽地皇時 廉斯鑡爲辰韓右渠帥 …";
　『후한서』권85 동이열전 제75 한전의 "建武二十年 韓人廉斯人蘇馬諟等 詣樂浪貢獻 (廉斯邑名也 諟音是) 光武封蘇馬諟爲漢廉斯邑君 …"참조.
92 『삼국사기』권제23 백제본기 제1 시조 온조왕 2년조.

저 등용하여 왕실의 기반을 안정시키려는 의도로 보인다.

을음이 죽자 해루解婁가 우보에 임명되었다. 해루解婁는 부여인이라 하였으므로 부여 지역에서 이주해 온 집단이라고 할 수 있다. 해루가 우보에 임명될 당시 나이는 70세였다. 이로 미루어 해루 집단은 온조 집단보다 먼저 한강 유역에 내려와 정착해 있었던 것 같다. 제2대 우보로 부여인 해루를 임명한 것은 온조 집단이 부여계 세력의 통합에 힘을 기울였음을 보여 준다.

해루 다음에 동부의 흘우가 우보를 맡았다. 동부의 핵심 지역은 주양(춘천)이다. 이곳에는 맥국貊國이 성립되어 있었다. 이로 미루어 흘우는 맥계貊系 출신으로 동부 지역의 유력 세력이었던 것 같다. 흘우가 우보가 됨으로써 동부 지역 세력도 연맹체에 참여하게 되었다.

이후 다루왕은 10년(37)에 좌보를 신설한 후 흘우에게 맡기고 진회를 우보에 임명하였다.[93] 좌보를 신설한 것은 지배 세력의 수가 확대되자 이들을 적절히 조정할 필요에서 나온 조치로 보인다. 진회는 북부의 대표적인 세력이었다. 북부에는 말갈족이 많이 거주하고 있었기 때문에 진씨는 말갈계일 가능성이 크다. 그의 우보 임명은 말갈계의 유력 세력을 연맹체에 참여시킨 것을 보여 준다.

이외에 좌보나 우보를 맡지 않았지만 연맹체에 참여한 세력으로 개성 지역 세력과 인천 지역 세력을 들 수 있다. 『삼국사기』다루왕 4년(31)조에는 곤우가 고목성에서 말갈의 공격을 물리친 것으로 나온다.[94] 고목성은 개성 지역이다. 곤우의 존재는 개성 지역을 기반으로 한 세력이 연맹체에 참여한 것을 보여 준다. 한편 초고왕 48년(213)조에는 서부인 회회崗會가 백록白鹿을 바쳤다고 나온다.[95] 서부는 현재의 인천 지역을 가리킨다.

---

93 『삼국사기』 권제23 백제본기 제1 다루왕 7년조, 10년조 참조.
94 『삼국사기』 권제23 백제본기 제1 다루왕 4년조.
95 『삼국사기』 권제23 백제본기 제1 초고왕 48년조의 "秋七月 西部人崗會獲白鹿獻之" 참조.

회회의 백록 헌상은 인천 지역을 기반으로 한 세력들이 지역연맹체에 참여한 것을 보여 준다.

우보와 좌보는 선임자가 사망한 후에야 후임자가 임명되었다. 즉 좌보와 우보는 종신직이었다. 이로 말미암아 우보와 좌보에 대한 왕의 영향력은 그만큼 제한되었다.[96] 이는 연맹장의 힘의 한계성이었다. 그렇다고 하더라도 연맹체에 참여한 세력의 확대는 연맹체를 이끌어 가는 위례 세력의 위상을 높였다. 그에 따라 연맹체의 대외적인 영향력도 확대되었다. 이렇게 보면 중국 군현이 '한예강성'이라고 하였을 때 거기에는 온조 집단 중심의 지역연맹체도 포함된다고 하겠다.

III. 국호의 개칭과 중심지 이동

1. 국호의 개칭

(1) 십제국에서 백제국으로 개칭

국호가 생겼다는 것은 나라가 건국되었다는 것을 의미한다. 국호는 대내적으로 민을 통합하는 기능을 하면서 대외적으로 그 정치체가 독립국임을 상징한다.[97] 또한 국호에는 국호가 정해질 당시 그 나라가 나아가야 할 지향성과 이상이 담겨 있다. 따라서 국호는 정치적 상황의 변동과 연동되어 개칭되기도 하고, 새로운 의미가 부여되기도 한다. 이처럼 국호의 변화는 한 나라의 국가 발전 과정이나 정치적 변화 과정과 궤도를 같이하므로

---

96 노중국, 1978, 「백제왕실의 남천과 지배세력의 변천」, 『한국사론』 4집, 서울대학교 국사학과, 35~37쪽.
97 노중국, 1990, 「계림국고―초기신라사의 재검토를 위한 일시론―」, 『역사교육논집』 13·14합집(서연 김영하교수 정년퇴임 기념 사학논총), 역사교육학회.

국호 개칭과 그 의미의 파악은 백제국의 성장 과정을 체계적으로 이해하는 단서가 된다.

『삼국사기』백제본기 온조왕 즉위년조에는 온조 집단이 위례 지역에 남하·정착하여 세운 나라 이름은 십제였고, 비류 집단을 흡수한 후에 백제百濟로 개칭한 것으로 나온다. 중국 정사의 경우,『삼국지』동이전에는 마한 54국 가운데 하나로 백제국伯濟國이 나오지만『송서』이만전夷蠻傳부터 백제국百濟國으로만 나온다.『제왕운기』에는 백제의 별칭으로 응준鷹準이 보인다.

십제국十濟國, 백제국伯濟國, 백제국百濟國의 관계에 대해서는 몇 가지 견해가 있다. 첫째, 백제국伯濟國에서 백제국百濟國으로 국호가 변화한 것으로 보는 견해이다. 이 견해는 백제국伯濟國과 백제국百濟國은 사용 시기도 다르며 그에 따라 정치 발전 단계도 다르다고 파악하여 나왔다.[98] 그러나 문헌에 나오는 십제국이라는 국호를 부인하는 것은 받아들일 수 없다.

둘째, 백제의 최초 국명은 십제국이었고, 이 십제국이 한 단계 발전한 것이 백제국伯濟國이고, 이 백제국이 한 단계 더 발전한 것이 백제국百濟國이라는 것이다. 즉 백제의 국호는 십제국→백제국伯濟國→백제국百濟國으로 변하였다는 것이다.[99] 이 견해에서 십제국의 존재를 인정한 것은 타당하다. 그러나 백제국伯濟國은 3세기 중반경의 사실을, 백제국百濟國은 4세기 이후의 사실을 보여 주는 것으로 보고 이러한 국호 변화를 국가 발전 단계를 보여 주는 것으로 파악하는 것은 받아들이기 어렵다.

백제의 국호 변화를 올바르게 이해하기 위해서는 먼저 십제국의 존재를 인정해야 한다. 십제국의 존재를 부정하는 견해는 십제국이 건국설화에 나오므로 인정할 수 없다는 것이다. 그러나 고구려와 신라의 경우 국호가

---

98 권오영, 2001, 「백제국에서 백제로의 전환」, 『역사와 현실』 40집, 한국역사연구회 참조.
99 양기석, 2013, 「백제, 언제 세웠나―문헌학적 측면」, 『백제, 누가 언제 세웠나―백제의 건국 시기와 주체세력―』 (백제학연구총서 쟁점백제사 1), 한성백제박물관, 73~75쪽.

건국설화에 나오지만 현재 우리학계에서는 그 국호를 그대로 인정하고 있다. 십제국만 건국설화에 나온다고 하여 부정하는 것은 타당하지 않다.

다음으로 백제국伯濟國의 '백伯'과 백제국百濟國의 '백百'은 통용된다는 점을 염두에 두어야 한다. 3세기 후반에 조위가 마한제국의 주수들에게 수여한 관명의 하나인 '백장伯長'이[100] 경북 포항시 신광면에서 출토된 〈진솔선예백장인晉率善濊佰長印〉에는[101] '백장佰長'으로 나오는 것은 '伯'과 '佰'이 통용되었음을 보여 준다. 그렇다면 백제伯濟의 '伯'과 백제百濟의 '百'도 표기상의 차이이지 국가 발전 단계에 따라 개칭된 국호가 아닌 것이다.

이를 방증해 주는 것이 신라의 경우이다. 신라의 전신인 사로국斯盧國은 위나라 때에는 사로斯盧나 신로新盧로, 송나라 때에는 신라新羅나 사라斯羅로 표기되었다.[102] 이러한 다양한 표기는 중국 왕조가 사로국을 다르게 표기함에 따라 생겨난 표기상의 차이이지 발전 단계를 보여 주는 것은 아니다.

이러한 관점에서 저자는 건국 초기의 국호는 십제국이었고 백제伯濟와 백제百濟는 3세기 말엽까지는 혼용되어 사용되다가 4세기에 들어와 백제百濟로 확정되고 여기에 새로운 의미가 부여된 것으로 파악한다. 그렇다면 백제의 국호 변화는 십제국→백제국百濟國(伯濟國)으로 볼 수 있다.

십제국에서 백제국으로의 국호 개칭 배경은 국호에 부여된 의미에서 찾아볼 수 있다. 최초의 국호인 십제는 '십신이 보익[十臣輔翼]'하였기 때문에 붙여진 것이다. 우리 역사에서 국호의 의미에 신하가 들어간 사례는 없다. 이는 백제 국호의 특징이다. '십제국'이란 국호가 보여 주는 정치적 의미는 십신의 역할 강조이다. 이는 건국 이후 정치 운영에서 십신의 영향력이 컸다는 것을 보여 준다.

---

100 『삼국지』 권30 위서 동이전 한조의 "其官有魏率善邑君歸義侯中郎將都尉伯長" 참조.
101 梅原末治, 1967, 「진솔선예백장 동인」, 『고고미술』 78집, 한국미술사학회.
102 『양서』 권54 열전 제48 제이 신라전의 "魏時曰新盧 宋時曰新羅 或曰斯羅" 참조.

이후 백제는 국호를 십제국에서 백제국伯濟國으로 고쳤다. 국호 개칭 시기로 주목되는 것이 2세기 중반경이다. 이 시기에 십제국은 미추홀 세력을 대신하여 지역연맹체의 맹주국이 되었으며, 중국 군현에 맞설 정도로 국력이 성장하였다. 이에 십제국은 성장한 국력에 걸맞게 국호를 십제국에서 백제국으로 개칭한 것 같다. 그 시기는 초고왕 대(166~214)에 해당된다.

백제국伯濟國으로 국호가 개칭되면서 국호의 의미도 새로 부여되었다. 새롭게 부여된 의미가 '백성들이 즐거이 따른다는 백성낙종[百姓樂從]'이다. 이 국호에는 '백성'이 강조되고 있는데 이는 민에 대한 지배권이 국왕에게 있음을 보여 준다.

백제국으로 개칭된 이후 국호는 때로는 '伯濟國'으로, 때로는 '百濟國'으로 표기되었다. 그러나 4세기 전반 이후 중국 사서에는 '百濟'로만 나온다. 345년 전연의 기실참군 봉유封裕가 올린 상소문에 백제국百濟國이 보이는 것,[103] 369년에 만들어진 〈칠지도〉에 백제가 나오는 것, 『송서』 백제전을 비롯한 중국 정사의 동이전에 백제전이 나오는 것이 이를 보여 준다. 이로 미루어 4세기에 들어와 백제의 국호 표기는 백제국百濟國으로 확정된 것 같다. 그 시기는 백제가 중앙집권적국가체제의 토대를 놓은 비류왕 대(304~344)이다.

백제국百濟國으로 국호 표기를 확정하면서 이 국호에 새롭게 부여된 의미가 '백가제해百家濟海'이다.[104] 백가百家는 지배층을 구성한 범위가 그만큼 넓어졌음을 의미하는데 이는 주변 세력을 정복하거나 흡수하여 영역이 크게 확대되었음을 보여 준다. '제해濟海'는 바다를 잘 이용한다는 의미

---

103 봉유의 상표문에 나오는 백제는 본래 고구려였는데 나중에 사서가 편찬되면서 백제로 변개된 것으로 보는 견해(이병도, 1976, 『한국고대사연구』, 박영사, 221~222쪽; 여호규, 2012, 「4세기~5세기 초 고구려와 모용 '연燕'의 영역확장과 지배방식 비교」, 『한국고대사연구』 67집, 한국고대사학회)도 있다.
104 『수서』 권81 열전 제46 동이 백제전.

이다. 백제는 강과 바다를 끼고 있는 좋은 지리적 조건을 가지고 있었다. '바다'의 강조는 백제의 해양적 성격을 잘 드러내 준다.

'백가제해'라는 의미 부여는 신라 지증왕이 종래 신로新盧, 신라新羅, 사라斯羅 등으로 표기되던 국호를 신라新羅로 확정하면서 '덕업일신 망라사방德業日新 網羅四方'의 의미를 부여한 것과[105] 궤도를 같이한다. 다만 백제는 지리적인 조건을 강조한 반면에 신라는 유교적 의미를 표방한 것이 다르다. 이는 국호에 의미를 부여한 시기의 선후 차이 때문으로 보인다.

(2) 별칭 응준

백제 국호의 별칭으로 『제왕운기』에는 응준鷹隼이,[106] 『삼국유사』 황룡사구층탑조에는 응유鷹遊가 나온다.[107] 응준이나 응유의 응鷹과 준隼은 모두 매를 말하는데, 후자의 기사를 통하여 '응유'라는 백제의 별칭이 신라에까지 알려졌음을 알 수 있다.

응준이나 응유는 국호에 새 이름이 들어 있는 것이 특징이다. 전근대사회에서 국호는 왕실을 상징한다. 따라서 국호에 사용된 새는 왕실이 상서로이 생각한 새, 즉 서조瑞鳥이다. 이렇게 보면 매는 백제국을 상징하는 서조라 하겠다.[108] 그래서 백제는 매를 귀히 여겼는데 일찍이 매를 길들여 사냥을 한 사실과[109] 신라에 예물을 보낼 때 흰 매[白鷹]를 보낸 것이[110] 이를

---

105 『삼국사기』 권제4 신라본기 제4 지증마립간 4년조의 "冬十月 羣臣上言 始祖創業已來 國名未定 或稱斯羅 或稱斯盧 或言新羅 臣等以爲 新者德業日新 羅者網羅四方之義 則其爲國號宜矣" 참조.

106 『제왕운기』 권하 백제기의 "百濟始祖名溫祚 … 後王或號南扶餘 或稱鷹隼" 참조.

107 『삼국유사』 권제3 탑상 제4 황룡사구층탑조의 "第五層曰鷹遊 … 第九層曰獩貊" 참조.

108 노중국, 2010, 「한국고대사회에서 의기와 위세품이 보여 주는 상징성: 신석기시대의 '빗살무늬토기', 대가야의 장경호·기대, 백제의 금동관 장식을 중심으로」, 『계명사학』 21집, 계명사학회.

109 『일본서기』 권11 인덕기 43년조의 "九月庚子朔 依網屯倉阿弭古捕異鳥 獻於天皇曰 臣每張網捕鳥 未曾得是鳥之類 故奇而獻之 天皇召酒君示鳥曰 是何鳥矣 酒君對言 此鳥之類多在百濟 得馴而能從人 亦捷飛之掠諸鳥 百濟俗號此鳥曰俱知 (是今時鷹也) 乃授酒君令養馴 未幾

보여 준다.

매는 사냥에 사용할 뿐만 아니라 통신의 기능도 하였다. 또 매는 도읍을 정하거나 살 곳을 정할 때 가장 좋은 장소를 점지해 주는 역할도 하였다. 비록 신라 시조 혁거세의 탄생과 관련한 사례지만 소리개[鳶]가 중국 황제와 그의 딸 파소婆蘇 사이의 연락을 담당하면서 파소가 머물러야 할 곳으로 선도산을 점지해 주었다는 것은[111] 매의 역할을 잘 보여 준다. 이로 미루어 백제가 국도를 정할 때 '매'가 일정한 역할을 하지 않았을까 한다.

그 시기로 추정되는 시기는 둘이다. 하나는 온조 집단이 한강 유역으로 이동해 와서 도읍지를 어디로 정할지를 고민하고 있을 때이다. 이때 마침 매가 날아옴으로 그 매를 따라서 이른 곳을 도읍지로 정하였을 가능성이다. 다른 하나는 국호를 십제국에서 백제국으로 고친 이후 초고왕이 하남위례성으로 도읍을 옮기려고 할 때 새로이 도읍지로 정한 곳이 길지吉地임을 강조하기 위해 매가 이곳으로 인도해 주었다는 설화를 만들어 내었을 가능성이다.

그런데 서울시 성동구에는 응봉(鷹峯: 매봉)이 있다. 응봉은 하남위례성인 풍납토성과 마주하고 있다. 응봉이라는 지명이 도읍지를 점지해 준 매가 머물렀던 곳이어서 붙여진 것이라고 하면,[112] 응준이란 별칭은 하북위례성에서 하남위례성으로 도읍을 옮기면서 만들어졌을 가능성이 크다. 어느 경우이든 도읍지 선정에 매가 일정한 역할을 한 셈이 된다. 그래서

時而得馴 …"참조.

110 『삼국사기』 권제25 백제본기 제3 비유왕 8년조의 "秋九月 又送白鷹 冬十月 新羅報聘以良金明珠"참조.

111 『삼국유사』 권제5 감통 제7 선도성모수희불사조의 "神母本中國帝室之女 名婆蘇 早得神仙之術 歸止海東 久而不還 父皇寄書繫足云 隨鳶所止爲家 蘇得書放鳶 飛到此山而止 遂來宅爲地仙 故名西鳶山 …"참조.

112 鷹峯의 유래에 대해 조선시대의 응방과 연결시키고 있지만(서울특별시사편찬위원회, 2009, 『서울지명사전』), 그 기원은 백제까지 소급해도 좋을 것이다.

백제는 건국 이후 매를 신성하게 여기고 매가 들어간 국호를 별칭으로 사용한 것 같다.

2. 중심지 이동

(1) 하남위례성으로 천도

십제에서 백제로의 국호 개칭이 초기백제의 발전 단계를 나타내 주는 것이라고 할 때 이와 동반하여 이루어진 것이 하북위례성에서 하남위례성으로의 천도이다. 온조 집단이 처음에 자리를 잡은 정치중심지는 한강 이북의 하북위례성이었지만 그 후 하남위례성으로 중심지를 옮겼다. 중심지를 옮긴 배경은 내적인 상황과 외적인 문제로 나누어 볼 수 있다.

내적인 상황은 정치 정세의 불안이다. '늙은 할미가 남자가 되었다', '다섯 마리 호랑이가 성에 들어왔다'와 같은 불길한 징후는[113] 십제국 내부에 정치적 갈등과 대립이 있었음을 시사해 준다. 이러한 정치적 갈등을 상징적으로 보여 주는 것이 왕모의 죽음이다. 왕모는 백제 건국에 큰 역할을 하였으므로 건국 이후 왕모의 영향력은 적지 않았을 것이다. 그런데 왕모는 다섯 마리 호랑이[五虎]가 성에 들어온 후 돌아가셨다. 기사의 전후 맥락으로 미루어 5호五虎는 왕모와 갈등 관계를 가진 세력으로 볼 수 있으며, 왕모는 5호로 상징되는 반대 세력의 책동에 의해 돌아가시지 않았을까 한다. 이처럼 하남위례성으로 천도하기 직전 십제국의 내부 상황은 복잡하고 불안하였던 것이다.

외적인 문제는 낙랑과 말갈의 빈번한 변경 침범이다. 이 시기 낙랑은 한강 유역에서 성장하고 있는 백제가 장차 위협이 될 것으로 생각하여 견제

---

113 『삼국사기』 권제23 백제본기 제1 시조 온조왕 13년조의 "春二月 王都老嫗化爲男 五虎入城 王母薨 年六十一歲" 참조.

하였다. 그래서 때로는 직접적으로, 때로는 말갈을 부추겨 백제를 공격하였다. 한편 말갈은 함경도 지역의 부족한 경제력 때문에 빈번히 백제를 침략하였다.

이처럼 낙랑과 말갈의 침략으로 백제는 편안할 날이 없었다.[114] 이러한 상황들을 고려할 때 백제는 내적인 갈등을 수습하면서 외부 세력의 침입으로부터 방어를 견고히 하기 위해 하남위례성으로 천도를 단행한 것으로 보인다.[115] 천도의 목적이 이러하였으므로 새로운 도읍지인 하남위례성은 외적의 침입을 효율적으로 방어할 수 있는 지리적 조건과 경제력을 확대할 수 있는 조건을 갖추어야 하였다.

하남위례성의 위치에 대해 경기도 하남시 춘궁리 일대로 보는 설이[116] 통설로 받아들여져 왔다. 이후 몽촌토성 성벽과 성 내부가 발굴되고 이 성이 백제의 성임이 밝혀지면서 몽촌토성을 하남위례성으로 보는 견해가[117] 제시되었다. 반면에 풍납토성은 사성蛇城으로 비정되었기 때문에 거의 주목받지 못하였다. 풍납토성을 사성으로 본 근거는 '풍납'을 '바람들이'로 풀이하고 이것이 '사蛇'의 훈 '뱀(배암)'과 '납納'의 훈 '들이'를 연계시킨 '배암들이'와 상통한다는 언어학적 풀이였다.[118]

---

114 『삼국사기』 권제23 백제본기 제1 시조 온조왕 13년조의 "夏五月 王謂臣下曰 國家東有樂浪 北有靺鞨 侵軼疆境 少有寧日 …" 참조.

115 이와는 달리 온조 집단이 한강 이남의 선주민 세력을 흡수, 동화해 가는 과정으로 보는 견해(권오영, 1986, 「초기백제의 성장과정에 관한 일고찰」, 『한국사론』 15집, 서울대학교 국사학과, 69쪽)도 있다.

116 이병도, 1976, 『한국고대사연구』, 박영사, 491쪽. 경기도 하남시 교산동 일대를 발굴한 결과 백제 관련 유물은 1점도 발견되지 않았고 통일신라부터 조선 후기까지 존속한 지방관청으로 추정되는 대형건물지 정도만 확인되었다(경기문화재연구원·하남시, 2004, 『하남 교산동 건물지 발굴조사 종합 보고서』). 따라서 이 설은 성립할 수 없다.

117 성주탁, 1983, 「한강 유역의 백제초기 성지연구 (몽촌토성 이성산성 조사와 문헌과의 비교검토)」, 『백제연구』 14집, 충남대학교 백제연구소, 129~130쪽; 최몽룡, 1985, 「한성시대 백제의 도읍지와 영역」, 『진단학보』 60집, 진단학회.

118 이병도, 1976, 『한국고대사연구』, 박영사, 501~506쪽.

그러나 1997년 풍납토성 내의 현대연합주택부지에서 백제 유적이 확인된 후 성벽과 토성 내부에 대한 학술적인 발굴이 행해졌다. 발굴 결과 둘레가 약 3.5km가 되는 풍납토성은 성벽의 하부 폭이 40m가 넘고 높이가 11m가 넘는 거대한 성임이 밝혀졌다. 내부에서는 다른 곳에서는 볼 수 없는 전문도기錢文陶器를 비롯한 빼어난 유물들이 출토되었고, 제의 공간과 도로 유적, 초석건물지 등이 확인되었다.

풍납토성의 지리적 입지를 보면 '북으로 한수를 띠처럼 띠고[北帶漢水]' 있고, '동으로 높은 산에 의지하고[東據高岳]' 있어 천혜의 요해처이며, '남쪽으로 비옥한 땅을 바라보는[南望沃澤]' 생산력이 풍부한 곳이라는 『삼국사기』의 기록과도 일치한다. 이처럼 풍납토성은 방어하기도 좋고 풍부한 경제력도 갖추고 있었다. 풍납토성 내부의 발굴 유적과 지리적 조건은 풍납토성이 하남위례성임을 입증해 준다.[119]

백제가 하남위례성으로 중심지를 옮긴 시기에 대해 몇 가지 견해가 있다. 첫째, 『삼국사기』 백제본기 초기기록을 그대로 신빙하는 입장에서 온조왕 14년으로 보는 견해이다.[120] 그러나 온조왕 대는 십제국 시기로서 그 중심지는 하북위례성이었다. 또 나라를 세운 지 14년 만에 하남위례성으로 중심지를 옮겼다는 것도 합리적으로 이해되지 않는다. 따라서 이 설은 성립할 수 없다.

둘째, 책계왕과 분서왕이 낙랑과의 긴장관계로 피살된 후 비류왕이 하남위례성으로 천도하였다고 보는 견해이다.[121] 그런데 백제는 책계왕 원

119 이형구, 2000, 「서울 풍납동 백제왕성 발굴의 역사적 의의」, 『풍납토성(백제왕성) 연구논문집』, 동양고고학연구소; 신희권, 2002, 「풍납토성 발굴조사를 통한 하남위례성 고찰」, 『향토서울』 62집, 서울특별시사편찬위원회; 박순발, 2010, 『백제의 도성』, 충남대학교출판부. 저자는 이전의 책에서는 몽촌토성설을 따랐지만(노중국, 1988, 『백제정치사연구─국가형성과 지배체제의 변천을 중심으로─』, 일조각, 56쪽), 여기서는 풍납토성으로 수정한다.
120 천관우, 1976, 「삼한의 국가형성 (하)」, 『한국학보』 제2권 2호, 일지사, 116~117쪽.
121 이병도, 1976, 『한국고대사연구』, 박영사, 491~497쪽.

년(286)에 고구려의 침입에 대비하여 아차성과 사성을 수축하였다.[122] 아
차성은 한강 이북의 아차산에 위치한 성이고, 사성은 한강 이남의 삼성동
토성에 비정되고 있다.[123] 책계왕이 고구려의 공격에 대비하기 위해 한강
이북과 한강 이남에 성을 쌓았다면 이때의 수도는 한강 이남에 있어야 하
며 그 시기는 책계왕 이전이어야 한다. 따라서 책계왕보다 후대 왕인 비류
왕이 하남위례성으로 천도하였다는 것은 성립할 수 없다.

셋째, 백제국이 처음에는 예성강과 임진강 사이의 경기 북부 지역에 자
리하고 있었는데 246년 마한과 중국 군현 사이에 일어난 전투에서 백제
국伯濟國이 패하면서 그 여파로 하남위례성으로 이동하였다는 견해이
다.[124] 이 견해는 경기도 파주시 육계토성을 백제 최초의 도읍지로 간주해
나온 것이다. 육계토성의 잔존 성벽은 하단부 폭 30m, 내벽 높이 2~6m
정도이다. 발굴 결과 성 내부에서 '凸'자형, '呂'자형의 백제시대 주거
지가 확인되었고, 주거지 내부에서는 4세기 후반에서 5세기에 걸치는 다
양한 종류의 백제토기들이 출토되었다.[125] 그러나 육계토성은 백제국과는
별도의 세력이 축조하였을 가능성도 열어 두어야 한다. 따라서 이 견해 역
시 성립할 수 없다.

저자는 하남위례성으로 중심지를 옮긴 시기로 초고왕 대(166~214)를 주
목하고자 한다. 초고왕 대는 미추홀의 비류 집단과 연맹을 형성한 후 연맹
의 주도권을 잡게 된 시기이다.[126] 연맹의 주도권을 잡게 된 초고왕은 지배

---

122 『삼국사기』 권제24 백제본기 제2 책계왕 즉위년조.

123 이도학, 1990, 「백제 사성의 위치에 대한 재검토」, 『한국학논집』 17집, 한양대학교 한국학
　　연구소.

124 이현혜, 1997, 「3세기 마한과 백제국」, 『백제의 중앙과 지방』, 충남대학교 백제연구소, 10~11
　　쪽; 김기섭, 2002, 「위례성에서 한성으로」, 『향토서울』 62집, 서울특별시사편찬위원회.

125 백종오·신영문·오강역, 2006, 『파주 육계토성』, 경기도박물관·파주시.

126 노중국, 1983, 「해씨와 부여씨의 왕실교체와 초기백제의 성장」, 김철준박사 화갑기념사학
　　논총간행준비위원회 편, 『김철준박사 화갑기념사학논총』, 지식산업사 참조.

기반을 확대하고 집권력의 강화를 이루어야 하였으며, 낙랑과 말갈 세력의 압박에 효율적으로 대응해야 하였다. 이러한 대내외적인 필요성에 의해 초고왕은 하남위례성으로 중심지를 옮긴 것 같다. 따라서 그 시기는 2세기 중반경으로 볼 수 있다.

(2) 풍납토성 내의 환호성: 초기 하남위례성

하남위례성의 모습은 『삼국사기』 온조왕 13년조의 "한산 아래에 나아가 책柵을 세우고 위례성의 민호를 옮겼다"는[127] 기사를 통해 살펴볼 수 있다. 책은 나무를 울타리처럼 둘러쳐서 적의 공격을 막거나 동물의 위협을 막는 기능을 하였다. 책을 세웠다는 것은 초기 하남위례성이 목책성의 형태였음을 말해 준다.

이 목책성과 관련하여 주목되는 것이 풍납토성 내의 현대연합주택부지 발굴에서 확인된 삼중 환호이다. 1호 환호의 길이는 100m가 조금 넘고, 폭은 1.6~2.2m이고 깊이는 1m 정도이다. 2호 환호는 1호에서 동쪽으로 4~5m 정도 떨어져서 위치하는데 길이는 100m 정도이고, 폭은 1.9~2.2m 정도이고 깊이도 1호보다 약간 깊다. 3호 환호는 2호에서 동쪽으로 약 3~4m 떨어져 있고 방향도 1호와 나란하며 폭이나 깊이, 단면 형태나 출토 유물 등이 거의 같다.[128] 이 환호들은 거의 동일한 규모로 동시에 조성되었다.

삼중 환호에서 목책의 흔적은 확인되지 않았다. 그러나 청동기시대 이래 환호에는 목책이 설치된 경우가 종종 보이므로 이 환호에도 목책이 있었을 가능성은 배제할 수 없다. 이 환호는 층위상 가장 하층에 있어 풍납토성 내 유구 가운데 가장 앞 시기의 것이다. 환호 밖에서는 아무런 유구

---

127 『삼국사기』 권제23 백제본기 제1 시조 온조왕 13년조의 "秋七月 就漢山下 立柵 移慰禮城民戶" 참조.
128 국립문화재연구소, 2001, 『풍납토성 1―현대연합주택 및 1지구 재건축부지』, 81~90쪽.

도 발견되지 않았지만 환호 내부에서 다수 발굴된 전형적인 육각형 주거지는 규모도 상대적으로 크다. 이 환호는 안과 밖을 구분해 주는 기능을 하였고, 환호 내의 육각형 주거지에는 당시 유력한 세력들이 거주한 것으로 볼 수 있다.

환호가 만들어진 시기는, 내부에서 출토된 토기가 전통적인 풍납동식 무문토기에 서북한 지방의 타날문토기의 기술이 도입된 유형이어서 기원전 1세기에서 기원후 2세기 전후로 추정되고 있다.[129] 이 연대가 환호의 초축 시기를 의미하는 것인지, 환호의 존속 기간을 의미하는 것인지 분명하지 않지만 2세기를 전후한 연대는 초고왕 대(166~214)와 일치한다. 그렇다면 삼중 환호성環壕城은 초고왕 대에 천도한 하남위례성으로 볼 수 있다. 저자는 삼중 환호성은 초기 하남위례성으로, 풍납토성은 후기 하남위례성으로 부르기로 한다.

중심지를 옮기면 능묘 구역도 새로 설정하게 된다. 하남위례성으로 중심지를 옮긴 후 왕실의 능묘 구역으로 주목되는 것이 석촌동고분군이다. 이곳에는 토광묘, 즙석묘, 적석총 등 다양한 묘제의 무덤이 만들어졌다. 이 가운데 조영 연대가 빠른 것은 석촌동 3호분 동쪽의 토광묘군과 옹관묘군이다. 축조 시기는 2세기 후반까지 올라갈 수 있다고 한다.[130] 이 연대는 초고왕이 하남위례성으로 중심지를 옮긴 시기와 거의 일치한다. 따라서 석촌동고분군은 초기 하남위례성 시기부터 조영된 것으로 볼 수 있다.

이렇게 방어하기 쉽고 경제적 조건도 좋은 초기 하남위례성으로 천도함으로써, 초기백제는 이이제이적인 방법으로 침입해 오는 낙랑과 한강 상류를 타고 침입해 오는 말갈을 저지할 수 있었고 비옥한 토양에서 나오는

---

129 국립문화재연구소, 2001,『풍납토성 1—현대연합주택 및 1지구 재건축부지』, 589~590쪽.
130 임영진, 1996, 충남대학교 백제연구소 편,「백제초기 한성시대 토기연구」,『호남고고학보』
   4집, 호남고고학회; 김승옥, 2000,「한성백제의 형성과정과 대외관계」,『백제사상의 전쟁』
   (백제연구총서 제7집), 서경문화사.

생산력의 증대를 통해 경제적 기반을 확대할 수 있었다. 이 기반 위에서 초기백제는 주변의 여러 세력들을 편입하거나 병합하여 그 위상을 높였다. 『삼국사기』 온조왕 8년(기원전 11)조에 백제가 낙랑과 일전을 불사하겠다는 자신감을 표명한 것이라든가,[131] 건국설화에 '백성들이 즐거이 따른다[百姓樂從]'고 한 표현은 초기 하남위례성으로 천도한 이후 백제의 성장 모습을 보여 주는 것이라 하겠다.

---

131 『삼국사기』 권제23 백제본기 제1 시조 온조왕 8년조의 "秋七月 築馬首城 竪甁山柵 樂浪 太守使告曰 … 苟或不然 請一戰以決勝負 王報曰 設險守國 古今常道 … 若執事恃强出師 則小國亦有以待之耳"참조.

제3장

부여씨 왕실의 확립

I. 초기 왕계보

1. 왕성: 해씨와 부여씨

왕실의 성은 원칙적으로 하나이다. 그러나 백제 왕실의 경우 왕성王姓
이 둘이다. 하나는 부여씨扶餘氏이고 다른 하나는 해씨解氏이다. 부여씨는
『삼국사기』에 "그 세계世系가 고구려와 함께 부여에서 나왔기 때문에 부
여를 성씨로 하였다"라고[132] 한 기사에서 확인된다. 『삼국유사』 부여군 연
혁 기사에 보이는 부씨扶氏는[133] 부여씨의 약칭이다. 해씨는 『삼국유사』에
"백제의 세계는 고구려와 더불어 부여에서 나왔기 때문에 해解를 성씨로
하였다"는[134] 기사에 보인다.

왕성으로서의 해씨와 부여씨는 후대에 영향을 주어 조선시대의 사서에
는 해씨만을 왕성으로 파악하기도 하고[135] 부여씨만을 왕성으로 보기도

---

132 『삼국사기』 권제23 백제본기 제1 시조 온조왕 즉위년조의 "其世系與高句麗 同出扶餘 故
以扶餘爲氏" 참조.
133 『삼국유사』 권제2 기이 제2 남부여 전백제 북부여조의 "今言扶餘郡者 復上古之名也 百濟
王姓扶氏 故稱之" 참조.
134 『삼국유사』 권제2 기이 제2 남부여 전백제 북부여조의 "其世系與高句麗 同出扶餘 故以解
爲氏" 참조.
135 안정복, 『동사강목』 제1 상의 "卒本人解溫祚 立國於慰禮城" 참조.

하였다.[136] 이 견해들은 결과는 다르지만 공통적으로 왕성을 하나로 보았다. 그러나 부여씨와 해씨 가운데 어느 하나만을 왕성으로 인정하면 다른 하나는 부정되는 문제가 생긴다.

이후 종래의 단일 왕성설과는 달리 복수 왕성설을 주장한 견해들이 나왔다. 하나는 『삼국유사』 고구려조와 남부여 전백제 북부여조에 해씨 성이 보이는 사실에 주목하여 부여씨 외에 해씨 성도 왕성으로 인정한 견해이다.[137] 이 견해에서 부여씨와 해씨를 모두 왕성으로 인정한 것은 타당하다. 그러나 『일본서기』에 여창餘昌(위덕왕)이 대치 중이던 고구려 장수와 통성명하면서 "성은 동성이고 관위는 한솔"이라[138] 한 말과 개로왕이 북위에 보낸 국서에서 "신의 나라와 고구려는 근원이 부여에서 나왔다"고[139] 한 구절을 근거로 고구려의 고씨, 백제의 부여씨 외에 해씨가 양국 공통의 성이었다고 추론한 것은 받아들일 수 없다. '양국 공통의 성'이란 실제로 있을 수 없기 때문이다.

다른 하나는 백제 왕계를 '우태-비류-고이계'와 '주몽-온조-초고계'로 이원적으로 파악한 뒤 전자는 우씨優氏이고, 후자는 부여씨扶餘氏이며, 이 양 계보 사이에 왕실 교체가 있었던 것으로 파악한 견해이다.[140] 이 견해는 우씨를 왕성으로 새로이 제시하고 '우태-비류-고이계'를 우씨로 파악한 것이 특징이다. 이 우씨 왕성설은 고이왕을 "초고왕모제肖古王母弟"라고[141] 한 기사의 '모제母弟'를 '초고왕의 어머니의 동생'으로 해석하여, 고이왕은 초고왕과는 혈연을 달리한다는 것이다. 이 전제 위에서 비류의

---

136 『동국통감』 권제1의 "百濟源出扶餘 故以扶餘爲氏" 참조.

137 末松保和, 1965, 「朝鮮古代諸國の開國傳說と國姓」, 『靑丘史草 第1』, 笠井出版印刷社, 36~41쪽.

138 『일본서기』 권19 흠명기 14년조의 "姓是同姓 位是杅率" 참조.

139 『위서』 권100 열전 제88 백제전의 "臣與高句麗 源出扶餘" 참조.

140 천관우, 1976, 「삼한의 국가형성 (하)」, 『한국학보』 제2권 2호, 일지사, 134~137쪽.

141 『삼국사기』 권제24 백제본기 제2 고이왕 즉위년조.

아버지 우태優台, 고이왕의 동생 우수優壽와 내법좌평에 임명된 우두優豆, 비류왕의 서제인 우복優福 등에 공통으로 보이는 '우優' 자를 우씨優氏 왕성으로 파악하였다. 우씨 왕성설에서 초기백제의 왕계를 이원적으로 파악하고 양 왕계 사이에 왕위 교체가 있었다고 한 것은 시사하는 바가 크다.

그러나 우씨 왕성설은 다음과 같은 이유에서 성립할 수 없다. 첫째, 현존 사료에는 왕성으로 해씨와 부여씨만 보인다. 그럼에도 '우태-비류-고이계'를 우씨로 파악하면 왕성을 하나 더 첨가하는 것일 뿐이다. 더구나 이 견해는 해씨 왕성설은 언급하고 있지 않아 해씨가 왕성이 된 이유를 설명할 수 없다.

둘째, 근초고왕은 중국 사서에 보이는 '여구餘句'와 동일 인물이다.[142] '여餘'는 '부여씨扶餘氏'의 약칭이며 '구句'는 이름이므로 근초고왕의 성은 부여씨이다. 따라서 근초고왕의 아버지 비류왕도 또 비류왕의 서제인 우복도 부여씨가 분명하다. 그럼에도 우복이란 이름에서 '우優'만 떼 내어 '우씨優氏'를 성으로 보는 것은 잘못이다.

셋째, 고이왕의 출자를 밝힌 '초고왕모제肖古王母弟'의 '모제'는 '동모제同母弟'를 말한다. 신라 진평왕의 모제 백반伯飯과 국반國飯, 헌덕왕의 모제 수종秀宗은 모두 동모제이다. 고구려 태조왕의 모제 수성遂成, 고국천왕의 모제 연우延優 역시 동모제였다. 따라서 고이왕은 초고왕의 동모제지 '초고왕의 어머니의 동생'이 아니므로 성은 부여씨가 된다. 그러므로 고이왕을 우씨로 보는 우씨 왕성설은 성립할 수 없다.

부여씨와 해씨가 왕성이라고 할 때, 백제에서 2개의 왕성이 나오게 된 배경을 정리할 필요가 있다. 이때 전제해야 할 것이 두 가지이다. 하나는 연맹체 단계에서 왕성은 연맹체 맹주의 성씨를 말한다는 것이고, 다른 하나는 맹주국은 교체되기도 하여 왕성이 바뀌기도 하였다는 점이다. 이렇

---

142 『진서晉書』 권9 제기 제9 간문제 함안 2년조.

게 볼 때 해씨와 부여씨가 왕성으로 나오는 것은 온조 집단과 비류 집단 사이에 이루어진 연맹장의 교체와 연관시켜 볼 수 있다.

온조 집단과 비류 집단이 지역연맹체를 형성한 후 처음에는 비류 집단이 맹주국이 되었다. 비류 집단의 성은 비류의 아버지 우태가 북부여왕 해부루의 서손인 것에서 보듯이 해씨였다. 해씨는 비류 집단이 맹주국이 됨으로써 왕성이 되었다. 이후 연맹의 주도권은 온조 집단에게로 넘어갔다. 주도권을 잡게 된 온조 집단은 왕실의 위엄을 높이고 비류 집단과의 차별화를 꾀하여 부여족을 상징하는 '부여扶餘'를 성씨로 하였다. 이리하여 부여씨 왕성이 나오게 되었다.[143] 온조 집단이 부여씨를 칭한 것은 본래 해씨였던 주몽이 고구려를 건국한 후 왕실의 권위를 높이기 위해 일광日光을 이어받았다는 의미로 고씨高氏를 칭한 것과[144] 유사하다.

2. 초기 왕계보의 분석

해씨와 부여씨를 초기백제의 왕성으로 파악할 때, 문제는『삼국사기』백제본기나『삼국유사』왕력에 역대 왕들이 모두 시조 온조의 후예로서 부여씨 출신으로 나온다는 점이다. 이 기록을 그대로 따르면 백제왕계는 시조에서부터 마지막 의자왕에 이르기까지 부여씨 일계로 계승된 것이 되어 해씨 왕성의 흔적은 찾아볼 수 없다.

해씨 왕성의 존재는 연맹체 단계에 왕실이 교체될 수 있다는 것을 전제로 할 때 해결의 실마리를 찾을 수 있다. 연맹체 단계에서 왕실 교체는 신라나 고구려에서도 있었다. 신라의 경우 시조는 박혁거세여서 최초의 왕

---

143 노중국, 1978,「백제왕실의 남천과 지배세력의 변천」,『한국사론』4집, 서울대학교 국사학과, 23~24쪽.
144『삼국유사』권제1 기이 제1 고구려조의 "國號高句麗 因以高爲氏(本姓解也 今自言是天帝子 承日光而生 故自以高爲氏)" 참조.

성은 박씨였다. 그후 석탈해가 즉위하면서 석씨 왕성이 생겨났고 또 미추
왕이 즉위하면서 김씨 왕성이 생겨났다. 이리하여 신라 왕실의 성은 박씨
에서 석씨로, 석씨에서 김씨로 바뀌었다. 신라 삼성三姓의 교립은 문헌에
명기되어 있어 재론의 여지가 없다. 고구려의 경우, 『삼국사기』나 『삼국
유사』에 2대 유리왕에서 5대 모본왕까지는 해씨로,[145] 6대 태조왕 대부터
고씨로 나온다. 이는 해씨→고씨로 왕위가 교체된 것을 보여 준다.[146]

　이러한 사실들을 원용하면 초기백제의 왕계도 온조계 중심의 일원적 계
보가 아니라 실제는 이원적이었으며 두 왕계 사이에 왕실 교체가 있었다
고 볼 수 있다. 이를 초기백제의 왕실교대론이라 한다.[147] 백제 왕계의 이
원적 구조는 초기백제 왕계보에 대한 분석을 통해 추정해 볼 수 있다. 초
기백제 왕계를 제시하면 다음과 같다.

온조왕 － 다루왕 － 기루왕 － 개루왕 ┬ 초고왕 － 구수왕 － 사반왕(폐위)
　(1)　　　　(2)　　　　(3)　　　　(4)　　　 (5)　　　　(6)　　　　(7)
　　　　　　　　　　　　　　　　　　　　　└ 고이왕 － 책계왕 － 분서왕
　　　　　　　　　　　　　　　　　　　　　　　(8)　　　　(9)　　　　(10)

　이 왕계보에 의하면 2대 다루왕多婁王에서 4대 개루왕蓋婁王까지의 왕명
은 '루婁' 자로 끝나고 있다. '루婁'는 '류流'·'유留' 자와 더불어 백제 인

---

145 『삼국사기』권제14 고구려본기 제2의 대무신왕 즉위년조의 "大武神王 立(或云大解朱留
　　王)", 민중왕 즉위년조의 "閔中王 諱解色朱", 모본왕 즉위년조의 "慕本王 諱解愛
　　婁)"; 『삼국유사』권제1 기이 제1 왕력 제1 고구려 부분의 "第二瑠璃王 … 姓解氏 … 第四
　　閔中王 姓解氏 … 第五慕本王 閔中之兄" 참조.
146 김철준, 1975, 「백제사회와 그 문화」, 『한국고대사회연구』, 지식산업사, 46~47쪽; 김용선,
　　1980, 「고구려 유리왕고」, 『역사학보』 87집, 역사학회, 52~55쪽; 노중국, 1979, 「고구려 국
　　상고─초기의 정치체제와 관련하여─(상), (하)」, 『한국학보』 제5권 3·4호, 일지사.
147 백제 왕실의 교대론 문제를 연구사적으로 정리한 것으로는 이기동, 1981, 「백제 왕실교대
　　론에 대하여」, 『백제연구』 12집, 충남대학교 백제연구소 참조.

명에 많이 보이는데 '루' 자의 사용이 가장 많다.[148] 칼그렌Karlgren의 『한 자고음사전漢字古音辭典』에 의해 이 '루婁'와 '류流'·'유留' 자의 음표기 를 정리하면 다음과 같다.[149]

M: Mandarin dialect
C: Canton dialect
A: Ancient Chinese

이를 토대로 고구려, 백제에서 루婁·류流·유留를 인명의 끝 자로 갖는 왕명을 조사해 보면 다음과 같다.

- 북부여왕 해부루解夫婁
- 백제 시조 비류沸流
- 고구려 2대왕 유리琉璃(儒留·類利·累利·瑠璃王)
- 고구려 3대왕 대해주류왕大解朱留王(大武神王·無恤·味留)
- 고구려 5대왕 해애루解愛婁(解憂·愛留·慕本王)[150]

왕명에 보이는 루婁·류流·유留는 같은 음표기로서 상통한다. 고구려 5 대왕 해애루解愛婁의 '애루愛婁'가 '애류愛留'로 표기된 것이 이를 말해 준

---

148 이숭녕, 1955, 「신라시대의 표기법체계에 관한 시론」, 『서울대학교논문집』 2집, 서울대학 교, 122쪽.
149 Bernhard karlgren 저, 한국학문헌연구소 편, 1966, 『한자고음사전』, 아세아문화사, 각 글자의 음표기 참조.
150 4대 민중왕의 이름 解色朱 또는 邑朱에 留가 보이지 않는 것은 생략 때문으로 여겨진다.

다. 여기에서 주목되는 것은 루·류·유를 이름의 끝 자로 갖는 왕명의 공통점은 성씨가 모두 해씨라는 사실이다. 북부여왕 해부루의 성이 해씨이고, 백제 시조 비류의 성도 해씨이다. 고구려의 유류왕儒留王(瑠璃王)·대해주류왕大解朱留王(大武神王)·해애루왕解愛婁王(慕本王)의 성도 해씨이다. 이는 고구려에서 루(류·유)가 해씨 출신 왕의 이름의 끝 자로 공통적으로 사용되었음을 보여 준다.

한편 초기백제 왕 가운데 다루왕多婁王·기루왕己婁王·개루왕蓋婁王 세왕은 해부루의 '루婁', 비류의 '류流'와 공통으로 '루'를 왕명의 끝 자로 가지고 있다. 이를 시조 비류의 성이 해씨라는 사실과 비류 집단이 연맹장을 배출한 집단이라는 사실 등과 연계시켜 보면 이 왕들은 해씨를 칭한 비류 집단 출신으로 파악할 수 있다.[151]

특정의 인명 끝 자를 가지고서 어느 집단이나 인물의 성씨를 추론한다는 것은 논리의 비약일지도 모른다. 그러나 신라의 경우 탈해왕脫解王, 나해왕奈解王, 첨해왕沾解王, 흘해왕訖解王 등에서 보듯이 석씨 왕은 주로 해解를 왕명의 끝 자로 가지고 있다.[152] 고구려의 경우 2대 유리왕에서 5대 모본왕까지는 '루'를 끝 자로 가지고 있고, 시호법이 사용되기 이전인 고국천왕故國川王, 동천왕東川王, 중천왕中川王, 서천왕西川王, 미천왕美川王 등은 '천川'을 공통의 끝 자로 사용하였다. 고려의 경우 왕씨王氏 세계를 보면 태조 왕건王建, 태조의 부 용건龍建, 태조의 조부 작제건作帝建 등 3대가 '건建' 자를 공통의 끝 자로 사용하고 있다.[153] 이러한 경향에서 미루어

---

151 '婁'를 왕명의 말자로 가지는 △△왕을 해씨라고 할 때 부여씨 왕명임이 분명한 11대 比流王과 15대 枕流王의 이름에 '流' 자가 끝 자로 사용되고 있다는 사실을 반론으로 제시할 수 있다. 그러나 두 왕은 부체제 단계에서의 왕명이므로 초기 왕계와는 별도로 취급해야 할 것이다.

152 박씨의 경우 解가 붙는 이름을 가진 왕은 제2대왕 南解가 유일하다. 이는 예외로 두어야할 것이다.

153 『고려사』 고려세계에 인용된 金寬毅의 『편년통록』 참조.

초기백제에서 '루'를 왕명의 끝 자로 갖는 3명의 왕을 해씨로 파악하는
것은 큰 무리가 없을 것이다.

다루·기루·개루 세 왕을 해씨(비류 집단) 출신으로 파악하면 온조 후손
으로만 계승된 것처럼 되어 있는 초기백제 왕계는 실제로는 2대 다루왕에
서 4대 개루왕까지는 해씨계(비류계)이고, 5대 초고왕 이후부터는 부여씨
계(온조계)가 된다. 이는 초기백제 왕계가 이원적으로 이루어졌음을 의미
한다. 이후 부여씨 세력이 해씨를 누르고 연맹장의 지위를 세습하게 되자
초기백제 왕계는 시조 온조를 중심으로 일원화되었다. 그 결과 온조를 백
제국 전체의 시조로 내세우고 해씨 왕인 다루를 온조의 아들인 것처럼 연
결하여 현재와 같은 왕계보가 만들어졌던 것이다. 이는 고구려의 경우 태
조왕 이후 고씨가 왕위를 세습하게 되자 주몽을 고구려 전체의 시조로 올
리면서 고씨 중심으로 왕계보를 정리하는 과정에서 해씨 왕인 유리가 주
몽의 아들로 연결된 것과[154] 궤도를 같이하는 것이다.

II. 왕실 교체와 부여씨 왕실의 확립

1. 왕실 교체 시기

온조 집단이 연맹체의 주도권을 잡은 시기, 즉 비류 집단(해씨)에서 온
조 집단(부여씨)으로 왕실 교체(세력 교체)가 이루어진 시기에 대해,『삼국사
기』는 비류가 죽자 그를 따르던 무리들이 모두 온조에게 귀부하였다고 하
면서 온조왕 즉위년조에서 기술하고 있다. 그러나 이 기사는 시조의 우월
한 능력을 보이기 위해 후대의 사실을 온조왕 즉위년에 소급해 부회한 것

---

154 김철준, 1975, 「백제사회와 그 문화」, 『한국고대사회연구』, 지식산업사, 46~49쪽.

이다. 이 때문에 해씨에서 부여씨로의 왕실 교체 시기는 온조왕 이후로 보아야 한다.

그 시기와 관련하여 주목되는 왕이 초고왕이다. 초고왕 대는 다음과 같은 특징이 있다. 첫째, 초고왕은 그 성씨가 부여씨라는 점이다. 근초고왕은『진서晉書』에 '여구餘句'로 표기된 것에서[155] 보듯이 부여씨였다. 이를 줄인 것이 여씨餘氏이다. 근초고왕의 이름은 초고왕의 왕명에 '근近'자를 앞에 붙여 만들어진 것으로 '근'자는 가까운 관계라는 표시이다. 근초고왕이 부여씨이므로 초고왕 역시 부여씨인 것이다.

둘째, 초고왕은 부여씨로서 연맹장의 지위에 오른 첫 왕이었다. 초고왕 앞의 다루왕, 기루왕, 개루왕 세 왕은 해씨를 칭한 연맹장이었다. 초고왕이 개루왕 다음에 왕위에 오른 것은 부여씨로서 최초로 연맹체의 맹주가 되었음을 보여 준다.

셋째, 초고왕은 다음 대인 구수왕과 더불어 백제사에서 크게 강조되고 있다는 점이다. 근초고왕이 초고왕에 '근'자를 붙이고 근구수왕이 구수왕에 '근'자를 붙여 왕명으로 한 것은 각각 초고왕과 구수왕과의 친연관계를 강조하기 위한 것이었다. 이러한 친연관계가 강조된 것은 두 왕이 부여씨로서 최초로 연맹장이 되었다는 업적과 부여씨의 왕위 세습을 확고히 다져 놓았다는 업적 때문일 것이다. 이는 고구려 동천왕의 풍채가 고씨로서 최초로 연맹장이 된 태조왕과 유사하다고 하여 이름을 위궁位宮이라 한 것과 같은 맥락이다. '위'는 '근사'하다는 고구려어이다.[156]

넷째,『신찬성씨록』을 보면 재왜在倭 백제계인의 시조 또는 중시조로 받들어진 백제왕들 가운데 초고왕이 차지하는 빈도가 매우 높다는 점이다.『신찬성씨록』에서 초고왕을 시조 또는 중시조로 하는 성씨들을 뽑아 보

155『진서晉書』권9 제기 제9 간문제 함안 2년조.
156『삼국지』권30 위서 동이전 고구려조의 "句麗呼相似爲位 似其祖 故名之爲位宮" 참조.

면 다음과 같다.

① 大丘造: 百濟國速古王十二世孫恩率高難延子之後也[157]

② 三善宿禰: 百濟國速古大王之後也

③ 春野連: 百濟速古王孫比流王之後也

④ 巴汶氏: 春野連同祖 速古王孫汶休奚之後也

⑤ 汶斯氏: 春野連同祖 速古王孫比流王之後也

⑥ 眞野造: 百濟國肖古王之後也[158]

⑦ 錦部連: 三善宿禰同祖 百濟國速古大王之後也[159]

이 자료에서 먼저 정리해야 할 것은 속고왕速古王 또는 속고대왕速古大王
의 실체이다. 논자에 따라서는 속고왕이나 속고대왕을 『일본서기』 신공
기의 초고왕과 같은 실체로서 근초고왕으로 보기도 한다. 그러나 『신찬성
씨록』에 의하면 근초고왕은 근속고왕近速古王으로, 근구수왕은 근귀수왕
近貴須王으로 분명하게 표기되어 있고 또 비류왕은 속고왕(초고왕)의 손자
로 나온다.[160] 비류왕이 속고왕(초고왕)의 손자인 것은 『삼국사기』 백제본
기의 기록과 일치한다. 그럼에도 속고왕을 근초고왕으로 보면 아버지 비
류왕이 아들 근초고왕의 손자가 되어 버린다. 이는 성립할 수 없는 주장
이다. 따라서 『신찬성씨록』의 속고왕(초고왕)은 『삼국사기』의 초고왕으로
보는 것이 타당하다.

앞에서 제시한 자료에서 보듯이 초고왕을 시조 또는 중시조로 받드는

---

157 『신찬성씨록』 좌경 제번 하 백제조.
158 ② 三善宿禰~⑥ 眞野造는 『신찬성씨록』 우경 제번 하 백제조 참조.
159 『신찬성씨록』 하내국 제번 백제조.
160 『신찬성씨록』 우경 제번 하.

재왜 백제인들의 집단 수가 다른 왕들에 비해 많다.[161] 이는 초고왕(속고왕)이 부여씨의 왕위 세습의 단초를 열었다는 사실이 후대에 크게 기억되고 강조된 결과일 것이다. 이러한 관점에서 저자는 해씨에서 부여씨로 왕실 교체가 이루어진 시기를 초고왕 대로 본다.

2. 부여씨 왕실의 확립

초고왕 대에 해씨와 부여씨 사이에 왕실 교체가 이루어진 배경은 크게 두 가지로 생각해 볼 수 있다. 하나는 두 집단의 경제력 차이이다. 비류가 자리를 잡은 미추홀은 '땅은 습하고 물은 짜서 편안하게 살 수 없었다'는 표현에서 보듯이 생활환경이 좋지 않았다. 반면에 온조가 자리를 잡은 위례는 생산력이 높아 민의 삶이 매우 안정되어 있었다. 온조 집단은 이런 우월한 경제력을 바탕으로 비류 세력을 압도하였던 것이다.

다른 하나는 한강 유역을 중심으로 한 지역연맹체 내에서의 유력 세력의 동향이다. 이 시기 지역연맹체 내의 유력 세력으로는 진씨, 흘씨屹氏 등을 들 수 있다. 이 가운데 특히 진씨 세력이 주목된다. 진씨 세력은 다루왕 대에 진회眞會가 우보로 임명되면서 두각을 나타내었지만 그 활동이 보다 구체적으로 나오는 것은 초고왕 대이다. 이때 진과眞果는 부병部兵 1천 명을 거느리고 말갈의 침입을 물리쳤다.[162] 이후 진씨 세력은 백제정치사에서 중요한 위치를 점하게 되었다. 부여씨 왕실은 이 진씨 세력을 자기 편으로 끌어들였던 것이다.

---

161 참고로 백제왕으로서 재왜 백제계인의 시조 또는 중시조로 받들어진 왕을 『신찬성씨록』 백제조에서 찾아 그 수를 정리하면 초고왕=속고왕(7), 도모왕(6), 귀수왕(5), 비류왕(5), 성왕(2), 비유왕(2), 무령왕(1), 혜왕(1), 의자왕(1), 근귀수왕(1), 근속왕(1), 사반왕(1), 진사왕(1), 직지왕(1), 동성왕(1), 무왕(1) 순이다.

162 『삼국사기』 권제23 백제본기 제1 초고왕 49년조의 "秋九月 命北部眞果領兵一千 襲取靺鞨 石門城" 참조.

해씨에서 부여씨로의 왕실 교체 과정은 순탄하지만은 않았다. 이를 추정하는 데 단서가 되는 것이 비류가 마침내 '부끄럽고 후회하여 죽었다[慚悔而死]'는 기사이다. '참회이사[慚悔而死]'는 비류가 위례에 정착하기를 권한 신민들의 건의를 무시하고 미추홀에 자리 잡은 것을 후회하면서 죽었음을 말하는 것이지만 실제의 의미는 연맹의 주도권을 놓고 두 세력이 대결하는 과정에서 비류 세력이 패배하였음을 의미한다. 비류가 죽자 '그를 따르던 신민들은 모두 온조에게 귀부'하여 왕실 교체가 이루어졌기 때문이다. 이렇게 보면 이 왕실 교체는 평화적으로 이루어진 것이 아니었다고 할 수 있다.

이를 방증해 주는 것이 고구려에서의 '송양왕松讓王과 주몽朱蒙 쟁투 설화'이다. 송양왕은 소노부 세력을 대변하고 주몽은 계루부를 대변한다. 이 쟁투는 소노부 세력 대 계루부 세력의 대결이었다. 쟁투의 내용은 활쏘기 경쟁, 주몽이 송양의 고각鼓角을 몰래 취득한 사건, 궁궐 건조의 신구新舊 경쟁, 주몽이 흰 고라니를 매달아 놓고 저주하여 송양국이 표몰될 정도의 비가 내린 사건 들이다.[163] 결국 이 쟁투에서 주몽이 승리하였다. 이로 미루어 비류의 '참회이사'는 비류 세력이 패배한 여러 사건들을 압축해 표현한 것이라고 하겠다.

이처럼 초고왕 대에 이르러 부여씨 집단은 해씨 세력을 누르고 연맹장의 지위를 차지하였다. 이후 초고왕의 후손들은 연맹장의 지위를 세습하면서 그 위상을 확고히 하였다. 이리하여 부여씨 왕실이 확립되었다.

---

163 이규보,『동국이상국집』 전집 3권「 동평왕편 병서」.

Ⅲ. 부여씨 왕실의 출자

1. 부여족 출자설과 고구려 출자설

왕실의 계통, 즉 출자出自는 나라를 세운 건국 집단이 어디에서 나왔느냐, 왕실의 근원이 어디냐를 보여 주는 것이다. 출자는 나라를 새로 세웠을 경우 왕실의 권위와 정통성을 담보해 주는 기능을 한다. 그래서 고구려는 시조 주몽이 북부여에서 출자하였음을 〈광개토대왕비〉 맨 첫 부분에서 밝혔다.[164]

백제 왕실의 출자는 시조건국설화의 분석을 통해 추정해 볼 수 있다. 그러나 건국설화는 후대에 정리된 것이어서 후대의 개념이 게재되었을 수도 있고 또 역사서 편찬자에 의해 부분적으로 변개되었을 수도 있다. 그렇기 때문에 설화의 내용을 그대로 따르기에는 무리가 있지만 그렇다고 설화의 내용을 모두 후대에 조작된 것으로만 볼 수 없다. 설화의 기본 뼈대는 당시의 사실을 전하는 것으로 보아도 큰 무리는 없을 것이다.

『삼국사기』의 시조건국설화에 의하면, 백제 시조 온조는 고구려 시조 주몽의 아들로 나온다. 따라서 백제 왕실은 고구려 출자가 된다. 그러나 온조왕은 나라를 세운 후 원년(기원전 18) 5월에 북부여(원 부여)의 시조로서 부여족의 족조族祖인 동명왕을 모시는 사당을 세웠고, 왕실의 성을 부여씨로 하였다. 이는 백제가 건국 후 부여의 정통성을 계승하였음을[165] 내외에 천명한 것이라 할 수 있다. 이로 말미암아 백제 왕실의 출자에 대해

---

164 〈광개토대왕비〉의 "惟昔始祖鄒牟王 出自北扶餘 …" 참조.

165 양기석, 2013, 「백제, 언제 세웠나—문헌학적 측면」, 『백제, 누가 언제 세웠나—백제의 건국시기와 주체세력—』(백제학연구총서 쟁점백제사 1), 한성백제박물관; 김영심, 2013, 「백제, 누가 세웠나—문헌학적 측면」, 『백제, 누가 언제 세웠나—백제의 건국시기와 주체세력—』(백제학연구총서 쟁점백제사 1), 한성백제박물관.

서 고구려 출자설과 부여 출자설이 나오게 되었다.

그런데 개로왕은 북위에 보낸 국서에서 "백제의 근원이 고구려와 더불어 부여에서 나왔다"고 하였다.[166] 또한 성왕은 사비로 천도하면서 일시적으로 국호를 남부여南扶餘로 개칭하였다. 남부여는 부여의 정통성을 계승한 남쪽의 부여라는 의미이다. 여창(餘昌: 위덕왕)은 554년 백합야새 전투에서 고구려 장군에게 "성은 바로 동성"이라[167] 하였다. 이때의 '동성同姓'은 백제는 고구려와 '조상이 같다'는 의미로 같은 조상이란 바로 부여이다. 이러한 사실은 백제 왕실의 부여 출자를 뒷받침해 준다.[168]

백제 왕실의 부여 출자를 인정할 때 정리해야 할 것은 건국설화에 백제 시조가 고구려 출자로 나오게 된 배경이다. 이 문제를 해명하는 데 단서가 되는 것이 시조의 출자도 시대적 상황에 따라 바뀐다는 것이다. 즉 정치적 상황에 따라 당시의 집권 세력들은 시조의 출자를 자신들의 이해관계에 맞도록 재정리하기도 하였던 것이다. 이러한 사례는 고구려와 신라에서 찾아볼 수 있다.

〈광개토대왕비〉에 의하면, 고구려 시조 주몽의 출자는 분명히 북부여였다. 그런데 『삼국사기』 고구려본기와 이규보의 「동명왕편 병서」에는 동부여 출자로 나온다. 어느 시기에 주몽의 출자가 북부여에서 동부여로 바뀐 것이다. 그 시기는 『유기』 100권을 산삭刪削하여 『신집』 5권으로 편찬한[169] 영양왕 대가 아닐까 한다. 영양왕 대(590~618)에는 문자명왕 사후 약해진 왕권을 강화하려는 일련의 움직임이 있었다. 그래서 『신집』을 편

---

166 『위서』 권100 열전 제88 백제전의 "臣與高句麗源出夫餘" 참조.
167 『일본서기』 권19 흠명기 14년조의 "姓是同姓" 참조.
168 저자는 이전에 '同姓'을 '백제 왕실의 성이 고구려 왕실의 성과 같다'는 뜻으로 해석하여 백제 왕실의 출자를 고구려에서 구하였다(노중국, 1988, 『백제정치사연구—국가형성과 지배체제의 변천을 중심으로—』, 일조각, 67쪽). 그러나 여기서는 부여로 수정한다.
169 『삼국사기』 권제20 고구려본기 제8 영양왕 11년조의 "春正月 … 詔大學博士李文眞 約古 史爲新集五卷 國初始用文字時 有人記事一百卷 名曰留記 至是刪修" 참조.

찬하면서 시조 추모왕鄒牟王은 동명성왕東明聖王으로, 2대 유류왕儒留王은 유리명왕瑠璃明王으로, 3대 대주류왕大朱留王은 대무신왕大武神王처럼 아화된 명칭으로 바꾸고 또 시조의 출자도 동부여로 바꾼 것 같다.

신라는 건국 초기에 시조 혁거세왕은 알에서 태어났다고 하는 시조탄생설화를 만들었다. 불교를 공인한 후 진평왕 대에는 왕과 왕비 및 왕의 동생들의 이름을 석가모니의 아버지와 어머니 그리고 삼촌의 이름으로 지어 석가족釋迦族을 표방하였다.[170] 선덕여왕 대에는 황룡사9층목탑을 만들면서 신라 왕실을 찰리종刹利種이라고 하였다.[171] 통일 직후 〈문무왕릉비〉에는 신라 왕실의 조상은 한漢나라 때 김씨를 칭한 투후秺侯 김일제金日磾의 후손이라고 하였다.[172] 하대에 와서는 중국의 전설상 인물인 소호금천씨小昊金天氏의 후예를 자처하였다.[173]

이를 원용하면 백제도 처음에는 왕실의 출자를 부여로 하였지만 어느 시기에 고구려로 바꾸었을 가능성이 크다. 그 배경은 다음과 같이 생각해 볼 수 있다. 첫째, 황급한 웅진 천도와 한강 유역 상실로 백제 왕실과 한성 도읍기의 귀족들은 세력 기반을 상실하였다는 점이다. 이로 말미암아 금강유역권의 세력들이 두각을 나타내게 되었다. 둘째, 사비 천도 이후 성왕은 건방지신建邦之神의 사당을 훼철하고,[174] 구이왕을 시조묘始祖廟에 모셨다. 건방지신은 나라를 세운 시조신인데 이 사당을 훼철하였다는 것은 시조와 관련된 인식에 변화가 일어났음을 보여 준다. 셋째, 554년 관산성 전

---

170 『삼국사기』 권제4 신라본기 제4 진평왕 즉위년조의 "眞平王立 諱白淨 … 妃金氏摩耶夫人 …"; 원년조의 "八月 … 封母弟伯飯爲眞正葛文王 國飯爲眞安葛文王" 참조.

171 『삼국유사』 권제4 탑상 제4 황룡사구층탑조의 "新羅第二十七善德王卽位五年 … 慈藏法師 西學 乃於五臺感文殊授法(詳見本傳) 文殊又云 汝國王是天竺刹利種王 …" 참조.

172 〈문무왕릉비〉의 "秺侯祭天之胤 傳七葉" 참조.

173 『삼국사기』 권제28 백제본기 제6 의자왕 20년조의 "論曰 新羅古事云 天降金樻 故姓金氏 … 然而又聞 新羅人自以小昊金天氏之後 故姓金氏" 참조.

174 『일본서기』 권19 흠명기 13년조.

투 패전으로 왕실의 권위가 떨어짐으로 말미암아 유력 귀족인 대성팔족이 정치 운영을 좌지우지하게 되었다는 사실이다.

이러한 상황 변화는 시조에 대한 인식의 변화를 가져왔고 시조에 대한 인식의 변화는 시조의 출자에도 변화를 가져오게 된 것 같다. 그 결과 시조가 고구려에서 출자하였다는 출자관이 성립되지 않았을까 한다. 그 시기는 『백제기』, 『백제신찬』, 『백제본기』라고 하는 이른바 '백제삼서'가 편찬된 위덕왕 대나 무왕 대가 아닐까 한다. 그렇다면 『삼국사기』의 건국설화에 나오는 고구려 출자관은 이 시기의 출자관이 반영된 것이라 하겠다.

2. 왕실의 출자와 묘제

백제 왕실의 출자가 부여든 고구려든 문헌에 보이는 왕실의 출자에 대한 반론도 만만치 않다. 반론의 출발점은 묘제이다. 그 전제는 묘제는 전통성이 강하여 집단의 계통을 잘 보여 준다는 것이다. 그래서 백제 왕실이 부여 출자이거나 고구려 출자라면 왕실의 능묘에는 부여식 묘제와 고구려식 묘제가 확인되어야 한다는 것이었다.

백제 왕실의 능묘는 석촌동고분군이다. 여기에는 토광묘, 즙석묘, 적석총 등이 확인되고 있다. 이 고분들은 시간의 선후를 가지면서 일정 기간 동안 공시성을 가지기도 하였다. 그러나 시계열로 보면 토광묘-즙석묘-적석총-횡혈식석실분으로 변화하였다.[175] 이 가운데 적석총은 집안의 고구려 적석총과 유사하여 백제가 고구려에서 출자하였다는 건국설화의 내용을 고고학적으로 입증해 주는 자료로 많이 논급되어 왔다.[176]

문제는 석촌동 적석총이 조영된 시기이다. 고구려 적석총은 초기에는

---

175 임영진, 2013, 「백제, 누가 세웠나―고고학적 측면」, 『백제, 누가 언제 세웠나―백제의 건국시기와 주체세력―』(백제학연구총서 쟁점백제사 1), 한성백제박물관.
176 김원용, 1979, 『한국고고학개설』, 일지사.

무기단식이었고 그 후 기단식에서 계단식 적석총으로 바뀌었다. 온조왕이 백제를 건국할 당시 고구려의 묘제는 무기단식이었다. 온조왕이 고구려에서 출자하였다면 석촌동에는 무기단식 적석총이 확인되어야 하지만 현재까지는 없다. 더구나 현재 확인되고 있는 기단식 또는 계단식 적석총의 조영 시기는 모두 3세기 후반 이후이다.[177] 따라서 현재의 적석총은 초기백제의 묘제로 보기에는 시간적으로 맞지 않는다.

이와는 달리 백제 왕실의 부여 출자를 증명하기 위해 석촌동 일대의 움무덤을 부여의 유적인 중국의 유수노하심楡樹老河深 유적과[178] 연관 지으려는 견해도[179] 있고, 서울 권역인 김포 운양동에서 발굴된 주구묘를[180] 유수노하심의 토광묘와 연결시키는 견해도 있다.[181] 그러나 두 지역의 토광묘는 구조와 출토 유물에서 뿐만 아니라 조영 시기에도 3~4세기의 간극이 있어[182] 직접 연결시키기 어렵다. 만약 연결된다고 하더라도 김포 지역의 묘제를 초기백제의 것으로 대체할 수도 없다.

현재 확인되고 있는 묘제와 분묘에서 출토되는 유물로는 백제가 고구려에서 출자하였다는 것도, 부여를 계승하였다는 것도 증명하기 어렵다. 그래서 문헌에 보이는 계통론은 성립할 수 없다는 견해도 나왔다. 나아가 석촌동고분에 보이는 다양한 묘제는 조영 주체의 변화를 보여 준다는 견해도 나왔다.[183] 그러나 후자의 경우 왕실 교체가 빈번히 이루어진 것으로 오

177 석촌동고분군에 대한 최근의 종합적 정리는 서울특별시·한성백제박물관, 2016, 『근초고왕과 석촌동고분군』; 한성백제박물관, 2017, 『백제 초기 고분의 기원과 계통』(한성백제박물관 학술총서) 참조.

178 吉林省文物考古研究所, 1987, 『楡樹老河深』, 文物出版社; 한성백제박물관, 2017, 『백제 초기 고분의 기원, 고구려·부여 고분 자료집』.

179 강인구, 1989, 「한강유역 백제고분의 재검토」, 『한국고고학보』 22집, 한국고고학회.

180 한강문화재연구원, 2013, 『김포 운양동 유적 II』(유적조사보고 제36책).

181 이도학, 2013, 「백제 건국세력의 계통과 한성기 묘제」, 『백제학보』 10집, 백제학회.

182 이종수, 2017, 「석촌동 토광묘의 기원과 부여고분」, 『백제 초기 고분의 기원과 계통』(백제 왕릉지구 석촌동고분군 국제학술회의), 한성백제박물관.

183 임영진, 2013, 「백제, 누가 세웠나―고고학적 측면」, 『백제, 누가 언제 세웠나―백제의 건

해를 줄 가능성이 크다.

저자는 묘제와 집단의 계통과의 관계를 해명하기 위해서는 명제를 바꾸어 보는 것이 필요하다고 생각한다. 지금까지의 명제는 '다른 곳에서 이동해 온 건국 집단은 원주지의 묘제를 쓴다'는 것이었다. 이러한 틀에서 보면 온조 집단이 부여에서 갈라져 나왔으면 당연히 부여의 묘제를 사용해야 하고, 고구려 계통이라면 고구려의 묘제를 사용해야 하는데, 현재의 고고학적 상황은 이 명제를 충족시키지 못한다.

묘제는 어느 집단의 계통을 보여 주는 중요한 요소지만 필요충분 조건은 아니다. 동일 계통의 집단은 반드시 원주지의 묘제를 사용하는 것이 아니라 시기와 상황에 따라 다른 묘제를 사용할 수도 있기 때문이다. 즉 출자는 같아도 묘제는 다를 수 있다는 것이다. 그 사례로 두 가지를 들 수 있다.

하나는 위만조선의 경우이다. 위만은 연나라에서 망명해 와 기자조선의 준왕을 쫓아내고 위만조선을 세웠다. 종래의 명제대로라면 위만조선의 묘제는 연나라 묘제여야 한다. 그러나 그 묘제는 토착 세력의 토광묘였다. 국호도 기자조선의 국호를 그대로 이어받아 '조선'이라 하였다. 이는 위만 집단이 정착 지역의 토착 문화를 그대로 받아들였음을 보여 준다.

다른 하나는 고구려의 경우이다. 고구려 시조 주몽은 북부여에서 도망하여 졸본 지역에서 나라를 세웠다. 북부여의 묘제는 토광묘였다. 종래의 명제대로 하면 초기고구려의 묘제는 북부여의 토광묘여야 한다. 그러나 졸본 지역의 묘제는 무기단식 적석총이었다. 이는 주몽 집단이 정착한 지역의 토착 묘제를 채용하였음을 보여 준다.

위만조선과 고구려가 보여 주는 이러한 사례는 온조 집단의 묘제를 해명하는 데도 단서가 된다. 한강 유역에서 적석총이나 봉토분, 즙석봉토분보다 시기가 앞서는 묘제가 토광묘이다. 이 토광묘 문화를 기반으로 하여 성립한 것이 진국 세력이었다. 진국 세력은 위만조선 말기 역계경 집단의 이주가 주는 충격으로 해체되면서 토광묘는 선주 세력의 묘제로 남게 되었다.

진국 세력이 해체된 후 한강 유역으로 이동해 온 온조 집단은 선주 세력들을 통합하여 십제국을 건국하였다. 건국 과정에서 온조 집단은 마한의 맹주국인 목지국으로부터 100리의 땅을 할애받는 등 토착 세력들의 협조와 도움을 받았을 가능성이 크다. 이렇게 토착 세력과 긴밀한 관계를 가지면서 온조 집단은 선주 집단의 토광묘를 왕실 묘제로 채용하지 않았을까 한다. 건국 초기에 부여식 토광묘나 고구려식의 무기단식 적석총이 조영되지 않은 것은 이 때문일 가능성이 크다. 다만 한강 유역에서 이른 시기의 토광묘가 확인되지 않는 문제점은 앞으로의 고고학적 발굴 성과에 의해 해결되기를 기대한다.

이렇게 보면 백제 왕실은 비록 토착 묘제를 왕실 묘제로 사용하였다고 하더라도 왕실의 출자는 부여계 또는 고구려계라고 인식하고 있었다. 이러한 인식이 시조건국설화에 반영된 것이다. 따라서 석촌동에서 부여식의 토광묘나 고구려식의 무기단식 적석총이 확인되지 않는다고 하여 백제의 출자를 부여계나 고구려계가 아니라고 주장하는 것은 성립할 수 없다고 본다.

제2부

집권력 강화와 부체제

1 풍납토성 성벽(한성백제박물관 제공)

3세기 후반에 축조된 풍납토성은 밑변 폭이 40m 이상, 높이 11m 이상, 둘레 3.5km인 평지 토성이다. 이 시기의 고구려나 신라에는 풍납토성과 비슷한 규모의 성은 없다. 풍납토성(북성)과 몽촌토성(남성)으로 이루어진 도성이 하남위례성이며, 부체제 시기에 백제의 왕도가 된 이후 한성도읍기 말까지 그 역할을 하였다. 사진의 빨간색 점선 왼쪽 부분은 초축 외벽 붕괴 구간을 보축한 것이다.

2 풍납토성 출토 중국제 시유도기(한성백제박물관 제공)

풍납토성 내부에서는 제의 공간, 창고 시설, 도로, 주거지 등 왕도의 모습을 보여 주는 다양한 유적들이 발굴되었다. 이 가운데 경당지구 창고 건물지에서 수십 점의 중국제 시유도기가 출토되었다. 시유도기는 당시 백제가 중국제 고급 도자기를 수요할 만큼 성장하였음을 보여 주며, 백제와 진晉 사이의 교섭과 교류를 보여 주는 증거이다.

3 몽촌토성의 백제 도로 유적(한성백제박물관 제공)

몽촌토성(남성)은 『삼국사기』 백제본기에 나오는 한성 별궁別宮으로 보인다. 몽촌토성 북문지 부근에서 이루어진 발굴조사에서 한성도읍기의 생활 유구, 집수지, 도로 유구가 확인되었고, 인면문 뚜껑꼭지가 출토되었다. 백제시대 도로는 왕성의 도로답게 수레바퀴 자국이 거의 없을 정도로 노면이 단단하게 다져져 있다.

회곽도

북서향
도로

회전 교차로

백제도로 노면
고구려도로 노면
백제도로
측구
백제도로
노면 토제
백제도로 노면

남북대로

집수지

북문지 방향 ▶

회전 교차로

도랑

도랑

제1장

부여씨 왕실의 집권력 강화

I. 직계 초고왕계와 방계 고이왕계

1. 직계 초고왕·구수왕의 집권력 강화

부여씨 왕실의 성립 이후 백제는 집권력을 강화해 나갔다. 집권력 강화
는 왕실 권위의 고양, 인적·물적 기반의 확대, 군사력의 강화 등에 의해 이
루어진다. 백제 왕실의 집권력 강화 노력은 초고왕 대에 이미 시작되었다.

첫 번째로 초고왕은 하북위례성에서 하남위례성으로 천도한 후 목책으
로 이루어진 삼중 환호성을 만들었다. 환호성이 만들어짐으로써 왕실을
비롯한 지배자들은 성안에, 일반 민들은 성 밖에 거주하게 되었다. 이로
써 지배자들의 거주 공간과 피지배자들의 거주 공간이 분리되었다. 이는
국읍의 수장이 민간에 섞여 살던[雜在] 상황에서 벗어났음을 보여 준다. 그
결과 왕실은 민들과 구분되는 격절된 통치 공간을 가지게 되었다.

두 번째로 초고왕은 새로이 궁실을 중수하였다.[1] 이전의 궁실은 '검소
하되 누추하지 않고 화려하되 사치롭지 않은' 모습이었다.[2] 초고왕이 궁
실을 중수한 것은 궁실을 보다 장엄하게 꾸며 왕실의 위엄을 높이기 위함
이었을 것이다. 풍납토성 삼중 환호 내에서 발굴된 육각형 주거지는 바로

---

1 『삼국사기』 권제23 백제본기 제1 초고왕 23년조의 "春二月 重修宮室" 참조.
2 『삼국사기』 권제23 백제본기 제1 시조 온조왕 15년조의 "春正月 作新宮室 儉而不陋 華而不
   侈" 참조.

이 시기의 궁실과 관련된 유적일 것이다.

세 번째로 초고왕은 영역 확대를 도모하였다. 이를 보여 주는 것이 적현성赤峴城과 사도성沙道城을 축조하여 동부의 민호를 옮긴 일이다.[3] 이 두 성은 경기도 연천군 삭녕면(현재의 중면) 지역으로 비정되는데[4] 이곳에 동부의 민호를 옮겼다는 것은 이 일대가 백제의 영역이 되었음을 보여 준다. 한편 이 시기에 서부인 회회茴會가 백록白鹿을 헌상한 것은[5] 복속의례의 일종인데 이는 서부 지역이 백제에 복속되었음을 상징한다.

초고왕의 뒤를 이은 구수왕도 왕권 강화를 위한 일련의 조치를 취하였다. 먼저 한수 서쪽에서 대대적으로 열병閱兵하였다.[6] 방위상으로 볼 때 한수 서쪽은 미추홀, 즉 인천 지역이다. 구수왕이 이곳에서 열병을 한 것은 미추홀을 중심으로 하는 서부 세력에 대해 백제 왕실의 군사적 우월성을 과시하기 위한 조치로 보인다.[7]

다음으로 구수왕은 해당 관청에 명을 내려 제방을 수리하게 하고, 농사를 권장하는 명을 내렸다.[8] 『삼국사기』에서 제방 수리 기사는 이것이 처음이고, 농사를 권장하는 기사도 온조왕 14년(기원전 5) 이후 처음이다. 이는 구수왕이 수리시설을 확충·정비하고 권농을 통해 농업생산력의 증대를 도모한 것을 보여 준다.[9] 이러한 권농 조치에서 얻어지는 생산력의 증대는 부여씨 왕실의 경제적 기반을 다져 주었을 것이다.

---

3 『삼국사기』 권제23 백제본기 제1 초고왕 45년조.

4 정구복 외, 2011, 『역주 삼국사기 3 주석편(상)』, 한국학중앙연구원 출판부, 639쪽.

5 『삼국사기』 권제23 백제본기 제1 초고왕 48년조의 "秋七月 西部人茴會獲白鹿獻之 王以爲瑞 賜穀一百石" 참조.

6 『삼국사기』 권제24 백제본기 제2 구수왕 8년조의 "秋八月 大閱於漢水之西" 참조.

7 천관우, 1976, 「삼한의 국가형성 (하)」, 『한국학보』 제2권 2호, 일지사, 137쪽.

8 『삼국사기』 권제24 백제본기 구수왕 9년조의 "春二月 命有司修隄防, 三月 下令勸農事" 참조.

9 노중국, 2010, 「한국고대의 수리시설과 농경에 대한 몇 가지 검토」, 한국고고환경연구소, 『한국고대의 수전농업과 수리시설』, 서경문화사.

2. 방계 고이왕의 즉위

(1) 직계와 방계

왕위가 세습되면서 왕족들은 시간의 흐름에 따라 직계와 방계로 나누어졌다. 백제의 경우도 예외가 아니어서 부여씨 왕실도 직계와 방계로 분립되기 시작하였다. 분립 배경은 왕위의 부자 계승 원칙이다.[10] 왕위가 부자로 계승됨에 따라 전왕이나 현왕의 형제들은 특별한 상황이 아니면 왕위 계승에서 멀어져 점차 방계가 되었다. 직계와 방계의 분립은 초고왕 대부터였다. 초고왕에서 아들 구수왕으로 왕위 계승이 이어지면서 초고왕계는 직계가 되고 초고왕의 동모제인 고이왕은 방계가 되었다.

그러나 직계에 의한 왕위 계승은 어디까지나 원칙이지 불변은 아니었다. 정치적 상황에 따라 방계가 직계를 제치고 왕위를 차지하기도 하였다. 백제에서 방계로서 왕위에 오른 최초의 왕이 고이왕이다. 고이왕 전후 백제의 왕위 계승 관계를 정리하면 다음과 같다.

온조왕 ― 다루왕 ― 기루왕 ― 개루왕 ┬ 초고왕 ― 구수왕 ┬ 사반왕(폐위)
  (1)   (2)   (3)   (4)   (5)   (6)   (7)
                                                   └ 비류왕
                                                        (11)
                                   └ 고이왕 ― 책계왕 ― 분서왕 ― 계왕
                                         (8)   (9)   (10)   (12)

이 표에서 보듯이 백제 왕위는 고이왕 이전까지는 전왕의 원자 또는 차자가 계승하였다. 그러나 사반왕 다음에 방계인 고이가 왕위에 오름으로써 왕실계보상에 변화가 생겼다. 고이왕의 즉위에 대해 부자 상속에서 형

---

10 『삼국사기』 백제본기에 의하면 백제의 왕위 계승은 원칙적으로 부자 계승이었다. 이에 대해서는 노중국, 2018, 「백제 웅진도읍기 왕계와 지배세력」, 한성백제박물관 편, 『백제 웅진기 왕계와 지배세력』 (백제학연구총서 쟁점백제사 12), 한성백제박물관, 15~17쪽 참조.

제 상속으로의 상속 원칙의 변화로 보는 견해가 있다.[11] 그러나 이 견해는 다음과 같은 면에서 성립할 수 없다.

첫째, 백제의 왕위 계승은 부자 상속이 원칙이었다는 점이다. 사반이 어림에도 불구하고 왕위에 올랐다는 사실이 이를 증명해 준다. 둘째, 상속 원칙은 구성원들이 자연스럽게 받아들여야 한다. 그런데 고이왕은 사반이 어리다는 이유로 폐위시키고 왕위에 올랐다. 정변에 의한 왕위 계승은 계승 원칙에 의한 것이 아니다. 따라서 고이왕의 즉위를 왕위 계승 원칙에 의해 설명하려는 이 견해는 성립할 수 없다.

이와는 달리 고이왕을 '우태-비류계'로 보고 고이왕의 즉위를 새로운 왕계의 등장으로 보는 견해가 있다.[12] 이 견해는 고이왕을 초고왕의 '모제母弟'라고 한 '모제母弟'를 '어머니의 동생'으로 해석하여 나온 것이다. 그러나 모제는 동모제를 말하므로 고이왕은 초고왕의 동생이지 별도의 계보가 아니다. 따라서 고이왕의 즉위를 우태-비류계라고 하는 새로운 왕계의 등장으로 보는 것은 성립될 수 없다. 이러한 관점에서 저자는 고이왕의 즉위를 방계에 의한 왕위 계승으로 파악한다.

(2) 고이왕의 즉위

고이왕의 즉위 과정에 대해 『삼국사기』에는 "사반왕이 왕위를 이었지만 어려서 능히 정사를 할 수 없으므로 폐위하고 즉위하였다"고[13] 하였다. 그렇다면 이는 백제 역사상 최초의 폐위 사건이 된다. 반면에 『삼국유사』에는 "사반왕이 낙초樂初 2년 기미에 죽자 고이가 즉위하였다"고[14] 하였

---

11 이기백, 1959, 「백제왕위 계승고」, 『역사학보』 11집, 역사학회, 11~12쪽.
12 천관우, 1976, 「삼한의 국가형성 (하)」, 『한국학보』 제2권 2호, 일지사, 134~137쪽.
13 『삼국사기』 권제24 백제본기 제2 고이왕 즉위년조의 "仇首王在位二十一年薨 長子沙伴嗣位 而幼少不能爲政 肖古王母弟古尒卽位" 참조.
14 『삼국유사』 권제2 기이 제2 남부여 전백제 북부여조의 "又沙沸王一作沙伊王 仇首崩嗣位 而幼少不能政 卽廢而立古尒王 或云至樂初二年己未 乃崩 古尒方立" 참조.

다. 낙초는 경초景初의 오기이며[15] 기미는 경초 2년이 아니라 3년으로 239년이다. 이 기사는 사반왕이 6년간 재위하다가 죽자 고이왕이 즉위한 것을 보여 준다.

두 기록 가운데 어느 것이 옳은지는 단정하기 어렵다. 그렇지만 방계인 고이가 왕위를 이었다는 것은 공통된 내용이다. 방계가 왕위를 이은 것은 정상이 아니다. 사반왕이 폐위되었든지, 짧은 재위 후 죽었든지 그 이후의 왕위 계승 과정에서 지배 세력 사이에 갈등이 있었기 때문이다. 이는 『삼국사기』의 기사가 타당함을 의미한다. 그렇다면 구수왕이 죽은 후 어린 사반왕의 즉위를 둘러싸고 직계와 방계 사이에 암투가 있었고 그 과정에서 직계가 사반을 즉위시키는 데 일단 성공하였지만 곧 방계의 반격을 받아 사반왕은 폐위되고 고이왕이 왕위에 오른 것으로 정리해 볼 수 있다.

왕위 계승을 둘러싼 왕실 내부의 싸움은 지배 세력 사이의 대립과 분열을 가져오게 마련이다. 고이왕의 즉위 과정에서도 당시 지배 세력들은 이해관계에 따라 방계인 고이를 지지하거나, 직계인 사반왕을 지지하는 파로 나뉘어 대립하였을 것이다. 고구려에서 차대왕 수성遂成의 즉위를 둘러싸고 귀족들이 수성을 지지하는 파와 태조왕의 아들을 지지하는 파로 갈라져 대립한 것이[16] 방증 사례가 될 것이다. 이 당시 백제의 주요 지배 세력으로는 북부 출신의 진씨, 부여계의 해씨, 동부 출신의 흘씨와 곤씨, 서부 출신의 회씨, 그리고 미추홀을 기반으로 한 비류계 세력 등이 있었다.[17] 이 가운데 주목되는 세력이 진씨眞氏 세력과 해씨解氏 세력이다.

진씨 세력은 다루왕 대에 진회眞會가 우보로 임명되면서부터 유력 세력

---

15 이병도, 1969, 『국역 삼국유사』, 동국문화사, 270쪽 주)7.

16 『삼국사기』 권제15 고구려본기 제3 태조대왕 94년조의 "秋七月 遂成獵於倭山之下 謂左右曰 大王老而不死 吾齒卽將暮矣 不可待也 惟願左右爲我計之 左右皆曰 敬從命矣 於是 一人獨進曰 向 王子有不祥之言 而左右不能直諫 皆曰敬從命者 可謂姦且諛矣"참조.

17 노중국, 1978, 「백제왕실의 남천과 지배세력의 변천」, 『한국사론』 4집, 서울대학교 국사학과, 46쪽.

으로 등장하였는데 고이왕 대에 와서 크게 두각을 나타내었다. 진충眞忠은 고이왕 7년(240)에 좌장에 임명되어 병마를 총괄하였고,[18] 14년(247)에 우보로 승진하였다. 진물은 진충의 뒤를 이어 좌장에 임명되었다.[19] 진가眞可는 28년(261)에 내두좌평에 임명되었다. 진씨 세력은 왕위 계승을 둘러싸고 직계와 방계가 갈등을 일으키고 있을 때 방계 고이왕을 적극 지지한 공로로 고위 관직에 중용된 것 같다.

한편 해씨 세력은 건국 초기에는 우보 해루를 배출하는 등 위세가 높았다. 그렇지만 고이왕 대에 와서 해씨 세력은 6좌평은 물론 좌장과 같은 중요 직책을 한 번도 맡지 못하였다. 특히 고이왕계가 왕위를 계승한 시기에는 해씨 출신 인물은 드러나지 않는다. 이로 미루어 해씨 세력은 직계 사반을 지지하였다가 정치 일선에서 밀려난 것으로 보인다. 이후 백제정치사의 전개 과정에서 진씨와 해씨는 길항拮抗 관계를 이루었다.

Ⅱ. 고이왕의 지배 세력 재편

1. 집권력 강화

초고왕·구수왕 대에 행해진 일련의 집권력 강화 과정의 연장선 위에서 왕실의 지배력을 확고히 한 왕이 고이왕(234~286)이었다. 고이왕은 사반왕을 폐위시키는 왕위 계승 파동을 거치고 난 후 즉위하였다. 이 때문에 즉위 후 고이왕은 왕권 강화 정책을 적극 추진하였다. 왕권 강화는 즉위에

---

18 『삼국사기』 권제24 백제본기 제2 고이왕 7년조의 "夏四月 拜眞忠爲左將 委以內外兵馬事" 참조.
19 『삼국사기』 권제24 백제본기 제2 고이왕 14년조의 "二月 拜眞忠爲右輔 眞勿爲左將 委以兵馬事" 참조.

따른 혼란을 수습하는 최선의 길이었다.

고이왕이 추진한 왕권 강화 정책은 재위 27년(260)을 기준으로 전기와 후기로 나누어 살펴볼 수 있다. 전기는 국가체제를 정비하기 위한 토대를 놓은 시기이고, 후기는 그 토대 위에서 국가체제를 정비해 나간 시기이다. 여기서는 고이왕 전기에 이루어진 집권화 정책을 몇 가지로 정리해 둔다.

첫째, 대외적인 면에서 고이왕은 아들 책계를 대방왕녀 보과寶菓와 결혼시켰다. 책계왕의 결혼 기사는 책계왕 즉위년조에 실려 있지만 '이보다 앞서[先是]'라는 단서가 붙어 있어 고이왕 대에 이루어진 것이 분명하다. 나라와 나라 사이의 결혼은 정략결혼으로 두 나라가 각각 기대하는 정치적 목적이 들어 있다. 이 시기 고이왕은 직계와의 대결 속에서 자기 세력의 강화와 보호가 필요하였고,[20] 대방군은 북으로부터 가해지는 고구려의 군사적 압박에 대항하기 위해 지원 세력이 필요하였다. 이러한 필요성이 맞아떨어져 이 결혼이 이루어지게 된 것이다.

둘째, 고이왕은 서해의 대도大島에서 전렵을 하였다. 이 대도는 방향으로 미루어 강화도로 볼 수 있다. 고이왕이 이곳에서 전렵을 한 것은 구수왕이 한수 서쪽에서 크게 열병을 한 것처럼 서해안 지역이 백제의 영역임을 확인하는 동시에 서해안의 방비를 튼튼히 하려는 의미를 가지는 것이다.

셋째, 고이왕은 재위 5년(238), 10년(243), 14년(247)에 남교에서 큰 단大壇을 쌓아 천지에 제사를 지냈다. 제천행사는 왕권을 종교적으로 뒷받침해 준다. 재위 5년(238)의 제천행사 때는 고취鼓吹를 사용하였다. 고취는 중요한 제의 때 사용하는 악기였다. 고취의 사용은 천지에 대한 제사 의례가 정비되었음을 보여 준다.

넷째, 황룡을 왕실의 상징으로 삼았다. 왕궁의 문기둥에 벼락이 치자 황

---

20 천관우, 1976, 「삼한의 국가형성 (하)」, 『한국학보』 제2권 2호, 일지사, 136쪽.

룡이 그 문에서 날아갔다고 한 기사가[21] 이를 보여 준다. 용은 권력의 상징
이다. 그래서 각 정치 세력들은 자기 세력이나 집단을 상징하거나 과시하
고자 할 때 용을 활용하였다. 황색은 오행에서 중앙을 의미한다. 고이왕은
황룡을 상징으로 삼아 왕실이 바로 백제국의 중심이면서 천하의 중심임을
드러내고자 한 것 같다.

다섯째, 고이왕은 7년(240)에 좌장左將을 설치하여 병권을 장악하였다.
이전에는 종신직인 좌보와 우보가 병마권을 관장하였기 때문에 국왕의 군
사권 행사에 제약이 있었다. 이에 고이왕은 좌장을 설치하여 좌보와 우보
가 가지고 있던 군사권을 왕권 아래로 편제하였다. 이를 토대로 고이왕은
13년(246)에 유주자사 관구검이 낙랑태수 유무劉茂와 대방태수 궁준弓遵
과 함께 고구려를 공격하는 틈을 타서 낙랑 변민을 습취해 오는 군사 작전
을 펼칠 수 있었다.[22]

여섯째, 좌장의 설치와 더불어 고이왕은 우보와 좌보의 임명에도 변화
를 시도하였다. 종래 우보나 좌보는 선임자가 사망한 후에 후임자가 결
정되는 종신직이어서[23] 왕이 이들의 임면을 마음대로 하지 못하였다. 그
러나 고이왕은 9년(242)에 숙부 질質을 우보로 임명하였다가 14년(247)
에 진충을 우보로 임명하였다. 5년 사이에 우보 인사를 단행한 것이다.
이를 계기로 고이왕은 좌보와 우보의 임명에 큰 영향력을 행사할 수 있
게 되었다.

일곱째, 고이왕은 남쪽의 소택지沼澤地에 논을 개간하도록 하였다.[24] 이
시기 백제의 영역은 남으로 웅천(현재의 경기도 안성·평택 지방)에까지 확대

---

21 『삼국사기』 권제24 백제본기 제2 고이왕 5년조 "夏四月 震王宮門柱 黃龍自其門飛出" 참조.
22 『삼국사기』 권제24 백제본기 제2 고이왕 13년조의 "秋八月 魏幽州刺史毌丘儉與樂浪太守劉
   茂朔方太守王遵 伐高句麗 王乘虛遣左將眞忠 襲取樂浪邊民" 참조.
23 노중국, 1978, 「백제왕실의 남천과 지배세력의 변천」, 『한국사론』 4집, 서울대학교 국사학
   과, 36~37쪽.
24 『삼국사기』 권제24 백제본기 제2 고이왕 9년조의 "命國人開稻田於南澤" 참조.

되어 있었다. 남택南澤에서 도전稻田의 개척은 새 영역으로 편입한 남부 지역의 개척을 의미한다. 개간 사업을 통한 농업생산력의 증대는 고이왕이 왕정을 수행해 나가는 데 물적 기반이 되었다.

여덟째, 고이왕은 15년(248) 봄, 여름에 가뭄으로 흉년이 들어 백성들이 겨울에 굶주리자 창고를 열어 진휼하도록 하고 또 1년의 조세를 내지 않도록 하는 면세 조취를 하였다.[25] 흉년으로 백성들이 굶주리는 것은 사회 불안의 가장 큰 원인이다. 그래서 고이왕은 진휼과 면세 조취를 취하였던 것이다. 『삼국사기』 백제본기에서 진휼 기사와 면세 기사는 이때가 처음이다. 이는 고이왕이 민생 안정과 사회안전망 확립에도 주력하였음을 보여 준다.

2. 지배 세력의 재편

전기에 추진된 일련의 집권력 강화 정책을 통해 왕권의 기반을 다진 고이왕은 후기에 와서 지배 세력을 다시 편제하고, 국가조직을 정비하고, 관료들에 대한 기강을 확립하였다. 고이왕 대에 이루어진 지배 세력의 재편과 관제 정비는 『삼국사기』 고이왕 27년(260)조와 28년(261)조의 6좌평·16관등 설치 기사에서 살펴볼 수 있다.

고이왕 대의 '6좌평 16관등제'는 뒷날 사비시대의 사실이 소급·부회된 것이어서 그대로 따를 수는 없다. 이에 대해서는 뒤에 다시 언급하겠다. 그렇지만 이 기사는 고이왕이 지배 세력을 재편하기 위해 종래와는 다른 새로운 제도를 만들었음을 보여 준다. '6좌평 16관등'으로 표현되는 제도 정비는 부체제 성립 이후 백제가 부체제를 보다 효율적으로 운영하

---

25 『삼국사기』 권제24 백제본기 제2 고이왕 15년조의 "春夏 旱 冬 民饑 發倉賑恤 又復一年租調" 참조.

기 위하여 나온 조처였다. 부체제에 대해서는 후술하기로 한다.

6좌평으로 상징된 지배체제 개편에서 주목되는 것은 6좌평을 맡은 인물들이다. 고이왕은 27년(260) 3월에 동생 우수優壽를 내신좌평으로 삼았다. 28년(261) 2월에는 진가眞可를 내두좌평으로, 우두優豆를 내법좌평으로, 고수高壽를 위사좌평으로, 곤노昆奴를 조정좌평으로, 유기惟己를 병관좌평으로 임명하였다. 이들은 고이왕 대에 핵심적인 역할을 한 인물들이다.

이 가운데 우수는 왕제였으므로 왕족 출신이다. 우두는 우수가 왕제인 사실에서 미루어 왕족 출신일 가능성이 크다. 진가는 북부의 유력 세력인 진씨 출신이었다. 고수는 그 출자가 미상이지만 성씨에서 미루어 낙랑 출신이었을 가능성이 크다. 곤노는 고목성 출신의 곤우昆優와 같은 계통으로 북부 출신이다. 유기는 출자를 유추할 수 있는 자료가 없다. 6좌평에 임명된 인물들의 성씨와 출자에서 미루어 고이왕 28년(261)에 행해진 지배 세력의 재편은 다음과 같은 특징을 가진다.

첫째, 지배 세력의 구성에서 왕족 출신의 비중이 높고 위상도 높았다. 6명의 좌평 가운데 우수와 우두 두 사람이 왕족이라는 것과 우수가 내신좌평을 맡았다는 것이 이를 말해 준다.

둘째, 이전에 좌보나 우보를 배출하였던 세력 가운데 북부의 진씨나 동부의 곤씨는 중앙의 유력 세력으로 편입되었지만 북부의 해씨나 동부의 흘씨는 보이지 않는다. 이는 고이왕이 즉위하는 과정에서 또는 왕권 강화를 추진해 가는 과정에서 해씨와 흘씨 등이 밀려났음을 보여 준다.

셋째, 고수의 존재는 『서기』를 편찬한 박사 고흥과 더불어 낙랑 출신자들을 관료로 등용한 것을 보여 준다. 고이왕은 이들의 학문적 식견을 높이 사서 등용하고 이들을 통해 중국의 선진 문물을 받아들여 문화 수준을 높였던 것 같다.

넷째, 유기는 고이왕 대에 처음으로 두각을 나타낸 신진 세력이다. 유기의 세력 기반을 알 수 없지만 그의 등용은 고이왕이 신진 세력을 이용하여 왕실의 세력 기반을 확대해 나가는 모습을 보여 준다.

6좌평 임명이 보여 주는 지배 세력의 재편은 왕권 주도하에 이루어졌다. 이 가운데 고수나 유기의 부상은 왕권과 연결된 친위 세력의 등장을 의미하는 것으로 볼 수 있다. 반면에 왕권에 협조적이지 않았던 흘씨 등은 도태되었다. 이렇게 고이왕은 지배 세력을 재편하면서 왕족의 우위를 확인하고 친왕적 세력을 전진 배치함으로써 종래의 유력 세력들의 독자적 기반을 축소하거나 약화시켜 나갈 수 있었다.

3. 관료 기강의 확립

지배체제가 갖추어지면 이 체제를 운영하기 위한 조직들이 만들어져야 한다. 좌평을 보좌하는 조직, 조세를 거두고 노동력을 동원하는 조직들이 그것이다. 이 조직에서 복무한 자들이 바로 초기 형태의 관료이다. 집권력이 강화될수록 처리해야 할 일이 많아지며 그에 따라 업무들을 처리할 조직이 더 만들어졌다. 조직의 확대는 자연히 관료 수의 증대를 가져왔다.

관료 수가 많아지면 이들을 통제할 수 있는 장치도 필요하다. 기강을 확립하지 않으면 조직이 제대로 운영되지 않기 때문이다. 이에 고이왕은 29년(262)에 관인으로서 재물을 받거나 도적질한 경우 3배를 배상하게 하고 종신토록 관직에 나가지 못하도록 하는 법령을 내렸다.[26] 이는 백제 최초의 법령 기사이다. 이 기사를 근거로 백제가 고이왕 대에 율령을 반포한 것으로 보는 견해도 있지만[27] 이 시기에는 아직 중앙집권체제가 갖추어지

---

26 『삼국사기』 권제24 백제본기 제2 고이왕 29년조의 "春正月 下令 凡官人受財及盜者 三倍徵贓 禁錮終身" 참조.

27 이종욱, 1977, 「백제왕국의 성장—통치체제의 강화와 전제왕권의 성립—」, 『대구사학』

지 않았기 때문에 율령 반포로 볼 수 없다. 이 기사는 부체제 아래에서 관료들의 기강 확립을 위한 조치로 파악하는 것이 타당하다. 이렇게 볼 때 이 기사에서 다음과 같은 사항이 주목된다.

첫째, 법령이 적용되는 주 대상이 관인이라는 점이다. 관료 수의 증가는 업무의 효율적 집행에 도움을 주지만 이들이 부정과 부패를 저지르면 왕정을 펼쳐 나가는 데 방해가 되기도 한다. 이 법령은 관료들의 부정과 부패를 막기 위한 조치라 할 수 있다.

둘째, 이 기사에 나오는 수재受財는 관료들이 뇌물을 받는 것을 말한다. 이는 관료들에게 뇌물을 주어 이득을 보려는 사회풍조도 생겨났음을 보여 준다. 뇌물의 수수는 사회질서를 어지럽히기 때문에 고이왕은 뇌물을 받을 경우 3배를 배상하도록 하였다. 이는 백제에서 배상제가 실시되었음을 보여 준다.

셋째, 이 기사에서 언급된 도盜는 일반적으로는 훔치는 것을 말하지만 관인과 연관된 도盜는 민의 재산을 강탈하는 의미도 내포하고 있다. 이 기사는 관권을 이용한 도적질과 횡포가 적지 않았음을 시사해 준다. 고이왕은 이런 죄를 범한 자들에게 3배를 배상하도록 하였던 것이다.

넷째, 뇌물을 받거나 도적질한 관인들에게 3배를 배상하면서 동시에 종신금고형을 부가하였다. '금고禁錮'는 죄를 짓거나 신분에 허물이 있는 사람을 벼슬에 쓰지 않는 일을 말한다. 정치적·사회적 지위와 신분을 유지하려면 관료가 되어야 하는 상황에서 종신금고형은 관료들에게 큰 형벌이었다. 배상도 하게 하면서 종신금고형을 부가한 것은 관인들에 대한 가중처벌이라 할 수 있다.

고이왕이 이렇게 부정과 부패를 규제하는 법령을 시행하여 국가 기강을 확립해 나간 모습은 "강기綱紀가 없어 국읍 주수가 읍락의 거수를 잘 제어

12·13합집, 대구사학회.

하지 못하였다"든가 "궤배跪拜의 예가 없었다"는[28] 국 단계의 사회 운영 모습과는 판이하게 다르다. 이는 부체제를 성립시킨 고이왕 대에 백제의 국가 운영이 상당한 정도로 제도화되었음을 보여 준다.

---

28 『삼국지』 권30 위서 동이전 한조의 "其俗少綱紀 國邑雖有主帥 邑落雜居 不能善相制御 無 跪拜之禮" 참조.

제2장

백제의 마한 병합

I. 마한의 성립·성장과 목지국

1. 준왕의 남분과 한연맹체

3세기 중반경의 사실을 보여 주는 『삼국지』 동이전 한조에 의하면, 한韓은 대방군의 남쪽에 있으며, 동과 서는 바다를 경계로 하였고, 남으로는 왜와 접한다고 하였다. '한'은 두 가지 의미를 갖는다. 하나는 한족韓族이라는 종족 명칭이다. 〈광개토대왕비〉에 나오는 한과 예, 『삼국지』 동이전에 나오는 '한예韓濊' 등이 그것이다.

다른 하나는 한족을 기반으로 하여 한반도 중남부 지방에 성립된 정치체의 이름이다. 그 정치체가 마한, 진한, 변한으로 이를 통칭해 삼한이라 한다. 마한은 경기도, 충청도, 전라도 지역에 있었던 54국으로 이루어진 연맹체이다. 진한은 12국으로 이루어진 연맹체로 소백산맥 이남 낙동강 이동에 위치하였다. 변한은 낙동강 이서 지리산 이동에 위치한 12국으로 이루어진 연맹체이다. 삼한 가운데 마한이 먼저 성립하였다. 이는 진역秦役을 피하여 한국韓國으로 온 유망민들에게 마한이 동쪽 경계의 땅을 떼어 주어[29] 진한연맹체가 성립되었다는 사실에 의해 입증된다.

---

29 『삼국지』 권30 위서 동이전 한조의 "辰韓在馬韓之東 其耆老傳世自言 古之亡人 避秦役 來適韓國 馬韓割其東界地與之" 참조.

삼한은 한韓연맹체로부터 비롯되었다. 한연맹체의 성립 시기를 추론하는 데 단서가 되는 것이 기자조선의 마지막 왕인 준왕의 남분이다. 준왕은 즉위한 지 20여 년이 지났을 때[30] 한漢나라의 제후국인 연나라에서 망명해 온 위만을 총애하여 박사로 삼고 100리의 땅을 봉해 주어 서쪽 경계를 지키도록 하였다. 그러나 딴 마음을 품은 위만은 한나라 군대가 쳐들어온다고 거짓으로 고한 후 군대를 일으켜 준왕을 쫓아내고 위만조선을 세웠다. 이때가 기원전 194년이다.

위만에게 쫓겨난 준왕은 도망하여 한지韓地에 와서 정착하였다. 한지의 위치에 대해서는 충남 직산으로 보는 견해, 경기도 광주로 보는 견해, 전북 익산으로 보는 견해, 전남 나주로 보는 견해 등 다양하다. 그러나 고려시대에 편찬된 이승휴의 『제왕운기』를 비롯하여 조선시대에 편찬된 『고려사』와 『신증동국여지승람』 등 지리서에는 이 한지를 모두 익산으로 기록하고 있다.[31] 따라서 준왕의 정착지는 익산으로 보는 것이 타당하다.[32]

한지에 정착한 준왕은 마침내 자립하여 한왕韓王을 칭하였다. 이 시기의 '왕'은 국의 수장의 칭호가 아니라 연맹장을 지칭하는 칭호였다. 마한연맹체의 장을 '진왕辰王'이라 한 것이 이를 보여 준다. 준왕이 한왕을 칭한 것은 그가 연맹체를 형성하고 연맹장의 지위에 올랐음을 의미한다.

쫓겨 내려오기 이전 준왕의 기자조선은 지배자가 '왕'을 칭하며 연나라에 대항할 정도로 강력한 나라였다. 박사와 대부大夫 등 선진적인 관직도

---

30 『삼국지』 권30 위서 동이전 한조의 "魏略曰 … 否死 其子準立二十餘年 …" 참조.

31 『신증동국여지승람』 권33 전라도 익산군 건치연혁조의 "本馬韓國 (後朝鮮王箕準 箕子四十一代孫也 避衛滿之亂 浮海而南 至韓地開國 仍號馬韓)" 참조.

32 『삼국지』 동이전 한조보다 먼저 편찬된 왕부의 『잠부론潛夫論』을 근거로 『위략』과 이를 인용한 『삼국지』 동이전 한조의 준왕 관련 기사는 후대의 사가에 의해 윤색된 것이어서 사실로 받아들이기 어렵다는 견해(박대재, 2011, 「준왕 남래설에 대한 비판적 검토—조선유민의 마한 유입과 관련하여—」, 『선사와 고대』 35집, 한국고대학회; 노태돈, 2015, 「준왕남천설에 관한 문헌자료 검토」, 익산시·한국고대사학회 편, 『고조선과 익산』)도 있다.

설치하였으며, 망명해 온 위만에게 규圭를 하사하고 100리의 땅을 봉해 주는 등 제후국도 거느렸다. 이러한 조선을 통치하였던 왕이 준왕이었다. 선진적인 정치문화와 국가를 운영해 본 경험이 있는 준왕은 한지에 내려온 후 각 지역의 정치 세력들을 통합하여 연맹체를 형성하였던 것이다. 이것이 한연맹체이다.

2. 건마국과 마한연맹체

(1) 건마국의 대두

한연맹체가 성립한 이후 이 연맹체에 큰 변화를 준 사건이 일어났다. 준왕의 후손이 절멸된 것이다. '후손의 절멸'이란 왕위를 계승할 후손이 없어 후손에 의한 왕위 계승이 끊어진 것을 말한다. 이리하여 맹주의 지위는 준왕 집단에서 다른 세력에게로 넘어갔다. 즉 연맹장의 교체가 이루어진 것이다. 그러나 연맹장의 교체는 간단하게 이루어진 것은 아니다. 준왕을 지지하는 세력이 있었기 때문이다. 준왕 지지 세력의 존재는 "지금도 한인 가운데 그의 제사를 받드는 자가 있다"는 기사에서[33] 확인된다.

제사는 원칙적으로 후손이 지내지만 후손이 절멸된 상황에서의 제사는 그의 덕화를 추모하는 자들이 받들기도 한다. 이 제사가 『삼국지』 동이전이 편찬된 3세기 중반에 이르기까지 수백 년 동안 이어졌다는 것은 준왕을 지지하는 세력이 매우 컸음을 보여 준다. 이로 미루어 연맹장의 교체에는 두 세력 사이에 큰 충돌이 있었고 그 결과 준왕의 후손이 절멸되었다고 할 수 있다.

준왕 사후 연맹체를 이끌어 가는 새로운 맹주국으로 주목되는 것이 익

---

33 『삼국지』 권30 위서 동이전 한조의 "其後絶滅 今韓人猶有奉其祭祀者" 참조.

산의 건마국이다. 익산 지역은 금마면에서 출토된 비파형동검과[34] 신룡리에서 출토된 도씨검에서 보듯이 초기청동기문화 중심지의 하나였다. 특히 신룡리 도씨검은 완주 상림리에서 일괄 발굴된 26점의 도씨검과 더불어 중국 중원계 문물이 이 지역으로 들어온 것을 보여 준다.[35] 익산 평장리에서 출토된 전국 말에서 전한 초에 제작된 것으로 추정되는 반리문경도[36] 중국 문물의 유입을 보여 준다. 한편 익산과 이웃한 전주, 완주 지역의 갈동, 덕동, 신풍 지역은 중서 남부 지역 최대의 점토대토기와 토광묘, 옹관묘, 적석목관묘 등 분묘가 밀집한 초기철기문화의 중심지이다.[37]

익산 지역의 이러한 문화를 토대로 성립한 정치체가 '건마국建馬國'이다. '건마建馬'는 음운상 익산 금마면의 '금마金馬'와 상통한다. 따라서 건마국은 금마면을 중심으로 성립한 국이라고 할 수 있다.[38]

그런데 『후한서』에는 "준왕의 후손이 절멸한 이후 마한인이 다시 자립하여 진왕이 되었다"고[39] 하였다. '마한인'은 준왕이 남하해 오기 이전 한지에 살던 한인들을, '진왕'은 연맹장을 가리킨다. '마한인이 다시 자립하여 진왕이 되었다'는 것은 준왕 집단의 지배를 받던 한인들이 이제 그 지배에서 벗어나 새로이 연맹장이 된 것을 의미한다. 새로운 연맹장이 된 세력이 건마국일 것이다. 그 시기는 준왕의 죽음과 그 후손의 절멸 사이에 시간 차이가 크게 나지 않는다고 보면 기원전 2세기 전반경이 될 것이다.

---

34 김정배, 1993, 『한국고대의 국가기원과 형성』, 고려대학교 출판부.

35 이건무, 2015, 「한국 청동기 문화와 중국식 동검—상림리유적 출토 중국고식동검을 중심으로—」, 『국립전주박물관 테마전 완주 상림리 청동검』, 국립전주박물관, 128쪽.

36 전영래, 2003, 「금강유역의 청동기문화」, 『익산의 선사와 고대문화』, 마한·백제문화연구소, 익산시.

37 익산을 비롯한 만경강 유역 일대의 고고학 자료에 대한 종합적인 정리는 김정규, 2015, 「유적과 유물을 통해 본 고조선 세력의 확산과 익산」, 익산시·한국고대사학회 편, 『고조선과 익산』; 한수영, 2015, 「전북지역 초기철기시대 분묘 연구」, 전북대학교 대학원 박사학위 논문 참조.

38 이병도, 1976, 『한국고대사연구』, 박영사, 262~266쪽의 진·변 兩韓의 위치비정표.

39 『후한서』 권85 동이열전 제75 한전의 "準後滅絶 馬韓人復自立爲辰王" 참조.

이와는 달리 기원전후한 시기에 익산을 중심으로 하는 만경강 일대에 더이상 무덤이 축조되지 않은 고고학적 현상을 준왕 세력의 절멸과 연관시켜 보는 견해도 있다.[40]

(2) 한연맹체의 확대와 마한

『삼국지』 동이전 한조에 의하면 마한연맹체는 54국으로 이루어졌고 그 범위는 경기도, 충청도, 전라도 일대를 포괄하고 있다. 여기에서 먼저 전제해야 할 것은 마한은 성립 당시부터 이 지역들을 모두 아우른 것은 아니었다는 사실이다. 같은 시기에 한강 유역을 비롯한 경기도 일대에 진국辰國연맹체가 형성되어 있었기 때문이다. 따라서 마한연맹체가 경기도 일대까지 아우른 것은 진국연맹체의 동향과 연동하여 살펴보아야 한다.

위만조선 시기에 진국연맹체는 한漢에 사신을 보내 통교하려고 할 정도로 성장하였다. 또 한자로 된 국서를 한漢에 보낼 정도로 선진문화를 이루고 있었다. 그러나 이 진국연맹체는 위만조선 말기에 역계경 집단이 2천여 호를 이끌고 내려오는 파동에 의해 해체되고 말았다.

진국연맹체가 해체된 이후 한강 유역에서 구심적인 역할을 할 수 있는 세력은 역계경 집단이었다. 역계경 집단은 위만조선의 선진문화를 경험하였고 2천여 호로 표현될 정도로 규모도 컸기 때문이다. 그럼에도 불구하고 이 집단의 활동에 대해 더 이상의 기록이 없다. 이는 이 집단이 진국연맹체를 해체시키는 충격파는 되었지만 그 충격으로 빚어진 혼란을 수습하는 역할은 제대로 못하였음을 보여 준다. 이는 역계경의 정치적 역량의 한계라고 하겠다. 그에 따라 한강 유역을 중심으로 하는 경기도 일대는 일종의 힘의 공백 상태가 되었다.[41]

---

40 김규정, 2015, 「유적과 유물을 통해 본 고조선 세력의 확산과 익산」, 익산시·한국고대사학회 편, 『고조선과 익산』, 164쪽.

41 노중국, 2003, 「백제사에 있어서의 익산의 위치」, 『익산의 선사와 고대문화』, 마한·백제문

힘의 공백 상태는 다른 세력들이 침투해 들어가는 것이 용이하다. 이 틈을 타서 익산에 기반을 둔 건마국을 중심으로 한 한연맹체가 경기도 일대까지 밀고 올라와 구심력을 갖지 못해 분산해 존재하던 대소 세력들을 연맹체 내로 끌어들였다. 이리하여 한연맹체는 경기도에서 충청도를 거쳐 전라도에 이르기까지 한반도 중남부 일대를 아우르게 되었다.[42]『삼국지』동이전 한조의 54개 국으로 이루어진 마한연맹체는 바로 이 시기에 이루어진 것이다.

연맹체의 범위 확대는 맹주국인 건마국의 위상을 높였다. 이에 건마국은 높아진 위상에 걸맞게 연맹체의 명칭을 '한韓'에서 '마한馬韓'으로 바꾸었다.『삼국지』동이전 한조에 '한국韓國'을 '마한馬韓'으로 표기하고 있는 것이 이를 보여 준다. 마한의 '마馬'는 '크다'는 의미를 가지는 '말'의 음사이다. 따라서 '마한'은 한韓 세력 가운데 가장 '큰 한'을 말한다. 이에 따라 연맹장의 칭호도 '한왕韓王'에서 '마한왕馬韓王'으로 개칭되었다.『삼국사기』신라본기에 마한의 최고지배자가 '마한왕'으로 불린 것이 이를 보여 준다. 다만 마한왕이 서한왕西韓王으로도 나오는 것은[43] 진한을 기준으로 보았을 때 마한이 진한의 서쪽에 있으므로 칭해진 칭호일 뿐이다.

(3) 마한 내의 지역연맹체

마한연맹체의 범위가 이렇게 크게 확대되자 연맹체 내에서는 내부적으로 지역연맹체가 형성되기 시작하였다. 지역연맹체는 지역적으로 인접한 국들이 공동의 방어, 경제적 교류, 혼인 관계 등을 통해 형성한 연맹체 내

화연구소, 익산시, 192~196쪽.

42 노중국, 1987,「마한의 성립과 변천」,『마한·백제문화』10, 원광대학교 마한·백제문화연구소.

43 『삼국사기』권제1 신라본기 제1 혁거세 거서간 39년조의 "馬韓王薨 或說上曰 西韓王前辱我使 今當其喪 征之其國 不足平也 …" 참조.

의 작은 연맹체를 말한다.[44] 지역연맹체가 형성될 수 있었던 배경은 마한 맹주국이 마한을 구성한 국들을 제대로 장악하지 못하였기 때문이다.

마한연맹체 내에서 형성된 지역연맹체로는 천안·아산만 일대를 기반으로 한 직산 목지국 중심의 지역연맹체, 만경강·동진강 유역을 기반으로 한 익산 건마국 중심의 지역연맹체, 영산강 유역을 기반으로 한 신미국 중심의 지역연맹체, 한강 중상류 지역을 중심으로 하는 예계濊系 세력 중심의 지역연맹체, 서울과 한강 하류 지역을 기반으로 한 백제국 중심의 지역연맹체, 임진강·예성강 유역을 기반으로 신분고국[45] 중심의 지역연맹체 등을 들 수 있다.

이러한 지역연맹체들은 경기, 충청, 전라도 일대에서 확인되는 주구묘, 주구토광묘, 토광묘, 즙석묘 등의 묘제와 연결시켜 볼 수 있다. 주구묘는 충남 보령 관창리,[46] 충남 서천 당정리[47] 등 중부 서해안 일대와 익산 영등동,[48] 부안 하입석리,[49] 고창 성남리[50] 등 전북 지역과 호남 지역의 서해안 일대에서 확인되고 있다. 중부 서해안 일대와 전북 지역에 분포한 주구묘는 건마국 중심의 지역연맹체를 형성한 세력들의 묘제일 가능성이 크다. 그리고 고창을 포함한 호남 지역 서해안 일대의 주구묘는 신미국 중심의

---

44 이현혜, 1984, 『삼한사회형성과정연구』, 일조각, 194쪽.

45 신분고국은 원양국, 모수국, 상외국, 소석색국, 대석색국, 우휴모탁국 등과 함께 한강 이북에 위치하였다고 한다. 천관우, 1979, 「마한제국의 위치 시론」, 『동양학』 9집, 단국대학교 동양학연구소 참조.

46 윤세영·이홍종, 1997, 『관창리 주구묘』(매장문화재연구소 연구총서 6), 매장문화재연구소.

47 국립부여문화재연구소, 1998, 『당정리—주거지 및 주구묘 발굴조사 보고서』.

48 최완규·김종문·김규정, 2000, 『익산 영등동 유적』, 원광대학교 마한·백제문화연구소·익산시.

49 전북대학교박물관·한국도로공사, 2003, 『부안 대동리·하입석리 유적—서해안고속도로(군산-고창간) 건설구간내 문화유적 발굴조사 보고서—』(전북대학교박물관총서 41).

50 전북대학교박물관·전주대학교박물관·원광대학교 마한·백제문화연구소·호남문화재연구원·한국도로공사, 2000, 『서해안고속도로(군산-고창간)건설구간내 문화유적 발굴조사 약보고서』.

지역연맹체를 형성한 세력들이 남긴 유적이 아닐까 한다.

주구토광묘는 충남 천안 청당동을 비롯하여[51] 충북 청주 봉명동, 송절동 등의 지역에서 만들어졌다. 이 주구토광묘는 목지국 중심의 지역연맹체를 형성한 세력들이 사용한 묘제라 할 수 있다. 서울을 중심으로 하는 토광묘는 백제국 중심의 지역연맹체를 형성한 세력들의 묘제라고 할 수 있고, 남한강 및 북한강 유역에 주로 분포하고 있는 즙석묘는 예계 중심의 지역연맹체를 형성한 세력들의 묘제라고 할 수 있다. 그리고 임진강 유역 일대에 보이는 적석총 계통의 묘제는 신분고국 중심의 지역연맹체를 형성한 세력들의 묘제가 아닐까 한다.

각 지역연맹체에는 연맹체를 주도하는 세력이 있었다. 목지국, 건마국, 신미국 등이 그 주도 세력들이다. 이들 가운데 가장 큰 세력이 마한연맹체를 대표하였다. 그러나 연맹체의 맹주국은 힘의 강약에 의해 또는 지지 세력의 다소에 의해 교체되기도 하였다. 준왕 세력이 절멸한 이후 익산의 건마국이 마한연맹체의 맹주국이 된 것과 직산·천안 일대를 기반으로 한 목지국이 건마국을 대신하여 마한의 맹주국이 된 것이 이를 보여 준다.

3. 목지국과 진왕

(1) 목지국의 등장

건마국 중심의 마한연맹체가 형성된 이후 이 연맹체에 변화를 가져온 세력이 목지국目支國이다. 목지국은 『삼국지』 동이전 한조에는 월지국月支國으로 표기되었다. 그러나 『한원』에 '도호목지都號目支'로 나오는 것 등에서 미루어 '월月'은 '목目'의 오기로 보이므로 목지국으로 표기하는

---

51 국립중앙박물관 편, 1990,『휴암리』(국립박물관고적조사보고 제22책), 국립중앙박물관; 1991,『송국리』IV (국립박물관고적조사보고 제23책); 1992,『고성패총』(국립박물관고적조사보고 제24책); 1995,『청당동 II』(국립박물관고적조사보고 제27책).

것이 타당하다.[52]

목지국의 위치에 대해 여러 설이 제기되었다. 직산설은[53] 온조가 이곳에 정착하였다는 위례성 전승을 주된 근거로 하였다. 인천설은[54] 비류 집단이 세운 미추홀국의 '미추彌鄒'가 '목지目支'와 음운이 상통한다는 것에 근거한 것이다. 예산설과[55] 나주 반남면설은[56] 예산의 청동기문화와 나주 지역의 초기철기문화를 강조하여 나온 것이다. 이 가운데 직산에는 위례성 전승 이외에 가까운 천안에 청당동 유적이 있다. 이로 미루어 목지국의 위치는 직산·천안 일대로 보는 것이 타당할 것이다.

청당동 유적은 1세기부터 늦게는 3~4세기경에 조성된 유적이다.[57] 이 유적은 주구토광묘로 이루어졌는데 청동제 곡봉형曲棒形대구, 마형대구 장식, 각종 구슬 등 많은 유물이 출토되었다. 마형대구 장식은 기마문화의 유물로 북방의 기마문화와의 연관성을 보여 준다.[58] 『삼국지』 동이전 한조에 의하면, 마한은 소와 말을 탈 줄 몰라 소와 말을 장례를 지내는 데 [送死] 사용하였다고[59] 한다. 그럼에도 불구하고 목지국은 마형대구 장식을 사용하였는데 이는 목지국이 북방의 기마문화를 받아들였음을 보여 준다. 주변국들보다 앞서 기마문화를 받아들임으로써 목지국은 한반도 중부에서 유력 세력으로 두각을 나타낼 수 있었던 것이다.

그런데 『삼국지』 동이전 한조에는 "진왕辰王은 목지국을 치소治所로 하

---

52 천관우, 1979, 「목지국고」, 『한국사연구』 24집, 한국사연구회.
53 이병도, 1976, 『한국고대사연구』, 박영사, 245~248쪽.
54 천관우, 1979, 「목지국고」, 『한국사연구』 24집, 한국사연구회.
55 김정배, 1993, 『한국고대의 국가기원과 형성』, 고려대학교 출판부, 294~299쪽.
56 최몽룡, 1990, 「마한—목지국 연구의 제문제—」, 『백제논총』 2집, 백제문화개발연구원.
57 함순섭·김재홍, 1995, 「천안 청당동유적 1단계 조사보고」, 국립중앙박물관 편, 『청당동 II』(국립박물관고적조사보고 제27책), 국립중앙박물관, 136~142쪽.
58 권오영, 1995, 「백제의 성립과 발전」, 『한국사 6—삼국의 정치와 사회 II: 백제—』, 국사편찬위원회.
59 『삼국지』 권30 위서 동이전 한조의 "不知乘牛馬 牛馬盡於送死 …" 참조.

였다"고[60] 나온다. 이 기사의 진왕은 마한연맹체의 맹주를, 치소는 맹주국이 위치한 나라를 말한다. 그 치소가 바로 목지국이다. 이는 마한연맹체의 맹주국이 익산의 건마국에서 직산·천안의 목지국으로 교체된 것을 보여준다.

건마국에서 목지국으로의 맹주국 교체가 일어난 시기를 추론하는 데 단서가 되는 것이 환제·영제 시기(147~189)의 군현의 상황이다. 이 시기 후한은 환관들의 발호로 정국이 매우 혼란스러워 군현을 지원해 줄 수 없었다. 이로 말미암아 군현 주변의 한예韓濊는 강성하게 되었고 많은 민들이 한국韓國으로 들어왔다. 이때를 틈타 새로운 기마문화를 받아들인 목지국은 마침내 건마국을 대신하여 마한연맹체의 맹주국이 되지 않았을까 한다. 그 시기는 2세기 전반경이라 할 수 있다.

(2) 진왕의 실체와 성격

목지국이 마한연맹체의 맹주국이 된 이후 일어난 변화의 하나가 '진왕辰王' 칭호의 사용이다. 마한연맹체의 맹주이면 당연히 마한왕을 칭해야 할 터인데 진왕을 칭하고 있기 때문이다. 진왕의 실체에 대해 삼한 전체의 왕으로 보는 견해가 있다. 이 견해는 "진왕은 목지국을 도읍으로 하였으며, 삼한의 땅에 모두 왕 노릇하였다"는[61] 『후한서』 동이전의 기사를 근거로 한 것이다. 그러나 앞서 언급한 바와 같이 진국의 후신은 삼한 전체가 아니라 진한이었다. 따라서 진왕은 삼한의 전체 왕이 아니므로 이 견해는 성립할 수 없다.

이와는 달리 『삼국지』 동이전 한조의 마한 관련 기사에 나오는 "진왕은 목지국을 치소로 하였다"의 진왕과, 진변한 관련 기사에 나오는 "진왕은

---

60 『삼국지』 권30 위서 동이전 한조의 "辰王治目支國" 참조.
61 『후한서』 권85 동이열전 제75 한전의 "韓有三種 一曰馬韓 二曰辰韓 三曰弁辰 … 皆古之辰國也 馬韓最大 共立其種爲辰王 都目支國 盡王三韓之地 …" 참조.

늘 마한인으로 삼았다"의[62] 진왕을 구분하여 전자의 진왕은 마한의 왕으로, 후자의 진왕은 진한의 왕, 구체적으로는 사로국의 석씨계昔氏系 왕으로 보는 견해도 있다.[63] 이 견해에서 진왕이 삼한의 전체 왕이 아니라는 주장은 타당하다. 그러나 동일한 사료에 나오는 진왕을 마한왕과 진한왕으로 나누어 보는 것은 성립할 수 없다.

그럼에도 불구하고 이 진왕을 사로국 석씨 왕으로 보면 '마한인이 사로국의 국왕이 되는' 모순에 빠진다. 진왕을 사로국왕으로 해석한 것은 진변한과 관련한 기사는 진변한에만 관계된다는 단순한 생각에 얽매인 결과이다. 이러한 얽매임에서 벗어나 이 기사를 마한 쪽에 옮겨 놓고 보면 진왕은 마한왕이며, "진왕은 늘 마한인으로 삼았다"는 기사도 자연스럽게 해석된다. 이렇게 보면 목지국을 치소로 한 진왕은 목지국의 수장이면서 동시에 마한연맹체의 왕(연맹장)이었다.

목지국이 맹주의 칭호를 진왕으로 바꾼 배경은 목지국 역사의 전개 과정과 연관하여 생각해 볼 수 있다. 목지국은 성립 초기에는 한강 유역을 중심으로 형성된 진국연맹체의 일원으로 존재하였다. 그 후 진국연맹체가 해체되고 익산 건마국의 마한 세력이 한강 유역 일대까지 진출하자 목지국은 마한연맹체의 일원이 되었다.

2세기 전반경에 와서 새로이 마한연맹체의 맹주가 된 목지국은 건마국과의 차별화를 시도하였다. 그 배경에는 목지국은 본래 진국연맹체의 일원이었으므로 진국을 계승한다는 역사 인식이 깔려 있었다. 이러한 인식에서 목지국은 자신의 정통성을 확립하기 위해 맹주의 칭호를 마한왕에서 진왕으로 바꾼 것 같다. 이는 견훤이 신라에 의해 멸망한 백제를 계승한다는 의미에서 국호를 후백제로, 왕호를 후백제왕으로 한 사실에서 방증이

---

62 『삼국지』 권30 위서 동이전 한조의 "… 辰王常用馬韓人作之 世世相繼 辰王不得自立爲王 …" 참조.
63 천관우, 1976, 「〈삼국지〉 한전의 재검토」, 『진단학보』 41집, 진단학회, 27~28쪽.

되리라 본다.

목지국의 신지는 『삼국지』 동이전의 "세세상계世世相繼"에서 보듯이 특별한 변화가 없는 한 진왕의 지위를 이어갔다. 그렇지만 진왕 지위의 승계는 자동적으로 되는 것이 아니라 연맹을 구성한 국의 수장들의 합의와 추대가 필요하였다. 이를 보여 주는 것이 『삼국지』 동이전 한조의 "진왕은 스스로 자립하여 왕이 될 수 없다[辰王不得自立爲王]"라고 한 기사이다. '자립하여 왕이 될 수 없다'는 것은 진왕이 연맹체를 구성한 국들을 완전히 장악하지 못했기 때문이다. 그래서 진왕이 되기 위해서는 여러 국들의 지지가 필요하였다. 이는 이 시기 진왕이 안고 있는 정치적 한계성이라 하겠다.

(3) 진왕과 변한의 관계

진왕과 관련하여 마지막으로 정리해야 할 것은 진왕과 변한의 관계이다. 『삼국지』 동이전 한조에 의하면, 진변한 24국 가운데 "12국이 진왕에 속하였다"고 나온다.[64] 이 12국을 진한 12국으로 보고 이 12국이 속한 진왕은 진한왕으로 보는 견해도 있다.[65] 그러나 앞에서 언급한 것처럼 진왕은 진한왕이 아니라 마한왕이었다. 따라서 이 12국은 변한 12국으로 보아야 한다. 이를 뒷받침해 주는 것이 우호優號 수여 기사이다.

> 辰王治目支國 臣智或加優呼 臣雲遣支報安邪踧支濆臣離兒不例拘邪秦支廉之
> 號[66]

이 문장은 종래부터 읽기 어려운 문장으로 알려져 왔는데 대개는 이병도의 독법에 따라 신운臣雲(국명)-견지遣支(관명)-보報(인명), 안야安邪(국

---

64 『삼국지』 권30 위서 동이전 한조의 "其十二國屬辰王 …" 참조.
65 천관우, 1976, 「『삼국지』 한전의 재검토」, 『진단학보』 41집, 진단학회, 27~28쪽.
66 『삼국지』 권30 위서 동이전 한조.

명)-축지跛支(관명), 분신리아濆臣離兒(국명)-불례不例(관명), 구야拘邪(국명)-진지秦支(관명)-렴廉(인명)으로 읽었다.[67] 그러나 이 독법은 국명과 관명, 인명의 표기에 일관성이 없다. 안야국과 분신리아국의 경우 인명이 없기 때문이다. 우호의 수여는 사람을 대상으로 하는데 사람이 없는 것은 이 독법에 문제가 있음을 보여 준다.

저자는 우호를 받는 대상이 두 자의 국명, 두 자의 관명, 한 자의 인명으로 이루어져 있다는 전제하에서 이 문장을 신운(국명)-견지(관명)-보(인명), 안야(국명)-축지(관명)-분(인명), 신리(국명)-아불(관명)-례(인명), 구야(국명)-진지(관명)-렴(인명)으로 끊어 읽는다. 이렇게 읽으면 신운국臣雲國은 『삼국지』 동이전의 신운신국臣雲新國의 축약이고, 신리臣離는 음운상으로 미루어 『진서』 장화전에 나오는 신미국新彌國으로 추정해 볼 수 있다. 안야와 구야는 변한연맹체를 구성한 안야국과 구야국임은 물론이다. 관명으로서의 아불兒不은 진변한 24국의 수장들이 자칭한 신지, 험측, 번예, 살해, 읍차 이외의 자칭호의 하나가 아닐까 한다.[68]

이 기사에 나오는 4국 가운데 신운신국과 신리국은 마한연맹체에 속한 나라이고, 안야국과 구야국은 변한연맹체를 대표하는 나라이다. '우호優號'는 말 그대로 우대하는 칭호이다. 변한연맹체에 속한 안야국과 구야국이 마한 진왕으로부터 우호를 받았다는 것은 이 두 나라가 어떤 형태로든 마한 진왕에 대해 정치적으로 신속臣屬 관계에 있음을 의미한다. 따라서 '12국이 진왕에 속하였다'는 기사의 12국은 변한 12국을 말하는 것이다.

이를 뒷받침해 주는 것이 『삼국사기』 신라본기 혁거세왕 38년조의 "진한과 변한은 마한에 속하여 직공을 바쳤는데 그 후 어느 시기에 진한은 이

---

67 이병도, 1976, 『한국고대사연구』, 박영사, 278~279쪽.

68 노중국, 2003, 「마한과 낙랑·대방군과의 군사 충돌과 목지국의 쇠퇴—정시년간(240-248)을 중심으로—」, 『대구사학』 71집, 대구사학회.

직공을 바치지 않았다"는[69] 기사이다. 마한에 직공을 바치던 진한과 변한 가운데 진한만 어느 시기에 직공을 바치지 않았다는 것은 변한은 계속 직공을 바쳤음을 의미한다.

직공을 바치는 관계를 '속屬'이라 한다. 속은 '신속臣屬'으로도 표현되는데 공납(직공)을 매개로 맺어지는 나라와 나라 사이의 관계를 말한다. 고구려가 현토군과 외교 관계를 맺고 직공을 바친 것을 '속'이라 한 것이 이를 보여 준다. 이렇게 보면 변한 12국은 '마한에 직공을 바치는' 관계에 있었다. 그 관계는 3세기 중반경까지 계속된 것 같다.

II. 백제와 마한의 관계와 마한 병합

1. 마한과의 관계

온조 집단은 졸본 지역에서 한강 유역의 위례 지역으로 이동해 와서 십제국(초기백제)을 세웠다. 건국 이후 십제국은 마한연맹체의 일원이 되었다. 따라서 십제국의 성장 과정은 마한 맹주국과의 관계를 바꾸어 가는 과정이라 할 수 있다. 그 과정은 네 단계로 나누어 볼 수 있다. 네 번째 단계는 백제가 마한의 맹주국인 목지국을 병합하는 단계이다. 여기서는 세 번째 단계까지만 먼저 정리하기로 한다.

첫 번째 단계는 마한에 대해 부용附庸의 관계를 가진 단계이다. 십제국은 건국 과정에서 마한왕으로부터 100리의 땅을 할애받는 등 목지국의 많은 도움을 받았다. 그래서 건국 이후 십제국은 마한연맹체의 일원이 되어 맹주국에 대해 일정한 신속의 예를 표하였다. 이를 부용관계 또는 신속

---

69 『삼국사기』 권제1 신라본기 제1 혁거세 거서간 38년조.

관계라고 한다. 온조왕이 신비로운 사슴을 잡아 마한왕에게 바친 것과[70] 포로로 잡은 말갈 추장 소모素牟를 마한에 보낸 것[71] 등이 이를 보여 준다.

두 번째 단계는 미추홀 세력과 지역연맹체를 형성하여 성장한 단계이다. 앞에서 언급한 바와 같이 지역연맹체 형성 초기에는 미추홀 세력이 주도권을 잡았다. 그러나 한강 유역이 가지는 경제력을 바탕으로 성장한 십제국은 마침내 미추홀 세력을 대신하여 맹주국의 지위를 차지하였다. 이 토대 위에서 십제국은 국호를 백제로 고치고, 또 정치적 중심지를 하북위례성에서 하남위례성으로 옮겼다. 이리하여 초기백제의 위상은 높아지고 정치적 영향력도 커졌다. 그렇지만 하남위례성으로 도읍을 옮길 때 천도 사실을 마한에게 먼저 알린 것에서[72] 보듯이 아직까지는 마한에 대한 공납적 관계에서 벗어나지는 못하였다.

세 번째 단계는 초기백제가 목지국의 영도권에 도전할 수 있는 정도로 성장하게 된 단계이다. 하남위례성으로 천도한 이후 백제는 생산력을 높이고, 말갈이나 낙랑의 공격을 잘 막아 내면서 성장해 갔다. 이를 보여 주는 것이 『삼국사기』 온조왕조의 "지금 나라는 완성되고 백성들은 모여들어 나와 적대할 수 없다"고[73] 한 기사이다. '나라는 완성되고 백성들은 모여들어'란 표현은 초기백제가 정치적으로 안정되고 백성들의 삶도 편안하여 인구가 크게 늘어난 것을, '나와 적대할 수 없다'는 것은 마한연맹체 내에서 적수가 될 만한 세력이 없을 정도로 초기백제가 성장하였음을 의미한다.

이렇게 성장한 백제는 마한의 견제에서 벗어나기 위한 조치의 일환으로 웅천에 책柵을 쌓았다. 웅천의 위치에 대해 공주로 보는 견해도[74] 있지

---

70 『삼국사기』 권제23 백제본기 제1 시조 온조왕 10년조.
71 『삼국사기』 권제23 백제본기 제1 시조 온조왕 18년조.
72 『삼국사기』 권제23 백제본기 제1 시조 온조왕 13년조의 "八月 遣使馬韓 告遷都 遂畫定疆場 …" 참조.
73 『삼국사기』 권제23 백제본기 제1 시조 온조왕 24년조의 "今以國完民聚 謂莫與我敵 …" 참조.
74 천관우, 1976, 「삼한의 국가형성 (하)」, 『한국학보』 제2권 2호, 일지사.

만 경기도 안성 지역으로 보는 것이[75] 타당하다. 안성은 마한연맹체의 맹
주국인 목지국이 위치한 직산·천안과 가까운 곳이다. 마한이 백제의 웅
천책 설치를 영도권에 대한 도전으로 간주하고 사신을 보내 강력히 항의
하자 백제는 그 항의를 받아들여 웅천책을 헐어 버렸다. 이 사건은 백제가
정치적·군사적으로 목지국에 필적할 정도로 성장하였지만 아직까지는
목지국을 제압할 정도는 아니었음을 보여 준다.

2. 마한 병합

(1) 중국 군현과의 전쟁

백제와 마한과의 관계에서 네 번째 단계는 백제국이 마한의 목지국을
병합하여 새로이 맹주국으로 등장하는 단계이다. 이 단계는 2세기 중후반
에 해당된다. 이 시기에 후한은 환관의 횡포로 정치질서가 무너지고 혼란
에 빠져 지방 군현을 적극 지원해 줄 수 없었다. 그에 따라 낙랑군은 점차
강성해지고 있는 주변의 한韓 세력과 예濊 세력을 제대로 통제할 수 없게
되었다.

낙랑군의 통제력이 약화되자 군현의 지배를 받고 있던 많은 주민들이
한이나 예 지역으로 빠져 나갔다.[76] 이른바 주민 이탈 현상이 일어난 것이
다. 그런데 임진강·한탄강 유역, 한강 중·하류 지역, 안성천 유역 등에서
는 2세기 중후반으로 편년되는 낙랑계 철경, 동촉, 토기 등의 출토 사례가
증가하고 있다.[77] 이는 낙랑 이주민들이 이곳에 정착하였고 그들을 통해
새로운 문화와 기술이 이 지역에 유입되었음을 보여 준다.

---

75 이병도, 1976, 『한국고대사연구』, 박영사, 247~248쪽.
76 『삼국지』 권30 위서 동이전 한조의 "桓靈之末 韓濊彊盛 郡縣不能制 民多流入韓國" 참조.
77 김무중, 2006, 「마한 지역 낙랑계 유물의 전개 양상」, 『낙랑 문화 연구』 (동북아역사재단연
  구총서 20), 동북아역사재단, 284~306쪽.

주민 이탈의 여파는 둔유현 이남 지역을 황폐화시켰고 군현의 상황은 더욱 악화되었다. 이에 3세기 초에 요동 지역의 새로운 패자覇者로 등장한 공손씨公孫氏 세력은 낙랑군을 안정시키기 위해 둔유현 이남의 황무지에 대방군을 새로 설치하고 유망한 옛 주민들을 다시 모았다. 그리고 군대를 일으켜 한韓 세력을 공격한 후 한과 왜의 군현과의 교섭 창구를 대방군으로 일원화하였다.[78] 교섭 창구의 일원화는 신설한 대방군의 내실을 다지기 위한 것이었다.

그러나 공손씨 정권은 238~239년에 조위曹魏에 의해 무너졌다. 조위는 공손씨 세력의 관할하에 있던 낙랑군과 대방군을 접수한 후 한韓 세력을 회유하기 위해 그 수장들에게 읍군邑君이나 읍장邑長의 관호를 주면서 인수와 의책 등을 수여하였다.[79] 인수와 의책의 수여는 중국 군현과의 외교적 교섭과 경제적 교류를 할 수 있는 특권을 주는 것이었다. 이리하여 한 세력과 중국 군현 사이의 긴장 상태는 다소 진정되어 소강 상태를 유지하였다.

그러나 이러한 소강 상태는 오래가지 못하고 전쟁이 일어났다. 그 배경은 244~246년에 조위가 단행한 두 번의 고구려 정벌이다. 조위는 고구려 수도를 함락한 후 고구려와 연계하고 있던 동예를 정벌하면서 한韓에 대해서도 압력을 가해 왔다. 이때 부종사 오림吳林은 진한 12국 가운데 8국을 분리하여 그 관할을 대방군에서 낙랑군으로 이속시키는 조치를 취하였다. 이로 말미암아 마한과 중국 군현은 충돌하게 되었다.[80]

두 세력의 충돌에 대해 『삼국지』는 통역[吏譯]의 잘못으로 오해가 생겨

---

78 『삼국지』권30 위서 동이전 한조의 "建安中 公孫康分屯有縣以南荒地爲帶方郡 遣公孫模張敞等 收集遺民 興兵伐韓濊 舊民稍出 是後倭韓遂屬帶方" 참조.

79 『삼국지』권30 위서 동이전 한조의 "景初中 明帝密遣帶方太守劉昕樂浪太守鮮于嗣 越海定二郡 諸韓國臣智加賜邑君印綬 其次與邑長" 참조.

80 『삼국지』권30 위서 동이전 한조의 "部從事吳林 以樂浪本統韓國 分割辰韓八國 以與樂浪 吏譯轉有異同 臣智激韓忿 攻帶方郡崎離營 時太守弓遵樂浪太守劉茂 興兵伐之 遵戰死" 참조.

일어난 것으로 기록하고 있지만 실제로는 진한 8국의 소속 변경으로 말미암아 정치적·경제적 타격을 입게 된 마한의 반발이[81] 촉발제가 되었을 것이다. 소속의 변경은 접촉할 수 있는 교통로의 변화를 수반하는데 교통로의 변화는 중국 군현과의 교역로를 장악하고 있던 마한에게 불리하였을 것이기 때문이다. 마한이 강력히 반발하자 낙랑태수 유무와 대방태수 궁준이 군대를 이끌고 공격해 왔다. 마한은 대방군의 기리영을 공격해 태수 궁준을 죽이는 전과를 올렸다. 군현과의 싸움에서 태수를 전사시킨 것은 이것이 처음이자 마지막이다.

마한과 중국 군현의 대결에서 마한을 이끈 중심 세력에 대해 종래에는 목지국으로 보아 왔지만 근래에는 백제국으로 보는 견해, 신분고국으로 보는 견해 등도 나왔다. 백제국으로 보는 견해는,[82] 고이왕 대 백제의 발전상과 더불어 유주자사 관구검과 낙랑태수 유무, 삭방朔方(대방帶方)태수 왕준王遵(궁준弓遵)이 고구려를 공격하는 틈을 타서 246년에 고이왕이 좌장 진충을 보내 낙랑의 변경을 공격하여 변방의 백성들을 포로로 잡아 왔다는 기사에[83] 근거한 것이다. 그러나 고이왕은 낙랑의 변민만 잡아 온 것이지 대방태수 궁준과 맞붙은 것은 아니었다. 또 고이왕은 낙랑의 공격을 받을까 염려하여 습취한 변민을 되돌려 주기까지 하였다. 따라서 낙랑 변민 습취 사건을 근거로 백제가 기리영 전투를 주도한 것으로 볼 수 없다.

---

81 윤선태, 2001, 「마한의 진왕과 신분고국: 영서예 지역의 역사적 추이와 관련하여」, 『백제연구』 34집, 충남대학교 백제연구소.

82 천관우, 1976, 「삼한의 국가형성 (하)」, 『한국학보』 제2권 2호, 일지사, 32~34쪽; 이현혜, 1997, 「3세기 마한과 백제국」, 『백제의 중앙과 지방』, 충남대학교 백제연구소, 21~22쪽; 정재윤, 2001, 「위의 대한 정책과 기리영 전투」, 『중원문화논총』 5집, 충북대학교 중원문화연구소, 33~39쪽.

83 『삼국사기』 권제24 백제본기 제2 고이왕 13년조의 "秋八月 魏幽州刺史毌丘儉與樂浪太守劉茂朔方太守王遵 伐高句麗 王乘虛遣左將眞忠 襲取樂浪邊民 茂聞之怒 王恐見侵討 還其民口" 참조.

신분고국으로 보는 견해는[84] 『삼국지』 판본 가운데 연구자들이 통상적으로 이용하고 있는 전본殿本의 "신지격한분臣智激韓忿"이 이보다 앞서 간행된 남본南本에는 "신책점한분臣幘沾韓忿"으로 되어 있는 것에 착목한 것이다. 그래서 신책점한臣幘沾韓을 마한 54국 가운데 하나인 신분고국臣濆沽國으로 고쳐 보고 이 신분고국을 군현과의 전쟁 수행의 핵심 세력으로 추정한 것이다. 그러나 중국 군현과의 전쟁 수행은 신분고국만의 힘으로는 불가능하다. 연맹에 참여한 여러 나라가 공동으로 군사 작전을 펼쳐야만 가능한데 이 일은 맹주국만이 할 수 있다. 그러나 신분고국은 맹주국이 아니었기 때문에 전쟁 수행의 중심 세력이 될 수 없다.

이 전쟁은 낙랑태수와 대방태수 모두가 참전한 것에서 보듯이 그 규모가 컸다. 그래서 마한도 대규모로 군사를 동원해야 하였다. 이 시기 마한의 맹주국은 목지국이었다. 목지국은 중국 군현과의 전쟁을 피할 수 없는 것으로 보고 각 국들로 하여금 군사를 동원하도록 하였다. 백제국도 맹주국의 이러한 방침에 따라 군사 작전을 전개하여 낙랑 변민을 습취하였다. 이렇게 보면 중국 군현과의 전쟁은 신분고국이 촉발제가 되었다고 하더라도 전쟁을 주도적으로 이끌어 간 세력은 맹주국인 목지국으로 보는 것이 타당하다.

(2) 백제의 목지국 병합

목지국이 중심이 된 마한연맹체의 군대는 245년에 대방군의 기리영을 공격하였다. 기리영은 황해도 기린군에 비정된다. 이 전쟁은 마한이 성립한 이후 중국 군현과 벌인 최대의 전쟁이었다. 이 전쟁에서 마한은 대방태

---

84 윤용구, 1999, 「삼한의 대중교섭과 그 성격—曹魏의 동이경략과 관련하여—」, 『국사관논총』 85집, 국사편찬위원회, 105~107쪽; 윤선태, 2001, 「마한의 진왕과 신분고국」, 『백제연구』 34집, 충남대학교 백제연구소, 13쪽; 김기섭, 2002, 「백제의 국가성장과 비류계의 역할」, 『청계사학』 16·17합집, 한국정신문화연구원 청계사학회, 502~503쪽.

수 궁준을 전사시키는 승리를 거두기도 하였지만 결국 패배하고 말았다.

패배의 상황에 대해 『삼국지』 동이전 한조에 "낙랑군과 대방군이 한을 멸망시켰다"고[85] 한 것은 과장된 표현이다. 왜냐하면 이 전쟁 이후에도 마한은 존속하고 있기 때문이다. 따라서 이 기사는 마한이 입은 타격이 멸망이라 표현할 정도로 컸음을 보여 준다. 그 결과 '나해국邪奚國 등 수십 국이 각각 종락을 이끌고 군현에 항복하는'[86] 사태가 벌어졌다. 군현에 항복한 것은 마한연맹체를 이탈한 것을 말한다. 대규모의 이탈은 자칫하면 연맹체를 와해시킬 수 있다. 그럼에도 불구하고 목지국은 그 이탈을 막지 못하였다. 그 만큼 목지국의 통제력이 약화되었던 것이다.

이를 보여 주는 것이 『삼국사기』에 "마한은 점차 약해지고 상하가 마음이 떠나 있어 그 형세가 오래 지속될 수 없다"고[87] 한 기사이다. '마한은 점차 약해졌다'는 것은 목지국의 영도력이 약해진 것을, '상하가 마음이 떠났다'는 것은 목지국 내에서도 분열이 생겼음을 보여 준다. 지지 세력의 이탈과 내부 분열은 목지국의 위상과 힘을 더욱 약화시켰다. 직산·천안 지역에서 3세기 중반 이후 중국계 유물이 출토되지 않는 것도 쇠약해진 목지국의 상황을 반영해 주는 것이 아닐까 한다.

목지국이 쇠약하게 되자 연맹체 내의 유력 세력들은 목지국의 영도권에 도전하기 시작하였다. 이를 보여 주는 것이 『삼국사기』의 "(마한의) 형세가 오래갈 수 없다. 만약 다른 세력에게 병합되면 입술이 없으면 이가 시린 격이 되니 후회해도 미칠 수 없을 것이다. 그러니 다른 세력에 앞서 취하여 뒷날의 어려움을 면하는 것이 낫겠다"는[88] 기사이다. 이 기사의 '타

85 『삼국지』 권30 위서 동이전 한조의 "二郡遂滅韓" 참조.
86 『삼국지』 권4 위서 삼소제기 제왕전 정시 7년조의 "春二月 幽州刺史毌丘儉討高句麗 夏五月 討濊貊 皆破之 韓那奚等數十國 各率種落降" 참조.
87 『삼국사기』 권제23 백제본기 제1 시조 온조왕 26년조의 "馬韓漸弱 上下離心 其勢不能久" 참조.
88 『삼국사기』 권제23 백제본기 제1 시조 온조왕 26년조의 "其勢不能久 儻爲他所幷 則脣亡

他'와 '인人'은 영도권에 도전하는 세력들을 가리킨다.

백제국은 여타 도전 세력들에 앞서 목지국의 병합에 착수하였다. 영도권이 다른 세력에게 넘어갈 경우 '순망치한脣亡齒寒'이 시사해 주듯이 백제가 받을 압박이 컸기 때문이었다. 이에 백제는 마침내 군사를 일으켰다. 이때 왕궁의 우물물이 갑자기 넘치고, 한성에 거주하는 사람이 기르는 말이 '머리는 하나인데 몸이 둘인 소를 낳았다'는 기이한 현상이 일어났다. 백제는 '왕궁의 우물물이 넘친 것은 대왕이 발흥할 징조이고 소가 머리는 하나이고 몸이 둘인 것은 대왕이 이웃 나라를 병합할 징조'라고 해석하였다.[89] 이는 목지국의 병합을 정당화하기 위해 만들어 낸 징조라고 하겠다.

이렇게 준비를 마친 백제는 겉으로는 전렵을 한다는 핑계를 대면서 몰래 군대를 일으켜 목지국을 습격하였다. 이 공격은 성공하여 목지국의 중심지인 국읍을 점령하였다.[90] 그러나 원산성과 금현성 등은 굳게 수비하여 함락되지 않았다.[91] 이는 목지국을 지지하는 세력의 저항이 만만치 않았음을 보여 준다. 그러나 대세는 이미 기울어져 저항하던 두 성도 마침내 항복하였다. 백제는 두 성의 민들을 한성의 북쪽으로 사민徙民시켰다. 다른 곳으로 강제 이주시키는 사민은 집단적 형벌의 일종이다. 이는 저항 세력에 대한 백제의 처벌이 매우 가혹하였음을 보여 준다.

백제가 목지국을 병합한 시기에 대해 『삼국사기』에는 온조왕 27년(9)으로 나온다. 그러나 온조왕 대는 십제국 단계로서 마한에 대해 부용국의 위치에 있었기 때문에 마한을 병합할 수 있는 힘이 없었다. 저자는 목지국이 중국 군현과의 싸움에서 패하여 세력이 급격히 약화되자 백제국이 그 기

齒寒 悔不可及 不如先人而取之 以免後艱"참조.

89 『삼국사기』 권제23 백제본기 제1 시조 온조왕 25년조의 "春二月 王宮井水暴溢 漢城人家馬生牛一首二身 日者曰 井水暴溢者 大王敦興之兆也 牛一首二身者 大王幷鄰國之應也"참조.

90 『삼국사기』 권제23 백제본기 제1 시조 온조왕 26년조의 "冬十月 王出師 陽言田獵 潛襲馬韓 遂幷其國邑"참조.

91 『삼국사기』 권제23 백제본기 제1 시조 온조왕 26년조의 "唯圓山錦峴二城 固守不下"참조.

회를 틈타 245년 이후 어느 시기에 목지국을 멸망시킨 것으로 본다. 그 시기는 바로 고이왕 대(234~286)이다.

목지국은 백제가 성장하고 그 영역을 확대함에 있어서 극복해야 할 최대의 난제였다. 따라서 백제의 목지국 병합은 백제의 성장에 있어서 분수령이 되었다. 목지국을 병합한 이후 고이왕은 연맹체 내의 세력들을 병합하고 재편제하여 적극적으로 중앙집권국가체제를 갖추어 나가기 시작하였다. 그래서 연맹체의 대외 교섭도 백제가 주도하였다. 『진서』 동이전에 나오는 서진과의 교섭을 주도한 마한주馬韓主가[92] 백제 고이왕이라는 사실이 이를 보여 준다.

(3) 목지국 지지 세력의 저항과 평정

목지국은 비록 백제에 의해 멸망되었지만 그 세력은 만만한 것은 아니었다. 이는 목지국이 멸망하자 부흥시키려는 움직임이 일어난 것에서 살펴볼 수 있다. 그러한 움직임은 두 가지 형태로 나타났다. 하나는 목지국의 옛 백성[舊民]들이 목지국을 회복하고자 하는 움직임이다. 이를 보여 주는 것이 주근周勤의 반란이다. 주근은 마한의 옛 장수[舊將]로 나오므로 목지국 당시 장군의 지위에 있었음을 알 수 있다.

주근은 우곡성을 근거로 반란을 일으켰다. 그의 반란은 마한 구민들의 백제에 대한 반발의 표출이라 할 수 있다. 백제는 군대 5천을 동원하여 반란을 평정하였다. 그리고 스스로 목을 매 죽은 주근의 시체를 참하고 그의 처자도 함께 죽여 버렸다.[93] 반란 주모자와 그 가족을 가혹하게 처벌한 것은 앞으로 반란을 일으키면 이러한 처벌을 받을 것임을 경고한 것이라 할 수 있다.

---

92 『진서晉書』 권97 열전 제67 동이 마한전의 "武帝太康元年二年 其主頻遣使入貢方物" 참조.
93 『삼국사기』 권제23 백제본기 제1 시조 온조왕 34년조의 "馬韓舊將周勤 據牛谷城叛 王躬帥 兵五千 討之 周勤自經 腰斬其尸 幷誅其妻子" 참조.

　다른 하나는 마한을 구성한 국 가운데 일부 국의 백제에 대한 반발이다. 그 사례로는 복암성을 근거로 한 맹소孟召의 움직임을 들 수 있다. 맹소는 마한의 장군이었다. 그는 마한 목지국이 멸망하자 일단 백제국에 고개를 숙였지만 그 후에 자신의 근거지인 복암성을 가지고 신라에 투항하였다.[94] 신라로의 투항은 백제로부터의 이탈을 의미한다. 이 또한 백제에 대한 저항의 일환이라 할 수 있다.

　주근의 반란이나 맹소의 이탈은 새로이 맹주국으로 등장한 백제국에 대한 목지국 지지 세력들의 반발을 보여 준다. 그 반발은 목지국 자체 내에서도 일어났고, 마한연맹체를 구성하였던 국에 의해 일어나기도 하였다. 이 두 사례는 어떤 나라가 다른 나라에 의해 정복될 때 규모가 크든 작든 저항이 있게 마련임을 보여 준다. 주근의 반란이 진압되고, 맹소가 신라로 이탈한 이후 더 이상 반란이나 이탈 기록은 보이지 않는다. 이는 백제가 목지국을 지지한 세력들을 일단 평정하였음을 보여 주는 것이다.

---

94 『삼국사기』 권제1 신라본기 제1 탈해이사금 5년조의 "秋八月 馬韓將孟召 以覆巖城降" 참조.

제3장

부체제의 성립과 운영

I. 부체제의 성립

1. 영역의 확대

245년경 마한 목지국을 멸망시킨 고이왕은 주변국들에 대한 통합 작업을 본격적으로 추진해 나갔다. 통합의 과정은 세 단계로 나누어 볼 수 있다. 1단계는 백제국 중심의 지역연맹체에 참여한 국들을 통합하는 것이다. 2단계는 여타 마한을 구성한 국들에 대한 통합이다. 3단계는 백제로부터 이탈해 나간 국에 대한 통합이다. 여기서는 먼저 1단계의 통합을 정리하기로 한다.

1단계에서의 통합 대상이 된 국들은 백제가 마한과 강역을 획정劃定한 기사가[95] 보여 주는 범위 내에 있었다. 그 범위는 북으로는 패하(예성강), 남으로는 웅천(안성 지역), 서로는 대해(서해), 동으로는 주양(춘천)에 이르는 지역이었다. 백제가 이 범위 내에 위치하고 있던 국들을 통합한 모습은 고고학적 자료를 통해 대략적으로 살펴볼 수 있다.

북쪽으로의 영역 확장을 보여 주는 것이 경기도 포천 고모리산성과 경기도 파주 월롱산성이다. 고모리산성은 경기도 의정부와 남양주에서 포

---

95 『삼국사기』 권제23 백제본기 제1 시조 온조왕 13년조의 "遂畫定疆場 北至浿河 南限熊川 西窮大海 東極走壤" 참조.

천으로 진입하는 교통로를 감제瞰制한다. 산성은 대부분 험준한 자연지형을 그대로 활용하였으며 활용하기 어려운 곳만 석축을 하거나 토축을 하였다. 출토된 토기의 중심 연대는 3세기 후반에서 4세기에 해당된다.[96] 월롱산성은 임진강과 한강이 만나 합류하는 지점에 위치하고 있다. 초축 시기는 4세기 대이지만 지표에서 수습된 유물은 대개 3세기경의 것이어서 3세기로 올라갈 가능성이 없지 않다.[97] 두 산성은 임진강 유역이 백제의 권역이 된 것을 보여 준다. 이는 백제의 영역이 북으로 패하(예성강)에 이르렀음을 방증해 주는 자료라 할 수 있다.

동으로의 영역 확장을 보여 주는 것이 강원도 화천 원천리 유적이다. 이 유적에서 발굴된 약 120기 주거지의 평면 형태는 '철凸'자형과 '여呂'자형이 대부분이다. 주거지의 조성 시기는 I 단계는 4세기 중반 이후, II단계는 4세기 후반 이후, III 단계는 5세기 중반으로 편년되고 있다.[98] 금동제 이식을 중심으로 하면 원천리 유적은 적어도 3세기 말경에 시작되었고, 최성기는 4세기 후반~5세기 전반경이다.[99] 광구단경호·흑색마연토기 등 토기류, 등자·재갈 등 마구류, 철제 찰갑편·철촉 등 무기류, 유리제 귀고리·금동제 이식 등 장신구류 등은 백제 한성기의 유물이다. 이 유적은 3세기 후반 이후 어느 시기에 백제가 화천 지역을 편입하였음을 보여 준다.[100] 화천은 북한강 줄기에 연하여 강원도 춘천과 이웃하고 있다. 따라서 원천리 유적은 백제가 동으로 주양(춘천)에 이르렀음을 방증해 주는 자료라고 할 수 있다.

---

96 단국대학교 매장문화재연구소, 2001, 『포천 고모리산성 지표조사보고서』 참조.

97 경기도 박물관, 2004, 『월롱산성』, 471~472쪽.

98 예맥문화재연구원, 2013, 『화천 원천리유적—화천 원천리 2지구 유물산포지내 발굴조사보고서—』 제IV권(본문3·부록), 57~149쪽.

99 예맥문화재연구원, 2013, 『화천 원천리유적—화천 원천리 2지구 유물산포지내 발굴조사보고서—』 제IV권(본문3·부록), 45쪽, 192쪽.

100 한림대학교 한림고고학연구소, 2013, 「백제의 변경—화천 원천리유적」 세미나 자료집 참조.

남으로의 영역 확장을 보여 주는 것이 안성 도기동산성 유적이다. 이 성은 안성천과 잇닿은 나지막한 구릉지에 위치한다. 발굴조사 결과 백제 한성기에 축조된 토루와 고구려 남진기에 축조된 목책, 석축, 도랑 모양 시설로 이루어졌다. 백제 수혈에서는 삼족기, 고배, 시루 등이 출토되었다. 이 백제 토루는 4세기 중후반~5세기 대에 걸쳐 운영된 것으로 보인다. 그러나 이 연대는 이 지역이 백제의 영역으로 편입된 하한선을 말해 주는 것이며 초축 시기는 이보다 빠를 수 있다고 한다.[101] 이 목책성 유적에서 약 800m 떨어진 곳에서 백제시대의 석관묘, 토광묘, 옹관묘 등이 발굴되었다.[102] 따라서 이 유적은 백제가 남으로 웅천(안성)에 이르렀음을 보여 주는 자료로 보아도 좋을 것이다.

2. 5부의 편제와 부체제

백제의 영역이 확대되면서 지역연맹체를 구성하였던 국들은 독자성을 잃게 되었고, 그에 따라 국의 수장의 일부는 중앙귀족으로 편제되었다. 중앙귀족의 수는 영역이 확대되면 될수록 늘어났다. 이렇게 늘어난 중앙귀족들을 편제한 것이 지배자 집단으로서의 부部이다.[103] 이 부가 중심이 되어 국가가 운영된 체제를 부체제라고 한다. 부체제에 대해서는 앞에서 이미 언급하였다.

백제에서 부는 『삼국사기』 온조왕 31년(13)조의 "국 내의 민호를 나누어 남부와 북부로 하였다"는 기사와 33년(15)조의 "동부와 서부를 더하여

---

101 김진영, 2017, 「안성 도기동산성의 발굴성과와 성벽구조에 대한 소고」, 『고구려발해연구』 제58집, 고구려발해학회.

102 문화재청 보도자료(2015. 11.).

103 武田幸男, 1967, 「魏志東夷傳下戶問題」, 『朝鮮史研究會論文集』 第三輯, 朝鮮史研究會, 旗田巍·井上秀雄 編, 『古代朝鮮』, 學生社, 31~36쪽.

두었다"는 기사에서 처음 보인다.[104] 동·서·남·북부의 4부에 왕실이 속한 부, 즉 중부를 포함하면 5부가 된다.

이 부의 성격에 대해 중앙에서 임의로 구획한 행정·군사적 단위체로 성립 시기를 4세기 중반으로 보는 견해,[105] 백제 초기에 전국을 방위별로 지역을 구분한 지방통치구획으로 보는 견해,[106] 백제 전기의 지방통치조직인 부–성–촌제로 보는 견해,[107] 부여의 전통적인 사방 관념을 바탕으로 낙랑군에서 실시한 동부도위와 남부도위의 부제部制를 가미한 것으로서 2세기 후반 이전에 성립한 것으로 보는 견해[108] 등이 있다.

그러나 이 4부는 한국고대사회에서 국연맹 단계에서 중앙집권국가로 발전해 가는 과도기에 해당하는 부체제 단계와 연관시켜 살펴보아야 한다. 이때 주목되는 것이 "국 내의 민호를 나누었다"고 하는 기사의 의미이다. '국國'은 지방을 의미하기도 하고, 왕도를 의미하기도 하는 등 복합적인 성격을 갖고 있다. 그러나 이 기사의 '국 내'는 백제의 영역을, '민호'는 백제의 영역 내에 살고 있는 민을 말한다.

백제가 영역(국 내)의 민호를 4부로 나눈 의미는 부여의 사출도四出道를 통해 살펴볼 수 있다. 양자를 비교해 보면 4부는 사출도에 대응되며, 부의 장은 사출도를 주관한 대가나 소가에 대응된다. 민호를 나눈 것은 부의 장들이 관할한 민호의 수, 즉 대가나 소가들이 주관한 수천 가家, 수백 가에 대응된다. 이외에 부여에는 사출도에 속하지 않는 왕의 직할지가 별도로

---

104 『삼국사기』 권제23 백제본기 제1 시조 온조왕 31년조의 "春正月 分國內民戶爲南北部"; 33년조의 "秋八月 加置東西二部" 참조.

105 김기섭, 1998, 「백제 전기의 부에 관한 시론」, 한국상고사학회, 『백제의 지방통치』, 학연문화사.

106 박현숙, 1990, 「백제 초기의 지방통치체제 연구—'부'의 성립과 변화과정을 중심으로—」, 『백제문화』 20집, 공주대학교 백제문화연구소.

107 이도학, 1995, 『백제 고대국가 연구』, 일지사, 317~329쪽.

108 양기석, 2000, 「백제 초기의 부」, 『한국고대연구』 17집, 한국고대사학회.

있었다. 이를 원용하면 백제에도 4부에 속하지 않은 왕의 직할지가 있었던 것으로 보아야 한다. 이 직할지가 중부에 해당된다. 『삼국사기』 온조왕 14년(기원전 5)조에 "한강 서북쪽에 성을 쌓고 한성漢城의 백성을 나누어 살게 하였다"고 한 기사의 '한성의 백성'은 바로 중부, 즉 왕의 직할지에 속한 민을 가리킨다고 하겠다.[109] 이렇게 보면 백제의 부는 5부가 된다.

이와는 달리 부가 성립된 초기에 북부와 동부의 활동이 큰 것을 강조하여 백제는 처음에는 왕실이 속한 중앙부와 북부, 동부의 3부로 운영되다가 뒤에 6좌평제가 실시되면서 서부와 남부가 설치되어 5부로 되었다는 견해도[110] 있다. 그러나 북부와 동부의 활동은 5부 내에서의 힘의 우열을 보여 주는 것이지 설치 시기의 선후를 보여 주는 것은 아니다.

부체제가 성립된 시기에 대해 온조왕 31년과 33년의 4부 설치 기사를 근거로 온조왕 대로 보는 견해, 고이왕 이전인 2세기 후반으로 보는 견해, 4세기 이후로 보는 견해 등이 있다. 온조왕 대로 보는 견해는 하북위례성을 중심지로 하는 국 단계에 해당되기 때문에 성립할 수 없다. 2세기 후반으로 보는 견해는 이 시기 백제국은 연맹체 단계로서 영역국가로 진입하지 못하였기 때문에 성립하기 어렵다. 4세기 이후로 보는 견해는 이 시기에는 이미 부체제가 해체되었기 때문에 받아들일 수 없다.

저자는 부체제의 성립 시기와 관련하여 일련의 국가체제 정비가 이루어진 고이왕 후반경을 주목하고자 한다. 고이왕은 목지국을 멸망시키고 주변의 여러 국들을 통합한 후 통합된 지역의 국의 수장들을 중앙귀족으로 전화轉化시켜 집권력을 강화였다. 그리고 중앙귀족으로 전화된 세력들을 편제하기 위해 고이왕은 27년(260)과 28년(261)에 좌평과 솔계, 덕계 관등을 중심으로 하는 지배조직을 새로이 설치하였다. 이 토대 위에서 고이왕

---

109 양기석, 2000, 「백제 초기의 부」, 『한국고대사연구』 17집, 한국고대사학회.
110 주보돈, 2000, 충남대학교 백제연구소 편, 「백제초기사회에서의 전쟁과 귀족의 출현」, 『백제사상의 전쟁』(백제연구총서 제7집), 서경문화사.

은 부체제를 성립시킬 수 있었던 것이다.

부체제에서는 부의 자율성이 비록 제한적이지만 일정하게 유지되고 있었다. 고구려의 경우 왕족인 계루부 외에 전 왕족인 소노부(연노부)가 '종묘를 세우고, 영성과 사직에 제사를 지낼 수 있었으며',[111] 여러 대가들이 왕가王家와는 대등하지 못하지만 '사자, 조의, 선인을 스스로 두는' 등 독자적인 지배기구를 유지하고 있었다.[112] 부여의 경우 '적이 있으면 제가들은 스스로 싸우는'[113] 등 군사적 자율성이 있었다. 이로 미루어 백제의 경우에도 5부의 유력 세력들은 일정하게 자치력을 온존하고 있었다고 할 수 있다. 한때 연맹장을 배출하였던 미추홀의 비류계 집단이 비류 중심의 건국설화를 후대에까지 전승할 수 있었던 것이 이를 방증해 준다.

3. 부의 명칭

백제에서 부체제의 성립을 인정할 때 또 하나 정리해 두어야 할 것은 부명部名의 문제이다. 고구려의 경우 5부의 명칭은 계루부, 절노부, 순노부 등이고, 신라의 경우 6부의 명칭은 양부, 사량부, 본피부 등인데 모두 토착적 명칭이다. 반면에 백제의 부명은 동, 서, 남, 북부라는 방위명이어서 고유색이 없다. 이로 말미암아 백제는 처음부터 방위가 붙은 부명을 사용한 것으로 보는 것이 일반적이다.

그러나 백제의 부명도 처음에는 토착적인 부명을 사용하다가 뒤에 방위명의 부명으로 바뀐 것 같다. 이를 추론하는 데 단서가 되는 것이 왕호의

---

111 『삼국지』 권30 위서 동이전 고구려조의 "消奴部本國主 今雖不爲王 適統大人 得稱古雛加 亦得立宗廟 祠靈星社稷" 참조.

112 『삼국지』 권30 위서 동이전 고구려조의 "諸大加亦自置使者皀衣先人 名皆達於王 如卿大夫 之家臣" 참조.

113 『삼국지』 권30 위서 동이전 부여조의 "有敵諸加自戰 下戶俱擔糧飮食之" 참조.

변화이다. 『삼국사기』 백제본기에는 최고지배자의 칭호는 처음부터 왕으로만 나온다. 그러나 『삼국지』 동이전에는 마한을 구성한 각 국의 수장들은 신지, 읍차 등의 칭호를 자칭한 것으로 나오고, 『주서』 백제전에는 지배층에서 부르는 어라하於羅瑕와 민들이 부르는 건길지鞬吉支 등의 칭호가[114] 보인다. 이러한 칭호들은 모두 토착적인 성격의 칭호이다. 그러다가 4세기 전반에 들어와 왕호를 사용하면서 이 왕호가 후대에로 이어졌다. 369년에 만들어진 〈칠지도〉 명문의 '백제왕세자百濟王世子'가 이를 보여준다. 이를 원용하면 백제도 처음에는 토착적인 성격의 부명을 사용하다가 뒤에 방위명의 부명으로 바꾸었다고 할 수 있다.

백제의 부명이 방위명으로 남게 된 일차적인 계기는 웅진 천도이다. 불의에 이루어진 천도로 말미암아 한성 지역에 기반을 두고 있던 여러 귀족 세력들은 웅진으로 근거지를 옮겨야 하였다. 이 과정에서 남래해 온 귀족들은 지연성을 상실하고 그 대신 수도의 행정구역인 5부에 나누어 살게 되었다. 이에 따라 부는 지배자 집단으로서의 의미보다는 그들이 거주하는 곳[住處]을 표시하게 되었다.

웅진도읍기에 왕도의 행정구역으로서의 5부의 명칭은 상·전·중·하·후부였다. 이는 516년(무령왕 16)에 전부前部가,[115] 534년(성왕12)에 하부와 상부가[116] 보이는 것에서 알 수 있다. 이 5부의 부명은 사비도읍기에 와서도 그대로 왕도의 행정구역명으로 사용되었다. 왕도의 시가 구조가 5부(상·전·중·하·후부)-5항(상·전·중·하·후항)으로 편제된 것이 이를 보여준다.

---

114 『주서』 권49 열전 제41 이역 상 백제전의 "王姓夫餘氏 號於羅瑕 民呼爲鞬吉支 夏言竝王也 妻號於陸 夏言妃也" 참조.

115 『일본서기』 권17 계체기 10년조의 "夏五月 百濟遣前部木刕不麻甲背 …" 참조.

116 『일본서기』 권18 안한기 원년조의 "五月 百濟遣下部脩德嫡德孫 上部都德己州己婁等 …" 참조.

그러나 사비도읍기 후기에 오면 왕도의 부명은 방위명으로도 나타나고 있다. 궁남지에서 출토된 〈서부후항西部後巷 목간〉에 보이는 서부, 백제 부흥군 장군이었던 흑치상지의 출신지인 서부,[117] 부흥군을 일으킨 여자 진의 근거지인 중부[118] 등이 그 예가 된다. 이로 미루어 한성도읍기의 방위 명의 부명은 사비도읍기 후기에 사용된 방위명의 부명을 소급시킴으로써 생겨난 것으로 볼 수 있다.[119]

Ⅱ. 부체제의 운영과 제솔회의

1. 국왕 직속의 지배조직

부체제에서는 국왕의 집권력에 한계가 있어 부가 어느 정도 자율성을 지녔다. 그래서 부체제는 왕 직속의 지배조직과 부部의 장에 속하는 지배 조직이 공존하는 이원적인 형태로 운영되었다. 백제에서 부체제는 고이 왕 후반경에 성립되었다. 따라서 이 시기의 지배조직은 『삼국사기』 고이 왕 27년(260)조의 6좌평 16관등제 기사에서 추론해 볼 수밖에 없다.

6좌평은 왕명을 출납하는 내신좌평, 재정 업무를 맡은 내두좌평, 의례 업무를 맡은 내법좌평, 군사 업무를 맡은 병관좌평, 형옥 업무를 맡은 조정좌평, 왕궁 숙위 업무를 맡은 위사좌평을 말한다. 16관등은 귀족관료들의 상하 서열을 보여 주는 제도로서 1품 좌평, 2품 달솔에서 6품 나솔까지

---

117 『삼국사기』 권제44 열전 제4 흑치상지전의 "黑齒常之 百濟西部人" 참조.
118 『일본서기』 권26 제명기 6년조의 "於是 西部恩率鬼室福信 … 達率餘自進據中部久麻怒利 城 …" 참조.
119 노태돈, 1975, 「삼국시대 '부'에 관한 연구—성립과 구조를 중심으로—」, 『한국사론』 2집, 서울대학교 국사학과, 14~16쪽.

의 '솔'계 관등, 7품 장덕에서 11품 대덕까지의 '덕'계 관등, 12품 문독과 13품 무독의 '독'계 관등, 14품 좌군에서 16품 극우까지의 '무武'계 관등으로 이루어졌다.

그러나 『삼국사기』에 보이는 6좌평의 직사는 『구당서』 백제전의 내용과 동일하고, 16관등의 명칭과 그 등위는 『주서』 백제전의 내용과 일치한다. 따라서 6좌평 16관등제는 사비도읍기의 관제인 것이다. 그런데도 이 관제가 고이왕 대에 처음 설치된 것처럼 나오는 것은 『삼국사기』 편찬자가 사비도읍기의 사실을 고이왕 대로 소급·부회하였기 때문이다.[120]

사비도읍기의 관제를 소급·부회한 배경에는 고이왕 대에 이전과는 다른 새로운 관제가 만들어졌고, 그것이 후일의 6좌평 16관등제가 성립할 수 있는 토대가 되었기 때문이 아닐까 한다. 고이왕 대에 새로 만들어진 관제가 바로 '좌평'과 '솔率', '덕德'이다.[121] 이 좌평에서 뒷날의 6좌평이 분화되어 나왔고, 솔은 달솔~나솔까지의 5등급으로, 덕은 장덕~대덕까지의 5등급으로 분화되었던 것이다.

'솔' 관등에 대해 『삼국지』 동이전에 나오는 "위솔선읍군魏率善邑君"의 '솔선'을 토대로 만들어진 것으로 보는 견해도 있다.[122] 그러나 '솔'은 달솔의 이표기인 '대솔大率'이[123] 왜의 야마대국邪馬臺國 여왕이 이도국伊都國에 설치한 '일대솔一大率'의 '대솔'에 대응되고 있어 백제 고유의 관명이라 할 수 있다. 따라서 '솔' 관등의 의미는 '솔' 자체에서 찾아야 한다.

국어학적으로 '솔'은 관官의 고어 '술', 'ᄉᆞ l'로 읽기도 하고[124] '솔',

---

120 노중국, 1988, 『백제정치사연구—국가형성과 지배체제의 변천을 중심으로—』, 일조각, 214~215쪽.
121 노중국, 1988, 『백제정치사연구—국가형성과 지배체제의 변천을 중심으로—』, 일조각, 218~219쪽.
122 이기동, 1996, 『백제사연구』, 일조각, 190~191쪽.
123 『수서』 권81 열전 제46 동이 백제전의 "官有十六品 長曰左平 次大率 次恩率 …" 참조.
124 양주동, 1940, 『조선고가연구』, 박문서관, 597쪽; 도수희, 1977, 『백제어연구』, 아세아문화

'술', '수리'로 읽기도 하는데[125] 일정한 지역을 다스리는 족장(지배자)을 의미한다. 이 '솔'과 관련하여 주목되는 것이 마한을 구성한 국의 수장들이 자칭한 신지臣智와 읍차邑借 칭호이다. 신지의 '신'은 크다는 의미이고 '지'는 지배자 또는 족장을 의미한다. 따라서 신지는 '큰 족장'을 가리킨다. 읍차는 '골치'로 읽히는데[126] '고을의 지배자', '고을의 족장'으로 해석되고 있다. '솔'과 '신지' 및 '읍차'는 족장이라는 측면에서 연관성을 갖는다. 그렇다면 '솔'은 신지나 읍차가 중앙귀족으로 전화轉化하였을 때 주어진 칭호라고 할 수 있다. 이는 고구려에서 족장의 의미를 가지는 '가加'가 관명으로 전환되었다든가[127] 신라에서 족장인 '간干'이 '등等'이나 그 발전형태인 '대등大等'으로 전화된 것과[128] 비슷한 양상이라고 할 수 있다.

중앙귀족으로 전화된 자들의 현실적인 위상은 동일하지 않았다. 그에 따라 귀족들이 받은 솔도 대소로 구별되었다. 예컨대 대솔大率은 신지 정도의 세력자가 중앙귀족이 되었을 때 받았을 것이고, 그보다 지위가 낮은 자는 소솔小率을 받았을 것이다. 이 대소의 '솔'들을 총칭하면 '제솔諸率'이라 할 수 있다. 고구려에서 중앙귀족화한 '가加'가 대가·소가로 구분되지만 이들을 일괄해서 부를 때는 '제가'라고 한 것이 이를 방증해 준다.

'덕'의 경우 '덕솔'을 '터수리'로 읽고 '터'는 촌락을, '수리'는 우두머리를 가리키는 것으로 보는 견해가 있다.[129] 이 견해에 의하면, 촌락을 의미하는 '덕'은 국을 구성한 읍락에 대응된다. 그렇다면 '덕'은 읍락의 거수들 가운데 중앙귀족으로 전화된 자들이 받은 관등이라 할 수 있다.

사, 39~40쪽.

125 유창균, 1983, 『한국고대한자음의 연구 II』, 계명대학교 출판부, 120~121쪽.

126 양주동, 1940, 『조선고가연구』, 박문서관, 156쪽.

127 김철준, 1975, 「고구려·신라의 관계조직의 성립과정」, 『한국고대사회연구』, 지식산업사, 130~131쪽.

128 이기백, 1974, 「대등고」, 『신라정치사회사연구』, 일조각, 83쪽.

129 유창균, 1983, 『한국고대한자음의 연구II』, 계명대학교 출판부, 120~124쪽.

중앙귀족으로 전화된 신지나 읍차 및 읍락 거수들을 일원적으로 편제하기 위해 설치한 '솔'과 '덕'은 좌평과 더불어 국왕 직속의 상위 관등이 되었다. 그리고 국 및 국연맹 단계에서 수장 아래에 둔 좌군-진무-극우는 하위 조직으로 편제되었다. 부체제 단계에서 백제국왕이 설치한 좌평-솔-덕-좌군-진무-극우로 이루어진 직속 지배조직은 고구려왕이 그 아래에 둔 상가-대로-패자-주부-우태-승-사자-조의-선인 조직과 대응된다.

2. 부의 중심 세력과 부관 조직

(1) 부의 중심 세력

부체제하에서 각 부에는 부를 대표하는 세력이 존재하였다. 북부를 대표하는 성씨 집단으로는 해씨와 진씨 그리고 곤씨가 나온다. 해씨 집단에서 최초로 두각을 나타낸 인물이 부여 출신인 해루解婁이다.

진씨 출신으로서 가장 먼저 등장한 인물은 진회眞會이다. 진씨의 출자에 대해 평양 정백동 19호분에서 출토된 낙랑 칠기 이배耳杯의 안쪽에 쓰여 있는 '진씨뢰眞氏牢'에 주목하여 낙랑계로 보는 견해도 있다.[130] 그러나 진씨의 정치적 기반이 된 한강 이북 지역에는 온조 집단이 남하하기 이전부터 예계(말갈계) 주민들이 살고 있었다. 이로 미루어 진씨 세력은 예계 출신이라 할 수 있다.[131]

곤씨로서 최초로 보이는 인물은 곤우昆優이다. 그 근거지인 고목성高木城은 개성 지역인데[132] 이곳에는 예계(말갈계) 주민들이 분포하고 있었다.

---

130 양기석, 2000, 「백제 초기의 부」, 『한국고대사연구』 17집, 한국고대사학회.
131 노중국, 2010, 『백제사회사상사』, 지식산업사, 112쪽.
132 천관우, 1976, 「삼한의 국가형성 (하)」, 『한국학보』 제2권 2호, 일지사.

따라서 곤씨도 예계 출신일 가능성이 크다.[133]

동부의 경우 흘우屹于 집단이 있었다. 동부의 범위는 주양, 즉 현재의 춘천을 포함한다. 춘천 지역은 옛날 맥국貊國이 자리한 곳으로서[134] 맥계 주민이 중심을 이루고 있었다. 따라서 흘우는 맥계 출신으로 볼 수 있다.

서부는 위치상 인천 지역에 해당된다. 인천 지역에는 북부여에서 남하해 온 비류를 시조로 하는 해씨 집단이 있었다. 따라서 서부의 유력 세력은 비류계였을 것이다. 그리고 백록을 잡아 중앙에 바친 회회茴會의[135] 회씨도 서부의 유력자였지만 그 출자는 알 수 없다.

남부의 유력 세력과 관련하여 주목되는 것이 목씨木氏이다. 목씨는 목지국의 수장 세력이 칭한 성씨이다. 이는 고구려 왕실의 성인 고씨高氏가 국명인 고구려에서 나온 것에[136] 의해 방증된다. 목씨 세력은 목지국이 백제에 병합된 후 백제의 중앙귀족이 되면서 남부에 편제된 것으로 보인다.[137]

이처럼 5부의 각 부에는 둘 혹은 셋 이상의 유력 성씨 집단이 존재하였다. 북부의 경우 진씨와 해씨 외에 곤씨 세력이 있었고, 서부에는 해씨 외에 회씨도 있었다. 이는 고구려의 절노부絶奴部(연나부椽那部)에 연나씨와 우씨 외에 4연나로 표현되는 세력들이 존재한 것과[138] 유사한 모습이다. 연나부의 경우 부 내의 가장 유력한 세력인 연나씨와 우씨가 부部의 장을 맡았다. 이를 원용하면 백제도 북부의 경우 가장 유력한 세력 집단인 진씨와 해씨가 부의 장을 맡아 '솔'을 칭하지 않았을까 한다. 그렇다면 곤씨

---

133 노중국, 2010, 『백제사회사상사』, 지식산업사, 112쪽.
134 『삼국사기』 권제35 잡지 제4 지리 2 삭주조의 "賈耽古今郡國志云 句麗之東南 濊之西 古貊地 蓋今新羅北朔州" 참조.
135 『삼국사기』 권제23 백제본기 제1 초고왕 48년조의 "秋七月 西部人茴會獲白鹿獻之 王以爲瑞 賜穀一百石" 참조.
136 『삼국유사』 권제1 기이 제1 고구려조의 "國號高句麗 因以高爲氏" 참조.
137 노중국, 2010, 『백제사회사상사』, 지식산업사, 151~154쪽.
138 이러한 부 내의 여러 세력을 部內部로 본 견해(노태돈, 1975, 「삼국시대 '부'에 관한 연구 ―성립과 구조를 중심으로―」, 『한국사론』 2집, 서울대학교 국사학과)도 있다.

등은 고구려의 4연나처럼 부내部內의 유력 집단으로 존재하였을 것이다.

(2) 부의 운영과 부관部官

부체제 단계에서 백제가 부를 운영한 모습은 자료의 부족 때문에 비슷한 시기의 부여와 고구려가 부체제를 운영한 모습에서 추론해 볼 수밖에 없다. 부여나 고구려의 경우 국왕 직할지에는 지방관을 파견하여 조세를 수취하고 노동력을 동원하였다. 이를 직접 지배라고 한다. 반면에 사출도 지역은 제가들이 별도로 주관하였다[別主]. 제가들이 주관한 호수는 많게는 수천 가, 적게는 수백 가였다. 제가들은 스스로 설치한 사자-조의-선인 등을 통해 이러한 호들을 지배하였다. 이처럼 제가들을 통해 사출도 지역을 지배하는 방식을 간접 지배라고 한다.[139]

이를 원용하면 부체제 단계에서 백제의 영역도 국왕이 직접 지배하는 국왕 직할지와 부의 장이 간접 지배하는 지역으로 나누어 볼 수 있다. 국왕 직할지는 부의 장이 지배하는 지역보다 넓었다. 그래서 국왕은 보다 우월한 지위를 유지할 수 있었다. 반면에 5부의 각 부는 그 힘이 균등하지 않았기 때문에 부의 장들이 주관하는 민호의 수는 부여와 마찬가지로 균등하지 않았다. 이렇게 보면 백제에서도 진씨와 해씨 등 고위 귀족을 배출한 북부는 보다 많은 민호를, 그렇지 않은 부에서는 적은 민호를 주관하였을 것이다.

고구려의 경우, 부를 대표하는 여러 대가들은 사자-조의-선인으로 이루어진 자신의 지배조직을 가지고 있었다. 신라의 경우에도 부의 장인 간干 아래에 일벌-일척-피일-아척이나 일금지 등을 두었다. 부의 장 아래에 설치된 이러한 조직을 부관部官이라 한다.[140] 부의 장은 이 부관을 통해

139 노중국, 2012, 「문헌기록을 통해 본 영산강 유역—4~5세기를 중심으로—」, 성정용 외, 『백제와 영산강』, 학연문화사.
140 노중국, 2010, 「포항중성리비를 통해 본 마립간 시기 신라의 분쟁처리 절차와 육부체제의

자신이 주관하는 지역, 즉 부여의 사출도와 같은 지역을 지배하였다.

고구려나 신라의 사례에서 미루어 백제의 부의 장들도 비록 규모는 작더라도 각자의 지배조직, 즉 부관을 갖추고 있었을 것이다. 그 부관 조직으로 주목되는 것이 16관등제의 하위 관등으로 나오는 좌군-진무-극우이다. 이 관官이 언제부터 설치되었는지는 알 수 없다. 그런데 고구려의 부관인 사자-조의-선인은 고구려가 부체제를 형성하기 이전에 국의 수장인 가加 아래에 설치한 관이었다. 신라의 일벌-일척-피일-아척도 마찬가지이다. 이후 부체제가 만들어지면서 고구려나 신라의 이 관들은 한편으로는 국왕 직속 지배조직의 하부조직으로 편제되었고, 다른 한편으로는 부의 장의 지배조직으로 편제되었다. 이를 원용하면 백제에서도 좌군-진무-극우는 처음에는 국의 수장(신지나 읍차) 아래에 둔 관官이었는데 부체제가 성립하면서 한편으로는 국왕 직속의 하위 조직으로 다른 한편으로는 부의 장의 지배조직으로 재편된 것으로 볼 수 있다. 부의 장 아래에 둔 부관은 왕 아래의 지배조직보다 격이 떨어졌음은 물론이다. 이에 따라 부의 장은 고구려의 경우처럼 자기 휘하에 둔 부관의 명단을 왕에게 보고하여야 하였다.

비록 규모는 크지 않으나 독자적인 지배조직을 가진 부의 장들은 이 지배조직을 이용하여 자신이 주관하는 민호들을 지배하면서 국왕에 대해 일정하게 공납을 하였다. 또 부여의 제가들이 유사시에 스스로 나가 싸운 것처럼[自戰] 백제의 부의 장들도 유사시에 스스로 민호들을 동원해 전장에 나가기도 하였다. 이를 부병部兵이라 할 수 있다. 진과眞果가 부병을 거느리고 말갈과 싸운 것이 그 사례가 된다.

이처럼 부체제 단계에서 백제의 지배조직은 이원적으로 운영되었다. 그 배경은 국왕이 부의 장들을 제압하여 전국을 일원적으로 지배하지 못하였

운영」, 『한국고대사연구』 59집, 한국고대사학회.

기 때문이다. 따라서 부체제 단계는 연맹체 단계에서 중앙집권국가 단계
로 전환하는 과도기라고 할 수 있다.

3. 제솔회의와 좌평

(1) 제솔회의

부체제를 성립시킨 이후 백제가 중요한 국사를 논의한 모습은 고구려와
신라의 사례를 통해 볼 수 있다. 고구려의 경우, 대가나 소가들, 즉 제가들
은 죄를 지은 자가 있으면 평의하여 곧 죽였다.[141] 이는 제가들이 회의체를
구성하여 국정의 중요 문제를 논의·처리하였음을 보여 준다. 이를 제가회
의체라[142] 한다. 신라의 경우, 족장의 전통을 지닌 '간干'들이 중요한 국정
을 논의하고 처리하였다. 〈포항냉수리신라비〉에 지도로 갈문왕 이하 7명
의 유력 귀족들이 모여 중요한 사안을 공론共論하여 결정한 것이[143] 회의체
의 모습을 잘 보여 준다. 이를 제간諸干회의체라 할 수 있다. 제간회의체는
이후 '등等' 또는 '대등大等' 들로 구성된 대등회의(화백회의)로[144] 발전하
였다.

고구려와 신라의 사례에서 미루어 백제에도 부체제 단계에 귀족회의체
가 있었다고 볼 수 있다. 이때 주목되는 것이 '솔'계 관등이다. '솔'은 국
의 수장들이 중앙귀족화하면서 받은 관호였다. 그 성격은 고구려의 '가
加', 신라의 '간干'과 동일하였다. 그렇다면 백제에서도 솔들로 이루어진

---

141 『삼국지』 권30 위서 동이전 고구려조의 "有罪諸加評議便殺之" 참조.
142 노중국, 1979, 「고구려 국상고―초기의 정치체제와 관련하여―(상)」, 『한국학보』 제5권 3
    호, 일지사.
143 〈포항냉수리신라비〉의 "沙喙至都盧葛文王斯德智阿干支 … 斯彼暮斯智干支 此七王等共論
    敎" 참조. 〈포항냉수리신라비〉에 대해서는 한국고대사학회, 1990, 『한국고대사연구―영일
    냉수리신라비 특집』 3집 참조.
144 이기백, 1974, 「대등고」, 『신라정치사회사연구』, 일조각, 78~82쪽.

회의체가 중요 국사를 논의하고 처리하였을 것이다. 이 회의체를 '제솔회 의諸率會議'라고 할 수 있다.[145] 이와는 달리 좌장左將, 좌보左輔 등에 나오는 '좌'를 주목하여 이 회의체를 '제좌諸左회의'로 파악하는 견해도 있다.[146] 그러나 좌장, 좌보, 우보의 관명에서 핵심은 '장將', '보輔'이고 '좌左'는 보조적 용어이다. 보조적 용어를 앞세워 '제좌회의'로 부를 수 없다.

제솔들이 모여 국사를 논의한 장소는 남당南堂이었다. 남당은 처음에는 씨족회의나 부족회의의 장로석長老席이었지만 이후 부족장의 독좌석獨坐 席으로 바뀌었고, 고대국가 성립 과정에서는 중요 국사를 논의하는 왕의 정청으로 변하였다.[147] 고이왕은 28년(261)에 남당에서 청정聽政하였다. 이는 남당이 정청임을 보여 준다.

귀족회의는 일반적으로는 남당에서 열렸지만 중대한 국사를 논의할 경 우 신성한 장소에서 열리기도 하였다. 고구려의 경우, 국상國相 창조리는 전렵지 후산侯山에서 제가회의를 열어 봉상왕을 폐위하고 미천왕을 옹립 하였다.[148] 전렵은 단순한 사냥 놀이가 아니라 하늘에 대한 제사와 군사 훈 련도 겸한 행사였으므로[149] 전렵지는 신성 공간이었다. 신라의 경우, 화백 회의는 사령지四靈地로 불리는 신성한 장소에서 열렸다. 그래서 이곳에서 논의하는 일들은 반드시 이루어진다고 생각하였다.[150]

백제의 경우 특정한 신성 공간을 보여 주는 자료는 없지만 전렵지는 종

---

145 노중국, 1983, 「해씨와 부여씨의 왕실교체와 초기백제의 성장」, 김철준박사 화갑기념사학 논총간행준비위원회 편, 『김철준박사 화갑기념사학논총』, 지식산업사, 133쪽.
146 박대재, 2006, 『고대한국 초기국가의 왕과 전쟁』, 경인문화사.
147 이병도, 1976, 「고대남당고」, 『한국고대사연구』, 박영사, 623~628쪽.
148 『삼국사기』권제17 고구려본기 제5 미천왕 즉위년조.
149 『삼국사기』권제45 열전 제5 온달전의 "高句麗常以春三月三日 會獵樂浪之丘 以所獲猪鹿 祭天及山川神 至其日 王出獵 羣臣及五部兵士皆從" 참조.
150 『삼국유사』권제1 기이 제1 진덕왕조의 "新羅有四靈地 將議大事 則大臣必會其地謀之 則 其事必成 一曰東 青松山 二曰南亐知山 三曰西皮田 四曰北金剛山" 참조.

종 나온다. 이 가운데 왕도에 위치한 한산과[151] 횡악은[152] 비가 오지 않을 때 기우제를 지냈다는 것에서[153] 미루어 신성 공간이라 할 수 있다. 따라서 백제에서도 중요한 국사를 논할 경우 제솔회의는 전렵지에서 열리기도 하였다. 진사왕이 구원狗原에서 전렵을 하다가 귀족회의에 의해 폐위된 것이 그 예가 된다. 이렇게 보면 사비도읍기에 귀족들이 재상의 선출을 비롯한 중요 국사를 호암사의 정사암에서 논의하였다는 것도[154] 제솔회의의 유풍이라 하겠다.

(2) 좌평

회의체에는 의장이 있기 마련이다. 백제에서 제솔회의의 의장으로 주목되는 것이 '좌평佐平'이다. 좌평의 연원에 대해 『주례』 사마司馬의 "나라의 정치를 장악해서 왕을 도와 나라를 평안히 한다"는[155] 기사에 나오는 '좌왕佐王'과 '평방국平邦國'에서 찾는 견해도 있다.[156] 이는 타당한 견해이다. 그러나 좌평의 설치 배경과 그 성격을 직접 보여 주는 자료는 없다. 따라서 좌평의 성격은 고구려의 국상國相을 통해 추론해 볼 수밖에 없다.

고구려의 국상은 좌보와 우보를 통합하여[157] 만든 것이다. 그 목적은 중앙집권력의 강화로 왕의 지위와 권위가 제가보다 격상되자 5부 세력들을 통솔하고 그들의 이해관계를 조정하기 위해서였다. 이 국상을 관직으로

151 『삼국사기』 권제23 백제본기 제1 개루왕 27년조의 "王獵漢山 獲神鹿" 참조.
152 『삼국사기』 권제23 백제본기 제1 다루왕 4년조의 "九月 王田於橫岳下 連中雙鹿 衆人歎美之" 참조.
153 『삼국사기』 권제25 백제본기 제3 아신왕 11년조의 "夏 大旱 禾苗焦枯 王親祭橫岳 乃雨" 참조.
154 『삼국유사』 권제2 기이 제2 남부여 전백제 북부여조의 "又虎嵓寺有政事嵓 國家將議宰相 則書當選者名或三四 函封置嵓上 湏臾取看名 上有印跡者爲相 故名之" 참조.
155 『주례』 하관 사마의 "掌邦政 以佐王 平邦國" 참조.
156 이기동, 1996, 『백제사연구』, 일조각, 164~165쪽.
157 『삼국사기』 권제16 고구려본기 제4 신대왕 2년조의 "春正月 下令曰 … 拜荅夫爲國相 加爵爲沛者 令知內外兵馬兼領梁貊部落 改左右輔爲國相 始於此" 참조.

보는 견해도 있지만[158] 『삼국지』 동이전 고구려조에 나오는 '상가相加'와 같은 존재로서 제가회의 의장으로 보는 것이 타당하다.[159]

백제의 경우 고이왕 14년(247)에 좌장 진충을 우보로 임명한 이후 좌보와 우보는 보이지 않고 그 대신 고이왕 27년(260)부터는 좌평만 나온다. 이는 좌평이 이전의 우보와 좌보를 개편해 설치한 것을 보여 준다. 고이왕 대는 중앙집권력이 성장하여 왕의 위상이 격상되고 족장 세력에 대한 통제력이 보다 강화된 시기였다. 이로 미루어 좌평은 왕권의 우월성을 확립하면서 동시에 여러 족장 세력들의 이해관계를 조정하는 제도적 장치로서 설치된 것으로 볼 수 있다. 좌평의 정치적 성격은 고구려 국상이 제가회의 의장인 것으로 미루어 제솔회의의 의장이라 볼 수 있다.

좌평은 왕족이나 왕비족 및 솔계 관등을 가진 중앙귀족 중에서 선출되었다. 이는 고구려의 국상이 왕족이거나 5부 출신자로서 족장을 뜻하는 우태于台 이상의 관등을 가진 자가 맡았다는 것과[160] 신라 제간회의의 의장이 갈문왕이고 구성원들은 6부의 유력자들이었다는 사실과[161] 궤도를 같이한다. 따라서 좌평은 귀족회의를 주재하여 한편으로는 귀족들의 의사를 반영하면서 한편으로는 위상이 격상된 왕의 입장을 대변하였다.

제솔회의체의 성립과 좌평의 설치는 국왕의 집권력이 보다 강화되고 수장층들의 중앙귀족화가 이루어진 상황에서 나온 것이다. 따라서 부체제 단계에서 정치 운영의 핵심인 제솔회의체는 5부의 유력자 출신으로 구성되었고 그중에서 좌평이 선출되어 이 회의체를 주재한 것으로 볼 수 있다.

---

158 이종욱, 1979, 「고구려 초기의 좌·우보와 국상」, 『전해종박사 화갑기념 사학논총』, 일조각; 김광수, 1982, 「고구려 전반기의 '가'계급」, 『건대사학』 6집, 건국대학교 사학회.

159 노중국, 1979, 「고구려 국상고—초기의 정치체제와 관련하여—(상), (하)」, 『한국학보』 제5권 3·4호, 일지사.

160 노중국, 1979, 「고구려 국상고—초기의 정치체제와 관련하여—(상)」, 『한국학보』 제5권 3호, 일지사, 24~34쪽.

161 이기백, 1974, 「대등고」, 『신라정치사회사연구』, 일조각, 96~97쪽.

제3부

초고왕계의 왕위 계승권 확립과
중앙집권체제 정비

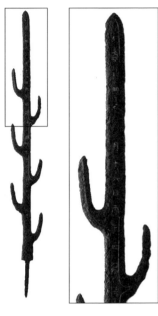

1 김제 벽골제 중심거中心渠의 방수로放水路 전경(좌)과 I지점(용골마을) 발굴 전경(우)(전북문화재연구원 제공)

벽골제는 제방 길이가 약 3km나 되는 대규모 저수지이다. 벽골제가 330년(비류왕 27)에 축조되었다는 『삼국사기』 기록을 부정하는 견해도 있지만 3세기 후반에 풍납토성을 쌓은 사실에서 미루어 4세기 전반에 축조된 것으로 보는 것이 타당하다. 벽골제의 축조로 농업생산력이 크게 증대되어 백제가 중앙집권국가 체제를 확립하는 데 경제적 기반이 되었다. 그러나 벽골제를 저수지가 아닌 방조제로 보는 견해도 있다.

2 칠지도 전면(상)과 후면(하)
(한성백제박물관 제공, 일본 이소노카미신궁 소장)

369년에 만들어진 칠지도에 새겨진 금상감명문에는 '백제왕세자 기奇(근구수)가 만들어 왜왕 지旨에게 준다' 라는 내용이 있다. 이는 백제왕세자가 왜왕과 대등한 존재였으며, 백제왕이 왜왕보다 상위의 존재임을 보여 준다. 또 왜왕을 후왕侯王으로 표현한 것은 백제왕이 왜왕을 제후왕으로 인식한 백제 중심의 천하관을 보여 준다.

3 『일본서기』 권11 인덕기 41년조 국군강장 시분始分 기사
(경장慶長 15年[1610] 고활자판, 일본 국립국회도서관 소장)

『일본서기』 인덕기 41년조에 나오는 "처음으로 영역을 나누고 향토의 소출을 모두 기록하였다(始分國郡疆場 具錄鄉土所出)" 는 기사는 근초고왕이 처음으로 지방통치조직을 편제하여 각 지방의 생산물을 파악한 것을 보여 준다. 이 지방통치조직이 담로제이다. 지방통치조직의 편제는 백제가 중앙집권화를 이룬 것을 입증해 준다.

제1장

초고왕계의 왕위 계승권 확립

Ⅰ. 초고왕계의 재등장

1. 고이왕계의 동요

직계 사반왕을 폐위시키고 방계로서 왕위에 오른 고이왕은 좌평과 솔, 덕 등의 관등을 설치하여 중앙통치조직을 정비하고, 좌장을 설치하여 군권을 장악하였다. 천지제사에 고취鼓吹를 사용하는 등 제의 체계를 정비하고, 도전稻田의 개척을 장려하여 경제 기반도 확대하였다. 이를 통해 고이왕은 왕권의 위상을 높였다.

대외적으로 고이왕은 중국 군현에 대해서도 공세적 입장을 취하여 245년 유주자사 관구검이 낙랑태수 유무, 대방태수 궁준과 더불어 고구려를 공격하는 틈을 타서 낙랑군의 변방 주민들을 습격해 붙잡아 오기도 하였다. 그러나 낙랑군이 강력 항의하자 고이왕은 붙잡아 온 주민들을 돌려주어 군현과의 관계를 수습하였다.[1]

이후 백제와 중국 군현과의 관계를 보여 주는 것이 책계왕과 대방왕녀 보과寶菓의 결혼이다.[2] 이 결혼은 책계왕이 즉위하기 이전 고이왕에 의해 이루어졌다. 타국과의 혼인은 정략적인 것으로 이 결혼 역시 고구려의 압

---

1 『삼국사기』 권제24 백제본기 제2 고이왕 13년조.
2 『삼국사기』 권제24 백제본기 제2 책계왕 즉위년조의 "責稽王 或云青稽 古介王子 … 先是 王娶帶方王女寶菓爲夫人 故曰 帶方我舅甥之國" 참조.

박에 대응하기 위해 새로이 성장하고 있는 백제와의 관계를 회복하여 후
방의 안전을 도모하려 한 낙랑군·대방군과 왕권 강화를 위해 중국 군현
과 갈등을 일으키지 않으려 한 백제의 이해관계가 맞아 떨어져 이루어진
것으로 보인다.[3]

책계왕이 맞이한 보과는 대방왕녀로 나온다. 대방왕의 실체에 대해 대
방군에 편입된 나라[縣國]의 왕으로 보는 견해도[4] 있다. 그러나 대방왕은
백제가 대방태수를 편의적으로 부른 것이다. 이는 비록 백제 멸망 이후지
만 신라가 웅진도독 부여융을 가왕假王 또는 왕王으로 부른 것에서[5] 방증
이 된다.

혼인 관계를 맺은 이후 고구려의 공격을 받게 된 대방군은 백제에 구원
을 요청하였다. 책계왕은 대방군을 장인의 나라[舅甥之國]라고 하면서 원군
을 보내 주었다. 백제의 이러한 조치는 역으로 고구려와의 갈등을 야기하
였다. 이에 백제는 혹시 있을지도 모를 고구려의 공격에 대비하여 아차성
과 사성을 수리하였다.[6] 이 사건은 앞으로 양국 사이에 벌어질 군사적 공
방을 예조해 주는 것이라 할 수 있다.

그러나 중국 군현과의 화호관계는 오래가지 않았다. 중국 군현으로서
는 북의 고구려만 위협일 뿐만 아니라 남쪽에서 성장하고 있는 백제 또한
새로운 위협 세력이 될 수 있었기 때문이었다. 이러한 위험을 사전에 예방
하기 위해 중국 군현은 맥인貊人까지 동원하여 백제를 공격하였다. 책계

3 정재윤, 2001, 「위의 대한 정책과 기리영 전투」, 『중원문화논총』 5집, 충북대학교 중원문화
  연구소, 47쪽.
4 권오중, 1992, 『낙랑군연구: 중국 고대변군에 대한 사례적 검토』, 일조각, 45~59쪽.
5 『삼국유사』 권제1 기이 제1 태종춘추공조의 "新羅別記云 … 王親統大兵 幸熊津城 會假王扶
  餘隆 作壇刑白馬而盟 … (按上唐史之文 … 今云會扶餘王隆 則知唐帝宥隆而遣之 立爲熊津都
  督也 …)" 참조.
6 『삼국사기』 권제24 백제본기 제2 책계왕 즉위년조의 "高句麗怨 王慮其侵寇 修阿且城蛇城備
  之" 참조.

왕은 친히 군대를 이끌고 나가서 싸웠지만 적군에 의해 피살되고 말았다.[7] 책계왕은 타국의 공격에 의해 죽은 백제 최초의 왕이 되었다.

책계왕의 뒤를 이어 즉위한 분서왕은 부왕의 불의의 죽음으로 빚어진 내부의 혼란을 진정시키기 위해 곧 대대적인 사면령을 내린 후[8] 이듬해에 동명묘를 배알하였다. 그리고 중국 군현에 대한 보복 공격에 나섰다. 304년 2월 분서왕은 몰래 군사를 동원하여 낙랑 서쪽의 현을 습격해 차지하였다. 낙랑도 물러서지 않고 강력 대응하면서 그해 10월에 자객을 보내 분서왕을 죽여 버렸다.[9]

고이왕계가 왕위를 이어가던 시기에 중국 군현에 대해 취한 적극적 자세는 백제의 대외적 위상을 고양시키는 데 기여하였다. 그러나 두 왕이 연속적으로 피살됨에 따라 고이왕계는 크게 동요하였다. 이는 고이왕계에게 밀려나 있던 직계 초고왕계가 재기할 수 있는 발판이 되었다.

2. 초고왕계 비류왕의 즉위

(1) 비류왕의 즉위

분서왕이 낙랑태수가 보낸 자객에 의해 피살된 후 구수왕의 둘째 아들인 비류가 왕위를 이었다. 이후 왕위 계승 관계는 다음 표와 같다.

```
                           ┌ 사반왕(폐위)
              ┌ 초고왕 ─ 구수왕 ─┤  (7)
              │  (5)      (6)   └ 비류왕 ─ 근초고왕 ─ 근구수왕
   개루왕 ─┤                        (11)       (13)       (14)
     (4)      │
              └ 고이왕 ─ 책계왕 ─ 분서왕 ─ 계왕
                 (8)       (9)      (10)    (12)
```

---

7 『삼국사기』 권제24 백제본기 제2 책계왕 13년조.
8 『삼국사기』 권제23 백제본기 제1 다루왕 6년조의 "春正月 立元子己婁爲太子 大赦" 참조.
9 『삼국사기』 권제24 백제본기 제2 분서왕 7년조.

계보상으로 볼 때 비류왕은 직계인 초고왕계이다. 『삼국사기』에는 분서왕이 죽은 후 그 뒤를 이을 자식들이 있었지만 모두 어리기 때문에 비류왕이 신민의 추대를 받아 즉위한 것으로 나온다.[10] 아들들이 모두 어렸기 때문에 왕이 되지 못하였다는 것은 핑계에 지나지 않는다. 어리다고 하더라도 지지 세력이 확고하면 왕위를 계승할 수 있기 때문이다. 삼근왕이 13세의 나이로 왕이 된 것과 신라 진흥왕이 7세의 나이로 왕위에 오른 것이[11] 방증 사례가 된다.

비류왕이 즉위한 해는 공교롭게도 신유년辛酉年이었다. 참위설에서 신유년은 갑자년과 함께 혁명이 일어나는 해라고 한다.[12] 이는 비류왕이 분서왕의 죽음을 계기로 정변을 일으켜 왕위에 오른 것을 시사해 준다. 그 이유로 내건 것이 분서왕의 아들들이 어렸다는 것이다. 이렇게 보면 비류왕의 즉위는 고이왕이 '사반이 어려서 정사를 할 수 없다'고 하면서 폐위시키고 즉위한 것과 매우 유사하다.

왕위에 오르기 이전 비류왕은 오랫동안 민간에 있었다.[13] 정상적이라면 비류왕은 왕족으로 살았을 것이지만 민간에서 살아야만 하였다. 그 배경은 형 사반왕이 폐위되고 왕위가 고이왕에게로 넘어간 상황과 연동된다. 사반왕의 동생인 비류왕은 고이왕계에게는 주목의 대상이요 경계해야 할 인물이었을 것이다. 그래서 비류왕은 목숨을 구하기 위해 오랫동안 민간에 은신하며 살아야 하였던 것 같다. 이는 고구려 봉상왕의 조카 을불乙弗(미천왕)이 즉위 이전에 봉상왕의 독수를 피해 수실촌에서 용작傭作을 하고

---

10 『삼국사기』 권제24 백제본기 제2 비류왕 즉위년조의 "及汾西之終 雖有子 皆幼不得立 是以爲臣民推戴卽位" 참조.
11 『삼국사기』 권제4 신라본기 제4 진흥왕 즉위년조의 "眞興王立 … 時年七歲 … 王幼少 王太后攝政" 참조.
12 이기동, 1981, 「백제 왕실교대론에 대하여」, 『백제연구』 12집, 충남대학교 백제연구소.
13 『삼국사기』 권제24 백제본기 제2 비류왕 즉위년조의 "久在民間 令譽流聞" 참조.

압록강을 오르내리며 소금장수를 한 것과[14] 유사하다.

이때 백제에서는 분서왕이 중국 군현에 의해 피살되는 뜻밖의 일이 벌어졌다. 아무도 예상하지 못한 분서왕의 죽음과 또 왕의 아들들이 모두 어린 상황은 후계 구도에 큰 변화를 가져왔다. 비류왕은 이 기회를 놓치지 않고 분서왕의 어린 아들들을 제치고 왕위에 올랐다. 그가 왕이 될 수 있었던 배경은 다음과 같이 생각해 볼 수 있다.

첫째, 그의 사람됨과 능력이다.[15] 비류왕은 성품이 관대하고 자애로웠으며 사람을 사랑하였다. 이러한 성품으로 그의 주위에는 사람이 많이 모였을 것이다.

둘째, 비류왕은 '힘이 강하고 활을 잘 쏘았다'는 평가에서 보듯이 군사에 밝은 왕이었다. 활을 잘 쏘았다는 평가는 백제의 역대 왕들에 대한 인물평 가운데 최초이다. 관대한 인품과 탁월한 군사 능력은 점차 입에서 입으로 전해져서 "그 명성이 널리 퍼졌다[令譽流聞]"란 평을 들었다.

셋째, 『삼국사기』의 '신민추대臣民推戴'라는 표현에서 보듯이 신민, 즉 지지 세력이 있었다. 이 신민은 두 가지 부류로 생각해 볼 수 있다. 하나는 비류가 오랫동안 민간에 숨어 살면서 드러나지 않게 모은 지지자들이고, 다른 하나는 고이왕계의 정치에 불만을 품고 비류왕에게 모여든 세력들이다. 이러한 지지 세력 가운데 핵심적인 역할을 한 세력이 해씨 세력이다. 해씨 세력은 고이왕의 즉위 과정에서 사반왕을 지지하였다가 실패하여 정치 일선에서 밀려나 있었다. 그런데 비류왕 9년(312)에 해구가 병권을 관장하는 병관좌평에 임명되었다.[16] 이는 해씨 세력이 비류왕의 즉위에 핵

---

14 『삼국사기』 권제17 고구려본기 제5 미천왕 즉위년조의 "美川王 … 西川王之子古鄒加咄固之子 初 烽上王疑弟咄固有異心 殺之 子乙弗畏害出遁 始就水室村人陰牟家 傭作 … 周年乃去 與東村人再牟販鹽 乘舟抵鴨淥 …" 참조.

15 『삼국사기』 권제24 백제본기 제2 비류왕 즉위년조의 "比流王 … 性寬慈愛人 又强力善射 …" 참조.

16 『삼국사기』 권제24 백제본기 제2 비류왕 9년조. 이 해구를 문주왕 대의 병관좌평 해구와

심적인 역할을 한 것에 대한 반대급부라고 할 수 있다.

분서왕이 피살되고 그의 아들들이 아직 어려 고이왕계가 동요하는 상황에서 비류왕은 해씨 세력을 중심으로 하는 '신민'으로 표현된 지지 세력들의 추대로 왕위에 올랐다.[17] 이리하여 초고왕계가 재등장하였다. 비류왕은 즉위 이후 왕실의 상징을 흑룡으로 삼았다. 왕도의 우물에 흑룡이 나타난 것,[18] 흑룡이 한강에 나타나 운무가 자욱한 속에서 날아가 버리자 비유왕이 죽었다는 것[19] 등이 이를 보여 준다. 이후 『삼국사기』에는 왕실과 관련해서 흑룡만 나온다. 이는 고이왕 대에 황룡이 왕실의 상징이었던 것과 대조된다.

(2) 비류왕의 나이와 초기 왕계보

비류왕의 즉위와 관련하여 해결해야 할 큰 문제는 왕의 나이이다. 『삼국사기』에 의하면 비류왕은 구수왕(214~234)의 제2자로 태어났다. 그는 304년에 즉위하여 344년에 죽었으므로 재위 기간은 41년이다. 비류왕이 출생한 해를 최대한으로 늦추어 구수왕이 돌아간 해인 234년이라고 하더라도 즉위할 때의 나이는 최소 71세였고, 돌아가실 때의 나이는 110세 이상이었다. 비류왕처럼 나이가 많은 왕은 고이왕이었다. 고이왕은 초고왕의 동모제였다. 초고왕은 166년에 즉위하여 214년에 돌아가셨고, 고이왕은 234년에 즉위하여 286년에 돌아가셨다. 고이왕이 출생한 해를 최대한 늦추어 초고왕이 즉위한 해인 166년이라고 하더라도 즉위할 당시 나이는 69세가 되고 돌아가실 때의 나이는 121세 이상이 된다.

동일인으로 보고 그 존재를 의심하는 견해(이홍직, 1971, 『한국고대사의 연구』, 신구문화사, 352~353쪽)도 있다.

17 이기백, 1959, 「백제왕위 계승고」, 『역사학보』 11집, 역사학회, 6쪽.

18 『삼국사기』 권제24 백제본기 제2 비류왕 13년조의 "夏四月 王都井水溢 黑龍見其中" 참조.

19 『삼국사기』 권제25 백제본기 제3 비유왕 29년조의 "秋九月 黑龍見漢江 湏臾雲霧晦冥飛去 王薨" 참조.

고이왕과 비류왕은 몇 가지 측면에서 공통점을 갖고 있다. 두 왕은 고이 왕계와 초고왕계의 기점이 되는 왕으로, 두 왕 모두 선왕의 아들이 어리다 는 이유로 왕위에 올랐다. 또 두 왕 모두 돌아가실 때 나이가 100세 이상 이었다. 재위 기간도 길어 고이왕은 53년이고 비류왕은 41년이다. 두 왕 의 재위 기간을 합하면 거의 100년이 된다. 이 기간은 2~3명의 왕이 더 존재할 수 있는 기간이다.

고이왕과 비류왕의 많은 나이와 긴 재위 기간 문제는 초기백제 왕계보 의 정리 과정과 연동해 살펴보아야 한다. 초기백제 시기의 왕계보 정리 작 업은 두 가지 방식으로 진행된 것 같다.

하나는 시조 온조왕에서 5대 초고왕에 이르기까지의 왕계보 정리이다. 이 시기는 연맹체 단계이다. 연맹체 단계에서 연맹장은 교립되었다. 그래 서 비류계와 온조왕계가 나오게 되었다. 연맹체 형성 이후 처음에는 비류 계가 연맹장을 배출하여 몇 대를 이어갔다. 그 후 온조왕계가 연맹장의 지 위를 차지하면서 부여씨의 백제 왕실이 성립되었다. 이때가 초고왕 대이 다. 부여씨가 왕위를 세습하게 됨으로써 온조왕은 십제국의 시조일 뿐만 아니라 여러 국들을 통합한 백제국의 건국 시조가 되었다.

연맹체 단계의 왕계보는 연맹장을 연결시키는 것이었다. 이에 부여씨 왕실은 온조왕을 시조왕으로 올리고 그 다음에 비류계에서 배출한 연맹장 들을 연결시켰다. 이 비류계 왕들이 바로 '루婁'를 왕명의 끝 자로 갖는 왕 들이다. 그리고 비류계의 마지막 연맹장인 개루왕 다음에 부여씨로서 최 초로 연맹장이 된 온조왕계의 초고왕을 연결시켰다. 이렇게 연맹장들을 연결시킨 왕계보를 정리하다 보니 다음과 같은 특이점이 생겨났다.

첫째, 각 왕의 재위 기간이 길다는 점이다. 초기 왕계보에서 각 왕의 재 위 기간을 보면 시조 온조왕은 46년, 다루왕은 50년, 기루왕은 52년, 개루 왕은 39년, 초고왕은 49년으로 평균 47년이다. 근초고왕 이후 대다수 왕의 재위 기간이 30년을 거의 넘지 않는 것에 비하면 초기 왕들의 재위 기간은 이례적으로 모두 길다. 이는 연맹장을 연결시키는 형태로 왕계보를 정리하다 보니 생겨난 결과로 보인다.

둘째, 전왕과 후왕과의 관계이다. 계보상으로 볼 때 2대 왕인 다루왕은 비류계이고, 비류계인 개루왕 다음의 5대 초고왕은 온조왕계이다. 둘 다 전왕과 계보가 연결되지 않지만 초기 왕계보는 이들의 관계를 부자로 정리하였다. 이는 초기백제의 왕들은 모두 시조 온조왕의 후손이며 부자 상속에 의해 왕위가 계승되었다는 전제하에서 왕계보가 만들어졌음을 보여 준다.

다른 하나는 5대 초고왕에서 11대 비류왕에 이르기까지 왕계보 정리이다. 이 시기는 부여씨 왕실의 왕위 계승이 직계와 방계에 의해 이루어진 시기이다. 직계와 방계의 시작점은 초고왕이다. 이후 왕위는 구수왕-사반왕에 이르기까지는 직계인 초고왕계로 이어졌다. 그러나 초고왕의 동생인 고이왕이 직계인 사반왕을 밀어내고 왕위에 오른 이후에는 책계왕-분서왕에 이르기까지 방계 고이왕계가 왕위를 이어갔다.

이때의 왕계보는 직계와 방계의 구별 없이 왕위에 오른 왕들만을 연결시키는 방식으로 만들어졌다. 이렇게 하면 직계이든 방계이든 왕위에 오르지 못한 각 계보의 수장은 왕계보에서 빠져야 한다. 이 과정에서 방계로서 최초로 왕위에 오른 고이왕을 직계와 방계의 분기점이 되는 초고왕의 동모제로 하였다. 이로 말미암아 고이왕의 나이는 121세가 넘게 되었다.

한편 직계인 비류왕은 방계인 분서왕의 어린 아들들을 밀어내고 왕위에 올랐다. 이에 따라 왕계보는 왕위 계승의 정통성을 확보하기 위해 비류왕을 구수왕의 제2자로 설정하여 사반왕의 폐위로 단절된 직계의 왕위 계승권을 회복시키는 형태로 정리된 것 같다. 그 결과 비류왕의 나이는 110세가 넘게 되었다.

왕계보는 역사서를 편찬하면서 정리된다. 백제 최초의 역사서는 근초고왕이 박사 고흥으로 하여금 편찬하게 한 『서기』이다. 『서기』를 편찬하면서 근초고왕은 건국 시조부터 아버지 비류왕까지의 왕계보를 정리하였을 것이다. 문제는 비류왕의 나이가 110세가 넘어 정상이 아니라는 점이다. 근초고왕이 아버지를 미화하였다고 하더라도 나이를 이렇게 비정상적으로 정리하지는 않았을 것이다. 이로 미루어 현재와 같은 초기 왕계보는 근초고왕이 『서기』를 편찬할 때 정리된 것이 아닐 가능성이 크다.

한편 초기 왕계보는 사비시대 후기에 편찬된 이른바 백제삼서, 즉 『백제기』, 『백제신찬』, 『백제본기』에는[20] 보이지 않는다. 백제삼서에는 백제왕은 비류왕의 아들 근초고왕부터 나온다. 또 백제삼서에는 문주왕은 개로왕의 동생으로, 무령왕은 동성왕의 이모형異母兄으로 나와 문주왕을 개로왕의 아들로, 무령왕을 동성왕의 둘째 아들로 정리한 『삼국사기』 백제본기의 계보와 다르다. 이는 『삼국사기』 백제본기의 초기 왕계보가 백제삼서의 왕계보를 따르지 않았음을 보여 준다.

왕위의 부자 계승 강조, 각 왕들의 지나치게 긴 재위 기간, 고이왕과 비류왕의 나이가 100세가 넘는 것 등과 같은 문제점을 안고 있는 현재의 초기 왕계보는 백제 당시보다는 『구삼국사』가 편찬된 고려 초에 정리되었을 가능성이 높다. 이때 『구삼국사』 편찬자는 백제의 왕위 계승을 부자 상속의 입장에서 바라 본 중국 사서를 참조하여 왕계보를 정리하였고 이것이 김부식이 편찬한 현재의 『삼국사기』에 그대로 반영되지 않았을까 한다.[21] 여기

---

20 『백제기』, 『백제신찬』, 『백제본기』는 모두 『일본서기』에만 그 이름과 간단한 내용이 인용되어 있다. 『백제기』에는 한성도읍기의 왕들이, 『백제신찬』에는 웅진도읍기의 왕들이, 『백제본기』에는 사비도읍기의 왕들이 보인다. 백제삼서에 대해서는 이근우, 1994, 「일본서기에 인용된 백제삼서에 관한 연구」, 한국정신문화연구원 한국학대학원 박사학위논문; 박재용, 2009, 「'일본서기'의 편찬과 백제 관련 문헌 연구」, 한국교원대학교 대학원 박사학위논문; 仁藤敦史, 2015, 「『日本書紀』編纂史料としての百濟三書」, 『國立歷史民俗博物館研究報告』第194集, 國立歷史民俗博物館 참조.

21 노중국, 2018, 「백제 웅진도읍기 왕계와 지배세력」, 한성백제박물관 편, 『백제 웅진기 왕계와 지배세력』 (백제학연구총서 쟁점백제사 12), 한성백제박물관.

에는 475년 고구려의 공격으로 왕도 한성이 불타고 또 갑작스러운 웅진 천도로 『서기』를 비롯한 많은 자료들이 망실된 것이 일부 작용하였을 것이다. 이러한 문제들에 대한 해명은 앞으로의 과제로 남긴다.

Ⅱ. 비류왕의 왕권 강화 추진

1. 중국과의 교섭

3세기 중반 이후 목지국을 병합하고 부체제를 확립한 것은 백제의 성장에서 분수령이었다. 이후 백제는 한반도 중부의 유력 세력들을 대변하는 맹주로서의 위치를 다져 나갔다. 이때의 왕이 바로 고이왕이다. 그렇지만 『진서晉書』에는 함령 3년(277)부터 태희 원년(290)에 이르기까지 서진과 교섭한 주체는 마한주馬韓主, 즉 마한의 국주(국왕)로 나온다.[22] 이 마한주는 고이왕을 가리킨다. 고이왕이 백제국왕 또는 백제국주의 지위로서가 아니라 마한주의 지위로 중국과 교섭을 한 것은 이 시기 백제의 대외 교섭과 교류에는 마한연맹체의 운영 원리가 작용하고 있었음을 시사해 준다.

백제가 마한연맹체의 틀에서 벗어난 시기는 '백제'라는 이름으로 또 '백제국왕'이라는 지위로 중국과 교섭을 하였을 때부터이다. '백제'라는 국호의 사용 시기를 분명히 알기 어렵지만 그 하한선을 보여 주는 자료가 345년 전연 모용황慕容皝의 기실참군記室參軍인 봉유封裕가 올린 상표문이다. 여기에는 "고구려, 백제 및 우문과 단부의 사람들은 모두 군대의 힘으로 옮긴바"라는[23] 기사가 나온다.

---

22 『진서晉書』권97 열전 제67 동이 마한전의 "武帝大康元年二年 其主頻遣使入貢方物 七年八年十年 又頻至 太熙元年 詣東夷校尉何龕上獻 咸寧三年 復來 明年又請內附"참조.
23 『진서晉書』권109 재기 제9 모용황전의 "句麗百濟及宇文段部之人 皆兵勢所徙 …"참조.

이 기사에 대해 당시 전연이 백제의 백성을 끌고 올 상황이 아니었으므로 백제는 부여扶餘의 오기로 보아야 한다는 견해도 있다.[24] 그러나 이 상표문은 1차 사료의 성격을 가지고 있어 신빙성을 부정할 수 없다.[25] 상표문에 보이는 백제민이 어떻게, 어떠한 과정을 거쳐 전연의 군대에게 끌려간 것인지는 차치해 두고 이 기사에서 주목되는 것은 백제라는 국명이 345년 이전에 이미 전연에 알려져 있었다는 사실이다. 이는 345년 이전에 백제와 전연 사이에 접촉이 있었음을 보여 준다. 그 시기는 비류왕 대(304~344)이다. 이로 미루어 비류왕은 345년 이전에 '백제'라는 이름으로 전연과 교섭을 하였던 것 같다. 이후 중국 사서에는 백제라는 국명만 나온다.

비류왕이 백제라는 이름으로 중국과 교섭을 한 것은 대외 교섭권이 백제국왕에게로 귀속되었음을 보여 줌과 동시에 백제가 연맹체의 운영 원리라는 제약에서 벗어나 왕조국가로서의 면모를 갖추어 가고 있음을 보여 준다. 이에 국호에도 새로운 의미가 부여되었다. '백가가 바다를 건넜다 [百家濟海]'가 그것이다. '백가제해百家濟海'는 백제의 해양적 성격을 강조하여 붙여진 것이다.

2. 정치적 기반의 확대

중앙집권체제를 확립하기 위해서는 부체제를 극복해야 한다. 부체제를 극복하기 위해서는 왕이 지지 기반을 확대하여 정치적 주도권을 확립하는 것이 필요하다. 지지 기반의 확대는 왕실을 적극 지원하는 귀족 세력들의 확보

---

24 이병도, 1976, 「부여고」, 『한국고대사연구』, 박영사, 221쪽; 김기섭, 1997, 「백제의 요서경략설 재검토: 4세기를 중심으로—」, 『한국 고대의 고고와 역사』, 학연문화사; 여호규, 2015, 「4세기~5세기 초엽 백제의 대중교섭 양상」, 『백제의 성장과 중국』 (백제학연구총서 쟁점백제사 5), 한성백제박물관, 132~136쪽.

25 강종훈, 2015, 「4세기 전반 백제군의 요하 일대에서의 활동에 관한 기사의 검토」, 『백제와 요서지역』 (백제학연구총서 쟁점백제사 7), 한성백제박물관, 338~355쪽.

를 통해 이루어진다. 즉위 초에 비류왕은 자신의 즉위를 도와 준 해씨 세력을
중용하여 9년(312)에 해구解仇를 병관좌평에 임명하였다. 그리고 18년(321)
에는 서제 우복優福을 내신좌평으로 삼아 왕정을 보필하게 하였다.[26] 이는 비
류왕이 왕족과 해씨 세력 중심으로 정치를 운영하려 한 것을 보여 준다.

그러나 비류왕의 이러한 정치 운영 방식에 변화를 주는 사건이 일어났
다. 동생 우복이 24년(327)에 북한산성을 근거로 반란을 일으킨 것이다.
비류왕은 군대를 출동시켜 진압하였다.[27] 우복의 반란은 백제사에서 왕족
이 일으킨 최초의 반란이다. 믿었던 동생의 반란은 비류왕에게 큰 충격이
었을 것이다. 이러한 상황에서 30년(333)에 별똥별이 떨어져서 왕궁에 불
이 나 민호에까지 번지는 재변이[28] 발생하였다. 재이災異는 정치 질서와
사회 질서가 제대로 작동되지 못할 때 자연이 내리는 경고의 성격을 갖는
다. 이는 비류왕에게는 큰 부담이었을 것이다.

정치적·사회적 불안과 동요하는 민심을 진정시키기 위해서는 폭넓은
지지 세력의 확보가 필요하였다. 그러나 기존의 해씨 세력만으로는 왕권
의 안정을 담보할 수 없었다. 이때 비류왕이 주목한 세력이 진씨 세력이었
다. 진씨 세력은 고이왕 대에는 좌평과 좌장을 배출한 유력 귀족 세력이었
지만 비류왕 즉위 이후 한동안 정치 일선에서 밀려나 있었다.

비류왕이 진씨 세력을 끌어들였음을 보여 주는 근거의 하나는 근초고왕
의 왕비가 진씨 출신이라는 사실이다. 346년 9월에 즉위한 근초고왕은 2
년(347) 정월에 왕후의 친척인 진정眞淨을 조정좌평에 임명하였다.[29] 근초
고왕이 즉위하여 진정을 조정좌평에 임명하기까지의 기간은 불과 4개월

---

26 『삼국사기』 권제24 백제본기 제2 비류왕 18년조.
27 『삼국사기』 권제24 백제본기 제2 비류왕 24년조.
28 『삼국사기』 권제24 백제본기 제2 비류왕 30년조의 "夏五月 星隕 王宮火 連燒民戶" 참조.
29 『삼국사기』 권제24 백제본기 제2 근초고왕 2년조의 "春正月 … 拜眞淨爲朝廷佐平 淨王后
親戚" 참조.

밖에 되지 않는다. 이로 미루어 근초고왕이 진씨 왕비를 맞이한 것은 왕자 시절이라 할 수 있다.

왕자 근초고의 결혼은 당연히 아버지 비류왕에 의해 추진되었다. 결혼 시기를 추론하는 데 단서가 되는 것이 비류왕 30년(333)에 진의가 내신좌 평에 임명된 사실이다.[30] 내신좌평은 대개 왕족이나 왕의 장인이 임명되 었다. 근구수왕 대에 왕의 장인[王舅] 진고도가, 개로왕 대에 왕의 동생 문 주가 내신좌평에 임명된 것이 그 예이다. 이로 미루어 비류왕은 재위 30 년을 전후한 시기에 진의의 딸을 왕자 근초고의 부인으로 삼고 또 진의를 내신좌평에 임명한 것으로 보인다. 이리하여 진씨 세력은 왕실을 뒷받침 하는 지지 기반이 되었고 이 토대 위에서 비류왕은 불안한 정치 정세를 극 복해 나갈 수 있었다.

3. 군사권의 장악

부체제 단계에서 외적이 공격해 오면 부의 장들은 스스로 나가서 싸웠 다.[31] 이처럼 부의 장들은 일정한 군사력을 지니고 있었고, 상황에 따라 독 자적인 군사 활동을 하였다. 초고왕 대에 북부의 진과眞果가 부병 1천 명 을 거느리고 말갈과 싸운 것이[32] 그 예가 된다. 이 때문에 중앙집권체제를 확립하기 위해서는 부의 장들이 지닌 군사력을 해체하여 왕권 아래에 두 어야 하였다. 이를 단행한 왕이 비류왕이다.

비류왕은 힘이 강하고 구원 북쪽에서 전렵을 할 때 직접 사슴을 쏘아 맞

---

30 『삼국사기』 권제24 백제본기 제2 비류왕 30년조의 "秋七月 修宮室 拜眞義爲內臣佐平" 참조.
31 『삼국지』 권30 위서 동이전 부여조의 "有敵諸加自戰" 참조.
32 『삼국사기』 권제23 백제본기 제1 초고왕 49년조의 "秋九月 命北部眞果領兵一千 襲取靺鞨 石門城" 참조.

춘 것에서[33] 보듯이 활도 잘 쏘았다. 무예에 능한 비류왕은 군사 훈련에도 힘을 기울였다. 재위 17년(320)에 궁궐 서쪽에 사대를 만들어 매달 삭망 때에 활쏘기를 연습하였다.[34] 군사 훈련을 할 때 궁궐 서쪽에 사대를 만든 것은 오행사상과 연관된다. 오행사상에 의하면 서쪽은 무武에 해당되며, 군사 훈련은 무적 성격을 갖기 때문이다. 오행사상에 근거하여 군사 훈련을 하는 전통은 후대로 이어졌다. 그래서 아신왕도 왕도 사람[都人]을 모아 서대西臺에서 활쏘기 연습을 하였다.[35]

이렇게 군사 훈련을 강화해 가고 있을 때 비류왕 24년(327) 7월에 붉은 까마귀와 같은 모양의 구름이 해를 끼고 있는 이변이 나타났다.[36] 이런 이변이 일어난 두 달 뒤에 우복이 반란을 일으켰다. 이로 미루어 해[日]는 왕을, 검은색에서 붉은색으로 바뀐 까마귀는 우복을 상징하는 것으로, 붉은 까마귀가 해를 끼고 있는 것은 우복의 세력이 왕을 둘러싸고 있음을 시사해 주는 것으로 볼 수 있다.

세력을 키운 우복은 327년(비류왕 24) 9월에 북한산성에서 반란을 일으켰다. 그가 반란을 일으킬 수 있었던 토대는 그 자신과 그에게 협조한 부의 유력자들이 지닌 군사력이었다. 비류왕은 군대를 동원하여 반란군을 평정하였다. 이를 기회로 비류왕은 반란에 가담한 세력들은 물론 왕권에 걸림돌이 되는 세력마저도 제거하지 않았을까 한다. 이 과정에서 부의 유력자들의 군사적 기반은 해체되고 그들이 통솔하던 부병部兵은 왕권 아래의 공병公兵으로 전환되었다. 이리하여 비류왕은 군사권을 확실히 장악할 수 있게 되었다.

---

33 『삼국사기』 권제24 백제본기 제2 비류왕 22년조의 "十一月 王獵於狗原北 手射鹿" 참조.
34 『삼국사기』 권제24 백제본기 제2 비류왕 17년조의 "秋八月 築射臺於宮西 每以朔望習射" 참조.
35 『삼국사기』 권제25 백제본기 제3 아신왕 7년조의 "九月 集都人習射於西臺" 참조.
36 『삼국사기』 권제24 백제본기 제2 비류왕 24년조의 "秋七月 有雲如赤烏夾日" 참조.

4. 벽골제 축조와 경제적 기반 확립

부체제를 해체하고 집권력을 강화하는 데는 경제적 기반의 확대도 필요
하였다. 비류왕 대의 경제적 기반 확대와 관련하여 주목되는 것이 김제 벽
골제의 축조이다. 『삼국사기』에는 벽골제가 신라 흘해왕 21년(330)에 축
조된 것으로 나온다. 그러나 김제 지역은 백제 멸망 때까지 백제 땅이었
다. 따라서 벽골제는 백제가 축조한 것으로 보아야 한다.

벽골제는 제방 길이[岸長]가 1,800보나 되는 대규모 저수지였다. 『일본
서기』에서는 이 벽골제를 거언[巨堰]이라[37] 하였다. 1975년의 발굴조사에
의하면, 벽골제의 제방 높이는 약 4.3m이고 윗변 너비가 7.5m, 밑변 너비
는 17.5m, 길이는 약 3km로 측정되었다. 이후 중심거와 그 주변 지역에
대한 발굴에서 저수지의 물을 논으로 내보내는 도수로導水路와 제방 축조
에 사용된 초낭草囊이 출토되었다.[38] 초축 시기에 대해 1975년 발굴조사
보고서는 탄소연대측정과 문헌 사료를 토대로 4세기 전반으로 보았다.[39]
그러나 이에 대한 반론도 만만치 않아 6세기 이후로 보는 견해, 본래의 제
방은 현재보다 북쪽에 있었다고 보는 견해 등이 나왔다.[40]

벽골제가 4세기 초반에 축조되었음을 부정하는 견해의 주된 근거는 다
음 몇 가지로 정리할 수 있다. 첫째, 4세기 전반경의 백제는 아직 강력한
중앙집권체제를 갖추지 못하였기 때문에 거대한 토목공사를 일으킬 힘이

37 『일본서기』 권27 천지기 원년조의 "冬十二月 … 避城者 … 東南據深埿巨堰之防 …" 참조.
38 김제시·전북문화재연구원, 2016, 「김제 벽골제(사적 제111호) 복원·정비를 위한 문화재
    시·발굴조사(5차) 약보고서」; 「김제 벽골제(사적 제111호) 복원·정비를 위한 문화재 시·발
    굴조사(6차) 약보고서」.
39 윤무병, 1992, 「김제벽골제발굴보고」, 『백제고고학연구』(백제연구총서 제2집), 충남대학교
    백제연구소 참조.
40 벽골제 축조 시기에 대한 다양한 견해의 정리는 성정용, 2007, 「김제벽골제의 성격과 축조
    시기 재론」, 계명사학회, 『한·중·일의 고대수리시설 비교연구』, 계명대학교 출판부, 91쪽
    참조.

없었을 것이다. 둘째, 4세기 전반경 백제는 전북 지역을 영역으로 확보하지 못하였다. 셋째, 현재의 석제 수문이 초축 당시부터 만들어졌다고 하는 발굴보고서의 견해는 성립될 수 없다. 넷째, 발굴 당시 B지점 매몰토에서 기와가 발견되었는데 전라도 지역 유적에서 4~5세기 대의 기와가 출토된 사례가 없다.

이러한 주장에서 석제 수문의 경우 초축 당시, 즉 백제 당시에 만들어진 것으로 보기 어렵다는 지적은 타당하다. 그러나 나머지 이유는 다음과 같은 측면에서 받아들이기 어렵다. 첫째, 백제는 3세기 후반에 둘레 약 3.5km, 높이 약 11m, 밑변 폭 40m 이상 되는 거대한 평지성인 풍납토성을 축조하였다. 발굴 결과, 이 성의 축조에는 판축기법이나 부엽공법 등이 사용되었음이 확인되었다. 이런 거대한 풍납토성의 축조는 백제가 대규모의 노동력을 동원할 수 있는 집권력을 갖추었음을 보여 준다.

둘째, 『일본서기』에 보이는 곡나谷那 철산과[41] 진천 석장리 발굴에서 확인된 제철 유적은[42] 이 시기에 백제가 선진적인 제철 기술을 가지고 있었음을 보여 준다. 백제는 이런 선진적인 제철 기술로 만든 철을 이용하여 질 좋은 토목 용구를 만들어 풍납토성도 축조하고, 벽골제 제방도 축조할 수 있었던 것이다.

셋째, 근초고왕은 369년에 영산강 유역에 자리한 심미다례(신미국) 등을 정복한 후 김제의 벽지산辟支山과 고부의 고사산古沙山에 올라가 맹세를 하였다.[43] 이 기사는 김제와 고부가 369년 이전에 이미 백제의 영역이었음을 보여 준다. 이 지역을 영역으로 편입한 시기가 비류왕 대이다. 이러

---

41 『일본서기』권9 신공기 52년조의 "仍啓曰 臣國以西有水 源出自谷那鐵山 其邈七日行之不及 當飮是水 便取是山鐵" 참조.

42 국립청주박물관·포항산업과학연구원, 2004, 『진천 석장리 철생산 유적』(학술조사보고서 제9책), 215~225쪽.

43 『일본서기』권9 신공기 49년조의 "至于百濟國 登辟支山盟之 復登古沙山 共居磐石上 時百濟王盟之 …" 참조.

한 사실들을 종합할 때 벽골제는 4세기 전반경인 비류왕 27년(330)에 만들어진 것으로 보는 것이 타당하다.[44]

거대한 저수지 축조에는 많은 노동력 동원이 필요하다. 비류왕이 벽골제를 축조하였다는 것은 역으로 대규모의 노동력을 체계적으로 동원할 수 있는 체제를 갖추었음을 보여 준다. 이는 집권력의 강화를 의미한다. 또 수압을 견뎌 낼 수 있는 제방의 축조는 백제의 토목·건축 기술의 발달을 보여 준다.

수리시설의 축조와 정비는 수전농업을 활성화시키고 수전을 크게 확대시켜 생산력을 높였다. 생산력의 증대는 왕정의 물적 기반을 확대하였다. 따라서 비류왕의 벽골제 축조는 중앙집권체제의 확립에 필요한 경제적 토대가 되었고, 노동력 동원의 체계화는 국민개병제적 군사 동원을 실시할 수 있는 바탕을 마련해 주었다.

III. 왕위 계승권 확립과 부의 해체

1. 근초고왕의 왕위 계승권 확립

(1) 고이왕계 계왕의 즉위

분서왕의 아들들을 제치고 초고왕계로서 최초로 왕위에 오른 비류왕은 왕권 강화를 위한 일련의 조치를 취한 후 죽었다. 비류왕에게는 아들들이 있었는데 장자의 이름은 알 수 없고 제2자가 근초고왕이다. 그러나 비류왕이 죽은 후 분서왕의 아들인 계왕이 즉위하였다. 이는 분서왕이 죽었을 때 아들 계가 있음에도 비류왕이 즉위한 것과 같은 현상이다. 이로 미루어

---

44 노중국, 2010, 「백제의 수리시설과 김제 벽골제」, 『백제학보』 4집, 백제학회.

비류왕 사후 왕위 계승을 둘러싸고 비류왕계와 분서왕계 사이에 힘겨루기가 있었다고 할 수 있다.

왕위 계승을 둘러싼 갈등에서 주목되는 것이 해씨 세력의 동향이다. 해씨 세력은 비류왕 30년(333)에 진씨 세력이 두각을 나타내면서 정치 일선에서 밀려나 있었다. 그러나 정치 일선에로의 복귀를 도모한 해씨 세력은 고이왕계와 은밀히 연계한 후 비류왕 사후 후계 구도를 둘러싸고 고이왕계와 초고왕계 사이에 암투가 벌어지자 계왕을 지지하여 즉위시킨 것 같다. 계왕의 즉위로 백제의 왕계는 다시 방계인 고이왕계로 바뀌게 되었다.

계왕은 아버지 분서왕이 304년에 죽었을 때 나이가 어렸지만 41년 동안 재위한 비류왕의 뒤를 이어 왕이 되었을 때의 나이는 적어도 50세는 넘었을 것이다. 계왕은 자질이 강직, 용감하며 말 타기와 활쏘기에 능하였다고 한다. 즉위 후 계왕은 2년(345)에 동명묘를 배알하였다.[45] 이 즉위 의례는 계왕의 왕위 계승의 정당성을 보여 주기 위한 것으로 보인다.

그러나 계왕과 관련한 기사는 즉위 의례 외에 훙년 기사만 있기 때문에 계왕 재위 기간 행해진 정치 내용은 알 수 없다. 그렇지만 비류왕의 아들 근초고를 밀어내고 왕위에 오른 사실에서 미루어 계왕은 비류왕이 부체제를 극복하기 위해 추진한 여러 개혁 정책들을 폐기하려 하지 않았을까 한다. 여기에는 해씨 세력도 적극 가담하였을 것이다. 그러나 계왕의 조치들은 3년이라는 짧은 재위로 말미암아 제대로 시행되지 못하였을 것이다.

(2) 근초고왕의 즉위와 초고왕계의 왕위 계승권 확립

계왕은 재위 3년에 죽었지만 즉위할 당시 50세를 넘었기 때문에 장성한 자식이 있었을 것이다. 그럼에도 불구하고 계왕이 죽은 후 왕위는 비류왕

---

45 『삼국사기』 권제32 잡지 제1 제사조의 "古記云 … 多婁王二年春正月 謁始祖東明廟 … 契王
　　二年夏四月 …" 참조.

의 아들 근초고왕에게로 넘어갔다. 계왕의 짧은 재위 기간과 왕위가 초고
왕계로 넘어간 것은 정변의 결과일 가능성이 크다. 이때 근초고왕의 즉위
를 적극 지지한 세력은 진씨 세력이었다. 근초고왕이 즉위 후 왕후의 친척
인 진정眞淨을 조정좌평에 임명한 것이 이를 보여 준다.

근초고왕의 이름은 『삼국사기』와 『삼국유사』에는 근초고왕으로, 『일
본서기』에는 초고왕肖古王으로, 『고사기』에는 조고왕照古王으로, 『진서晉
書』에는 여구餘句로 나온다. 초고왕과 조고왕은 '근' 자가 생략된 것이다.
'여'는 왕실의 성인 복성 '부여'를 단성화單姓化한 것이다. 여구는 '부여
초고'의 축약된 이름이다.

근초고왕의 왕명에서 특징은 '초고왕'에 '근近' 자를 앞에 붙인 것이다.
'근'은 '가깝다'는 의미를 가지므로 '근초고왕'은 '초고왕에 가까운 왕'
이라는 의미로 초고왕과의 친연성과 계승 관계를 강조한 것이다. 근초고
왕의 즉위로 고이왕계는 정치 일선에서 완전히 밀려났다. 이로써 초고왕
계의 왕위 계승권이 확립되었다. 근초고왕의 이름은 이를 상징적으로 보
여 주는 것이다.

근초고왕은 비류왕의 둘째 아들이었다. 특별한 사유가 없는 한 형(장자)
이 왕위를 계승하는 것이 일반적이다. 비류왕의 장자가 비류왕이 사망하
기 이전에 죽었다면 문제가 되지 않지만 살아 있었다면 왕위에 오르지 못
한 이유는 다른 각도에서 살펴보아야 한다. 이때 전제해야 할 것은 왕위
계승은 고도의 정치적 행위라는 점이다. 즉 왕위를 계승할 만한 능력이 있
어야지, 장자가 반드시 계승하는 것은 아니다. 이로 미루어 비류왕의 장자
는 왕위 계승 분쟁 과정에서 별다른 역할을 하지 못한 반면, 둘째 아들인
근초고가 핵심적인 역할을 하였을 가능성이 크다. 따라서 둘째 아들이 왕
위에 올랐다는 사실의 의미를 너무 강조할[46] 필요는 없을 것이다.

---

46 김기섭, 2000, 『백제와 근초고왕』, 학연문화사, 50~52쪽.

2. 부의 해체와 진씨 왕비족

부체제는 연맹체 단계에서 중앙집권체제 단계로 넘어가는 과도기적 성격을 지니고 있다. 백제가 부체제를 극복하고 중앙집권국가로 전환해 가는 과정을 보여 주는 자료는 없다. 이 때문에 고구려의 경우를 원용해 추론해 볼 수밖에 없다.

고구려가 부체제를 극복하는 과정은 세 단계로 나누어 볼 수 있다. 첫째 단계는 순노부와 관노부의 세력 약화이다. 5부 가운데 왕족인 계루부와 왕비를 배출한 절노부 및 전 왕족이었던 소노부가 핵심적인 부가 되면서 순노부와 관노부는 그 위상이 크게 약화되었다. 그 결과 이 두 부는 점차 정치 일선에서 밀려났다.

둘째 단계는 전 왕족인 소노부 세력의 약화이다. 소노부 세력의 약화는 산상왕의 즉위 과정과 연관된다. 고국천왕이 후사가 없이 죽자 동생 발기 發岐와 연우延優 사이에 왕위 계승전이 일어났다. 이때 소노가消奴加는 발기를 도왔지만 패배하였다. 연우(산상왕)가 왕위에 오르자 소노가는 비류수로 돌아와 거주하였다.[47] 소노가가 중앙을 떠났다는 것은 소노부 세력의 약화를 의미한다.

셋째 단계는 절노부(연나부) 세력의 약화이다. 절노부는 대대로 왕실과 결혼한 왕비족이었다. 그러나 미천왕은 즉위 후 주씨周氏를 왕비로 맞이하였다.[48] 이전까지 왕비는 연나부, 즉 절노부 출신이었다는 사실로 볼 때 주씨를 왕비로 맞이한 것은 미천왕이 왕비족인 절노부의 견제에서 벗어났음을 의미한다. 이는 절노부 세력도 그 힘이 약화되었음을 보여 주는 것이다.

---

47 『삼국지』 권30 위서 동이전 고구려조의 "伯固死 有二子 長子拔奇 小子伊夷模 拔奇不肖 國人便共立伊夷模爲王 … 拔奇怨爲兄而不得立 與消奴加各將下戶三萬餘口 詣康降 …" 참조.

48 『삼국사기』 권제18 고구려본기 제6 고국원왕 25년조의 "冬十二月 王遣使詣燕 納質修貢 以請其母 燕王雋許之 … 送王母周氏歸國 …" 참조.

고구려가 점진적으로 부체제를 극복해 가는 과정은 백제의 경우에도 적용해 볼 수 있다. 백제의 5부를 보면 왕실이 속한 중부를 제외하면 4부 가운데 가장 많은 활동을 보여 주는 것이 북부이다. 그 다음이 동부와 서부이고, 남부의 경우 그 출신자들의 활동상이 거의 보이지 않는다. 이로 미루어 남부 세력이 먼저 정치 운영의 중심에서 밀려났고 그 다음으로 동부와 서부 세력이 밀려난 것으로 보인다. 이러한 변화가 일어난 시기는 비류왕 대로 추정된다.

북부가 왕실과 함께 정치 운영의 중심축을 이루고 있을 때 북부를 대표하는 세력은 해씨 세력과 진씨 세력이었다. 이 시기의 주요 변화는 귀족들이 자신들의 혈연적 기반보다는 왕실과의 관계 속에서 정치적·사회적 지위를 유지하고 있었다는 것이다. 그에 따라 해씨 세력과 진씨 세력은 상호 길항적拮抗的 관계에 들어갔다. 그래서 해씨 세력이 두각을 나타낼 때는 진씨 세력의 모습이 드러나지 않고, 역으로 진씨 세력의 활동이 두드러질 때는 해씨 세력의 모습이 보이지 않는다. 즉 왕실의 정치 운영 방향에 따라 두 세력의 영고성쇠가 갈렸던 것이다. 왕실은 때로는 해씨 세력을, 때로는 진씨 세력을 활용하여 왕권을 강화하고 어려운 상황을 헤쳐 나갔다.

부의 해체 과정에서 주목되는 것이 진씨 세력의 역할이다. 앞에서 언급한 것처럼 진씨는 비류왕 대에 진의가 내신좌평에 임명됨으로써 두각을 나타내었다. 근초고왕 즉위 이후 진씨 세력의 활동은 진정眞淨을 통해서 살펴볼 수 있다. 진정은 왕후의 친척이었다. 백제사에서 왕비를 배출한 가문이 밝혀진 것은 진씨가 처음이다. 부여씨 왕실은 진씨 출신의 여자를 왕비로 맞아들여 정치적 기반을 확대하고 왕실의 위엄을 높였다.

근초고왕은 재위 2년(347)에 천신과 지신에 제사를 드린 후 진정을 조정좌평에 임명하였다. 조정좌평은 형옥을 담당하는 직이었다. 제의를 드린 후 임명한 것은 근초고왕이 진정의 임명을 그만큼 중요하게 여겼음을 보여 준다. 이리하여 진정의 권위는 아무도 넘볼 수 없게 되었을 것이다.

조정좌평에 임명된 진정은 일을 처리함에 매우 까다롭고 꼼꼼하였다[臨事苛細]. 이는 진정이 부체제를 해체하는 과정에서 저항하는 세력들에 대해 가차 없이 처벌을 행하였음을 보여 준다. 국인으로 표현되는 귀족들의 반발이 있었지만[國人疾之] 진정은 굴하지 않고 소신껏 밀어붙였다.[49] 진정이 이렇게 일을 처리할 수 있었던 것은 근초고왕이 그를 신뢰하여 뒷받침해 주었기 때문이다. 이처럼 근초고왕은 진씨 왕비족의 지지에 힘입어 왕권을 제약하던 부체제를 마침내 해체하고 중앙집권체제를 갖출 수 있게 되었다.

---

49 『삼국사기』 권제24 백제본기 제2 근초고왕 2년조의 "春正月 祭天地神祇 拜眞淨爲朝廷佐平 淨王后親戚 性狠戾不仁 臨事苛細 恃勢自用 國人疾之".

제2장

근초고왕의 중앙집권체제 정비와 정복 활동

I. 통치조직의 정비

1. 중앙통치조직: 관등제와 의관제

(1) 관등제

근초고왕이 중앙집권국가체제를 갖추어 가는 과정에서 지배조직의 정비는 두 방향에서 진행되었다. 하나는 중앙귀족화한 부의 유력자들을 일원적인 통치조직 속에 편제하는 것이고, 다른 하나는 부의 장을 통해 지방을 지배하던 이른바 간접 지배를 청산하고 국왕이 지방을 직접 지배하는 지방통치조직을 마련하는 것이다. 여기서는 먼저 중앙통치조직의 정비에 대해 정리한다.

중앙통치조직의 핵심은 관등제와 관부제 및 관직제이다. 『삼국사기』 백제본기에는 비류왕 이후 근초고왕 대에 이르기까지 관등 관련 기사는 종종 나오지만 관부나 관직과 관련한 자료는 박사나 장군을 제외하면 거의 없다. 이 때문에 이 시기의 중앙통치조직은 관등제를 중심으로 살펴볼 수밖에 없다.

관등제는 귀족관료들의 상하 서열을 규정해 주는 제도이다. 왕권 아래에 편제된 중앙귀족들은 귀족관료로서 왕권과의 관계, 즉 왕권에 대한 충성도에 따라 정치적·사회적 특권을 유지할 수 있었다. 이때 이들의 지위를 보여 주는 척도가 관등이다. 귀족관료들은 관등을 가져야만 관직을 맡을 수 있었다.

근초고왕의 관등제 정비는 종래의 이원적인 지배조직을 국왕 중심으로 일원화하면서 이루어졌다. 이 일원적인 관등제는 부체제 단계의 좌평과 솔, 덕을 토대로 하여 만들어졌다. 먼저 좌평을 최고의 관등으로 하고 '솔'은 달솔에서 나솔까지 다섯 등급으로 분화시켰다. 이를 '솔계率系' 관등이라 한다. '덕'은 장덕에서 대덕에 이르기까지의 다섯 등급으로 분화시켰다. 이를 '덕계德系' 관등이라 한다. 솔계 관등과 덕계 관등은 백제 관등제의 중추가 되었다. 그리고 부체제 단계에서 왕 아래에 둔 좌군, 진무, 극우 등 '무계武系' 관등은 그대로 새로운 관등제의 하부조직이 되었다. 다만 '독督'을 공통의 어미로 갖는 문독文督과 무독武督은 이때에는 아직 마련되지 않았다. 이 두 관등은 한성시대 말기에서 웅진도읍기를 거치면서 만들어졌다. 이에 대해서는 뒤에 다시 언급할 것이다.

이렇게 보면 근초고왕 대의 관등제는 좌평을 1품으로 하고 그 아래에 달솔-은솔-덕솔-한솔-나솔의 솔계 관등 5개, 장덕-시덕-고덕-계덕-대덕의 덕계 관등 5개, 좌군-진무-극우의 무계 관등 3개로 이루어졌다. 저자는 이를 '14관등제'로 부른다. 14관등을 귀족관료들에게 수여함으로써 귀족관료들의 상하 위계질서가 확립되었다. 이 14관등제는 뒷날 사비시대에 완비된 16관등제의 기본 틀이 되었다.

(2) 의관제

관등제는 의관제衣冠制와 연계되어 운영되었다. 의관제의 바탕은 예제禮制이다. 예는 사회적 질서를 유지하는 윤리적 기준으로서 차별을 특징으로 한다. 그래서 사士와 서庶를 구별하였다. 이러한 사회적 계층화를 보여 주는 제도적 장치가 의관제이다. 대소 신료들은 공회公會 석상에 모였을 때 의관제를 통해 그 지위와 신분을 나타내었다.

공회 석상에서 귀족관료들의 지위와 신분을 보여 주는 물품이 위신품이
다. 대표적인 위신품이 관冠, 대帶, 복색服色, 신발 등과 장식대도이다. 의
관제는 '귀족관료들의 신분과 지위의 고하에 맞도록 위신품을 규정해 놓
은 제도'로 개념을 정리할 수 있다.[50] 위신품 가운데 문헌 자료와 고고학
자료를 통해 개략적인 모습을 파악할 수 있는 것이 관과 대이다.

『삼국사기』 고이왕 28년(261)조에는 왕이 남당에서 청정할 때 자색의
소매가 큰 포[紫大袖袍]와 푸른 비단 바지[靑錦袴]를 입고, 금화로 장식한 검
은 비단 관[金花飾烏羅冠]을 쓰고, 흰 가죽 띠[素皮帶]를 띠고, 검은 가죽 신[烏
韋履]을 신은 것으로[51] 나온다. 이 기사는 앞에서 언급한 것처럼 『삼국사
기』 편찬자가 사비시대의 사실을 이 시기로 소급해서 기록해 놓은 것이어
서 고이왕 대의 사실을 보여 주는 것은 아니다. 그렇지만 이 기사는 고이
왕 대에 의관과 관련한 일련의 제도가 만들어졌음을 시사해 준다.

백제의 의관제는 4세기에 와서 변화를 보인다. 그 배경에는 금이나 은
을 귀중히 여기는 풍습이 작용하였다. 금의 사용은 3세기 후반으로 편년
되는 충남 천안 청당동 유적에서 출토된 금박유리제옥金箔琉璃製玉과[52] 경
기도 연천 학곡리 적석총에서 출토된 금박유리에서[53] 확인된다. 이는 구
슬을 귀히 여기던 풍습에서 금과 은을 귀히 여기는 풍습으로 바뀐 것을 보
여 준다. 금동관金銅冠은 이러한 문화 변동 속에서 만들어졌다.

금동관이 출토된 곳은 경기도 화성 요리 목곽묘,[54] 충남 천안 용원리 9호

50 노중국, 2006, 「백제의 관제와 그 성격」, 『계명사학』 17집, 계명대학교 사학회.
51 『삼국사기』 권제24 백제본기 제2 고이왕 28년조.
52 국립중앙박물관, 1995, 『청당동 II』 (국립박물관고적조사보고 제27책).
53 경기도박물관, 2006, 『묻혀진 백제문화로의 산책 한성백제』.
54 한국문화유산연구원·LH경기지역본부, 2014, 「화성 향남2지구 동서간선도로(H지점) 문화
   유적 발굴조사—3차 학술자문회의 자료—」.

석곽묘,[55] 충남 공주 수촌리 1호분과 4호분,[56] 충남 서산 부장리 5호 분구묘,[57] 전남 고흥 길두리 석곽묘,[58] 전북 익산 입점리 1호 석실분,[59] 전남 나주 신촌리 9호분 을관[60] 등이다.

발굴보고서에 나온 연대들을 종합할 때 백제의 금동관이 만들어지기 시작한 것은 4세기 후반부터이다. 이 연대는 금동관이 만들어진 시기의 하한선을 말하는 것이지 상한선은 아니다. 상한선은 당연히 올라가기 마련이다. 또 금동관은 최고의 위신품이다. 그렇다면 백제의 금동관은 늦어도 근초고왕 대 의관제 정비를 보여 주는 것이 아닐까 한다.

이러한 위신품을 착용할 수 있는 고위 귀족이 왕·후이다. 왕·후호는 백제왕이 중앙의 유력 귀족들에게 수여한 작호爵號이다. 한성도읍기에 왕·후가 문헌상에 나오는 것은 개로왕 대의 좌현왕과 우현왕 및 불사후이다.[61] 그런데 369년(근초고왕 24)에 만들어진 〈칠지도〉 명문에 의하면 백제는 왜왕을 후왕侯王으로 관념하고 있었다. 후왕은 제후왕을 말한다. 따라서 백제에서 왕·후제는 근초고왕 대에 설치된 것으로 볼 수 있다. 그렇다면 최고의 위신품인 금동관은 왕호나 후호를 받은 고위 귀족들이 공식 석상에서 착용하였다고 하겠다.[62]

---

55 공주대학교박물관·천안온천개발·고려개발, 2000,『용원리 고분군』.
56 이훈, 2005, 「수촌리고분출토 백제마구에 대한 검토」, 『4~5세기 금강유역의 백제 문화와 공주 수촌리 유적』 (충청남도역사문화원 제5회 정기심포지엄), 충청남도역사문화원; 충청남도역사문화연구원·공주시, 2007,『공주 수촌리유적』 (유적조사보고 40책).
57 충청남도역사문화연구원, 2008,『서산 부장리유적』 (유적조사보고 55책); 이훈, 2010, 「금동관을 통해 본 4~5세기 백제의 지방통치」, 공주대학교 대학원 박사학위논문.
58 전남대학교박물관, 2006, 「고흥 안동고분 시굴조사 회의자료」.
59 문화재연구소, 1989,『익산 입점리 고분』; 최완규·이영덕, 2001,『익산 입점리 백제고분군』, 원광대학교 마한·백제문화연구소.
60 국립광주박물관, 1988,『나주반남고분군』.
61 『송서』 권97 열전 제57 이만 백제조;『위서』 권100 열전 제88 백제조.
62 노중국, 「백제의 왕·후호제와 금동관 부장자의 실체—귀장을 중심으로—」,『한국고대사연구』 70집, 한국고대사학회.

현재까지 금동관은 왕도 지역에서 출토된 것은 없고 모두 지방에서 출토되고 있다. 그래서 지방에서 출토된 금동관 부장자를 지방 세력 또는 재지 수장 세력으로 보는 견해도 있다. 그러나 4세기에 들어오면 중앙집권화가 일정하게 이루어졌기 때문에 지방 세력은 금동관과 같은 최고의 위신품은 착용할 수 없다. 이러한 위신품은 중앙 귀족만이 착용할 수 있는 것이다. 따라서 지방에서 출토된 금동관은 그 지방 출신으로서 중앙귀족으로 활동하다가 죽어서 자신의 인적 기반이 있는 곳에 귀장歸葬된 귀족의 무덤에 부장된 것이다.[63]

한성도읍기에 관대官帶가 있었음은 과대금구銙帶金具에서 확인된다. 금구는 과대를 장식하는 데 사용된 장식품이다. 과대금구는 풍납토성, 몽촌토성, 천안 주성리 등에서 출토되었다. 풍납토성에서 출토된 과대금구는 중국 호북성 한양현 웅가령 동진묘에서 출토된 과대 및 영화 13년(357)에 축조된 안악 3호분의 장하독帳下督이 착용하고 있는 과대와도 흡사한데 제작 시기는 4세기 초반이라 한다.[64] 4세기 초반은 비류왕 대에 해당된다.

과대는 관冠과 더불어 의관제의 중요 요소이다.[65] 이 과대금구가 설혹 서진에서 만들어져 백제에 들어온 것이라고 하더라도 이 금구의 존재는 늦어도 비류왕 대에 복색의 하나로서 과대를 착용하였음을 보여 준다. 그렇다면 과대제銙帶制도 금동관제金銅冠制와 함께 근초고왕 대에 정비되지 않았을까 한다. 이후 귀족관료들은 신분이나 관등의 고하에 따라 그에 걸맞는 재질과 색깔과 금구를 부착한 과대를 착용하였을 것이다. 그러나 과대의 구체적인 모습은 실물 자료가 없어 알 수 없다.

---

63 노중국, 「백제의 왕·후호제와 금동관 부장자의 실체—귀장을 중심으로—」, 『한국고대사연구』 70집, 한국고대사학회.

64 박순발, 2000, 『한성백제의 탄생』, 학연문화사, 184~185쪽.

65 『주서』 권제49 열전 제41 이역 상 백제조에 冠飾과 帶色을 언급하고 있는 것이 이를 보여 준다.

2. 지방통치조직: 담로제

(1) 『일본서기』 인덕기 41년조 기사의 분석

중앙집권국가가 만들어짐으로써 국왕에 의한 직접 지배와 부의 장을 통한 간접 지배라는 부체제 단계의 이원적인 지배체제는 국왕에 의한 일원적인 지배로 전환되었다. 모든 영역을 직접 지배하게 된 백제 왕실이 영역을 효율적으로 통치하기 위해 만든 제도적 장치가 지방통치조직이다.

『삼국사기』에는 백제가 지방통치조직을 만들고 지방관을 파견한 사실을 보여 주는 기사는 없고 성을 쌓아 성주를 파견하였다는 기사만 나온다. 『삼국사기』 기록의 소략함을 보완해 주는 것이 『일본서기』 인덕기 41년(353)조의 "기각숙네紀角宿禰를 백제에 보내 처음으로 국군강장을 나누고 향토의 소출을 모두 기록하게 하였다"는[66] 기사이다.

이 기사의 '국군國郡'이란 용어는 다이카개신大化改新 이후 일본의 율령제적 지방통치조직에 대한 표현이다.[67] 그래서 이 기사는 8세기 일본 율령시대의 사실이 소급·부회된 것이므로 인덕 시기에는 적용할 수 없다고 보는 견해도 있다.[68] 이와는 달리 이 기사는 백제계 왜인의 선조가 본국 백제에 있을 때 한 일을 왜 땅으로 이주한 후에 마치 백제에 건너와서 한 것인 양 부회한 것으로 보고 이 기사 내용의 사실성을 인정하는 견해도 있다.[69] 저자는 이 기사에서 임나일본부설과 관련되어 있는 기각숙네의 활동 부분을 빼면 그 내용은 당시 백제의 지방통치조직을 보여 주는 자료로 활용할 수 있다고 본다.[70]

---

66 『일본서기』 권11 인덕기 41년조의 "遣紀角宿禰於百濟 始分國郡疆場 具錄鄕土所出" 참조.
67 原秀三郎, 1976, 「郡司と地方豪族」, 『岩波講座 日本歷史』 3(古代 3), 岩波書店, 203~213쪽.
68 津田左右吉, 1963, 「百濟に關する日本書紀の記載」, 『津田左右吉全集』 第二卷, 岩波書店, 233~234쪽.
69 천관우, 1976, 「삼한의 국가형성 (하)」, 『한국학보』 제2권 2호, 일지사, 8쪽.
70 노중국, 1985, 「한성시대 백제의 지방통치체제─담로체제를 중심으로─」, 변태섭박사화갑

이 기사를 자료로 이용할 수 있다고 하였을 때 '국군강장'은 당시의 영역을, '국군강장을 나누었다'는 것은 영역을 후대의 국군에 해당되는 통치구역으로 나누어 행정구역화한 것을, '향토의 소출을 모두 기록하게 하였다'는 것은 조세 수취를 체계화한 것을 의미한다. 즉 이 기사는 백제가 지방통치조직을 만든 방법과 목적을 보여 준다.

백제가 이러한 지방통치조직을 만든 시기는 '시분始分'이란 표현에서 추론해 볼 수 있다. '시분'은 글자 그대로 '처음으로 나누었다'는 뜻이므로 지방통치조직이 처음으로 만들어진 것을 말한다. 그런데『일본서기』의 기년은 신공기에서 웅략기까지는 2주갑 인하해야『삼국사기』의 기년과 맞는다. 이를 토대로 인덕기 41년(353)을 120년 인하하여 473년(개로왕 19)으로 보고[71] 개로왕 대에 지방통치조직을 처음으로 만든 것으로 파악하는 견해도 있다.[72]

그런데 백제는 4세기 대에 이미 유교와 불교를 받아들여 집권력을 강화하는 이념체계를 갖추었다. 3만의 정병을 동원하여 고구려를 공격하는 등 고구려와 대등한 군사력을 보유하고 있었다. 그런데도 5세기 후반에서야 지방통치조직을 만들었다고 하는 것은 백제의 정치 발전 수준을 너무 낮추어 보는 것이다. 따라서 그 시기는 올려야 한다.

문제는 인덕기 41년을 몇 년으로 볼 것이냐이다.『일본서기』의 신공기에서 웅략기까지의 기년을 120년 인하해 보는 것은 학계가 일반적으로 받아들이고 있지만 각 기사의 내용 모두를 인하된 시기의 사실인 것처럼 생각하는 것은 재고되어야 한다. 모든 기사를 120년 인하하면 4~5세기

기념사학논총간행위원회,『사학논총』, 삼영사, 133~136쪽.

71 山尾幸久, 1989,『古代の日朝関係』(塙選書 93), 塙書房, 119~124쪽.

72 김영심, 1990,「5~6세기 백제의 지방통치체제」,『한국사론』 22집, 서울대학교 국사학과; 김기섭, 1998,「백제 전기의 부에 대한 시론」, 한국상고사학회,『백제의 지방통치』, 학연문화사.

백제의 실상을 보여 주는 내용들이 사상捨象되어 버리는 경우가 많기 때문이다. 이러한 관점에서 저자는 인덕기 41년조의 기사는 『일본서기』의 기년 그대로 353년(근초고왕 8)으로 파악한다. 이렇게 보면 이 기사는 『삼국사기』에 근초고왕의 즉위 이후 재위 20년까지 아무런 기사가 없는 공백을 메워 주는 중요한 자료로써 활용할 수 있다.

지방통치조직을 만듦으로써 종래 부의 유력자의 관할하에 있던 반공지半公地와 반공민半公民은 이제 국왕의 직접 지배를 받는 공지公地와 공민公民이 되었다. 근초고왕은 이곳에 지방관을 파견하여 조세를 거두고, 노동력을 동원하고, 군사를 징집하고, 사법권을 일정하게 행사하도록 하였다. 소출을 정확히 파악하기 위해 토지대장도 만들고 인구도 파악하여 호적을 만들었다. 이리하여 근초고왕은 전국을 일원적으로 지배할 수 있게 되었다. 근초고왕이 371년에 고구려의 평양성을 공격할 때 정병 3만을 동원할 수 있었던 것도 이러한 조직이 갖추어져 있었기 때문에 가능하였던 것이다.

(2) 담로제와 도사

근초고왕 대에 만들어진 한성도읍기의 지방통치조직의 명칭에 대해 4세기 말의 '성-촌체제', 5세기의 '왕·후·태수제'로 보는 견해도 있다.[73] 그러나 성-촌은 지방통치조직을 구성하는 단위를 나타내는 명칭이고, 왕·후·태수는 중앙귀족에게 수여한 작호이지 지방통치조직의 명칭이 아니다. 저자는 이 시기 지방통치조직의 명칭으로 담로제에 주목하고자 한다. 담로는 『양서』 백제전에 나오는데 그 내용은 다음과 같다.

---

[73] 武田幸男, 1980, 「六世紀における朝鮮三國の國家體制」, 井上光貞 等編, 『東アジア世界における日本古代史講座』 4(朝鮮三國と倭国), 學生社, 47쪽.

치소성을 불러 고마라 한다. 읍을 일러 담로라고 하는데 중국의 군현을 말하는 것과 같다. 그 나라에는 22담로가 있었는데 모두 자제종족으로 분거하게 하였다.[74]

담로의 성격에 대해 언어학적으로 벌판을 의미하는 '다라'·'드르'의 음사로 보는 견해,[75] '우리'·'담'의 음사로 파악한 견해[76] 등이 있다. 이 견해들에서 담로의 성격을 '성'이나 '읍'으로 보는 것은 일치한다. 이 담로는 중국의 군현과 같았다고 하였는데, 중국에서 군현은 지방통치조직을 말한다. 따라서 담로는 바로 지방통치조직에 대한 백제식 명칭이라 할 수 있다.

담로제의 시행 시기에 대해 담로 기사가 『양서』에 처음으로 보이는 것에 근거하여 웅진도읍기에 처음으로 실시된 것으로 보는 견해도 있다.[77] 그러나 『양서』의 기사는 담로제 실시의 하한선을 보여 주는 것이지 상한선을 보여 주는 것은 아니다. 또 웅진 천도 초기에는 정치적 불안정 때문에 새로운 지방지배 체제를 수립할 겨를도 없어 한성도읍기의 제도를 그대로 시행하였다. 그렇다면 담로제는 한성도읍기에 이미 실시되었고, 웅진 천도 후에도 계속 시행된 것으로 볼 수 있다. 한성도읍기에 실시된 담로제는 근초고왕 대에 처음으로 만들어진 지방통치조직과 떼어 놓을 수 없다. 이러한 관점에서 저자는 근초고왕 대에 처음으로 만들어진 지방통치조직을 담로제로 파악한다.

담로에 파견된 지방관의 명칭을 왕·후·태수로 보는 견해도 있다. 그러

---

74 『양서』 권54 열전 제48 제이 백제전의 "號所治城曰固麻 謂邑曰檐魯 如中國之言郡縣也 其國有二十二檐魯 皆以子弟宗族分據之" 참조.

75 이병도, 1976, 「풍납리토성과 백제시대의 사성」, 『한국고대사연구』, 박영사, 506쪽.

76 유원재, 1999, 「백제의 담로와 담로제」, 『역사와 역사교육』 3·4호합집, 웅진사학회.

77 이기백, 1973, 「백제사상의 무령왕」, 『무령왕릉 발굴조사보고서』, 문화공보부 문화재관리국, 68~69쪽.

나 담로는 민에 대한 지배를 주 목적으로 한 것이고, 왕·후제는 중앙의 유력 귀족을 대상으로 한 것이다. 따라서 중앙의 유력한 귀족들에게 수여한 작호를 담로의 장의 명칭으로 볼 수 없다. 저자는 이전에 성주城主의 존재에서 미루어 담로의 장은 비록 통시대적 명칭이지만 성주로 부를 수 있다고 보았다.[78] 그러나 여기서는 이 견해를 수정하여 '도사道使'에 주목하고자 한다.

도사는 부여 능산리사지의 초기 배로수에서 출토된 〈지약아식미기목간〉의 제3면과[79] 『한원』 백제조의 "군의 현에 도사를 두었다[郡縣置道使]"는 기사에 보인다. 〈지약아식미기목간〉이 출토된 초기 배수로는 567년에 세워진 능사보다 앞서 만들어졌으므로 이곳에 폐기된 목간은 능사가 만들어지기 이전에 사용된 것이다.[80] 따라서 이 목간은 사비도성의 동나성이 축조된 538년 이후 능사가 만들어진 567년 이전에 제작된 것으로 볼 수 있다.

이 목간에 보이는 도사는 목간이 제작된 시기에 처음 설치된 것이 아니라 도사 설치의 하한선을 보여 준다. 따라서 도사의 설치 시기는 6세기 전반 이전, 즉 웅진도읍기로 올려 볼 수 있다. 웅진도읍기의 지방통치조직이 담로제였으므로 도사는 담로에 파견된 지방관으로 볼 수 있다. 그런데 담로제는 한성도읍기에 이미 실시되고 있었다. 그렇다면 한성도읍기에도 담로에 파견된 지방관은 도사라고 할 수 있다.[81]

이를 방증해 주는 것이 신라의 도사이다. 신라에서 도사는 441년에[82] 만

---

78 노중국, 1988, 『백제정치사연구─국가형성과 지배체제의 변천을 중심으로─』, 일조각, 245쪽.

79 〈지약아식미기목간〉 제3면의 "△ 道使△次如逢小吏豬耳 其身者如黑也 道使復△彈耶方 …" 참조.

80 국립부여박물관 편, 2007, 『능사: 부여 능산리사지 6~8차 발굴조사보고서』 (국립부여박물관 유적조사보고서 제13책), 323~329쪽.

81 김수태, 1997, 「백제의 지방통치와 도사」, 『백제의 중앙과 지방』 (백제연구총서 5), 충남대학교 백제연구소.

82 노중국, 2010, 「포항중성리비를 통해 본 마립간시기 신라의 분쟁처리 절차와 육부체제의 운영」, 『한국고대사연구』 59집, 한국고대사학회. 이와는 달리 501년으로 보는 견해(주보돈,

들어진 〈포항중성리신라비〉에 보인다. 신라는 434년에 백제와 이른바 '제라동맹濟羅同盟'을 맺어 고구려의 공격에 공동으로 대응하면서 백제로부터 많은 문물을 받아들였다. 이 과정에서 신라는 백제의 도사제도 수용한 것으로 보인다. 그렇다면 백제의 도사는 441년보다 빠른 시기에 설치되었다고 할 수 있다. 이러한 관점에서 저자는 근초고왕 대의 담로에 파견된 지방관의 명칭을 도사로 파악하는 것은 타당하다고 생각한다.[83]

담로제의 실시와 도사의 파견은 중앙집권력의 강화를 뒷받침하였고 집권력 강화는 지방에 대한 통제력을 강화하였다. 지방에 대한 통제력 강화는 재지 수장층의 존재 양태에도 변화를 가져왔다. 이제 지방 수장층은 지방의 지배자로서의 지위를 잃고 재지 세력으로서 지방통치체제 속에 편제되었다. 그 결과 재지 세력은 지방관의 지방통치를 보좌하는 존재로 바뀌어 갔다.

II. 유교정치이념의 수용

1. 박사의 설치와 유학 교육

지배이념은 한 나라를 운영하는 정신적인 기둥 역할을 한다. 초기백제 시기에는 귀신에게 제사하고 천신에게 제사를 드리는 토착신앙이나 무교巫敎 신앙이 중심이었다. 이러한 신앙은 분립적인 정치 상황과 짝하여 각 집단의 족적 전통과 분립을 강조하는 성향을 띠었다.[84] 이러한 분립성을

2010, 「포항 중성리신라비에 대한 연구 전망」, 『한국고대사연구』 59집, 한국고대사학회)도 있다.

83 노중국, 2012, 『백제의 대외 교섭과 교류』, 지식산업사, 140~143쪽.

84 김두진, 1977, 「고대인의 신앙과 불교 수용」, 『한국사 2―고대: 민족의 성장―』, 국사편찬위

극복하여 왕권 중심의 지배체제를 확립하기 위해서는 새로운 이념체계가 필요하였다. 이때 주목된 것이 충효를 기본으로 하는 유교정치이념이다.

유교정치이념의 실행은 유학의 수용에서부터 시작된다. 유학의 수용이란 유학이 그 사회에서 일정한 정치적 기능을 하게 된 것을 말한다. 백제가 유학을 수용하게 된 계기로 생각해 볼 수 있는 것이 비류왕 24년(327)에 내신좌평이었던 서제 우복이 일으킨 반란이다. 우복의 반란은 백제사에서 왕족이 일으킨 최초의 반란이다. 이 때문에 이 반란이 비류왕에게 준 충격은 컸을 것이다.

반란을 평정한 비류왕은 이 난을 계기로 국왕에 대한 충성심을 높이는 새로운 이념의 필요성을 절감하였을 것이다. 이때의 충성이란 종래의 족장과 족원族員과의 유대관계를 초월하여 국왕에게 바치는 충성이었다. 이에 비류왕은 충과 효를 강조하는 유학을 수용하였다. 이로써 유교정치이념은 백제 사회에서 새로운 지배이념으로 기능하게 되었다.[85]

유학을 수용한 후 백제는 유학사상을 강조하고 확산시켜 나갔다. 이를 위해 설치된 것이 박사제이다. 박사는 유학을 전공한 자로서 국왕의 자문에 응하고 유교경전을 가르치는 교육자를 말한다. 백제의 박사제 실시는 박사 고흥과 박사 왕인에서 확인된다. 이들은 모두 근초고왕 대의 인물이다. 박사 고흥은 역사서인 『서기』를 편찬하였고,[86] 박사 왕인은 아직기의 추천으로 왜에 가서 『논어』와 『천자문』을 전수하였다.[87] 고흥과 왕인은 성씨에서 미루어 둘 다 낙랑 출신일 가능성이 크다. 낙랑군에는 고씨와 왕

원회, 289~298쪽.

85 노중국, 2010, 『백제사회사상사』, 지식산업사, 358~360쪽.

86 『삼국사기』 권제24 백제본기 제2 근초고왕 30년조의 "冬十一月 王薨 古記云 百濟開國已來 未有以文字記事 至是得博士高興 始有書記 …" 참조.

87 왕인의 활동 시기와 그가 왜에 가지고 간 『논어』, 『천자문』에 대해서는 여러 논쟁점이 있다. 이에 대해서는 이근우, 2004, 「왕인의 『천자문』·『논어』 일본전수설 재검토」, 『역사비평』 69집, 역사문제연구소 참조.

씨 출신자들이 많이 있었기 때문이다. 이는 백제가 중국계 지식인들을 받아들인 것을 보여 준다.

그 결과 백제의 유학에 대한 이해는 상당한 수준에 이르렀다. 말을 키우는 기술자인 아직기가 유교 경전에 밝았다는 것이[88] 이를 보여 준다. 그러나 이 시기에 고구려의 태학과[89] 같은 교육 기관이 설치되었는지는 알 수 없다.

2. 역사서 편찬

중앙집권체제가 성립되면 지금까지 분립적으로 전개되어 온 역사를 왕실 중심으로 재정리하는 것이 필요하다. 역사의 재정리는 역사서의 편찬을 통해 이루어진다. 이에 근초고왕은 『서기』를 편찬하였다. 『서기』의 성격에 대해 단순한 문서 기록으로 보는 견해도 있지만 역사서로 보는 것이 타당하다. 『서기』는 백제 최초의 역사서였다.

역사서 편찬은 과거의 역사를 정리함과 동시에 유교이념을 바탕으로 하는 귀감龜鑑을 얻는 것을 목적으로 한다. 그러나 역사서를 편찬하려면 문사文士들이 있어야 한다. 문사는 한문장漢文章을 구사할 수 있으면서 유교 경전에 대한 이해도 지닌 지식인이었다. 신라의 경우 545년에 『국사』를 편찬할 때 문사를 널리 모집하였다. 이로 미루어 백제도 많은 문사들을 모집하여 편찬에 참여시켰을 것이다. 그 책임을 총체적으로 맡은 사람이 바로 박사 고흥이었다. 이렇게 편찬된 『서기』는 관찬사서라고도 할 수 있다.

『서기』의 편찬 목적은 몇 가지로 정리할 수 있다. 첫째, 연맹체 단계에 복합적이었던 왕실계보를 현재의 왕실 중심으로 재정리하는 것이다. 이

---

88 『일본서기』 권10 응신기 15년조의 "秋八月壬戌朔丁卯 百濟王遣阿直岐 貢良馬二匹 … 阿直岐亦能讀經典 卽太子菟道稚郎子師焉" 참조.
89 『삼국사기』 권제18 고구려본기 제6 소수림왕 2년조의 "夏六月 … 立大學 敎育子弟" 참조.

를 통해 십제국 시조인 온조왕은 백제국의 시조로 격상되었고 그에 따라 왕실의 위상도 높아졌다. 『삼국사기』에 백제의 정복 활동이 온조왕 대에 모두 이루어진 것처럼 기록되어 있는 것도 시조의 뛰어난 능력을 정복 활동의 형태로 나타낸 것으로 볼 수 있다.

둘째, 연맹체 단계에서 여러 국들이 전승해 오던 다양한 신화나 설화를 부여씨 왕실을 중심으로 하여 재편집하는 것이다.[90] 이 과정에서 시조형제설화도 온조 중심으로 정리되었고, 백제가 부여족의 정통성을 가지고 있음을 천명하였다. 이를 통해 근초고왕은 왕실이 가지는 역사적 정통성과 우월성을 강조하여 왕권을 확립하려 하였다.

셋째, 유교적 포폄褒貶을 강조하는 것이다. 포폄은 군신의 선악을 분명히 기록하여 후대의 귀감이 되도록 하는 것이다. 귀감은 국왕에 대한 충성이 중심을 이룬다. 신라가 545년에 『국사』를 편찬하면서 군신의 선악을 기록하여 후대에 포폄을 보이고자 한 것이[91] 이를 방증해 준다. 포폄에는 국왕이 신민臣民에 대해 지는 의무보다는 신민들의 국왕에 대한 충성이 강조되었다. 이를 통해 근초고왕은 국왕에 대한 신민들의 충성심을 이끌어 내었다.

III. 군사동원체제의 개편과 영역 확대

1. 군사동원체제의 개편

중앙집권체제가 갖추어지기 이전인 부체제 단계에서는 부의 장은 비록

---

90 이기백 외, 1976, 『우리 역사를 어떻게 볼 것인가』 (삼성문화문고 88), 삼성미술문화재단.
91 『삼국사기』 권제4 신라본기 제4 진흥왕 6년조의 "伊湌異斯夫奏曰 國史者 記君臣之善惡 示 褒貶於萬代 不有修撰 後代何觀 王深然之" 참조.

제한적이지만 독자적으로 군사권을 행사하였다. 그래서 적이 쳐들어 왔을 때 부의 장인 제가들은 스스로 나가 싸웠다. 이 시기 군대의 핵심은 사회적으로 부유층에 속하는 호민들로 구성된 전사단戰士團이었다. 이들은 집집마다 병장기를 갖출 수 있는 능력을 가진 자들이었다. 따라서 이 전사단은 명망군名望軍이라 할 수 있다.[92]

중앙집권체제를 뒷받침하고 왕권을 강화하기 위해서는 부의 장들이 지닌 이러한 군사권을 왕권 아래로 편제해야 하였다. 국왕이 군사권을 장악할 수 있는 토대는 앞에서 언급한 바와 같이 비류왕 대에 마련되었다. 이토대 위에서 근초고왕은 각 부의 장들이 지녔던 군사권을 왕권 아래로 편제하여 일원화시켰다. 이리하여 부의 유력자들이 통솔하던 부병部兵은 왕권 아래 공병公兵으로 전환되었다.

군사권이 일원화되면서 전쟁의 규모도 커졌다. 근초고왕이 371년에 고구려 평양성을 공격할 때 정병 3만을 동원하였다는 것이 그 예가 된다. 전쟁 규모의 확대는 더 많은 군대를 필요로 하였다. 그렇지만 기존의 명망군 체계로는 이를 감당할 수 없다. 호민들만으로는 필요한 군사를 충원할 수 없었기 때문이다. 필요한 군대의 수를 확보하려면 이제까지 군량 조달 일만 맡았던 일반민(하호)들에게도 군역의 의무를 부가해야 한다. 그러기 위해서는 부의 장들이 별도로 주관하는 반공민半公民의 성격을 지닌 하호들을 국왕의 지배를 받도록 해야 하였다. 즉 이들을 공민화公民化해야만 가능하였다.

이를 단행한 왕이 근초고왕이다. 근초고왕은 아버지 비류왕 대에 행해진 일련의 개혁 정책을 토대로 부의 장들이 별도로 주관하고 있던[別主] 반공지적半公地的 지역을 국왕이 직접 지배하는 공지公地로 만들었고, 부의 장들의 예하에 있던 반공민적半公民的 성격의 민들은 공민公民으로 편제하

---

92 이기백, 1978, 「한국의 전통사회와 병제」, 『한국사학의 방향』, 일조각, 196~201쪽.

였다. 이리하여 근초고왕은 중앙과 지방의 모든 민들에게 군역의 의무를 부과하였다. 이를 '국민개병제'라 할 수 있다. 근초고왕이 3만의 정병을 동원할 수 있었던 것도 이러한 군사동원제도의 개편이 있었기 때문에 가능하였던 것이다.

군사권이 왕권 아래 일원화함에 따라 이 시기의 군대는 모두 공병公兵으로써 관군官軍 또는 왕당王幢으로 표현되었다. 관군과 왕당은 왕의 군대, 국가의 군대를 말한다. 관군의 성립으로 출동하는 군대를 지휘하는 군령권 행사 방식에도 변화가 생겼다. 군령권 행사는 왕이 직접 하기도 하고, 장수에게 맡기는 형태로 이루어지기도 하였다. 〈광개토대왕비〉에 전자는 '궁솔躬率'로, 후자는 '교견敎遣'으로 나온다. 이를 궁솔형(친솔형)과 교견형으로 부를 수 있다.[93]

『삼국사기』 백제본기에 의하면, 근초고왕 이전 왕들 가운데 궁솔형으로 군사권을 행사한 왕은 시조 온조왕뿐이고,[94] 나머지 왕들은 견장遣將, 견병遣兵, 견좌장遣左將 등 교견형만 행사한 것으로 나온다. 이 기사들은 모두 왕이 파견한 것처럼 되어 있지만 실제는 부체제 단계에서 각 부의 장들이 독자적으로 군사권을 행사하였음을 보여 주는 것으로 보아야 할 것이다.

그런데 근초고왕은 369년 3월 영산강 유역에 자리한 심미다례를 정벌할 때와 371년 고구려 평양성을 공격할 때 왕자 귀수와 함께 친히 전장에 나갔다. 근구수왕도 즉위 후 내정은 장인 진고도에게 맡긴 후 친히 군대를 이끌고 고구려를 공격하였다.[95] 이러한 궁솔형의 군령권 행사는 왕이 군사권을 확실히 장악하고 있음을 보여 준다. 이리하여 이 시기의 백제군은 왕의 군대, 즉 관군이 되었고, 군령권은 국왕만이 행사할 수 있게 되었다.

---

93 이문기, 1997, 『신라병제사연구』, 일조각, 280~281쪽.
94 『삼국사기』 권제23 백제본기 제1 시조 온조왕 3년조, 8년조, 10년조, 18년조, 26년조, 34년조 참조.
95 『삼국사기』 권제24 백제본기 제2 근구수왕 3년조.

2. 영산강 유역 신미국 세력의 병합

(1) 영산강 유역 세력: 신미국(심미다례) 중심의 연맹체

중앙집권체제를 갖춘 근초고왕은 본격적으로 정복사업을 추진하였다. 이 시기의 정복사업은 축적된 국력의 대외적 발산이라 할 수 있다. 근초고왕의 대외 정복활동은 크게 남방 경략과 북방 진출로 나눌 수 있다. 여기서는 먼저 남방 경략에 대해 정리해 두기로 한다. 남방 경략 대상은 영산강 유역이다. 이 당시 영산강 유역의 상황은 『진서』 장화전의 다음 기사에서 살펴볼 수 있다.

동이마한신미제국 등은 산에 의지하고 바다를 띠로 하고 있었다. 주와의 상거는 4천여 리였다. 대대로 아직 부속하지 않은 자가 20여 국이었는데 모두 사신을 보내 조헌하였다.[96]

장화(232~300)는 태강 3년(282)에 유주자사가 되었으므로[97] 이 기사는 282년을 전후한 시기의 상황을 보여 준다. 신미국 등 20여 국은 유주와 4천여 리 떨어져 있었다. 거리상으로 미루어 신미국 등 20여 국은 한반도 중부 이남 서해안 지대, 즉 영산강 유역에 위치한 것으로 볼 수 있다.[98]

신미국 등의 실체에 대해 '동이마한신미제국東夷馬韓新彌諸國'의 '동이마한'을 '동이'와 '마한'으로 나누어 각각 대등한 정치제로 보는 견해도 있다. 그러나 저자는 앞에서 『삼국지』 동이전 한조의 우호優號 수여 기사

---

96 『진서晉書』 권36 열전 제6 장화전의 "東夷馬韓新彌諸國 依山帶海 去州四千餘里 歷世未附 者二十餘國 並遣使朝獻" 참조.
97 『진서晉書』 권3 제기 제3 무제 태강 3년조의 "春正月 … 甲午 以尚書張華都督幽州諸軍事" 참조.
98 이병도, 1976, 『한국고대사연구』, 박영사, 481쪽.

를 분석하여 신리국臣離國을 신미국으로 파악하였다. 따라서 신미국도 마한연맹체의 일원이라 할 수 있다. 그렇다면 이 문장은 '동이 가운데 마한에 속한 신미제국'으로 해석하는 것이 타당하다.

『진서』마한전에 의하면, 마한은 함령 3년(277)에서 태희 원년(290)에 이르기까지 서진에 빈번히 사신을 보냈다.[99] 그런데 신미국 등 20여 국은 지금까지 사신을 보내지 않다가[歷世未附] 이때(282년)에 와서 비로소 사신을 파견하였다. 이는 진에 빈번히 사신을 보낸 마한과 이제야 보낸 마한의 주체가 다른 것을 보여 준다. 앞의 마한의 중심국은 백제국이었고 뒤의 마한의 중심국은 신미국이었다.

신미국 등이 마한을 칭한 배경으로 주목되는 것이 245년에 일어난 한韓과 낙랑·대방군과의 전쟁이다. 이 전쟁에서의 패배로 마한 목지국의 위상은 크게 약화되었다. 이 틈을 타서 백제국이 목지국을 멸망시키고 새로이 맹주국이 되었다. 이에 반발하여 신미국 등은 백제 중심의 연맹체에서 이탈하여 별도의 연맹체를 형성한 후[100] 자신들이 마한연맹체의 정통성을 가지고 있다는 뜻에서 마한을 칭하면서 독자적으로 서진에 사신을 보낸 것 같다.[101] 그렇다면 3세기 말에는 백제국 중심의 마한연맹체와 신미국 중심의 마한연맹체가 공존하고 있었다고 할 수 있다.

4세기에 들어와 신미국 중심의 연맹체 모습은『일본서기』신공기 49년조에 나오는 심미다례와 비리比利, 벽중壁中 등 4읍을 통해 살펴볼 수 있다. 심미다례는 침미다례枕彌多禮로도 표기되었다.[102] 음운상 비교해 보면 '심忱'은 '신新'과 상통하며, '미彌'는 같은 글자이고, 다례는 '다

---

99 『진서晋書』권97 열전 제67 동이 마한전.
100 직산의 목지국이 백제에 병합된 이후 마한의 잔여 세력의 중심을 익산 건마국으로 보는
　　견해(이병도, 1976,『한국고대사연구』, 박영사, 481쪽)도 있다.
101 노중국, 1988,『백제정치사연구―국가형성과 지배체제의 변천을 중심으로―』, 일조각, 120쪽.
102 『일본서기』권10 응신기 8년조의 "百濟記云 阿花王立 無禮於貴國 故奪我枕彌多禮及峴南
　　支侵谷那東韓之地" 참조.

라'·'드러'라고도 하는데 성 또는 국을 의미한다. 따라서 '심미다례忱彌多禮'와 '신미국新彌國'은 표기상의 차이일 뿐 동일한 국이다.[103]

심미다례의 위치에 대해 몇가지 견해가 있다. 심미다례를 일본의 고훈古訓으로 'トムタレ'로 읽어 제주도에 비정하는 견해는[104] 『일본서기』 신공기 49년조에 바다를 건너 정복한 내용이 없기 때문에 성립할 수 없다. 전남 해남군의 옛 이름인 침명현浸溟縣의 '침명'과 '심미'가 음상사함을 근거로 해남으로 비정하는 견해는[105] 침명이 신라 경덕왕이 백제의 색금현塞琴縣을 개칭한 것이어서 시기가 맞지 않아 성립할 수 없다. 근래에는 금동관과 금동신발 등이 출토된 전남 고흥 길두리고분에 주목하여 고흥 지역으로 비정하는 견해도[106] 나왔다. 그러나 고흥은 369년에 고령 가라국에서 출발한 목라근자의 군대가 도착한 고해진(전남 강진)보다 동쪽에 있어 교통로상으로 맞지 않는다. 따라서 심미다례의 위치는 전남 강진 부근으로 비정하는 견해가[107] 타당하다.

4읍은 비리, 벽중, 포미지, 반고를 말한다. 이때의 읍은 국을 가리킴으로 4개의 국이라 할 수 있다. 그 위치에 대해 전북 부안, 김제, 정읍 지역에 비정하는 견해도 있다.[108] 그런데 근초고왕은 심미다례에 대한 군사 활동을 마친 후 회군하는 길에 벽지산과 고사산에 올라 하늘에 맹세하였는데,[109] 벽지산은 김제에, 고사산은 부안에 위치한 산이다. 근초고왕이 이곳에 올

---

103 노중국, 1988, 『백제정치사연구―국가형성과 지배체제의 변천을 중심으로―』, 일조각, 119쪽.
104 三品彰英, 1962, 『日本書紀朝鮮關係記事考證 (上)』, 吉川弘文館, 154쪽.
105 이도학, 1995, 『백제 고대국가 연구』, 일지사, 349~352쪽.
106 임영진, 2010, 「침미다례의 위치에 대한 고고학적 고찰」, 『백제문화』 43집, 공주대학교 백제문화연구소, 16~24쪽.
107 이병도, 1976, 『한국고대사연구』, 박영사, 512~513쪽; 末松保和, 1977, 『任那興亡史』, 吉川弘文館, 47~49쪽.
108 천관우, 1979, 「마한제국의 위치 시론」, 『동양학』 9집, 단국대학교 동양학연구소, 216·230쪽.
109 『일본서기』 권9 신공기 49년조의 "唯千熊長彦與百濟王 至于百濟國登辟支山盟之 復登古沙山 共居磐石上 時 百濟王盟之日 …" 참조.

랐다는 것은 김제와 부안이 369년 이전에 이미 백제의 영역에 편입되었음을 보여 준다. 따라서 4읍의 위치를 전북 일대까지 보는 이 견해는 성립할 수 없다. 이 4읍은 심미다례와 떼어 놓을 수 없으므로 영산강유역권에 위치한 것으로 보는 것이 타당하다. 다만 그 위치는 분명히 알기 어렵다.

심미다례(신미국)를 비롯한 20여 국이 자리한 영산강 유역은 옹관묘가 집중적으로 조영된 지역이다. 이 지역의 옹관묘는 초기철기시대 이래 만들어지기 시작하여 5세기에 와서는 대규모의 전용옹관을 사용하는 것으로 발전하였다.[110] 이로 미루어 신미제국은 이러한 옹관묘 조영 집단을 기반으로 성립하였다고 할 수 있다. 이후 신미제국은 마한연맹체의 일원으로 존재하였지만 백제국이 목지국을 멸망시키고 맹주국이 되자 이에 반발하여 새로운 연맹체를 만들어 독자적인 활동을 하였던 것이다.

(2) 신미국(심미다례) 세력의 병합

신미국 등이 독자적인 길을 걷는 것을 백제는 결코 두고 볼 수 없었다. 백제가 신미국(심미다례)을 '남만南蠻'으로 부른 것은[111] 이러한 인식을 잘 보여 준다. 이에 근초고왕은 369년에 남방 경략을 단행하면서 심미다례도 정복하였다. 이를 보여 주는 것이 『일본서기』 신공기 49년조에 나오는 다음 기사이다.

봄 3월에 황전별과 녹아별을 장군으로 삼고 구저 등과 더불어 군대를 거느리고 바다를 건너 탁순국에 이르러 신라를 습격하려 하였다. 이때 어떤 사람이 말하기를 군대의 수가 적어 신라를 공격할 수 없다고 하였다. 다시 사백개로를 받들어 올려 군사를 증원해 줄 것을 청하였다. 곧 목라근자와 사사노궤(이 두 사

---

110 임영진, 2017, 「영산강유역 옹관의 발생배경 시론」, 『영산강 옹관의 한성 나들이』 (2017년 겨울 특별전시회), 한성백제박물관·나주복암리고분전시관.
111 『일본서기』 권9 신공기 49년조.

람은 성씨를 모른다. 단 목라근자는 백제 장군이다)에게 명하여 정병을 거느리고
사백개로와 함께 보냈다. (이들은) 탁순국에 함께 모여 신라를 쳐서 격파하고
이를 계기로 하여 비자발, 남가라, 탁국, 안라, 다라, 탁순, 가라 7국을 평정하였
다. 그리고 곧 군대를 이동하여 서쪽으로 돌아 고해진에 이르러 남만 심미다례
를 도륙하여 백제에 하사하였다. 이에 백제 초고왕과 왕자 귀수 또한 군대를 거
느리고 왔다. 이때 비리, 벽중, 포미지, 반고 4읍이 자연히 항복하였다.[112]

　이 기사의 핵심은 왜가 신라를 격파하고, 가라 7국을 평정한 후 남만 심
미다례를 도륙하여 백제에 하사해 주었다는 것이다. 일제강점기 일인 사
학자들은 이 기사의 문장을 그대로 받아들여 왜가 신라와 가야 및 영산강
유역 세력을 정복하였고 이것이 바로 임나일본부의 시작인 것으로 파악하
였다.[113]

　그러나 이 군사 활동에서 핵심적인 구실을 한 사람은 백제 장군 목라근
자였고, 심미다례 평정 때에는 근초고왕이 태자 근구수와 함께 친히 군대
를 이끌고 갔다. 따라서 이 군사 작전의 주체는 백제로 보아야 한다.[114] 이
를 '주체교체론'이라 한다. 주체교체론에 의하면 백제가 신라를 격파하
고, 가라 7국을 평정하고, 남만 심미다례를 도륙한 것이 된다. 따라서 왜
가 이 지역을 정복하여 백제에 하사해 주었다는 내용은 『일본서기』 편찬
자에 의해 왜곡되고 윤색된 것이다.

112 『일본서기』권9 신공기 49년조의 "春三月 以荒田別鹿我別爲將軍 則與久氏等 共勒兵而度
　　之 至卓淳國 將襲新羅 時或曰 兵衆少之 不可破新羅 更復奉上沙白蓋盧 請增軍士 卽命木羅
　　斤資沙沙奴跪(是二人 不知其姓人也 但木羅斤資者 百濟將也) 領精兵 與沙白蓋盧共遣之 俱
　　集于卓淳 擊新羅而破之 因以平定比自㶱南加羅喙國安羅多羅卓淳加羅七國 仍移兵西廻至古
　　奚津 屠南蠻忱彌多禮 以賜百濟 於是其王肖古及王子貴須 亦領軍來會 時比利辟中布彌支半
　　古四邑 自然降服"참조.
113 末松保和, 1977, 『任那興亡史』, 吉川弘文館.
114 천관우, 1978, 「복원 가야사」, 『문학과 지성』 31호, 문학과 지성사.

한편 성왕이 '근초고왕과 근구수왕이 안라, 가라, 탁순 등과 부형-자제 관계를 맺었다'고 회고한 말을[115] 근거로 이 기사는 6세기 전반대의 역사적 사실이 이때에 투영되어 만들어진 것이어서 허구라 보는 견해도 있다.[116] 그러나 후대의 사실을 앞 시대로 투영할 경우 앞 시대에 그와 관련되는 어떤 사건이 있었기 때문이다. 따라서 신공기 49년조에는 일정한 역사적 사실이 들어 있는 것으로 보아야 한다.

이 군사 활동이 이루어진 시기는 신공기 49년(249)의 연대를 2주갑 인하하여 보면 369년(백제 근초고왕 24)이 된다. 이와는 달리 『일본서기』 응신기 25년(수정 연대 414)조에 나오는 목라근자木羅斤資의 아들 목만치木滿致를 475년에 문주왕이 웅진으로 천도할 당시 보신輔臣이었던 목협만치와 동일 인물로 파악한 후 신공기 49년조의 목라근자와 관련한 사건의 연대만을 3주갑 내려 429년으로 보는 견해도 있다.[117] 이 견해는 인덕기의 목만치와 문주왕 대의 목협만치를 동일 인물로 보았을 때 목협만치의 나이가 100세가 넘는 문제를 해결하기 위해 나온 해석에 불과하다.

목만치와 목협만치는 동명이인으로 시기가 다른 인물이므로[118] 문주왕 대의 목협만치에 맞추어 목라근자의 활동 시기를 5세기 후반으로 내릴 필요가 없다. 따라서 신공기 49년조의 연대는 369년으로 보는 것이 타당하다. 이 기사는 369년에 근초고왕이 '남방 경략'을 단행하였고, '남방 경

---

115 『일본서기』 권19 흠명기 2년조의 "聖明王曰 昔我先祖速古王貴首王之世 安羅加羅卓淳旱岐 等 初遣使相通 厚結親好 以爲子弟 …" 참조.

116 연민수, 1998, 『고대한일관계사』, 혜안; 李永植, 1993, 『加耶諸國と任那日本府』, 吉川弘文館 참조.

117 山尾幸久, 1978, 「任那に關する一試論一史料の檢討を中心に一」, 『古代東アジア史論集』 下, 末松保和博士古稀記念会; 古川政司, 1981, 「5世紀後半の百濟政權と倭一東城王卽位事情を中心として一」, 『立命館文學』 433·434合集號, 立命館大學人文學會; 鈴木靖民, 1981, 「木滿致と蘇我氏一蘇我氏百濟人說によせて」, 『日本のなかの朝鮮文化』 51号, 朝鮮文化社.

118 노중국, 1988, 『백제정치사연구―국가형성과 지배체제의 변천을 중심으로―』, 일조각, 139쪽.

략'을 수행한 장군은 백제 장군 목라근자이며, 이 과정에서 심미다례를 정복하였는데 이때 근초고왕이 왕자 근구수와 친히 출정하였던 것이다.

백제의 남방 경략은 세 단계로 이루어졌다. 첫 단계는 신라를 먼저 공격하는 것이었다. 목라근자 군대는 신라군을 격파한 후 신라가 고구려에 기울어지지 않도록 화호관계를 맺었다. 이 관계를 『삼국사기』에는 '약위형제約爲兄弟'로[119] 표현하였다.

두 번째 단계는 가야제국을 평정하는 것이었다. 목라근자 군대는 가야제국 가운데 유력한 국인 비자발, 남가라, 탁국, 안라, 다라, 탁순, 가라 등 7국에 대해 무력시위를 하여 평정한 후 '부형父兄-자제子弟' 관계를 맺었다. 이 관계는 신라와 맺은 관계보다 구속력이 강하였다. 그래서 가야제국은 백제가 요청하면 군대를 파견하기도 하였다. 〈광개토대왕비〉에 가야가 백제의 요청을 받아들여 399~400년에 신라를 공격한 것이 그 예이다.

세 번째 단계는 바로 심미다례에 대한 정복 작전이었다. 가야 세력을 평정한 목라근자 군대는 가라(고령의 대가야)에서 출발하여 섬진강 유역을 따라 내려가 서쪽으로 진군 방향을 돌려 고해진(전남 강진)에 이르렀다. 이때 근초고왕과 왕자 근구수도 한성에서 친히 군대를 거느리고 남으로 진격하였다. 근초고왕의 군대가 도착하였을 때 목라근자는 이미 심미다례를 공격하여 도륙하였다. 이렇게 되자 비리, 벽중, 포미지, 반고 등 4읍은 스스로 항복하였다. 이로써 백제의 영산강 유역 평정 사업은 일단락되어 이 지역은 백제의 영역으로 편입되었다.

백제가 영산강 유역을 영역으로 편입한 시기는 369년이다. 이는 다음과 같은 사실에 의해서도 방증이 된다. 첫째, 『삼국사기』 백제본기에 백제가 마한을 정복한 시기가 9년으로 나온다. 이를 6주갑(360년) 인하하면 공교

---

119 『삼국사기』 권제3 신라본기 제3 나물이사금 18년조의 "百濟禿山城主 率人三百來投 … 百濟王移書曰 兩國和好 約爲兄弟 …" 참조.

롭게도 369년이 된다.

둘째, 『통전』 변진조의 "진 무제 함령(275~279) 중에 삼한은 백제와 신라에 병탄되었다"는[120] 기사와 백제조의 "진나라 이후 백제가 마한의 고지를 점령하였다"는[121] 기사이다. 이 기사의 진나라는 동진이다. 동진이 멸망한 것은 419년이므로 그 말기는 369년과 시기적으로 그다지 멀지 않다.

셋째, 『양서』 백제전의 "조위 대까지는 마한, 진한이라는 이름으로 중국과 교섭이 행해졌지만 동진 대[晉過江]에는 백제라는 이름으로 교섭하였다"는[122] 기사이다. 이 기사는 동진 대에 마한이 없어진 것을 보여 준다. 따라서 침미다례 세력이 백제에 병합된 시기는 369년으로 보는 것이 타당하다고 생각한다.

영산강 유역에는 나주 신촌리 9호분, 복암리 3호분, 정촌고분 등에서 보듯이 6세기 전반까지 전용옹관을 사용하는 세력이 존재하고 있었다. 신촌리 9호분 을관에서는 금동관과 장식대도 등 위신품이 나왔다.[123] 복암리 3호분 96호 석실분에서는 금동신발과 더불어 석실 안에서 4기의 옹관이 발견되었다.[124] 정촌고분에서는 정교하게 만든 완전한 형태의 금동신발이 출토되었다.[125]

이러한 고고학적 상황을 강조하여 영산강 유역 세력은 마한을 칭하면서 6세기 전반까지 존재하였고 이들이 남긴 문화를 마한문화로 보는 견해가

---

120 『통전』 권185 변방1 동이 상 변진조의 "晉武帝咸寧中 馬韓王來朝 自是無聞 三韓蓋爲百濟 新羅所吞幷" 참조.
121 『통전』 권185 변방1 동이 상 백제조의 "自晉以後 吞幷諸國 據有馬韓故地" 참조.
122 『양서』 권54 열전 제48 제이 백제전의 "魏時 朝鮮以東馬韓辰韓之屬 世通中國 自晉過江泛 海 東使有高句麗百濟 而宋齊間 常通職貢 梁興又有加焉" 참조.
123 나주 신촌리 9호분에 대해서는 谷井濟一, 1920, 『大正六年度古蹟調査報告』, 朝鮮總督府; 서성훈·성낙준, 1988, 『나주 반남 고분군』, 광주박물관; 국립문화재연구소, 2001, 『나주 신촌리 9호분』 참조.
124 복암리고분에 대해서는 국립문화재연구소, 2001, 『나주 복암리 3호분』; 임영진·조진선· 서현주, 1999, 『복암리고분군』 참조.
125 국립나주문화재연구소, 2017, 『나주 복암리 정촌고분』.

있다.[126] 그러나 마한은 여러 국으로 이루어진 연맹체의 이름이지 일국명이 아니다. 따라서 이 지역 세력을 마한이라는 한 나라를 지칭하는 국명으로 부를 수 없다. 한편 414년에 세워진 〈광개토대왕비〉에는 고구려, 백제, 신라, 임나가라, 왜는 보이지만 심미다례 이름은 나오지 않는다. 이처럼 4세기 이후 영산강 유역에 위치한 국명이 하나도 확인되지 않는 것은 이 세력들이 이때 이미 백제의 영역으로 편입되었기 때문이다. 그러므로 없어진 국을 마한으로 되살릴 수는 없는 것이다.

옹관고분의 존재는 영산강 유역이 백제의 영역으로 편입된 이후 이 지역 세력들의 존재 양태와 연관하여 정리해야 할 문제이지 6세기 전반까지 영산강 유역에 독자적인 정치 세력이 존재한 것을 보증해 주는 것은 아니다. 그렇다면 옹관고분의 조영을 근거로 영산강 유역에 6세기 전반까지 마한이란 독자적인 세력이 존재한 것으로 보는 견해는 성립할 수 없다.

Ⅳ. 평양성 전투의 승리와 동진과의 교섭

1. 평양성 전투의 승리

3세기 말까지 평안도와 황해도 일대에는 낙랑군과 대방군이 있었다. 중국 군현이 존재하고 있는 동안 백제와 고구려는 국경을 접하지 않았기 때문에 직접적인 군사 충돌의 가능성은 적었다. 4세기 초 고구려는 요동으로의 진출과 한반도 남쪽으로의 진출을 동시에 도모하였다. 그래서 미천왕 12년(311)에는 요동의 서안평을 차지하였고, 14년(313)에는 낙랑군을,

---

126 임영진, 1995, 「마한의 형성과 변천에 대한 고고학적 고찰」, 『한국고대사연구』 10집 (삼한의 사회와 문화 특집호), 한국고대사학회; 임영진, 2010, 「침미다례의 위치에 대한 고고학적 고찰」, 『백제문화』 43집, 공주대학교 백제문화연구소.

15년(314)에는 대방군을 멸망시켰다. 낙랑군과 대방군이 소멸되면서 고구
려와 백제는 국경을 접하게 되었고 이에 따라 두 나라 사이의 긴장 관계는
높아졌다.

이후 고구려는 미천왕 20년(319)과 21년(320)에는 요동을 둘러싸고 전
연의 모용씨 세력과 충돌하였다.[127] 전연의 모용황은 342년(고국원왕 12)에
고구려 공격을 단행하였다. 고구려 수도를 함락한 모용황은 왕부의 무덤
을 파헤쳐 시체를 가져가고, 왕모와 남녀 5만여 명을 포로로 잡아갔다.[128]
고구려로서는 참담한 패배였다. 고국원왕은 왕부의 시체를 돌려받기 위
해 수많은 보물을 전연에 바치고 신하를 칭하면서 입조하였다[稱臣入朝].
또 왕모의 귀환을 위해 인질을 보내고, 처음으로 전연으로부터 정동대장
군영주자사征東大將軍營州刺史의 작호를 받았다.[129] 이로 말미암아 고구려
의 서진은 좌절되었다.

서진이 좌절된 고구려는 남쪽으로의 진출을 도모하였다. 고구려의 남진
은 국경을 접한 백제에게 큰 압력으로 다가왔다. 이에 대비하기 위해 백제
근초고왕은 369년 3월에 먼저 남방 경략을 단행하여 후방의 안전을 도모
하였다. 그 결과 근초고왕은 신라와는 화호관계를 맺어 고구려로 기울어지
지 않도록 하였고, 가야 세력과는 공납관계를 맺어 백제를 돕도록 하였으
며, 심미다례 세력을 평정한 후 영산강 유역 일대를 영역으로 편입하였다.
이로써 백제는 영역도 확대되고 인구도 늘어나 국력은 크게 강화되었다.

이렇게 강화된 국력을 바탕으로 근초고왕은 북진을 추진하였다. 이러한
때에 고구려 고국원왕이 369년 9월에 몸소 보기 2만 명을 거느리고 치양
에 진을 친 후 군대를 나누어 백제의 민호를 침탈하였다. 근초고왕은 태자

---

127 『삼국사기』 권제17 고구려본기 제5 미천왕 20년조, 21년조 참조.
128 『삼국사기』 권제18 고구려본기 제6 고국원왕 12년조.
129 『삼국사기』 권제18 고구려본기 제6 고국원왕 13년조, 25년조 참조.

근구수를 보내 고구려 군대를 격파하고 5천여 명을 포로로 잡았다.[130] 그리고 퇴각하는 고구려군을 수곡성(황해도 신계) 서북까지 추격하여 이 지역을 영역으로 확보하였다.

고구려와의 첫 대결인 치양성 전투에서 대승을 거두어 위상을 높인 근초고왕은 포로들을 장사들에게 나누어 주어 그 공로를 포상하였고, 한수 남쪽에서 전승을 기념하는 열병 행사를 크게 하였다. 이때 근초고왕은 군대의 깃발을 모두 황색으로 하였다. 황색 깃발은 근초고왕이 백제가 천하의 중심이고 백제군은 국왕의 군대임을 과시한 것이다.

치양성 전투에서 패배한 고국원왕은 371년에 다시 군대를 일으켜 백제를 공격하였다. 근초고왕은 패하浿河 가에 군대를 매복해 두었다가 급히 쳐서 승리를 거두었다. 내친 김에 근초고왕은 371년 겨울에 친히 태자와 함께 고구려 공격에 나섰다. 이때 정예 군사 3만이 동원되었다. 평양성 전투에서 백제는 고국원왕을 전사시키는 전과를 올렸다.

승전고를 울리며 군대를 돌린 근초고왕은 혹시나 있을지도 모를 고구려의 반격에 대비하여 수도를 한산성으로 옮겼다.[131] 한산성의 위치에 대해서는 몽촌토성으로 보는 견해도 있다.[132] 그러나 몽촌토성은 왕도를 구성한 이성二城체제의 하나였다. 또 한산은 큰 산의 의미를 갖는데 야트막한 몽촌토성을 한산으로 부를 수 없다. 따라서 한산성은 남한산성으로 보는 것이 타당하다. 다만 이곳에서 백제의 수도로 볼 만한 고고학적 자료는 아직 확인되지 않았다. 이 문제의 해명은 앞으로의 발굴 성과에 기대해 본다.

---

130 『삼국사기』 권제24 백제본기 제2 근초고왕 24년조.
131 『삼국유사』 권제2 기이 제2 남부여 전백제 북부여조에는 북한산성으로 移都한 것으로 나온다.
132 김기섭, 2000, 『백제와 근초고왕』, 학연문화사, 305~310쪽.

2. 동진과의 교섭과 진동장군영낙랑태수

근초고왕 대의 백제는 남과 북으로 정복적 팽창을 단행하여 북으로는 황해도에서부터 남으로는 경기도, 충청도, 전라도에 이르는 지역을 영역으로 확보하였다. 백제 역사상 최대의 영역 확보였다. 영역의 확대는 왕정의 인적·물적 기반을 증대시켰으며, 이것은 다시 중앙집권적 고대국가체제 확립의 경제적 토대가 되었다. 중앙집권국가체제의 확립은 다시 대외적인 팽창을 촉진하였다.

백제가 벌인 대외 전투 가운데 백제에게 커다란 자부심을 심어 준 것이 371년 평양성 전투의 승리이다. 이 시기 고구려의 국력은 중원에 자리한 16국의 어느 왕조에 못지않을 정도로 강성하였다. 이러한 고구려에 맞서 평양성 전투에서 고국원왕을 전사시킨 것은 백제 역사상 처음이다. 그래서 백제는 이 승리를 크게 자랑하였다. 개로왕이 북위에게 보낸 국서에 고국원왕을 전사시킨 것을 "근구수왕은 군대를 정비하여 전격적으로 공격해 시석矢石이 잠시 교차하는 사이에 고국원왕의 목을 베어 창에 걸어 고구려가 다시는 남쪽으로 내려오지 못하도록 하였다"고[133] 한 것이 이를 잘 보여 준다.

반면에 고국원왕의 죽음은 고구려로서는 치욕적인 것이었다. 타국과의 전쟁에서 왕이 전사한 것은 고구려로서는 처음이었다. 이로 말미암아 고구려의 백제에 대한 원한은 깊었다. 장수왕이 북위의 사신 소안邵安에게 '여경餘慶(개로왕)과는 옛날부터 원수짐이 있었다'고 한 말이[134] 고구려의 악감정을 그대로 보여 준다. 이후 두 나라의 대립은 더욱 격심해졌다.

평양성 전투에서 승리를 거둔 백제는 372년에 동진에 사신을 보냈다.

133 『위서』 권100 열전 제88 백제전의 "臣祖須 整旅電邁 應機馳擊 矢石暫交 梟斬釗首 自爾已來 莫敢南顧" 참조.
134 『위서』 권100 열전 제88 백제전.

이때 백제왕 '여구餘句'는 근초고왕이다. 중국 사서에 백제왕이 중국 왕조에 사신을 보냈다는 기사가 나오는 것은 이것이 처음이다. 근초고왕은 이번 사행을 통해 백제가 고구려에 대승을 거두었다는 것을 자랑하였을 것이다. 이에 동진도 사신을 파견하여 근초고왕에게 진동장군영낙랑태수鎭東將軍領樂浪太守를 수여하였다.[135] 현재 남아 있는 자료에서 백제왕 가운데 중국 왕조로부터 작호를 받은 것은 근초고왕이 처음이다.

근초고왕이 받은 진동장군은 사진四鎭장군의 하나로서 정3품이다. 낙랑태수 호는 낙랑군과 연관된다. 낙랑군은 313년에 고구려에 의해 병탄되었다. 그러나 백제가 371년에 평양성을 공격하여 고국원왕을 전사시킴으로써 낙랑군 지역은 백제의 영역이 되었다. 황해도 황주에서 백제토기가 출토된 것이 이를 보여 준다. 백제 사신은 이러한 사실을 동진에 알렸고 동진은 백제가 낙랑군 지역을 차지한 것을 인정하고 영낙랑태수의 작호를 내려 준 것으로 보인다.[136]

삼국 가운데 중국 왕조로부터 받은 작호는 고구려 고국원왕이 전연으로부터 받은 정동대장군영주자사가 처음이고 백제 근초고왕이 받은 진동장군영낙랑태수가 그 다음이다. 고국원왕은 포로로 잡혀간 왕모를 되돌려 받기 위해 머리를 숙인 결과 이러한 작호를 받았지만 근초고왕은 고구려를 격파한 것을 당당히 알림으로써 작호를 받았다. 이처럼 동진으로부터 장군 호와 태수 호를 받음으로써 근초고왕은 고대동아시아 세계에서도 당당히 두각을 드러내게 되었다.

---

135 『진서晉書』 권9 제기 제9 간문제 함안 2년 조의 "春正月辛丑 百濟林邑王各遣使貢方物 … 六月 遣使拜百濟王餘句爲鎭東將軍 領樂浪太守" 참조.
136 노중국, 2012, 『백제의 대외 교섭과 교류』, 지식산업사, 151쪽.

제4부

한성도읍기 지배 세력의 변천

1 공주 수촌리 고분군 발굴 전경(상)과 고분에서 출토된 중국제 자기(하)(충남역사문화연구원 제공)

수촌리고분군은 한성도읍기 시기인 4세기 후반~5세기 전반에 조성되었다. 1차 발굴에서는 토광목곽묘 2기와 횡구식석곽묘
기, 횡혈식석실분 2기가 확인되었으며, 부부묘도 있다. 수촌리고분군은 한 지역에서 만들어진 묘제의 변천을 잘 보여 주며, 출토
된 흑유계수호 등 중국제 도자기는 남조와의 교류를 보여 준다.

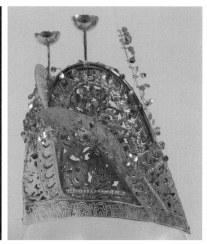

欽定四庫全書　宋書

年復為索虜所攻敗走高驪北豐城寇求太
祖遣使宏興趙次興等迎之并乘高驪料資遣運不
欲使宏南乃遣將孫漱高仇等率衆襲殺之白駒等
七十餘人捲討漱等生禽漱殺之白駒
欲見原遣使奉表獻之上以遠國不欲違其意白駒
獻馬八百四世孝建二年璉遣長史董騰奉表慰國
襄再周并獻方物大明三年又獻肅慎氏楛矢石砮

欽定四庫全書　宋書

將軍高驪王璉王詔曰使持節散騎常侍車騎大
年詔曰使持節常侍車騎大將軍征東大
朝鮮昌隆遠譯沙表克宣加璉進號驃騎
可車騎大將軍開府儀同三司持節常侍都督王公如
故太宗泰始後廢帝元徽中貢獻不絶
百濟國本與高驪俱在遼東之東千餘里其後高驪
義熙十二年以百濟王餘為使持節都督百濟諸

左賢將軍餘都卻弈又為輔國將軍以龍驤將軍
國將軍餘昆並為龍驤將軍以行冠軍將軍以行輔
左賢將軍餘紀為冠軍將軍右賢將軍餘昆
行冠軍將軍右賢將軍餘紀為冠軍將軍以行
紀等十一人忠勤宜在顯進並聽除正大明
偏受殊恩文武良輔世蒙朝獎慶代立詔許之
元年…慶…代立
易林式占腰弩扶…西河太守表求太祖並與之大明
七年…上書獻…太祖
欽定四庫全書　宋書
方物七年百濟王餘慶遣使上表曰臣建國東極
者丁敬子…宣慰…以映爵號授之二十
服…
彰厥懷亦款浮杅越海勿誠王爵…藩東
濟王餘映遣使獻方物以映爵號授之
之曰皇帝問使持節都督百濟諸軍事鎮東大將軍百
景平二年映遣長史張威詣闕貢獻元嘉二年太祖詔
事鎮東百濟王高祖踐祚進號鎮東大將軍少帝

② 공주 수촌리고분군 2-1호 금동관모(좌)와 복원품(우)(충남역사문화연구원 제공)

수촌리고분군에서는 금동관, 금동신발, 중국제 도자기 등 고급 위신품이 출토되었다. 이 유물들은 백제 금속공예 기술의 우수함을 보여 준다. 금동관의 날개 장식은 백제가 신성히 여긴 새[瑞鳥]인 매를 상징한 것으로 보인다. 유물들이 출토된 이 고분군은 이 지역을 식읍食邑으로 가진 한성도읍기의 중앙 유력 귀족인 사씨沙氏 가문이 남긴 것으로 추정된다.

③ 『송서』권97 열전 제57 제이 백제전의 '좌현왕', '우현왕'(문영각 사고전서, 계명대학교 동산도서관 소장)

개로왕은 4년(458)에 신하 11명에게 왕호와 장군호를 수여한 후 이를 송으로부터 인정받았다. 11명 중 8명이 왕족이고 3명이 이성異姓귀족이었다는 점은 이 시기에 왕족 중심으로 정치 운영이 이루어졌음을 보여 준다. 이 가운데 우현왕 여기餘紀와 좌현왕 여곤餘昆이 핵심적인 역할을 하였다. 좌현왕과 우현왕은 북방민족들이 사용한 관호인데 삼국 가운데 백제만 사용하였다.

제1장

부여씨 왕실과 진씨 왕비족 중심 체제

Ⅰ. 왕비족 진씨의 등장과 그 활동

1. 근초고왕 대 진씨 왕비의 등장

초고왕계인 비류왕의 즉위로 백제의 왕위는 고이왕계에서 초고왕계로 넘어오는 계기가 마련되었고, 근초고왕이 즉위하면서 초고왕계의 왕위 계승권이 확립되었다. 초고왕계가 왕위 계승권을 확립해 나갈 때 핵심적 역할을 한 세력이 진씨 세력이다. 근초고는 태자 시절에 진씨 가문의 여자를 아내로 맞이하였는데 근초고가 왕위에 오르면서 진씨 부인은 왕후가 되었다. 진씨 세력은 처음으로 왕비를 배출한 가문이 되었고 왕권을 뒷받침해 주는 강력한 지지 세력이 되었다.

근초고왕 대에 와서 왕후의 친척인 진정眞淨은 왕권 강화에 걸림돌이 되는 세력들을 과감히 척결하였다. 국인들이 질시하였지만 근초고왕은 그에 대한 신뢰를 거두지 않았다. 이리하여 왕족 부여씨와 왕비족 진씨를 중심축으로 하는 정치 운영이 이루어졌다. 그렇지만 근초고왕은 군사권만은 자신이 관장하였다. 369년 3월 근초고왕이 친히 군대를 거느리고 영산강 유역의 심미다례 세력을 공격한 것과 371년 겨울 평양성을 공격할 때도 친히 출정한 것이 이를 보여 준다.

2. 근구수왕 대의 진씨 세력

근초고왕의 뒤를 이어 근구수왕이 즉위하였다. 근구수왕의 이름은 귀수貴須였고 줄여서 수須라고 하였다. 근구수왕 대에 내신좌평에 임명된 사람은 진고도眞高道이다. 진고도는 근구수왕의 왕구王舅였다. 구구舅는 외삼촌의 의미도 있고, 장인의 의미도 있다. 그런데 내신좌평은 왕의 동생이나 왕의 장인이 맡는 것이 일반적이다. 이로 미루어 진고도는 왕의 장인으로 보는 것이 타당하다. 이는 근구수왕이 진씨 가문에서 왕비를 맞이한 것을 보여 준다.

이 진씨 왕비의 이름은 아이阿尒이다. 근구수가 아이부인을 맞이한 시기는 아들 침류왕이 돌아갔을 때 손자 아신의 나이가 연소年少 또는 유소幼少하였다는 사실에서[1] 추론해 볼 수 있다. 연소나 유소는 15세 이하를 말한다. 침류왕은 385년에 죽었으므로 아신의 출생 시기는 370년경이 된다. 이때 침류왕의 나이를 20세 정도로 보면 그의 출생 연도는 350년경(근초고왕 5)이다. 이때 근구수가 결혼하였다면 근초고왕은 재위 5년을 전후한 시기에 진고도의 딸을 근구수의 부인으로 삼은 것으로 볼 수 있다. 이리하여 진씨 세력은 근초고왕 대에 이어 근구수왕 대에도 왕비를 배출하게 되었다.

근구수왕은 태자 시절부터 부왕을 도와 군사를 지휘하였다. 369년 3월 영산강 유역의 심미다례 세력을 공격할 때 근구수는 부왕과 함께 군대를 거느리고 출동하였다. 369년 9월 근구수는 고구려 고국원왕이 보기 2만을 거느리고 공격해 오자 이에 맞서 싸워 5천여 명의 머리를 베거나 포로로 잡는 전과를 올렸고, 371년에는 부왕과 더불어 정병 3만을 거느리고

---

1 『삼국사기』 권제25 백제본기 제3 진사왕 즉위년조의 "辰斯王 近仇首王之仲子 枕流之弟 … 枕流之薨也 太子少 …"; 『일본서기』 권9 신공기 65년조의 "百濟枕流王薨 王子阿花年少 …" 참조.

평양성을 공격하여 고국원왕을 전사시켰다.[2] 고국원왕을 전사시킨 것은
백제군의 사기를 드높이고 왕실의 위엄을 고양시켰다. 근구수는 퇴각하
는 고구려군을 추격하여 수곡성(황해도 신계)까지 진출하여 영역으로 확보
하였다. 이에 근구수는 이곳에 돌을 쌓아 경계를 표시하였다. 이곳의 바위
에는 갈라 터져 있는 말발굽 자국이 있는데 태자마적太子馬迹으로 전해지
고 있다.[3]

근구수왕은 태자 시절에 대왜 관계에서도 중심적인 역할을 하였다. 이
를 보여 주는 것이 〈칠지도〉이다. 이 칼에 새겨진 명문[4]에 나오는 백제
왕세자 '기奇'는 근구수의 이름으로 '귀수貴須' 또는 '구수仇首'의 '귀
貴'·'구仇'의 다른 표기이다. '왜왕 지旨'의 '지旨'는 왜왕의 이름이다.
이 칼은 백제왕세자 '기奇'가 성음聖音을 내어 왜왕인 '지旨'를 위해 만든
것이다.[5] 또 명문에 의하면, 백제는 왜왕을 후왕으로 관념하고 있었다. 이
는 태자 근구수가 대왜 관계의 기본 틀을 만들었음을 보여 준다.

부왕을 도와 군사 활동에 참여한 근구수왕은 즉위 후 장인 진고도를 내
신좌평에 임명하고 정사를 위임하였다.[6] 내정을 장인에게 맡긴 것이다. 이
리하여 진고도는 정치 운영에서 중심적인 역할을 하게 되었다. 그렇지만
근구수왕은 군사권만은 자신이 챙겼다. 재위 3년(377)에 친히 3만의 군대
를 거느리고 고구려 평양성을 공격한 것이[7] 이를 보여 준다. 이는 근초고
왕 대의 정치 운영과 비슷한 양상이다.

2 『삼국사기』 권제24 백제본기 제2 근초고왕 24년조, 26년조 참조.
3 『삼국사기』 권제24 백제본기 제2 근구수왕 즉위년조의 "近仇首王(一云諱須) 近肖古王之子
    先是 高句麗國岡王斯由 親來侵 近肖古王遣太子拒之 至半乞壤將戰 … 進擊大敗之 追奔逐北
    至於水谷城之西北 … 乃積石爲表 … 其地有巖石 轉若馬蹄者 他人至今 呼爲太子馬迹" 참조.
4 〈칠지도〉 명문의 "先世以來 未有此刀 百濟王世子奇生聖音 故爲倭王旨造 …" 참조.
5 노중국, 『백제사회사상사』, 지식산업사, 236쪽.
6 『삼국사기』 권제24 백제본기 제2 근구수왕 2년조의 "以王舅眞高道爲內臣佐平 委以政事" 참조.
7 『삼국사기』 권제24 백제본기 제2 근구수왕 3년조의 "王將兵三萬 侵高句麗平壤城" 참조.

근구수왕의 이러한 업적에 대해 개로왕은 북위에 보낸 국서에서 태자 시절의 근구수가 평양성을 공격하여 고구려 고국원왕을 죽인 것을 자랑하였다.[8] 538년 사비로 천도한 성왕은 신라에게 멸망당한 남가라, 탁순, 탁기탄 등을 부흥시키는 일을 논의하기 위해 541년에 가야의 여러 수장들을 사비로 불러들여 이른바 '사비회의'를 개최하였다. 여기에서 성왕은 근초고왕과 근구수왕이 가야제국의 여러 한기旱岐들과 '부형-자제' 관계를 맺은 것을 자랑스럽게 회고하면서[9] 가야제국과의 우호 관계를 다졌다. 이처럼 근구수왕은 부왕 근초고왕과 더불어 후대 왕들의 자랑거리였고 이상형의 군주가 되었다.

II. 불교 공인을 둘러싼 왕실의 갈등과 진씨 세력

1. 근구수왕 말기 도·불교 세력의 갈등

내정은 진씨 세력에게 맡기고 자신은 군사권을 관장하였던 근구수왕은 381년 4월에 죽었다. 이보다 2개월 앞서 해무리가 삼중으로 끼고 궁중의 큰 나무가 스스로 뽑히는 이상한 징조가 일어났다.[10] 해는 왕을 상징하고 궁궐 안의 큰 나무는 왕과 관련한 일을 예조해 주는 신성수神聖樹이다. 해가 세 겹의 해무리로 둘러싸였다는 것은 왕이 특정 세력들에게 둘러싸인 것을, 큰 나무가 저절로 뽑힌 것은 비정상적인 왕의 죽음을 의미한다. 이

---

8 『위서』 권100 열전 제88 백제전의 "臣祖須整旅電邁 應機馳擊 矢石暫交 梟斬釗首 …" 참조.
9 『일본서기』 권19 흠명기 2년조의 "夏四月 … 聖明王曰 昔我先祖速古王 貴首王之世 安羅加羅卓淳旱岐等 初遣使相通 厚結親好 以爲子弟" 참조.
10 『삼국사기』 권제24 백제본기 제2 근구수왕 10년조의 "春二月 日有暈三重 宮中大樹自拔 夏四月 王薨" 참조.

는 근구수왕 말기에 왕궁 내에 대립과 갈등이 있었음을 시사해 준다.

이러한 대립과 갈등의 배경으로 생각해 볼 수 있는 것이 왕실 내의 사상적 갈등이다. 근구수왕은 태자 시절에 고구려군을 추격하여 수곡성에 이르러 더 진격하려 하였는데 장군 막고해가 『도덕경』에 나오는 "족함을 알면 욕되지 않고 그침을 알면 위태롭지 않다[知足不辱 知止不殆]"라는 구절을 인용하며 더 이상 추격하지 말 것을 간언하자 이를 받아들였다.[11] 이는 이 시기에 지배층과 지식층이 『도덕경』을 읽고 있었으며 근구수왕도 노장사상에 대해 깊이 이해하고 있었음을 보여 준다.

반면에 왕비 진씨는 불교에 관심을 가지고 있었다. 이를 추론하는 데 단서가 되는 것이 왕비의 이름 아이阿尓이다. '아이'는 여승을 의미하는 '아니阿尼'와 연관된다고 한다.[12] 그렇다면 왕비의 이름은 불교식 이름이라 할 수 있다. 왕비의 불교식 이름은 두 가지 의미를 가진다. 하나는 왕비와 왕비를 배출한 진씨 가문이 불교를 신봉하였을 것이라는 점이다.[13] 다른 하나는 백제에서 불교는 침류왕 원년(384)에 공인되었지만 그보다 앞서 왕실 내부에 이미 불교가 전파되어 있었다는 점이다. 이는 신라에서 불교가 공인되기 이전인 소지왕 대에 내전의 분수승焚修僧이 궁주와 밀통하였다는 사실에서[14] 방증이 되리라 본다.

이처럼 근구수왕은 도가사상에 깊은 관심을 가지고 있었고, 왕비와 진씨 가문은 불교를 신봉하였다. 이로 말미암아 궁중 내에서는 도가사상을 신봉하는 왕과 불교를 받아들이려는 왕비 및 진씨 가문 사이에 갈등이 일어났을 가능성이 크다. 이로 미루어 해가 삼중의 해무리에 둘러싸였다

---

11 『삼국사기』 권제24 백제본기 제2 근구수왕 즉위년조의 "追奔逐北 至於水谷城之西北 將軍 莫古解諫曰 嘗聞道家之言 知足不辱 知止不殆 今所得多矣 何必求多 太子善之止焉" 참조.

12 이병도, 1977, 『국역 삼국사기』, 을유문화사, 378쪽 주) 1 참조.

13 조경철, 2015, 『백제불교사연구』 (솔벗한국학총서 19), 지식산업사, 26쪽.

14 『삼국유사』 권제1 기이 제1 사금갑조의 "書中云 射琴匣 王入宮 見琴匣射之 乃內殿焚修僧 與宮主潛通而所奸也 二人伏誅" 참조.

는 것은 왕이 진씨 세력에 의해 둘러싸인 것을, 궁중의 나무가 뽑힌 것은 도·불교의 갈등 상황에서 근구수왕이 비정상적인 죽음을 맞이한 것을 상징한다고 하겠다.[15]

2. 침류왕의 불교 공인과 진씨 세력

근구수왕이 죽은 후 침류왕이 왕위에 올랐다. 침류왕 즉위년조에는 왕모 아이부인의 이름이 특별히 기록되어 있다.[16] 『삼국사기』 백제본기에 왕모의 이름이 나오는 것은 이것이 처음이다. 왕모가 강조되고 있는 것은 침류왕 즉위 초에 왕비의 정치적 영향력이 컸음을 시사해 준다.

침류왕은 즉위한 해(384)에 동진에서 호승胡僧 마라난타麻羅難陀가 오자 궁내로 맞아들여 예경하였다. 그리고 이듬해(385) 2월에 한산에 절을 짓고 승려 10명을 두었다. 이로써 백제에서 불교가 공인되었다.[17] 호승은 서역 승려를 말하므로 마라난타는 서역 출신의 승려였던 것 같다. 그가 전해 준 불교는 종래의 무교 신앙과는 다른 새로운 종교였다. 그럼에도 침류왕이 선뜻 그를 왕궁으로 맞아들인 것은 백제 왕실이 불교를 이미 알고 있었기에 가능하였다. 그 배후에는 불교를 신봉하고 있던 모후와 진씨 세력이 있었다. 왕모와 진씨 세력은 불교를 매개로 해서 분립적인 성격을 갖고 있는 종래의 무교 신앙을 통합하여 이를 토대로 왕권을 강화하려 하였던 것 같다.

---

15 노중국, 2010, 『백제사회사상사』, 지식산업사, 402~403쪽.

16 『삼국사기』 권제24 백제본기 제2 침류왕 즉위년조의 "枕流王 近仇首王之元子 母曰阿尒夫人 …" 참조.

17 『삼국사기』 권제24 백제본기 제2 침류왕 즉위년조의 "九月 胡僧摩羅難陁自晉至 王迎之 致宮內禮敬焉 佛法始於此"; 2년조의 "春二月 創佛寺於漢山 度僧十人" 참조.

3. 진사왕의 즉위와 진씨 세력

그러나 침류왕은 불교를 공인한 이듬해에 죽었다. 재위 2년 만이다. 그의 짧은 재위 기간과 아들 아신이 있었음에도 동생 진사가 왕이 된 사실에서 미루어 침류왕의 죽음은 왕족들 사이에서 일어난 갈등의 소산으로 볼 수 있다. 이러한 갈등의 배경으로 주목되는 것이 진사왕의 사상이다.

진사왕은 즉위 후 궁궐에 못을 파고 기금奇禽과 이훼異卉를 길렀다.[18] 원지를 만들고 기금을 기르는 것은 도가사상에서 나온 것이다.[19] 진사왕이 도가사상을 신봉한 것에서 미루어 진사왕은 형 침류왕이 불교를 공인하고 이를 장려하는 것에 불만을 품었을 가능성이 크다. 이렇게 보면 침류왕의 단명과 진사왕의 즉위는 형과 아우 사이에서 빚어진 사상적 갈등과 도·불교 세력의 갈등의 산물로 볼 수 있다.

진사왕은 강용하고 총명하고 지략이 많았다. 그렇지만 그의 즉위는 정상적인 것이 아니었다. 태자 아신이 있음에도 어리다는 이유로 밀어내고 왕위에 올랐기 때문이다. 그래서 『일본서기』에는 진사왕이 조카 아신의 자리를 빼앗았다고 하였다.[20] 이와는 달리 진사왕의 즉위를 백제의 왕위 계승이 형제 상속에서 부자 상속으로 전환하는 과정에서 일어난 일로 보는 견해도[21] 있다. 그러나 정변에 의한 왕위 교체는 상속 원칙이 아니므로 이 견해는 성립할 수 없다.

진사왕은 3년(387)에 진가모眞嘉謨를 달솔에 임명하고, 두지豆知를 은솔에 임명하였다. 진가모와 두지는 『삼국사기』 진사왕조에 나오는 유일한

---

18 『삼국사기』 권제25 백제본기 제3 진사왕 7년조.

19 장인성, 2001, 『백제의 종교와 사회』, 서경문화사, 55~80쪽; 노중국, 2010, 『백제사회사상사』, 지식산업사, 403~404쪽.

20 『일본서기』 권9 신공기 65년조의 "百濟枕流王薨 王子阿花年少 叔父辰斯奪立爲王" 참조.

21 이기백, 1959, 「백제왕위 계승고」, 『역사학보』 11집, 역사학회, 18~20쪽.

인물이다. 이들의 임명 기사가 특별히 기록되고 있는 것은 이들이 진사왕
이 즉위하는 데 일정한 공로를 세웠고 그에 대한 반대급부로 이러한 관등
이 주어졌기 때문일 것이다. 그렇다면 진씨 출신인 진가모는 진사왕이 즉
위할 때 핵심적인 역할을 하지 않았을까 한다.

진가모의 등용은 진씨 세력의 다양한 행동 양태를 보여 준다. 진씨 왕모
는 불교를 믿었지만 진가모는 도가사상을 신봉한 진사왕을 지지하였기 때
문이다. 이는 진씨 세력 안에서도 여러 가계가 형성되어 있었고 이 가계들
의 정치적 행동은 상황에 따라 다르게 나타났던 것이다. 이후 진가모는 진
사왕 6년(390)에 고구려를 공격하여 도곤성을 함락시키고 200명을 포로로
잡는 전과를 올렸다.[22] 이 공로로 진가모는 병관좌평에 임명되어 병권을
관장하였다. 이리하여 진사왕 대에도 진씨 세력의 영향력은 여전하였다.

한편 진사왕은 고구려의 공격에 대비하여 2년(386)에 청목령에서 북으
로 도곤성을 거쳐 서쪽으로 바다에 이르는 관방을 설치하였다.[23] 그 길이
가 얼마인지는 알 수 없지만 백제 최초의 장성長城이라 할 수 있다. 이에
대응해 고구려가 그해 8월 백제를 공격하였다. 그러자 진사왕은 6년(390)
에 고구려의 도곤성을 공격하여 함락하였다.

이렇게 일진일퇴를 되풀이하던 고구려와의 공방 상황은 광개토대왕이
즉위하면서 바뀌었다. 광개토대왕은 그 칭호에서 보듯이 사방으로 영토
를 확장하였다. 392년 광개토대왕은 친히 4만의 군대를 거느리고 백제의
북변을 공격하여 석현 등 10여 성을 함락하였다. 이때 한수 이북의 여러
부락들은 함락되고, 북방의 요충지인 관미성도 함락되었다.[24] 이로 말미암

---

22 『삼국사기』 권제25 백제본기 제3 진사왕 6년조의 "九月 王命達率眞嘉謨 伐高句麗 拔都坤
  城 虜得二百人 …" 참조.
23 『삼국사기』 권제25 백제본기 제3 진사왕 2년조의 "春 發國內人年十五歲已上 設關防 自青
  木嶺 北距八坤城 西至於海 …" 참조.
24 『삼국사기』 권제25 백제본기 제3 진사왕 8년조의 "秋七月 … 王聞談德能用兵 不得出拒 漢
  水北諸部落多沒焉 冬十月 高句麗攻拔關彌城" 참조.

아 진사왕 대의 백제는 매우 곤핍한 상황에 처하게 되었다.

4. 아신왕의 즉위와 진무

(1) 진사왕의 폐위

고구려의 압박이 강화되고 있던 392년에 진사왕이 죽었다. 진사왕의 죽음에 대해 『삼국사기』 진사왕조에는 진사왕이 재위 8년(392)에 구원 행궁에서 전렵을 하면서 열흘 동안 머물다가 죽은 것으로 나온다.[25] 그러나 『일본서기』에는 백제국이 진사왕을 죽이자 왜가 파견한 기각숙녜紀角宿禰 등이 아신왕을 세웠다고 한다.[26] 이 기사에서 기각숙녜 등이 아신왕을 세웠다는 것, 백제가 왜를 귀국貴國으로 불렀다는 것, 진사왕이 왜에 예를 잃었다(失禮)는 것 등은 『일본서기』 편찬자의 가필과 윤색이다. 가필되고 윤색된 부분을 제거하면 이 기사의 골자는 백제가 진사왕을 죽이고 아신왕阿莘王(阿花王)을 옹립하였다는 것이다. 그렇다면 진사왕의 죽음은 정변에 의한 죽음이라 할 수 있다.[27]

이를 방증해 주는 것이 진사왕이 전렵지에서 죽었다는 점이다. 삼국시대에 전렵지는 단순한 사냥터가 아니라 전렵에서 얻은 희생물을 천지에 제사를 드리는 신성한 장소였다.[28] 전렵지에서는 때때로 왕위 계승 문제와 같은 중요한 국사가 논의되고 결정되기도 하였다. 앞에서 언급한 고구려의 국상 창조리創助利가 전렵지인 후산侯山에서 군신과 동모하여 봉상

---

25 『삼국사기』 권제25 백제본기 제3 진사왕 8년조의 "王田於狗原 經旬不返 十一月 薨於狗原 行宮" 참조.

26 『일본서기』 권10 응신기 3년조의 "是歲 百濟辰斯王立之 失禮於貴國天皇 故遣紀角宿禰 … 嘖讓其無禮狀 由是 百濟國殺辰斯王以謝之 紀角宿禰等 便立阿花爲王而歸" 참조.

27 양기석, 1982, 「백제 전지왕 대의 정치적 변혁」, 『호서사학』 10집, 호서사학회, 14~15쪽.

28 『삼국사기』 권제45 열전 제5 온달전의 "高句麗常以春三月三日 會獵樂浪之丘 以所獲猪鹿祭 天及山川神" 참조.

왕의 폐위를 결정한 것이 그 예가 된다. 이로 미루어 진사왕도 전렵지에서 열린 귀족회의에 의해 폐위되지 않았을까 한다.

진사왕 말년에 정변이 일어나게 된 배경은 크게 두 가지로 생각해 볼 수 있다. 하나는 지배 세력 내에서 도교를 강조하는 세력과 불교를 강조하는 세력 사이에 이념적 갈등이 내재하고 있었다는 점이다. 이는 진사왕이 도가사상을 신봉한 반면에 아신왕은 불교를 적극 장려하였다는 사실에서 입증이 되리라 본다.

다른 하나는 진사왕은 고구려 광개토대왕의 뛰어난 용병술에 주눅이 들어 고구려의 공격을 제대로 막아 낼 수 없었다는 점이다. 그래서 한강 이북의 여러 부락들이 고구려에 함락되었고 이 과정에서 북방 요충지인 관미성마저 고구려에게 빼앗겼다. 관미성의 상실이 백제에게 준 충격은 컸다. 아신왕이 즉위 후 "관미성은 우리나라 북방의 긴요한 곳인데 지금 고구려가 소유하고 있으니 심히 통탄스럽다"고[29] 한 말이 이를 보여 준다. 고구려와의 전투에서의 패배와 영토의 상실은 진사왕에 반대하는 세력들에게 공격의 빌미를 주게 되었을 것이다. 그 결과 진사왕은 폐위되고 말았다.

(2) 아신왕의 즉위와 진무의 역할

진사왕의 뒤를 이어 침류왕의 아들 아신왕이[30] 즉위하였다. 아신왕의 이름은 아화阿華(阿花) 또는 아방阿芳으로 불린다.[31] 그는 한성 별궁에서 출생

---

29 『삼국사기』 권제25 백제본기 제3 아신왕 2년조의 "王謂武曰 關彌城者 我北鄙之襟要也 今爲高句麗所有 此寡人之所痛惜" 참조.

30 『삼국유사』 권제1 왕력 제1 백제 제17 아신왕조에는 아신왕이 진사의 아들로 나온다.

31 『일본서기』 권9 신공기 65년조의 "百濟枕流王薨 王子阿花年少"; 『삼국사기』 권제25 백제본기 제3 아신왕 즉위년조의 "阿莘王 (或云阿芳)"; 파른본 『삼국유사』 권제1 왕력 제1 백제조의 "第十七阿莘王 (一作阿芳)" 참조. 阿莘王의 莘은 華의 誤記이므로 阿芳 또는 阿花(華)로 보아야 한다는 견해(三品彰永, 1962, 『日本書紀朝鮮關係記事考證 (上)』, 吉川弘文館, 219쪽)도 있다.

하였다. 이 별궁은 왕도 한성을 구성한 남성과 북성 가운데 남성인 현재의 몽촌토성에 있었다. 그는 장성하면서 뜻과 기개가 호방하고 빼어났으며 매 사냥과 말 타기를 좋아하였다.[32] 아신왕이 삼촌 진사왕을 제거하고 왕위에 오른 것을 형제 상속의 원칙에서 설명하는 견해도[33] 있다. 그러나 정변에 의한 왕위 계승은 상속 원칙에 의해 이루어진 것이 아니므로 이 견해는 성립할 수 없다.

아신이 진사왕을 제거하고 왕위에 오를 때 핵심적인 역할을 한 인물이 진무眞武였다. 진무는 왕구王舅, 즉 왕의 장인이었다. 아신왕은 392년 11월에 왕위에 올라 393년 정월에 진무를 좌장으로 임명하였는데 그 기간이 불과 두 달 밖에 되지 않는다. 이는 아신왕이 즉위하기 이전에 진무의 딸을 부인으로 맞이한 것을 보여 준다. 이를 추론하는 데 단서가 되는 것이 침류왕이 돌아가신 385년에 아신은 유소한 나이였다는 사실이다. 유소는 15세 이하를 말한다. 이 시기 남자의 결혼 연령을 대략 20세로 보면 아신왕은 진사왕 재위 6년(390)경에 진무의 딸과 결혼한 것으로 볼 수 있다.

진무는 사람됨이 신중하고 곧으며 지략이 출중하였다. 그는 왕위에서 밀려난 어린 아신을 적극 보호하면서 자신의 딸을 부인으로 삼게 하였고, 뒷날을 도모하였다. 이후 아신의 지지 세력을 규합한 진무는 진사왕이 후산에서 전렵하는 것을 엿보아 귀족회의를 열어 왕을 폐위하고 아신을 옹립하였다. 아신이 즉위함으로써 진씨 세력은 다시 왕비를 배출하게 되었다.

즉위 후 아신왕은 재위 2년(393) 봄 정월에 동명묘를 배알하고 남단에서 천지에 제사를 드린 후 진무를 좌장으로 삼아 병마사를 맡겼다.[34] 즉위의

---

32 『삼국사기』 권제25 백제본기 제3 아신왕 즉위년조의 "阿莘王(或云阿芳) 枕流王之元子 初生於漢城別宮 … 及壯志氣豪邁 好鷹馬 …" 참조.

33 이기백, 1959, 「백제왕위 계승고」, 『역사학보』 11집, 역사학회, 18~20쪽.

34 『삼국사기』 권제25 백제본기 제3 아신왕 2년조의 "春正月 謁東明廟 又祭天地於南壇 拜眞武爲左將 委以兵馬事" 참조.

례를 마친 후 진무를 좌장에 임명한 것은 왕이 그를 크게 신뢰하였음을 보여 준다. 아신왕은 재위 3년(394)에 원자 전지를 태자로 삼고 서제 홍洪을 내신좌평으로 삼았다.[35] 태자의 책봉은 후계 구도를 안정시키기 위함이고, 서제를 내신좌평에 발탁한 것은 왕족을 중시한 조치이다. 그리고 병권은 좌장 진무에게 맡겼다. 이렇게 태자-내신좌평-좌장을 축으로 지배 세력을 재배치함으로써 아신왕 대의 정치 운영은 왕족 부여씨와 왕비족 진씨 중심으로 이루어지게 되었다.

(3) 아신왕의 불교 홍포

침류왕이 재위 2년이라는 짧은 기간에 돌아가시고, 아신왕이 삼촌 진사왕을 제거하고 왕위에 오르는 등 비정상적인 왕위 계승이 연이어 이루어진 배경에는 왕실 내의 사상적 갈등이 자리하고 있었다. 앞에서 언급하였지만 근구수왕-진사왕은 도가사상을 신봉하였고, 근구수왕의 왕비 아이부인-침류왕은 불교를 신봉하였다. 왕실에서의 사상적 갈등은 지배 세력도 분열시켰다.

침류왕 대에 공인된 불교는 진사왕이 도가사상을 숭봉함에 따라 침체될 수밖에 없었다. 즉위 후 아신왕은 이러한 분열과 갈등을 정리해야 하였다. 이에 아신왕은 '불법을 숭신하여 복을 구하라'는[36] 교서를 내려 불교를 중심으로 도·불교의 갈등을 종식시키려 하였다. 아신왕의 이러한 조치에 불교를 신앙한 진씨 세력도 일견 호응하였을 것이다.

아신왕의 적극적인 노력으로 도·불교의 갈등도 진정되었고 그에 따라 불교가 성행하게 되었다. 또 종래의 무교 신앙도 점차 불교에 융합되면서

---

35 『삼국사기』 권제25 백제본기 제3 아신왕 3년조의 "春二月 立元子腆支爲太子 大赦 拜庶弟 洪爲內臣佐平" 참조.

36 『삼국유사』 권제3 흥법 제3 난타벽제조의 "又阿莘王卽位大元十七年二月 下敎崇神佛法求 福" 참조.

무교 신앙을 묵수墨守하던 민들도 불교를 매개로 왕의 지배를 받는다는
의식을 가지게 되었다. 이리하여 불교는 왕실을 중심으로 민들을 사상적
으로 묶는 초부족적 정신세계를 수립하는 데 토대가 되었다.[37]

Ⅲ. 고구려와의 대결과 진씨 세력

1. 고구려와의 대결과 진씨 세력의 동요

진사왕을 제거하고 왕위에 오른 아신왕은 393년에 장인 진무를 좌장으
로 삼았다. 그리고 진무에게 명을 내려 고구려에 함락된 관미성을 되찾도
록 하였다. 진무는 고구려를 공격하였지만 고구려군의 완강한 저항으로
실패하였다. 395년 패수 전투에서 백제는 광개토대왕이 친히 거느린 7천
명의 군사에게 패하여 8천 명의 전사자를 냈다.[38]

〈광개토대왕비〉에 의하면 396년 고구려 광개토대왕은 친히 군대를 이
끌고 백제를 공격하여 58성 700촌을 함락하였다. 그리고 아리수(한강)를
건너 백제의 왕도를 압박하였다. 위급한 상황에 처하자 아신왕은 광개토
대왕에게 무릎을 꿇고 목숨을 구걸하면서[歸王請命] 영원히 노객奴客이 되
겠다는 항복의 예를 올렸다. 그리고 남녀 생구 1천 명과 세포細布 1천 필
을 바치고 동생과 대신 10명을 인질로 보냈다.[39] 타국의 왕에게 항복의 예
를 올린 것은 아신왕이 처음이다. 백제로서는 치욕이었다.

---

37 노중국, 2010,『백제사회사상사』, 지식산업사, 399~400쪽.
38 『삼국사기』 권제25 백제본기 제3 아신왕 4년조의 "秋八月 王命左將眞武等 伐高句麗 麗王
談德 親帥兵七千 陣於浿水之上拒戰 我軍大敗 死者八千人" 참조.
39 〈광개토대왕비〉의 "… 而殘主困逼 獻出男女生口一千人 細布千匹 跪王自誓 從今以後 永爲奴
客 … 於是得五十八城村七百 將殘主弟幷大臣十人 旋師還都" 참조.

이 같은 굴욕을 씻기 위해 아신왕은 두 가지 조치를 취하였다. 하나는 진무를 병관좌평으로 임명하고 대신 사두沙豆를 좌장으로 삼은 것이고,[40] 다른 하나는 왜와 화호관계를 맺는 것이었다. 왜와의 화호관계에 대해서는 뒤에 다시 언급할 것이다. 진무를 좌장에서 병관좌평으로 옮긴 것은 관등상으로는 승진이다. 그렇지만 진무는 대신 병마권을 내놓아야 하였다. 아신왕은 진무가 고구려 공격에 실패하자 국면을 전환시키기 위해 병관좌평으로 승진시키고는 군사권에서 손을 떼게 한 것 같다. 이리하여 진무는 실권자로서의 위상을 잃게 되었다. 아신왕의 이러한 조치로 왕실과 진씨 세력 사이에 금이 가기 시작하였다.

2. 전지의 왜국 파견과 399~400년 전쟁

진무를 군사권에서 손을 떼게 한 후 아신왕은 고구려의 압박에 적극적으로 대응하기 시작하였다. 그러나 백제 혼자의 힘으로는 고구려의 공격을 막아 내기 어려웠기 때문에 이웃 나라의 도움을 빌어야 하였다. 이 시기 신라는 고구려 쪽으로 기울어져 있어서 백제에 도움을 줄 수 있는 세력은 가야 세력과 일본 열도의 왜국 밖에 없었다.

가야 세력은 369년 근초고왕의 남방 경략 이후 백제의 영향권 안에 들어와 있었으므로 군사 지원을 요청하는 것은 어렵지 않았다. 그러나 왜의 군사 지원을 이끌어 내는 것은 쉽지 않았다. 왜의 입장에서는 바다 건너 군대를 파견하는 것이 매우 위험한 일이었기 때문이다. 이에 아신왕은 왜의 군사 지원을 끌어내기 위해 재위 6년(397)에 태자 전지를 왜에 파견하였다.[41] 다음 왕위를 계승할 자를 왜에 보낸 것은 왜의 지원을 받는 것이

---

40 『삼국사기』 권제25 백제본기 제3 아신왕 7년조의 "春二月 以眞武爲兵官佐平 沙豆爲左將" 참조.

41 『삼국사기』 권제25 백제본기 제3 아신왕 6년조의 "夏五月 王與倭國結好 以太子腆支爲質"

그만큼 절박하였음을 보여 준다.

아신왕이 전지를 왜국에 파견한 것을 『삼국사기』에는 인질人質로 표현하고 있다. 그러나 〈광개토대왕비〉에는 백제가 왜에 접근한 것을 "백잔(백제)이 맹서를 어기고 왜와 화통하였다[百殘違誓 與倭和通]"라고 비난하고 있을 뿐 인질로 기록하고 있지 않다. 또 『일본서기』에도 "직지直支(전지)를 천조天朝(왜 조정)에 보내 선왕의 우호를 닦게 하였다"라고만 되어 있지 인질이란 표현은 없다. 천황 중심 사관에서 편찬된 『일본서기』에서도 인질이란 표현이 없는 것은 주목해야 한다. 따라서 전지의 파견을 인질로 표현한 것은 『삼국사기』 편찬자인 김부식의 역사관에서 비롯된 것으로 보아야 할 것이다.[42]

399년에 가야와 왜는 고구려에 기울어진 신라를 공격하였다. 가야와 왜가 군대를 동원하였다는 것은 아신왕의 외교적 노력이 성공을 거둔 것을 보여 준다. 그러나 〈광개토대왕비〉에는 백제군의 활동이 보이지 않는다. 399~400년의 전쟁은 백제가 왜와 화통하여 일어난 것이다. 그런데도 여기에서 백제군의 활동이 보이지 않는 것은 백제군과 가야·왜군의 작전 전개 방식과 백제의 국내 상황을 연계하여 살펴보아야 한다.

『삼국사기』에 의하면 아신왕이 고구려를 치려고 군사와 말을 크게 징발하려 한 해가 399년이다. 공교롭게도 왜가 신라를 공격한 해도 399년이다. 이는 두 나라의 군사 활동이 연계성을 가지고 있음을 시사해 준다. 그 연계성이란 고구려와 신라가 서로를 돕지 못하도록 백제는 고구려를, 가야와 왜는 신라를 공격하는 군사 작전일 것이다.

이 작전 계획에 따라 왜는 399년에 군대를 동원하여 신라를 공격하였다. 백제도 이에 호응하여 군대를 일으키려 하였다. 그렇지만 이 시기 백

참조.

42 신종원, 2015, 「삼국사기 신라 상대 기사에 보이는 왜: 김부식의 대외관과 저술의 실제」, 『한국사학사학보』 32집, 한국사학사학회, 126~131쪽.

제의 상황은 좋지 않았다. 진사왕 이래 되풀이된 전쟁으로 민들의 삶이 매우 어려웠기 때문이다. 이러한 상황에서 아신왕이 또 대군을 일으키려 하자 오랜 전역을 견디지 못한 많은 민들은 살기 위해 신라로 도망쳐서 호구가 쇠멸되어 버릴 정도였다.[43] 이로 말미암아 백제의 군사 행동은 계획으로 그치고 말아 백제와 고구려 사이에 실제 전투는 없었다. 〈광개토대왕비〉에 백제의 군사 활동이 기록되지 않은 것은 이 때문이었을 것이다.

3. 전쟁의 여파와 진씨 세력의 퇴조

백제가 미처 군대를 동원하지 못한 상황에 처하였음에도 가야군과 왜군은 신라 공격을 단행하였다. 〈광개토대왕비〉에 신라 국경에 왜군이 가득하였다고 적혀 있을 만큼 당시 신라는 위기에 처해 있었다. 이에 신라는 황급히 고구려에 원병을 요청하였고, 광개토대왕은 그 요청을 받아들여 400년에 보기 5만을 파견하였다. 백제의 고구려 공격 계획이 제대로 이행되지 않았기 때문에 고구려는 아무런 제약을 받지 않고 구원군을 신라에 보낼 수 있었다.

이리하여 왜·가야군과 고구려군 사이에 전쟁이 벌어졌다. 고구려군은 왜군을 공격하여 물리쳤으며, 퇴각하는 왜군을 추격하여 임나가라의 종발성까지 이르렀다. 백제-가야-왜 세력의 신라 공격은 고구려의 간섭으로 실패로 끝나고 말았다. 이 전쟁은 고대동아시아에서 중국 왕조가 빠지고 만주-한반도-일본 열도에 있는 모든 국가가 참전한 최초의 전쟁이자, 최대 규모의 국제전이었다.

이 국제전의 여파는 만만치 않았다. 백제는 무엇보다도 고구려에 대한

---

43 『삼국사기』 권제25 백제본기 제3 아신왕 8년조의 "秋八月 王欲侵高句麗 大徵兵馬 民苦於役 多奔新羅 戶口衰滅" 참조.

강경 정책을 수정하지 않을 수 없었다. 강경 정책이 가져온 패배의 부담이 너무 컸기 때문이다. 이에 아신왕은 대고구려 강경 정책을 주도하던 진무에게 책임을 물어 좌장에서 병관좌평으로 직을 옮긴 후 병권에서 손을 떼게 하고 대신 사두를 좌장에 임명하였다. 이로 말미암아 이제까지 공고히 유지되어 왔던 진씨 세력의 위상이 흔들리게 되면서 지배 세력 안에도 변화가 생겨났다. 이는 전지왕의 즉위 과정에서 진씨 세력이 밀려나고 해씨 세력이 새로이 집권 세력이 되는 계기가 되었다.

고구려는 이 전쟁에서의 승리로 고대동아시아의 패자覇者로서의 지위를 확립하였다. 고구려는 신라를 '동이東夷'로 부르고 그 왕과 신하들에게 의복을 하사하는 등 제후국, 조공국으로 간주하였다.[44] 나아가 천하 사방에서 고구려가 가장 신성한 나라라고 하는[45] 천하의식을 표방하였다. 반면에 신라는 왕이 직접 고구려에 가서 조공하고 국사를 논의해야 하였고,[46] 고구려군이 신라 영토 안에 주둔하는[47] 등 고구려의 속국과 같은 존재가 되었다.

Ⅳ. 부여씨 왕실과 진씨 왕비족 중심의 정치 운영의 특징

중앙집권체제를 갖춘 근초고왕 대부터 아신왕 대까지 이루어진 정치 운영은 다음과 같은 몇 가지 특징을 보여 준다. 첫째, 진씨 가문은 근초고왕

---

44 〈충주고구려비〉의 "高麗太王祖王令△新羅寐錦世世爲願如兄如弟 … 賜寐錦之衣服 … 敎諸位賜上下衣服 敎東夷寐錦遝還" 참조.

45 〈모두루묘지명〉의 "天下四方知此國郷最聖郷(△?)" 참조.

46 〈광개토대왕비〉의 "昔新羅寐錦未有身來論事 △國罡上廣開土境好太王 △△△△△寐錦△△僕勾△△△△△朝貢" 참조.

47 〈충주고구려비〉의 "新羅土內幢主";『일본서기』권14 웅략기 8년조의 "自天皇卽位 至于是歲 新羅國背誕 … 而大懼中國之心 修好於高麗 由是高麗王遣精兵一百人 守新羅" 참조.

대에 왕비를 배출한 이래 아신왕 대에 이르기까지 5대에 걸쳐서 왕비를 배출하였다. 이리하여 진씨 가문은 대대로 왕비를 배출한 왕비족이 되었다. 이는 고구려의 경우 절노부絶奴部(연나부)가 '대대로 왕과 결혼하였다'는[48] 것과 유사한 현상이다. 진씨를 왕비족으로 맞이함으로써 부여씨 왕실은 권력 기반을 확대하여 전제적 왕권 확립의 기반을 다졌다.

둘째, 중앙집권체제 운영에 핵심이 되는 관직인 일반 서정을 관장하는 내신좌평, 군정권을 관장하는 병관좌평, 왕명을 받아 군령권을 행사하는 좌장을 거의 모두 왕족과 왕비족인 진씨 가문 출신이 맡았다. 영성한 자료에서나마 발견되는 왕족과 왕비족의 빈번한 출현과 고위직 임명은 이들에 의해 정치와 군사, 대외관계 등 중요한 국사가 결정되고 처리되었음을 보여 준다.

셋째, 진사왕과 아신왕은 각각 일련의 왕위 계승 갈등을 거친 후 즉위하였다. 왕위를 둘러싼 갈등은 지배 세력의 세력 부침을 가져오기 마련이다. 그렇지만 왕비족 진씨의 경우 근초고왕 이후 아신왕 대에 이르기까지 그 위상에는 거의 변동이 없었다. 근초고왕 대에는 진의가, 근구수왕 대에는 진고도가, 진사왕 대에는 진가모가, 아신왕 대에는 왕의 장인 진무가 내신좌평 또는 병관좌평 및 좌장으로서 서정을 장악하거나 병권을 장악한 것이 이를 보여 준다.

넷째, 369년 근초고왕이 고구려 고국원왕이 거느린 보기 2만의 군대를 물리친 이후 아신왕 대에 이르기까지 백제의 대고구려 정책은 강경일변도였다. 고구려와의 대결의 절정은 371년 평양성 전투였다. 이 전투에서 백제는 고구려 고국원왕을 전사시키는 개가를 올렸다. 이후 백제와 고구려는 일진일퇴의 공방을 계속하였다. 여기에는 왕비족 진씨의 입장이 크게 작용

---

48 『삼국지』 권30 위서 동이전 고구려조의 "絶奴部世與王婚" 참조. 『삼국사기』에는 절노부가 椽那部로, 이 部의 핵심 가문은 椽那氏로 나온다.

하였다. 그래서 진씨 세력은 왕과 태자가 직접 군대를 거느리고 갈 경우 내
정을 다독였고, 좌장과 병관좌평을 맡아서는 고구려 공격에 앞장섰다.

이처럼 근초고왕 대에 초고왕계의 왕위 계승권을 확립한 백제 왕실은
진씨 왕비족을 왕권의 지지 세력으로 삼아 정치적 기반을 공고히 하였다.
그 바탕 위에서 백제는 정복적 팽창을 추진하고 대고구려전을 수행해 나
갔다. 이 과정에서 왕족과 왕비족 출신들이 일반 서정과 병권을 관장하였
다. 따라서 근초고왕 대부터 아신왕 대까지는 왕족과 진씨 왕비족이 중심
이 되어 정치 운영이 이루어진 시기로 파악할 수 있다.

제2장

진씨와 해씨의 세력 교체

Ⅰ. 전지왕의 즉위

1. 아신왕 말기의 정치 정세

아신왕은 즉위 후 고구려의 압박에 적극적으로 대응하였다. 그러나 재위 말년에 와서 고구려와의 계속된 전쟁에서의 패배, 백성들의 이탈, 자연재해 등이 복합적으로 맞물려 어려운 상황에 처하였다. 더구나 다음 왕위를 이을 태자는 왜국에 파견되어 있었다. 이러한 국내적 상황과 후계자의 부재는 정치적인 변고를 가능하게 하였다.

이와 관련하여 주목되는 것이 아신왕 14년(405)의 "봄 3월 흰 기운[白氣]이 왕궁 서쪽에서 일어났는데 마치 한 필의 비단 같았다. 가을 9월에 왕이 죽었다"는[49] 재이災異 기사이다. 고대사회에서 재이는 왕의 잘못에 대한 하늘의 경고로 받아들여졌다. 이 때문에 재이는 종종 정치적으로 해석되어 이용되기도 하였다.[50] 이 기사에서 '흰 기운'이 일어나고 6개월 뒤에 '왕이 죽었다'는 것은 신라 조분이사금 대에 '흰 기운'이 나타난 후 '지진'이 일어났고, 7개월 후 '왕이 사망하였다'는 것과[51] 유사하다. 두 기사

---

49 『삼국사기』 권제25 백제본기 제3 아신왕 14년조의 "春三月 白氣自王宮西起 如匹練 秋九月 王薨" 참조.

50 송화섭, 2007, 「백제의 점복 신앙」, 『백제의 제의와 종교』, 충청남도역사문화연구원, 101쪽.

51 『삼국사기』 권제2 신라본기 제2 조분이사금 17년조의 "冬十月 東南有白氣如匹練 十一月

에는 모두 '흰 기운'과 '왕의 사망'이 연계되어 있다. 따라서 '흰 기운'은 아신왕의 사망을 암시하는 흉조라 할 수 있다.

'흰 기운'의 '흰색'은 오행사상에 의할 때 방위로는 서쪽이며, 관직으로는 무武에 해당되는 것으로 '군사력'을 말한다. 서쪽에서 흰 기운이 일어났다는 것은 무력 충돌이 일어날 가능성을 예조해 주는 것으로 해석할 수 있다. 이러한 추론을 뒷받침해 주는 것이 아신왕 사후의 상황이다.

아신왕이 죽었을 때 태자 전지는 아직 왜에 있었다. 전지가 귀국할 때까지 공위가 생기므로 왕의 둘째 동생 훈해는 섭정을 하면서 태자의 환국을 기다렸다. 훈해의 이러한 조치는 정상적인 상황에서는 당연한 것이다. 그렇지만 막내 동생 혈례碟禮가 섭정하는 훈해를 죽이고 스스로 왕이 되는 사태가 벌어졌다. 따라서 '흰 기운'의 재이는 혈례의 모반을 상징하는 것으로 볼 수 있다.[52] 그러나 '흰 기운'이 한 필의 비단과 같다는 것은 무적인 성격이 얕았음을 의미한다. 이는 이 반란이 성공하지 못할 것을 암시해 주는 것이 아닐까 한다.

2. 혈례의 반란과 전지왕의 즉위

왕위 계승을 둘러싸고 갈등이 일어날 때 지배 세력들은 당연히 두 파로 나뉘게 마련이다. 아신왕 말년에도 마찬가지였다. 그래서 이 시기 지배 세력은 태자 전지의 영립을 도모하는 파와 계제 혈례를 지지하는 파로 나뉘어 대립하였을 것이다. 혈례를 지지한 세력으로 주목되는 것이 전지왕의 즉위를 분기점으로 그 모습이 보이지 않는 진씨 세력이다. 진씨 세력은 앞에서 언급한 바와 같이 진무가 병권을 내놓게 됨으로써 왕실에 불만을

京都地震"; 18년조의 "夏五月 王薨" 참조.

52 조영지, 2014, 「백제 전지왕의 왕위 계승 과정과 집권 세력 재편」, 계명대학교 대학원 석사 학위논문.

품었을 가능성이 크다. 이후 암암리에 재기를 도모하고 있던 진씨 세력은 아신왕 말년에 정치 상황이 혼란스러워지자 혈례에게 접근하지 않았을까 한다.[53]

전지를 지지한 핵심 세력은 섭정의 자리에 있으면서 태자의 환국을 기다린 훈해와 뒷날 내신좌평에 임명된 전지왕의 서제 여신餘信으로 대표되는 왕족 및 국왕의 부음을 듣고 귀국하던 전지왕에게 국내 상황을 은밀히 알려 준 한성인 해충解忠,[54] 뒷날 고위 관직에 임명되는 해수解須와 해구解丘로 대표되는 해씨 세력을 들 수 있다.

이러한 지배 세력의 분열은 이미 아신왕 말년에 배태되어 있었을 것이다. 그러나 아신왕은 이를 수습하지 못한 채 죽었다. 이 틈을 타서 혈례는 왕위 계승을 노렸지만 훈해에 의해 틀어졌다. 형제간에 입장이 달랐기 때문이다. 훈해는 왕실의 어른으로서 태자 전지를 옹립하기로 하고 섭정을 맡아 혼란을 수습하려 하였다. 이는 결국 골육상쟁을 가져왔다. 혈례는 지지 세력을 등에 업고 훈해를 죽인 후 스스로 왕위에 올랐다.[55] 반란이 일시적으로 성공한 것이다.

한편 왜국에서 선왕의 부음을 들은 태자 전지는 환국을 서둘렀다. 이때 왜에서는 전지의 신변을 보호하기 위해 군사 100명을 호위군으로 딸려 보냈다. 백제에 도착한 전지가 왕도로 들어가려 하였을 때 한성인 해충이 와서 반란 사실을 고하였다. 위험을 느낀 전지는 서울로 들어가는 것을 일시 중단하고 섬에서 기다리면서 사태를 관망하였다. 그 후 전지를 지지하

---

53 노중국, 1978, 「백제왕실의 남천과 지배세력의 변천」, 『한국사론』 4집, 서울대학교 국사학과, 61~62쪽.

54 『삼국사기』 권제25 백제본기 제3 전지왕 즉위년조의 "漢城人解忠來告曰 大王弃世 王弟碟禮殺兄自王 願太子無輕入" 참조.

55 『삼국사기』 권제25 백제본기 제3 전지왕 즉위년조의 "王薨 王仲弟訓解攝政 以待太子還國 季弟碟禮殺訓解 自立爲王" 참조.

는 세력들은 혈례를 죽이고 전지를 맞이하였다.[56] 이리하여 태자 전지가
왕위에 올랐다. 그렇지만 즉위 과정에서 일어난 왕위 계승 분쟁은 전지왕
의 앞으로의 정치 운영에 걸림돌이 되었다.

II. 지배 세력의 교체

1. 해씨 세력의 실권 장악과 진씨 세력의 퇴조

전지왕은 『일본서기』에는 직지왕直支王으로, 『송서』 백제전에는 여영
餘映으로 표기되어 있다. 즉위 후 전지왕은 몇 가지 중요한 조치들을 취하
였다. 먼저 동명묘에 배알하고 남쪽 제단에서 하늘과 땅에 제사를 지낸 후
대사면령을 내렸다. 동명묘와 천지에 대한 제사는 왕위 계승의 정당성을
고하는 정치적 행위이고,[57] 대사면령은 신왕의 즉위를 축하하면서 왕위 계
승 분쟁으로 말미암아 흩어진 민심을 수렴하기 위한 조처로 보인다.

다음으로 전지왕은 자신의 즉위에 공을 세운 공신들에게 논공행상을 하
였다. 왕도에서 정변이 일어났음을 미리 알려 준 한성인 해충을 달솔로 삼
고 한성의 조租 1천 석을 주었다. 해충의 고변告變으로 흉변凶變을 피할 수
있었기 때문에 전지왕은 제일 먼저 그의 공로를 포상한 것이다. 재위 3년
(407)에 서제 여신餘信을 내신좌평으로, 해수解須를 내법좌평으로, 해구解
丘를 병관좌평으로 삼았다. 내신좌평은 왕명의 출납을, 내법좌평은 국가

---

56 『삼국사기』 권제25 백제본기 제3 전지왕 즉위년조의 "腆支在倭聞訃 … 倭王以兵士百人衛
送 旣至國界 漢城人解忠來告曰 … 腆支留倭人自衛 依海島以待之 國人殺碟禮 迎腆支卽位"
참조.

57 노명호, 1981, 「백제의 동명신화와 동명묘—동명신화의 재생성 현상과 관련하여—」, 『역사
학연구』 X, 전남대학교 사학회; 서영대, 2007, 「백제의 천신숭배」, 『백제의 제의와 종교』,
충청남도역사문화연구원.

의 의례와 외교 및 교육을, 병관좌평은 군사와 관련한 업무 전반을 담당하는 직이었다. 이들도 혈례를 제거하고 전지왕을 즉위시키는 데 핵심적인 역할을 하였기 때문에 최고위직에 임명된 것이다.

이러한 세력 재배치에서 단연 눈에 띄는 것은 해씨 세력의 도약이다. 해씨 성을 가진 두 명이 내법좌평과 병관좌평에 임명되었다. 이는 해수와 해구가 전지왕의 즉위에 세운 공이 매우 컸음을 보여 준다. 특히 해구가 병관좌평을 맡은 것은 비류왕 대에 해구解仇가 병관좌평이 된 이후 처음이다. 이리하여 해씨 세력은 그 지위를 군혀 갈 수 있었다. 반면에 근초고왕부터 아신왕 대까지 왕비를 배출하여 왕비족으로서 정치 운영을 좌지우지하였던 진씨 세력은 혈례를 지지하다가 실패함으로써 정치 일선에서 밀려났다. 이로써 전지왕의 즉위를 분기점으로 최고실권귀족은 진씨에서 해씨로 교체되었다.[58] 지배 세력 교체가 이루어진 것이다.

2. 팔수부인과 해씨 왕비

(1) 팔수부인

전지왕의 지배 세력 재배치와 관련하여 정리해야 할 또 하나는 왕비이다. 전지왕의 왕비로 『삼국사기』에는 팔수부인八須夫人이 나온다. 팔수부인은 전지왕 즉위년(405)에 구이신왕을 낳았다.[59] 한편 전지왕 3년(407)에는 내법좌평 해수와 병관좌평 해구가 모두 왕척王戚으로 나온다.[60] 왕척은 왕의 인척을 말하므로 이 기사는 해씨 출신 여성이 왕비가 되었음을 보여

---

58 노중국, 1994, 「4~5세기 백제의 정치운영—근초고왕~아신왕대를 중심으로—」, 한국고대사회연구소, 『한국고대사논총』 6집, 가락국사적개발연구원, 145~154쪽.
59 『삼국사기』 권제25 백제본기 제3 전지왕 즉위년조의 "妃八須夫人 生子久尒辛" 참조.
60 『삼국사기』 권제25 백제본기 제3 전지왕 3년조의 "春二月 拜庶弟餘信爲內臣佐平 解須爲內法佐平 解丘爲兵官佐平 皆王戚也" 참조.

준다.

해수와 해구가 왕척이라는 것에 근거하여 팔수부인을 해씨로 보는 견해가 있다. 그러나 이 견해를 따르면 아들 구이신이 405년 9월에서 12월 사이에 출생한 사실을 설명할 수 없다. 전지왕이 405년 9월에 즉위하여 곧바로 팔수부인을 맞이하였다고 하더라도 이해에 아들을 낳을 수 없기 때문이다. 그래서 이 견해에서는 구이신왕이 즉위 이후 어느 시기에 탄생한 것을 『삼국사기』는 즉위년(405)에 탄생한 것으로 기록하였다고 해석하였다.

그러나 『삼국사기』 백제본기에는 "아들을 태자로 삼았다"는 기사는 종종 나오지만 "아들을 낳았다"는 기사는 이것이 유일하다. 또 구이신왕이 전지왕 즉위 이후에 출생하였는데 『삼국사기』가 즉위년에 출생한 것으로 기록하였을 것이라는 추정을 입증해 주는 자료도 없다. 따라서 구이신의 출생은 405년 10월 전후로 보는 것이 타당하다. 그렇다면 전지왕은 즉위 이전에 팔수부인과 결혼한 셈이 된다. 따라서 팔수부인은 해씨 왕비가 아닌 것이다. 이는 전지의 나이를 통해서도 입증된다.

전지왕의 부왕인 아신왕은 침류왕이 385년에 돌아가셨을 때 유소幼少하였다. 숙부 진사왕은 아신왕이 어리다는 것을 핑계로 밀어내고 왕위에 오른 후 8년간 재위하다 392년에 죽었다. 유소를 15세 이하로 보면 이때 아신왕의 나이는 23세 미만이었다. 아신왕이 20세가 된 해인 389년경에 결혼하여 아들 전지왕을 낳았다면 전지왕이 397년에 왜로 파견될 당시 나이는 10세 정도 된다. 이후 전지는 왜에 파견되어 8년간 머물러 있었으므로 귀국할 당시인 405년에는 결혼 적령기인 18세 전후 정도 된다.

이러한 점에 착목하여 팔수부인은 왜 왕녀 출신이거나 왜의 유력 귀족의 딸로서 태자 전지와 결혼하였고, 임신한 후 전지왕과 함께 귀국하여 왕비로 책봉되었고, 이 왕비가 낳은 자식이 바로 구이신이라는 견해가 제기

되었다.[61] 나이로 보아 전지가 왜에서 결혼하였을 가능성은 높다. 또 전지
가 백제의 태자 신분이었으므로 배우자는 재왜在倭 백제인 출신자보다는
왜 왕실의 여자이거나 고위 귀족 가문 출신일 가능성이 크다. 따라서 이
견해는 타당하다. 즉 전지왕의 첫 부인이요 구이신왕을 낳은 팔수부인은
해씨 가문 출신이 아니라 왜 출신 여성인 것이다.

(2) 해씨 왕비

전지왕의 첫 왕비가 왜 출신인 팔수부인이라고 하면 해씨 왕비는 전지
왕이 즉위 후 맞이한 두 번째 왕비가 된다. 전지왕이 해씨 왕비를 맞이한
시기는 전지왕의 즉위 시기와 해수와 해구를 중요 보직에 임명한 시기에
서 추론해 볼 수 있다. 아신왕은 405년 가을 9월에 돌아가셨다. 『삼국사
기』는 유월칭원법을 사용하였으므로 전지왕 원년은 405년 10월이다. 공
신들에게 논공행상을 하기 시작한 것은 406년 9월이다. 해수를 내법좌평
에, 해구를 병관좌평에 임명한 것은 407년 정월이다.

해수와 해구를 고위 관직에 임명하면서 왕척이라 한 것은 407년 정월
이전에 전지왕이 해씨 왕비를 맞이하였음을 보여 준다. 그런데 405년 10
월은 왕위 계승 분쟁의 여파로 전지왕은 새 왕비를 맞이하기 어려웠을 것
이다. 따라서 전지왕이 해씨 왕비를 맞이한 시기는 405년 10월 이후 논공
행상을 하기 시작한 406년 9월 이전 어느 시기로 볼 수 있다.

전지왕은 8년 동안 왜에 파견되어 있었기 때문에 본국에서의 세력 기반
이 미약하였다. 그래서 전지왕은 왕위를 굳건히 하기 위해 옹립 공신인 해
씨 세력을 지지 세력으로 묶어 둘 필요가 있었다. 해씨 세력도 집권 세력
으로서의 지위를 확고히 하기 위해 왕실과 인척 관계를 맺는 것이 필요하

---

61 김기섭, 2005, 「5세기 무렵 백제 도왜인의 활동과 문화 전파」, 한일관계사연구논집 편찬위
  원회 편, 『왜 5왕 문제와 한일관계』 (한일관계사연구논집 2), 경인문화사.

였다. 이렇게 서로의 이해관계가 맞아떨어져 전지왕은 해씨 출신 여자를
새 왕비로 맞이한 것 같다. 해씨 가문이 왕비를 배출한 것은 이번이 처음
이다. 해씨 왕비를 맞이함으로써 전지왕은 지지 기반을 확대할 수 있었고,
해씨 세력은 왕비를 배출한 가문으로서 그 위세를 더하게 되었다.

3. 상좌평의 설치와 그 의미

전지왕은 즉위 후 3년 동안 지배 세력을 재배치하였다. 이 과정에서 해
씨 세력이 단연 두각을 나타내었다. 이와 관련하여 주목되는 것이 전지왕
4년(408)에 설치된 상좌평이다. 상좌평은 기존의 좌평을 격상시킨 것이
다. 이는 고구려의 대대로가 대로에서 격상된 것이나 신라의 상대등이 대
등에서 격상된 것과 비슷한 유형이다.

『삼국사기』는 상좌평의 정치적 실체를 고려의 총재冢宰와 같다고 하였
다.[62] 총재는 본래 중국 주周나라 관직으로 육관六官의 하나이며, 백관의
장長으로서 국정 전반을 통괄하고 궁중 사무의 전반적인 일을 관장하였
다.[63] 고려의 총재도『주례』에 보이는 것과 같이 국정 전반을 통괄하였으
며 품계는 종1품이었다.[64] 따라서 상좌평도 국정 전반을 총괄하였다고 할
수 있다.

상좌평 설치의 의미에 대해 고구려의 대대로나 신라의 상대등과 연관시
켜 왕권을 강화하기 위한 목적에서 설치된 것으로 해석하기도 하고,[65] 전

---

62 『삼국사기』 권제25 백제본기 제3 전지왕 4년조의 "春正月 拜餘信爲上佐平 委以軍國政事 上
　　佐平之職 始於此 若今之冢宰" 참조.
63 『주례』 천관 총재 참조.
64 변태섭, 1993,「중앙의 통치 기구」,『한국사 13—고려 전기의 정치구조—』, 국사편찬위원회,
　　29쪽.
65 이기백・이기동, 1982,『한국사강좌 Ⅰ(고대편)』, 일조각, 175쪽; 양기석, 1982,「백제 전지왕
　　대의 정치적 변혁」,『호서사학』 10집, 호서사학회.

지왕이 새로이 두각을 나타내는 해씨 세력 등을 견제하기 위한 목적에서 설치하였다는 견해도[66] 있다. 그러나 전지왕은 태자 시절에 8년이란 짧지 않은 기간 동안 왜국에 있어서 국내의 정치적 기반이 미약하였다. 또 혈례의 반란을 진압한 지지 세력들에 의해 옹립되었기 때문에 공신들의 영향력이 컸다. 이는 전지왕의 왕권 행사에 커다란 제약이 되었다.[67] 이러한 상황을 고려할 때 상좌평은 실권을 장악한 여신과 해씨 세력이 그들 중심의 정치 운영을 하기 위해 설치한 것으로 보는 것이 타당하다. 즉 상좌평은 지배 세력들이 자신들의 이익과 의사를 대변하기 위한 제도적 장치로서 설치한 것이다.[68] 그 결과 상좌평은 군국정사軍國政事를 위임받았다.

군국정사는 국가 운영에서 핵심이 되는 군사권과 서정권庶政權을 말한다. 이 권한은 당연히 국왕이 행사해야 하는 데도 전지왕은 이 모두를 상좌평에게 맡긴 것이다. 어쩌면 맡길 수밖에 없는 상황에서 취해진 조치였을 수도 있다. 이는 집권 세력들이 정치 운영의 주도권을 장악하였음을 보여준다. 웅진도읍기에 문주왕을 살해하고 어린 삼근왕을 옹립한 병관좌평 해구에게 삼근왕이 군국정사 일체를 위임한 것도[69] 이와 궤도를 같이한다.

상좌평이 설치된 이후 최대의 관심사는 누가 상좌평을 맡느냐는 것이었다. 옹립 공신이 맡는 것은 당연하지만 누가 맡느냐에 대해서는 왕과 옹립 공신 사이에 일정한 타협이 있어야 한다. 이때 주목된 인물이 내신좌평 여신이었다. 여신은 전지왕 옹립에 핵심적인 역할을 한 인물이면서 왕의 서

---

66 문동석, 2001, 「4세기 백제의 지배체제와 좌평」, 『역사와 현실』 42집, 한국역사연구회; 김 기섭, 1997, 「백제의 좌평 시론」, 『청계사학』 13집, 한국정신문화연구원 청계사학회; 김영심, 1997, 「한성시대 백제 좌평제의 전개」, 『서울학연구』 8집, 서울시립대학교 서울학연구소.
67 노중국, 1994, 「4~5세기 백제의 정치운영―근초고왕~아신왕대를 중심으로―」, 한국고대 사회연구소, 『한국고대사논총』 6집, 가락국사적개발연구원, 145~154쪽.
68 노중국, 1978, 「백제왕실의 남천과 지배세력의 변천」, 『한국사론』 4집, 서울대학교 국사학 과, 89쪽.
69 『삼국사기』 권제26 백제본기 제4 삼근왕 즉위년조의 "三斤王 或云壬乞 文周王之長子 王薨 繼位 年十三歲 軍國政事一切 委於佐平解仇" 참조.

제庶弟로서 왕실 구성원의 한 명이었다. 전지왕은 여신이 상좌평이 되어 왕실의 울타리가 되어 줄 것을 은근히 기대하였을 것이다. 한편 해씨는 왕비를 배출한 상황에서 상좌평 자리까지 차지하면 권력의 독점이라는 비판에서 자유로울 수 없었을 것이다. 이렇게 보면 여신이 초대 상좌평에 임명된 것은 왕권과 해씨 세력 및 공신 사이의 역학 관계에 따른 타협의 산물이라 할 수 있다. 이는 해씨 세력이 비록 정치 운영의 주도권은 잡았지만 여타 공신들의 견제도 만만치 않았음을 보여 준다.

상좌평은 제1관등인 좌평을 격상시킨 것이다. 『삼국사기』에는 좌평의 분화가 고이왕 대에 이루어진 것처럼 기록되어 있지만 사실은 이때에 와서 분화되기 시작하였다. 그 출발점이 상좌평의 설치이다. 이후 상좌평 외에 중좌평, 하좌평도 나오게 되었다. 이에 대해서는 뒤에 다시 언급할 것이다. 분화된 좌평 가운데 핵심은 상좌평이었다. 상좌평이 설치되고 이 상좌평이 군국정사를 위임받게 됨으로써 이후 전지왕 대의 정치는 상좌평으로 대변되는 실권귀족 중심으로 운영되었다.

한편 대외적으로 전지왕은 재위 12년(416)에 동진으로부터 사지절도독백제제군사진동장군백제왕使持節都督百濟諸軍事鎭東將軍百濟王의 책봉호를 받았다.[70] 그런데 이번의 작호는 사지절과 제군사까지 포함된 것으로 이러한 작호를 받은 것은 전지왕이 처음이다. 이후 백제왕은 중국 왕조로부터 이러한 형식의 작호를 받았다.

---

70 『송서』 권97 열전 제57 이만 동이 백제전의 "義熙十二年 以百濟王餘映爲使持節都督百濟諸軍事鎭東將軍百濟王 …" 참조.

제3장

목만치의 천권과 해씨 세력의 재부상

I. 구이신왕의 즉위와 목만치의 천권

1. 구이신왕에 대한 여러 기록의 검토

전지왕이 돌아가자 아들 구이신왕이 뒤를 이었다. 구이신왕에 대해『삼
국사기』에는 즉위년 기사와 훙년 기사만 있으며, 재위 기간은 420~427
년으로 되어 있다.『송서』백제전에는 여영餘映(전지왕)에서 여비餘毗(비유
왕)로 왕위가 이어진 것으로 나와 구이신왕의 존재는 확인되지 않는다. 한
편『일본서기』응신기 25년(414)조에는 전지왕[직지왕直支王]이 사망하고
구이신왕이 즉위하였다고[71] 하면서 39년(429)에는 전지왕이 누이 신제도
원新齊都媛을 왜에 파견하였다고 하였다.[72] 이처럼 한 · 중 · 일 사서는 구이
신왕의 존재 여부와 재위 기간에 대해 혼동과 불일치를 보이고 있다.

구이신왕은『삼국사기』와『일본서기』에 분명히 기록되어 있기 때문에
『송서』에 보이지 않는다고 하여 그 존재를 부정할 수 없다. 중국 사서의
경우 전왕이 죽고 뒤를 이은 왕이 즉위한 사실이 알려지지 않아 기록되지
않는 경우가 종종 있기 때문이다. 구이신왕의 경우도 이러한 사례일 가능
성이 크다.[73]

71『일본서기』권10 응신기 25년조의 "百濟直支王薨 卽子久爾辛立爲王"참조.
72『일본서기』권10 응신기 39년조의 "春二月 百濟直支王 遣其妹新齊都媛以令仕 …"참조.
73 이기동, 1974,「중국사서에 보이는 백제왕 모도에 대하여」,『역사학보』62집, 역사학회,

구이신왕의 즉위 시기에 대해『삼국사기』에는 420년으로,『일본서기』
에는 414년으로 나온다. 그런데『송서』백제전에는 416년(의희 12)에 동
진이 전지왕을 진동장군백제왕으로 책봉하였고 송이 세워진 후에는 고조
가 전지왕의 작호를 진동대장군으로 올려 주었다는 내용이 나온다. 또 전
지왕이 424년(경평 2) 사신을 보낸 것에 대해 425년(원가 2)에 태조가 내린
조서에도 전지왕의 작호는 진동대장군백제제군사백제왕으로[74] 나온다.

사신을 파견할 때 국서를 가지고 가기 마련이다. 전지왕과 관련한『송서』
의 기사는 이 국서에 의거하였을 것이다. 특히 424년(경평 2)의 사신 파견에
는 장사長史 장위張威라는 사신의 이름이 구체적으로 나온다. 이로 미루어
전지왕은 424년에도 생존해 있었음이 분명하다. 따라서 구이신왕의 즉위
년을 420년이라 한『삼국사기』의 기사와 414년이라 한『일본서기』의 기사
는 따르기 어렵다. 그렇다면 구이신왕이 즉위한 해는 425년으로 보는 것이
타당하다. 이렇게 보면 원가 2년(425)에 송 태조가 백제왕을 진동대장군으
로 진호해 준 것은 424년에 전지왕이 사신을 보낸 데 대한 답례로서의 책봉
이지만 이해에 전지왕이 생존해 있었음을 담보해 주는 것은 아니다. 아마도
송은 전지왕의 죽음을 모른 채 진호해 준 것이 아닐까 한다.

구이신왕의 죽은 해에 대해『삼국사기』에는 427년으로 기록하고 있지
만『일본서기』에는 직지왕(전지왕)이 429년(응신 39)에도 생존한 것으로
나온다. 그러나 응신 39년조의 직지왕은 두 가지 측면에서 받아들이기 어
렵다. 하나는 응신 25년(414)에 구이신왕이 즉위하였다고 하면서 응신 39
년(428)에 아버지 직지왕이 살아 있다고 한 것은『일본서기』기록 자체의

24~26쪽.

74 『송서』권97 열전 제57 이만 동이 백제전의 "義熙十二年 以百濟王餘映爲使持節都督百濟諸
軍事鎭東將軍百濟王 高祖踐祚 進號鎭東大將軍 … 少帝景平二年 映遣長史張威詣闕貢獻 元
嘉二年 太祖詔之日 皇帝問使持節 都督百濟諸軍事 鎭東大將軍 百濟王 … 宣旨慰勞 稱朕意
其後 每歲遣使奉表獻方物" 참조.

모순이다. 다른 하나는 응신기 39년조의 기사를 그대로 따르면 구이신왕의 재위 기간은 없어진다. 따라서 응신기 39년조의 직지왕은 구이신왕으로 고쳐 보아야 한다.[75]

그 단서가 되는 것이 『송서』에서 비유왕[餘毗]이 430년에 송에 사신을 파견한 것을 "또(다시) 직공을 닦았다[復修貢職]"고 한 사실이다. 이 기사의 '부復'는 '다시'라는 뜻이므로 비유왕이 430년 이전에 송에 사신을 파견한 사실이 있었음을 말해 준다. 그 해가 429년일 가능성이 가장 높다. 즉 비유왕은 429년에 구이신왕이 죽자 왕위에 오른 후 전왕의 죽음을 알리는 또는 자신의 즉위를 알리는 사신을 파견하였고, 이듬해(430)에 '다시[復]' 송에 사신을 보냈던 것이다. 이에 송은 비유왕에게 전지왕의 작호를 이어받도록 하였다. 이러한 관점에서 저자는 『일본서기』 응신 39년(428)의 직지왕은 구이신왕으로 고쳐 보고, 또 구이신왕이 죽은 해를 429년으로 본다.[76] 그렇다면 비유왕의 즉위 연도는 429년이 되어 『삼국사기』의 427년과는 2년의 차이가 생긴다. 이 문제는 별도의 자료가 없는 한 해결하기 어려우므로 비유왕의 즉위 연도는 『삼국사기』를 따르기로 한다.

2. 목만치의 활동 시기

구이신왕이 즉위한 이후 가장 두각을 나타낸 인물이 목만치이다. 목만치는 백제 장군 목라근자木羅斤資가 369년에 신라를 공격할 때 신라 여인을 취하여 낳은 자식이라고 한다.[77] 따라서 목만치의 출생은 369년이나

---

75 古川政司, 1981, 「5世紀後半の百濟政權と倭—東城王卽位事情を中心として—」, 『立命館文學』 433·434合輯號, 立命館大學人文學會, 738~739쪽.

76 저자는 1988년 출간한 『백제정치사연구』 138쪽에서 구이신왕의 재위 기간을 424~427년으로 보았다.

77 『일본서기』 권10 응신기 25년조 세주의 "百濟記云 木滿致者 是木羅斤資討新羅時 娶其國婦而所生也" 참조.

그 직후가 된다. 이와는 달리 목만치의 출생 연도를 429년으로 보는 견해
도 있다. 이 견해는 목만치를 475년 고구려 장수왕의 공격으로 개로왕이
잡혀 죽고 왕도 한성이 함락된 후 문주왕이 웅진으로 천도할 때 보신으로
활약한 목협만치木刕滿致와 동일 인물로 보고 그의 활동 시기를 개로왕 대
로 파악하여 나온 것이다.[78]

　이 견해대로 하면 369년 직후에 출생한 목만치는 475년 웅진으로 천도
할 당시 100세가 넘는다. 이런 나이 문제를 해결하기 위해 이 견해에서는
신공기 49년의 연대를 3주갑 인하하여 목만치의 출생 연도를 429년으로
하였다. 그러나 이러한 주장은 다음과 같은 이유에서 찬동할 수 없다.

　첫째, 『일본서기』 신공기의 연대에 대해 다수의 연구자들은 2주갑 인하
하여 369년으로 보고 있다. 목라근자와 관련한 기사만 3주갑 인하하여 보
는 것은 목만치와 목협만치가 동일 인물이라는 것을 입증하기 위한 인위
적인 연대 조절에 불과한 것이다.

　둘째, 3주갑 인하설에 따라 목만치가 429년이나 그 이후에 출생하였다
면 구이신왕 대(425?~429?)에 활동한 목만치의 존재는 부정된다. 『삼국사
기』 백제본기에 구이신왕과 관련한 기사는 즉위년과 훙년 기사밖에 없는
상황에서 목만치의 활동마저 사상捨象해 버리면 구이신왕 대의 정치 운영
의 모습을 밝히는 것은 불가능하게 된다.

　셋째, 3주갑 인하설의 근거는 목만치와 개로왕 대의 목협만치의 이름이
같다는 것이다. 그러나 시기를 달리하는 동명이인은 있을 수 있다. 비류왕
대(304~344)의 병관좌평 해구解仇와 문주왕 대(475~477)의 병관좌평 해구

78　山尾幸久, 1978, 「任那に關する一試論—史料の檢討を中心に—」, 『古代東アジア史論集』 下,
　　末松保和博士古稀記念会, 216~219쪽; 古川政司, 1981, 「5世紀後半の百濟政權と倭—東城王
　　卽位事情を中心として—」, 『立命館文學』 433・434合輯號, 立命館大學人文學會, 739~742쪽;
　　鈴木靖民, 1981, 「木滿致と蘇我氏—蘇我氏百濟人說によせて」, 『日本のなかの朝鮮文化』 51号,
　　朝鮮文化史, 66~69쪽.

解仇가 그 예가 된다.[79] 따라서 목만치와 목협만치는 이름은 같지만 활동 시기가 다른 동명이인으로 보는 것이[80] 타당하다.

이러한 관점에서 저자는 목만치는 목라근자의 아들로서 369년이나 그 직후에 출생하여 구이신왕 대에 활동하였고, 목협만치는 그 아버지는 누구인지 모르지만 개로왕 대에 활동한 인물로 파악한다. 이렇게 보면 목씨 가문은 근초고왕 대에서 구이신왕 대를 거쳐 개로왕 대에 이르기까지 활동하였음을 파악할 수 있다.

3. 목만치의 천권

구이신은 전지왕이 즉위한 해에 출생하였다. 전지왕의 재위 기간이 16년이었으므로 구이신왕이 즉위할 당시의 나이는 16세였다. 『일본서기』에는 구이신왕이 즉위할 때 유소하다고 하였다. 구이신왕은 전지왕의 장자였고, 어머니는 앞에서 언급한 것처럼 왜왕녀였지만 정비였다. 따라서 구이신은 비록 나이는 어렸지만 당당히 왕위에 오를 자격이 있었다.

그러나 왕위 계승은 계승 원칙이나 당위로만 되는 것이 아니다. 정치적 상황에 따라 얼마든지 변동이 있을 수 있다. 이 시기에 제일 큰 변수는 정치 운영의 실권을 장악하고 있으면서 왕비까지 배출한 해씨 세력의 움직임이다. 그런데 구이신의 즉위에 해씨 세력은 보이지 않고 목만치의 존재가 부각되고 있다. 이를 보여 주는 것이 다음 기사이다.

백제 직지왕이 죽자 곧 아들 구이신이 왕이 되었다. 왕은 어렸기 때문에 대왜 목만치가 국정을 잡고서는 왕모와 상음하면서 무례를 많이 행하였다. 천황이

79 『삼국사기』 권제24 백제본기 제2 비류왕 9년조; 문주왕 2년조.
80 이홍직, 1971, 「백제인명고」, 『한국고대사의 연구』, 신구문화사, 339~348쪽; 천관우, 1976, 「삼한의 국가형성 (하)」, 『한국학보』 제2권 2호, 일지사, 138쪽.

들고 소환하였다. (『백제기』에 이르기를 '목만치는 본래 목라근자가 신라를 토벌할 때 신라 여자를 취하여 낳은 소생이다. 아버지의 공로로 임나에서 전횡하였다. 우리나라에 들어오고 귀국으로 왔다갔다 하면서 천조를 이어받아 국정을 잡았으니 그 권세가 세상을 감당할 만큼 무거웠다. 그러나 천왕이 그 포악함을 듣고 소환하였다.'라고 하였다.)[81]

이 기사에서 먼저 주목되는 것은 구이신왕이 즉위하자 목만치가 국정을 잡았다는 것이다. 이는 구이신왕의 즉위에 목만치가 큰 공을 세웠음을 말해 준다. 목만치가 공로를 세울 수 있었던 배경은 그가 왕모와 상음相淫하는 관계로까지 발전하였다는 것에서 추론해 볼 수 있다. 왕모는 전지왕의 첫 왕비 팔수부인이다.

팔수부인은 왜계 여성이었으므로 국내에서의 지지 기반이 거의 없었다. 그래서 팔수부인은 어린 아들 구이신왕을 즉위시키기 위해 자신을 지지해 줄 세력이 필요하였다. 이 시기에 해씨 세력이 어떠한 입장을 보였는지는 알 수 없지만 목만치는 이때야말로 실권을 장악할 수 있는 호기로 생각하고 왕모에 접근한 것 같다. 왕모와 손을 잡은 목만치의 활약으로 구이신왕은 마침내 왕위에 오르게 되었다.

구이신왕은 즉위할 당시 16살 정도여서 성년이 되기 이전이다. 왕이 어리면 왕모가 섭정하였는데, 팔수부인도 구이신왕이 즉위하자 섭정이 되었을 것이다. 이때 목만치는 왕모의 오른팔로서 수렴청정을 도왔을 것이다. 이는 신라 진흥왕이 7세의 어린 나이로 즉위하자 왕태후가 섭정할 때 신하들이 보필한 사실에서[82] 방증이 되리라 본다.

---

81 『일본서기』 권10 응신기 25년조의 "百濟直支王薨 即子久爾辛立爲王 王年幼 木滿致執國政 與王母相婬 多行無禮 天皇聞而召之 (百濟記云 木滿致者 是木羅斤資討新羅時 娶其國婦而所生也 以其父功 專於任那 來入我國 往還貴國 承制天朝 執我國政 權重當世 然天朝聞其暴召之)"참조.

82 『삼국사기』 권제4 신라본기 제4 진흥왕 즉위년조의 "眞興王立 … 時年七歲 … 母夫人金氏

섭정을 맡은 왕모를 보필하게 되면서 목만치와 왕모의 관계는 마침내 상음하는 사적인 관계가 되었다. 이리하여 목만치의 위세는 더욱 높아졌다. 『일본서기』에 목만치의 위상을 '권중당세權重當世'로 표현한 것이 이를 말해 준다. 이는 고려 목종穆宗 대에 김치양金致陽이 천추태후 황보씨皇甫氏와 사통하며 실권을 장악하고 조정에 친당을 심어 인사권을 휘두른 것과 유사하다. 나아가 김치양은 자신과 태후 사이에서 태어난 자식을 왕으로 삼으려고 하였다.[83] 목만치는 상좌평 여신과 내법좌평 해수가 있음에도 권력을 좌지우지하였다. 이로써 왕권은 상대적으로 미약하게 되었고 해씨 세력도 일시적으로 정치 일선에서 밀려나게 되었다.

Ⅱ. 비유왕의 즉위와 해씨 세력의 재부상

1. 비유왕의 출계

구이신왕 다음에 비유왕이 즉위하였다. 비유왕의 출계에 대해 『삼국사기』 본문에는 '구이신왕의 장자長子'로, 세주에는 '전지왕의 서자庶子'로 나온다. 서자설은 『삼국사기』 편찬자가 본문으로 이용한 자료 외에 별도의 자료가 있어서 이를 수록한 것으로 보인다. 『삼국사기』 편찬자는 두 설을 전하면서 어느 것이 맞는지 모르겠다고[84] 하였다. 이로 말미암아 비유왕을 구이신왕의 아들로 보는 설과 전지왕의 서자로 보는 설이 제기되었다.

法興王之女 妃朴氏思道夫人 王幼少 王太后攝政; 〈창녕진흥왕척경비〉의 "寡人幼年承基 政
委輔弼" 참조.
83 『고려사』 권127 열전 제40 반역1 김치양전.
84 『삼국사기』 권제25 백제본기 제3 비유왕 즉위년조의 "毗有王 久尔辛王之長子 或云 腆支王
庶子 未知孰是 …" 참조.

구이신왕은 전지왕 즉위년에 출생하여 16세의 나이에 즉위하였다. 『삼국사기』의 기록대로 재위 기간을 8년으로 보면 돌아가실 때의 나이는 24세 정도 되고 저자의 계산대로 재위 기간을 425~429년으로 보면 돌아가실 때의 나이는 20세 정도 된다. 구이신왕이 20세 되는 해에 결혼하여 비유를 낳았다면 즉위할 당시 비유의 나이는 많으면 5세 전후, 아니면 갓 태어난 나이 정도 밖에 되지 않는다. 왕이 되기에는 너무 어렸다. 만약 어린 나이임에도 즉위하였다면 태후가 섭정을 하였을 터인데 현재의 자료에는 섭정과 관련한 기록도 없다. 따라서 비유왕은 구이신왕의 아들이라기보다는 세주대로 전지왕의 서자로 보는 것이[85] 타당하다.

여기에서 먼저 정리해야 할 것은 '서자庶子'의 의미이다. 서자에는 '여러 아들[衆子]'라는 의미도 있고, 적자에 대응되는 '서자'의 의미도 있다. 『삼국사기』백제본기에 의하면, 정비의 자식은 '자子', '원자元子', '장자長子', '제2자第二子', '중자仲子' 등으로 기록하고 있다. 반면에 정비 출신이 아닌 아들에 대해서는 온조왕 즉위년조의 '해부루의 서손', 비류왕의 '서제 우복', 아신왕의 '서제 홍', 전지왕의 '서제 여신' 등에서 보듯이 서庶로 표현하였다. 이처럼 『삼국사기』에서는 적자와 서자를 구분해 기록하였다. 전지왕 즉위년조에 아신왕의 동생들을 중제仲弟, 계제季弟라고 하면서 여신에 대해서만 전지왕의 서제로 표현한 것이[86] 이를 입증해 준다.

비유왕이 전지왕의 서자라면 그 어머니가 누구인가 하는 점도 해명해야 한다. 비유왕은 팔수부인의 아들은 아니었다. 팔수부인은 정비였으므로 그 아들은 서자가 될 수 없기 때문이다. 비유왕은 해씨 왕비의 아들도 아니었을 것이다. 해씨 왕비도 정비였으므로 그의 소생 역시 서자가 될 수 없기 때문이다. 그렇다면 비유왕은 전지왕의 제3의 부인의 소생으로 보아

85 이기백, 1959, 「백제왕위 계승고」, 『역사학보』 11집, 역사학회, 21쪽; 이도학, 1984, 「한성말 웅진시대 백제왕계의 검토」, 『한국사연구』 45집, 한국사연구회, 27쪽.
86 『삼국사기』 권제25 백제본기 제3 전지왕 즉위년조, 3년조 참조.

야 한다. 이 부인이 전지왕과 언제 결혼하였는지는 알 수 없지만 전지왕이
왜에서 귀국해 즉위한 이후이다. 그렇지만 이 부인은 왕비로 책봉되지 못
하였다. 그래서 아들 비유왕은 서자가 된 것이다.

2. 비유왕의 즉위와 목만치의 권력 상실

비유왕의 사람 됨됨이에 대해 『삼국사기』에는 '모습이 아름다웠고 구
변이 있었다'고 한다. 이는 비유왕이 능력 있는 사람임을 보여 준다. 비유
왕의 즉위와 관련하여 전제해야 할 것은 한국고대사회에서는 서자도 왕위
를 계승할 수 있다는 사실이다. 비록 고구려의 경우지만 산상왕과 주통촌
酒桶村 출신 소후小后 사이에서 출생한 교체郊彘가 서자로서 왕위에 올라
동천왕이 된 사실이[87] 사례가 된다. 이를 원용하면 백제에서도 서자는 왕
위에 오를 수 있었다고 하겠다.

구이신왕은 24세 정도의 나이에 돌아가셨다. 그에게 아들이 있었는지
의 여부는 분명하지 않지만 있었더라도 3~4세 정도로 어렸을 것이다. 구
이신왕의 아들이 어렸다는 사실과 서제가 왕위에 올랐다는 사실에서 미루
어 백제 왕실에서는 구이신왕 사후 왕위 계승을 둘러싸고 분쟁이 일어났
을 가능성이 높다. 이를 입증해 주는 것이 비유왕이 "사람들이 추대하여
왕이 되었다[人所推重]"는 사실이다. 정상적인 왕위 계승이라면 '추대하였
다'는 표현은 나올 수 없다. 따라서 비유왕은 지지하는 세력에 의해 옹립
되었다고 할 수 있다.

이때 비유왕을 추대한 대표적인 세력으로는 상좌평 여신과 내법좌평 해
수를 대표로 하는 해씨 세력이었을 것이다. 이들은 구이신왕 대에 목만치

---

87 『삼국사기』 권제17 고구려본기 제5 동천왕 즉위년조의 "東川王 … 少名郊彘 山上王之子 母
酒桶村人 入爲山上小后 … 前王十七年 立爲太子 至是嗣位" 참조.

의 위세에 눌려 정치 일선에서 밀려나 있어 재기할 기회를 엿보고 있었을 것이기 때문이다. 그렇다면 비유왕과 대립적인 입장에 있던 대표적인 세력은 목만치였을 것이다. 구이신왕을 옹립하고 왕모와 상음하면서 권세를 누린 목만치는 구이신왕 사후에도 자신의 권세를 유지하기 위해 자신이 지지하는 어린 왕자나 혹은 다른 왕족을 후계 왕으로 세우려 하였을 가능성이 크기 때문이다.

이 두 세력의 대립에서 해씨 세력이 승리하여 비유왕이 즉위하였다. 비유왕은 백제사에서 서자로서 왕위에 오른 최초의 사례이다. 비유왕의 즉위로 왕모와 상음하면서 권세를 부렸던 목만치 세력은 몰락하였다. 이를 보여 주는 것이 『일본서기』에 목만치가 천황의 소환에 의해 왜로 불려 갔다는 기사이다. 천황이 목만치를 소환하였다는 것은 『일본서기』 편찬자의 왜곡과 윤색이다. 이를 제거하면 이 기사는 권력에서 밀려난 목만치가 왜로 망명한 것을 보여 준다. 왜로의 망명은 그의 몰락을 의미한다.

3. 해씨 세력의 재부상

왕위에 오른 비유왕은 몇 가지 중요한 정책들을 추진하였다. 재위 2년 (428)에 4부部를 순무하면서 빈핍한 자들에게 차등을 두어 곡식을 나누어 주었다.[88] 순무를 한 것은 지방의 민심을 살피고 지방관의 잘잘못을 가리기 위한 것이었다. 빈핍자에게 곡식을 나누어 주는 등 진휼책을 편 것은 사회를 안정시키려는 노력의 일환이다. 이를 통해 비유왕은 지방에 대한 통제력을 강화하고 민생의 안정을 도모하여 정치적 위상을 높여 나갔다.

비유왕은 재위 4년(430)에 송에 사신을 보냈다. 이에 송은 전지왕에게 수여하였던 사지절도독백제제군사진동장군백제왕使持節都督百濟諸軍事鎭

---

88 『삼국사기』 권제25 백제본기 제3 비유왕 2년조의 "春二月 王巡撫四部 賜貧乏穀有差" 참조.

東將軍百濟王의 작호를 비유왕에게 수여하였다. 송으로부터 작호를 받음으로써 비유왕은 국제적으로도 위상을 높일 수 있었다.

비유왕 대의 정치 운영 모습을 파악하려고 할 때 주목되는 것이 재위 3년(429)에 해수를 상좌평으로 임명한 사실이다.[89] 상좌평은 군국정사를 관장하는 최고의 직이었다. 해수는 목만치를 제거하고 비유왕을 즉위시키는 데 큰 공을 세웠기 때문에 그 공로로 상좌평 여신이 죽자 그 뒤를 이어 상좌평에 임명된 것 같다. 상좌평에 임명됨으로써 해수는 명실상부한 최고 실권자가 되었다. 따라서 비유왕 대의 정치는 상좌평 해수를 중심으로 이루어진 것으로 볼 수 있다.

이처럼 전지왕의 즉위를 분기점으로 하여 구이신왕과 비유왕 대에 이르기까지 백제 지배층 내에서는 진씨 세력의 퇴조와 해씨 세력의 부상, 목씨 세력의 전횡 등과 같은 집권귀족의 변화가 일어났다. 이는 근초고왕에서 아신왕 대에 이르기까지 진씨가 대대로 왕비를 배출하여 왕권을 뒷받침한 것과는 다른 모습이다. 또 상좌평에게 군국정사를 위임하였다든가, 목만치가 왕모와 상음하였다고 한 것 등은 종래 보이지 않던 현상이다. 이는 이 시기에 왕권이 실권귀족들을 제대로 통제하지 못하였음을 보여 준다. 따라서 한성도읍기 후기는 왕권이 미약한 속에서 해씨 및 목씨 세력이 최고의 실권귀족으로 정치를 운영해 간 시기라고 할 수 있다.

4. 제라동맹의 결성

비유왕은 즉위 후 해씨 세력을 기반으로 국내 정치를 안정시켰지만 대외 정세는 만만치 않았다. 고구려 장수왕이 427년에 평양으로 천도한 이후 남진정책을 추진하여 압박을 가해 오고 있었기 때문에 백제는 어려운 상황에

89 『삼국사기』 권제25 백제본기 제3 비유왕 3년조.

처하였다. 개로왕이 472년에 북위에 보낸 국서에 "원한을 얽고 화가 이어짐이 30여 년에 재물과 힘이 다하였다"고[90] 한 것은 비유왕 대의 상황도 일정 부분 반영한 것이다. 비유왕은 이러한 곤핍한 상황을 타개하기 위해 신라를 끌어들여 고구려에 공동으로 대응하려 하였다.

한편 신라는 390년대에는 〈광개토대왕비〉에서 보듯이 고구려 쪽으로 기울고 있었다. 399~400년에는 가야군과 왜군의 침략을 물리치기 위해 고구려의 군사적 지원을 받았다. 이를 계기로 고구려군이 신라에 주둔하였다. 그러나 고구려 주둔군은 신라를 지켜 준다고 하면서 실제로는 왕위계승 등과 같은 중요한 내정에도 간섭하였다. 이는 신라의 발전에 커다란 장애물이 되었다. 이 때문에 신라는 고구려의 간섭에서 벗어나려 하였다.

비유왕은 신라가 처한 이러한 상황을 파악하고 434년에 양마를 보내고 백응을 보내는 등 신라에 접근하였다. 신라도 양금과 명주를 보냈다.[91] 신라도 고구려에 대응하기 위해서는 백제와 손을 잡는 것이 낫다고 판단한 것이다. 이리하여 백제와 신라는 동맹을 맺었다. 이 제라동맹이 맺어진 것은 해수가 상좌평이 되고 나서 5년 후이다. 아마도 해수는 정국의 안정을 위해 신라와 손을 잡고 고구려에 적극 대응하는 정책을 추진하였고 그 결과 신라와 동맹을 맺게 된 것 같다.

이 동맹을 종래에는 '나제동맹'이라 불렀다. 이는 신라 중심의 인식에서 나온 것이어서 실상과는 맞지 않는다. 이 동맹을 맺는 데 백제가 주도적인 역할을 하였기 때문이다. 따라서 이 동맹은 '제라동맹'으로 부르는 것이 타당하다. 동맹을 맺은 이후 백제와 신라는 한편이 되어 고구려의 공격을 받으면 원군을 보내 도와주었다. 따라서 '제라동맹'은 공수共守동맹

---

90 『위서』 권100 열전 제88 백제전의 "… 構怨連禍 三十餘載 財殫力竭 轉自殘踤" 참조.

91 『삼국사기』 권제25 백제본기 제3 비유왕 8년조의 "春二月 遣使新羅 送良馬二匹 秋九月 又送白鷹 冬十月 新羅報聘以良金明珠" 참조.

의 성격을 띠었다.[92] 개로왕 즉위년에 고구려가 백제를 공격하자 신라가
원군을 보내 도와 준 것이 대표적인 사례이다.

그런데 연구자에 따라 제라동맹이 맺어진 434년부터 개로왕이 신라
의 도움으로 고구려군을 물리친 455년에 이르기까지 약 20년 동안 백제
와 신라가 공동으로 군사 활동을 한 기록이 보이지 않는다는 것을 강조하
면서 동맹으로 보기 어렵다고 주장하기도 한다.[93] 그러나 군사동맹을 맺
는다고 군사 활동을 할 때마다 공동으로 해야 하는 것은 아니다. 648년에
나당동맹이 맺어진 후 나당이 공동으로 군사 활동을 한 것은 12년이 지난
660년이 처음이었다는 것이 이를 말해 준다. 따라서 434년의 제라동맹은
군사동맹으로 보아도 큰 무리가 없을 것이다.

제라동맹을 맺은 후 비유왕이 취한 군사 관련 조치의 하나로 주목되는
것이 450년에 송에 『역림易林』, 식점式占과 함께 요노腰弩를 요청하여 받
은 사실이다.[94] 요노는 쇠뇌[弩]의 한 종류이다. 쇠뇌는 사거리가 길고 관통
력이 높지만 금속제 발사 장치 때문에 활보다 무겁고 또 발사 속도가 활의
6분의 1밖에 안 되는 것이 단점이었다.[95] 요노는 쇠뇌의 단점을 해결하고
휴대할 수 있는 형태로 개선한 것이다. 요노를 받은 비유왕은 무기를 개선
하고 요노대腰弩隊를 편성하여 고구려의 압박에 대비하였을 것이다.[96]

---

92 노중국, 1981, 「고구려·백제·신라 사이의 역관계 변화에 대한 일고찰」, 『동방학지』 28집,
　　74~75쪽.

93 김병주, 1984, 「나제동맹에 관한 연구」, 『한국사연구』 46집, 한국사연구회.

94 『송서』 권97 열전 제57 이만 동이 백제전의 "二十七年 毗上書獻方物 私假臺使馮野夫西河
　　太守 表求易林式占腰弩 太祖並與之" 참조.

95 김기웅, 1994, 『한국무기발달사』, 국방군사연구소, 281쪽; 여호규, 1999, 「고구려 중기의 무
　　기체계와 병종구성」, 『한국군사사연구』 2집, 국방군사연구소.

96 박윤선, 2006, 「5세기 중반~7세기 백제의 대외관계」, 숙명여자대학교 박사학위논문, 44쪽.

제4장

개로왕의 왕권 강화 추진과 실패

I. 개로왕 초기 실권귀족 중심의 정치 운영

1. 비유왕 말기의 정치 상황과 개로왕의 즉위

비유왕의 죽음에 대해 『삼국사기』에는 "한강에 흑룡이 나타나 순식간에 운무가 자욱한 속에서 날아가 버리자 비유왕이 죽었다"고[97] 나온다. 흑룡은 초고왕계 왕실을 상징하는 상스러운 동물이었다. 왕실을 상징하는 흑룡이 날아가자 비유왕이 죽었다는 것은 그의 죽음이 비정상적이었음을 시사해 준다.

이를 추정해 볼 수 있게 하는 것이 비유왕의 능원이 제대로 조영되지 못하였다는 사실이다. 고구려의 간첩인 승려 도림은 개로왕에게 "선왕의 해골은 들판에 가매장되어 있다"라고[98] 말하였는데 이는 개로왕으로 하여금 아버지의 무덤을 화려하게 만들도록 부추기기 위한 술책일 수도 있었다. 그럼에도 불구하고 개로왕이 욱리하에서 큰 돌을 가져다가 곽을 만들고 아버지의 유골을 다시 모셨다.[99] 이는 부왕의 무덤이 제대로 조영되지 못하였다는 기사의 사실성을 말해 준다.

---

97 『삼국사기』 권제25 백제본기 제3 비유왕 29년조의 "秋九月 黑龍見漢江 湏臾雲霧晦冥飛去 王薨" 참조.
98 『삼국사기』 권제25 백제본기 제3 개로왕 21년조의 "先王之骸骨 權攢於露地" 참조.
99 『삼국사기』 권제25 백제본기 제3 개로왕 21년조의 "又取大石於郁里河 作槨以葬父骨" 참조.

선왕의 무덤을 조영하는 것은 후계 왕의 몫이다. 그러나 비유왕의 무덤이 노지에 임시로 둔 것처럼 보였다는 것은 개로왕이 아버지의 무덤을 제대로 조영하지 못하였음을 의미한다. 이로 미루어 비유왕 말년에서 개로왕이 즉위하기까지의 과정이 순탄하지 않았음을 알 수 있다. 아마도 비유왕은 아들 개로왕을 후계자로 삼는 문제를 둘러싸고 실권귀족인 해씨 세력과 갈등하다가 해씨 세력을 제압하지 못한 채 죽었을 가능성이 크다.[100] 흑룡이 날아가자 비유왕이 죽었다는 것이 이를 말해 준다. 그렇지만 해씨 세력은 이후 정국을 주도하지 못하고 개로왕을 지지하는 세력에 의해 밀려나 버렸다.[101] 개로왕 즉위 이후 해씨 출신자가 하나도 보이는 않는 것이 이를 보여 준다.

이처럼 백제가 내부적으로 혼란을 겪고 있을 때 고구려가 공격해 왔다. 공격 시점은 비유왕이 죽은 한 달 뒤인 455년 10월이었다. 신왕이 갓 즉위한 때였다. 이는 고구려가 백제 내부의 혼란상을 탐지하고 공격하였음을 보여 준다. 개로왕은 신라의 도움을 받아 고구려군을 물리쳤다.[102] 그렇지만 고구려의 공격은 백제의 내부 정세를 더욱 복잡하게 만들었을 것이고 이로 말미암아 개로왕은 부왕의 무덤을 제대로 조영하지 못하지 않았을까 한다.

2. 좌현왕·우현왕 중심의 정치 운영

비유왕이 죽은 후 아들 개로왕이 즉위하였다. 『삼국유사』 왕력에는 개

---

100 이도학, 1985, 「한성말 웅진시대 백제왕위 계승과 왕권의 성격」, 『한국사연구』 50·51 합집, 한국사연구회, 3~4쪽.
101 양기석, 2008, 「한성시대 후기 정치사의 전개」, 『한성백제사 2—건국과 성장』, 서울특별시 사편찬위원회.
102 『삼국사기』 권제3 신라본기 제3 눌지마립간 39년조의 "冬十月 高句麗侵百濟 王遣兵救之".

로왕의 아버지에 대한 기록이 없는데 그 이유는 알 수 없다. 개로왕의 이름은 경사慶司이다. 『송서』백제전의 '경慶'은 '경사'를 줄인 이름이고 『위서』백제전의 '여경餘慶'은 '부여경사扶餘慶司'를 단자성과 외자 이름으로 한 것이다. 개로왕은 근개루왕近蓋婁王이라고도 하였다. 이름에 '근'자를 붙인 것은 근초고왕과 근구수왕이 초고왕과 구수왕에 '근'자를 붙인 것과 같다. 그런데 개루왕은 부여씨 왕계가 아닌 해씨 왕계이다. 개로왕이 해씨 왕계인 개루왕의 이름에 '근'자를 붙여 왕명으로 한 것은 해씨 왕계 세력들을 포용하려는 의도가 아니었을까 한다.

개로왕 즉위 이후 정치 운영의 모습을 추정하게 하는 것이 개로왕이 두 번에 걸쳐 송에 사신을 보내 작호 제수를 요청한 내용이다. 첫 번째 작호 요청은 재위 3년(457)에 행해졌다. 이 요청에 응해 송은 개로왕에게 작호를 수여하였지만[103] 작호의 명칭은 기록되어 있지 않다. 두 번째 작호 요청은 재위 4년(458)에 하였다. 이때 개로왕은 자신이 신하들에게 사서私署한 작호와 장군호를 정식으로 제수해 줄 것을 송에 요청하였다. 송은 개로왕의 요청을 그대로 받아들여 정식으로 제수해 주었다. 당시 작호를 받은 신하 수는 모두 11명이다. 이들은 '문무양보文武良輔'로서 '충근함'이 현달한 인물들이었다.[104]

개로왕의 신하들이 받은 작호는 크게 왕호와 장군호로 나누어진다. 왕호는 좌현왕과 우현왕이다. 좌현왕과 우현왕은 한족漢族 왕조에는 보이지 않고 흉노 등 북방민족이 사용한 관호였다. 흉노에서는 최고지배자를 탱리고도선우撑犁孤塗單于라 하였다. 탱리撑犁는 천天을, 고도孤塗는 자子를, 선우는 광대廣大함을 뜻하였다.[105] 선우 아래에 좌·우현왕左右賢王이 있었

---

103 『송서』권97 열전 제57 이만 동이 백제전의 "毗死 子慶代立 世祖大明元年 遣使求除授 詔 許" 참조.
104 『송서』권97 열전 제57 이만 동이 백제전.
105 『한서』권94 상 흉노전 제64 상의 "單于姓攣鞮氏 其國稱之曰撑犁孤塗單于 匈奴謂天爲撑

다. 좌·우현왕과 좌·우곡려왕左右谷蠡王은 사각四角, 좌·우일축왕左右日
逐王과 좌·우온우제왕左右溫禹鞮王 및 좌·우점장왕左右漸將王은 육각六角
이라 하였다. 사각과 육각은 모두 선우의 자제들이 맡았다. 반면에 이성異
姓 대신들은 좌·우골도후左右骨都侯와 좌·우시축골도후左右尸逐骨屠侯 등
을 맡았다.[106]

　장군호로는 관군장군, 정로장군, 보국장군, 용양장군, 영삭장군, 건무장
군이 확인된다. 이 장군호는 송나라의 장군호와 일치한다. 중국의 경우 후
한 말에 자위의 여건을 갖춘 각 지역의 유력자들이 다투어 사병집단을 거
느렸고 이를 합법화하기 위해 장군호를 지니게 되었다. 그러나 서진에서
동진으로 전환되는 과정에서 장군호가 유공자에 대한 포상의 수단으로 이
용됨으로써 장군호의 남발 현상은 오히려 심화되었다. 이에 따라 고급 장
군호를 경쟁적으로 추구하는 경향이 확산되면서 장군호에도 관품의 구분
이 반영되었다.[107] 『송서』 백관지에는 대장군 이하 총 93개의 장군호가 품
계에 따라 기록되어 있다. 이 가운데 관군장군, 정로장군, 보국장군, 용양
장군은 제3품 장군호이고, 영삭장군, 건무장군은 제4품 장군호이다.[108]

　백제에서 왕호와 장군호를 받은 11명 가운데 왕족 여씨 출신이 8명, 이
성異姓 귀족 출신이 3명이다. 이러한 현상만 보면 개로왕은 왕족들을 중용
한 셈이 된다. 저자도 이전의 책에서 11명의 인물 가운데 8명이 왕족인 점
을 주목하여 개로왕은 왕족 출신 인물을 친위세력으로 삼은 것으로 추론

犁 謂子爲孤塗 單于者廣大之貌也 言其象天單于然也"참조.
106 『후한서』 권89 남흉노열전 제79의 "其大臣貴者左賢王 次左谷蠡王 次右賢王 次于谷蠡王
謂之四角 次左右日逐王 次左右溫禺鞮王 次左右漸將王 是爲六角 皆單于子弟 次第當爲單于
者也 異姓大臣左右骨屠侯 次左右尸逐骨屠侯 …"참조. 좌·우현왕 등에 대한 종합적인 정
리는 護雅夫, 1977, 『古代トルコ民族史硏究 I』, 山川出版社 참조.
107 이주현, 1998, 「군부체제로 본 위진남북조사」, 『중국학보』 38집, 한국중국학회, 386쪽.
108 『송서』 권40 지 제30 백관 하. 이에 대한 정리는 坂元義種, 1978, 『古代東アジアの日本と朝
鮮』, 吉川弘文館, 25쪽의 제2표 참조.

하였다.[109] 그러나 왕족들의 역할은 정치적 상황에 따라 달라진다는 점을 유의해야 한다. 왕족들은 때로는 왕실을 지켜 주는 울타리 역할을 하기도 하지만 때로는 왕권을 제약하는 존재이기 때문이다. 따라서 개로왕 4년의 왕족들의 활동은 당시 상황과 연관시켜 보아야 한다.

개로왕 초기의 인물 가운데 가장 주목되는 인물이 관군장군 우현왕 여기 餘紀와 정로장군 좌현왕 여곤餘昆이다. 좌현왕 여곤은 개로왕의 둘째 동생 인 곤지이다.[110] 우현왕 여기를 개로왕의 동생으로 보는 견해도 있으나[111] 개로왕의 삼촌일 수도 있어 단정하기 어렵다.

흉노나 16국에서 좌현왕이나 우현왕은 왕족 출신으로 왕위를 계승할 수 있는 위치에 있었고 많게는 1만 기騎를, 적게는 수천 기를 거느릴 수 있 었다.[112] 송의 경우 5품 능강장군 이상은 군부軍府를 개설하여 군대를 거느 릴 수 있었다. 이를 영병치부領兵置府라고 한다.[113] 이러한 사실에서 미루 어 백제의 좌현왕과 우현왕도 가까운 왕족이 맡았으며 3~4품의 장군호를 겸대하면서 군사 업무에도 깊숙이 관여한 것으로 볼 수 있다.

왕호나 장군호를 받은 11명은 모두 문과 무에서 빼어난 보필자로서 공 로에 의해 작호를 받았다. 그 시기가 개로왕 초라는 점을 고려하면, 이들 이 세운 공로는 비유왕 사후 개로왕이 즉위하는 데 직접 또는 간접으로 세 운 공로이거나 개로왕 즉위년에 있었던 고구려의 공격을 신라 원군의 도 움을 받아 격퇴하는 데 세운 공로였을 것이다. 따라서 이들은 개로왕 초기

---

109 노중국, 1988, 『백제정치사연구—국가형성과 지배체제의 변천을 중심으로—』, 일조각, 143쪽.

110 이기동, 1974, 「중국사서에 보이는 백제왕 모도에 대하여」, 『역사학보』 62집, 역사학회, 30~31쪽.

111 연민수, 1997, 「백제의 대왜외교와 왕족—백제 외교사의 일특질—」, 『백제연구』 27집, 충 남대학교 백제연구소.

112 坂元義種, 1978, 『古代東アジアの日本と朝鮮』, 吉川弘文館, 68쪽.

113 이주현, 1998, 「군부체제로 본 위진남북조사」, 『중국학보』 38집, 한국중국학회, 386~387쪽.

실권귀족 그룹에 속하는 자들이라 할 수 있다.

11명 가운데 왕호와 장군호 모두를 받은 사람은 여기와 여곤 둘 뿐이다. 여기는 관군장군 우현왕을, 여곤은 정로장군 좌현왕을 받았다. 관군장군과 정로장군은 모두 3품으로 동급이다. 좌현왕과 우현왕의 경우 흉노에서나 16국시대에는 좌현왕이 우현왕보다 상위였다. 백제에서도 좌현왕이 우현왕보다 높았다. 이는 좌보직이 생기면서 우보 흘우가 좌보에 임명된 것에서[114] 입증이 된다.

왕호로 따지면 좌현왕 여곤이 우현왕인 여기보다 높다. 그런데도 우현왕 여기는 11명을 대표하는 인물로 나온다.[115] 또 송으로부터 장군호를 수여받을 때도 여기가 제일 먼저 받고 있다. 이는 여기가 왕족의 서열로는 여곤보다 낮지만 실제로는 최고의 실권귀족이었음을 보여 준다. 아마도 우현왕 여기는 비유왕이 비정상적으로 돌아가신 후 개로왕을 옹립하는 데 결정적인 공로를 세웠고 그 결과 귀족 세력을 대표하여 정치 운영의 실권을 장악하지 않았을까 한다. 따라서 개로왕 초기에는 여기가 여곤과 호흡을 맞추어 정치를 운영해 나간 것으로 볼 수 있다.

II. 개로왕의 왕권 강화 추진과 문주의 등용

1. 곤지의 왜국 파견

개로왕은 우현왕 여기를 중심으로 하는 정치 운영 체계를 그대로 두고 볼 수는 없었다. 당연히 왕권을 강화하여 왕권 중심의 정치 운영을 해야

---

114 『삼국사기』권제23 백제본기 제1 다루왕 7년조의 "春二月 右輔解婁卒 年九十歲 以東部屹 于爲右輔"; 10년조의 "冬十月 右輔屹于爲左輔 北部眞會爲右輔" 참조.
115 『송서』권97 열전 제57 이만 동이 백제전의 "行冠軍將軍右賢王餘紀等十一人" 참조.

하였다. 왕권 강화는 실권귀족들의 힘을 약화시켜야만 가능하다. 개로왕의 이러한 시도와 관련하여 주목되는 것이 좌현왕 곤지를 왜국으로 파견한 사건이다. 곤지를 개로왕의 둘째 아들로 기록한 자료도 있지만[116] 앞에서 언급한 것처럼 『송서』 백제전에 나오는 여곤과 동일 인물로서 개로왕의 동생으로 보는 것이 타당하다.

곤지의 파견에 앞서 개로왕은 왜왕의 요청에 따라 지진원池津媛을 왜에 보냈다. 그러나 지진원은 천황을 배반하고 석하순石河楯과 놀아났다. 이 행음行淫으로 그녀는 사지를 나무에 묶여 화형을 당하였다.[117] 이로 말미암아 백제와 왜 사이에 갈등이 일어났다. 이러한 상황에서 개로왕은 461년에 곤지昆支를 왜에 파견하였던 것이다.[118]

곤지를 파견하게 된 배경에 대해 고구려의 압박에 대항하고자 왜에 군사 지원을 요청하기 위한 것으로 보는 견해도[119] 있고, 왜에 있는 백제계 이주민을 조직화하여 백제를 지원하고 백제계 도왜인들의 구심적 역할을 하기 위한 것으로 보는 견해도[120] 있다.

그러나 곤지의 파견은 두 가지 측면에서 생각해 보아야 한다. 하나는 왜와의 갈등 관계를 해소하는 것이다. 『일본서기』에는 곤지의 파견을 '일본에 가서 천황을 섬겨라'든가 '천황을 모시고 선왕의 우호를 닦게 하였다'

---

116 『삼국사기』 권제26 백제본기 제4 동성왕 23년조 세주의 "又按牟大盖鹵王之孫 盖鹵第二子 昆支之子" 참조.

117 『일본서기』 권14 웅략기 2년조의 "秋七月 百濟池津媛違天皇將幸 婬於石川楯 … 天皇大怒 詔大伴室屋大連 使來目部張夫婦四支於木 置假庪上 以火燒死" 참조.

118 『일본서기』 권14 웅략기 5년조의 "夏四月 百濟加須利君(盖鹵王也) 飛聞池津媛之所燔殺 (適稽女郎也) 而籌議曰 … 乃告其弟軍君(昆支也)曰 汝宜往日本 以事天皇 …" 참조.

119 鈴木靖民, 1984, 「東アジア諸民族の國家形成と大和王权」, 歷史學研究會編, 『講座日本歷史 1』(原始·古代 1), 東京大學出版會.

120 이도학, 1985, 「한성말 웅진시대 백제왕위 계승과 왕권의 성격」, 『한국사연구』 50·51 합 집, 한국사연구회, 13~14쪽; 정재윤, 2000, 「웅진시대 백제 정치사의 전개와 그 특성」, 서 강대학교 대학원 박사학위 논문, 64~65쪽; 김현구 외, 2002, 『일본서기 한국관계 기사연 구(Ⅰ)』, 일지사, 231~232쪽.

든가 등으로 표현하고 있다. 이는 『일본서기』 편찬자의 왜곡과 윤색이다. 이러한 윤색을 걷어 내면 곤지를 파견한 목적은 지진원의 사건으로 꼬여버린 왜와의 관계를 정상화시키는 것으로 볼 수 있다.

다른 하나는 국내의 정치적 상황이다. 이번 사행길은 일시적으로 다녀오는 것이 아니라 장기간 머무는 것이었다. 장기간의 해외 체류는 국내 정치에서 손을 떼는 것과 마찬가지이다. 이렇게 보면 개로왕은 곤지의 세력을 약화시키기 위해 그를 왜에 파견하려고 한 것 같다.

그러나 개로왕의 이러한 지시는 곤지로서는 받아들이기가 쉽지 않았다. 자신의 세력 기반이 무너지는 것을 보고만 있을 수 없었기 때문이다. 이에 곤지는 만삭이 된 왕의 부인을 자신에게 내려 달라는 받아들이기 어려운 조건을 내걸었다.[121] 그럼에도 불구하고 개로왕은 그 요구를 들어주었다. 이는 곤지 세력을 꺾으려는 왕의 강한 의지를 보여 준다. 이로 말미암아 곤지는 하는 수 없이 백제를 떠나 왜로 가지 않을 수 없었다. 곤지가 왜로 떠난 시기는 개로왕 7년(461)이고, 다시 귀국한 때는 477년이다. 그는 무려 16년 동안 왜에 머물러 있었다. 이로 말미암아 백제 내에서 곤지의 세력은 크게 약화되었을 것이다.[122]

2. 문주의 등용과 지지 세력의 확대

461년에 곤지가 왜에 파견되어 그 세력이 약화됨으로써 그와 쌍두마차를 이루어 정국을 주도하던 여기의 세력도 꺾이지 않았을까 한다. 이에 따라 위축된 왕권도 어느 정도 회복되었을 것이다. 이러한 상황에서 주목되는 인물이 문주이다. 문주는 개로왕이 458년에 송에 보낸 국서에 나오는

---

121 『일본서기』 권14 웅략기 5년조.
122 노중국, 2012, 『백제의 대외 교섭과 교류』, 지식산업사, 300~303쪽.

보국장군 여도餘都와 동일 인물이다.[123] 그렇지만 문주는 보국장군호만 받았을 뿐 동생 여곤(곤지)처럼 왕호는 받지 못하였다. 장군호의 기재 순서도 여훈餘暈보다 뒤져 네 번째였다. 이처럼 개로왕 초기에 문주의 위상은 여기나 여곤보다 낮았다.

이후 어느 시기에 문주는 상좌평의 지위에 올랐다. 상좌평은 백제의 관직 가운데 서열이 가장 높다. 이는 문주가 최고귀족이 되었음을 보여 준다. 그가 상좌평에 임명된 시기는 곤지가 왜로 파견된 461년에서 그다지 멀지 않은 시점일 것이다.[124] 아마도 개로왕은 곤지를 왜국에 보낸 후 왕권을 강화하는 차원에서 문주를 등용하여 상좌평으로 삼은 것 같다.

문주를 중용한 개로왕은 새로운 인물들을 등용하면서 지지 기반의 확대에도 노력하였다. 이 시기에 등용된 인물들은 몇 부류로 나누어 볼 수 있다. 첫째, 왕족 출신을 등용하였다. 대표적인 사례가 관군장군 부마도위駙馬都尉 불사후 장사 여례餘禮이다.[125] 여례는 부여씨이므로 왕족이다. 그가 지닌 관군장군은 3품이며 불사후는 작호이고, 장사는 왕이 설치한 장군부의 막료였다. 부마도위는 왕의 사위에게 주는 관직이다. 여례의 등용은 왕족을 왕실의 울타리로 삼으려는 개로왕의 의도를 보여 준다.

둘째, 신진 세력을 등용하였다. 그 예로는 재증걸루와 고이만년을 들 수 있다.[126] 재증씨再曾氏나 고이씨古爾氏는 앞선 시기에 보이지 않는 성씨들이다. 따라서 이들은 개로왕 대에 새로이 등용된 자들이라 할 수 있다. 개

---

123 이기동, 1974, 「중국사서에 보이는 백제왕 모도에 대하여」, 『역사학보』 62집, 역사학회, 24~26쪽.

124 주보돈, 2007, 「개로왕의 체제개혁과 한성 함락」, 『한성도읍기의 백제』 (백제문화사대계 연구총서 3), 충청남도역사문화연구원.

125 『삼국사기』 권제25 백제본기 제3 개로왕 18년조의 "十八年 遣使朝魏 … 謹遣私署冠軍將軍駙馬都尉弗斯侯長史餘禮 …" 참조.

126 『삼국사기』 권제25 백제본기 제3 개로왕 21년조의 "至是高句麗對盧齊于再曾桀婁古尒萬年(再曾古尒皆複姓)等帥兵 來攻北城 … 桀婁萬年本國人也 獲罪逃竄高句麗" 참조.

로왕은 이러한 신진 세력을 등용하여 자신의 지지 기반을 확대하려 하였다. 그렇지만 이들은 개로왕이 말년에 고구려 승려 도림을 중용하는 것에 반발하여 고구려로 망명하였다.

셋째, 중국계 관료를 등용하였다. 대표적인 인물로는 용양장군龍驤將軍 대방태수帶方太守 사마司馬 장위張威를 들 수 있다. 장씨는 중국계 성이므로 장위는 중국계 관료라고 할 수 있다. 그의 관직인 장사는 개로왕이 설치한 장군부將軍府의 부관府官으로서 중국과의 외교 교섭을 주로 담당하였다. 이는 개로왕이 중국계 인물들을 등용하여 중국과의 교섭과 교류에 활용하였음을 보여 준다.

3. 대고구려 강경 노선과 대북위 외교의 추진

461년 이후부터 내부적으로 지지 기반을 확대해 나간 개로왕은 467년에 와서 대외정책에도 변화를 꾀하였다. 기본 방향은 고구려에 대해 대립각을 세우는 것이었다. 고구려와의 대립은 중국에서의 정치적 변화와 연동되어 있다. 436년 북연왕 풍홍馮弘은 북위의 압박을 받자 무리를 거느리고 고구려에 몸을 의탁하였다. 그가 용성龍城을 떠나 고구려로 망명할 때 전후로 늘어선 대열의 길이가 80여 리나 되었다고 한다.[127] 그만큼 망명단의 규모는 컸던 것이다. 장수왕은 풍홍을 받아들인 후 '풍군馮君'으로 부르면서 제후처럼 취급하였다. 풍홍이 반발하여 칭제하면서 북연 당시처럼 행동하자 장수왕은 그의 태자를 인질로 삼았다. 이로 말미암아 풍홍은 장수왕을 원망하게 되었다.[128] 이때 북위와 송은 북연왕 풍홍을 자신

---

127 『삼국사기』 권제18 고구려본기 제6 장수왕 24년조.

128 『삼국사기』 권제18 고구려본기 제6 장수왕 26년조의 "春三月 初 燕王弘至遼東 王遣使勞之曰 龍城王馮君 爰適野次 士馬勞乎 弘慙怒 稱制讓之 王處之平郭 尋徙北豐 弘素侮我 政刑賞罰 猶如其國 王乃奪其侍人 取其太子王仁爲質 弘怨之" 참조.

에게 보내라고 압박을 가해 왔다. 이에 장수왕은 국제적 분쟁의 씨앗이 된 풍홍을 죽여 화근을 없애 버렸다.

풍홍이 죽임을 당하자 그를 따라온 무리들이 모두 고구려에 귀속되었 다. 이로써 고구려의 국세는 더욱 강해졌다. 개로왕이 북위에 보낸 국서에 서 "풍씨馮氏(북연)가 망한 후 그 무리들이 고구려로 들어옴으로써 추류醜 類(고구려)의 국세는 더 강해졌다"고[129] 한 말이 이를 보여 준다. 이후 고구 려의 백제에 대한 압박은 가중되었다.

이에 대한 개로왕의 대책은 두 가지로 정리해 볼 수 있다. 하나는 군사 적인 측면에서 선제적으로 대응하는 것이었다. 그래서 재위 15년(469)에 고구려의 남쪽 변방을 공격하였고, 쌍현성을 수즙하여 고구려의 반격에 대비하였다. 청목령에 큰 책을 세워 북한산성에 주둔한 군대로 하여금 나 누어 지키도록 하였다.[130]

다른 하나는 국제적인 공조를 통해 고구려에 압박을 가하는 것이었다. 이 시기에 고구려에 직접 압박을 가할 수 있는 나라는 고구려와 국경을 접 하고 있는 북위였다. 이때 북위와 고구려의 사이에 긴장 관계가 조성되었 다. 고구려왕녀를 현조顯祖의 후궁으로 삼으려는 북위의 요구를 고구려가 거절하였기 때문이다.[131] 이러한 상황을 이용하여 개로왕은 472년에 북위 에 사신을 보내 고구려를 공격해 줄 것을 요청하였다.

개로왕이 보낸 국서에는 고구려를 공격하도록 북위를 자극하는 여러 가 지 내용이 나온다. '고구려가 남으로 유송劉宋과 통하고 북으로 연연蠕蠕 과 통하고 있으므로 응징해야 하며, 고구려가 북위의 사신을 물에 빠뜨려

---

129 『위서』 권100 열전 제88 백제전의 "自馮氏數終 餘燼奔竄 醜類漸盛"참조.
130 『삼국사기』 권제25 백제본기 제3 개로왕 15년조의 "秋八月 遣將侵高句麗南鄙 冬十月 葺 雙峴城 設大柵於靑木嶺 分北漢山城士卒成之"참조.
131 『위서』 권100 열전 제88 고려전의 "後文明太后 以顯祖六宮未備 敕璉令薦其女 璉奉表云 女已出嫁 求以弟女應旨 朝廷許焉 … 璉遂上書妄稱女死 朝廷疑其矯詐 又遣假散騎常侍程 駿切責之 … 會顯祖崩 乃止"참조.

죽였다'고 하면서 북위의 자존심을 건드린다든가, '장수왕이 대신강족들을 무수히 죽여 내분에 빠져 있고 또 낙랑유민과 북연의 풍족馮族들도 고구려에 심복하고 있지 않다'고 하면서 고구려의 내부가 매우 불안하므로 지금이 바로 공격할 시기임을 강조하였다.[132] 나아가 개로왕은 '백제는 고구려 땅과 백성들을 차지하겠다는 생각이 조금도 없다'고 다짐하면서 고구려를 공격하여 거둔 공로는 모두 북위에게 돌아가게 하겠다는 제안도 하였다.

북위는 고구려가 예로부터 북위의 뜻을 거스른 적이 없다고 하면서,[133] 백제와 고구려는 사이좋게 지내야 한다는 당위론만 내세우며 백제의 요청에 끝내 응하지 않았다. 북위로서는 백제 때문에 접경하고 있는 고구려와 갈등을 빚을 필요는 없다고 판단한 것 같다. 개로왕은 북위가 요청에 응하지 않자 외교 교섭을 중단해 버렸다.[134] 이리하여 개로왕의 대북위 교섭은 실패로 끝나고 말았다.

백제의 이러한 대북위 접근은 고구려로서는 큰 위협이었다. 국제적으로 백제가 구상한 포위망에 둘러싸일 수 있기 때문이다. 이에 고구려는 북위가 백제 쪽에 기울어지지 않도록 하기 위해 472년에 북위에 두 차례에 걸쳐 사신을 파견하고 공헌도 배로 하였다. 그리고 백제를 먼저 공격해 북위가 백제를 매개로 동북아 방면에 본격적으로 개입하려는 의도를 사전에 차단하려 하였다. 결과적으로 개로왕의 대북위 외교는 고구려에게 공격의 빌미를 주고 말았다.

---

132 『위서』 권100 열전 제88 백제전의 "今璉有罪 國自魚肉 大臣强族 戮殺無已 罪盈惡積 民庶崩離 是滅亡之期 假手之秋也 … 且馮族士馬 有鳥畜之戀 樂浪諸郡 懷首丘之心 天威一擧 有征無戰 …"참조.
133 『위서』 권100 열전 제88 백제전의 "… 於彼雖有自昔之釁 於國未有犯令之愆" 참조.
134 『삼국사기』 권제25 백제본기 제3 개로왕 18년조.

Ⅲ. 개로왕의 정책 실패와 한성 함락

1. 재정의 탕진과 민력의 피폐

백제를 공격하기로 작정한 장수왕은 백제의 내부 사정을 탐지하기 위해 승려 도림道琳을 밀파하였다. 그 시기는 472년경일 가능성이 크다.[135] 도림은 고구려에서 죄를 짓고 도망해 온 것처럼 위장하고 백제에 잠입하였다.[136] 특정한 목적을 가지고 타국으로 망명할 때 이러한 위장술을 쓰는 것은 비일비재하다. 신라의 박제상이 왕자 미사흔을 구출하기 위해 왜로 들어갈 때 죄를 지은 것처럼 한 것이[137] 방증 사례가 된다.

도림은 바둑을 매개로 개로왕의 마음을 사로잡았다. 개로왕은 도림을 만난 것이 너무 늦었다고 한탄하면서 그를 상객으로 삼았다.[138] 도림이 왕의 신임을 얻게 되자 개로왕의 왕권 강화 정책에 적극 협조하였던 세력들이 반발하였다. 그래서 재증걸루와 고이만년처럼 일부는 백제를 이탈해 고구려로 가기도 하였다.[139]

그럼에도 불구하고 개로왕의 도림에 대한 신임은 바뀌지 않았다. 도림은 왕으로 하여금 성곽과 궁전의 수리, 부왕의 무덤 개축, 한강 변의 제방 수축 등과 같은 대규모 토목사업을 시행하도록 하였다. 표면상 명분은 왕실의 숭고한 위엄과 부유한 모습을 보여 주어야 한다는 것이었지만 내면

---

135 김수태, 2000, 「백제 개로왕대의 대고구려전」, 충남대학교 백제연구소 편, 『백제사상의 전쟁』, 서경문화사.
136 『삼국사기』 권제25 백제본기 제3 개로왕 21년조의 "於是道琳佯逃罪 奔入百濟 …" 참조.
137 『삼국사기』 권제45 열전 제5 박제상전의 "遂徑入倭國 若叛來者 倭王疑之 …" 참조.
138 『삼국사기』 권제25 백제본기 제3 개로왕 21년조의 "時百濟王近蓋婁好博弈 道琳詣王門 告日 臣少而學碁 頗入妙 … 王召入對碁 果國手也 遂尊之爲上客 甚親昵之 恨相見之晚" 참조.
139 『삼국사기』 권제25 백제본기 제3 개로왕 21년조의 "桀婁萬年本國人也 獲罪逃竄高句麗" 참조.

에는 백제의 재정을 고갈시키고 민력을 피폐시키려는 의도가 숨어 있었다. 개로왕은 도림의 숨은 의도를 간파하지 못한 채 백성들을 동원하여 증토축성烝土築城하였고, 궁궐과 누각 및 대사를 장려하게 꾸몄으며, 욱리하에서 큰 돌을 가져다가 아버지의 무덤을 새로 만들었고, 숭산에서 사성에 이르는 한강 연안에 제방을 쌓았다.[140]

이러한 토목사업은 한편으로는 필요한 것이었다. 그렇더라도 대규모의 토목사업은 민력을 살펴가면서 순차적으로 추진해야만 성과를 거둘 수 있다. 그러나 개로왕은 도림의 꼬임에 빠져 대규모의 토목공사를 짧은 시간에 동시 다발로 추진하였다. 이로 말미암아 재정은 탕진되고 민력은 극도로 피폐해졌다. 한성이 함락되기 직전에 개로왕이 "창고는 텅 비고 인민은 곤궁하여 나라의 위태로움이 달걀을 쌓아 놓은 것[累卵]보다 심하였다"고[141] 한 말이 이를 잘 보여 준다.

2. 한성 함락과 개로왕의 죽음

백제의 재정을 파탄 내고 민생을 곤핍하게 한 도림은 백제에서 도망쳐 나와 장수왕에게 백제의 내부 상황을 상세히 보고하였다. 이에 장수왕은 3만의 군대를 거느리고 친히 고구려 공격에 나섰다. 아차산에 도달하여 교두보를 확보한 장수왕은 대로 제우와 백제에서 도망해 온 고이만년과 재증걸루를 선봉으로 삼아 한성을 공격하였다.[142]

---

140 『삼국사기』 권제25 백제본기 제3 개로왕 21년조의 "於是 盡發國人 烝土築城 卽於其內作宮樓閣臺榭 無不壯麗 又取大石於郁里河 作槨以葬父骨 緣河樹堰 自蛇城之東 至崇山之北" 참조.

141 『삼국사기』 권제25 백제본기 제3 개로왕 21년조의 "是以倉庾虛竭 人民窮困 邦之隍杌 甚於累卵" 참조.

142 『삼국사기』 권제25 백제본기 제3 개로왕 21년조의 "至是 高句麗對盧齊于再曾桀婁古尒萬年等帥兵 來攻北城 七日而拔之 移攻南城 …" 참조.

고구려군은 먼저 평지성이면서 규모가 큰 북성, 즉 풍납토성을 화공으로 공격하여 7일 만에 함락시켰다.[143] 그리고는 곧장 남성인 몽촌토성을 포위하였다. 남성에 있던 개로왕은 더 이상 버티기 어렵다고 판단하고 성을 빠져 나와 도망갔지만 얼마 가지 못하고 고구려군에 붙잡혔다. 재증걸루 등은 왕을 말에서 내려 절하게 하고 왕의 얼굴에 침을 뱉고 그 죄를 꾸짖은 후 왕을 포박하여 아단성(아차성)으로 보냈다. 장수왕은 개로왕을 아차성 아래에서 죽여 버렸다.[144] 이리하여 몽촌토성도 곧 함락되었다.

왕도 한성의 함락으로 대후大后 및 왕자들도 고구려군에게 죽임을 당하였고,[145] 왕족을 비롯한 많은 사람들이 피살되었고, 남녀 8천여 명이 포로로 잡혀갔다.[146] 『일본서기』에는 이 패배를 "박박狛(고구려)의 대군이 대성을 7일 낮과 밤을 공격해서 왕성이 함락됨에 따라 드디어 위례를 잃었다"고[147] 표현하였다. 백제로서는 망국에 버금가는 것이었다.

한성 함락은 웅진 천도라고 하는 새로운 국면을 가져왔다. 왕족의 대참살은 웅진 천도 이후 전개된 정치 정세에 적지 않은 영향을 미쳤다. 또 한강 유역과 경기도 일대의 상실은 백제의 영토를 크게 축소시켰다.

한편 한성 함락은 왕성인 풍납토성과 몽촌토성의 운명도 갈라 놓았다. 풍납토성을 발굴한 결과 4~5m 지하에서 백제 유적이 나오고 있지만 고구려나 통일신라 유적은 현재까지 확인되고 있지 않다. 이는 왕성 풍납토성이 크게 파괴되고 성안에 살던 많은 사람들이 포로로 잡혀가거나 흩어

---

143 『삼국사기』 권제25 백제본기 제3 개로왕 21년조.
144 『삼국사기』 권제25 백제본기 제3 개로왕 21년조의 "王出逃 麗將桀婁等見王 下馬拜已 向 王面三唾之 乃數其罪 縛送於阿且城下 戕之" 참조.
145 『일본서기』 권14 웅략기 20년조의 "百濟記云 … 遂失尉禮 國王及大后王子等皆沒敵手" 참조.
146 『삼국사기』 권제18 고구려본기 제6 장수왕 63년조의 "九月 王帥兵三萬 侵百濟 陷王所都 漢城 殺其王扶餘慶 虜男女八千而歸" 참조.
147 『일본서기』 권14 웅략기 20년조의 "百濟記云 盖鹵王乙卯年冬 狛大軍來攻大城七日七夜 王 城降陷 遂失尉禮" 참조.

져서 더 이상 사람이 살지 못할 정도로 황폐화되었음을 보여 준다. 반면
에 몽촌토성의 경우 노면을 매우 단단하게 한 백제의 도로 유적이 확인되
었을 뿐만 아니라 고구려의 주거 유적과 유물도 확인되었고, 통일신라시
대의 주거지와 우물 그리고 도로 유적도 확인되고 있다.[148] 이는 백제 멸망
이후에도 몽촌토성이 고구려군의 주둔지로 사용되었고 통일신라시대에
도 중요한 관방 유적으로 사용되었음을 보여 준다.

---

148 몽촌토성 발굴조사단·서울특별시 문화과, 1985, 『몽촌토성 발굴조사보고』, 서울특별시;
    서울대학교박물관 편, 1988, 『몽촌토성―동남지구 발굴조사보고―』, 서울대학교박물관;
    서울대학교박물관 편, 1989, 『몽촌토성―서남지구 발굴조사보고서―』, 서울대학교박물관;
    한성백제박물관 백제학연구소, 2016, 『몽촌토성 I』(한성백제박물관 유적조사보고 1).

제5부

웅진 천도와 신진 세력의 등장

1 공주 공산성 전경(공주대학교박물관 제공)

웅진도읍기의 왕성인 공산성은 금강이 자연 해자의 역할을 하고 무성산, 봉황산 등이 둘러싸고 있는 천혜의 요충지이다. 성내에서는 백제 당시의 각종 건물지를 비롯하여 목곽고 등이 확인되었다. 현재의 석축성 아래에 백제 당시의 성벽이 남아 있다.

2 공산성 추정 왕궁지(공주대학교박물관 제공)

공산성 내에서는 475년 이전에 축조된 왕궁과 관련한 건물지가 아직까지 확인되지 않고 있다. 이로 말미암아 웅진도읍기에 왕궁이 공산성 내에 있었느냐, 공산성 밖에 있었느냐를 두고 논쟁이 있다. 공산성 내 추정 왕궁지에서는 반지하식 건물지, 굴건식掘建式 주공柱孔 건물지, 적심석 건물지, 연지, 저장혈, 목곽고 등이 확인되었으며, 기와편, 삼족토기, 벼루편 등 각종 유물이 수습되었다.

3 무령왕릉 지석(좌)과 매지권(우)(국립공주박물관 제공)

무령왕릉은 고대 동아시아 왕들의 무덤 가운데 주인공, 조성 연대, 내부 구조, 부장품을 온전히 알 수 있는 유일한 무덤이다. 또 지석에 적힌 왕의 사망일과 나이로 무령왕의 출생 연도가 462년임을 알 수 있다. 왕과 왕비의 빈장 기간 27개월은 백제가 삼년상을 지냈음을 보여 준다. 왕비의 지석 이면에 새겨진, 지신으로부터 땅을 사서 문권文券을 만들었다는 내용은 백제에서 토지 매매가 이루어졌음을 추정할 수 있게 한다.

제1장

웅진 천도와 남래 귀족의 동향

I. 문주왕의 즉위와 웅진 천도

1. 문주왕의 즉위

개로왕이 죽은 후 문주왕文周王이 왕위를 이었다. 문주왕의 이름은 『삼국사기』에는 문주文洲로, 『삼국유사』에는 문주文州로 표기된다. 중국 사서에는 여도餘都로 나온다. 문주왕의 출계에 대해, 『삼국사기』 문주왕조와 『삼국유사』 왕력[1] 및 『양서』 백제전에는[2] 개로왕의 아들로 나온다. 그러나 『일본서기』에는 개로왕의 동생으로[3] 나온다. 이로 말미암아 개로왕의 아들설과 개로왕의 동생설이 나오게 되었다.

이 문제를 해명하는 데 단서가 되는 것이 곤지이다. 곤지는 동성왕의 아버지이면서 문주왕의 동생이었다. 『일본서기』에는 문주왕의 동생인 곤지, 즉 군군軍君이 개로왕의 동생으로 나온다. 곤지가 개로왕의 동생이라면 곤지의 형인 문주도 개로왕의 동생이 된다. 따라서 문주왕은 개로왕의 아들이 아니라 동생으로 보는 것이 타당하다. 이를 방증해 주는 것이 문주왕이 개로왕 대에 상좌평이 되었다는 사실이다. 상좌평은 대체로 왕제나

---

1 『삼국사기』 권제26 백제본기 제4 문주왕 즉위년조; 『삼국유사』 권제1 왕력 제1 백제 제22
　문주왕조.
2 『양서』 권54 열전 제48 제이 백제전의 "餘毗死立子慶 慶死子牟都立 都死立子牟大"참조.
3 『일본서기』 권14 웅략기 21년조의 "春三月 … 更造其國(汶洲王蓋鹵王母弟也 …)"참조.

왕의 장인이 임명되었기 때문이다.

문주왕은 개로왕 4년에 보국장군이어서 관군장군 우현왕 여기나 동생인 정로장군 좌현왕 여곤보다 지위가 낮았다. 그는 여곤(곤지)이 왜로 파견된 이후 상좌평의 지위에 올라 왕을 보좌하였다. 이것이 왕이 되기 이전 현재 알 수 있는 그의 관력官歷의 전부이다.[4]

475년 고구려 장수왕의 공격으로 수도 한성이 함락될 상황에 처하자 개로왕은 문주에게 신라로 가서 구원병을 청해 오도록 하였다. 그 시기는 475년 9월이었다.[5] 백제의 위급한 상황을 파악한 신라는 1만의 군대를 파견하였다. 신라의 원병 파견에는 434년에 맺어진 제라동맹이 일정 부분 작용하였을 것이다. 동시에 백제가 망하면 신라도 존립하기 어려울 것이라는 정세 판단도 한몫하였을 것이다.

문주가 구원군 1만 명을 거느리고 한성에 이르렀을 때 이미 한성은 함락되었고, 개로왕은 고구려군에 의해 붙잡혀 죽었으며 고구려 주력군도 철수하는 등 모든 상황은 종료되어 있었다.[6] 왕이 돌아가셨기 때문에 문주는 국맥을 잇기 위해 한성에서 왕위에 올랐다.

문주가 즉위할 수 있었던 배경은 다음과 같이 정리할 수 있다. 첫째, 한성 함락과 더불어 왕은 물론 왕후 및 왕자를 비롯한 많은 왕족들이 고구려군에 의해 죽임을 당하였다는 점이다.[7] 이로 말미암아 개로왕의 직계로서

---

4 문주왕이 한때 웅진 지역에 설치된 담로의 장으로 근무하였다는 견해(김영관, 2000, 「백제의 웅진천도 배경과 한성경영」, 『충북사학』 11·12합집, 충북대학교 사학회)도 있지만 추정에 불과하다.

5 문주왕이 신라에 청병하러 간 시기는 『삼국사기』 백제본기에는 475년 9월로, 신라본기에는 474년 7월로 나와 약 14개월의 차이가 난다. 14개월 전에 백제는 고구려의 공격도 받지 않았다. 따라서 그 시기는 475년 9월로 보는 것이 타당하다.

6 『삼국사기』 권제26 백제본기 제4 문주왕 즉위년조의 "蓋鹵嬰城自固 使文周求救於新羅 得兵一萬廻 麗兵雖退 城破王死" 참조.

7 『일본서기』 권14 웅략기 20년조의 "百濟記云 蓋鹵王乙卯年冬 狛大軍來 攻大城七日七夜 王城降陷 遂失尉禮 國王及大后王子等皆沒敵手" 참조.

왕위를 계승할 자가 없었다. 개로왕의 동생 곤지는 왜국에 있었다. 그렇기 때문에 국내에서는 문주를 능가할 왕족은 없었다.

둘째, 목협만치나 조미걸취와 같은 보신輔臣이 있었다는 점이다. 한성이 함락되는 상황에서 살아남은 이들은 사태를 수습하기 위해 문주를 지지하지 않았을까 한다. 보신들의 지지는 문주가 민심을 얻는 데 큰 힘이 되었을 것이다.

셋째, 문주가 거느린 1만의 신라군이 군사적 뒷받침이 되었다는 점이다. 한성 함락으로 중앙군사조직이 일시적으로 와해된 상황에서 어느 누구도 문주의 군대에 대항할 군사력을 가지고 있지 못하였다. 문주왕은 이러한 정치적·군사적 배경에서 왕위에 오를 수 있었던 것이다.

2. 웅진 천도

(1) 웅진이 천도지로 정해진 배경

웅진 천도는 기획된 천도가 아니라 왕도 한성이 함락된 상황에서 황급하게 이루어진 것이었다. 웅진(공주)으로 천도한 데는 다음과 같은 몇 가지 조건이 고려되었다. 첫째, 새로운 수도는 관방으로서의 조건을 갖추고 있어야 하였다. 고구려가 언제 재침할지도 모르는 상황에서 방어하기 좋은 조건은 필수적인 고려 사항이었기 때문이다.

둘째, 수도의 함락으로 왕실의 권위가 땅에 떨어진 상황에서 천도하려고 하는 곳의 재지 세력들이 왕을 영접할 것이냐의 여부이다. 비록 후대의 사실이지만 고려 현종이 거란군의 공격을 피해 황망히 나주까지 몽진하는 과정에서 각 지역 재지 세력들의 푸대접으로 많은 고초를 당한 사실이 이를 시사해 준다.

셋째, 보신輔臣들의 입장이다. 황급한 상황에서 천도해야 하는 문주왕으로서는 보신들의 의사를 무시할 수 없었을 것이다. 보신 가운데 그 이름을 알 수 있는 자는 목협만치와 조미걸취이다. 문주왕은 어디로 천도해야 할 것인가에 대해 이들과 긴밀하게 의논하였을 것이다.

웅진 지역은 이 세 가지 조건 가운데 첫째 조건은 큰 문제가 안 되었다. 웅진은 북으로는 차령산맥이 가로막고 있고, 남으로는 계룡산이 뻗어 있으며, 자연적인 해자로서 방어 역할을 톡톡히 하는 금강이 흐르고, 무성산, 연미산, 정지산, 봉황산, 일락산, 월성산, 주미산 등이 삼면으로 둘러싸여 있는 천혜의 요충지였다. 뿐만 아니라 웅진 지역은 금강 수운을 이용하여 중국이나 왜로 쉽게 갈 수 있고 물자 이동이 편리한 교통의 결절점結節點이었기 때문이다. 이러한 조건은 비상시의 수도 후보지로서 손색이 없었다.

문제는 둘째와 셋째 조건이다. 이 두 조건은 연동되어 있다. 가령 보신들의 기반이 있는 곳이라면 그 지역 토착 세력들의 왕실에 대한 태도는 그다지 적대적이지 않을 수 있기 때문이다. 따라서 웅진 지역과 보신들의 관계가 어떠한지를 살펴보는 것이 필요하다. 보신들의 입장에서는 이왕이면 자신들의 기반이 있는 곳으로 천도를 하면 앞으로의 입지를 탄탄히 할 수도 있기 때문이다.

보신 가운데 웅진 지역과 연관성을 갖고 있는 세력이 목협씨 세력이다. 이를 추론하게 하는 것이 『일본서기』의 "구마나리久麻那利는 임나국 하치호리현下哆呼唎縣의 별읍이었다"는 기사이다.[8] 이 기사에서 임나국은 가야를 말하며 구마나리는 웅진의 어느 한 지역의 이름이다.[9] 하치호리현은

---

8 『일본서기』 권14 웅략기 21년조의 "日本舊記云 以久麻那利賜末多王 蓋是誤也 久麻那利者 任那國下哆呼唎縣之別邑也" 참조.

9 구마나리를 경남 웅천(창원)으로 보아 이 기사는 가야와 관련한 것인데 백제 관련 기사로 잘못 삽입된 것으로 보는 견해(김현구·박현숙·우재병, 2002, 『일본서기 한국관계기사 연구 I』, 일지사, 268쪽)도 있다.

'현'이란 표현에서 미루어 지방통치조직의 하나이다. 별읍은 특수한 성격의 읍이라는 의미이다.

별읍은 본래 마한연맹체 단계에서는 국에 설치되었던 일종의 신성구역으로 소도蘇塗라고 하였다.[10] 그러나 백제가 중앙집권체제를 갖춘 이후 신성구역으로서의 별읍은 없어졌기 때문에 별읍의 성격은 지방통치조직과 연관시켜 살펴보아야 한다. 이 시기 지방통치조직은 담로제였다. 담로는 여러 읍락(촌)으로 이루어졌다. 별읍은 그러한 읍락 가운데 하나였지만 일반 읍락과는 성격이 다른 읍락이었다. 특별한 성격이란 귀족들의 식읍으로 설정된 곳임을 의미한다. 이러한 관점에서 저자는 하치호리현을 구성하고 있는 구마나리는 귀족의 식읍지로 파악한다.

하치호리현은 앞에 임나가 붙어 있기 때문에 구마나리를 식읍으로 한 귀족 세력은 임나국, 즉 가야와 관계가 있는 세력이었다. 백제 귀족 가운데 임나(가야)와 깊은 관계를 맺은 세력은 목협[목라]씨 세력이다. 목협씨인 목라근자는 369년에 단행된 백제의 남방 경략 때 주도적 역할을 하여 가야 7국을 평정하는 공을 세웠다. 이 공로에 대한 반대급부로 목라근자가 받은 식읍지가 구마나리였고[11] 그래서 구마나리를 임나(가야)와 연결시킨 표현이 나온 것 같다. 다만 이 기사에서 왜왕이 구마나리를 문주왕에게 하사하였다고 한 것은 『일본서기』 편찬자의 왜곡과 윤색이며, 실제는 백제 왕이 목라근자에게 식읍을 사여한 것으로 보아야 한다.

목협씨의 식읍지가 된 구마나리가 구체적으로 어디인지 분명히 알기 어렵지만 이와 관련하여 주목되는 것이 공주 수촌리고분군이다. 정안천변에 위치한 수촌리고분군은 누대에 걸쳐 조영된 수혈식석곽묘, 횡구식석실묘, 횡혈식석실묘로 이루어졌다. 여기에서 금동관, 금동식리, 환두대도,

10 『삼국지』 권30 위서 동이전 한조의 "又諸國各有別邑 名之爲蘇塗 … 諸亡逃至其中 皆不還之" 참조.
11 노중국, 2000, 「백제의 식읍제에 대한 일고찰」, 『경북사학』 23집, 경북사학회 참조.

금동과대 등과 중국제 도자기 등 고급 위신품들이 출토되었다.[12] 특히 금동관 등 위신품과 환두대도 등 무기류 및 마구류가 출토된 1호는 남성 무덤으로, 무기류나 마구류는 없고 구슬 중심의 부장품이 부장된 2호는 여성 무덤으로 보여 1호와 2호는 부부 무덤일 가능성이 크다. 금동관과 환두대도, 중국제 도자기 등이 출토된 4호는 남성 무덤으로, 금동관 등의 위신품이나 무기류가 없는 5호는 여성 무덤으로 보여 4호와 5호도 부부 무덤일 가능성이 크다. 이는 하나의 관옥이 둘로 나누어진 조각이 4호와 5호에서 각각 출토된 것에서 입증된다.[13]

이 고분군을 조영한 세력에 대해 웅진도읍기에 두각을 나타낸 백씨苩氏 세력으로 파악한 견해가 있다.[14] 백씨 세력은 한성도읍기에는 지방의 재지 세력이었을 뿐이었다. 그러나 이 고분군은 웅진 천도 이전에 조영되었다. 그렇기 때문에 금동관과 같은 위신품은 당시 지방 세력에 불과하던 백씨 세력이 착용할 수 없었다. 저자는 금동관과 같은 최고급 위신품은 중앙 귀족들이 착용한다는 사실과 목협씨 세력이 공주의 구마나리를 식읍으로 하였다는 사실, 그리고 목협씨 가문은 중앙의 유력한 귀족 가문이라는 사실 등에서 미루어 수촌리고분군은 목협씨 세력과 관련이 있는 것으로 파악한다.[15]

목협만치는 목협씨 가문 출신이므로 구마나리 지역은 목협만치와도 연관성을 갖는다. 이에 목협만치는 당장의 위기 극복은 물론 앞으로의 정치

---

12 충청남도역사문화연구원, 공주시, 2007, 『공주 수촌리유적』 (유적조사보고 40책).
13 이훈, 2010, 「금동관을 통해 본 4~5세기 백제의 지방통치」, 공주대학교 대학원 박사학위 논문.
14 강종원, 2005, 「수촌리 백제고분군 조영세력 검토」, 『백제연구』 42집, 충남대학교 백제연구소. 저자도 이전에 이 견해를 지지하였지만 여기서는 수정한다.
15 이와는 달리 청주 신봉동90B-1호분에 청자계수호 등 중국제 유물이 다수 출토된 것에 주목하여 청주 지역으로 보는 견해[강지원, 2018, 「진천 송두리 백제 제철유적 조사 성과」, 『최근 백제사 연구의 제문제』 (제31회 백제학회 정기학술회의), 백제학회]도 있다.

적 입지도 고려하여 웅진으로의 천도를 추천하지 않았을까 한다. 여기에
는 자기 가문의 경제적 기반이 있는 곳으로 가면 재지 세력들도 왕실을 받
아들일 것이라는 판단도 작용하였을 것이다. 이에 문주왕은 보신들의 의
견을 받아들여 웅진으로 천도하기로 결정한 것 같다.

(2) 웅진으로의 천도 과정

웅진 천도는 한성이 함락된 화급한 상황에서 이루어진 것이어서 모든
것이 준비되어 있지 않았다. 그렇지만 문주왕은 왕자 삼근 등 왕족들과 목
협만치, 조미걸취 등 살아남은 신료들과 함께 곧바로 웅진으로 출발하였
다. 머뭇거릴 여유가 없었기 때문이다. 이때 문주가 거느리고 온 신라 군
사 1만 명 모두가 웅진으로 가지 않았다고 하더라도 일부는 문주왕의 안
전을 위해 웅진까지 호위해 갔을 것이다.

문주왕이 한성에서 웅진으로 갈 때 어떤 경로로 갔는지 정확히 알기 어
렵다. 이 경로를 추론하는 데 단서가 되는 것이 거란의 공격을 받은 고려
현종이 개경을 떠나 나주까지 가는 길에 공주를 거쳐 간 사실이다. 현종의
화급한 몽진蒙塵은 문주왕의 남천 당시의 모습과 유사하다. 개경을 떠난
현종은 성남-용인-직산(사산현)-천안(천안부) 등을 거쳐 공주로 갔다.[16]
이를 원용하면 문주왕도 이 길을 따라 공주로 갔을 것이다.

한성에서 웅진까지의 길은 멀고 게다가 많은 인원이 함께 가야 하였다.
더구나 준비가 제대로 안 된 상태에서 황급하게 가는 것이어서 숙식이 문
제였다. 현종의 경우를 보면, 들르는 곳에서 지역 주민들로부터 제대로 대
접을 받지 못한 경우가 비일비재하였다. 그나마 공주절도사로 있던 김은
부에게 대접을 받은 것이 다행이다. 문주왕의 경우도 공주로 가는 과정에서
어느 지역의 유지들은 문주왕을 홀대하였을 수도 있고, 어느 지역의 세력

---

16 『고려사』 권4 세가 제4 현종; 권94 열전 제7 김은부전.

들은 환대하기도 하였을 것이다. 이런 어려움을 헤치고 문주왕은 마침내 공주에 도착하였다. 이리하여 웅진 천도가 이루어졌다.

3. 웅진도성

(1) 천도 이전의 공주 지역

새 수도가 된 웅진 지역에는 3세기 중반까지는 마한연맹체의 한 구성국인 감해국感奚國이 위치하였다.[17] 감해국은 백제가 마한연맹체의 맹주국인 목지국을 병합하고 주변의 국들에 대한 통합운동을 본격적으로 진행하는 과정에서 백제의 영역이 된 것으로 보인다. 그 시기는 3세기 말이나 4세기 초로 추정된다.

마한의 여러 국들을 통합한 근초고왕은 지방통치조직으로 담로제를 실시하였다. 담로는 기본적으로 종래의 국을 담로로 편제한 것이다. 종래의 국은 정치 중심지로서 국읍과 여러 읍락으로 구성되었다. 국이 담로로 편제되면서 국읍은 담로의 치소가 되었고 읍락은 담로를 구성한 하부조직이 되었다. 이 담로에 파견된 지방관이 도사이다.

담로제가 실시된 이후 공주 지역이 어떻게 편제되었는지 알 수 없지만 이를 추론하는 데 단서가 되는 것이『일본서기』의 '구마나리는 임나국 하치호리현의 별읍'이라는 기사에 나오는 '현'이다. 이 '현'은 일본에서 율령제가 실시된 이후 지방통치조직을 나타내는 용어이다. 따라서 '현'이란 용어는 5세기 말의 상황에는 맞지 않는다. 그렇지만 '현'이 지방통치조직 중 하나이므로 '현'이란 표현은 공주 지역에도 지방통치조직이 설치되었음을 시사해 준다. 이 지방통치조직이 담로가 아닐까 한다.[18] 그렇다면 백

17 노중국, 2005, 「금강유역의 백제 영역화와 문화적 변화」,『충청학과 충청문화』 4집, 충청남도역사문화연구원.
18 입론은 다르지만 공주에 담로가 설치된 것으로 보는 견해(김영관, 2000, 「백제의 웅진천도

제는 감해국을 병합한 후 이 지역에 담로를 설치하였고 이 담로의 명칭이 하치호리라고 볼 수 있다.

담로는 치소와 여러 읍락(촌)으로 이루어졌다. 이를 보여 주는 것이 별읍이다. 별읍은 일반 읍락의 존재를 전제로 해야만 성립하기 때문이다. 이 여러 읍락(촌)들을 다스리는 중심지가 담로의 치소이다. 담로의 치소는 지방행정의 중심이면서 군사 중심지의 성격도 지닌다. 이렇게 볼 때 공주 지역에 설치된 담로의 치소는 공산성일 가능성이 높다. 그렇다면 일반 읍락들은 공주 시내를 비롯하여 공주의 인근 지역들에 위치하였을 것이다.

(2) 왕궁의 위치

웅진 천도 후 왕궁의 위치에 대해서는 공산성 안에 있었다는 견해와 공산성 밖의 현재 공주 시내에 있었다는 견해가 있다. 전자는 현재 공주 시내에서는 왕궁으로 여겨지는 유적이 확인되고 있지 않으므로 공산성 내의 추정왕궁지가 바로 왕궁이 있었던 곳으로 보는 견해이다.[19] 후자는 공산성 내부 발굴 결과 475년 이전에 만들어진 유적이 현재까지 확인되지 않았고 성안의 건물지 가운데 왕궁으로 추정되는 것이 없으므로 공산성 밖의 남록 일대에 왕궁이 있었던 것으로 보는 견해이다.[20]

왕궁의 위치와 관련하여 고려해야 할 사항은 두 가지이다. 하나는 웅진 천도가 황급히 이루졌기 때문에 왕이 거주할 공간을 미처 마련하지 못하

배경과 한성경영」, 『충북사학』 11·12합집, 충북대학교 사학회)도 있다.
19 공주사범대학 박물관, 충청남도 편, 1987, 『공산성 추정왕궁지 발굴조사보고서』, 공주사범대학 박물관; 이남석, 1999, 「백제 웅진성인 공산성에 대하여」, 『마한·백제문화』 14집, 원광대학교 마한·백제문화연구소; 서정석, 2000, 「백제 웅진도성의 구조에 대한 일고찰」, 『백제문화』 29집, 공주대학교 백제문화연구소.
20 김영배, 1968, 「웅천과 사비성시대의 백제왕궁지에 대한 고찰」, 『백제문화』 2집, 공주사범대학 백제문화연구소; 성주탁, 1997, 「백제 웅진성의 재착」, 『백제의 중앙과 지방』, 충남대학교 백제연구소; 박순발, 2010, 『백제의 도성』, 충남대학교 출판부, 210~212쪽.

였다는 점이다. 이 때문에 천도 직후 왕은 기존에 있던 건물들을 왕궁으로
사용할 수밖에 없었다. 이를 입증해 주는 것이 문주왕 3년(477) 봄 2월의
왕궁 중수 기사이다. '중수重修'는 부분적인 수리를 의미하든 대폭적인 수
선을 의미하든 기왕에 있던 건물을 수리하는 것을 말한다. 문주왕은 475
년 10월에 웅진으로 천도하여 477년 2월에 궁실을 중수하였다. 천도에서
중수하기까지의 기간이 1년 5개월 밖에 되지 않는다. 이 짧은 기간 안에
궁궐을 신축하고 신축한 왕궁을 다시 중수하였다고 보기 어렵다. 따라서
'중수'는 문주왕이 천도 이전에 있던 기존의 건물을 궁실로 사용하다가[21]
1년여가 지난 후 수리한 것을 의미한다.

　다른 하나는 왕을 보호할 수 있는 방어 시설이 있어야 한다는 점이다.
방어 시설과 관련하여 주목되는 곳이 공산성이다. 공산성은 웅진 천도 이
전에 담로의 치소와 방어 시설로 사용되었을 가능성이 크다. 그렇다면 공
산성 안에는 천도 이전에 여러 건물들이 있었고 문주왕은 이 건물들을 왕
궁으로 사용하다가 중수하였을 것이다. 이러한 관점에서 저자는 웅진 천
도 직후의 왕궁은 공산성 안에 있었다고 본다. 그러나 고고학적 발굴 결
과에 의하면 현재까지 공산성 내에서는 475년 이전에 만들어진 시설들이
확인되지 않고 있다. 이 문제의 해결은 앞으로의 발굴 성과를 기대해 볼
수밖에 없다.

　이후 동성왕은 재위 8년(486) 7월에 궁실을 중수하고 10월에 궁궐 남쪽
에서 크게 열병하였다.[22] 이때의 궁실 중수는 문주왕이 궁실을 중수한 후
9년 만이다. 동성왕 대의 궁실 중수에 대해 현재의 공주 시가지 내에서 이
루어진 것으로 보고, 왕궁이 공산성 내에서 시가지로 옮겨짐으로써 공산

21　이는 임진왜란 때 서울을 버리고 의주로 몽진하였던 조선 선조가 환도 후 월성대군의 사저
　　를 왕궁으로 사용한 것과 유사한 형태라고 하겠다.
22　『삼국사기』권제26 백제본기 제4 동성왕 8년조의 "秋七月 重修宮室 築牛頭城 冬十月 大閱
　　於宮南" 참조.

성은 일종의 피난성 구실을 하였다는 견해가 있다.[23]

이 견해에서 동성왕이 새로운 왕궁을 중수한 것으로 보는 것은 주목된다. 그런데 이 왕궁도 '중수'라는 표현에서 미루어 천도 이전에 있던 건물을 수리한 것으로 볼 수 있다. 이때 수리한 건물이 정궁으로 사용되었는지는 단정하기 어렵기 때문에 왕궁이 공산성 내에서 시가지로 옮겨진 것으로 보는 것은 재고의 여지가 있다. 저자는 동성왕이 중수한 왕궁은 시가지 내에 위치한 별궁이 아니었을까 추정한다. 그렇다면 현재 공주시의 구시가지에는 여러 관청들을 비롯해 귀족들과 관료들의 저택과 민들의 거주 공간이 자리하였을 것이다. 그리고 대통사 등 여러 사찰들도 건축되었을 것이다.

(3) 능묘 공간

도성의 공간 배치에서 또 하나 고려해야 할 사항은 사후세계인 무덤 공간이다. 무덤 공간은 기본적으로 생활 공간과 구별되는 곳에 마련되었다. 따라서 웅진도성의 공간도 무덤 공간과 연계하여 살펴보아야 한다. 공주 지역의 주요 무덤으로는 서쪽에 위치한 교촌리고분군, 송산리고분군, 웅진동고분군 등과 동남쪽에 위치한 금학동고분군, 금학동능치고분군 등을 들 수 있다.[24] 이 고분군들은 공주 시가지를 관통하는 제민천 유역의 낮은 평지와 공산성이 연결되는 주변의 구릉을 피한 외곽에 배치되어 있다. 이는 무덤 공간이 주거 공간과 구분되어 조성되었음을 보여 준다.[25]

무덤 공간에서 핵심은 왕실의 무덤, 즉 능묘 공간이다. 능묘 공간의 위치

---

23 여호규, 2017, 「백제 웅진도성의 구조와 성격」, 한성백제박물관 편, 『백제, 한성에서 웅진으로』 (백제학연구총서 쟁점백제사 11), 한성백제박물관.

24 웅진 지역의 고분에 대해서는 강인구, 1977, 『백제고분연구』, 일지사; 이남석, 2002, 『백제 묘제의 연구』 (백제문화연구 총서 제1집), 서경문화사; 이훈, 2013, 「백제 능묘의 특징과 탁월한 보편적 가치」, 『백제의 능묘와 주변국 능묘의 비교연구』, 백제역사유적지구 세계유산 등재추진단·한국전통문화대학교 전통문화연구소 참조.

25 박순발, 2010, 『백제의 도성』, 충남대학교 출판부, 202~203쪽.

를 보여 주는 것이 〈무령왕릉묘지석〉이다. 여기에는 무령왕릉이 유지酉地에 있는 것으로 나오는데, 유지는 서방이다. 무령왕릉이 있는 송산리고분군과 빈전이 있던 정지산 유적은[26] 공산성의 서쪽에 위치하고 있다. 이는 송산 일대가 왕실의 능묘 공간임을 보여 준다. 『신증동국여지승람』에 의하면, 송산리고분군은 조선시대에도 백제의 능묘 구역으로 인식되고 있었다.[27] 현재 송산리고분군의 계곡 서쪽에는 무령왕릉과 5·6·29호분이, 동북쪽에는 1~4호분과 7~8호분이 분포한다. 이 무덤들은 아직 발굴되지 않은 주변의 무덤들과 더불어 왕실과 관련이 있는 사람들의 무덤일 것이다.

한편 교촌리고분군은 지형이 무령왕릉과 이어지고 있고 또 최근의 발굴조사에서 백제시대의 전축묘 1기와 석실분 1기 및 왕릉 묘역 내의 의례 관련 시설로 추정되는 석축 단시설이 확인되었다.[28] 금학동고분군에는 금제화판형식 장식을 비롯한 금제품이 부장된 무덤이 다수 분포하고 있다.[29] 금학동능치고분군의 '능치'는 능현陵峴이라고도 하는데, 왕릉이 있었기 때문에 생겨난 명칭이다. 『신증동국여지승람』에는 "이곳에 옛 능터가 있었고 세간에서는 이 능을 백제 왕릉이라고 하였다"라고 기록하고 있다.[30] 이처럼 후대인들에 의해 왕릉으로 인식될 정도였다면 교촌리고분군과 금학동고분군도 왕족이나 유력 귀족들의 무덤 공간일 것이다. 그리고 신기동고분군, 남산동고분군, 우금치고분군, 웅진동고분군 등도 유력 귀족들이 남긴 무덤일 가능성이 크다.[31]

---

26 이한상, 1998, 국립공주박물관 편, 「백제의 왕실제사유적 '공주 정지산' 학술발표회」; 국립공주박물관·현대건설 편, 1999, 『(백제의 제사유적) 정지산』(국립공주박물관 학술조사총서 7), 국립공주박물관.
27 『신증동국여지승람』 권17 충청도 공주목.
28 공주대학교 박물관, 2018, 「공주 교촌리 백제전축분 탐색을 위한 발굴조사 개략보고서」.
29 박순발, 2010, 『백제의 도성』, 충남대학교 출판부, 202쪽.
30 『신증동국여지승람』 권17 충청도 공주목 산천조의 "陵峴 (在州東五里 有古陵基故名 諺傳 百濟王陵)" 참조.
31 이현숙, 2018, 「고고자료로 본 백제 웅진기 지배세력」, 한성백제박물관 편, 『백제 웅진기

Ⅱ. 남래 귀족의 분열과 반란

1. 목협만치와 조미걸취의 행방

앞에서 언급한 것처럼 문주왕이 웅진으로 황급히 천도할 때 목협만치와 조미걸취는 보신으로서 문주왕을 모시고 내려왔다. 이들은 문주왕을 호종하여 웅진으로 안전하게 천도하는 데 최고의 공로자였다. 이 때문에 이들은 천도 이후 지배 세력의 재편성 때 당연히 중요한 직책을 맡았을 것이다. 그렇지만 현재 남아 있는 자료에는 이들의 활동에 대한 기록은 없다. 이 문제는 천도 이후 보신들의 운명과도 연관된다.

천도 이후 보신들의 운명은 둘로 나누어진 것 같다. 자신이 세운 공로를 토대로 정치 운영을 좌우하는 실권자가 되든가 아니면 권력 싸움에서 패배하여 밀려나는 것이다. 방증 사례로는 고려 현종이 나주로 몽진할 때 공을 세운 지채문智蔡文을 들 수 있다. 그는 온갖 어려움을 당하면서도 현종을 곁에서 지켰다. 그러나 현종이 원년(1010) 2월에 나주에서 개경으로 환도한 후 지채문은 호종에 대한 공로로 전 30결만 받았을 뿐이다. 그가 우상시右常侍(정3품)를 받은 것은[32] 현종 7년(1016)이었다. 이러한 사례를 원용하면 목협만치와 조미걸취가 천도 이후 모습이 보이지 않는 것은 세력 다툼에서 밀려났을 가능성이 크다는 것을 의미한다.

목협만치와 조미걸취를 밀어낸 세력으로 주목되는 것이 병관좌평 해구이다. 그가 웅진으로 천도할 당시 어떤 역할을 하였는지는 알 수 없다. 그

왕계와 지배세력』(백제학연구총서 쟁점백제사 12), 한성백제박물관, 224~236쪽. 공주 지역 고분의 분포는 223쪽의 〈그림 5〉 웅진왕도 내 백제 석실묘의 분포도 참조.

32 『고려사』 권94 열전 제7 지채문전의 "(元年) 二月 還至公州 賜智蔡文田三十結 … 七年 以武職兼右常侍" 참조.

런데 그는 천도 이후 제일 먼저 병관좌평에 임명되었다.[33] 병관좌평은 군사권을 관장하는 직이다. 아마도 해구는 천도 초기의 뒤숭숭한 상황을 틈타 병권을 장악하고 나아가 자신의 정치적 입지를 강화하기 위해 목협만치와 조미걸취를 밀어내지 않았을까 한다.

이후 목협만치의 행적에 대해서는 그가 왜로 건너갔고, 왜의 유력 호족인 소가노마치蘇我滿智가 그라는 견해가 있다.[34] 소가노마치는 왜의 유력 호족인 소가씨의 시조이다. 이 견해는 목협만치와 『일본서기』 응신기에 나오는 목만치가 동일인라는 전제하에서 목만치가 왜로 소환되어 간 것을 목협만치가 왜로 간 것으로 본 것이다. 그러나 앞에서 언급한 바와 같이 목협만치와 목만치는 동명이인으로 활동 시기가 다르다. 또 목협만치가 왜로 갔다는 문헌 자료도 없다. 그렇다면 목협만치를 소가노마치와 동일 인물로 보는 것은 재고되어야 한다. 저자는 문주왕 대의 목협만치가 아니라 구이신왕 대의 목만치가 왜로 가서 뒷날 소가씨의 조상이 되었을 가능성이 있다는 정도로 추정해 둔다.

이처럼 목협만치와 조미걸취는 정치 일선에서 밀려났다. 그렇지만 목협씨(목씨)와 조미씨가 모두 몰락한 것은 아니었다. 동성왕 대에 목씨 출신인 불중후 목간나木干那가 군공을 세워 광위장군 면중후로 책봉된 사실과[35] 저미씨 출신인 영삭장군 면중왕 저근姐瑾이 시무를 돕고 무공을 세워

33 『삼국사기』 권제26 백제본기 제4 문주왕 2년조의 "秋八月 拜解仇爲兵官佐平" 참조.
34 門脇禎二, 1971, 「蘇我氏の出自について」, 『日本のなかの朝鮮文化』 12号, 朝鮮文化社; 山尾幸久, 1979, 「日本書紀のなかの朝鮮」, 『日本と朝鮮の古代史』, 三省堂; 鈴木靖民, 1981, 「木滿致と蘇我氏―蘇我氏百濟人說によせて」, 『日本のなかの朝鮮文化』 50号, 朝鮮文化社; 山尾幸久, 1983, 『日本古代王權形成史論』, 岩波書店, 227~232쪽; 김현구, 2007, 「백제의 목만치와 소아만지」, 『일본역사연구』 25집, 일본역사연구회. 이와는 달리 滿智-韓子-高麗를 실존 인물이 아닌 가공의 인물로 보는 견해(加藤謙吉, 1983, 『蘇我氏と大和王權』, 吉川弘文館, 156쪽)도 있다.
35 『남제서』 권58 열전 제39 동남이전 백제국조의 "弗中侯木干那前有軍功 又拔臺舫 爲行廣威將軍面中侯" 참조.

관군장군冠軍將軍 도장군都將軍 도한왕都漢王에 책봉된 사실이[36] 이를 보여
준다. 목씨나 저씨는 천도 초기의 어려운 상황에 나름대로 대처하여 여전
히 유력 귀족 가문으로서의 지위를 유지하였던 것이다.

2. 문주왕의 정치 안정화 정책과 해구의 반란

(1) 지배 세력의 안배와 곤지의 귀국

천도 이후 백제의 정치적 상황은 순탄치 않았다. 한강 유역을 포함한 경
기도 일대를 상실한 것은 경제적으로 큰 타격이요 위기였다. 송나라에 보
낸 사신은 고구려가 길을 막는 바람에 도달하지 못하고 돌아오는[37] 등 국
제관계에서도 고립을 면하지 못하였다. 이런 상황에서 탐라국이 사신을
보내와 방물을 바친 것은 다행이었다. 무너진 왕실의 위상을 격상시켜 주
었기 때문이다. 문주왕은 이에 대한 보답으로 탐라국 사신에게 은솔의 관
등을 주었다.[38]

이러한 상황에서 문주왕은 정치적 안정을 도모하기 위한 몇 가지 조치
를 취하였다. 첫째, 한성인들을 대두성에 안치하였다. 한성인은 수도 한성
이 고구려군에 함락될 때 난을 피하여 내려온 사람들을 말한다. 난리를 피
해 아무런 생활 터전이 없는 곳에 내려온 이들을 정착시키지 않으면 사회
적 불안을 야기할 수 있다. 이로 미루어 여타 지역에서 내려온 많은 이주
민들도 여러 지역에 분산되어 안치되었을 것이다. 『삼국사기』에 문주왕
의 품성을 '애민'으로 평한 것은 이러한 조치들에 대한 평가라고 하겠다.

---

36 『남제서』 권58 열전 제39 동남이전 백제국조의 "寧朔將軍面中王姐瑾 歷贊時務 武功並列
今假行冠軍將軍都將軍都漢王" 참조.
37 『삼국사기』 권제26 백제본기 제4 문주왕 2년조의 "三月 遣使朝宋 高句麗塞路 不達而還"
참조.
38 『삼국사기』 권제26 백제본기 제4 문주왕 2년조의 "夏四月 耽羅國獻方物 王喜拜使者爲恩
率" 참조.

둘째, 지배 세력의 안배이다. 문주왕은 476년 8월에 해구를 병관좌평에 임명하였다. 477년 4월에 왕제 곤지를 내신좌평에, 장자 삼근을 태자로 책봉하였다. 해구를 병관좌평으로 임명한 것은 남래해 온 귀족들을 배려한 것으로 보이며, 곤지의 내신좌평 등용은 왕족을 왕실의 울타리로 삼으려는 의도로 여겨진다. 삼근을 태자로 책봉한 것은 후계 구도를 조기에 확립하여 왕실의 안정을 도모하기 위한 것이었다.

이러한 지배 세력 재편성에서 가장 주목되는 인물이 곤지이다. 그는 문주왕의 동생으로 개로왕 초기에는 정로장군 좌현왕이었다. 그는 461년에 왜와의 우호 관계를 도모하기 위해 왜에 파견된 후 16년간 왜에 머물러 있었다. 그가 문주왕의 부름을 받은 것이 477년이었다. 곤지는 한성의 함락과 개로왕의 죽음 그리고 웅진 천도라는 본국의 위기 상황을 보고만 있을 수 없어 문주왕의 부름에 응해 귀국하였다.

곤지의 귀국은 많은 왕족들이 고구려군에 의해 죽임을 당해 왕실을 지켜 주는 울타리 역할을 할 수 있는 왕족이 거의 없었던 상황에서 문주왕에게는 큰 힘이 되었을 것이다. 그래서 곤지가 귀국하자 문주왕은 그를 내신좌평에 임명하였던 것이다. 이는 곤지로 하여금 복잡한 정치 상황을 안정시키도록 하려는 문주왕의 의도를 보여 준다.

(2) 해구의 국정 농단과 반란

그런데 곤지는 477년 가을 7월에 사망하였다.[39] 내신좌평에 임명된 지 3개월 만이다. 곤지의 죽음에서 주목되는 것은 흑룡이 나타난 후 죽었다는 사실이다. 『삼국사기』에 의하면, 정치적으로 중대사가 발생하였을 경우 흑룡이 출현하고 있다. 흑룡의 출현은 큰 변고가 생길 것을 예고한 것이다. 이러한 사실과 이후 병관좌평 해구가 권력을 마음대로 휘두른 사실

---

39 『삼국사기』 권제26 백제본기 제4 문주왕 3년조.

을[40] 종합해 볼 때 곤지는 해구에 의해 제거되었을 가능성이 크다.

해구가 곤지를 제거할 수 있었던 데에는 병관좌평으로서 병권을 관장하고 있던 것이 큰 힘이 되었을 것이다. 태자 삼근이 어린 상황에서 곤지의 죽음은 문주왕이 구상한 지배 세력의 안배를 깨버렸다.

해구가 천권을 한 시기에 대해『삼국사기』백제본기에는 문주왕 4년 (478) 8월로 나온다. 그러나 저자는『삼국사기』연표에 문주왕이 재위 3년 (477)에 죽은 것으로 나오므로[41] 해구의 천권이 3년 8월에 시작된 것으로 파악한다. 그렇다면 477년 5월 흑룡의 출현, 7월 곤지의 사망, 8월 해구의 천권은 일련의 연속적인 과정에서 일어난 사건이라 할 수 있다.

실권을 장악한 해구는 문주왕을 형식상의 임금으로 받들고 국정을 마음대로 하였다. 그렇지만 '성품은 부드러우나 결단력이 없는' 문주왕은 그를 견제할 수 없었다. 이에 해구는 477년 9월에 문주왕이 전렵을 나간 것을 엿보아 왕을 시해하였다. 문주왕의 죽음은 백제사에서 왕이 신하에 의해 시해된 최초의 사례이다. 이는 그만큼 왕권이 약하였음을 보여 준다.

문주왕을 시해한 해구는 왕자 삼근을 왕위에 올렸다. 이때 삼근왕의 나이는 13세였다. 해구가 자신이 시해한 왕의 장자를 옹립한 데에는 삼근이 어린 나이였다는 점이 주요하게 작용하였던 것 같다. 해구는 삼근왕으로부터 군국정사 일체를 위임받아[42] 정치 운영을 좌지우지하였다. 이리하여 해구의 전횡은 극에 달하게 되었다.

그러나 해구는 478년에 연신과 함께 대두성에서 반란을 일으켰다. 자신이 왕이 되려 한 것이다. 이는 문주왕을 죽인 후 스스로 왕위에 오르지 않

---

40 『삼국사기』권제26 백제본기 제4 문주왕 4년조의 "秋八月 兵官佐平解仇 擅權亂法 有無君 之心 王不能制" 참조.

41 이병도, 1977,『국역 삼국사기』, 을유문화사, 397쪽 주) 6.

42 『삼국사기』권제26 백제본기 제4 삼근왕 즉위년조의 "… 繼位 年十三歲 軍國政事一切委於 佐平解仇" 참조.

고 어린 삼근을 왕으로 옹립한 것과는 완전히 달라진 태도이다. 여기에서
정리해야 할 것은 해구가 왜 대두성에서 반란을 일으켰느냐 하는 점이다.
지금까지의 연구에서는 해구가 실권을 장악한 상태에서 반란을 일으킨 것
으로 보아 왔다. 이 경우라면 당연히 수도에서 반란을 일으켜야 하였다.
반란의 성공은 수도와 왕궁을 장악하는 것이 핵심이기 때문이다. 그러나
해구는 대두성에서 반란을 일으켰다. 이는 그가 반란을 일으킬 당시 권좌
에서 축출될 상황에 처하였음을 시사해 준다. 아마도 해구는 자신의 독주
에 반대하는 귀족들을 제압하지 못해 벼랑 끝으로 몰리는 상황이 되자 대
두성으로 달아나 반란을 일으키지 않았을까 한다.

해구가 반란을 일으키는 데는 연신의 도움이 컸다. 연신은 대두성을 기
반으로 한 신진 세력이었다. 그는 해구의 오른팔 역할을 하다가 해구가 밀
려나게 되자 대두성에서 행동을 같이한 것이다. 삼근왕은 좌평 진남眞男
으로 하여금 병사 2천 명을 거느리고 반군을 토벌하게 하였지만 실패하였
다. 이에 삼근왕은 덕솔 진로眞老로 하여금 정병 500명을 거느리고 가서
진압하게 하였다. 진로는 적은 수의 군대로 마침내 해구를 격살하였다.[43]
이는 진로의 용병술과 작전 능력이 뛰어났음을 보여 준다.

해구가 격살되자 연신은 고구려로 달아났다. 진로는 연신의 처자를 붙
잡아 웅진의 저자에서 처형하였다. 기시형棄市刑을 한 것이다. 기시형은
죄를 범하면 이렇게 처벌받는다는 것을 보여 주기 위한 공개적인 형벌이
다. 반란의 근거지였던 대두성의 민호들은 두곡斗谷으로 사민徙民시켰다.
민호의 강제 사민은 집단 형벌의 일종으로 취해진 것이다. 이리하여 해구
의 천권과 반란은 5개월 만에 끝나고 말았다. 그의 반란은 웅진 천도 이후
지배 세력의 재편을 가져오는 중요한 계기가 되었다.

---

43 『삼국사기』 권제26 백제본기 제4 삼근왕 2년조의 "春 佐平解仇與恩率燕信聚衆 據大豆城
　叛 王命佐平眞男 以兵二千討之 不克 更命德率眞老 帥精兵五百 擊殺解仇" 참조.

제2장

신진 세력의 등장

I. 동성왕의 즉위와 진씨 세력의 재부상

1. 동성왕의 출계와 모계

해구의 반란이 평정된 이듬해에 삼근왕이 죽었다. 그 뒤를 동성왕이 이었다. 동성왕의 이름은 『삼국사기』에는 모대牟大 또는 마모摩牟로, 『삼국유사』 왕력에는 모대, 마제麻帝, 여대餘大로 나온다. 『남제서』 백제전에는 모대牟大로, 『일본서기』에는 말다末多로 나온다. 이는 모두 동성왕 이름의 이표기이다.

『삼국사기』에는 문주왕의 동생인 곤지가 동성왕의 아버지로 나온다.[44] 그런데 『남제서』 백제전에는 모대(동성왕)가 조부祖父의 작호를 이어받은 것으로 나온다.[45] 『책부원귀』에서는 『남제서』 백제전의 내용을 인용하면서 건원 2년(480)에 백제왕 모도는 '사지절도독백제제군사진동대장군使持節都督百濟諸軍事鎭東大將軍'으로 책봉되었고, 영명 8년(490)에 백제왕 모대는 망조부亡祖父의 작호를 이어받았다고 하였다.[46] 이 두 중국 사서

---

44 『삼국사기』 권제26 백제본기 제4 동성왕 즉위년조의 "東城王 諱牟大(或作摩牟) 文周王弟昆支之子 …" 참조.

45 『남제서』 권58 열전 제39 동남이전 백제국조의 "詔可 … 使兼謁者僕射孫副策命大襲亡祖父牟都爲百濟王 曰 於戲 … 今以大襲祖父牟都爲百濟王 …" 참조.

46 『삼국사기』 권제26 백제본기 제4 동성왕 23년조 세주의 "册府元龜云 南齊建元二年 百濟王牟都遣使貢献 詔曰 … 可卽授使持節都督百濟諸軍事鎭東大将軍 又永明八年 百濟王牟大遣使

에 의하면, 모대(동성왕)는 모도의 손자가 된다. 반면에『양서』백제전에는 모도는 경(개로왕)의 아들이고 모대는 모도의 아들이라 하였다.[47] 즉 모도는 동성왕(모대)의 아버지인 것이다. 중국 왕조는 책봉호를 줄 때 대개는 전왕의 작호를 고려하여 주는데『남제서』에는 조부의 작호를 잇도록 한 것이 특이하다. 그래서『양서』는 이를 수정하지 않았을까 한다.

중국 사서의 이러한 기록에 대해『삼국사기』편찬자는『삼한고기』에는 모도가 왕이 된 일이 없고 또 모대는 곤지의 아들이고 곤지는 개로왕의 아들이라 하였지 모도를 모대의 조부라고 하지 않았다고 하면서『남제서』의 기사는 의심하지 않을 수 없다고 비판하였다.[48]『삼국사기』편찬자가 모대의 할아버지를 모도가 아니라고 한 것은 타당하다. 그러나 모도가 왕이 된 사실이 없다고 한 것은 문제이다. 현재 학계에서는 모도는 개로왕이 송에 보낸 국서에 나오는 보국장군 여도餘都로서 문주왕을 가리킨다는 데 의견을 같이하고 있기 때문이다.

여기서 핵심 고리는 동성왕(모대)과 개로왕의 관계이다. 이 문제는 개로왕과 문주, 곤지의 관계를 밝히면 자연히 해결된다. 이 세 사람의 관계는 앞에서 언급한 바와 같이 형제이므로 모대는 개로왕의 손자가 아니라 조카이며, 아버지는 모도(문주왕)가 아니라 곤지이다. 이는『일본서기』웅략기에 곤지가 동성왕의 아버지로 나오는 것에 의해 입증된다. 그럼에도 불구하고『남제서』와『양서』에 모도를 경의 아들로, 모대를 모도의 아들이라 한 이유는 백제왕의 출계가 분명하지 않을 경우 왕위는 부자로 계승되었다는 관념에서 부자로 정리한 것으로 보인다.『삼국사기』도 왕계보가 분명하지 않으면 부자로 정리하였을 가능성이 크다. 다만『남제서』에서

上表 遣謁者僕射孫副 策命大襲亡祖父牟都爲百濟王 曰 …"참조.

47『양서』권54 열전 제48 제이 백제전의 "慶死子牟都立 都死 立子牟大"참조.

48『삼국사기』권제26 백제본기 제4 동성왕 23년조 세주의 "(而三韓古記無牟都爲王之事 又按牟大盖鹵王之孫 盖鹵第二子昆支之子 不言其祖牟都 則齊書所載不可不疑)"참조.

모대를 모도의 손자라고 한 이유는 알 수 없다.

　다음으로 정리해야 할 것은 동성왕의 출생지와 모계이다. 곤지는 개로
왕 4년(458)에는 정로장군 좌현왕의 지위에 있었다. 개로왕은 앞서 언급한
바와 같이 461년에 왜와의 우호 관계를 다지기 위해 자신의 잉부孕婦까지
주면서 곤지를 왜에 파견하였다. 왜의 수도[倭京]로 들어간 곤지는 "이윽고
다섯 아들을 두었다"는데,[49] 이 5명의 아들에는 뒤에 말할 각라도에서 출
생한 무령왕도 포함된다.

　동성왕이 출생한 곳은 왜의 수도였다. 이를 뒷받침해 주는 것이 동성왕
이 삼근왕의 사촌동생[堂弟]이었다는 사실이다.[50] 삼근왕은 465년(개로왕
11)에 출생하여 13세 때인 477년에 즉위하였고, 479년에 죽었다. 이때 나
이는 15세였다. 따라서 삼근왕의 사촌동생인 동성왕은 479년에 즉위할
당시 나이가 14세나 그 이하로 출생 연도는 466년경이 된다. 그래서 『일
본서기』는 동성왕이 왜에서 귀국할 때의 나이를 '유년幼年'이라 하였다.
곤지가 왜의 수도로 들어간 것은 461년이다. 이후 5년 정도 지난 466년경
에 동성이 출생하였다. '이윽고[旣]'라는 표현이 사용된 것이 이를 말해 준
다. 따라서 동성왕의 출생지와 초기 성장지는 왜의 수도가 된다.

　동성왕이 왜의 수도에서 출생하였다면 그 어머니에 대해서도 정리할 필
요가 있다. 뒤에 다시 언급하겠지만 동성왕은 개로왕의 잉부에게서 태어
나지 않았다. 잉부에게서 태어났다면 무령왕과 동성왕은 동모형제가 되
어야 하는데 『일본서기』에 인용된 『백제신찬』에는 이모형제異母兄弟로
나오기 때문이다. 따라서 동성은 곤지가 왜에서 새로 맞은 부인과의 사이
에서 출생한 것으로 보아야 한다.

　곤지는 개로왕의 동생으로 최고위 왕족이었을 뿐만 아니라 백제에서 파

---

49 『일본서기』 권14 웅략기 5년조의 "秋七月 軍君入京 旣而有五子 …" 참조.
50 『삼국유사』 권제1 왕력 제1 백제 제24 동성왕조의 "三斤王之堂弟" 참조.

견된 사신이었다. 이 시기에 재왜在倭백제인으로서 왕족의 결혼 상대가 될 만한 가문은 아직 형성되어 있지 않았다. 이러한 점들을 고려하면 곤지가 맞이한 부인은 왜 왕실의 여성이거나 왜의 유력한 귀족의 딸이었을 가능성이 높다.[51] 이 부인에게서 동성왕과 그 아래로 3명의 아들이 태어났던 것이다.

2. 진로의 동성왕 옹립과 진씨 세력의 실권 장악

해구의 반란이 평정된 후 1년 11개월 후에 삼근왕이 죽었다. 『삼국사기』에는 삼근왕이 자연스럽게 죽은 것처럼 기록되어 있다. 그러나 삼근왕은 반신 해구에 의해 옹립된 왕이라는 흠결이 있었다. 더구나 해구의 위세와 강압 때문이었다고 하더라도 아버지를 죽인 해구에게 군국정사를 모두 맡겼다. 대의로 논하면 삼근왕은 아버지를 죽인 자에 의해 왕이 되었고 왕이 된 후 그를 죽이지도 못하였을 뿐만 아니라 그를 중용하였다는 비판에서 자유로울 수 없다. 그래서 『삼국사기』 편찬자인 김부식도 '사론史論'에서 이를 비판하였다.[52] 이렇게 보면 삼근왕은 진로에 의해 폐위되지 않았을까 한다. 반신이 옹립한 왕이라는 것이 폐위의 이유였을 것이다.

삼근왕을 제거한 이후 진로에게 가장 중요한 일은 누구를 다음 왕으로 옹립하느냐는 문제였다. 이 시기 왕족들의 상황을 보면 개로왕의 직계는 한성 함락 때 목숨을 잃거나 고구려군에 붙잡혀 가서 남아 있지 않았다.

---

51 김기섭, 2005, 「백제 동성왕의 즉위와 정국 변화」, 『한국상고사학보』 50집, 한국상고사학회, 11~12쪽; 홍성화, 2010, 「4~6세기 백제와 왜의 관계―『일본서기』 내 왜의 한반도 파병과 백제·왜의 인적교류 기사를 중심으로―」, 『한일관계사연구』 36집, 한일관계사학회, 26~27쪽.

52 『삼국사기』 권제26 백제본기 제4 삼근왕 3년조의 "論曰 春秋之法 君弑而賊不討 則深責之 以爲無臣子也 解仇賊害文周 其子三斤繼立 非徒不能誅之 又委之以國政 至於據一城以叛 然 後再興大兵以克之 … 況海隅之荒僻 三斤之童蒙 又烏足道哉" 참조.

문주왕계도 문주왕이 피살되고 삼근왕이 재위 3년 만에 15세의 나이로 죽자 단절되었을 가능성이 크다.[53] 따라서 왕위에 오를 수 있는 왕족으로는 동성왕과 사마斯麻(무령왕)만이 확인된다.

이 시기 무령왕은 국내에 있었고 동성왕은 왜에 머물고 있었다. 이 두 사람 가운데 진로는 동성왕을 택하였다. 그 이유는 다음과 같이 생각해 볼 수 있다. 첫째, 동성왕을 옹립하는 것이 자신의 정치적 영향력을 확대하는 데 유리할 것이라는 판단이다. 이러한 판단에는 동성왕이 유년의 어린 나이였다는 것과 아버지 곤지가 이미 죽어 후원자가 될 만한 사람이 없었다는 점이 고려되었을 것이다.

둘째, 동성을 옹립하면 왜의 지지를 얻는 데 유리할 것이라는 판단이다. 고구려의 위협이 아직 가시지 않은 상황에서 백제는 여차하면 신라뿐 아니라 왜에도 도움을 요청하여야 하였다. 왜에서 태어난 동성왕은 귀국할 때 왜왕이 불러 은근하게 대하였다는 것에서 보듯이[54] 왜 왕실과도 관계가 돈독하였다.

진로는 이런 조건들을 고려하여 동성을 왕으로 옹립하였다.[55] 동성왕이 귀국할 때 왜왕은 병기를 주고 500명의 군사를 딸려 보내[56] 신변을 보호하는 조치를 취하였다. 이는 아신왕이 죽은 후 전지가 귀국할 때 왜가 100명의 호위병을 딸려 보낸 것과 비슷한 모습이다.

왕위에 오른 동성왕은 재위 4년(482)에 진로를 병관좌평에 임명하여 내외병마사를 관장하게 하였다.[57] 군권을 장악함으로써 진로는 이제 실권자

---

53 이도학, 1985, 「한성말 웅진시대 백제왕위 계승과 왕권의 성격」, 『한국사연구』 50·51 합집, 한국사연구회, 13~14쪽.

54 『일본서기』 권14 웅략기 23년조의 "天皇 … 勅喚內裏 親撫頭面 誡勅慇懃" 참조.

55 노중국, 2012, 『백제의 대외 교섭과 교류』, 지식산업사, 299~300쪽.

56 『일본서기』 권14 웅략기 23년조의 "仍賜兵器幷遣筑紫國軍士五百人 衛送於國 …" 참조.

57 『삼국사기』 권제26 백제본기 제4 동성왕 4년조의 "春正月 拜眞老爲兵官佐平 兼知內外兵馬事" 참조.

가 되었다. 그 결과 진씨 세력은 전지왕 즉위 때 혈례를 지지하다가 실패하여 정치 일선에서 밀려난 이후 70여 년 만에 다시 최고의 실권귀족이 되었다.

Ⅱ. 동성왕의 왕권 강화 추진과 신진 세력의 등용

1. 아버지 곤지의 추봉

동성왕은 어린 나이에 진로의 옹립에 의해 왕위에 올랐지만 즉위 후 왕권을 강화하기 위한 여러 가지 조치들을 취하였다. 그 가운데 검토해 보아야 할 것이 아버지 곤지를 어떻게 추숭追崇하였느냐이다. 동성왕은 아버지가 왕이 아닌데 왕위에 올랐기 때문이다. 이는 백제사에서는 최초의 사례이다. 아버지를 추숭하는 것은 병관좌평 해구에 의해 불명예스럽게 제거된 아버지의 명예를 회복시켜 드리는 의미도 가지며 동시에 자신의 즉위의 정당성을 담보해 주는 것이기도 하다.

아버지에 대한 추숭은 존호를 드리는 것으로 이루어진다. 곤지가 생시에 지녔던 작호나 직함은 좌현왕, 군군軍君, 곤지군, 곤지왕자 등이다. 좌현왕의 '왕王'이나 군군의 '군君'은 작호이지 최고지배자로서의 '왕'은 아니다.[58] '곤지군昆支君'은 이름에 작호인 '군'이 붙은 것이고, '곤지왕자'는 곤지가 비유왕의 아들임을 보여 준다. 이런 작호나 직함은 그가 비유왕의 아들로서, 개로왕의 신하로서 받은 것으로 그의 생시의 위상을 보여 주는 것일 뿐, 아들 동성왕과는 관계가 없다.

---

[58] 『일본서기』 웅략기에 개로왕을 加須利君으로 표기하고 있다. 가수리군의 '군'은 개로왕이 왕이 되기 전에 받은 君號이고 개로왕의 '왕'은 왕이 되고 난 이후의 왕호이다. 따라서 '군'과 '왕'은 구분해야 한다.

곤지가 받은 칭호 가운데 동성왕과 연관시켜 볼 수 있는 것이 『일본서기』웅략기에 나오는 '곤지왕'이다.[59] '곤지왕'이란 표기는 이 기사밖에 없다. 이에 대해 '곤지왕자'로 표기해야 할 것을 잘못 표기한 것으로 주장할 수는 있지만 근거는 없다. 『일본서기』편찬자가 근거 자료가 있었기 때문에 '곤지왕'으로 표기한 것으로 보아야 한다. '곤지왕'은 『일본서기』에 보이는 백제인 가운데 왕이 아니면서 '왕'호가 붙은 유일한 사례이다.

곤지가 '곤지왕'으로 표기된 배경을 해명하는 데 단서가 되는 것이 추봉왕追封王 제도이다. 추봉 또는 추존追尊은 임금 또는 왕족이 죽은 뒤에 존호尊號를 올리는 것을 말한다. 여기에는 아버지가 왕이 아닌 사람이 왕이 되었을 때 아버지에게 존호를 올리는 것도 해당됨은 물론이다. 그렇다면 왕이 아닌 '곤지'가 '곤지왕'으로 나오는 것은 동성왕이 아버지를 '왕'으로 추봉하였기 때문일 것이다.

동성왕이 곤지를 왕으로 추봉한 시기는 분명하지 않다. 신라의 경우 태종무열왕이 원년에 아버지 용춘을 문흥文興대왕으로, 원성왕이 즉위년에 할아버지를 흥평興平대왕으로, 아버지를 명덕明德대왕으로 추봉한 것에서 보듯이 대개 즉위년이나 원년에 추봉하였다. 이로 미루어 동성왕의 아버지에 대한 추봉도 즉위년에서 3년 사이에 이루어지지 않았을까 한다. 이후 추봉 관계 자료가 일본에 전해져서 『일본서기』편찬자는 곤지를 '곤지왕'으로도 표기한 것으로 보인다.

백제의 추봉왕 제도를 방증해 주는 것이 신라 진평왕(579~632)이 아버지 동륜을 추숭한 사실이다. 동륜은 진흥왕의 장자로서 566년에 태자에 책봉되었지만 572년에 부왕보다 먼저 죽었다.[60] 진흥왕이 죽자 그 뒤를 차자 진지왕이었다. 그러나 진지왕은 재위 4년 만에 쫓겨나고 동륜의

---

59 『일본서기』권14 웅략기 23년조의 "夏四月 百濟文斤王薨 天皇以昆支王五子中 第二末多王 幼年聰明 …"참조.
60 『삼국사기』권제4 신라본기 제4 진흥왕 33년조의 "三月 王太子銅輪卒"참조.

아들 진평이 왕위에 올랐다.

진평왕이 왕위에 오른 후 아버지 동륜을 추숭한 것을 보여 주는 것이 『삼국유사』 왕력 진평왕조의 "아버지는 동륜왕인데 동륜태자라고도 하였다"는 기사이다.[61] 이 기사의 동륜태자는 진흥왕이 동륜을 태자로 책봉한 것을 가리킨다. 그렇다면 '동륜왕'은 진평왕이 아버지를 추숭한 칭호라고 할 수 있다. 이는 곤지가 아들 동성왕에 의해 곤지왕으로 추존된 것과 매우 흡사한 형태이다.

백제에서는 생시의 왕을 부를 때 이름에 '왕'자를 붙여 사용하였다. 능사 출토 〈사리감〉의 '백제창왕百濟昌王'이나 왕흥사 〈사리기〉의 '백제왕창百濟王昌'이 이를 보여 준다. 〈무령왕릉묘지석〉에도 무령왕을 생시의 이름인 '사마왕'으로 표기하였다. 그래서 동성왕도 아버지의 생시의 이름인 '곤지'에 '왕'을 붙여 '곤지왕'으로 추숭한 것 같다. 이는 신라 진평왕이 아버지 동륜을 '동륜왕'이라 한 것과 궤도를 같이한다. 그러나 신라는 7세기에 들어와서는 태종무열왕이 왕위에 올라 아버지 용춘을 문흥대왕으로 추봉한 것에서[62] 보듯이 유교식의 아화雅華된 존호를 사용하는 것으로 바뀌었다.

추봉왕 제도는 종묘제 및 시호제와 연동되어 있다. 왕이 죽으면 시호를 올리고 종묘에 모셔 제사를 드리기 때문이다. 백제에서 종묘와 사직이 설치된 시기를 분명히 알기 어렵다. 다만 개로왕이 한성 함락 직전 동생 문주에게 신라에 가서 구원병을 청해 오라고 하면서 "내가 마땅히 사직에서 죽겠다[吾當死於社稷]"라고 말하였는데 이때의 '사직'은 종묘를 전제로 한다. 따라서 백제는 늦어도 개로왕 대에 종묘와 사직을 설치하였다고 할 수 있

---

61 『삼국유사』 권제1 왕력 제1 신라 제26 진평왕조의 "一名白淨 父銅輪王 一云銅輪太子 …" 참조.
62 『삼국사기』 권제5 신라본기 제5 태종 무열왕 원년조의 "夏四月 追封王考爲文興大王 母爲文貞太后" 참조.

다. 그러면 풍납토성 경당지구 44호 예제 건물은 종묘일 가능성이 크다.[63]

그런데 『삼국사기』에는 동성왕이 죽은 후 '시왈동성왕諡曰東城王'이라는 기사가 나온다. 백제사에서 시호와 관련한 자료는 이것이 처음이다. 이는 동성왕 대에 시호제가 실시되었음을 보여 준다. 이렇게 보면 〈무령왕릉 묘지석〉에 무령왕이 사마왕으로 나오는 것은 '무령'이 시호임을 보여 준다. 이후 백제는 무왕 대에 이르기까지 시호를 드리고 있다. 이는 적어도 동성왕 대에 마련된 종묘제와 시호제가 이후에도 이어졌음을 보여 준다.

이렇게 종묘제와 시호제가 마련되어 있었기 때문에 동성왕은 아버지 곤지를 '왕'으로 추봉할 수 있었다. 아버지를 '곤지왕'으로 추봉함으로써 동성왕은 즉위의 정통성을 확보하게 되었고, 억울하게 돌아가신 아버지의 위상을 회복시켜 드렸다. 이를 배경으로 동성왕은 왕권 강화에 더욱 박차를 가할 수 있게 되었다.

2. 신진 세력의 등용과 그 배경

(1) 신진 세력의 등용

왕권 강화 정책이 추진력을 얻기 위해서는 지지 세력의 기반을 확대하는 것이 필요하다. 세력 기반 확대와 관련하여 주목되는 것이 동성왕 즉위 이후 눈에 띄게 보이는 신진 세력의 존재이다. 백제가 웅진으로 천도한 이후 동성왕 5년(483)까지의 지배 세력은 해씨나 진씨 등 남래귀족들이었다.

그러나 483년 이후에는 한성시대에 거의 알려져 있지 않던 성씨들이 다수 등장하고 있다. 『삼국사기』에는 동성왕 6년(484)의 내법좌평 사약사沙若思, 8년(486)의 위사좌평 백가苩加, 12년(490)의 달솔 연돌燕突, 20년(498)의 한솔 비타毗陀 등이 나온다. 그리고 무령왕 대에는 좌평 인우因友와 달

---

63 노중국, 2004, 「백제의 제의체계 정비와 그 변화」, 『계명사학』 15집, 계명사학회.

솔 사오沙烏가, 사비 천도 이전 성왕 대에는 좌평 연모燕謨 등이 보인다.

한편 동성왕이 남제에 보낸 국서에는 아착왕 여고餘古, 매라왕 여력餘歷, 불사후 여고餘固, 도한왕 저근姐瑾, 장사 고달高達, 사마 양무楊茂, 참군 회매會邁, 매라왕 사법명沙法名, 벽중후 찬수류贊首流, 불중후 해례곤解禮昆, 면중후 목간나木干那, 장사 모유慕遺, 사마 왕무王茂, 참군 장색張塞과 진명陳明 등 15명의 인물이 나온다.[64]

이 가운데 왕족 여씨 출신은 여고餘古, 여력, 여고餘固 3명뿐이다. 왕족이 아닌 12명의 성씨 가운데 저씨, 고씨, 해씨, 목씨, 왕씨, 장씨 등은 한성 도읍기에 보이는 성씨이며, 양씨, 회씨, 사씨, 찬씨, 모씨, 진씨陳氏 등은 여기에서 처음으로 나온다. 『남제서』에서 보이는 이러한 모습은 『삼국사기』에 새로운 성씨들이 다수 나타나고 있는 것과 비슷한 양상이다.

두 사서가 보여 주는 성씨를 종합하면 다음과 같은 특징이 드러난다. 첫째, 왕족의 수가 적다. 이는 개로왕이 송에 보낸 국서 속에 나오는 11명의 인물들 가운데 여씨가 8명인 사실과 대비된다. 왕족의 수가 적은 것은 한성 함락으로 많은 왕족들이 죽임을 당하였고 또 황급한 웅진 천도로 왕족들의 위상과 활동이 약화된 결과로 보인다.

둘째, 한성도읍기에 거의 알려져 있지 않던 성씨들이 다수 등장하고 있다. 이 성씨들은 신진 세력이라 할 수 있다. 신진 세력들 중에서 두각을 나타낸 성씨는 사씨, 연씨, 백씨이다. 사약사가 내법좌평이 된 것, 연돌이 병관좌평이 된 것, 백가가 위사좌평이 된 것 등이 이를 말해 준다. 이 성씨들은 뒷날 대성팔족에 포함되었다. 이 가운데 사씨 세력은 부여 지방을 근거지로 하였고,[65] 연씨 세력은 대두성이 온양에 비정되고 있는 점에서 미

---

64 『남제서』 권58 열전 제39 동남이전 백제국조.
65 노중국, 1978, 「백제왕실의 남천과 지배세력의 변천」, 『한국사론』 4집, 서울대학교 국사학과, 98~100쪽. 이와는 달리 서천 봉선리 유적과 연계시켜 금강 하류 지역으로 보는 견해(강종원, 2007, 「백제 사씨 세력의 중앙귀족화와 재지기반」, 『백제연구』 45집, 충남대학교

루어 탕정성(온양 지방)을 근거지로 한 것 같다.[66] 백씨는 '백苩'이 음운상 '고마'와 통하는 것에서 미루어 웅진 지역을 근거지로 한 것 같다.[67] 이렇게 보면 사씨, 연씨, 백씨 등 신진 세력들은 대개 금강유역권을 기반으로 한 세력으로 볼 수 있다.

셋째, 신진 세력들의 활동이다. 웅진 천도 초기에는 해씨, 진씨, 목씨 등 남래귀족들이 정치의 실권을 잡고 있었다. 문주왕과 삼근왕 대에 실권을 장악한 해구와 동성왕 4년(482)에 병관좌평이 된 진로가 대표적이다. 그러나 동성왕 6년(484) 이후에는 신진 세력들이 중요한 역할을 하고 있다. 남제에 사신으로 파견되었다가 고구려군의 방해로 되돌아온 사약사의 활동, '역찬시무歷贊時務'하여 도한왕에 책봉된 저근의 활동, 북위군 격파에 공을 세운 사법명의 활동[68] 등이 이를 잘 보여 준다.

넷째, 중국계 출신자들의 활동이다. 『남제서』에 보이는 양씨, 회씨, 모씨, 진씨 등은 중국계 성씨이다. 이는 낙랑·대방 지역에서 출토되는 전돌이나 기와 등에 새겨진 명문 자료에서 이 성씨들이 확인되는 것에서[69] 입증된다. 백제는 웅진 천도 초기에 고구려의 방해로 대중 교섭에 어려움이 많았다. 문주왕이 남조 송에 파견한 사신이 고구려가 뱃길을 막는 바람에 되돌아온 것,[70] 동성왕 6년 7월에 남제에 파견된 내법좌평 사약사가 고구려 군대의 방해로 가지 못한 것[71] 등이 이를 보여 준다. 이런 어려움을 뚫

백제연구소)도 있다.

66 이기백, 1978, 「웅진시대 백제의 귀족세력」, 『백제연구』 9집, 충남대학교 백제연구소; 이도학, 1985, 「한성말 웅진시대 백제왕위 계승과 왕권의 성격」, 『한국사연구』 50·51 합집, 한국사연구회.

67 이기백, 1978, 「웅진시대 백제의 귀족세력」, 『백제연구』 9집, 충남대학교 백제연구소.

68 『남제서』 권58 열전 제39 동남이전 백제국조.

69 공석구, 1988, 「평안·황해도지방출토 기년명전에 대한 연구」, 『진단학보』 65집, 진단학회.

70 『삼국사기』 권제26 백제본기 제4 문주왕 2년조의 "三月 遣使朝宋 高句麗塞路 不達而還" 참조.

71 『삼국사기』 권제26 백제본기 제4 동성왕 6년조의 "秋七月 遣內法佐平沙若思 如南齊朝貢 若思至西海中 遇高句麗兵 不進" 참조.

고 동성왕은 남조와의 교섭을 재개하였다. 이후 대중국 외교에서 중국계 관료들의 활동이 두드러진다.

(2) 신진 세력 등용의 배경

동성왕이 즉위 후 신진 세력을 대거 등용하게 된 배경은 두 가지 측면에서 정리할 수 있다. 하나는 천도 초기의 남래귀족들의 존재 양태이다. 웅진 천도 초기에 중앙의 주요 지배 세력은 왕족인 여씨를 비롯하여 해씨, 진씨, 목씨 등 남래귀족으로 구성되어 있었다. 그렇지만 한성의 함락으로 한강 유역을 비롯한 경기도 일대가 고구려의 수중에 들어감에 따라 이 지역에 근거를 둔 남래귀족들은 경제적 기반을 거의 상실하였다. 세력 기반의 상실은 곧 그들의 존립 자체를 위협할 수 있는 것이었다.

다른 하나는 천도 초기 남래귀족들은 반란을 일으키는 등 자체 분열만 거듭하여 정치적·사회적 혼란을 조장하기도 하였다. 이 과정에서 천도 당시 보신이었던 목협만치나 조미걸취는 정치 일선에서 밀려났다. 그럼에도 불구하고 왕권은 지배층 내에서 벌어지는 이러한 갈등을 조정하지 못하였을 뿐만 아니라 임금을 능멸하는 신하조차 제압하지 못하는 형편이었다. 이리하여 왕실의 권위와 위엄은 크게 실추되었다.

이러한 상황에서 동성왕에게 주어진 당면 과제는 미약해진 왕권을 강화시키고 정치적 안정을 구축하는 것이었다. 그러기 위해서는 남래해 온 구귀족들을 견제할 수 있는 지지 세력이 필요하였다. 그러나 동성왕은 즉위 이전에 왜국에 체류하고 있었기 때문에 본국에서의 정치적 기반이 미약하였다. 이 상황에서 동성왕은 새로이 왕도가 된 금강유역권에 기반을 둔 세력들에 주목하였다. 이 신진 세력들의 동태는 정국에 변동을 가져올 수도 있기 때문이다. 이에 동성왕은 이들을 중앙귀족으로 등용하여 자체 분열로 혼란만 거듭하는 남래귀족들에 대한 견제 세력으로 내세웠다. 이는 신

구 세력의 힘의 균형 위에서 왕권의 안정과 정국의 안정을 꾀하기 위한 정책이라 할 수 있다.[72]

3. 신진 세력 중심의 정치 운영과 그 한계

(1) 신진 세력 중심의 정치 운영

동성왕의 이러한 정치 운영 방향에 따라 금강유역권에 기반을 둔 신진 세력들이 대거 중앙으로 등장하였다. 이로써 신진 세력의 등장이 현실화되었다. 신진 세력의 등장은 백제 왕실의 정치적 필요성과 이들의 세력 성장이 맞물려 이루어진 것이다. 이후 동성왕의 정치 운영의 방향을 보여 주는 것이 신진 세력의 하나인 연돌을 병관좌평으로 삼은 일이다.[73]

연돌은 연씨 출신이다. 여기에서 먼저 정리해 두어야 할 것은 연돌과 연신과의 관계이다. 연신은 삼근왕 3년(479)에 해구의 반란에 가담하였다가 실패하여 고구려로 달아나고 그 가족들은 웅진 저자 거리에서 기시형棄市刑을 당하였다. 이로 말미암아 연신과 연결되는 가계는 연좌제에 의해 큰 타격을 입었을 것이다. 그럼에도 불구하고 연돌이 병관좌평에 임명된 것이다. 이는 연돌이 연씨지만 연신과 가계가 달랐거나 정치적 노선을 달리하였음을 보여 준다. 아마도 연돌은 연신이 반란을 일으키자 도리어 반란 평정에 적극 참여하여 공을 세웠을 가능성이 크다.

병관좌평에 임명되기 전에 연돌이 어떤 활동을 하였는지는 알 수 없지만 그가 병관좌평에 임명되었다는 것은 군사 업무에 밝은 사람으로 볼 수 있다. 웅진 천도 이후 병관좌평은 문주왕 대와 삼근왕 대는 남래귀족인 해

---

72 노중국, 1978, 「백제왕실의 남천과 지배세력의 변천」, 『한국사론』 4집, 서울대학교 국사학과, 75쪽.
73 『삼국사기』 권제26 백제본기 제4 동성왕 19년조의 "夏五月 兵官佐平眞老卒 拜達率燕突爲兵官佐平" 참조.

구가, 동성왕 즉위 후에는 역시 남래귀족인 진로가 장악하였다. 그런데 이제 신진 세력인 연돌이 병관좌평에 임명된 것이다. 신진 세력으로서는 처음이다. 이는 정치 운영의 중심축이 남래귀족에서 신진 세력에게로 옮겨간 것을 보여 준다. 이로 미루어 동성왕은 신구 세력의 조정을 통해서 왕권의 강화와 안정을 이루려 한 종래의 입장에서 벗어나 신진 세력 중심으로 정치를 운영하려 한 것 같다.

신진 세력 중심의 정치 운영이 백제정치사에서 가지는 의미는 크다. 웅진 천도 초기에는 남래귀족들이 지배 세력의 중심을 이루었기 때문에 지배 세력의 구성은 한성시대와 별다른 변화가 없었다. 그러나 신진 세력의 등장은 지배 세력의 구성에 큰 변화를 가져왔는데, 이는 황급히 이루어진 천도 때문이다. 신진 세력이 점차 정치적 실권을 장악함에 따라 지배 세력의 교체가 이루어졌다. 이로써 웅진도읍기 지배 세력의 구성은 한성도읍기와는 다른 모습으로 바뀌게 되었다.

(2) 동성왕의 정치적 한계

동성왕 19년(497) 이후 신진 세력이 정치의 중심에 나서면서 신진 세력의 힘은 점차 비대해졌다. 이 시기 병관좌평 연돌과 더불어 신진 세력을 대표한 인물이 위사좌평 백가이다. 그는 동성왕 8년(486)에 왕궁 숙위의 임무를 담당하는 위사좌평에 임명되었다.[74] 이후 백가는 동성왕 23년(501)에 가림성주로 보내지기 전까지 무려 15년 동안 위사좌평에 있었다. 그만큼 그는 왕의 신임을 받은 측근 세력이었다.

백가는 이 기간 동안 신진 세력들을 중앙귀족으로 많이 진출시켰을 것이다. 그에 따라 백가는 자신이 의도하였든 의도하지 않았든 간에 신진 세력의 구심점이 되었고 자연히 그의 당여黨與들은 조정의 이곳저곳에 포진

---

74 『삼국사기』 권제26 백제본기 제4 동성왕 8년조의 "春二月 拜苩加爲衛士佐平" 참조.

하였을 것이다. 이리하여 백가를 중심으로 하는 신진 세력의 힘이 비대해
졌을 것이다.

그러나 동성왕으로서는 신진 세력의 비대화를 견제하지 않을 수 없었
다. 힘의 쏠림 현상은 왕권에 위협이 되기 때문이다. 이에 동성왕은 백가
의 힘에 제동을 걸기 위해 가림성을 축조하여 그를 성주로 보내려 하였다.
가림성은 충남 부여군 임천면의 성흥산성이다.[75] 백가의 입장에서는 웅진
을 떠나 지방으로 내려가는 것은 정치 운영의 핵심에서 제외되는 것이었
다. 백가는 아프다는 핑계로 지방에 내려가지 않으려 하였지만 동성왕은
기어이 그를 내보냈다. 이는 힘이 비대해진 신진 세력을 견제하려는 동성
왕의 의지가 매우 강하였음을 보여 주는 것이다.

동성왕의 이와 같은 견제 조치는 도리어 신진 세력의 불만을 사게 되었
다. 불만을 품은 백가는 동성왕이 사비 서원에서 전렵하다가 눈 때문에 귀
경하지 못하고 마포촌에 숙박하게 된 것을 틈타 사람을 보내 왕을 찔러 죽
였다.[76] 동성왕의 최후는 이렇게 비참하게 끝나고 말았다.

이렇게 볼 때 금강유역권의 신진 세력을 흡수하여 지지 기반을 확대하
려 한 것은 동성왕이 취해야 할 올바른 방향이었지만, 신구 세력의 조정
면에 보다 치중하지 않을 수 없었다는 것은 동성왕의 정치적 한계성과 백
제 왕권의 정치적 기반의 폭이 좁았음을 보여 준다. 그렇다고 하더라도 신
진 세력 등용 정책은 한성을 상실한 이후 백제 왕실의 지지 기반을 확대시
켜 주었고 그것은 무령왕이 웅진 천도 초기의 혼란된 정치 정세를 수습하
는 데 바탕이 되었다고 할 수 있다.

---

75 가림성(성흥산성)에 대해서는 안승주·서정석, 1996, 『성흥산성: 문지발굴조사보고서』, 충
　남발전연구원; 유원재, 1996, 「백제 가림성 연구」, 『백제논총』 5집, 백제문화개발연구원; 서
　정석, 2002, 『백제의 성곽—웅진·사비시대를 중심으로—』, 학연문화사, 200~203쪽 참조.

76 『삼국사기』 권제26 백제본기 제4 동성왕 23년조의 "十一月 … 又田於泗沘西原 阻大雪 宿
　於馬浦村 苩加鎮加林城 加不欲往 辭以疾 王不許 是以怨王 至是使人刺王 至十二月 乃
　薨" 참조.

제3장

왕권의 안정과 갱위강국 선언

I. 무령왕의 출계와 즉위

1. 무령왕의 출계

(1) 『삼국사기』와 『삼국유사』 왕력의 동성왕 제2자설의 검토

동성왕이 즉위 후 신진 세력을 등용하여 정국 안정을 도모하고 왕권 강화를 추진함으로써 천도 초기의 혼란은 점차 수습되기 시작하였다. 이를 바탕으로 왕권 강화책을 본격적으로 추진하여 정치질서를 안정 궤도에 올려놓은 왕이 무령왕이다. 무령왕의 생전의 이름은 '사마斯麻(혹은 융隆)'였고 '무령'은 시호였다.

1971년 무령왕릉이 발굴되었고 여기에서 〈무령왕릉묘지석〉이 출토되었는데 이에 의하면 무령왕은 523년에 62세의 나이로 돌아가셨다. 이를 계산하면 무령왕은 462년(개로왕 8)에 출생하였다.

무령왕의 출계에 대해 〈무령왕릉묘지석〉에는 아무런 언급이 없다. 『삼국사기』 백제본기와 『삼국유사』 왕력에는 무령왕은 동성왕의 둘째 아들로 나오지만[77] 나이를 따져 보면 이는 잘못임이 분명하다. 동성왕은 466년(개로왕 12)경에 출생하였고 479년에 즉위할 당시 14세나 그 이하였다.

---

[77] 『삼국사기』 권제26 백제본기 제4 무령왕 즉위년조의 "武寧王諱斯摩(或云隆) 牟大王之第二子也"; 『삼국유사』 권제1 왕력 제1 백제 제25 무령왕조의 "第二十五武寧王 名斯摩 卽東城第二子" 참조.

그러나 무령왕은 동성왕이 즉위한 해인 479년에는 18세로서 동성왕보다 네 살 위였다. 따라서 무령왕은 동성왕의 둘째 아들이 될 수 없다.

무령왕이 동성왕의 둘째 아들이 아니라는 것은 동성왕의 결혼 시기를 따져 보아도 분명하다. 무령왕이 동성왕의 둘째 아들이 되려면 동성왕은 무령왕이 출생한 462년이나 그 이전에 결혼해야 하였다. 이 시기 남자의 결혼 연령을 20세 정도로 보면 동성왕은 462년에는 20세였고 479년 즉위할 당시 나이는 38세 전후가 된다. 이는 동성왕의 사촌형인 삼근왕이 479년 당시 15세로 죽은 것과 어긋난다. 따라서 무령을 동성왕의 둘째 아들로 본 『삼국사기』의 기록은 잘못이다.[78]

(2) 『일본서기』 웅략기와 무열기 기사의 사료적 가치

무령왕이 동성왕의 아들이 아니라고 하면 무령왕의 아버지가 누구인지를 밝혀야 한다. 중국 사서에는 동성왕(모대)과 무령왕과의 관계에 대해서는 언급이 없으므로 두 사람의 관계는 『일본서기』 웅략기 5년조의 기사와 무열기 4년 시세是歲조의 기사를 통해 살펴보아야 한다. 이 기사들의 내용을 요약해 제시하면 다음과 같다.

① 개로왕이 동생 군군[곤지]에게 왜로 가서 우호를 돈독히 하도록 하였다. 군군은 왕의 부인을 주면 떠나겠다고 하였다. 개로왕은 임신한 부인을 군군에게 시집보내면서 해산할 달이 되었으므로 길을 가는 도중에 해산을 하게 되면 속히 나라로 되돌려 보내라고 하였다. 군군이 왜로 가는 중에 왕의 부인은 축자筑紫의 각라도各羅嶋에서 아이를 낳았다. 이로 인해 이 아이의 이름을 도군嶋君이라 하였다. 군군은 도군을 나라에 돌려보냈다. 이가 무령왕이다. 백제 사람들

---

78 이도학, 1984, 「한성말 웅진시대 백제왕계의 검토」, 『한국사연구』 45집, 한국사연구회, 12~13쪽.

은 이 섬을 부르기를 주도主嶋라 하였다. 가을 7월에 군군이 서울에 들어왔다. 이윽고 다섯 아들이 있었다(『백제신찬』에는 신축년에 개로왕이 동생 곤지군을 보내 대왜에서 천황을 모시고 선왕의 우호를 닦게 하였다고 하였다).[79]

② 이해에 백제 말다왕이 무도하고 백성들에게 포학하므로 국인이 드디어 제거하고 도왕嶋王을 세웠다. 이가 무령왕이다(『백제신찬』에 이르기를, 말다왕이 무도하여 백성들에게 포학하므로 국인이 함께 제거하였다. 무령이 왕이 되었다. 이름은 사마왕이다. 그는 곤지왕자의 아들이니 곧 말다왕의 이모형異母兄이다. 그러나 서울에 이르지 못하고 섬에서 낳았기 때문에 이름을 도嶋라고 하였다. 지금 각라 바다 가운데에 주도가 있는데 왕이 탄생한 섬이다. 그 까닭으로 백제인은 섬 이름을 주도라고 한다. 지금 살펴보니 도왕은 바로 개로왕의 아들이고 말다왕은 바로 곤지왕의 아들이다. 그런데 이를 일러 이모형이라 한 것을 알 수 없다).[80]

자료 ①에 의하면 개로왕은 만삭이 된 부인을 왜에 사신으로 가는 동생 곤지에게 주어 부인으로 삼도록 하였다. 이 내용은 상식적으로는 선뜻 받아들이기 어렵다.[81] 그러나 부인을 동생에게 주어 부부의 연을 맺게 하였

---

79 『일본서기』 권14 웅략기 5년조의 "夏四月 百濟加須利君(蓋鹵王也)飛聞池津媛之所燔殺(適稽女郞也) 而籌議曰 … 乃告其弟軍君(昆支也)曰 汝宜往日本 以事天皇 軍君對曰 上君之命 不可奉違 願賜君婦而後奉遣 加須利君則以孕婦 嫁與軍君曰 我之孕婦 旣當産月 若於路産 冀載一船 隨至何處 速令送國 遂與辭訣 奉遣於朝 六月丙戌朔 孕婦果如加須利君言 於筑紫各羅嶋 産兒 仍名此兒曰嶋君 於是軍君卽以一船 送嶋君於國 是爲武寧王 百濟人呼此嶋曰主嶋也 秋七月 軍君入京 旣而有五子(百濟新撰云 辛丑年蓋鹵王遣弟昆支君 向大倭侍天王 以脩兄王之好也)"참조.

80 『일본서기』 권16 무령기 4년조의 "是歲 百濟末多王無道 暴虐百姓 國人遂除 而立嶋王 是爲武寧王(百濟新撰云 末多王無刀 暴虐百姓 國人共除 武寧王立 諱斯麻王 是琨支王子之子 則末多王異母兄也 琨支向倭 時至筑紫嶋 生斯麻王 自嶋還送 不至於京 産於嶋 故因名焉 今各羅海中有主嶋 王所産嶋 故百濟人號爲主嶋 今案嶋王是蓋鹵王之子也 末多王是琨支王子之子也 此曰異母兄 未詳也)"참조.

81 왕이 자신의 잉부를 신하에게 내린 사례는 일본에도 보이고 있다. 일본 헤이안시대 후반에 성립된 『대경大鏡』에는 나카토미노 가마타리中臣鎌足의 또 다른 아들 후히토不比等는 천

다는 부분을 제외하면 무령왕은 혈통상으로는 개로왕의 아들이다. 반면에 세주로 인용된 『백제신찬』에 의하면 도왕嶋王(무령왕)은 곤지가 왜로 가던 중 섬에서 출생하였다. 그러면서 무령왕은 동성왕의 이모형異母兄이라 하였다. 이 기사를 따르면 무령왕은 곤지의 아들이다.

이러한 두 계통의 자료 때문에 무령왕의 출자에 대해 개로왕 아들설과[82] 곤지왕 아들설이[83] 나오게 되었다. 『일본서기』 편찬자는 이런 복잡한 사항에 대해 '안설按說'에서 "무령은 개로왕의 아들이고, 동성은 곤지의 아들이다. 그러나 무령을 동성의 이모형異母兄이라고 한 것은 잘 모르겠다"고 하였다. '잘 모르겠다'는 표현은 무령왕의 출자는 『일본서기』 편찬 당시에도 편찬자들을 골치 아프게 하였음을 보여 준다.

이 문제를 해명함에 먼저 정리해야 할 것은 자료 ①의 사료로서의 신뢰성 문제이다. 자료 ①에는 형이 자신의 임신한 부인을 동생의 부인으로 주었다는 상식적으로는 선뜻 받아들이기 어려운 내용이 나오기 때문이다.

지천황이 임신한 부인을 가마타리에게 하사해서 낳은 아들로 나온다. 또 가마쿠라시대에 만들어진 『다무봉연기多武峯緣起』와 『다무봉략기多武峯略記』에 의하면 후지와라씨藤原氏의 조상인 나카토미노 가마타리의 큰아들 데이定慧는 효덕천황(645~654)이 임신한 지 6개월이나 되는 총비를 가마타리에게 내려 주어 태어났다고 한다.

이 기사에 대해 일본 학계에서는 그 내용을 믿을 수 없다는 견해가 대부분이다. 사료의 신빙성 여부를 떠나 천황이 임신한 부인을 신하에게 내려 주었다는 구도가 개로왕이 자신의 잉부를 신하인 동생 곤지에게 내려 주었다는 구도와 일치한다는 점이 주목된다. 특히 『다무봉연기』에서 데이는 가마타리의 아들이지만 실제는 효덕천황의 황자라고 언급한 부분은 무령왕이 혈통상으로는 개로왕의 아들이라는 것과 대응된다.

『多武峯緣起』, "又賜懷姙寵妃 (號車持夫人) 然其孕已六箇月 詔曰生子若男爲臣子 若女爲 子 堅守而送 四箇月生子男也(定慧和尙是也) … 定慧和尙者中臣連一男 實天萬豊日天皇皇子也";
『多武峯略記』, "定惠和尙者 當寺開基人也 舊記云 和尙是大織冠內大臣一男 母車持國子娘 車持夫人 仵夫人 元是孝德天皇之寵妃也 天皇深知大臣之聖智賢意 賜妃爲夫人 于時夫人孕已六箇月 詔曰 生子若男者爲臣子 若女者爲朕子 堅守而送 四箇月 生子男也 故爲大臣之子矣".
『大鏡』 및 『多武峯緣起』와 『多武峯略記』의 자료들은 건국대학교 홍성화 교수로부터 제공 받았다. 이 자리를 빌려 감사의 말씀을 드린다.

82 문경현, 2000, 「백제 무령왕의 출자에 대하여」, 『사학연구』 60집, 한국사학회.
83 이도학, 1984, 「한성말 웅진시대 백제왕계의 검토」, 『한국사연구』 45집, 한국사연구회; 정재윤, 1997, 「동성왕 23년 정변과 무령왕의 집권」, 『한국사연구』 99·100합집, 한국사연구회.

그래서 이 기사는 『일본서기』 편찬자에 의해 조작된 것으로 보기도 한다. 그러나 ①의 기사는 조작된 것이 아니다. 이를 추론할 수 있는 단서가 자료 ②의 『백제신찬』에 나오는 '금각라해중유주도今各羅海中有主嶋 왕소산도王所産嶋 고백제인호위주도故百濟人號爲主嶋'와 '금안今案' 부분이다. 이때의 '금今'은 『백제신찬』이 편찬될 때가 아니라 『일본서기』가 편찬될 때이다. 『백제신찬』에서 '백제인'이란 표현이 나올 수 없기 때문이다. 전자는 『일본서기』 편찬자가 내용을 보완하기 위해 붙인 것이고, 후자는 『일본서기』 편찬자가 자신의 견해를 밝힌 것이다.

이렇게 볼 때 자료 ②의 '금각라해중유주도今各羅海中有主嶋 왕소산도王所産嶋'는 자료 ①의 '어축자각라도산아於筑紫各羅嶋産兒 잉명차아왈도군仍名此兒曰嶋君'과 대응되고, 자료 ②의 '고백제인호위주도故百濟人號爲主嶋'는 자료 ①의 '백제인차도왈주도야百濟人呼此嶋曰主嶋也'와 대응된다. 따라서 '今~主嶋'는 『백제신찬』의 '무령왕이 축자도筑紫嶋에서 출생하였다'는 것에 대해 『일본서기』 편찬자가 '축자의 각라도에서 출생하였다'고 상세하게 주석을 단 것이다. 이는 『일본서기』 편찬자가 자료 ①의 기사를 조작한 것이 아니라 도리어 신뢰한 것을 보여 준다. 그렇다면 개로왕이 자신의 임신한 부인을 동생 곤지에게 내려 주었다는 기사도 허구로 돌릴 수 없는 것이다.

(3) 잉부, 개로왕, 곤지의 관계

자료 ①의 내용이 사료로서 신뢰성이 있다면 잉부, 개로왕, 곤지와 무령왕의 관계는 다음과 같이 정리된다. ①의 기사에 따르면 잉부는 처음에는 개로왕의 부인이었고 이 잉부가 낳은 무령왕은 혈연 관계로는 개로왕의 아들이다. 『백제신찬』을 따르면 무령왕은 곤지의 아들이 되지만 여기에는 무령왕의 어머니가 나오지 않는다. 따라서 무령왕이 곤지의 아들이 되려면 이 잉부는 처음부터 곤지의 부인이 되어야 한다. 이렇게 보면 이 잉부가 처음에는 개로왕의 부인이었다는 자료 ①의 내용을 설명할 수 없다. 이 잉부는 처음에는 개로왕의 부인이었기 때문이다.

이렇게 내용이 충돌되는 웅략기의 본문과 『백제신찬』의 내용은 양자택일로 해결할 수 없다. 이 문제의 해명은 잉부에서 찾아야 한다. 그러려면 잉부는 개로왕의 부인이면서 곤지의 부인이 되어야 한다. 이는 개로왕이 자신의 잉부를 동생 곤지에게 내려 주었다는 상황과 연동되어 있으므로 당시의 정치적 역학 관계와 연관하여 설명할 수밖에 없다.

곤지는 개로왕 초기에 정로장군征虜將軍 좌현왕左賢王으로서의 정치적 위상을 가졌다. 그러나 개로왕은 왜와의 우호 관계를 회복시켜야 한다는 목적 또는 명분으로 곤지를 왜에 사신으로 보내려 하였다. 여기에는 곤지의 세력을 약화시키려는 의도도 깔려 있었던 것 같다. 왜로 가는 것을 선뜻 받아들이기 어려웠던 곤지는 개로왕에게 왕의 잉부를 자신에게 내려 달라는 요구 조건을 내걸었다. 상식적으로는 받아들이기 어려운 요구 조건이었지만 개로왕은 이를 들어주기로 하였다. 다만 왜로 가는 길에 아이를 낳으면 본국으로 돌려보내라는 조건을 달았다. 이에 곤지는 잉부를 부인으로 삼아 함께 왜로 떠났다. 그 결과 잉부는 처음에는 개로왕의 부인이었고 뒤에는 곤지의 부인이 되었다.[84]

(4) 무령왕과 곤지, 동성왕과의 관계: 의부-의자와 이모형제

『일본서기』 편찬자는 자료 ①에 따라 잉부가 낳은 무령왕을 개로왕의 아들로 보았다. 동성왕은 곤지가 왜로 가서 왜 왕실의 여자와 결혼해 낳은 아들이다. 무령왕의 출계 문제 해명에서 핵심은 무령왕과 동성왕이 이

---

84 잉부가 곤지의 부인이 된 것을 兄死妻嫂의 혼속으로 설명해 볼 필요도 있다. 그러나 백제에 형사처수제가 있었는지도 불분명하거니와 이 경우 형인 개로왕이 살아 있었기 때문에 잉부와 개로왕 및 곤지와의 관계는 형사처수제로는 설명할 수 없다.

모형제라는 사실이다.『일본서기』편찬자는 무령왕은 개로왕의 아들이고 동성왕은 곤지의 아들이라 정리하면서 무령왕과 동성왕이 이모형제라는 것에 대해서는 '잘 모르겠다'고 하였다. 따라서 이모형제 문제만 합리적으로 설명할 수 있으면 무령왕의 출계 문제는 해결될 수 있다.

혈연상으로 개로왕의 아들인 무령왕이 곤지의 아들이 되려면 부계 혈통만 따져서는 설명할 수 없다. 어머니를 중심으로 살펴보아야 한다. 이때 주목되는 것이 의부義父-의자義子 관계이다. 의부-의자는 어떤 여성이 자식을 낳은 후 그 자식을 데리고 개가하였을 때 생겨난다. 그 사례는 신라에서 찾아볼 수 있다.

신라 신덕왕은 아달라왕의 원손으로서 신라 하대에 와서 석씨로서 왕이 된 첫 임금이다.『삼국사기』에는 신덕왕의 아버지는 예겸乂兼(銳謙)이라고 하였지만,[85]『삼국유사』왕력에는 신덕왕의 아버지는 문원文元 이간이고 의부義父가 예겸乂謙이라고 나온다.[86] 이 두 기사를 종합하면 신덕왕에게는 부父 문원과 의부義父 예겸이 있었다. 이는 신덕왕의 어머니가 문원과 결혼하여 신덕왕을 낳은 후 예겸에게 개가하였음을 보여 준다. 예겸의 의자가 된 신덕왕은 의부의 도움으로 왕위에 올랐다.[87]

이러한 사례에 비추어 무령왕을 낳은 잉부가 왜로 가면서 곤지의 부인이 되었고 또 잉부가 낳은 무령왕을 곤지가 자신의 아들로 여겼다면 무령왕은 곤지의 의자가 된다.『백제신찬』의 내용은 바로 이를 보여 준다. 다만 의부-의자 관계는 전 남편이 죽은 후 개가해야만 성립할 수 있는데 잉부의 경우 개로왕이 살아 있는 데도 곤지의 부인이 된 것은 개로왕이 곤지를 왜

---

85 『삼국사기』권제12 신라본기 제12 신덕왕 즉위년조의 "神德王立 姓朴氏 … 阿達羅王遠孫 父乂兼(一云銳謙)" 참조.

86 『삼국유사』권제1 왕력 제1 신라 제53 신덕왕조의 "第五十三神德王 (… 母眞花夫人 … 父 文元伊干 追封興廉大王 祖文官海干 義父銳謙角干 追封宣成大王)" 참조.

87 김창겸, 2003,『신라 하대 왕위 계승 연구』, 경인문화사, 79쪽; 선석열, 2015,『신라 왕위 계승 원리 연구』, 혜안, 271~274쪽.

로 보내야만 하는 특수한 상황에서 발생한 것으로 이해해야 할 것이다.

왜국으로 간 곤지는 다섯 아들을 두었다. 다섯 아들 가운데 둘째 아들 동성왕과 나머지 세 아들은 곤지가 왜왕녀와 결혼하여 얻은 아들이었다. 첫째 아들은 곤지가 의자로 받아들인 무령왕이다. 무령왕은 동성보다 네 살 위였기 때문에 동성왕의 이모형이 된다. 이러한 관점에서 저자는 무령왕의 출자를 다음과 같이 정리하고자 한다.

무령왕의 친부는 개로왕이지만 무령왕을 낳은 잉부가 곤지와 부부의 연을 맺었으므로 무령왕은 곤지의 의자義子가 되었다. 왜로 간 곤지는 왜 왕녀를 새 부인으로 맞아 동성왕을 비롯한 네 명의 아들을 두었다. 무령왕은 동성왕보다 나이가 많으므로 곤지의 첫째 아들이 되고, 동성왕은 둘째 아들이 된다. 무령왕과 동성왕은 낳아 준 어머니가 달랐지만 곤지는 의붓아버지든 친아버지든 무령왕과 동성왕의 아버지였다. 따라서 무령왕과 동성왕은 이모형제異母兄弟가 된다. 『일본서기』 편찬자들이 무령왕은 개로왕의 아들이고 동성왕은 곤지의 아들이라고 하면서 무령왕과 동성왕(말다왕)을 이모형제異母兄弟라고 한 것은 이러한 상황에서 나온 것이다.

이와는 달리 무령왕은 본래 곤지의 아들이었지만 웅진 천도 이후 왕위 계승이 방계로 거듭 옮겨짐에 따른 왕실계보의 취약성을 극복하고 한성시대 왕통과의 연결을 통해 왕실의 정통성을 확보하려는 목적에서 개로왕의 아들로 계보를 연결시켰다고 보는 견해도[88] 있고, 한성시대 이래의 전통적인 씨족과의 유대 관계를 굳히기 위해 개로왕의 아들로 칭하였다는 견해도[89] 있다. 그러나 꼭 개로왕계로 이어야만 왕통의 정통성이 확보되는 것은 아니다. 왕통이 비록 방계로 갔다고 하더라도 부-자로 계속 이어지면 그 왕통은 그 자체로 정통성과 정당성을 가진다. 따라서 왕통의 정통성을

---

88 이도학, 1984, 「한성말 웅진시대 백제왕계의 검토」, 『한국사연구』 54집, 한국사연구회.
89 이근우, 1994, 「일본서기에 인용된 백제삼서에 관한 연구」, 한국정신문화연구원 박사학위 논문, 132~135쪽.

확보하기 위해 아버지를 바꾼다든가 씨족과의 유대 관계를 위해 아버지를 부정한다는 것은 성립할 수 없다.

2. 무령왕의 즉위

(1) 무령왕의 성장지

무령왕은 자료 ①에 의하면 각라도各羅嶋에서, 자료 ②에 의하면 축자도 筑紫嶋에서 태어났다고 한다. 축자도는 각라 바다 가운데[各羅海中]에 있다고 하므로 각라도와 같은 섬이다. 각라도의 위치는 '각라'를 かから로 읽고 일본 사가현佐賀縣 히가시마쓰우라군東松浦郡 친제이초鎭西町의 가카라시마(加唐島, かからしま)로 보는 것이 일반적이다.[90] 현재 이 섬에는 무령왕의 탄생지임을 알려 주는 안내판이 설치되어 있다.

무령왕의 이름은 〈무령왕릉묘지석〉에는 사마斯麻로, 『일본서기』에는 사마斯摩로 나온다. 사마라는 이름은 왕이 섬[島]에서 태어났고 섬의 훈독이 'しま'이기 때문에 붙여진 것이라고 한다. 그래서 『일본서기』에는 무령왕을 도군嶋君이라고도 하였다.

자료 ①에 의하면, 곤지는 무령왕이 각라도에서 태어나자 곧장 배에 태워 백제로 보냈다. 자료 ②의 『백제신찬』에도 "아이가 태어나자 섬에서 되돌려 보냈다"고 하였다. 따라서 무령왕은 태어나자마자 곧장 백제로 보내졌음이 분명하다. 이와는 달리 무령왕이 이후 왜에 머물러 성장한 것으로 보는 견해도 있다. 이 견해는 『신찬성씨록』의 "부지어경不至於京"을 "백제의 수도[京]에 이르지 못하였다"고 해석한 것에 근거한 것인데 이는 성립할 수 없다. 이 기사의 경京은 백제의 수도가 아니라 왜의 수도를 말

---

90 坂本太郎 外 校注, 1967, 『日本書紀 下』(日本古典文學大系 68), 岩波書店, 542쪽 補注 16의
    27 各羅; 문경현, 2000, 「백제 무령왕의 출자에 대하여」, 『사학연구』 60집, 한국사학회.

하기 때문이다. 군군軍君(곤지)이 왜의 수도로 들어간 것을 '입경入京'이라고 한 것이 이를 보여 준다. 출생 후 바로 백제에 보내진 무령왕은 왕의 아들이었기 때문에 왕궁에서 컸을 가능성이 크다.[91]

475년 무령왕은 한성이 함락될 당시 14살이었다. 한성이 함락되는 난리 통에도 그는 무사히 살아남아 웅진으로 내려왔다. 천도 이후 그는 귀족들의 권력 다툼이라는 정쟁에서도 살아남았다. 그렇지만 웅진으로 내려와서 즉위하기까지 26년 동안 그가 어디서 무엇을 하였는지 알 수 없다.

(2) 동성왕 말년의 정치 파행

무령왕의 사람 됨됨이에 대해 『삼국사기』는 "인자하고 너그러워 민심이 따랐다"고 평하고 있다. 이러한 평은 무령왕이 야망을 지닌 왕족이었음을 보여 준다. 이러한 야망을 가진 무령왕에게 왕위에 오를 수 있는 기회가 왔다. 그 기회는 동성왕 말년의 파행적인 정치 운영이었다. 499년(동성왕 21) 가물어 백성들이 굶주려 죽고 도적들이 많이 일어났다. 신하들은 창고의 곡식을 내어 구휼하자고 요청하였지만 동성왕은 듣지 않았다. 이로 말미암아 한산인漢山人 2천여 호가 고구려로 도망가는 등 대규모의 인구 이탈이 있었다. 또 이해 겨울 10월에 전염병이 크게 돌아 많은 사람이 죽었다. 501년 3월에는 서리가 내려 보리를 해치고, 여름 5월에는 비가 오지 않아 흉년이 들어 민들의 삶은 매우 곤핍하였다.

이런 상황임에도 동성왕은 22년(500) 봄에 궁궐 동쪽에 높이가 다섯 장丈이나 되는 임류각을 세우고 연못을 만들어 진기한 새를 길렀다. 왕은 신하들의 간언을 듣지 않았을 뿐만 아니라 다시 간하는 자가 있을까 염려하여 궁궐 문을 닫아 버리는 등 여론에도 귀를 기울이지 않았다. 더하여 왕은 측근들과 향락에 빠졌다.

---

91 오계화, 2004, 「백제 무령왕의 출자와 왕위계승」, 『한국고대사연구』 33집, 한국고대사학회.

동성왕 말기의 정치 파행은 민심의 이반을 가져왔다. 민심의 이반은 불길한 징조로 나타났다. 동성왕 23년(501)에 왕도에서 노파가 여우로 변하여 사라졌고, 남산에서 두 호랑이가 싸웠는데 잡으려 하였으나 잡지 못하였다.[92] 노파가 여우로 변하였다는 것은 동성왕이 몰락할 것을 예고하는 징후였으며, 두 마리의 호랑이를 잡지 못하였다는 것은 동성왕이 적대 세력을 제거하지 못할 것을 보여 주는 조짐이라 할 수 있다. 두 마리의 호랑이로 표현된 적대 세력은 무령왕과 위사좌평 백가일 가능성이 크다. 이들이 동성왕의 피살에 주도적인 역할을 하였기 때문이다.

(3) 동성왕의 피살과 국인 세력

동성왕의 죽음에 대해, 『삼국사기』에는 가림성 성주로 임명된 백가가 왕을 원망하여 501년 11월 동성왕이 사비 서원에서 전렵하다가 눈 때문에 귀경하지 못하고 마포촌에 숙박하게 된 것을 틈타 사람을 보내 왕을 찔러 죽였다고 하였다. 그런데 『일본서기』 무열기 4년(502)조의 본문에는 "백제 말다왕(동성왕)이 무도하여 백성들에게 포학하므로 국인國人이 마침내 제거하였다"고 나온다. 『백제신찬』에도 동일한 내용이 나온다.

두 자료를 비교해 보면, 백가가 동성왕을 암살한 것은 국인이 말다왕을 제거하고 도왕(무령왕)을 옹립하였다는 것과 대응하며, 동성왕이 백성들을 진휼하지 않았다는 것은 말다왕(동성왕)이 무도하여 백성들에게 포학하였다는 것과 대응한다. 이러한 사실은 동성왕이 민정을 제대로 살피지 않은 실정을 틈타 반대 세력들이 그를 제거한 것을 보여 준다. 따라서 국인은 바로 동성왕의 정치에 반발하는 세력들이라 할 수 있다.

이러한 반발 세력은 몇 부류로 나누어 볼 수 있다. 첫째, 동성왕의 견제

---

92 『삼국사기』 권제26 백제본기 제4 동성왕 23년조의 "春正月 王都老嫗化狐而去 二虎鬪於南山 捕之不得" 참조.

를 받게 된 백가를 중심으로 하는 세력이다. 백가는 웅진 천도 이후 두각을 나타낸 대표적인 신진 세력으로서 동성왕 8년(486)에 위사좌평에 임명된 후 22년(500)에 이르기까지 14년 동안 줄곧 위사좌평 직에 있었다. 그 동안 그는 조정 내에 당여黨與를 키웠을 것이다. 그러나 동성왕은 백가를 내쳤다. 이는 신진 세력의 불만을 사게 되었을 것이다.

둘째, 남래귀족들이다. 남래귀족들은 황급히 웅진으로 내려왔지만 언젠가는 한성으로 돌아가야 한다는 생각을 가지고 있었다. 그들의 염원은 한성의 회복이었다. 그런데 동성왕은 고구려의 공격에 신라와 힘을 합쳐 방어만 하였을 뿐 적극적으로 한성을 회복하려는 의지를 보이지 않았다. 동성왕의 이러한 미온적 태도는 남래귀족들의 불만을 야기하였을 가능성이 크다.[93]

셋째, 왕족들이다. 동성왕은 신진 세력과 중국계 인물들을 중용하였다. 동성왕이 남제에 국서를 보내 작호 수여를 요청하였을 때 작호를 받은 11명 가운데 3명만이 왕족 여씨라는 사실이 이를 잘 말해 준다. 상대적으로 대우를 받지 못한 왕족들은 동성왕에게 등을 돌렸을 것이다.

이처럼 동성왕의 정치에 불만을 품은 국인 세력들은 다양하였다. 이 가운데 핵심적인 역할을 한 세력은 백가 세력이었다. 이때 남래귀족과 왕족들도 백가와 행동을 같이하였는지의 여부는 알 수 없지만 이들이 등을 돌렸다는 것 자체가 동성왕에게는 매우 불리한 것이었다. 이는 동성왕이 백가로 대표되는 국인들에 의해 제거되었음을 보여 주는 것이다.

(4) 무령왕의 즉위와 백가의 난 평정

동성왕이 백가에 의해 암살되자 무령왕이 즉위하였다. 이때 무령왕의

---

93 정재윤, 2000, 「웅진시대 백제 정치사의 전개와 그 특성」, 서강대학교 대학원 박사학위논문, 111~112쪽.

나이는 40세였다. 그러나 무령왕은 단순히 백가 세력에 의해 옹립된 것은 아니었다. 그는 능동적으로 움직여 왕위에 올랐다. 이를 보여 주는 것이 "민심이 따랐다"는 인물평이다. 이 인물평은 그를 지지하는 세력이 형성되었음을 보여 준다. 이 세력은 동성왕 말년의 정치적 파행을 보고 이를 바로 잡아야겠다는 생각에서 무령왕에게 모여든 것으로 보인다. 여기에는 동성왕에게 불만을 품은 왕족들이나 남래귀족들도 포함되었을 것이다.

이러한 상황에서 무령왕이 넘어야 할 고비는 백가 세력이다. 백가는 가림성 성주로 임명받아 가기 전까지는 동성왕의 오른팔이었으며, 위사좌평으로서 왕궁을 숙위하였다. 따라서 그가 동성왕을 옹위하는 동안에 거사를 도모하는 것은 쉽지 않았을 것이다. 이때 백가가 동성왕에 의해 지방으로 쫓겨 내려가는 상황이 벌어졌다. 이 틈을 이용하여 무령왕은 백가를 자신의 편으로 끌어들이지 않았을까 한다. 한편 백가도 동성왕을 제거하기로 마음을 먹었지만 사후에 자신의 입지를 보장해 줄 왕족이 필요하였다. 이러한 이해관계가 맞아떨어져 무령왕과 백가는 손을 잡게 된 것 같다. 그렇다면 국인이란 무령왕을 지지하는 세력과 백가 세력을 총칭한 말이라 하겠다.

501년 11월 백가는 자객을 보내 마포촌에서 숙박하고 있던 동성왕을 습격하였다. 습격을 받은 동성왕은 한 달 뒤인 12월에 죽었다.[94] 이는 백가가 칼에 찔린 왕을 사로잡지 못한 것을 의미한다. 왕을 사로잡지 못하면 동요하는 민심을 장악할 수 없다. 이로 말미암아 백가는 이후의 정국을 주도하지 못하게 되었다. 그래서 한 달 동안 왕위를 두고 치열한 암투가 벌어졌을 가능성이 크다. 이 과정에서 무령왕이 왕위에 올랐다.

백가는 동성왕을 제거하는 데 제1의 공을 세웠기 때문에 무령왕 즉위

---

[94] 『삼국사기』 권제26 백제본기 제4 동성왕 23년조의 "是以怨王 至是使人刺王 至十二月乃薨 諡曰東城王" 참조.

후 당연히 실권자로 등장해야 하였다. 그러나 백가는 무령왕이 즉위하자 곧장 반란을 일으켰다.[95] 그 원인은 무령왕의 태도 변화와 연관시켜 살펴보아야 할 것 같다. 무령왕은 동성왕을 제거하는 데에는 백가와 보조를 같이하였지만 왕위에 오른 후 즉위의 정당성을 확보하는 것이 필요하였다. 이에 무령왕은 동성왕 시해의 모든 책임을 백가에게 뒤집어씌우려 하였다. 실제로 동성왕을 시해한 사람은 백가였기 때문이다. 사태를 피할 수 없을 것으로 생각한 백가는 가림성을 근거로 반란을 일으켰다.[96]

백가가 반란을 일으키자 무령왕은 직접 군사를 거느리고 우두성으로 가서 한솔 해명으로 하여금 백가를 토벌하게 하였다. 이때 내건 명분은 선왕을 시해한 자를 처단한다는 것이었을 것이다. 백가는 더 이상 버틸 수 없게 되자 항복하였지만 무령왕은 곧장 그를 참하여 백강에 던져 버렸다. 화근을 완전히 제거해 버린 것이다. 백가의 반란을 평정함으로써 무령왕은 동성왕 시해 사건과 관련되었다는 의구심을 완전히 불식시켰을 뿐만 아니라 왕의 위상을 높일 수 있었다. 이는 무령왕이 이후 개혁 정책을 적극 추진할 수 있는 기반이 되었다.

II. 왕권 강화와 국제적 위상 고양

1. 왕족 중심의 정치 운영과 지배조직 정비

(1) 왕족 중심의 정치 운영

즉위 후 무령왕은 집권 기반을 확대하고 안정시키기 위해 왕족 중심의

---

95 『삼국사기』 권제26 백제본기 제4 무령왕 즉위년조.
96 노중국, 1991, 「백제 무령왕대의 집권력 강화와 경제기반의 확대」, 『무령왕릉의 연구현황과 제문제』, 국립공주박물관.

정치 운영을 도모하였다. 그래서 왕족을 중용하고 왕족의 위상을 높이려 하였다. 이를 보여 주는 것이 무령왕이 505년에 마나군麻那君을 왜에 파견하였다가 506년에 골족인 사아군斯我君으로 교체한 사실이다.[97] 교체 이유는 마나군이 골족骨族이 아니라는 것이다. 여기에서 주목되는 것은 골족 여부를 따졌다는 것이다. 골족은 혈연적으로 동고조 8촌 범위 내의 친족 집단을 말하며[98] 상복제, 연좌제, 혼인제 등의 기초가 된다.

왕족은 왕실의 번병[울타리]이 되지만 때로는 왕을 위협하는 적대적인 존재도 될 수 있다. 왕족의 이런 이중적인 성격은 태생적인 것으로서 정치적 상황이 어떠냐에 따라 다르게 나타난다. 웅진도읍기에 왕족들의 위상은 약해졌다. 한성이 함락되면서 많은 왕족들이 죽었고 또 황급한 천도로 경제적 기반이 약화되었기 때문이다. 이에 따라 동성왕 대에는 이성 귀족들이 정치 운영을 좌우하게 되면서 왕족들은 상대적으로 소외되어 갔다.

무령왕은 즉위 후 왕권 강화를 위해 이성 귀족들의 힘을 억제하려 하였다. 그러기 위해서는 왕족들을 울타리로 삼아 활용하는 것이 필요하였다. 이에 무령왕은 골족을 강조하면서 요소요소에 왕족을 배치하였다. 골족인 사아군을 대왜 외교에 투입한 것과 지방통치조직인 담로에 자제종족을 파견한 것이 이를 보여 준다.

(2) 귀족 세력의 편제: 부部와 새로운 덕계 관등의 설치

왕족의 중용과 함께 귀족에 대한 통제와 관련하여 무령왕이 취한 두 가지 조치가 주목된다. 하나는 부部의 설치이다. 웅진도읍기의 부로는 516년(무령왕 16)에 전부前部가,[99] 534년(성왕 12)에 하부下部와 상부上部가 보

---

97 『일본서기』 권16 무열기 6년조의 "冬十月 百濟國遣麻那君進調 …"; 7년조의 "夏四月 百濟王 遣斯我君進調 別表曰 前進調使麻那者 非百濟國主之骨族也 …" 참조.

98 노중국, 2008, 「백제의 골족 의식과 골족 범위」, 『한국고대사연구』 50호, 한국고대사학회.

99 『일본서기』 권17 계체기 10년조의 "夏五月 百濟遣前部木刕不麻甲背 …" 참조.

인다.[100] 사비로 천도한 이후인 541년에는 하부, 전부, 중부中部가 보인다.[101] 여기에 후부後部를 포함하면 5부가 된다. 이는 웅진도읍기에 왕도가 5부로 편제되었음을 보여 준다.[102] 그 시초는 무령왕 대였다.

한성도읍기의 부는 중앙의 지배자 집단을 가리키는 것이어서 중앙귀족들의 전통이 강하게 남아 있었다. 그러나 남래귀족들은 웅진 천도로 경제적 기반은 물론 족적 기반도 잃어버려 그 위상은 약화되었다. 대신 신진세력들이 새로운 중앙귀족으로 등장하였다. 남래해 온 귀족들과 새로이 등장한 귀족들을 지배체제 내에 편제하기 위해 만든 왕도의 행정조직이 부이다. 웅진도읍기의 부는 한성도읍기처럼 중앙의 지배자 집단이 아니라 왕도의 행정조직으로 그 성격이 바뀌었다. 이리하여 남래귀족이나 신진귀족 모두 왕권 중심 체제에 편제되었다.

다른 하나는 새로운 관등의 설치이다. 한성도읍기 관등은 앞에서 언급한 것처럼 14관등제였다. 1품은 좌평이고, 2품에서 6품까지는 달솔에서 나솔까지 5등급으로 나눈 솔계 관등이다. 7품에서 11품까지는 장덕에서 계덕까지 5등급으로 분화시킨 덕계 관등이고, 그 아래에 좌군-진무-극우의 무계 관등을 두었다. 그런데 웅진도읍기에는 534년(성왕 12)에 수덕修德, 도덕都德, 호덕護德 등 새로운 덕계 관등이 보인다. 이 새로운 관등은 성왕 대의 기사에 나오지만 무령왕이 5부제를 실시한 것과 연계시켜 볼 때 무령왕 대에 설치되기 시작하지 않았을까 한다.

새로이 설치된 관등은 공교롭게도 덕계 관등이다. 덕계 관등은 기본적으로 중급 귀족들을 대상으로 한 것이다. 덕계 관등의 신설은 웅진 천도

---

100 『일본서기』 권18 안한기 원년조의 "五月 百濟遣下部脩德嫡德孫 上部都德己州己婁等 來貢 常調 別上表 …" 참조.
101 『일본서기』 권19 흠명기 2년조.
102 양기석, 2007, 「천도 초기의 정치정세」, 『웅진도읍기의 백제』(백제문화사대계 연구총서 4), 충청남도역사문화연구원.

이후 금강유역권 신진 세력들의 중앙으로의 등용과 연동된다. 신진 세력들은 새로이 중앙귀족으로 등장하였지만 처음부터 고위 귀족이 될 수 없었다. 이들의 대다수는 처음에는 중급 귀족이나 하급 귀족이 되었을 것이다. 이에 백제 왕실은 기존의 덕계 관등 외에 수덕, 도덕 등 덕계 관등을 신설하여 중급 귀족으로 등장한 신진 세력들을 포용한 것 같다.

2. 지방에 대한 통제력 강화와 군·성의 신설

왕권 강화를 위해 무령왕은 지방에 대한 통제력도 강화하였다. 웅진 천도 초기에는 귀족의 반란 등으로 정치질서가 무너져 중앙의 지방에 대한 통제력도 약화되었기 때문이다. 무령왕 대의 지방에 대한 통제력 강화는 두 가지 측면에서 살펴볼 수 있다. 하나는 지방통치조직인 담로를 장악하는 것이다. 이 시기 백제는 한강 유역을 비롯한 경기도 일대를 고구려에게 빼앗겼기 때문에 담로의 수는 22개에 불과하였다. 이를 일반적으로 22담로라고 한다.

이 담로에 무령왕은 자제종족을 파견하였다.[103] 자제는 왕의 자제를, 종족은 부여씨 왕족을 말한다. 자제종족에는 부여씨가 아닌 성씨 출신자도 포함되는 것으로 보는 견해도[104] 있지만 부여씨가 아닌 자를 왕족으로 부를 수 없다.

이 담로에 파견된 지방관이 도사이다. 따라서 자제종족은 도사로 임명된 것으로 볼 수 있다. 도사는 국왕을 대신하여 담로의 행정, 군사, 사법 등의 일을 처리하였다. 왕족을 파견하여 담로를 장악함으로써 무령왕은 왕정에 필요한 인적·물적 자원을 보다 체계적으로 확보할 수 있게 되었

---

103 『양서』 권54 열전 제48 제이 백제전의 "其國有二十二檐魯 皆以子弟宗族分據之" 참조.
104 김영심, 1990, 「5~6세기 백제의 지방통치체제」, 『한국사론』 22집, 서울대학교 국사학과.

다. 이는 왕족을 중시하는 무령왕의 정치 운영 모습을 보여 주는 것이기도 하다.

다른 하나는 새로운 지방통치조직을 만든 것이다. 이와 관련하여 주목되는 것이 534년(성왕 12)에 보이는 군령과 성주이다.[105] 군령은 군郡의 장관이고, 성주는 성의 장관이다. 군령과 성주는 군과 성의 존재를 전제로한다. 군과 성은 이전의 담로제에서는 보이지 않는 새로운 지방통치조직의 명칭이다.

그런데 『일본서기』 흠명기에 의하면, 이 당시 가야 세력은 백제가 파견한 군령과 성주를 철수해 주기를 요청하고 있다. 이 요청은 두 가지 사실을 보여 준다. 첫째는 군령과 성주가 534년 이전에 설치되었다는 것이다. 둘째는 군령과 성주가 설치된 곳은 본래 가야의 땅이었다는 사실이다. 이러한 사실은 백제가 가야의 권역을 영역으로 편입한 후 그곳에 군령과 성주를 파견하였음을 보여 준다.

군령과 성주가 설치된 곳은 하한下韓이니 남한南韓으로 불렸다. 이 지역은 섬진강 유역 일대와 광양만 일대이다. 이 일대는 본래 가야 세력의 권역이었지만 무령왕이 기문, 대사와 상치리, 하치리, 사타, 모루 등을 확보함으로써 백제의 영역이 되었다.

무령왕이 새로 점령한 지역을 어떻게 지배하였는지를 직접 보여 주는 자료는 없다. 그러나 군령과 성주가 새로이 영역으로 편입한 곳에 설치되었다는 것과 무령왕 대에 처음으로 섬진강 일대와 광양만 일대를 영역으로 편입하였다는 사실을 종합해 보면 군령과 성주의 파견은 무령왕과 연결시켜 볼 수 있다. 즉 군과 성은 무령왕 대에 설치되기 시작하여 성왕 대로 이어졌던 것이다. 534년의 기사는 이러한 변화 과정을 보여 주는 것이다.

---

105 『일본서기』 권19 흠명기 4년조의 "冬十一月丁亥朔甲午 遣津守連詔百濟日 在任那之下韓百濟郡令城主 宜附日本府 … 三佐平等答日 在下韓之我郡令城主 不可出之 …" 참조.

이리하여 무령왕 대에는 기존의 영역에는 담로제를 시행하고 신점령지에는 군과 성을 설치하여 지배하는 이원적인 지방 지배가 일시적으로 시행되었다. 이것을 일원화시킨 것이 사비 천도 이후의 방–군–성(현)제이다. 이렇게 보면 군과 성의 설치는 기존의 담로제를 방–군–성(현)제로 전환시키는 계기가 되었다고 하겠다.

3. 경제 기반의 확충

한성 함락은 백제 왕실에 경제적으로도 큰 타격을 주었다. 한강 유역을 비롯하여 경기도 일대의 넓은 영토를 고구려에게 빼앗겼기 때문이다. 이로 말미암아 웅진 천도 이후 백제 왕실의 인적·물적 기반은 그만큼 축소되었다.[106] 왕실을 따라 내려온 귀족들은 물론 고구려의 압박을 피해 내려온 민들도 자신들의 기반을 거의 잃어버리고 말았다.

경제 기반의 축소는 왕실 재정을 악화시키고 민의 삶을 곤핍하게 만들었다. 무령왕에게 주어진 당면 과제의 하나는 축소된 경제 기반을 확대하여 왕실 재정을 충실히 하고 백성들의 삶을 안정시키는 것이었다. 506년 무령왕은 춘궁기에 백성들이 굶주리자 창고를 열어 구휼하였다. 구휼은 민들의 삶을 최소한으로나마 안정시켜 주는 사회안전망이다. 그러나 사회 안정은 구휼만으로 되는 것이 아니다. 생산력을 높여야만 민의 삶을 보다 안정시킬 수 있다.

이를 위해 무령왕은 몇 가지 조치를 취하였다. 첫째, 무령왕은 10년(510) 봄에 저수지를 완비하게 하였다.[107] 저수지는 논농사에서는 꼭 필요한 시설로 수전농업에서 생산력을 높이려면 저수지를 잘 갖추어야 한다.

106 김철준, 1990, 『한국고대사회연구』(개정판), 서울대학교 출판부, 100~101쪽 참조.
107 『삼국사기』 권제26 백제본기 제4 무령왕 10년조의 "下令 完固隄防 …" 참조.

이에 무령왕은 기왕의 수리시설은 안전하게 수리하게 하고, 새로 만드는 저수지는 튼튼하게 만들도록 명령을 내렸다. 수리시설의 확충과 정비는 농업생산력을 높였고, 이에 따라 금강유역권과 영산강유역권의 개발을 적극 추진할 수 있게 되었다.

둘째, 유식자를 귀농시킨 것이다.[108] 유식자는 농사 지을 땅이 없어 떠돌아다니는 민들을 말한다. 이들의 존재는 민의 삶이 그만큼 어렵다는 것을 보여 준다. 이들을 생활 터전에 정착시키지 못하면 사회 불안의 잠재적인 요소가 된다. 이에 무령왕은 유식자들을 귀농시켜 저수지 축조나 정비에 투입하고, 저수지 축조를 통해 확보된 농토에 정착할 수 있도록 하였다. 따라서 유식자의 귀농 조치는 농민층의 생활을 안정시키는 민생 정책임과 동시에 농업노동력을 확보하는 의미도 갖는 것이었다.

셋째, 호적제를 정비한 것이다. 무령왕은 509년에 가야 지역으로 도망한 백성들 가운데 3~4세대가 지난 자들도 추쇄推刷하여 관적貫籍(호적)에 올리게 하였다.[109] 백제민들이 가야 지역으로 간 시기가 언제이고 계기가 무엇인지 분명하지 않지만 '절관된 지 3~4세대'라는 점에서 미루어 두 시기가 주목된다. 하나는 399~400년에 백제·가야·왜 연합 세력과 고구려·신라 연합세력 사이에 벌어진 국제전이다. 이때 백제 백성들은 빈번한 징병을 견디지 못하고 신라로 도망간 자들이 많았다. 다른 하나는 475년 고구려의 공격으로 한성이 함락된 시기이다. 이때 많은 백성들이 신라로 가거나 고구려로 갔고 일부는 가야 지역으로 갔을 것이다.

무령왕이 타국으로 간 백성들을 추쇄해 온 것은 자국 백성을 보호한다는 의미와 더불어 농업노동력을 확보하려는 것도 포함하고 있다. 여기에서 주목되는 것은 추쇄해 온 백성들을 관적, 즉 호적에 올리도록 한 사실

---

108 『삼국사기』 권제26 백제본기 제4 무령왕 10년조의 "下令 … 驅內外游食者歸農" 참조.
109 『일본서기』 권17 계체기 3년조의 "遣使于百濟 … 括出在任那日本縣邑百濟百姓 浮逃絶貫 三四世者 並遷百濟附貫也" 참조.

이다. 호적에 올리면 과세의 대상이 되고 노동력 동원의 대상이 된다. 이 기사는 백제가 호적체계를 갖추고 있었음을 보여 준다.[110] 무령왕은 호적의 정비를 통해 대민수취를 체계화하였던 것이다.

넷째, 축소된 경제 기반을 확대하기 위해 영토를 확장하는 사업도 적극 추진하였다. 영역의 확장은 경제 기반 확대의 일차적인 방법이다. 그러나 이 시기 북으로는 강대한 고구려가 있고, 동으로는 신라 세력이 만만치 않아 백제가 영토를 넓힐 수 있는 곳은 가야 지역뿐이었다. 당시 가야 세력은 통일왕국을 이루지 못하고 연맹체 상태로 있었기 때문이다. 이에 무령왕은 섬진강 유역으로 진출하여 기문과 대사 지역을 차지하고 광양만·여수만 일대로 비정되는 상치리, 하치리, 사타, 모루 지역을 차지하였다. 이에 대해서는 뒤에 다시 언급할 것이다. 이로써 무령왕은 경기도 일대를 상실함에 따라 축소된 경제 기반을 어느 정도 회복할 수 있게 되었다.

사회경제적 기반 확대를 위한 무령왕의 일련의 조치들은 일정한 성과를 거두었다. 이를 통해 무령왕은 왕정의 물적 기반을 확대할 수 있었고 또 국가 운영에 필요한 재정을 확보하고 민생을 안정시킬 수 있었다. 이리하여 무령왕 대는 사회도 안정되고 문화도 꽃피울 수 있게 되었다.

4. 통치이념의 정비

무령왕은 즉위 후 정치적 안정과 경제적 기반의 확립에 주력하면서 동시에 통치이념의 정비에도 심혈을 기울였다. 먼저 무령왕은 충효를 기반으로 하는 유교정치이념을 강조하였다. 이를 위해 무령왕은 유학을 보급하고 유학에 대한 소양을 갖춘 인재를 양성하는 조직을 갖추어 나갔다. 이

---

110 노중국, 1991, 「백제 무령왕대의 집권력 강화와 경제기반의 확대」, 『백제문화』 21집, 공주대학교 백제문화연구소, 21~23쪽.

과정에서 설치된 유학 교육기관이 태학太學이다. 〈진법자묘지명〉에 의하면, 진법자의 증조 진춘陳春은 백제의 태학정太學正이었다.[111] 진법자는 백제 멸망 이후 당나라에서 활동한 인물이다. 한 세대를 30년으로 보면 진춘의 활동 시기는 무령왕 대가 된다.[112] 따라서 태학은 늦어도 무령왕 대에 설치되었다고 할 수 있다.

태학의 장관인 태학정은 태학에서 이루어지는 유학 교육과 관련한 업무 전반을 총괄하였다. 이 태학에서 유학 교육을 담당한 것은 오경박사였다. 오경박사의 존재는 무령왕이 513년에 오경박사 단양이段楊爾를 왜에 파견하였고 3년 뒤인 516년에 오경박사 한고안무漢高安茂를 왜에 파견한 것에서[113] 확인된다. 오경박사를 왜에 파견하였다는 것은 백제가 이미 오경박사제를 운영하고 있었음을 보여 준다.

백제의 오경박사제와 관련하여 주목되는 것이 양나라의 오경박사제이다. 양 무제는 유학 교육을 활성화하기 위해 천감 4년(505)에 각 경마다 오경박사를 1명씩 두었고 또 공자묘孔子廟도 세웠다.[114] 또 최고의 유학 교육기관인 국자학에 가서 책문策問하고 자제들을 시험하였다.[115] 이 시기 백제는 양나라와 긴밀하게 교섭하고 교류하였다. 송산리 6호분에서 출토된 '양관와위사의梁官瓦爲師矣'가 새겨진 명문전과 무령왕릉에서 출토된 '사土 임진년작壬辰年作'이 새겨진 전돌은 이러한 교류의 모습을 잘 보여 준다. 이로 미루어 무령왕의 태학 설치와 오경박사 설치는 양 무제의 정책을

---

111 〈진법자묘지명〉의 "曾祖春本邦太學正 思率" 참조.
112 김영관, 2014, 「백제 유민 진법자 묘지명 연구」, 『백제문화』 50집, 공주대학교 백제문화연구소.
113 『일본서기』 권17 계체기 7년조, 10년조 참조.
114 『양서』 권2 본기 제2 무제 중 천감 4년조.
115 『양서』 권2 본기 제2 무제 중 천감 9년조의 "三月己丑 車駕幸國子學 親臨講肆 … 冬十二月 癸未 輿駕幸國子學 策試胄子" 참조.

본받은 것으로 볼 수 있다.[116] 다만 태학의 장관을 정正이라 한 것은 백제
적 변용이라 하겠다.

다음으로 무령왕은 불교 교단 정비를 추진하였다. 이 시기 불교 교단은
개로왕 말년에 고구려 첩자인 승려 도림이 한 일로 말미암아 분열되어 있
었는 데다가 웅진 천도로 인하여 불교 교단에 대한 통제력도 약화되어 있
었다. 이에 무령왕은 새로이 불교 교단을 쇄신하려 하였고 그 방법으로 발
정發正을 양나라에 보내고 겸익謙益을 인도에 파견하였다. 백제에서 승려
를 타국에 보내 불교를 배워 오도록 한 것은 무령왕이 처음이다.

발정은 천감 연간(502~519)에 양나라로 건너가 스승을 찾아 30여 년 동
안 불도를 배우고 활동하였다.[117] 그는 법화경을 공부한 후 귀국하여 법화
신앙을 널리 전파하였다.[118] 이후 백제에서는 법화신앙이 성행하였는데,
혜현이 연경蓮經(법화경)을 암송하는 것을 업으로 하면서 겸하여 삼론三論
을 공부하였다는 것이[119] 그 예가 된다.

겸익은 계율을 직접 배워 오기 위해 무령왕 말년에 중인도로 갔다. 그는
중인도의 나란타사에서 4년 동안 범문을 배우고 계율을 공부하였다.[120] 그
러나 겸익이 귀국하기 전에 무령왕은 돌아가셨다. 이 때문에 새로운 계율
을 통한 교단의 정비는 무령왕 대에는 이루어지지 못하고 그 유업은 아들
성왕에게로 이어졌다. 무령왕릉이 연화문이 새겨진 전돌로 만들어진 것은
부왕이 연화장 세계에 환생할 것을 바라는 성왕의 염원의 표시라 하겠다.

---

116 고명사 저, 오부윤 역, 1995, 『한국 교육사 연구』, 대명출판사, 39쪽.
117 『관세음응험기』의 "有沙門發正者 百濟人也 梁天監中 負笈西渡 尋師學道 頗解義趣 亦明精
　　進 在梁三十餘年 不能頓忘 桑梓還歸本土 …"참조.
118 조경철, 1999, 「백제의 지배세력과 법화사상」, 『한국사상사학』 12집, 한국사상사학회; 김
　　수태, 2000, 「백제 법왕대의 불교」, 『선사와 고대』 15집, 한국고대학회.
119 『삼국유사』 권제5 피은 제8 혜현구정조의 "釋惠現百濟人 … 誦蓮經爲業 … 兼攻三論"참조.
120 이능화, 1917, 「미륵불광사사적기」, 『조선불교통사』 상편, 보련각.

5. 갱위강국의 선언과 국제적 위상 고양

국가체제를 정비하고 경제적 기반을 확대하여 정치적·사회적 안정을
이룬 무령왕은 대외적으로 두 가지 정책을 추진하였다. 하나는 고구려에
대해서는 강경하게 대응하는 것이었다. 무령왕은 즉위년(501) 11월에는
달솔 우영을 보내 먼저 고구려의 수곡성을 습격하였고,[121] 2년(502)에는 고
구려의 변경을 침략하였다. 3년(503)에는 말갈이 마수성을 불태우고 고목
성으로 진격해 오자 군대를 보내 격파하였다. 7년(507) 5월에는 고목성 남
쪽에 책을 세우고 장령책을 쌓아 말갈에 대비하였고, 10월에는 한성을 공
격하기 위해 횡악에 주둔해 있던 고구려·말갈군을 격퇴하였다.[122]

고구려와의 공방은 문주왕과 동성왕 대에는 볼 수 없는 것이었다. 특히
즉위년과 2년에 고구려에 선제공격을 한 것은 주목할 만하다. 이는 백제
의 대고구려 정책이 방어적인 것에서 공격적인 것으로 전환된 것을 보여
주기 때문이다. 무령왕은 고구려에 대한 선제공격을 통해 남래귀족들의
고토 회복 염원을 일정하게 수렴하여 내적인 결속을 이룸과 동시에 대외
적으로 백제의 힘을 과시하려 한 것 같다.

다른 하나는 가야 지역으로 진출하여 영역을 확대하는 것이었다. 『일본
서기』에 의하면, 왜는 512년에 상치리·하치리·사타·모루 4현과 513년
에 기문·대사 지역을 가야로부터 빼앗아 백제에게 떼어 주었다[割讓]고 하
였다. 이는 『일본서기』 편찬자의 윤색과 왜곡이다. 이러한 윤색을 덜어
내면 이 기사는 무령왕이 이 지역을 직할 영토화한 것을 보여 준다.[123]

'4현' 가운데 상치리, 하치리는 여수에, 모루는 광양에, 사타는 돌산도

---

121 이 사건은 『삼국사기』 고구려본기에는 문자명왕 12년조에 나와 백제본기의 연대와는 2년
　　차이가 난다. 시기와 관계 없이 이 기사는 백제의 고구려에 대한 적극적인 공세를 보여 준다.
122 이에 대해서는 『삼국사기』 권제26 백제본기 제4 무령왕 3년조, 6년조, 7년조 기사 참조.
123 천관우, 1978, 「복원 가야사 하」, 『문학과 지성』 31호, 문학과 지성사, 112~115쪽.

로 대체로 현재의 광양만·여수만 일대에 비정된다.[124] 한편 기문은 섬진
강으로 비정되는 기문하와 연관시켜 볼 때 남원, 운봉 지역에, 대사는 하
동군의 옛 이름 한다사韓多沙와 악양현의 옛 이름 소다사小多沙와 연결시
켜 볼 때 하동 일대로 비정된다.[125]

고구려에 대한 적극적인 공세와 가야세력권에 속한 4현 및 기문·대사
지역의 확보로 백제의 국제적 위상은 높아졌다. 이에 무령왕은 높아진 위
상과 자긍심을 대내외에 널리 알렸다. 이를 잘 보여 주는 것이 21년(521)
에 양나라에 사신을 보내 "앞서 고구려에게 격파당하여 여러 해 동안 쇠
약하였으나 이제 여러 번 고구려를 깨뜨렸으며 다시 강국이 되었다"고[126]
한 선언이다. 이 기사에서 '여러 번 고구려를 깨뜨렸다'는 것은 무령왕이
고구려에 선제공격을 가해 기선을 제압한 것을[127] 말한다. 따라서 이 '갱
위강국更爲强國' 선언은 무령왕의 자신감을 그대로 보여 주는 것이다.

강국이 되었음을 선언한 무령왕은 주변국인 신라와 가야의 여러 나라
들을 소국으로 인식하고 부용국으로 간주하였다. 〈양직공도〉에[128] 반파叛
波·탁卓·다라多羅·전라前羅·사라斯羅·지미止迷·마련麻連·상기문上己
汶·하침라下枕羅 등을 백제 곁에 있는 소국으로 부르면서 백제에 부용한
나라라고 한 것이 이를 보여 준다. 주변국들에 대한 이러한 인식은 백제가
천하의 중심이라는 천하관에서 나온 것이다.

---

124 4현의 위치를 전남의 서반부를 점하는 것으로 보는 견해(末松保和, 1949, 『任那興亡史』,
   吉川弘文館, 118~123쪽)도 있다. 그러나 영산강 유역 일대는 근초고왕 대에 이미 백제의
   영역이 되었으므로 이 견해는 성립할 수 없다.

125 김태식, 1993, 『가야연맹사』, 일조각, 114~126쪽. 이와는 달리 낙동강 중류 지역인 경북
   開寧·多斯 지방으로 비정하는 견해(천관우, 1978, 「복원 가야사 하」, 『문학과 지성』 31호,
   문학과 지성사, 112~115쪽)도 있다.

126 『삼국사기』 권제26 백제본기 제4 무령왕 21년조; 『양서』 권54 열전 제48 제이 백제전의
   "普通二年 王餘隆始復遣使奉表稱 累破句麗 今始與通好 而百濟更爲强國" 참조.

127 이기백, 1973, 「백제사상의 무령왕」, 『무령왕릉』, 문화재관리국, 67쪽.

128 〈양직공도〉에 대해서는 이홍직, 1971, 「양직공도 논고—특히 백제국 사신도경을 중심으
   로—」, 『한국고대사의 연구』, 신구문화사 참조.

이 시기 백제의 위상 고양은 양나라로부터 받은 작호에서도 살펴볼 수
있다. 양나라는 521년에 무령왕의 작호를 종래의 진동대장군에서 '영동
대장군寧東大將軍'으로 개칭해 올려 준 반면에 520년에 고구려왕 안安(안
장왕)을 영동장군고려왕으로 책봉하였다.[129] 영동대장군은 정2품이고 영
동장군은 정3품이다. 이는 국제관계에서도 백제의 위상이 높아진 것을 보
여 준다. 그래서 백제는 〈무령왕릉묘지석〉에도 '영동대장군'을 새긴 것
같다. 무령왕릉에서 출토된 호화롭고 다양한 부장품들은 무령왕 대에 이
룩한 왕권의 신장과 국력의 융성 및 높아진 대외적 위상을 잘 보여 주는
물적 증거라 하겠다.

III. 웅진도읍기의 역사적 의미

중앙집권국가가 성립된 이후 백제 멸망에 이르기까지 백제사의 흐름을
정리하고자 할 때 매우 미묘한 시기가 웅진도읍기이다. 웅진 천도는 계획
적으로 이루어진 것이 아니라 한성이 함락되고 개로왕이 전사한 위기의
상황에서 황급히 이루어졌다. 이러한 천도는 우리나라 역사상 처음이자
마지막이다. 이 때문에 웅진 천도는 백제사회에 많은 변화를 가져왔다. 그
러한 변화를 정리하면 다음과 같다.

첫째, 지배 세력의 변화이다. 웅진 천도 초기에 지배 세력은 대다수가
한성에서 남으로 내려온 세력들이었다. 이들은 한강 유역을 비롯한 경기
도 일대가 고구려의 영역이 됨으로써 경제적 기반을 상실하였고 새로운
사회, 새로운 시대를 만들 안목을 가지지 못한 채 정치적 주도권을 잡기

---

129 『양서』 권3 본기 제3 무제 하 보통 원년조의 "二月 … 癸丑 以高麗王世子安爲寧東將軍高
　　麗王" 참조.

위해 내분을 벌였다. 반면에 웅진 천도로 새로이 수도권이 된 금강 유역에 기반을 둔 신진 세력들은 동성왕 즉위 이후 중앙귀족으로 진출하여 정치 운영의 주도권을 잡아 나갔다. 연돌이 병관좌평에 임명된 것이 그 계기가 되었다. 이리하여 남래귀족에서 신진귀족으로 지배 세력의 교체가 이루어졌다.

둘째, 웅진 천도는 왕족의 위상에도 변화를 가져왔다. 한성 함락으로 많은 왕족들이 죽임을 당하고 황급한 천도로 말미암아 왕실의 위상도 크게 흔들렸다. 이에 따라 왕족들의 정치적 위상도 약화되었다. 동성왕이 남제에 보낸 국서에 보이는 15명의 인물 가운데 3명만이 왕족이라는 사실이 이를 말해 준다. 무령왕이 골족 의식을 강조한 것은 이러한 상황을 극복하기 위한 조치로 보인다.

셋째, 웅진 천도는 귀족들의 존재 양태에도 변화를 가져왔다. 한성도읍기에 중앙귀족들은 5부체제의 전통을 강하게 가지고 있었다. 그러나 한성 함락으로 경제적 기반을 거의 상실한 남래귀족들이 웅진 지역에 새로이 정착하는 과정에서 5부의 전통은 깨지고 말았다. 그 결과 귀족들은 왕도의 행정조직 속에 편제되었다. 이 왕도의 행정조직이 상·전·중·하·후부라고 하는 5부이다. 이 5부는 사비도읍기의 왕도조직으로 그대로 이어졌다.

넷째, 지방통치방식에도 변화가 생겼다. 웅진도읍기 초기의 지방통치조직은 한성도읍기의 담로제를 그대로 이었다. 이것이 『양서』 백제전에 나오는 22담로이다. 그러나 무령왕은 섬진강 일대를 편입하면서 이 지역을 군이나 성으로 편제하여 군령과 성주를 파견하였다. 이는 백제의 지방통치조직이 종래의 담로제에서 사비도읍기에 실시된 방-군-성(현)제로 넘어가는 과도기적인 모습을 보여 준다.

다섯째, 웅진 천도는 지방사회에도 변화를 가져왔다. 백제는 한성 함락으로 축소된 경제 기반을 확대하기 위해 수리시설을 정비하고 금강유역권과 영산강유역권을 적극 개발하여 농업생산력을 높였다. 또 섬진강 유역 일대를 영역으로 편입하여 경제 기반을 확대하였다. 농업생산력의 증대와 경제 기반의 확대는 지방사회의 분화를 촉진하여 자연촌의 성장을 가져왔다. 그 결과 종래의 사회 편제 단위였던 '지역단위로서의 성城·촌村'은 점차 군이나 성으로 바뀌었고 그 대신 자연촌이 사회 편제 단위가 되었다. 이리하여 사회 편제 단위의 규모가 축소되었고, 재지 세력의 영향력도 그만큼 약화됨에 따라 국가권력이 향촌사회에 보다 쉽게 침투할 수 있게 되었다.

여섯째, 웅진 천도는 백제사회의 문화 성격에도 변화를 수반하였다. 한성도읍기의 문화는 부여-고구려 문화를 계승한 북방문화적 성격이 강하였다. 이를 단적으로 보여 주는 것이 위신품으로서의 금동관이다. 금이나 금동으로 관을 만드는 것은 비중국적인 문화전통이며 삼국 모두에 보인다. 그 시작은 고구려에서 비롯되었을 가능성이 크다. 그러나 한성의 함락과 개로왕의 죽음으로 왕실의 위상은 크게 추락하였다. 웅진 천도 후 백제 왕실은 남조 문화를 적극 받아들여 추락한 위상을 회복하려 하였다. 중국 남조의 무덤 양식인 터널형 천장 구조를 가지는 전축분이 만들어진 것, 중국식 관제冠制를 받아들여 천으로 모帽를 만들고 여기에 금제나 은제 관식으로 장식한 것 등이 이를 보여 준다. 그 결과 웅진도읍기 백제문화는 남조문화의 성격을 농후하게 띠게 되었다.

이를 종합해 볼 때 웅진도읍기 63년의 정치적 성격은 다음과 같이 정리할 수 있다. 황급히 웅진으로 천도한 문주왕에서부터 동성왕 초반까지의 10여 년은 천도 초기의 정치적 불안으로 새로운 제도를 만들거나 정책을 실시할 여력이 없었다. 따라서 웅진도읍기 초기는 한성도읍기의 연장으로 볼 수 있다. 동성왕 대 중반에 들어와 백제는 신진 세력을 등용하는 등

일련의 정책을 통해 천도 초기의 혼란을 극복하면서 새로운 시대를 열기 위해 노력을 기울였다. 이를 이어 무령왕은 국가체제를 정비하고 경제적 기반을 확대하면서 중흥의 기틀을 다졌다. 이 토대 위에서 성왕 16년(538)에 사비로의 천도가 단행되었다. 따라서 이 시기는 사비도읍기의 개시기로 볼 수 있다.

제6부

사비 천도와 대성팔족

1 부여나성(백제고도문화재단 제공)

사비도성은 왕궁과 시가지를 외곽성으로 둘렀는데, 이 외곽성이 부여나성이다. 나성의 서북쪽은 백마강을 자연 해자로 하고 남
쪽과 동쪽은 지형을 따라 축성하였다. 성벽 축조에는 판축법, 부엽공법, 토심석축 공법이 사용되었다. 부여나성은 우리나라에서
축조 시기가 가장 빠른 나성이다. 이 사진은 복원, 정비된 동나성의 모습(일부)이다.

2 부여 정림사지 전경(국립부여박물관 제공)

부여 정림사지는 왕도의 중심에 자리한 국가사찰이다. 중문-탑-금당-강당이 일직선상에 있고 회랑으로 둘러싸인 전형적인 일
탑-일금당 가람이다. 절 이름은 중국 남조 시대 정림사에서 따왔고, 시가지 중심에 가람을 배치한 것은 중국 북위의 영녕사를 모
델로 한 것으로 추정된다. 정림사지5층석탑은 비례미와 균형미를 갖춘 백제 석탑의 완성품이라 할 수 있다. 1층 탑신 4면에는 백
제를 멸망시킨 당의 소정방이 자신의 공로를 담아 새긴 〈대당평백제국비명〉이 있다.

3 백제금동대향로(우)와 출토 당시 모습(좌)(국립부여박물관 제공)

능사는 성왕의 명복을 빌기 위해 만든 절인데 사리를 공양한 사람은 창왕의 누이이다. 여기에서 대향로가 출토되었다. 대향로
덮개와 몸체에는 다양한 인물, 기이한 짐승, 연잎 등이 새겨져 있다. 손잡이는 봉황이고 받침은 용이다. 이 조각들은 성왕이
구한 유교, 불교, 도교를 포함하는 이상 세계를 표현한 것이다.

제1장

사비 천도와 22부 중심 체제

I. 사비 천도와 국호 개칭

1. 성왕의 출생과 왕모

무령왕의 뒤를 이어 아들 성왕이 왕위에 올랐다. 성왕은 성명왕聖明王으로도 나오고 명왕明王으로도 나오는데 본래 성명왕이었지만 줄여서 성왕[1] 또는 명왕이라 하였다. 이름은 명농明膿이다. 성왕의 출생 연도를 직접 보여주는 자료가 없지만 이를 추론하는 데 단서가 되는 것이 원자 여창의 나이다. 여창은 553년 관산성 전투 때 29세였으므로[2] 525년(성왕 3)에 출생하였다. 이때 성왕의 나이를 20세 정도였다고 보면 성왕의 출생 연도는 505년(무령왕 5) 전후경이 된다. 즉 성왕은 무령왕이 즉위한 후 출생한 셈이 된다.

무령왕릉은 왕과 왕비의 합장릉이다. 이 왕비는 〈무령왕릉묘지석〉에 '백제국왕대비百濟國王大妃'로 나오므로 성왕의 모후임은 분명하다. 〈무령왕릉묘지석〉에는 왕비의 사망일(526년 11월)과 장례를 마친 날짜(529년 2월 12일)만 나올 뿐 이름과 성, 출신 가문, 나이는 나오지 않는다. 따라서 왕비의 나이는 성왕의 출생 연도에서 추론해 볼 수밖에 없다.

성왕이 505년경에 출생하였을 때 왕비의 나이를 이 시기 여성의 결혼 연

---

1 『일본서기』 권19 흠명기 13년조의 "冬十月 百濟聖明王(更名聖王) …" 참조.
2 『일본서기』 권19 흠명기 14년조의 "冬十月 … 餘昌對曰 姓是同姓 位是杆率 年廿九矣" 참조.

령인 16세로 보면 왕비의 출생 연도는 490년(동성왕 12)경이 된다. 그러면 돌아가실 때인 526년에 왕비의 나이는 36세 정도이다. 연구자에 따라 〈무령왕릉묘지석〉에 왕비의 죽음을 '수종壽終'으로 표현한 것에 근거하여 나이가 많이 들어 죽은 것으로 보기도 한다. 그러나 '수종'은 '돌아가셨다'는 것에 대한 존칭어로도 볼 수 있고 갑자기 사망한 경우에도 사용할 수 있는 표현이다.[3] 따라서 왕비의 나이를 굳이 많은 것으로 볼 필요는 없다.

왕비의 나이를 36세 정도로 보았을 때 주목되는 것이 무령왕릉에서 출토된 치아이다. 이 치아는 감정 결과 30대 여성의 치아로 밝혀졌다.[4] 무령왕릉에서는 왕과 왕비의 시신 이외 다른 시신이나 순장의 흔적은 발견되지 않았다. 30대를 35세 전후로 보면 왕비의 추정 나이와 치아가 보여 주는 나이는 대략 일치한다. 그렇다면 이 치아의 주인인 여성은 왕비, 즉 성왕의 모후로 볼 수 있다. 이 왕비는 무령왕릉 출토 은천銀釧(은제 팔찌)에 새겨진 명문에서 보듯이 생시에는 '대부인大夫人'으로 불렸고[5] 돌아가신 후에는 대비大妃로 불렸다.

462년(개로왕 8)에 출생한 무령왕은 501년에 즉위하였다. 즉위할 당시 나이는 40세였다. 나이로 미루어 무령왕은 당연히 즉위하기 전에 결혼하였을 것이다. 그러나 무령왕의 첫 부인은 왕릉에서 출토된 치아의 주인공, 즉 〈무령왕릉묘지석〉에 나오는 왕비는 아니다. 치아의 주인공인 왕비의 나이는 무령왕이 즉위할 당시 10세 정도여서 시집갈 나이가 아니었기 때문이다. 따라서 무령왕은 즉위 후 어느 시기에 치아의 주인공인 왕비를 새로 맞이한 것으로 보아야 한다. 이는 즉위할 당시 64세였던 신라 지증왕

---

3 강인구, 1991, 「무령왕릉의 장법과 묘제」, 『백제무령왕릉』, 충청남도·공주대학교 백제문화연구소.

4 국립공주박물관 전시실 안내문 참조. 연구자에 따라 치아 감정을 그대로 믿기 어렵다는 의견도 있지만 본서에서는 현재의 연구 성과를 받아들이는 입장에서 논지를 전개하였다.

5 銀釧의 "庚子年二月 多利作 大夫人分 二百卅主耳" 참조. 경자년은 520년(무령왕 20)이다.

이 즉위 후 모량부 상공의 딸을 새 왕비로 맞이한 것과[6] 유사하다.

성왕의 출생이 505년경이므로 무령왕은 42세나 43세가 되는 503년이나 504년경에 치아의 주인공인 왕비와 결혼하여 505년경에 성왕을 낳은 것으로 볼 수 있다. 즉위 후 얼마 되지 않은 시기이다. 무령왕이 새 왕비를 맞이한 것이 먼저 맞이한 왕비가 돌아가셨기 때문인지 아니면 왕비가 있는 데도 새 왕비를 맞이한 것인지는 알 수 없다. 저자는 이 두 가지 가능성을 다 열어 둔다.

2. 새 정치의 표방

성왕의 재위 기간은 32년간이다. 짧지 않은 이 기간은 세 시기로 나누어 볼 수 있다. 제1기는 즉위(523년)에서 재위 16년(538년)까지이다. 이 기간에 성왕은 부왕의 업적을 이어받아 정치적 안정을 이루면서 사비 천도를 준비하였다. 제2기는 재위 16년(538년)부터 재위 29년(551년)까지이다. 이 기간에 성왕은 사비로 천도한 후 통치체제와 제의 체계를 정비하여 중흥을 이루었다. 제3기는 재위 29년(551년)부터 재위 32년(554년)까지이다. 이 기간에 성왕은 고구려에 빼앗긴 한강 유역을 되찾는 작전을 수행하였지만 신라군에 붙잡혀 죽임을 당함으로써 뜻을 이루지 못하고 말았다. 여기서는 제1기를 다루고, 제2기와 제3기는 뒤에 언급하기로 한다.

성왕은 523년 5월에 즉위하였다. 그러나 성왕은 즉위 3개월 뒤에 예상 밖의 어려움에 봉착하였다. 고구려가 523년 8월에 패수를 공격해 온 것이다.[7] 전왕이 죽고 신왕이 즉위한 틈을 타서 상대국을 공격하는 일은 드

---

6 『삼국유사』 권제1 기이 제1 지철로왕조. 이에 대해서는 노중국, 1999, 「신라시대 성씨의 분지화와 식읍제의 실시—설요묘지명을 중심으로」, 『한국고대사연구』 15집, 한국고대사학회 참조.
7 『삼국사기』 권제26 백제본기 제4 성왕 즉위년조의 "秋八月 高句麗兵至浿水 王命左將志忠 帥步騎一萬 出戰退之" 참조.

물다. 예에 맞지 않기 때문이다.[8] 그럼에도 불구하고 고구려는 백제가 상중喪中임을 이용하여 공격을 단행하였던 것이다. 이는 개로왕 즉위년(455)에 공격한 것에[9] 이어 두 번째이다. 고구려의 이 공격은 무령왕이 521년 10월에 양나라에 사신을 보내 '여러 차례 고구려를 격파하여 다시 강국이 되었음'을 선언한 것에 대한 반격의 성격도 지닌다고도 할 수 있다.

성왕은 좌장 지충志忠으로 하여금 보기 1만을 거느리고 가서 격퇴하게 하여 승리를 거두었다. 그렇지만 고구려의 공격은 성왕에게는 큰 충격이었다. 이에 성왕은 무령왕 서거 이후의 상황을 수습하여 정치적 안정과 왕정의 물질적 토대를 더욱 굳건히 하고 왕권을 강화하려 하였다. 성왕의 이러한 새 정치 표방은 대통사大通寺 창건에서 추론해 볼 수 있다.

『삼국유사』에 의하면, 대통사는 신라 법흥왕이 양 무제를 위해 정미년(527)에 웅천주(공주)에 세운 것으로 나온다.[10] 그러나 이 시기에 공주는 백제 수도였으므로 대통사는 성왕이 재위 5년(527)에 세운 것으로 보는 것이 타당하다. 대통사를 세운 목적은 양 무제를 위한다는 것이었다. 여기에는 양 무제의 축수祝壽 외에 양 무제가 이루고자 하는 것을 본받겠다는 염원도 포함되어 있다. 양 무제의 정치를 백제에서 실현하겠다는 것은 바로 새 정치를 펴는 것이다. 따라서 대통사 창건은 성왕이 새 정치를 펼칠 것을 선언하였음을 보여 주는 것이라 할 수 있다.

성왕의 새 정치의 지향점指向點은 두 가지였다. 하나는 부왕에 대한 추복追福이다. 추복은 부왕의 명복을 비는 의미를 지니는 동시에 부왕의 뜻을 잘 이어가겠다는 의미도 지닌다. 무령왕의 뜻은 백제를 '다시 강국으

---

8 『삼국사기』 권제1 신라본기 제1 혁거세거서간 39년조의 "馬韓王薨 或說上曰 西韓王前辱我 使 今當其喪 征之其國 不足平也 上曰 幸人之災 不仁也 不從 乃遣使弔慰" 참조.
9 『삼국사기』 권제3 신라본기 제3 눌지마립간 39년조의 "冬十月 高句麗侵百濟 王遣兵救之" 참조.
10 『삼국유사』 권제3 흥법 제3 원종흥법 염촉멸신조의 "又於大通元年丁未 爲梁帝創寺於熊川州 名大通寺(熊川卽公州也 …)" 참조.

로 만드는 것[更爲强國]'이었다. 성왕은 부왕의 장례를 마친 후 부왕의 명복
도 빌면서 동시에 부왕의 뜻을 이어받음을 다짐하기 위해 대통사 건립을
계획하였을 것이다.

다른 하나는 양 무제의 정치를 본받는 것이다. 양 무제는 즉위 후 교육
기관인 국학(국자학)을 수식하고, 생원을 늘리고, 오경에 각각 박사를 두는
등[11] 유학을 적극 장려하였다. 또 양 무제는 동태사에 가서 네 번에 걸쳐
사신捨身을 하고,[12] 정사를 보는 여가에는 중운전과 동태사에서 강설을 하
는 등 불교 신앙을 강조하였다. 이처럼 양 무제는 유교와 불교를 중심축에
두고 국가를 운영하였는데, 불교의 자비정신과 유교의 애민정신이 양무제
의 통치이념이었다.[13] 이를 '유불병치儒佛竝治'라고 할 수 있다.

성왕도 양 무제처럼 '유불병치'를 구현하고자 하였다. 성왕이 538년(성
왕 16)에 사비로 천도한 후 541년에 양나라로부터 유교 경전에 정통한 모
시박사, 유교 의례에 밝은 강례박사 육후陸詡를 모셔 오면서,[14] 동시에 열
반등경의涅槃等經義, 사찰 건축 전문가인 공장工匠, 사찰 장식 전문가인 화
사畵師 등을 요청해 받은 것이[15] 이를 보여 준다.

새로운 정치를 펴 나감에는 추진 중심축이 필요하다. 양무제는 유교이
념의 구현은 국학(국자학)을 중심으로, 불교이념의 구현은 527년에 세운
동태사同泰寺를[16] 중심으로 추진해 나갔다. 동태사는 '화이가 동태'하는

---

11 『양서』 권3 본기 제3 무제 하 태청 3년조의 "冬十一月 追尊爲武皇帝 … 脩飾國學 增廣生員
   立五館 置五經博士 …" 참조.
12 『남사』 권7 양본기 중 제7 중대동 원년조에도 동태사에서 施身한 것으로 나온다. 이를 합
   하면 양 무제의 사신은 네 번이 된다.
13 소현숙, 2010, 「양 무제와 동태사」, 『불교학보』 54집, 동국대학교 불교문화연구원.
14 『진서陳書』 권33 열전 제27 유림 정작전 부 육후의 "陸詡少習崔靈恩三禮義宗 梁世百濟國
   表求講禮博士 詔令詡行 …" 참조.
15 『삼국사기』 권제26 백제본기 제4 성왕 19년조의 "王遣使入梁朝貢 兼表請毛詩博士涅槃等
   經義幷工匠畵師等 從之" 참조.
16 『역대삼보기』 권3 (『대정신수대장경』49, 45쪽 상)의 "(庚子)普通元年 … 九月二十三日建立
   同泰寺 … (丁未)大通元年 同泰寺成 帝親幸 改元 大赦" 참조.

'세계의 불국토'를 이루려는 '전륜성왕 무제'의 정치적 공간으로 기능하였다.[17]

성왕이 유교이념을 구현하고자 할 때 중심축이 된 것은 무령왕 대에 설치된 태학太學이었다. 태학의 장은 태학정이었고 그 아래에 오경박사가 있었다. 또한 성왕은 불교이념을 구현하기 위해 527년에 대통사를 세웠다. '대통'은 양 무제의 연호인데 동태사의 '동태同泰'를 뒤집은 말[反語]이라 한다.[18] 성왕이 새 사찰의 이름을 대통사로 한 것은 양 무제가 동태사를 중심으로 새로운 정치를 해 나간 것을 본받겠다는 의지의 표명이었다. 여기에는 부왕이 추구한 '갱위강국'을 이어가겠다는 뜻도 당연히 포함되었을 것이다. 이렇게 '유불병치'를 표방한 성왕의 새 정치는 사비 천도로 결실을 맺게 되었다.

3. 사비 천도의 단행

성왕 대에 이루어진 일 가운데 가장 주목되는 것이 사비 천도이다. 웅진 도성은 협착하여 항구적인 수도의 입지로는 적합하지 않았다. 이 때문에 백제로서는 방어하기도 좋으면서 생산력이 풍부한 곳으로 수도를 옮기는 것이 필요하였다. 이때 천도의 후보지로 주목한 곳이 사비 지역이었다. 사비 지역은 백마강과 부소산으로 둘러싸인 관방으로서의 조건을 갖추었을 뿐만 아니라 강을 타고 바다로 나가는 것도 편리한 교통의 요지였다. 또 남쪽과 동쪽으로 벌판이 펼쳐져 있어서 농업생산력이 풍부한 곳이었다.

백제의 사비 지역에 대한 관심은 이미 동성왕 때부터 보인다. 동성왕은

---

17 소현숙, 2010, 「양 무제와 동태사」, 『불교학보』 54집, 동국대학교 불교문화연구원.

18 『남사』 권7 양본기 중 제7 대통 원년조의 "春正月 … 初 帝創同泰寺 至是開大通門 以對寺之南門 取反語以協同泰" 참조.

재임 기간 중 행한 7번의 전렵 가운데 4번을 사비 일원에서 하였고[19] 사비
와 가까운 임천면에 가림성을 축조하였다. 이 과정에서 사비 지역의 지리
적 호조건이 부각되었을 것이다. 그렇지만 당시는 정치 정세가 매우 불안
정하였기 때문에 천도는 추진하지 못하였을 것이다.

성왕에 의한 사비 천도는 황급하게 이루어진 웅진 천도와는 달리 계획
적인 천도였다. 그렇지만 천도는 쉽지 않다. 천도는 귀족들의 이해관계와
맞물려 있기 때문에 때로는 반대 세력에 의해 추진이 좌절되기도 한다. 신
라 신문왕이 달구벌로 천도를 하려다가 그만둔 것이[20] 그 예가 된다. 그러
나 성왕은 성공적으로 천도를 단행하였다. 이는 다음과 같은 조건이 갖추
어졌기 때문에 가능하였다.

첫째, 성왕의 결단력이다. 성왕은 지식이 뛰어나고 과단성이 있는 인물
이었다.[21] 천도天道와 지리에 통달하여 그 명성이 사방에 퍼졌을[22] 정도였
다. 영매한 자질과 결단력, 뛰어난 지식은 성왕이 사비 천도를 단행하는
바탕이 되었다.

둘째, 천도를 반대하는 세력들을 견제하고 억누를 수 있는 지지 세력의
확보이다. 성왕을 지지한 세력은 천도 후 4년에 해당되는 해인 542년에
열린 군신회의에 참석한 사람들을 통해 살펴볼 수 있다. 이 회의에 참석한
인물은 사씨 1명, 목(목협)씨 3명, 동성씨 1명, 비리씨 1명, 국씨 1명, 연비
씨 1명이다.[23] 이때 사씨인 사택기루는 상좌평이었고, 목협씨인 목협마나
는 중좌평, 목씨인 목윤귀는 하좌평이었다. 상좌평, 중좌평, 하좌평은 요
직이다. 이 요직을 사씨와 목씨가 차지하고 있는 것은 이들이 사비 천도를

---

19 『삼국사기』 권제26 백제본기 제4 동성왕 12년조, 14년조, 22년조, 23년조 참조.
20 『삼국사기』 권제8 신라본기 제8 신문왕 9년조의 "秋閏九月 … 王欲移都達句伐 未果" 참조.
21 『삼국사기』 권제26 백제본기 제4 성왕 즉위년조의 "智識英邁 能斷事 … 國人稱爲聖王" 참조.
22 『일본서기』 권19 흠명기 16년조의 "聖王妙達天道地理 名流四表八方" 참조.
23 『일본서기』 권19 흠명기 4년조의 "十二月 … 上佐平沙宅己婁 中佐平木刕麻那 下佐平木尹貴
　　德率鼻利莫古 德率東城道天 德率木刕眯淳 德率國雖多 奈率燕比善那等 同議曰 …" 참조.

적극 지지한 세력임을 보여 준다. 이 가운데 상좌평의 지위를 차지한 사씨 세력이 핵심 지지 세력이었을 것이다.

셋째, 도성을 새로이 조성하는 데 필요한 재정 확보이다. 사비 천도는 새로운 수도를 만드는 것이어서 왕궁을 비롯하여 관청, 사찰, 저자 등을 새로 건설하여야 하였다. 여기에는 많은 재정이 투입되어야 하고 대규모의 노동력 동원이 필요하였다. 새로운 수도 경영에 필요한 경제적 기반은 부왕인 무령왕 대에 갖추어졌다. 무령왕이 유식자를 귀농시키고 제방을 튼튼히 하여 농업생산력을 높인 것이 이를 보여 준다. 무령왕 대에 이루어진 경제적 기반의 확대는 성왕의 사비 천도를 물질적으로 뒷받침해 주는 토대가 되었다.

넷째, 천도와 같은 대규모 사업을 추진하려면 정치적 안정이 필수 조건이다. 무령왕은 골족을 중용하여 왕실의 울타리로 삼고, 자제종족을 담로의 장으로 파견하여 지방에 대한 통제력을 강화하여 정치적 안정을 이루었다. 또한 양나라에 사신을 보내 다시 강국이 되었음을 선언하였다. 성왕은 무령왕이 이룩한 이러한 정치적 안정을 토대로 사비 천도를 계획대로 추진할 수 있었던 것이다.

4. 도성의 조영과 시가지 구획

(1) 조영 시기와 조영 원리

천도는 대규모의 토목사업을 동반한다. 이 때문에 천도하기까지 일정한 준비 기간이 필요하다. 성왕이 사비 천도를 준비하기 시작한 대략적인 시기를 추정하는 데 자료가 되는 것이 두 가지 있다. 하나는 부소산성 추정 동문지에서 출토된 '대통大通'명 기와이다.[24] 대통은 양나라 무제의 연호

---

24 국립부여문화재연구소, 1995, 『부소산성 발굴조사중간보고』, 264쪽.

로서 527~528년(성왕 5~6)에 사용되었다. '대통'명 기와는 공주 대통사
지에서도 출토되었다. 다른 하나는 부여 나성羅城 청산성 구간에서 출토
된 연화문 전돌이다. 이 전돌은 무령왕릉과 교촌리 2호분의 묘전墓塼이나
정동리 와요지 출토품과 같은 유형이다.[25] 무령왕릉 전돌은 늦어도 525년
에 생산된 것이므로 청산성 전돌이 만들어진 시기도 525년경으로 볼 수
있다. 부소산성은 궁성의 배후산성 겸 후원의 기능을 한 핵심 시설이고,
청산성은 나성의 한 구간이다. '대통'명 기와와 청산성 출토 연화문 전돌
은 사비 천도 계획이 527년 이후에 이루어졌음을 보여 준다.

사비 천도 계획이 527년 이후라고 할 때 성왕이 사비 천도를 단행하게
된 배경으로 529년의 오곡지원五谷之原 전투가 주목된다.[26] 이 전투는 고
구려가 혈성을 공격해 오면서 일어났다. 성왕은 좌평 연모를 보내 막도록
하였지만 오곡지원에서[27] 대패하고 2천여 명의 전사자를 내었다. 이 전투
의 패배는 성왕에게 큰 충격을 주었을 것이다. 이에 성왕은 패전에 따른
불리한 상황을 극복하면서 자칫하면 미약해질 왕권을 다잡기 위해 사비
천도를 계획하고 추진해 나간 것 같다.[28] 이렇게 보면 사비도성은 529년
이후 조영되기 시작하여 538년에 완료된 것으로 볼 수 있겠다.[29]

사비도성은 계획적으로 만든 수도였기 때문에 성왕은 새 수도의 형태에
대해 많은 구상을 하였을 것이다. 이때 성왕이 참고한 것은 두 가지로 생

25 백제고도문화재단, 2015, 「(청산성 구간) 7차 발굴조사 약보고서」 (문화유적조사보고 제
　　15~16집).
26 『삼국사기』 권제26 백제본기 제4 성왕 7년조의 "冬十月 高句麗王興安 躬帥兵馬來侵 拔北鄙
　　穴城 命佐平燕謨 領步騎三萬 拒戰於五谷之原 不克 死者二千餘人" 참조.
27 오곡의 위치를 황해도 瑞興으로 추정하는 견해(이병도, 1977, 『국역 삼국사기』, 을유문화
　　사, 406쪽)도 있지만 서흥은 이 시기에 이미 고구려의 영역이었으므로 받아들이기 어렵다.
28 양기석, 2013, 『백제 정치사의 전개과정』, 서경문화사, 176~177쪽.
29 박순발, 2000, 「사비도성의 구조에 대하여」, 『백제연구』 31집, 충남대학교 백제연구소, 106
　　쪽; 조원창, 2005, 「기와로 본 백제 웅진기의 사비 경영」, 『선사와 고대』 23집, 한국고대학
　　회, 213쪽.

각해 볼 수 있다. 하나는 도성 건설의 중요한 기준이 되는 『주례』, 「고공기考工器」이다. 「고공기」에는 도성의 규모, 문의 수, 남북 및 동서 도로의 수와 폭, 좌묘우사左廟右社, 전조후시前朝後市 등[30] 도성 구조의 기본적인 원리가 담겨 있다. 중국의 역대 왕조는 이 「고공기」를 토대로 하여 도성을 건설하였다. 주례주의에 입각하여 지배체제를 정비하려 한 성왕도 새 수도를 계획할 때 「고공기」를 참고하였을 것이다.

다른 하나는 당시 중국 왕조의 도성을 이른바 벤치마킹하는 것이다. 벤치마킹의 대상이 된 수도는 남조 양나라의 건강성과 북조 북위의 낙양성이다. 건강성은 삼국시대 오나라의 수도였으며 이후 양나라의 수도가 되었다. 낙양성은 북위 효문제가 493년 대동大同에서 천도한 새 수도였다. 무령왕과 성왕은 남조의 양나라는 물론 북조의 북위와도 교섭하였다.[31] 이로 미루어 성왕은 건강성과 낙양성 모두를 벤치마킹하였을 것이다.

이를 보여 주는 것이 정림사의 이름과 위치이다. 정림사는 사비도성의 시가지 중심부에 위치한 국가사찰이다. 정림사라는 사찰 이름은 남조 건강성의 정림사에서 따왔다. 그러나 남조의 정림사는 도성 밖 진산인 종산鍾山에 위치하여 시가지 중심지에 위치한 백제 정림사와는 다르다. 반면에 백제 정림사의 위치는 북위의 국가사찰인 영녕사가 남북 주작대로 변에 위치한 것과[32] 일치한다. 이를 종합하면, 성왕은 국가사찰의 이름은 남조의 정림사에서 따왔지만 도성 내에서의 위치는 북위의 영녕사를 모델로하였던 것이다. 이렇게 보면 사비도성은 중국의 도성 이념을 받아들여 백제화한 도성이라고 할 수 있다.

---

30 『주례』 고공기의 "匠人營國 方九里 旁三門 國中九經九緯 經涂九軌 左廟右社 面朝後市" 참조.
31 『주서』 권49 열전 제41 이역 상 백제전의 "自晉宋齊梁據江左 後魏宅中原 並遣使稱藩 兼受封拜 齊氏擅東夏 其王隆亦通使焉 隆死子昌立 …" 참조. 이에 대해서는 노중국, 2012, 『백제의 대외 교섭과 교류』, 지식산업사, 283~286쪽 참조.
32 卢海鳴, 2002, 『六朝都城』, 南京出版社, 68쪽, 「北魏洛陽城平面想像圖」 참조.

(2) 공간 구획과 나성

성왕은 『주례』, 「고공기」를 토대로 하여 건강성과 낙양성을 종합적으로 검토한 후 새로운 도성을 설계하였다. 이 설계에 따라 시가지를 구획하고 왕궁과 관청을 비롯한 여러 건물들을 배치하였을 것이다. 그러나 도성 내에 금성산이 위치하고 있어 시가지는 건강성이나 낙양성처럼 정연한 방리제로 하기 어려웠다. 그래서 사비도성은 지형 조건을 고려하여 도성 내부를 구획한 것으로 보인다. 이 시가지 구조를 행정조직과 연결시킨 것이 이른바 5부部-5항巷제이다. 이에 대해서는 뒤에 다시 언급할 것이다.

도성에서 가장 핵심 시설인 왕궁은 지금의 관북리에 위치하였다. 이곳에서 성토盛土 대지 위에 만들어진 대형 전각건물 터와 기와로 기단을 꾸민[瓦積基壇] 건물 터, 남북·동서 방향의 도로, 축대 및 배수로, 목곽수조木槨水槽 및 기와 배수관, 연지蓮池, 우물 터 그리고 목곽고와 석곽고 등 저장시설 등이 확인되었다. 특히 7칸×4칸으로 동서 길이 35m, 남북 길이 18m에 이르는 대규모의 건물 터에는 한 변 2.4m 안팎인 방형의 적심 시설이 총 36개나 만들어졌다. 내외에 배치된 초석에서 미루어 이 건물지는 2층 전각건물이었다. 이와 거의 같은 규모와 형태의 건물이 익산 왕궁리 유적에서도 확인되고 있다. 배후 산인 부소산에는 산성을 쌓아 유사시에는 피난성으로, 평시에는 후원으로 활용하였다. 시가지 중심 도로변에는 국가사찰인 정림사를 건립하였고, 부소산성 안에는 왕실사찰(내원)을 조영하였다. 부소산성 안에서 발굴된 서복사지가 내원으로 보인다. 이곳은 왕실 외에는 아무나 근접할 수 없는 곳이기 때문이다.

성왕은 왕궁, 관청, 사찰 등이 자리한 도심의 시가지를 나성羅城으로 둘러쌌다. 나성은 도성의 안팎을 구분하면서 동시에 방어의 기능을 하는 외곽성의 역할을 한다.[33] 부여 나성의 총 길이는 6.3km인데 북나성과 동나

---

33 박순발, 2010, 『백제의 도성』, 충남대학교 출판부, 253~254쪽.

성으로 구분된다. 동나성 구간을 발굴한 결과, 성벽은 내부에 판축기법을 사용하여 토심을 만들고 외부에는 일정한 높이로 돌을 쌓아 올린 이른바 토심석축공법土心石築工法으로 만들어졌음이 밝혀졌다.[34]

중국의 나성은 평지에 쌓았으며, 대개는 방형의 형태였다. 그러나 부여 나성은 중국의 나성제를 본받았지만 지형 조건을 최대한 이용하여 서북 지역은 백마강을 자연 해자로 활용하였고, 동북 지역은 산의 능선을 따라 축조하였다. 538년에 축조된 부여 나성은 552년에 만들어진 고구려의 장안성보다 시기가 빠르다. 따라서 부여 나성은 우리나라의 나성 가운데 축조 시기가 가장 빠르다.

나성 밖에 경기京畿를 설치하였는지의 여부는 단정하기 어렵다. 그런데 『주서』 백제전에는 '성지내외민서城之內外民庶'라는[35] 기사가 나온다. 이 기사의 성은 도성이고 내외는 도성의 안과 밖이다. 도성 밖은 경기에 해당된다. 『수서』 백제전에서는 이를 기내畿內라고 하였다.[36] 이로 미루어 사비도성에도 경기가 설정된 것으로 볼 수 있다.

사비도성을 조성하면서 성왕은 경외매장京外埋葬의 개념에 따라 능묘 공간은 생활 공간과 완전히 분리되도록 하였다. 그래서 동나성 밖의 능산에 능묘 공간을 조성하였다. 이 능묘 공간에 만들어진 것이 능산리고분군이다. 이 고분 가운데 가장 먼저 만들어진 중하총中下塚은 재료는 화강석이지만 내부 구조는 터널형이어서 무령왕릉과 매우 흡사하다. 따라서 이 고분은 성왕의 무덤으로 추정되고 있다.[37] 동나성과 능산리고분군 사이에 능산리폐사지가 있다. 이 폐사지에서 출토된 〈사리감〉 명문에 의하면, 이

---

34 심상육·이명호·김태익·김선옥, 2014, 「부여나성 동나성 2문지 발굴조사의 의의」, 『백제문화』 51집, 공주대학교 백제문화연구소.

35 『주서』 권49 열전 제41 이역 상 백제전.

36 『수서』 권81 열전 제46 동이 백제전의 "畿內爲五部 部有五巷 士庶居焉" 참조.

37 강인구, 1977, 『백제고분연구』, 일지사; 서현주, 2017, 「백제 사비기 왕릉 발굴의 새로운 성과와 역사적 해석」, 『한국고대사연구』 88집, 한국고대사학회, 72~82쪽.

절은 위덕왕의 매형妹兄공주가 사리를 공양하여 567년에 세워졌다. 즉 이 절은 능묘에 묻힌 성왕에게 제사를 드리는 시설인 능사였다.[38] 백제에서 능사 설치는 이것이 처음이다.

5. 국호 개칭: 남부여

538년 성왕은 사비로 천도하면서 국호를 '남부여南扶餘'로 개칭하였다.[39] 국호에는 당시 사회가 지향하는 의미가 내포되어 있다. 따라서 국호의 개칭은 새로운 사회, 새로운 국가를 만들겠다는 의지의 표명이라 할 수 있다. 성왕이 남부여로 국호를 개칭한 것은 사비 천도에 얼마나 큰 의미를 부여하였는가를 보여 준다.

개칭한 국호 '남부여'는 부여를 중심에 둔 인식의 소산이다.[40] 시조 온조왕은 부여족의 정통성을 계승하였음을 강조하여 부여족의 족조인 동명묘를 세우고, 왕실의 성姓을 부여씨로 하였다. 그러나 웅진 천도로 말미암아 백제의 정신적 지주인 동명묘를 비롯하여 종묘와 사직은 물론 산천 제의 체계에 포함된 중요한 산천들은 모두 고구려의 영역으로 들어갔다. 이로 말미암아 왕실의 권위는 크게 손상되었고 부여족의 정통성을 계승한다는 의식은 심각한 위협을 받았다.

공주를 비롯한 금강유역권에는 본래 한족이 살고 있었다. 그래서 백제는 이 지역을 '남한의 땅[南韓之地]'이라 불렀다.[41] 웅진 천도 이후 금강유역권에 근거를 둔 세력들이 신진 세력으로서 점차 두각을 나타냄에 따라

38 능사에 대해서는 국립부여박물관 편, 2000,『능사―부여 능산리사지발굴조사 진전보고서』(국립부여박물관 유적조사보고서 제8책) 참조.
39 『삼국사기』권제26 백제본기 제4 성왕 16년조의 "春 移都於泗沘(一名所夫里) 國號南扶餘" 참조.
40 김영심, 2013,「백제 누가 세웠나―문헌학적 측면」,『백제, 누가 언제 세웠나―백제의 건국시기와 주체세력―』(백제학연구총서 쟁점백제사 1), 한성백제박물관, 154~174쪽.
41 『양서』권54 열전 제48 제이 백제전의 "遷居南韓地" 참조.

한족韓族의 영향력이 확대되어 갔다.

부여는 백제의 근원이었다. 그 근원이 되는 원 부여가 494년에 고구려에 항복함으로써 멸망하였다.[42] 475년 한성 함락이 백제의 부여 정통성 계승 의식에 심대한 타격을 주었다면 494년 부여의 멸망은 그러한 정통성 계승 의식의 원천을 없애 버린 셈이 되었다. 이러한 요인들이 복합적으로 작용하여 성왕은 사비 천도를 계기로 남부여를 칭하여 부여족의 권위와 정통성을 강조하고, 백제가 부여를 계승한 국가임을 보여 주려 한 것 같다.

이렇게 보면 성왕의 사비 천도는 한성 함락 이후의 치욕적인 역사를 모두 털어 내고 새로운 시대를 열었음을 공표한 것으로, 남부여로의 국호 개칭은 백제의 역사적 근원이 되는 부여를 재건하였음을 표방한 것이라 할 수 있다. 사비로 천도하고 '남부여'를 칭함으로써 성왕은 구귀족이나 신귀족은 물론 금강유역권에 자리한 한족 계통의 신민들에게 백제 왕실의 정통성과 그 권위를 다시 천명할 수 있게 되었다.

II. 통치조직의 정비와 22부 중심의 정치 운영

1. 중앙통치조직의 정비

(1) 16관등제

제2기는 성왕이 사비로 천도한 재위 16년(538)부터 한강 유역을 회복하기 위해 고구려 공격을 단행한 재위 29년(551)까지이다. 이 시기에 성왕은 귀족관료들에 대한 상하 위계질서를 분명히 하고 지방에 대한 통제를 강화하기 위해 관제 정비를 단행하였다. 관제 정비의 핵심은 중앙 및 지방 통

---

42 『삼국사기』 권제19 고구려본기 제7 문자명왕 3년조의 "二月 扶餘王及妻孥 以國來降" 참조.

치조직의 정비이다. 이 시기에 정비된 중앙관제는 '16관등제'와 '22부제' 및 왕도 조직인 '5부제'이고, 지방통치조직은 '5방-군-성(현)제'이다.

백제의 관등제는 한성도읍기 근초고왕 대에 그 토대가 마련되었다. 이 시기의 관등제는 좌평에서 극우에 이르는 14관등으로 이루어졌다. 웅진 도읍기에는 한성도읍기의 관제를 그대로 사용하면서 새로이 중앙귀족으로 등장한 중급 귀족들을 대상으로 하는 수덕, 도덕, 호덕 등 덕계 관등을 일시적으로 설치하였다.

사비 천도 후 성왕은 웅진도읍기의 관등제를 재정비하였다. 이렇게 정비된 것이 16관등제이다. 그 골격은 웅진도읍기에 신설되었던 수덕, 도덕 등의 덕계 관등은 폐기하고 한성도읍기의 14관등제에 문독과 무독을 추가한 것이다. 16관등은 좌평을 1품으로 하고, 5단계의 솔계 관등, 5단계의 덕계 관등, 2단계의 독계 관등, 3단계의 무계 관등으로 이루어졌다.

1품 좌평의 정원은 5명이었다.[43] 이 가운데 명칭을 알 수 있는 것은 상좌평, 중좌평, 하좌평이다. 나머지 두 좌평의 명칭은 왕도 5부 조직이 상, 전, 중, 하, 후부로 된 것에서 미루어 전좌평과 후좌평일 가능성이 크다.

2품 달솔에서 6품 나솔까지의 5관등은 모두 '솔'을 어미로 갖는 '솔'계 관등이다. 이 가운데 달솔의 정원은 30명이었다.[44] 정원의 설정은 달솔의 관등을 받을 수 있는 자들이 제한되었다는 것과 달솔이 나머지 솔계 관등과는 구별되는 관등임을 보여 준다. 은솔 이하의 관등에는 정원의 제한을 두지 않았다[官無常員]. 이러한 조치는 웅진도읍기를 거치면서 늘어난 신진 귀족 세력들을 흡수하여 지배체제 안에 편제하기 위해 취해진 것으로 보인다.

7품 장덕에서 11품 대덕까지는 모두 '덕'을 어미로 갖는 '덕'계 관등이

---

43 『주서』 권49 열전 제41 이역 상 백제전의 "左平五人一品" 참조.
44 『주서』 권49 열전 제41 이역 상 백제전의 "達率三十人二品" 참조.

다. 12품 문독과 13품 무독은 '독'을 공통의 어미로 갖고 있어 '독'계 관등이라고 할 수 있다. '독'이 감독·독찰의 의미를 갖고 있으므로 문독과 무독은 문관 업무와 무관 업무를 독찰하는 과정에서 관등화한 것이라 하겠다. 14품 좌군, 15품 진무, 16품 극우는 군사적 성격을 지니는 '무'계 관등이다.

성왕은 재위 19년(541)에 양나라로부터 모시박사, 강례박사 육후 등을 모시고 왔다. 특히 육후는 예제에 밝은 학자였다. 성왕은 이들의 자문을 받아 예제 등 국가제도를 전반적으로 정비하였다. 그런데 3좌평(상·중·하)은 543년(성왕 21)을 끝으로, 웅진도읍기에 새로 설치된 호덕 등 덕계 관등은 545년(성왕 23)을 끝으로 더 이상 보이지 않는다. 이로 미루어 16관등제는 545년경에 정비되지 않았을까 한다.

사비도읍기에 정비된 16관등제는 다음과 같은 몇 가지 특징을 보인다. 첫째, 좌평의 정원이 3좌평에서 5좌평으로 확대되었다. 5좌평은 왕도 5부제와 공교롭게도 숫자가 대응되고 또 명칭도 상, 전, 중, 하, 후를 공통으로 하고 있다. 이로 미루어 좌평은 5부를 대표하는 세력에게 주어진 관등이 아닐까 한다. 이에 대해서는 뒤에 다시 언급할 것이다.

둘째, 웅진도읍기에 와서 새로 설치되었던 수덕, 도덕, 호덕 등이 더 이상 보이지 않는다. 웅진 천도는 비상 상황에서 이루어졌다. 수덕 등의 관등은 이러한 상황에 대응하여 일시적으로 설치되었다. 이 관등이 사비도읍기에 와서 보이지 않는 것은 16관등제가 한성도읍기의 관등제를 토대로 정비되었음을 보여 준다.

셋째, 문독과 무독이라는 독계 관등이 새로 첨가되었다는 점이다. 문독과 무독은 우리나라에서 문무의 구별을 나타내 주는 최초의 관등이다.[45] 백제에서 문무의 구분은 개로왕이 북위에 보낸 상표문에 나오는 '문무양

---

45 김철준, 1990, 『한국고대사회연구』(개정판), 서울대학교 출판부, 63쪽.

保文武良輔'에서 보듯이 한성도읍기 말기에 이미 생겨났다. 이렇게 문무를 구분하는 의식이 생겨남에 따라 문독과 무독이 만들어졌던 것이다.

넷째, 좌평은 5명, 달솔은 30명으로 정원이 정해진 반면에 은솔 이하에는 정원을 두지 않았다는 사실이다. 특정한 관등에 정원을 정해 둔 것은 특정 신분이나 계층에 속하는 사람들만이 이 관등을 가질 수 있도록 하기 위함이다. 이는 관등제가 신분제와의 연관성 속에서 운영되었음을 보여 준다. 따라서 정원이 5명인 좌평과 정원이 30명인 달솔은 백제 관등제에서 핵심 관등이라 할 수 있다. 그렇지만 정원의 제한은 관등 승진에 지체 현상을 가져올 수 있다. 이러한 문제점을 해결하기 위해 은솔 이하에는 정원을 두지 않은 것 같다.

다섯째, 관등의 등급을 '품品'으로 표기한 것이다. 고구려와 신라는 '관등' 또는 '관위官位'로,[46] 왜는 '관위冠位'로[47] 표기하였는데 백제만 '품'으로 표기하였다. 중국에서 관료들의 등급을 '품'으로 표기한 것은 조위曹魏의 9품중정제九品中正制부터이다. 남조 양나라는 관료들의 등급을 1반班을 최고로 하는 18반제班制로 편성하였다. '품'을 '반'으로 바꾼 것이다. 북조 북위는 정1품을 최고로 하는 정종正從 18품제를 실시하였다. 백제의 16품제 구조는 북위와 같다. 이는 백제의 품제品制가 북위의 18품제를 모델로 하였음을 보여 준다. 다만 품의 등급을 16품으로 한 것은 백제적 변용이라 하겠다.[48]

16관등제는 복색제와 밀접한 관련을 가졌다. 복색은 자복(1~6품), 비복(7~11품), 청복(12~16품)의 3색으로 구분되었다. 3색공복제는 백제의 귀

---

46 『삼국사기』 권제1 신라본기 제1 유리이사금 9년조의 "又設官有十七等"; 권제16 고구려본기 제4 고국천왕 13년조의 "官以寵授 位非德進" 참조.

47 『일본서기』 권22 추고기 11년조의 "十二月戊辰朔壬申始行冠位"; 12년조의 "春正月戊戌朔 始賜冠位於諸臣 各有差" 참조.

48 노중국, 2003, 「삼국의 관등제」, 한국고대사회연구소 편, 『강좌 한국고대사』 2, 가락국사적개발연구원.

족층이 크게 세 신분으로 구분되었음을 보여 준다. 이는 신라 골품제에서 자색은 진골 신분이, 비색은 6두품이, 청색은 5두품이, 황색은 4두품 신분이 착용한 사실에서[49] 방증이 되리라 본다.

16관등제에서는 대의 색깔[帶色]이 강조되고 있다. 대색은 자·조·적·청·황·백색의 6색으로 구분되었다. 장덕은 자대를, 시덕은 조대를, 고덕은 적대를, 계덕은 청대를, 대덕과 문독은 황대를, 무독에서 진무까지는 백대를 둘렀다.[50] 관등 하나하나에 대색을 정한 것은 다른 나라에서는 보이지 않는다. 그 특징은 다음과 같이 정리할 수 있다.

첫째, 1품 좌평에서 6품 나솔까지는 대색帶色이 없다. 이 관등들은 제1신분층이어서 대색 대신 은화로 관을 장식하여 다른 관등과 구분되도록 하였다.

둘째, 장덕 이하의 덕계 관등은 복색은 비색이지만 각 관등마다 대색을 달리하였다. 덕계 관등은 중급 관료들이 집중되어 있는 관등이다. 그래서 대색을 통해 상하 존비를 드러내도록 한 것 같다.

셋째, 문독의 대색은 바로 상위 관등인 대덕과 같은 황대이고, 무독의 대색은 바로 아래 관등인 무계 관등과 같은 백대였다. 문독과 무독은 대색을 달리하되 문독을 황대로 한 것은 문을 우선시하는 경향을 보여 준다. 무독은 그 성격이 무계 관등이어서 좌군 등과 하나로 묶여진 것 같다.

(2) 22부部와 사司

한성도읍기 및 웅진도읍기의 중앙 관청의 모습을 보여 주는 자료는 거의 없지만, 사비도읍기의 중앙 관청의 모습을 보여 주는 것이 부사제部司制이다. 부사는 부部와 사司의 합성어로서 중무를 분장하는 행정 관서였

---

49 『삼국사기』 권제33 잡지 제2 색복조의 "法興王制 自太大角干至大阿湌 紫衣 阿湌至級湌 緋衣 並牙笏 大奈麻奈麻青衣 大舍至先沮知黃衣" 참조.
50 『주서』 권49 열전 제41 이역 상 백제전.

다.[51] 부는 최고위 관청이고 사는 부보다 격이 낮은 관청으로 신라의 서署, 전典과 같다.

부사제에서 그 명칭을 알 수 있는 것은 22부이다. 22부는 내관 12부와 외관 10부로 구성되었다. 내관 12부는 왕실의 제반 업무를 관장하는 관서이고, 외관 10부는 일반 서정을 관할한 기관이었다. 각 부의 장관은 장리長吏, 재관장宰官長 등으로 불렀다. 부의 장관은 3년 임기제였다. 이를 삼년일대三年一代라 한다.[52] 3년 임기제는 왕권이 각 부를 장악하고 있음을 보여 준다.

내관 12부의 직사는 명칭에서 미루어 다음과 같이 추정된다.

* 전내부前內部: '내內'에서 미루어 볼 때 신라의 내성內省에 상응하는 기관, 즉 내료 기관으로 보인다.[53] 전내부는 국왕 근시近侍와 왕명 출납의 직사를 관장하였던 것 같다.
* 곡부穀部와 육부肉部: 『북사』에는 곡내부穀內部라고[54] 되어 있지만 『주서』의 기록을 따라 곡부와 육부로 구분하는 것이 타당하다. 곡부는 왕실에서 필요로 하는 곡물을, 육부는 육식을 전담한 부서로 보인다.
* 내경부內椋部와 외경부外椋部: 『북사』에는 내략부內掠部와 외략부外掠部로[55] 나온다. 그러나 부여 쌍북리에서 출토된 〈외경부外椋部 목간〉과 능산리 300번의 〈중경仲椋 목간〉에 의해 경椋으로 표기하는 것이 타당하다. 경椋은 다락식 목제 창고를 말한다. 내경부와 외경부는 왕실 창고를 관리하는 관청이다. 〈외경부 목간〉에 의하면 왕실 창고에는 곡물뿐만 아니라 면綿 등 직물과

---

51 『주서』 권49 열전 제41 이역 상 백제전의 "各有部司 分掌衆務" 참조.
52 『한원』 번이부 백제조의 "長吏三年一代" 참조.
53 武田幸男, 1980, 「六世紀における朝鮮三國の國家體制」, 井上光貞 等編, 『東アジア世界における日本古代史講座』 4(朝鮮三國と倭国), 學生社, 59쪽.
54 『북사』 권94 열전 제82 백제전.
55 『북사』의 기사는 椋과 掠의 자형의 유사성 때문에 생긴 문제이다.

철 등 금속품도 보관되고 출납되었다.

* 마부馬部: 왕실에서 사용하는 말과 목마장을 관장하는 기관이다.

* 도부刀部: 도검 등을 비롯한 무기의 제작과 관리를 담당하는 부서이다.

* 공덕부功德部: 왕실의 안녕을 기원하는 내제석원, 왕실의 원찰 및 국가사찰을 관할하는 부서이다.

* 약부藥部: 약의 제조와 치료를 담당하는 기관으로 어의御醫의 기능도 담당하였다.

* 목부木部: 왕실이 필요로 하는 토목공사를 담당한 기관이다.

* 법부法部: 의례 관계 및 왕의 의장儀仗을 담당한 관청이다.

* 후궁부後宮部: 왕의 후궁과 관계되는 제반 업무를 관장한 기관이다.

외관 10부의 직사는 명칭에서 미루어 다음과 같이 추정된다.

* 사군부司軍部: 명칭에서 미루어 『주례』나 『서경』에 보이는 사마司馬와 통한다. 내외 병마 관계를 총괄하는 부서이다.[56]

* 사도부司徒部: 사도는 『주례』나 『서경』에 나오는데 교육과 의례 업무를 관장하였다.[57]

* 사공부司空部: 사공은 『주례』나 『서경』에 나오는데 토목·재정 업무를 관장하였다.[58]

* 사구부司寇部: 사구는 『주례』나 『서경』에 나오는데 형벌 업무를 담당한 부서였다.[59]

* 점구부點口部: 명칭으로 미루어 호구 파악 및 노동력 징발 업무를 관장한 부

56 『서경』 주서 주관; 『주례』 권 28 하관 사마 제4.
57 『서경』 주서 주관; 『주례』 권 9 지관 사도 제2.
58 『서경』 주서 주관; 『예기』 왕제.
59 『서경』 주서 주관; 『주례』 권 34 추관 司寇 제5.

서로 보인다.

* 객부客部: 명칭으로 미루어 외교 및 사신 접대의 업무를 맡은 것 같다.

* 외사부外舍部: 관료의 인사를 담당한 부서로 보인다.[60]

* 주부綢部: 직물의 제조·공급 그리고 직물수공업자 관련 업무를 관장한 관청이다.

* 일관부日官部: 천문기상과 점술 관계의 기능을 맡았다. 일자日者, 역박사曆博士, 일관日官 등은 모두 여기에 소속되었을 것이다.

* 도시부都市部: 상업과 교역 그리고 시장 업무를 관장한 부서이다.

사司의 사례로는 공덕사功德司와 태학 정도를 들 수 있다. 공덕사는 명칭에서 미루어 불교 관련 업무를 담당한 관청인데 공덕부의 속사屬司라[61] 할 수 있다. 태학은 유학 교육을 담당한 기관이다. 신라의 경우 국학은 국가의례와 교육을 담당한 예부에 속하였다.[62] 백제에서 교육과 의례는 사도부가 맡았다. 따라서 태학은 사도부의 속사로 볼 수 있다.

(3) 왕도 5부-5항제

웅진도읍기에 중앙의 귀족들은 새로이 설치된 왕도의 행정조직인 부에 편제되었다. 성왕은 사비로 천도하면서 웅진도읍기의 부제를 계승하여 왕도를 재편제하였다. 부 아래에는 하위 행정조직으로 항巷을 두었다. 이를 부-항제라 한다.

왕도의 내부를 크게 다섯으로 나눈 것이 5부이다. 5부의 명칭은 상부,

---

60 武田幸男, 1980, 「六世紀における朝鮮三國の國家體制」, 井上光貞 等編, 『東アジア世界における日本古代史講座』 4(朝鮮三國と倭国), 學生社, 59쪽.

61 조경철, 2000, 「백제 성왕대 유불정치이념─육후와 겸익을 중심으로─」, 『한국사상사학』 15, 한국사상사학회, 24~28쪽.

62 『삼국사기』 권제38 잡지 제7 직관 상 국학조의 "國學屬礼部" 참조.

전부, 중부, 하부, 후부이다. 각 부를 다시 다섯으로 나눈 것이 5항五巷이다. 5항의 명칭은 상항, 전항, 중항, 하항, 후항이다. 부-항제는 부여 궁남지에서 출토된 〈서부후항西部後巷 목간〉과 부여박물관 소장 성 돌에 새겨진 '상부전부上部前部' 명문 그리고 고부읍성에서 출토된 '상부상항上部上巷'이 새겨진 명문기와에서 확인된다.

백제는 사비도성을 조영하면서 중국 도성의 방리제坊里制를 받아들여 시가지를 구획하였다. 그러나 금성산 등이 있어 시가지를 바둑판처럼 만들 수는 없었다. 그래서 백제는 자연조건에 맞게 시가지를 구획하고 이를 5부-5항으로 편제하였다. 따라서 부-항제는 방리제의 백제식 변용이라 할 수 있다.

이 5부에는 각각 500명의 군대가 소속되어 있었다. 이 군대는 왕도를 지키고, 왕도의 치안을 담당하는 역할을 하였다. 따라서 각 부는 군영의 기능을 하였다. 5부에 둔 군대는 부의 장관인 달솔 관등 소지자가 지휘하였다. 신라의 경우, 왕도를 보완해 주는 왕기王畿에 해당하는 대성군과 상성군에 6개의 군부대[六畿停]를 두었다.[63] 이로 미루어 백제의 5부군도 왕기에 주둔하지 않았을까 한다.

한편 왕도의 행정 업무를 맡은 관청으로서 주목되는 것이 부여 관북리에서 출토된 토기에 새겨진 '북사北舍'이다. 사舍는 관청의 의미를 가지고 있다. 왕도 내에서 '북'과 관련된 행정조직은 북부이다. 따라서 북사는 북부를 관할하는 관청으로 볼 수 있다.

---

63 『삼국사기』 권제34 잡지 제3 지리1 신라 대성군조와 상성군조의 "大城郡 本仇刀城 … 東畿停 本毛只停 … 商城郡 本西兄山郡 … 南畿停 本道品兮停 … 中畿停 本根乃停 … 西畿停 本豆良彌知停 … 北畿停 本雨谷停 … 莫耶停 本官阿良支停(一云北阿良) …" 참조. 6기정에 대해서는 이문기, 1997, 『신라병제사연구』, 일조각, 82~91쪽, 220~221쪽 참조.

2. 지방통치조직의 정비

(1) 방-군-성(현)제의 실시와 그 구조

성왕은 사비로 천도하면서 지방통치조직도 새로 정비하였다. 이때 정비된 지방통치조직이 방-군-성(현)제이다.[64] 이 방-군-성(현)제의 시원은 웅진도읍기에 마련되었다. 무령왕 대에 광양만·여수만 일대와 섬진강 유역 일대를 영역으로 한 후 이곳에 군령과 성주를 파견한 것이 그 시작이었다. 성왕은 사비 천도를 계기로 종래의 담로제를 개편하면서 군과 성(현)제를 전국적으로 확대하고 그 위에 方을 설치하였다. 이리하여 5방-37군-200성(현)제가 만들어졌다.

방은 최고의 지방통치조직으로서 그 수는 다섯이었다. 이를 5방이라 한다. 방의 치소治所, 즉 방의 중심지가 방성方城이다. 중방의 방성인 고사성은 전북 고부이고, 동방의 방성인 득안성은 충남 논산이고, 북방의 방성인 웅진성은 충남 공주이다. 서방의 방성인 도선성의 위치는 분명하지 않지만 백제가 망한 후 부흥군의 활동과 연관시켜 볼 때 충남 예산에 비정할 수 있다. 남방의 방성인 구지하성은 전북 남원에 비정하는 견해도 있지만[65] 5악 가운데 하나인 남악 무오산을 무등산에 비정할 수 있으므로 광주光州로 보는 것이[66] 타당하다. 중방을 고부에 둔 것은 수도 사비가 국토의 북쪽에 치우쳐 있는 취약점을 보완하기 위한 것으로 보인다.

방에 파견된 지방관이 방령이다. 방령은 달솔 관등 소지자가 맡았다. 방령의 보좌관으로는 방좌方佐가 있었다.[67] 방성은 대개 산의 험한 곳에 의

---

64 『주서』 권49 열전 제41 이역 상 백제전의 "治固麻城 其外更有五方 中方日古沙城 東方日得安城 南方日久知下城 西方日刀先城 北方日熊津城 …" 참조.

65 천관우, 1979, 「마한제국의 위치 시론」, 『동양학』 9집, 단국대학교 동양학연구소, 210~213쪽.

66 노중국, 2004, 「백제의 제의체계 정비와 그 변화」, 『계명사학』 15집, 계명사학회.

67 『주서』 권49 열전 제41 이역 상 백제전.

지하여 축조하였는데, 때로는 석축으로 된 것도 있었다. 각 방성에는 많게는 1,000명, 적게는 700~800명의 군대가 주둔하였다.[68] 이 군대는 방령이 통솔하였다. 따라서 방은 군관구로서의 성격도 가지고 있었다.[69] 다만 주둔한 군대의 수에 차이가 있는 것은 방성의 규모와 중요도가 동일하지 않았음을 보여 준다.

방 다음의 위상을 갖는 지방통치조직이 군郡이다. 군의 수는 37군이었다. 군의 장관의 명칭으로는 『주서』 백제전에는 군장郡將이, 『일본서기』에는 군령郡令이 보인다. 한편 〈진법자묘지명〉에는 '마련대군장麻連大郡將'이[70] 나온다. 마련대군장은 '마련대군의 군장'으로 해석할 수도 있지만 '마련군의 대군장'으로 읽는 것이 타당하다. 이를 종합하면 군의 장관은 대군장, 군장, 군령으로 볼 수 있다.

그런데 『주서』 백제전에 군의 장관이 3명으로 나온다. 저자는 이전의 연구에서[71] 군장과 군령은 동일한 실체에 대한 표기의 차이에 지나지 않으며 군장 3명에 대해 군의 장관은 복수제였고 각각 정치·행정과 군사, 사법 업무를 맡은 것으로 이해하였다. 그러나 군의 장관의 명칭을 대군장, 군장, 군령으로 보면 3명의 장관은 이들을 가리키는 것으로 볼 수 있다.

3명의 장관의 위계는 대군장과 군장의 관계에서 미루어 대군장→군장→군령 순으로 볼 수 있다. 이들의 위계가 다른 것은 위상이 달랐기 때문

---

68 『한원』 번이부 백제조의 "其諸方之城 皆憑山險爲之 亦有累石者 … 其兵多者千人 少者七八百人" 참조.

69 山尾幸久, 1974, 「朝鮮三國の軍區組織」, 『古代朝鮮と日本』, 學生社, 167~168쪽.

70 〈진법자묘지명〉의 "曾祖春本邦太學正 恩率 祖德止 麻連大郡將 達率" 참조. 이 묘지명에 대해서는 김영관, 2014, 「백제 유민 진법자 묘지명 연구」, 『백제문화』 50집, 공주대학교 백제문화연구소; 정동준, 2014, 「'진법자 묘지명'의 검토와 백제 관제」, 『한국고대사연구』 74집, 한국고대사학회; 김영심, 2014, 「유민묘지로 본 고구려, 백제의 관제」, 『고구려·백제유민 묘지명의 검토』(제27회 한국고대사학회 합동토론회 발표문), 한국고대사학회·한성백제박물관 주최 참조.

71 노중국, 1988, 『백제정치사연구─국가형성과 지배체제의 변천을 중심으로─』, 일조각, 256쪽.

이다. 이는 이들이 파견된 군이 정치적·군사적 중요도에 따라 대·중·소로 구분되었음을[72] 의미한다. 그렇다면 대군에는 대군장이, 중군에는 군장이, 소군에는 군령이 파견되었을 것이다.

군의 장관은 당나라의 관제와 비교하면 주의 장관인 자사刺史에 해당된다.[73] 군의 장관은 달솔의 관등자가 맡기도 하고,[74] 은솔의 관등자가 맡기도 하고,[75] 때로는 덕솔의 관등자가 맡기도 하였다.[76] 이는 군에 파견되는 장관이 대군장이냐, 군장이냐, 군령이냐에 따라 관등이 달랐기 때문이다.

군의 장관의 보좌관으로 군좌郡佐와 참사군參司軍이 있었다. 군좌는 군의 재정 관련 업무를, 참사군은 군 소속의 군대를 감독하는 업무를 맡은 것 같다. 군좌는 〈진법자묘지명〉과 〈복암리 4번 목간〉에 나오고, 참사군은 〈진법자묘지명〉에만 보인다.

방과 군에는 여러 성城이 영속되어 있었다. 성은 현縣이라고도 하였다. 성(현)은 백제 지방통치조직의 최하 단위이다. 성(현)의 장관의 명칭으로는 『한원』과[77] 〈지약아식미기 목간〉에는 도사道使가, 『일본서기』에는 성주가[78] 나온다. 저자는 이전의 연구에서 도사와 성주는 동일한 실체에 대한 표기의 차이로 보고 성(현)의 장관의 명칭은 도사였고, 성주는 도사에 대한 다른 표기로 파악하였다.[79] 그러나 신라의 경우 현의 장관으로 소수

---

72 북위의 경우 군은 대군, 소군 또는 대군, 차군이나 상군, 차군으로 구분되었다. 이에 대해서는 『위서』 권113 관씨지9 제19 천사 원년조의 "九月 … 王封大郡 公封小郡 … 十二月 … 大郡王二百人 次郡王 上郡公百人 次郡公五十人 …" 참조.

73 『삼국사기』 권제44 열전 제4 흑치상지전의 "黑齒常之 … 爲百濟率兼風達郡將 猶唐刺史云" 참조.

74 〈진법자묘지명〉의 "祖德止 麻連大郡將 達率" 참조.

75 『한원』 권30 번이부 백제조.

76 『주서』 권49 열전 제41 이역 상 백제전의 "郡將三人 以德率爲之" 참조.

77 『한원』 권30 번이부 백제조의 "郡縣置道使" 참조.

78 『일본서기』 권19 흠명기 4년조, 5년조 참조.

79 노중국, 1988, 『백제정치사연구—국가형성과 지배체제의 변천을 중심으로—』, 일조각, 257쪽.

少守(制守)와 현령이 있었다는 사실에서[80] 미루어 도사와 성주는 별도의 지방관명인 것으로 수정한다. 그렇다면 성(현)도 그 규모나 전정호구田丁戶口의 차이에 따라 도사가 파견된 성(현)과 성주가 파견된 성(현)으로 구분된 것으로[81] 볼 수 있다.

성(현)은 행정체계상 방에 속하거나 군에 속하였다. 성(현)이 방에 속하였음은 『주서』의 "방성의 내외 민서民庶와 나머지 작은 성들이 모두 방에 속하였다"는[82] 기사에서 확인된다. 군에도 성(현)이 속하였음을 보여 주는 것이 『한원』의 "군 아래의 현에 도사를 두었다[郡縣置道使]"는 기사이다. 이는 『삼국사기』 지리지 백제군현조에는 주州나 군에 속한 현을 '영현領縣'이라 한 것에 대응된다. 이처럼 성(현)과 방 및 군의 관계는 기본적으로 영속領屬 관계였으므로 성(현)은 행정적인 면과 군사적인 면에서 방이나 군의 관할을 받았던 것이다.

(2) 방-군-성(현)제의 특징

지방통치조직의 정비는 지방에 대한 지배력을 강화하여 조세 수취와 노동력 동원을 원활하게 한다. 성왕이 사비 천도를 계기로 정비한 방-군-성(현)제는 기존의 담로제를 개편한 것이다. 이 방-군-성(현)제는 담로가 설치되었던 지역은 물론 백제가 새로이 편입한 남원·운봉 지역, 섬진강 유역 일대, 광양만 일대에도 실시되었다.

방-군-성(현)제는 담로제와 비교하면 몇 가지 특징을 보인다. 첫째, 방-군-성(현)제에서 방-군과 성(현)의 위계가 뚜렷이 구분되어 영속 관

---

80 『삼국사기』 권제40 잡지 제9 외관 소수조의 "少守(或云制守)八十五人 位自幢至大奈麻爲之 縣令二百一人 位自先沮知至沙滄爲之" 참조.

81 북위에서도 현은 대현과 소현으로 구분되었다. 이에 대해서는 『위서』 권113 관씨지9 제19 천사 원년조의 "九月 … 侯封大縣 子封小縣 …" 참조.

82 『주서』 권49 열전 제41 이역 상 백제전의 "五方 … 城之內外民庶及餘小城 咸分隸焉" 참조.

계에 있었다는 점이다. 그래서 방은 중앙 관청과 군, 성(현) 사이에서 행정·군사·사법과 관련하여 중간 기구로서의 역할을 하였다. 이는 담로제에서 각 담로가 중앙과 직결되어 중간 기구가 없었다는 것과는 구별된다.

둘째, 방과 군의 관계는 이중적인 면을 갖고 있다는 점이다. 『삼국사기』지리지 백제군현조에 의하면 방에는 군이 영속된 것으로 나오지 않는다. 이는 방과 군이 기본적으로 수평적인 관계로서 중앙에 대해 각각 직접적인 명령 수수 관계를 가졌음을 보여 준다. 그러나 방은 군관구의 성격을 가졌기 때문에 군사적인 면에서 군을 통령하였다. 『구당서』백제전에 5부五部, 즉 5방이 37군을 통어하였다는 것이 이를 보여 준다.

셋째, 방-군-성(현)제에서는 지방통치조직의 수가 크게 늘어났다. 웅진도읍기에 담로의 수는 22개였다. 그러나 사비도읍기에 와서 방-군-성(현)제가 실시되면서 5방, 37군, 200성(현)에서[83] 보듯이 지방통치조직의 수는 무려 250개 정도 되었다. 이렇게 많은 수의 지방통치조직을 만들 수 있었던 것은 농업생산력의 발전에 따른 인구의 증가와 자연촌의 성장이 있었기 때문에 가능하였다.

넷째, 중앙의 지방에 대한 통제력이 크게 강화되면서 재지 세력의 힘이 약화되었다. 군과 성(현) 수의 증가는 파견된 지방관 수의 증대를 가져왔다. 지방관 수의 증가는 재지 세력이 지방사회에서 갖는 정치적 비중을 그만큼 약화시켰다. 그 결과 재지 세력은 지방관을 보좌하는 존재로 그 역할이 전환되어 갔다. 이 시기에 중앙정부가 재지 세력에게 수여한 직책이 무엇인지는 분명하지 않다. 신라의 경우 이 직책을 촌주라고 하였다.

다섯째, 군과 성(현)의 규모가 대폭 축소되었다는 점이다. 농업생산력의 발전에 따라 전정田丁(토지)과 호구가 군이나 성(현)을 더 만들 정도로 늘어

---

83 『구당서』권199 상 열전 제149 상 동이 백제전의 "其國舊分爲五部 統郡三十七 城二百 戶七十六萬" 참조. 그러나 『삼국사기』권제37 잡지 제6 지리4 백제조와 〈대당평백제국비명〉에는 250현이 나온다.

낮지만 한정된 영역 내에 250여 개나 되는 지방통치조직을 만들려면 통치조직의 규모를 축소시키는 수밖에 없다. 규모의 축소는 바로 재지 세력의 기반을 축소시키는 것이다. 그에 따라 재지 세력이 지방사회에서 갖는 정치적 비중은 그만큼 약화되었고 재지 세력의 영향력 약화는 중앙의 지방에 대한 통제력을 강화시켰다.

여섯째, 사회 편제 단위가 종래의 성(촌)에서 자연촌으로 바뀌었다는 점이다. 담로제하에서 담로를 구성한 기본 단위인 성(촌)은 여러 개의 자연촌으로 이루어졌다. 그러나 농업생산력의 증대로 자연촌의 성장이 이루어지면서 자연촌이 방-군-성(현)제하에서 사회 편제 단위가 되었다. 〈복암리 5호 목간〉 앞면에 보이는 대사촌大祀村의 존재가 이를 방증해 준다. 대사촌은 백제 목간이나 금석문에서 촌이 보이는 유일한 사례이다.

지방통치조직은 전정과 호구를 토대로 만들어진다. 백제는 한성 함락 후 축소된 경제 기반을 확대하기 위해 금강 및 영산강 유역권을 적극 개발하였는데, 무령왕은 제방을 완고完固하게 하라는 명령을 내리기도 하였다. 그 결과 생산력은 이전에 비해 크게 증대되었고, 생산력의 증대로 성(촌)이 성장하였다. 성(촌)의 성장은 전정과 호구의 증대를 가져왔다. 백제 멸망 당시 호수는 76만 호,[84] 인구는 620만 명이나[85] 되어 고구려의 호수 69만 호보다 많았다는 것이 이를 보여 준다.

성(촌)이 성장하면서 담로제 하에서 사회 편제 단위였던 성(촌)은 전정과 호구 면에서 군이나 성(현)으로 승격될 조건을 갖추었다. 이에 따라 성왕은 조건을 갖춘 성(촌)을 군이나 성(현)으로 격상시켰다. 이리하여 200개의 성(현)이 만들어질 수 있었다. 『삼국사기』 지리지에서 촌村에 '현' 자를 붙이거나 성城을 의미하는 지知·기근·지只·지支에 '현' 자를 붙인 이름

---

84 『구당서』 권199 상 열전 제149 상 동이 백제전의 "… 戶七十六萬" 참조.
85 〈대당평백제국비명〉의 "… 戶卄四萬 口六百卄萬" 참조. 다만 24만 호의 '戶'는 자연호가 아닌 편호로 보아야 할 것이다.

이 다수 나오는 것은 지역단위로서의 성(촌)이 지방통치조직으로 편제된 것을 방증해 준다. 반면에 전정과 호구가 성(현)으로 승격시키기 어려운 성(촌)의 경우, 신라는 향이나 부곡으로 편제하여 지방관이 파견된 군이나 현에 소속시켰다.[86] 이로 미루어 백제에서도 독자적인 지방통치조직을 갖출 수 없는 성(촌)은 향이나 부곡과 같은 형태로 편제하지 않았을까 한다.

3. 22부 중심의 정치 운영

천도는 정치·행정·경제·문화의 중심지를 옮기는 것이다. 그에 따라 천도 과정에는 지배 세력의 변화가 수반된다. 사비 천도도 마찬가지였다. 성왕은 사씨 세력과 목씨 세력의 지지를 받아 천도를 단행하였다. 그리고 왕권 확립에 방해가 되는 세력들의 정치적 비중을 약화시키고 대신 자신을 지지한 세력들을 다수 등용하여 지지 기반을 넓혔다. 이를 통해 성왕은 국왕 중심의 정치를 지향해 나갔다. 왕실 업무를 관장하는 내관의 수가 외관의 수보다 많은 것이 이를 보여 준다.

사비읍기의 정치 운영에서 중심축은 16관등제와 22부제였다. 16관등제에서 5명과 30명으로 정원이 정해진 좌평과 달솔이 핵심 관등이었다. 5명의 좌평은 최고귀족회의체를 구성하여 중요 국사를 논의하고 결정하였다. 이를 '5좌평제'라 한다.

5좌평제와 관련하여 주목되는 것이 5좌평과 왕도 5부와의 관계이다. 왕도 5부는 행정구역이면서 지배층들의 거주지 표시이기도 하였다. 성왕은 사비로 천도하면서 이 5부에 여러 귀족 세력들을 배치하였다. 이리하여 귀족들의 인명 표기에 부명이 관칭冠稱되었다. 성왕은 이들을 정치 운영

---

86 『신증동국여지승람』 권7 경기도 여주목 고적조 등신장의 "今按新羅建置州郡時 田丁戶口 未堪爲縣者 或置鄕 或置部曲 屬于所在之邑" 참조.

에 참여시켜 체제 안정을 도모하였다. 이렇게 보았을 때 천도 초기의 5좌평은 각 부의 대표 세력이 임명되었을 가능성이 크다. 그래서 5좌평의 명칭도 5부의 명칭을 따서 상좌평, 중좌평, 하좌평, 전좌평, 후좌평으로 하지 않았을까 한다.

사비도읍기의 정치 운영은 다음과 같은 특징을 갖는다. 첫째, 사비 천도를 계기로 이루어진 중앙 및 지방 제도의 정비는 왕권을 크게 강화시켰다. 이 점은 사비시대 전기의 정치가 왕권 중심의 운영 체제였음을 보여 준다.

둘째, 22부제라고 하는 중무를 분장分掌하는 행정 관서가 정비되었다. 이 행정 관서는 궁중 사무를 관장하는 내관內官 12부와 일반 서정을 담당하는 외관外官 10부로 구분되었다. 내관의 수가 외관보다 많은 것은 내료內寮 조직의 비중이 컸음을 보여 준다.

셋째, 22부는 왕명을 받들어 정무를 집행하는 관부였다. 장관인 장리長吏(재관장宰官長)들은 3년마다 교체되었다. 장관을 3년마다 교체한 것은 왕권이 장관의 임명을 좌우할 수 있었음을 보여 준다.

넷째, 5좌평제에서 좌평의 권한이나 직사에 대해서는 아무런 언급이 없다. 5좌평은 국가 중대사에 대해 전반적인 논의를 하였지만 이를 직접 집행한 것이 아니었다. 국사의 집행은 중무衆務를 나누어 맡은 22부가 하였다. 그 결과 왕명을 받아 집행하는 22부의 비중이 상대적으로 높아졌고 이는 귀족들의 정치적 발언권을 약화시켰다.

다섯째, 22부 가운데 사군부·사도부·사공부·사구부는 중국 고제古制의 명칭을 그대로 차용하고 있다. 이 관청들의 직사는 국가 운영에서 주요한 것들이다. 관청들의 명칭을 중국식 관제를 차용하여 정한 것은 백제가 주례주의에 입각하여 관제를 정비한 후 군주 중심의 정치와 행정을 하겠다는 의도를 보여 주는 것이다.

여섯째, 지방 통치에도 22부가 깊숙이 관여하였다. 방령이나 군장 등 지

방관은 왕을 대신하여 지방에 파견되어 행정, 군사, 사법 등의 일을 처리
하였다. 그러나 중요한 사항은 중앙에 보고하여 처리하였다. 그 사례로는
형옥 집행을 들 수 있다. 『증보문헌비고』에 의하면, 지방에서 형옥의 집
행은 지방관이 맡아서 하지만, 사죄死罪의 경우 죄수를 중앙으로 보내야
하였다. 중앙에서는 다시 사실을 파악한 뒤 왕에게 아뢰어 형을 집행하였
다.[87] 이때 형벌 관련 업무는 사구부가 맡아서 하였을 것이다. 이렇게 볼
때 부여 궁남지에서 나온 목간과 나주 복암리에서 나온 목간에 보이는 호
적 관련 업무는 점구부에, 방이나 군의 군사 업무는 사군부에 보고하였을
것이다. 이리하여 22부는 각각 왕명을 받아 지방 통치와 관련한 중요한
해당 업무를 처리하였다.

영매한 지식과 결단력을 갖춘 성왕은 사비 천도를 계기로 왕권을 확립
하고 내외 관제를 정비하였다. 이리하여 22부가 왕명을 받들어 여러 행정
업무를 분장해 나갔다. 그에 따라 비록 5좌평을 중심으로 하는 귀족회의
체가 있었지만 그 발언권은 약화되어 왕권 중심의 정치 운영이 이루어지
게 되었다. 나솔 마무馬武가 비록 관등은 낮지만 왕의 심복으로서 왕을 보
좌하였다고 한 것이[88] 이를 방증해 준다.

---

87 『증보문헌비고』 권132 형고 금제2 상언 백제조의 "百濟多婁王二年 飭諸縣死罪 不得便決
悉移京獄 按覆事盡 然後取奏裁 令死罪者五奏以決" 참조. 이 기사에 대한 분석은 노중국,
2010, 『백제사회사상사』, 지식산업사, 268~271쪽 참조.
88 『일본서기』 권19 흠명기 11년조의 "奈率馬武 是王之股肱臣也 納上傳下 甚協王心而爲王佐"
참조.

Ⅲ. 국가 제의 체계와 불교 교단의 정비

1. 국가 제의 체계 정비

(1) 시조묘의 정비[89]

성왕은 사비 천도를 계기로 지배체제의 정비와 함께 제의祭儀 체계도 정비하였다. 이 제의 체계는 유교이념을 바탕으로 한 것이다. 이때 성왕을 뒷받침해 준 인물이 양나라에서 파견되어 온 강례박사 육후陸詡였다. 그는 일찍이 최령은崔靈恩이 지은 『삼례의종三禮義宗』을 읽는 등 예제에 밝은 전문가였다.[90] 육후는 성왕과 호흡을 맞추어 사전祀典 체계의 정비에 일정한 몫을 담당하였다. 이리하여 사비도읍기의 제의 체계는 틀을 갖추게 되었다. 이 시기에 정비된 국가 제의는 천신제, 오제신제, 시조 구이묘제 등이다.

시조 구이묘제仇台廟祭는[91] 사비도읍기에 처음으로 보인다. 시조 구이의 실체에 대해서는 대방고지에서 나라를 세웠다고 나오는 구태仇台로 보는 견해,[92] '구이'는 수장을 의미하는 일반 명사이므로 온조왕으로 볼 수 있다는 견해도[93] 있다. 구태는 백제의 전신인 십제가 이미 건국된 이후에 나오므로 백제의 시조일 수가 없다. 구이를 온조와 동일 인물로 볼 경우 '구이'와 '온조'는 음운상 연결되지 않아 역시 성립할 수 없다. '仇台'는 '구

---

89 이 부분의 서술은 노중국, 2010, 『백제사회사상사』, 지식산업사, 519~531쪽을 요약·정리한 것이다.

90 『진서陳書』 권33, 유림 정작전 부 육후전의 "陸詡少習崔靈恩三禮義宗 梁世百濟國表求講禮博士 詔令詡行 …" 참조.

91 『주서』 권49 열전 제41 이역 상 백제전의 "… 又每歲四祠其始祖仇台之廟" 참조.

92 이종태, 1998, 「백제시조구태묘의 성립과 계승」, 『한국고대사연구』 13집, 한국고대사학회.

93 임기환, 1998, 「백제 시조전승의 형성과 변천에 관한 고찰」, 『백제연구』 28집, 21~24쪽; 서영대, 2000, 「백제의 오제신앙과 그 의미」, 『한국고대사연구』 20집, 한국고대사학회, 124쪽.

태'로도 읽히지만 '구이'로도 읽힌다. '구이'는 '고이'와 음운이 상통하고, 고이왕은 국가체제 정비에 큰 족적을 남겨 시조다운 면모를 보인다. 따라서 시조 '구이'는 '고이왕'으로 비정한 견해가[94] 타당하다.

고이왕은 영역을 확대하고 왕권을 강화하여 부체제를 성립시킨 왕이다. 소택지를 개간하여 농업생산력을 높였고, 좌장을 설치하여 군사권을 장악하였다. 좌평을 설치하여 귀족회의의 의장으로 삼아 왕의 위상을 높였다. 고이왕의 이러한 모습은 사비 천도를 계기로 국가체제를 정비하여 왕권 중심의 정치 운영을 하고자 한 성왕에게는 이상형이었을 것이다. 이에 성왕은 고이왕을 시조왕＝국조왕으로 관념하였다. 이는 고구려가 부체제를 성립시킨 궁왕宮王을 태조왕 또는 국조왕으로[95] 부른 것과 유사하다.

고이왕을 시조왕으로 모시는 것과 연동되는 것이 '건방지신建邦之神'의 사당을 헐어 버린 사건이다.[96] '건방지신'은 하늘에서 내려와 국가를 세운 시조신으로서 부여족의 족조인 동명을 말한다.[97] 백제는 건국 초부터 동명을 모신 사당을 세웠는데 이 사당을 허문 것이다. 사당을 허문 시기를 개로왕 대로 보는 견해도 있지만[98] '경경'이 '근래에', '요사이에'라는 뜻을 가지고 있고 또 '사당 훼철' 사건이 관산성 전투에서 성왕이 죽은 연유를 설명하는 과정에서 나온 것이라는 점 등에서 미루어 성왕 대로 보는 것

---

94 이병도, 1976,『한국고대사연구』, 박영사, 472~476쪽.

95 『삼국사기』 권제15 고구려본기 제3 태조대왕 즉위년조의 "太祖大王(或云國祖王) 諱宮 小名 於漱" 참조.

96 『일본서기』 권19 흠명기 16년조의 "春二月 百濟王子餘昌 … 奏曰聖明王爲賊見殺 … 蘇我卿 曰 … 原夫建邦神者 天地剖判之代 草木言語之時 自天降來 造立國家之神也 頃聞 汝國輟而 不祀 方今悛悔前過 修理神宮 奉祭神靈 國可昌盛 汝當莫忘" 참조.

97 石田一郎 저·홍순창 역, 1978,「建邦의 神」,『한일관계연구소기요』 8집, 영남대학교 한일관 계연구소; 이기동, 1990,「백제국의 정치이념에 대한 일고찰」,『진단학보』 69집, 진단학회; 이종태, 1998,「백제 시조구태묘의 성립과 계승」,『한국고대사연구』 13집, 한국고대사학회; 길기태, 2005,「백제 사비기의 불교정책과 도승」,『백제연구』 41집, 충남대학교 백제연구소.

98 김창석, 2004,「한성기 백제의 국가제사 체계와 변화양상—풍납토성 경당지구 44호, 9호 유구의 성격 검토를 중심으로—」,『서울학연구』 22집, 서울시립대학교 서울학연구소.

이 타당하다.

'건방지신'의 사당을 허물었다는 것은 그것을 대신하는 새로운 시조묘를 세우는 것을 전제로 한다. 새로 세운 시조묘가 바로 구이묘였던 것이다. 이처럼 성왕은 국가 제의 체계를 정비하면서 구이왕(고이왕)을 새로운 시조로 내세워 사시四時에 제사를 드렸던 것이다.

(2) 천신제와 오제신제[99]

백제가 천신에 제사를 드리는 것은 이미 십제국 단계에서부터였다. 이 시기의 천신제는 전통신앙에 기반을 둔 것이었다. 그러나 성왕은 사비 천도 후 천신제에 대한 제의 체계도 유교적 예법에 따라 재정비하였다. 천신제의 제일祭日은 사중지월四仲之月로 하였는데 『예기』에 나오는 사중은 곧 사시四時로서 봄 2월, 여름 5월, 가을 8월, 겨울 11월을 말한다.[100] 이는 한성도읍기에는 봄 정월, 웅진도읍기인 동성왕 대에는 겨울 10월에[101] 제사를 지낸 것과는 다른 것으로 성왕이 『예기』를 바탕으로 천신제를 정비하였음을 보여 준다.

제사에는 음악이 사용되기 마련이다. 한성도읍기의 제천에는 고취鼓吹가 사용되었다. 그러나 사비도읍기에 와서는 겨울과 여름에 행하는 제천에는 고각鼓角을 사용하여 가무를 연주하였고, 봄과 가을에 드리는 제사에는 노래만 하였다.[102] 이러한 차이는 제천행사가 1년에 4번 행해짐에 따라 생겨난 것이다. 그러나 겨울과 여름에 드리는 제천행사가 보다 성대한 의식으로 거행된 이유는 알 수 없다.

---

99 이 부분의 서술은 노중국, 2010, 『백제사회사상사』, 지식산업사, 507~513쪽을 요약·정리한 것이다.

100 『예기』 제통의 "凡祭有四時 春祭曰礿 夏祭曰禘 秋祭曰嘗 冬祭曰烝" 참조.

101 『삼국사기』 권제32 잡지 제1 제사조 고구려·백제 사례.

102 『한원』 번이부 백제조의 "祭天及五帝之神 冬夏用鼓角 奏歌舞 春秋奏歌而已" 참조.

하늘에 대한 제사의 정비와 더불어 성왕은 오제五帝에 대한 제사도 정비하였다. 오제신앙은 사비도읍기에 처음 보인다. 오제는 동서남북과 중앙을 주재하는 다섯 신, 즉 동방의 창제蒼帝, 남방의 적제赤帝, 서방의 백제白帝, 북방의 흑제黑帝, 중앙의 황제黃帝를 말한다. 오제신앙은 한나라 대에 성립하여 남북조시대로 이어졌다. 이로 미루어 백제의 오제신앙은 남조의 양나라로부터 받아들인 것으로 볼 수 있다.[103]

오제신앙에서 오제는 호천상제 아래에 있다. 이 구도는 왕권 아래에 신하들이 있는 것에 대응된다. 이렇게 보면 성왕은 왕권의 존엄성을 강조하여, 한편으로는 귀족 세력의 특권적 신분을 보장하면서 다른 한편으로는 왕이 귀족들 위에 군림함을 보여 주는 이데올로기로서 오제신앙을 받아들인 것 같다.[104] 다만 중국에서 오제에 대한 제삿날은 왕조와 시대에 따라 달랐지만 사중지월로 고정된 적은 없었다. 그러나 백제는 오제에 대한 제사는 사중지월에 지냈는데 이는 백제적 변용이라 할 수 있다.

(3) 산천 제의[105]

백제는 국도 주변과 전국에 산재한 산천에는 산신들이 살고 있고, 이 산신들이 국가와 왕실을 보호해 주는 것으로 믿었다. 산천에 대한 제사는 한성도읍기부터 있었다. 그러나 475년 한성을 고구려에게 빼앗기고 웅진으로 천도하면서 한강 유역 중심으로 설정되었던 중요한 제의처는 모두 고구려의 영역이 되었다. 그래서 성왕은 사비 지역을 중심으로 산천 제의 체계를 재정비하였다. 이것이 삼산-오악-제산諸山에 대한 제사이다.

---

103 서영대, 2000, 「백제의 오제신앙과 그 의미」, 『한국고대사연구』 20집, 한국고대사학회.
104 서영대, 2000, 「백제의 오제신앙과 그 의미」, 『한국고대사연구』 20집, 한국고대사학회.
105 이 부분의 서술은 노중국, 2010, 『백제사회사상사』, 지식산업사, 531~540쪽을 요약·정리한 것이다.

삼산은 국도 주변에 위치한 △산△山, 부산浮山, 오산吳山을 말한다.[106] 오산은 부여 염창리의 오석산에, 부산은 백마강 맞은편의 부산浮山에 비정되고 있다. △산은 순암 수택본『삼국유사』에 '일산日山'으로 나온다. 저자는 이전의 연구에서 이를 근거로 '△산'을 '일산'으로 보았다.[107] 그러나 선초본인 파른본『삼국유사』와 서울대학교 규장각 소장 임신본『삼국유사』에는 '△'가 들어갈 자리가 비어 있다. 순암이 '日'로 보완하였지만 근거는 없다. 따라서 본서에서는 이 산의 이름은 알 수 없는 것으로 해 둔다. 다만 '△산'의 위치는 사비 도성 내에서 금성산이 가지는 중요성으로 미루어 금성산으로 비정할 수 있지 않을까 한다.

오악은 지방에 위치한 산 가운데 중요한 5개의 산을 말한다. 동악은 계룡산으로『한원』백제조에 나오는 계람산이다. 서악은 태안의 나산으로『한원』의 단나산에 비정된다.[108] 남악은 광주의 무등산으로 명칭에서 미루어『한원』의 무오산에 비정된다.[109] 북악은 보령의 오서산으로『한원』의 오산에 비정된다. 중악은 어느 산인지 분명하지 않지만 중방의 치소[方城]를 고부에 둔 사실과 369년 근초고왕이 영산강 유역의 심미다례 세력을 평정한 후 고사산에 올라 제사를 드린 사실에서 미루어 고부의 고사산으로 비정할 수 있다. 오악 외에 사독, 사해, 사진 등은 자료가 없어 어디에 위치하였는지 알 수 없다.

『삼국유사』에 의하면, 백제 전성기에 삼산에 사는 산신들은 서로 왕래하였다고 한다.[110] 부여 규암리에서 출토된 〈산경문전〉에는 산신을 모신

---

106 『삼국유사』권제2 기이 제2 남부여 전백제 북부여조의 "又郡中有三山日 △山吳山浮山" 참조.

107 노중국, 2010, 『백제사회사상사』, 지식산업사, 535쪽.

108 노중국, 2010, 『백제사회사상사』, 지식산업사, 533~536쪽.

109 저자는 『백제사회사상사』(2010, 지식산업사), 537쪽에서 무오산을 지리산에 비정하였다. 그러나 여기서는 무등산으로 수정한다.

110 『삼국유사』권제2 기이 제2 남부여 전백제 북부여조.

사당으로 보이는 기와집이 표현되어 있다. 이 산신들은 호국신으로서 나라가 어려울 때 도움을 주기도 하고 때로는 정치의 어지러움을 경고해 주기도 하였다. 비록 신라의 경우지만 헌강왕 대에 산신이 나타나 나라의 멸망을 예조해 준 것이[111] 방증 사례가 된다. 그래서 백제는 삼산과 오악의 신에게 제사를 드려 호국을 기원했던 것이다.

2. 불교 교단 정비[112]

성왕은 사비 천도를 계기로 불교 교단의 정비와 교단 질서 확립에도 주력하였다. 이와 관련하여 주목되는 것이 계율의 장려이다. 「미륵불광사사적기」에 의하면, 성왕은 무령왕 말에 중인도로 유학을 갔던 사문 겸익謙益이 526년(성왕 4)에 오부율을 갖고 귀국하자 교외에서 영접하고 흥륜사에 안치하였다. 겸익은 고승들과 함께 범문으로 이루어진 율부를 번역하였고, 담욱·혜인 등은 율소 30권을 지었다. 이에 성왕은 손수 「비담신율서」를 썼다. 이리하여 백제 신율이 성립되었다.[113]

겸익이 가지고 온 오부율은 그 내용이 전하지 않아 중국에서 한역된 율장과 비교할 수 없다. 그렇지만 오부율의 번역은[114] 다음과 같은 의미를 갖는다. 첫째, 백제는 중국을 통해서가 아니라 인도로부터 직접 율을 받아들였다는 사실이다. 이는 삼국 가운데 유일한 사례이다. 둘째, 범문「오부

---

111 『삼국유사』 권제2 기이 제2 처용랑 망해사조의 "乃地神山神知國將亡 故作舞以警之 …" 참조.
112 이 부분의 서술은 노중국, 2010, 『백제사회사상사』, 지식산업사, 414~416쪽을 요약·정리한 것이다.
113 이능화, 1918, 「미륵불광사사적기」, 『조선불교통사』 상편, 보련각.
114 이 시기 중국에서 한역된 율장은 십송율 61권, 사분율 60권, 마하승지율 40권, 오분율 30권 등이 있었다. 이에 대해서는 김동화, 1962, 「백제시대의 불교사상」, 『아세아연구』 5-1호, 고려대학교 아세아문제연구소, 64~66쪽 참조.

율」을 백제적인 체제와 내용으로 모두 번역하고, 번역한 율에 대해 주석서[律疏]를 만들었다는 것이다. 이는 당시 백제에 범문을 아는 학승들과 불교 경전에 밝은 학승들이 다수 있었음을 보여 준다. 셋째, 신율이 만들어지자 성왕이 친히 서문을 썼다는 것이다. 이는 백제 신율이 중국과는 다른 백제적 계율이었음을 보여 준다.[115]

'율'이란 사부중·칠부중이 지켜야 하는 종교적 규율로 신자로서 해야 할 것과 해서는 안 되는 것을 규정하고 있다. 따라서 율은 신도들의 신심을 권면하는 종교적 기능 외에 신도들의 행동을 규제하고, 교단을 통제하여 질서를 유지하는 사회적 기능도 갖고 있었다. 이러한 백제 율의 성립과 시행의 중심에 겸익이 있었다.

겸익의 역할은 신라에서 자장이 한 역할과 비슷하다. 자장은 '보름마다 계를 설하고 겨울과 봄에 모두 시험을 보아[半月說戒 冬春惣試]', 승려로 하여금 계율을 지키는 것과 범하는 것[持犯]을 알게 하고 또 순찰사를 파견하여 지방의 사찰을 두루 검찰하여 승려들의 잘못을 훈계하고 불경과 불상을 장엄하게 장식하게 하였다.[116] 겸익도 백제에서 이러한 역할을 하였을 것이다.

불교 교단을 재정비한 성왕은 불교계를 통제하고 불교 관련 업무를 관장하는 속관俗官 기구로 공덕부功德部를 두었다. 그 아래에 둔 속사屬司가 『삼국사기』에는 연혁을 알 수 없는 관청의 하나로 나오는 공덕사功德司이다.[117] 그러나 승려들로 이루어진 승관僧官 조직에 대해서는 자료가 없어 알 수 없다.

---

115 김영태, 1977, 「백제의 불교사상」, 한국철학회 편, 『한국철학연구』 상, 134~135쪽.
116 『삼국유사』 권제4 의해 제5 자장정율조의 "朝廷議曰 … 啓勅藏爲大國統 凡僧尼一切規猷 揔委僧統主之" 참조.
117 조경철, 2000, 「백제 성왕대 유불정치이념—육후와 겸익을 중심으로—」, 『한국사상사학』 15, 한국사상사학회, 24~28쪽.

제2장

한강 유역의 상실과 관산성 대회전

I. 삼국 연합군의 형성과 한강 유역의 회복

1. 삼국 연합군의 형성

사비 천도를 계기로 성왕은 강력한 왕권 중심 체제를 확립하고 정치적·사회적 안정을 이루었다. 양나라와의 문화 교류를 통해 유교적 예제도 받아들이고, 불교에 대한 이해 수준도 높였다. 이로써 백제는 중흥의 시대를 열었다. 이렇게 다져진 국력을 바탕으로 성왕은 고구려에게 빼앗긴 한강 유역의 회복을 도모하였다. 한강 유역의 회복은 왕실은 물론 남래해 온 귀족들도 꼭 이루어야 할 염원이었다.

이 과업은 강대한 고구려를 상대하는 것이기 때문에 백제의 힘만으로는 이루기 어려웠다. 540년에 성왕이 장군 연회燕會를 보내 고구려의 우산성을 공격하였다가 실패한 것이 이를 보여 준다. 따라서 신라와 가야로부터 군사적 지원을 받는 것이 필요하였다. 541년 성왕은 신라에 사신을 보내 화친을 요청하였고 신라가 응함에 따라[118] 양국의 공수共守 동맹 관계는 회복되었다. 그래서 548년 성왕은 고구려가 예와 더불어 독산성을 공격해 오자 신라에 구원을 요청하였고, 진흥왕은 장군 주진朱珍으로 하여금

갑졸甲卒 3천을 거느리고 가서 도와주게 하였다.[119]

백제와 가야의 관계는 무령왕이 섬진강 유역으로 진출하여 기문, 대사 지역 등을 차지한 후 군령과 성주를 설치함에 따라 갈등 관계에 있었다.[120] 대가야는 백제에 대응하기 위해 522년에 신라에 결혼을 제안하였고,[121] 신라 법흥왕이 이찬 비조부의 누이를 시집보냄에[122] 따라 대가야와 신라 사이에 결혼 동맹이 맺어졌다. 신라와 손잡은 대가야는 백제에 대해 군령 과 성주의 철수를 요청하였다. 그러나 성왕은 강적 고구려에 대항하기 위 해, 또 신라가 멸망시킨 남가라, 탁순, 탁기탄 등 3국을 복건하기 위해 군 령과 성주를 그대로 둘 수밖에 없다고 하면서 거절하였다. 이로 말미암아 두 나라 사이의 갈등은 쉽게 조정되지 않았다.

이러한 갈등 관계를 조절하기 위해 성왕은 541년에 가야제국의 수장들 과 사비에서 회합하였다. 이를 '사비회의'라 부른다. 의제는 신라에 의해 멸망한 남가라, 탁순, 탁기탄의 복건이었다. 이 회의에 참여한 가라국, 안 라국, 사이기국 등 8국의 대표는 성왕이 제시한 남가라 등의 복건 대책을 따르기로 하였지만 군령과 성주의 철수 문제는 성왕이 거절함에 따라 합의 를 이루지 못하였다. 이에 성왕은 544년 11월에 2차 사비회의를 열었다.

성왕은 3국을 재건해야 한다는 명분을 강조하면서 세 가지 안案을[123] 제 시하였다. 첫째, 신라와 안라의 국경선이 되는 대강수大江水(낙동강)가에 6 성을 쌓고 이곳에 백제 군대를 주둔시켜 신라의 압박을 막는다는 것이다.

---

119 『삼국사기』 권제26 백제본기 제4 성왕 26년조.
120 『일본서기』 권19 흠명기 4년조의 "冬十一月丁亥朔甲午 遣津守連詔百濟曰 在任那之下韓百 濟郡令城主 宜附日本府 …" 참조.
121 『일본서기』 권17 계체기 23년조의 "由是 加羅結儻新羅 生怨日本 加羅王娶新羅王女 遂有 兒息" 참조.
122 『삼국사기』 권제4 신라본기 제4 법흥왕 9년조의 "春三月 加耶國王遣使請婚 王以伊湌比助 夫之妹送之" 참조. 이와 동일한 내용이 『신증동국여지승람』 권29 경상도 고령현 건치연 혁조에도 나온다.
123 『일본서기』 권19 흠명기 5년조.

둘째, 강적 고구려를 막고 신라까지도 제어하기 위해서는 군령·성주는 절수할 수 없다는 것이다. 셋째, 길비신吉備臣, 하내직河內直, 이나사伊那斯, 마도麻都 등 가야제국 안에 있는 이른바 친신라 왜계 관료 세력을 몰아내야 한다는 것이다.

성왕의 강제력과 설득력이 주효하여 가야제국의 수장들은 이 제안을 받아들였다. 이로써 가야제국도 백제가 주도하는 공동 군사 작전에 참여하기로 하였다. 이어 백제는 왜에도 지원을 요청하였다. 이 요청에 응해 왜는 550년에 화살 30구具를 보냈고, 551년 3월에는 보리 종자 1천 곡斛을 보내왔다.[124] 이리하여 백제는 신라, 가야, 왜와 공동의 군사 협력 관계를 구축하게 되었다.

2. 한강 유역 회복

백제가 한강 유역을 회복하기 위한 준비를 착착 진행하고 있던 시기에 고구려는 대내외적으로 어려움에 처해 있었다. 545년 안원왕이 죽은 뒤 중부인의 추군파麤群派와 소부인의 세군파細群派가 각각 자신의 소생을 왕위에 올리려는 목적에서 왕위 계승전을 벌였다. 이 과정에서 추군파는 세군파 2천여 명을 제거하고[125] 어린 양원왕을 옹립하여 정치적 실권을 잡았다. 이 왕위 계승 분쟁으로 고구려 귀족 사회는 크게 동요하였고[126] 고구려를 이탈하는 세력도 생겨났다. 혜량법사가 "우리나라는 정치가 어지러워

---

124 『일본서기』 권19 흠명기 11년조의 "朕聞北敵强暴 故賜矢卅具 庶防一處"; 12년조의 "春三月 以麥種一千斛 賜百濟王" 참조.
125 『일본서기』 권19 흠명기 7년조의 "是歲 高麗大亂 凡鬪死者二千餘(百濟本記云 高麗以正月丙午 立中夫人子爲王 年八歲 狛王有三夫人 正夫人無子 中夫人生世子 其舅氏麤群也 小夫人生子 其舅氏細群也 及狛王疾篤 細群麤群各欲立其夫人之子 故細群死者二千餘人也)" 참조.
126 노태돈, 1999, 『고구려사 연구』, 사계절, 398~400쪽.

멸망할 날이 멀지 않았다"고[127] 하면서 고구려를 떠나 신라로 간 것이 좋은 사례이다.

한편 대외적으로 551년 9월 돌궐이 고구려의 신성과 백암성을 공격해 왔다. 돌궐은 연연蠕蠕(유연)의 피복속민으로서 알타이 산맥 서쪽 기슭에서 단철업鍛鐵業에 종사해 온 세력이다. 555년 돌궐은 연연 세력을 완전히 멸망시키고 새북塞北의 패자로 군림하였다. 그런데 시기적으로 보면 돌궐은 551년에 고구려를 직접 공격할 상황은 아니었다. 따라서 551년 돌궐의 고구려 공격은 돌궐로 표현된 어떤 새외 민족이 고구려를 공격한 것으로 보는 것이 타당할 것이다.[128] 고구려 장군 고흘古紇은 1만 명의 군대를 거느리고 가서 1천 명의 목을 베거나 포로로 잡아 왔다.[129] 고구려는 비록 돌궐 세력의 침략을 물리쳤지만 서북 방면에 대한 경계를 늦출 수 없었다. 그에 따라 남부 전선의 방어력은 상대적으로 약해졌다.

고구려가 처한 상황을 파악한 성왕은 551년에 신라, 가야군과 함께 고구려 공격에 나섰다. 백제군은 기습 공격을 단행하여 먼저 한성을 차지한 후 평양(경기도 양주)을 공격하여 6군을 빼앗았다.[130] 서울 구의동 고구려 보루 유적을 발굴한 결과 무기와 생활용품들이 그대로 남아 있었다.[131] 이는 백제의 기습을 받은 고구려군이 황급히 물러난 것을 보여 준다. 한편 거칠부와 구진仇珍 대각찬을 비롯한 8명의 장군이 거느린 신라군은 죽령

---

127 『삼국사기』 권제44 열전 제4 거칠부전의 "今我國政亂 滅亡無日 願致之貴域" 참조.

128 노태돈, 1999, 『고구려사 연구』, 사계절, 403~404쪽.

129 『삼국사기』 권제19 고구려본기 제7 양원왕 7년조의 "秋九月 突厥來圍新城 不克 移攻白巖 城 王遣將軍高紇領兵一萬 拒克之 殺獲一千餘級" 참조.

130 『일본서기』 권19 흠명기 12년조의 "是歲 百濟聖明王 親率衆及二國兵(二國謂新羅任那也) 往伐高麗 獲漢城之地 又進軍討平壤 凡六郡之地 遂復故地" 참조.

131 구의동보고서간행위원회, 1997, 『한강유역의 고구려요새―구의동유적 발굴조사 종합보고서』, 소화출판사; 최종택, 1998, 「고고학상으로 본 고구려의 한강유역진출과 백제」, 『백제연구』 28집, 충남대학교 백제연구소.

바깥, 고현高峴(철령) 이내의 10군을 차지하였다.[132] 이리하여 백제는 76년만에 잃어버린 한강 유역을 회복하였다.

II. 신라의 한강 유역 점령과 관산성 대회전

1. 나려의 연합과 신라의 한강 유역 점령

551년 삼국 연합군의 공동 군사 작전은 성공적으로 끝났다. 그러나 곧바로 백제와 신라 및 고구려 사이에 새로운 변화가 생겼다. 그 중심에 신라 진흥왕이 있었다. 이를 보여 주는 것이 다음 기사이다.

제24대 진흥왕은 즉위할 때 15세여서 태후가 섭정하였다. … 승성 3년 9월에 백제 군대가 진성에 내침해 와서 남녀 3만 9천 명을 죽이거나 사로잡고 말 8천 필을 빼앗아 갔다. ① 이보다 앞서 백제는 신라와 군대를 합하여 고구려를 정벌하려 하였다. 진흥왕이 말하기를, "나라의 흥망은 하늘에 있다. 하늘이 고구려를 싫어하지 않으면 내가 어찌 감히 바라겠느냐"하고는 이 말을 고구려에 전하였다. 고구려는 그 말에 감동하여 신라와 통호하였다. 백제가 이를 원망한 까닭에 침략해 온 것이다.[133]

승성 3년은 554년(성왕 32)이다. 밑줄 친 ①의 내용에 의하면, 승성 3년

---

132 『삼국사기』 권제44 열전 제4 거칠부전의 "百濟人先攻破平壤 居柒夫等乘勝取竹嶺以外高峴以內十郡" 참조.

133 『삼국유사』 권제1 기이 제1 진흥왕조의 "第二十四眞興王 卽位時年十五歲 太后攝政 太后乃法興王之女子 … 承聖三年九月 百濟兵來侵於珍城 掠取人男女三万九千 馬八千匹而去 先是 百濟欲與新羅合兵 謀伐高麗 眞興曰 國之興亡在天 若天未猒高麗 則我何敢望焉 乃以此言通高麗 高麗感其言 與羅通好 而百濟怨之 故來爾" 참조.

보다 앞서 한강 유역을 회복한 성왕은 신라에게 고구려를 더 밀어붙이자고 제안하였다. 성왕의 이 제안은 승리의 여세를 몰아 근초고왕과 근구수왕 대를 재현하려는 의도에서 나온 것이었다.

신라 진흥왕은 고구려 영토 깊숙이 진격하는 것이 쉽지 않을 뿐만 아니라 이 작전이 성공하였을 경우 백제의 상승하는 기운이 신라에 주는 압박이 클 것이라는 판단에서 거절하였다. 도리어 진흥왕은 고구려에 접근하여 백제의 계획을 알려 주었다. 그 배경에는 한강 하류 지역을 차지하여 중국과 직접 통교할 수 있는 항구를 확보하려는 진흥왕의 의도가 작용하였다.

신라의 이러한 접근은 고구려로서는 바람직한 것이었다. 이왕 한강 유역을 빼앗긴 상황에서 두 나라 사이를 갈라놓으면 남방 전선의 근심을 덜 수 있기 때문이다. 이렇게 이해관계가 맞아떨어져 신라와 고구려는 화호 관계를 맺었다. 『일본서기』에 "고구려와 신라가 마음을 같이하고 힘을 합치고 있다"고[134] 한 기사가 이를 말해 준다. 이후 신라와 고구려는 553년에 백제에 대해 군사적 압박을 가하였다. 예상치도 못한 압박에 성왕은 애써 점령한 한성과 평양 지역(경기도 양주)을 포기하였다.[135] 신라는 한성에 입성한 후 신주를 설치하고 아찬 김무력을 군주로 임명하였다.[136]

그 결과 신라는 한강 유역의 인적·물적 자원을 확보하였을 뿐만 아니라 중국과 직접 통교할 수 있는 해양 교통로를 확보하게 되었다. 고구려는 백제와 신라를 갈라놓음으로써 후방에 대한 군사적 압박을 덜게 되었다. 반면에 백제는 모든 것을 잃어버리고 말았다.

---

134 『일본서기』권19 흠명기 15년조의 "今狛與斯羅 同心戮力 難可成功" 참조.

135 『일본서기』권19 흠명기 13년조의 "是歲 百濟棄漢城與平壤" 참조.

136 『일본서기』권19 흠명기 13년조의 "新羅因此入居漢城 今新羅之牛頭方 尼彌方也(地名未詳)";『삼국사기』권제4 신라본기 제4 진흥왕 14년조의 "秋七月 取百濟東北鄙 置新州 以阿湌武力爲軍主" 참조.

2. 백제의 반격과 관산성 전투 패전

신라와 고구려의 압박 때문에 어쩔 수 없이 한강 유역을 포기한 성왕은 553년에 진흥왕에게 왕녀를 보냈다. 위기를 일단 면하기 위한 일종의 인적 담보물의 제공이다. 이는 당시 성왕이 느낀 위기의식이 얼마나 컸는가를 잘 보여 준다. 진흥왕은 백제와의 관계를 더 악화시키지 않는 것이 좋겠다는 계산에서 백제 왕녀를 받아들여 소비小妃로 삼았다.[137]

그러나 성왕은 필생의 숙원인 한강 유역의 회복을 쉽사리 단념할 수 없었다. 이에 성왕은 신라에 대한 공격을 준비하면서 왜에 군사 지원을 요청하였다. 왜는 백제의 요청에 응해 553년 6월에 양마 2필, 동선同船 2척, 활 50장, 화살 50구를 보내 주었다.[138] 한편 성왕은 가야제국에게도 군사 지원을 요청하여 응낙을 받았다.

이렇게 준비를 마친 성왕은 553년 신라에 대한 공격을 단행하였다. 『삼국사기』에는 이에 대해 아주 간략히 언급되어 있지만 『일본서기』에는 전투 과정이 상세히 묘사되어 있다. 553년 10월 대군을 일으킨 성왕의 아들 여창(위덕왕)은 백합야새百合野塞를 쌓은 후 먼저 고구려군을 공격하여 승리를 거두었다.[139] 고구려에 대한 공격은 신라를 공격하기 위한 전초전의 성격을 지녔다.

승세를 탄 백제는 가야 및 왜군과 연합군을 형성하여 신라 공격에 나섰다. 공격 대상은 관산성管山城(함산성函山城)이었다. 첫 공격은 동방의 방령인 물부막기무련物部莫哥武連이 거느린 군대가 맡았다. 이때 왜군도 참여

---

137 『삼국사기』 권제26 백제본기 제4 성왕 31년조의 "秋七月 新羅取東北鄙 置新州 冬十月 王女歸于新羅"; 권제4 신라본기 제4 진흥왕 14년조의 "冬十月 娶百濟王女爲小妃" 참조.
138 『일본서기』 권19 흠명기 14년조.
139 『일본서기』 권19 흠명기 14년조.

하였다. 백제군은 신라군을 격파하여 관산성을 불태워 함락하였다.[140] 백제의 대승이었다. 『삼국유사』 진흥왕조의 기사 가운데 "승성 3년에 백제가 진성珍城을 공격하여 남녀 3만 9천 명을 죽이거나 사로잡고 말 8천 필을 빼앗아 갔다"고 한 것은 이때의 일이다. 그러나 『삼국사기』에는 군주 각간 우덕于德과 이찬 탐지耽知가 거느린 신라군이 백제군을 맞아 싸웠지만 실리失利하였다고만 나온다.[141]

물부막기무련이 승리를 거두자 여창은 신라 영내로 깊숙이 들어가 공격하기로 하였다. 이때 원로대신인 기로耆老들이 반대하였다. 이들은 이 공격이 매우 위험할 것으로 판단하였던 것이다. 여창은 반대하는 기로들에 대해 "늙었구나. 왜 겁을 내는가"라고 질타하고는 직접 선봉에 나서 신라 영내로 들어가 구타모라새久陀牟羅塞를 쌓았다.[142] 신라도 대군을 동원하였다. 이때 신주 군주 김무력도 신주의 군대를 거느리고 참전하였다.

이때 성왕은 최전선에 나가 있는 아들 여창을 위문하기 위해 여창의 진지로 갔다. 성왕이 거느린 군사는 50여 보기였다. 그러나 성왕은 구천狗川에서 신라의 복병에 사로잡혀 죽임을 당하였다.[143] 신라가 성왕을 사로잡을 수 있었던 것은 왕의 동선을 미리 파악한 신라의 첩보망이 크게 작용한 것 같다. 성왕의 갑작스러운 죽음은 백제군을 혼란에 빠뜨렸다. 백제군은 좌평 4명을 비롯하여 병사 29,600명이 전사하는 큰 패배를 당하였다.[144]

---

140 『일본서기』 권19 흠명기 15년조의 "以十二月九日 遣攻斯羅 臣先遣東方領物部莫奇武連 領其方軍士 攻函山城 有至臣所將來民竹斯物部莫奇委沙奇能射火箭 蒙天皇威靈 以月九日酉時 焚城拔之"참조.

141 『삼국사기』 권제4 신라본기 제4 진흥왕 15년조의 "秋七月 … 百濟王明禯與加良 來攻管山城 軍主角干于德伊飡耽知等 逆戰失利"참조.

142 『일본서기』 권19 흠명기 15년조의 "冬十二月 … 餘昌謀伐新羅 耆老諫曰 天未與 懼禍及 餘昌曰 老矣 何怯也 我事大國 有何懼也 遂入新羅國 築久陀牟羅塞 …"참조.

143 『삼국사기』 권제26 백제본기 제4 성왕 32년조.

144 『삼국사기』 권제4 신라본기 제4 진흥왕 15년조의 "秋七月 … 新州軍主金武力 以州兵赴之 及交戰 裨將三年山郡高干都刀 急擊殺百濟王 於是 諸軍乘勝 大克之 斬佐平四人士卒二萬九千六百人 匹馬無反者"참조.

선봉장으로 나섰던 여창도 겨우 포위를 뚫고 목숨을 건질 수 있었다.[145] 이리하여 백제는 매우 피진한 상태에 빠져 버렸다.

관산성 전투 패전과 성왕의 죽음으로 한강 유역을 되찾아 근초고왕–근구수왕 대의 영광을 재현하고 국위를 떨치려던 백제의 계획은 수포로 돌아갔다. 반면에 신라는 욱일승천하는 기세를 잡았을 뿐만 아니라 중국과 직접 교통할 수 있는 해양 교두보를 확보하였다. 그 교두보가 바로 당항성(현재의 경기도 화성시 서신면)이다. 관산성 대회전의 승패는 이후 양국의 정치 정세와 장래에 큰 영향을 미치는 중요 변수로 작용하였다.

---

145 『일본서기』 권19 흠명기 15년조의 "餘昌遂見圍繞 欲出不得 士卒遑駭 不知所圖 有能射人 筑紫國造 進而彎弓占擬 射落新羅騎卒 … 由是 餘昌及諸將等 得從間道逃歸" 참조.

제3장

대성팔족의 대두와 6좌평 중심의 정치 운영

I. 위덕왕의 즉위와 대성팔족의 대두

1. 위덕왕의 즉위 연대와 공위 문제

성왕의 뒤를 이어 여창이 왕위에 올랐는데 바로 위덕왕이다. 여창은 성왕의 원자이다. 그런데 파른본 『삼국유사』 왕력 위덕왕조에는 "일명창 우명一名昌 又明"이라 하여 위덕왕의 이름은 창昌 또는 명명으로 나온다. '명明'은 성왕의 이름이기도 하여 이 기록을 그대로 따르면 아버지와 아들 이름이 같게 되며 그렇게 되면 위덕왕의 아버지가 누구인지 알 수 없게 된다. 그런데 '우명又明'의 '우又'는 글자 형태가 '부父'와 비슷하다. '우又'를 '부父'의 오기로 보면 부명父明'이 된다. 이렇게 고쳐 보면 위덕왕의 이름은 창이며 아버지는 명왕(성왕)이라는 『삼국사기』의 기록과 일치한다.

한편 『진서陳書』에는 천가天嘉 3년에 백제왕 여명餘明을 무동대장군으로 삼은 기사가 나온다.[146] 천가天嘉 3년은 562년으로 위덕왕 9년이고 여명은 성왕이다. 이 기사대로면 여명(성왕)은 562년에도 살아 있는 셈이 된다. 그러나 이 기사는 잘못된 것으로 성왕이 554년에 이미 죽은 사실을 진陳이 알지 못하고 성왕을 무동대장군으로 책봉한 것으로 보아야 한다. 따

---

146 『진서陳書』 권3 본기 제3 세조 천가 3년조의 "閏二月己酉 以百濟王餘明爲撫東大將軍 高句驪王高湯爲寧東將軍" 참조.

라서 이 기사의 여명은 여창餘昌으로 고쳐 보는 것이 타당하다.[147]

위덕왕의 즉위 시기에 대해 『삼국사기』에는 554년으로, 『일본서기』에는 557년으로 나온다.[148] 그러나 부여 능산리사지에서 출토된 〈창왕명사리감〉 명문에는 창왕 13년이 정해년(567)으로 나오므로 즉위년은 을해년(555)이 된다. 이처럼 위덕왕의 즉위 시기는 기록마다 다르다.

『삼국사기』의 기년법은 즉위 다음 달을 원년으로 하는 유월칭원법이다. 『삼국사기』와 〈사리감〉 사이에 1년의 차이가 나는 이유를 해명하는 데 단서가 되는 것이 성왕의 사망 연월일이다. 『삼국사기』에 의하면, 성왕의 사망 연월은 554년 가을 7월이다.[149] 유월칭원법에 따르면, 554년 8월은 위덕왕 즉위년이 된다. 반면에 『일본서기』 흠명기 15년조에는 성왕의 사망일은 554년 12월 9일로 나온다. 『일본서기』의 기사는 관산성 전투 과정이 상세할 뿐만 아니라 사건이 일어난 월일月日까지 나온다. 또한 『삼국유사』에 의하면, 성왕은 승성 3년(554) 9월에도 살아 있었다. 이로 미루어 성왕의 사망일은 554년 12월 9일로 보는 것이 타당하다. 이를 유월칭원법으로 정리하면 위덕왕의 즉위년은 555년 1월이 된다. 이는 〈사리감〉이 보여 주는 즉위년과 일치한다. 따라서 위덕왕의 즉위년월은 555년 1월로 보아야 한다.[150]

문제는 『일본서기』에 위덕왕의 즉위가 557년 봄 3월로 나온다는 점이다. 이는 『삼국사기』의 기록과 3년의 차이가 난다. 이로 말미암아 554년에 성왕이 죽고 557년에 위덕왕이 즉위하기까지 3년 동안 왕위가 비었다

147 양기석, 2007, 「위덕왕의 즉위와 집권세력의 변화」, 『사비도읍기의 백제』(백제문화사대계 연구총서 5), 충청남도역사문화연구원.
148 『일본서기』 권19 흠명기 18년조의 "百濟王子餘昌嗣立 是爲威德王" 참조.
149 『삼국사기』 권제26 백제본기 제4 성왕 32년 추7월조; 권제4 신라본기 제4 진흥왕 15년 추7월조.
150 이렇게 보면 『삼국사기』의 위덕왕 원년(554) 겨울 10월에 고구려가 백제의 웅천성을 공격하였다가 실패한 사건은 성왕 32년(554) 10월에 일어난 일로 고쳐 보아야 할 것이다.

는 이른바 공위설空位說이 나오게 되었다.

이 공위 기간에 대해, 관산성 전투 패전과 성왕의 전사가 백제에 준 충격과 이 패전에 태자였던 여창의 책임도 컸다는 사실을 강조하여 공위를 인정하는 견해도[151] 있고, 3년간의 공위는 귀족회의체가 위덕왕의 패전 책임을 물어 즉위를 승인하지 않고 미루다가 공식 사과를 받은 후 557년 3월에 즉위함으로써 생겨난 것으로 보는 견해도[152] 있다. 이와는 달리『일본서기』흠명기 16년(555) 8월조에 신하들이 위덕왕을 '군왕君王'으로 부르고 있는 점과 〈사리감〉에 위덕왕 원년이 555년인 점 등을 근거로 공위설은 성립될 수 없다고 보는 견해도[153] 있다.

저자도 이전에 3년의 시간 차이를 공위 시기로 보았다.[154] 그러나 여기서는 성왕의 장례 기간과 연관하여 다시 정리하고자 한다. 성왕이 전사한 554년 12월부터『일본서기』의 위덕왕의 즉위 연월인 557년 3월까지를 계산하면 27개월이 된다. 이 27개월은 〈무령왕릉묘지석〉에 보이는 왕과 왕비의 빈장殯葬 기간인 27개월과 일치한다. 즉 3년간의 공위 기간은 바로 빈장 기간으로 볼 수 있다.[155]

성왕은 신라군에 포로로 잡혀 죽었다. 장례를 치르려면 위덕왕은 신라로부터 부왕의 시신을 돌려받아야 하였다. 신라는 성왕의 몸만 예를 갖추어 백제에 돌려주고 머리는 북청 계단 아래에 묻었다.[156] 이로 말미암아 위덕왕은 머리 없는 시신으로 장례를 치를 수밖에 없었다. 머리 없는 시신으

---

151 三品彰英, 1975,『三國遺事考證 (上)』, 塙書房, 190~191쪽.

152 김주성, 2000,「성왕의 한강유역 점령과 상실」, 충남대학교 백제연구소 편,『백제사상의 전쟁』(백제연구총서 제7집), 서경문화사, 315~316쪽.

153 양기석, 2013,『백제 정치사의 전개과정』, 서경문화사, 194~195쪽.

154 노중국, 1978,『백제정치사연구―국가형성과 지배체제의 변천을 중심으로―』, 일조각, 181쪽.

155 김수태, 2004,「백제 위덕왕의 정치와 외교」,『한국인물사연구』2집, 한국인물사연구소, 152~153쪽.

156『일본서기』권19 흠명기 15년조의 "一本云 新羅留理明王頭骨 而以禮送餘骨於百濟 今新羅王埋明王骨於北廳階下 名此廳曰都堂" 참조.

로 장례를 치른다는 것은 비정상적인 일이었다. 위덕왕은 자신 때문에 부왕이 죽었다는 사실과 그 결과 비정상적인 장례를 치를 수밖에 없다는 사실로 심리적 압박을 많이 받았을 것이다. 그래서 위덕왕은 속죄하는 마음으로 빈장 기간 동안 스스로 왕이라고 생각하지 않고 장례를 마친 후 정식으로 왕위에 오른 것처럼 하지 않았을까 한다. 저자는 『일본서기』의 3년 공위 기사는 이러한 사정을 반영한 것이라고 본다.

2. 왕권의 동요

성왕이 한강 유역을 신라에게 공취당한 후 그것에 대한 보복으로 신라 정벌군을 일으키려 하였을 때 기로耆老들이 반대하였다. 기로는 『예기』 왕제王制에 의하면, '향중鄕中에서 치사致仕한 경대부卿大夫'이다. '향'은 기내의 6향으로 곧 왕도를, '치사'는 나이가 들어 관직에서 은퇴한 것을, '경대부'는 고위 관료를 말한다. 따라서 기로는 왕도에서 은퇴한 고위 관료로서 '나이가 들었으면서 현명한 사람',[157] 즉 원로귀족을 말한다. 그렇다면 백제의 기로도 유력한 원로귀족이라 할 수 있다.

기로들은 신라가 백제를 배신하고 고구려와 연계성을 맺고 있는 상황에서 신라를 공격하는 것은 무리라고 판단하여 반대한 것 같다. 반면에 왕자 여창은 신라에 대한 공격을 주장하였다. 신라 정토라는 중대한 사안을 놓고 왕·왕자와 기로(원로귀족) 사이에 의견 대립이 일어났다. 여창은 기로들의 간언을 겁먹은 행동으로 일축하고 군사를 일으켰다. 따라서 신라 정벌은 성왕 부자에 의해 강행된 것이라 할 수 있다.

이 출병은 왕과 고위 귀족은 물론 3만에 가까운 사졸이 전사하는 엄청난 패배로 끝나고 말았다. 여창도 간신히 목숨을 구해 돌아왔다. 이 패배

157 諸橋轍車, 『大漢和辭典』, 大修館書店에는 耆老를 '鄕中致仕及老而賢者'로 풀이하고 있다.

가 이후의 백제정치사 전개에 던진 파문은 컸다. 무엇보다도 위덕왕의 왕위 계승이 순조롭지 않았다. 성왕의 죽음에 대한 책임을 여창이 피할 수 없었기 때문이다. 원로귀족들은 "만약 기로의 말을 들었더라면 어찌 이런 지경에 이르렀겠느냐"라며 여창에게 책임을 추궁하였다.

이에 여창은 부왕의 명복을 빌기 위해 '출가 수도'하겠다고 선언하였다. 왕위 계승권자가 출가 수도하겠다는 것은 왕위에 오르지 않겠다는 것을 의미한다. 따라서 '출가 수도' 선언은 관산성 전투 패전 이후 복잡한 정치 상황을 해결하기 위한 여창의 승부수라고 할 수 있다.[158] 상황이 이렇게 돌아가자 원로귀족들은 "이 나라를 장차 어느 나라에 줄 것인가"라고 하면서 출가를 막고 대신 100명을 도승度僧하여 성왕의 명복을 비는 것으로 타협하였다. 이리하여 마침내 위덕왕은 왕위에 올랐다.

이처럼 위덕왕은 우여곡절을 거쳐 왕위에 올랐기 때문에 즉위 초반의 정치 운영은 기로들이 주도할 수밖에 없었다. 이는 다음과 같은 몇 가지 측면에서 짐작해 볼 수 있다. 첫째, 성왕의 명복을 빌기 위한 100명의 도승 업무는 기로들이 알아서 처리하였다. 즉위 이후의 첫 작업부터 신하들이 상의相議하여 처리하였던 것이다.

둘째, 기로들은 여창에게 "지난날의 근심이 아직 평정되지 않았는데 뒷날 큰 환란이 있으면 누구의 잘못인가", "지난날의 잘못을 뉘우치라"는 등 관산성 전투 패전의 책임을 신랄하게 추궁하였다.[159] 지난날의 잘못[前過]이란 기로의 말을 무시한 것을 말한다. 기로들의 책임 추궁의 핵심은 '앞으로는 기로의 말을 잘 들어라'는 것이다. 이는 출병 당시 여창이 기로들에 대해 "늙었구나. 어찌 겁을 내느냐"라고 질책한 것과 좋은 대조를 이룬다.

셋째, 관산성 전투에서 성왕뿐만 아니라 4명의 좌평도 전사하였다. 4명

---

158 양기석, 2013, 『백제 정치사의 전개과정』, 서경문화사, 195~197쪽.
159 『일본서기』권19 흠명기 16년조의 " … 嗟夫前慮不定 後有大患 誰之過歟 … 今此國宗 將授何國 … 縱使能用耆老之言 豈至於此 請悛前過 無勞出俗 …" 참조.

의 좌평은 성왕이 신임하는 자이면서 동시에 유력한 귀족 가문 출신자들이다. 이들의 죽음은 패전에 따른 죽음이었다. 따라서 이들이 속한 가문도 패전의 책임에서 자유로울 수 없었을 것이다.

넷째, 555년에 왜로 간 왕자 혜惠에게 왜의 소가경蘇我卿은 백제가 건방지신建邦之神의 사당을 훼철한 것을 비판하고 신궁을 수리해서 신령을 받들어 제사하도록 강력히 권하였다. 앞에서 언급한 바와 같이 성왕은 국가제의 체계 정비의 일환으로 건방지신의 사당, 즉 동명묘를 훼철하고 대신 시조 구이묘를 세웠다. 그런데 소가경은 '훼철한 사당을 다시 세우라'고 권하였다. 이는 성왕이 추진한 일련의 개혁을 원상으로 되돌리라는 의미로 해석된다.[160] 이로 말미암아 성왕의 개혁 정책은 위덕왕 즉위 이후 제대로 추진되지 못하였을 것이다.

다섯째, 관산성 전투에서 3만에 가까운 사졸의 전사는 민심을 크게 동요시켰다. 성난 민심을 달래는 방법은 대개는 패장에게 책임을 지우는 것이다. 그러나 이번 패배의 제일 큰 책임은 위덕왕 자신에게 있었다. 이렇게 볼 때 위덕왕이 출가 수도하겠다고 한 말에는 부왕의 명복을 비는 의미와 더불어 전사한 장병들의 명복도 빌겠다는 뜻도 있었다.

이처럼 성왕의 죽음과 관산성 전투 패전으로 기로 또는 제신諸臣으로 표현되는 귀족 세력들의 국정에 대한 발언권은 차츰 증대되어 갔다. 여창이 그의 출가를 반대하는 신하들의 요구를 따른 사실, 100명을 도승하는 일을 제신들에게 위임한 일, 도승 문제를 위임받은 신하들이 그 일을 '상의'하여 처리한 사실, 왕의 잘못을 적나라하게 지적하고 추궁한 사실 등이 이를 보여 준다. 귀족들의 발언권 증대는 왕권의 약화를 의미한다. 그 결과 성왕이 사비 천도를 계기로 확립하였던 왕권 중심의 정치 운영 체제는 관산성 전투 패전 이후 귀족 중심의 정치 운영 체제로 전환되어 갔다.

---

160 노중국, 2008, 「백제의 골족 의식과 골족 범위」, 『한국고대사연구』 50호, 한국고대사학회.

3. 대성팔족의 대두

(1) 대성팔족의 성립

왕권 중심의 정치 운영 체제가 귀족 중심으로 전환되어 가는 과정에서 핵심적인 귀족으로 대두된 것이 이른바 '대성팔족大姓八族'이다. 중국 사서에 나오는 대성팔족의 표기는 각 사서마다 약간씩 차이가 있지만 순서는 동일하다. 이 가운데 『통전』이 가장 정확하다고 한다.[161] 『통전』에 나오는 대성팔족은 사씨沙氏·연씨燕氏·협씨劦氏·해씨解氏·진씨眞氏·국씨國氏·목씨木氏·백씨苩氏이다.[162]

그런데 『한원』에는 국씨가 빠진 칠족七族이 나온다. 이를 근거로 '팔족이 언제나 동등의 권력을 갖고 있는 것은 아니다'라고 하면서 대성칠족의 가능성도 열어 두어야 한다는 견해도 있다.[163] 이 견해에서 가문의 수에 얽매이지 말아야 한다는 주장은 타당하다. 그러나 이는 통시대적 측면에서 보았을 때 이야기할 수 있는 것이지, 특정 시기에 한정시킬 수는 없다. 따라서 관산성 전투 패전 이후의 대성가문은 팔족으로 보는 것이 타당하다.

대성팔족이 제일 먼저 수록된 사서는 『수서』이다. 위덕왕은 수가 성립한 581년(위덕왕 28)부터 사신을 파견한 이후 수가 589년(위덕왕 36)에 '지금부터는 매년 입공하지 말라'고 당부할 정도로[164] 빈번히 사신을 파견하였다. 이렇게 사신이 빈번히 오가는 과정에서 대성팔족에 관한 정보가 수에 전해져 『수서』에 수록된 것 같다.

『수서』 백제전의 내용 구성을 보면, 백제의 건국 등을 언급한 후 개황

---

161 이홍직, 1971, 「백제인명고」, 『한국고대사의 연구』, 신구문화사, 333쪽.
162 『수서』 권81 열전 제46 동이 백제전의 貞氏와 苗氏는 眞氏와 苩氏의 오기이다.
163 村山正雄, 1974, 「百濟の大姓八族について」, 『古代の朝鮮』, 雄山閣, 79쪽.
164 『삼국사기』 권제27 백제본기 제5 위덕왕 36년조의 "下詔曰 … 自今已後 不須年別入貢 朕亦不遣使往 王宜知之" 참조.

(581~600) 초에 여창이 사신을 보낸 사실과 그를 상개부대방군공백제왕上
開府帶方郡公百濟王으로 책봉한 사실을 기록하였다. 그리고 백제의 관등제,
관제冠制, 5부-5항제, 백제의 풍속, 구이묘 제사 등을 언급하면서 대성팔
족을 기록하였다.[165] 이로 미루어 대성팔족은 늦어도 위덕왕 대에 성립한
것으로 볼 수 있다.

　남북조시대를 거쳐 오는 동안 고도의 귀족정치사회를 경험한 중국인의
눈에 비친 '대성팔족'은 당시 백제의 가장 유력한 성씨가문이었음은 물론
이다. 이 가운데 해씨, 진씨는 백제 초기부터 보이는 성씨이고, 연씨나 백
씨는 웅진 천도 이후에 비로소 등장한 성씨이다. 반면에 한성도읍기의 유
력귀족이었던 흘씨屹氏나 곤씨昆氏 등은 보이지 않는다. 이 같은 사실은
백제가 한성에서 웅진으로, 웅진에서 다시 사비로 천도하는 과정에서 그
형세를 유지한 가문도 있고, 도태된 가문, 새로이 두각을 나타낸 가문도
있었음을 보여 준다. 그 결과 대성팔족은 진씨, 해씨, 목씨 등 기성 귀족
가문과 웅진 천도 이후 두각을 나타낸 사씨, 연씨, 백씨 등 신진 귀족 가문
으로 이루어졌다.

　대성팔족의 기재 순서를 보면 사씨, 연씨 등이 앞부분을 차지하고, 해
씨와 진씨는 중간 부분에, 목씨는 뒷부분에 위치하고 있다. 사비 천도 초
기에는 성왕 21년(543)에 열린 군신회의에서 사택기루가 상좌평을, 목협
마나가 중좌평을, 목윤귀가 하좌평을 맡고 있는 것에서[166] 보듯이 사씨와
목씨가 두각을 나타내고 있다. 그러나 대성팔족에서는 목씨가 하위로 밀
려나 있다. 이는 가문의 서열에 변동이 생긴 것을 보여 준다. 이로 미루어
『수서』에 보이는 형태로 대성팔족의 서열이 정해진 것은 사비시대 후기
라고 할 수 있다.

---

165 『한원』에 인용된 『괄지지』에는 개황 중에 재위한 백제왕으로 餘昌(위덕왕), 餘宣(법왕), 餘
　　璋(무왕)을 든 후 대성팔족을 기록하고 있다.
166 『일본서기』 권19 흠명기 4년조.

　대성팔족의 서열에 변동이 일어난 가장 큰 배경은 관산성 전투 패전일 것이다. 이 패전으로 4명의 좌평이 전사하였고 신라 정벌을 주장한 귀족들은 정치 일선에서 밀려나고 정벌을 반대한 세력들이 실권을 잡았기 때문이다. 이렇게 귀족 사이의 역학 관계에 변화가 일어나게 되면서 목씨 세력은 뒤로 밀린 것 같다. 따라서 『수서』의 대성팔족은 이러한 변화를 거친 이후의 상황을 보여 주는 것이다.

(2) 대성팔족의 지역적 기반

　대성팔족은 사비시대 후기의 최고 귀족 가문들이었다. 이 가문들의 세력 기반은 다음과 같이 추론해 볼 수 있다. 첫째, 사씨는 사비 천도에 적극적인 역할을 하여 최고의 귀족 가문으로 등장하였다. 의자왕 대의 인물인 대좌평 사택지적이 은퇴한 후 지내던 내지성을 사씨(사택씨)의 기반이 된 지역으로 보고, 이 지역을 충남 부여군 은산면 내지리內地里로 비정하여 은산면 일대로 본 견해가 있었다.[167] 그러나 은산면 내지리는 1914년 일제 강점기에 내대리와 지경리를 통합하여 만든 지명이어서[168] 이 견해는 성립할 수 없다. 이외에 사법명沙法名에게 주어진 작호인 '매라왕邁羅王'의 '매라'를 부여 궁남지에서 출토된 〈서부후항 목간〉의 매라와 동일 지역으로 보고 사씨 세력의 근거지를 부여와 가까운 곳에 비정한 견해,[169] 〈사택지적비〉의 내지성을 유성의 옛 명칭인 노사지성(내사지성)으로 보아 대전시 유성구 일원으로 비정하는 견해,[170] 〈사리봉영기〉의 사탁씨 왕후에 주목하여 익산과의 관련성을 강조하는 견해[171] 등이 있다.

167 홍사준, 1954, 「백제 사택지적비에 대하여」, 『역사학보』 6집, 역사학회, 256쪽.
168 한글학회, 1974, 『한국지명총람 4: 충남편(상)』, 480쪽.
169 서정석, 2002, 『백제의 성곽─웅진·사비시대를 중심으로─』, 학연문화사, 118쪽.
170 이도학, 2003, 「백제 사비 천도의 재검토」, 『동국사학』 39집, 동국사학회, 45~46쪽.
171 박현숙, 2009, 「백제 무왕의 익산 경영과 미륵사」, 『한국사학보』 36집, 고려사학회; 김주성, 2009, 「미륵사지 서탑 사리봉안기 출토에 따른 제설의 검토」, 『동국사학』 47집, 동국

그런데 『일본서기』에는 백제 멸망 후 일어난 부흥군을 지원하기 위해 파견된 왜군이 모이기로 한 곳으로 '사탁沙啄'이 나온다. 사탁은 사택沙宅과 음상사하다. 성씨는 지명에서 따오기도 한다.[172] 이로 미루어 사택씨는 사탁沙啄이란 지명과 연관시켜 볼 수 있다.

사탁의 위치에 대해 신라 6부의 하나인 사탁부와 연계시켜 신라 방면을 지칭하는 것으로 보는 견해도[173] 있지만 억측에 지나지 않는다. 한편에서는 백제 멸망 후 부흥군을 돕기 위한 왜군이 상륙한 곳이 금강 하구라는 것과 금강 하구에 위치한 충남 서천 봉선리 유적의 중요성을 감안하여 금강 하구로 보는 견해도[174] 있다. 그런데 사탁은 여러 길로 온[百道俱前] 왜군이 마지막으로 모인 곳이다. 그곳은 당연히 나당연합군의 본거지인 부여 지역이다. 따라서 사씨의 기반이 된 곳은 부여 지역으로 파악하는 것이 타당하다.[175]

둘째, 연씨의 경우, 그 근거지에 대해 온양의 주산이 연산이고, 삼근왕대의 연신이 해구와 더불어 반란을 일으켰을 때 거점이었던 대두성(충남 아산에 비정됨)과도 멀지 않다는 점에서 탕정성(예전의 온양 지역)으로 비정한 견해가 있다.[176] 이는 타당하다고 생각된다.

셋째, 해씨는 대표적인 남래 세력의 하나이다. 해씨의 근거지를 해구가

사학회.

172 비록 신라의 경우지만 阿珍浦의 노파를 阿珍義先이라 한 것(『삼국유사』 권제1 기이 제1 제4탈해왕조의 "脫解齒叱今 … 至於鷄林東下西知村阿珎浦 … 時浦邊有一嫗 名阿珍義先 乃赫居王之海尺之母"이 그 예가 된다.

173 坂本太郎 外 校注, 1967, 『日本書紀 下』, (日本古典文学大系 68), 岩波書店, 347쪽의 두주 28.

174 강종원, 2007, 「백제 사씨세력의 중앙귀족화와 재지기반」, 『백제연구』 45집, 충남대학교 백제연구소.

175 저자는 이전의 저서에서 〈사택지적비〉의 내지리를 은산면 내지리로 비정한 견해를 받아들여 사씨의 근거지를 부여로 파악하였지만(노중국, 1988, 『백제정치사연구─국가형성과 지배체제의 변천을 중심으로─』, 일조각, 186쪽) 여기서는 수정한다.

176 이기백, 1978, 「웅진시대 백제의 귀족세력」, 『백제연구』 9집, 충남대학교 백제연구소, 16~17쪽.

반란을 일으킬 때 근거지로 한 대두성으로 비정하는 견해가 있다.[177] 저자도 이전의 연구에서 이 견해를 따랐다. 그러나 대두성은 해구의 반란이 평정된 후 폐기되고 성민들은 두곡으로 사민되었다. 그렇기 때문에 대성팔족 당시 대두성을 해씨의 근거지로 볼 수는 없다. 해씨의 근거지는 미상으로 둔다.

넷째, 진씨의 경우 그 근거지에 대해 웅진 천도 이후의 한성을 직산으로 비정하면서 직산으로 보는 견해가 있다.[178] 그러나 진씨의 근거지와 관련하여 주목되는 것이 연기에서 출토된 〈계유명삼존천불비상명〉이다. 이 명문에는[179] 진씨眞氏와 진모씨眞牟氏가 나온다. 이 불비상이 만들어진 계유년은 673년(신라 문무왕 13)으로 백제가 멸망한 후 13년 밖에 되지 않아 진씨 또는 진모씨 집단은 백제 유민이라 할 수 있다. 이는 동일한 곳에서 출토된 〈계유명아미타삼존사면석상명〉에 신차身次라는 인물이 백제 관등인 달솔을 지니고 있는 것에서 입증된다.

진씨 세력을 연기 지역과 연관시켜 볼 때 주목되는 것이 세종시 송원리 고분군이다. 송원리고분군 가운데 KM-016 횡혈식석실분은 도굴되어 수촌리고분과 같은 위신품은 확인되지 않았지만 분묘 축조 기술이나 규모는 탁월하다. 토광묘에서는 금동신발도 출토되었다.[180] 그 배후로 생각되는 대규모의 생활 유적인 나성리 취락 유적은 구획주택, 구획건물, 고상건물지 등으로 구성된 지방도시의 면모를 보여 준다.[181] 이러한 사실은 연기

177 이기백, 1978,「웅진시대 백제의 귀족세력」,『백제연구』9집, 충남대학교 백제연구소, 4~5쪽.
178 이기백, 1978,「웅진시대 백제의 귀족세력」,『백제연구』9집, 충남대학교 백제연구소, 6~7쪽.
179 황수영 편저, 1981,『한국금석유문』, 일지사; 국립청주박물관, 2013,『불비상: 염원을 새기다』특별전 도록.
180 한국고고환경연구소 편, 2010,『연기 송담리·송원리유적』; 이훈, 2013,「역사시대의 세종시1(삼국~통일신라)」,『세종시, 어제, 오늘 그리고 내일』(제27회 호서고고학 학술대회).
181 박순발, 2014,「백제 한성기의 지방도시」, 한성백제박물관 편,『백제의 왕권은 어떻게 강화되었나: 한성백제의 중앙과 지방』(백제학연구총서 쟁점백제사 4), 한성백제박물관.

지역이 진씨(진모씨) 세력의 기반임을 방증해 준다. 진씨가 이 지역을 세력 기반으로 한 시기는 한성 말기로 추정되고 있다.[182]

다섯째, 국씨의 경우, 사비 천도 이후에 국수다國雖多가 보이고,[183] 611년에는 국지모國智车가 수나라에 사신으로 파견되었다.[184] 〈정림사지5층석탑명〉에는 국변성國辯成이 나온다. 그러나 그 근거지에 대해서는 자료가 없어 미상으로 둔다.

여섯째, 목씨의 경우, 그 근거지를 추론하는 데 단서가 되는 것이 『일본서기』 황극기의 "구마나리久麻那利를 임나국 하치호리현下哆呼唎縣의 별읍別邑"이라고 한 기사이다.[185] 구마나리는 웅진 지역이고 하치호리현은 임나국과 연관되어 있다. 앞에서 언급한 바와 같이 목라근자는 근초고왕 때 가야 7국을 평정한 공로로 하치호리현의 구마나리 지역을 식읍으로 받았다. 이리하여 구마나리는 목씨의 세력 기반의 하나가 되었다. 따라서 4세기 후반에서 5세기에 걸쳐 만들어진 금동신발, 장식대도, 금동관, 금제이식, 중국제 자기 등 위신품과 귀중품이 다수 출토된 공주시 수촌리고분군 지역을 목씨 세력의 기반으로 볼 수 있다.

일곱째, 협씨의 경우, 목협씨에서 목씨가 분지화되면서 생겨났다. 541년 군신회의 때 중좌평 목윤귀와 하좌평 목협마나, 달솔 목협매순이 참석하고 있는데 이는 목협씨, 즉 협씨와 목씨가 늦어도 사비도읍기 초기에 이미 분지된 것을 보여 준다.[186] 그러나 협씨의 세력 기반이 어디인지는 알 수 없다.

여덟째, 백씨는 웅진 천도 이후 등장한 신진 세력의 하나이다. 백씨 출

---

182 강종원, 2012, 「백제시대 연기지역의 재지세력과 진씨」, 성주탁 교수 추모논총간행위원회 편, 『백제와 주변세계』, 진인진.
183 『일본서기』 권19 흠명기 4년조.
184 『삼국사기』 권제27 백제본기 제5 무왕 12년조.
185 『일본서기』 권14 웅략기 21년조의 "春三月 天皇聞百濟爲高麗所破 以久麻那利賜汶洲王 … (日本舊記云 … 久麻那利者任那國下哆呼唎縣之別邑也)" 참조.
186 노중국, 2010, 『백제사회사상사』, 지식산업사, 199~201쪽.

신으로 대표적인 인물이 백가苩加이다. 백씨의 '백苩'은 웅진 지역을 흐르는 강인 '백강白江'의 '백'과 음운이 상통한다. 백강은 웅진강이라고도 하였다. 따라서 백씨는 웅진 지역과 연관시켜 볼 수 있다.[187] 이를 토대로 백씨의 근거지를 수촌리고분군과 연관 짓는 견해도 있지만[188] 백씨 세력은 한성도읍기에는 지방의 재지 세력일 뿐이어서 금동관과 같은 위신품은 부장할 수 없었다. 따라서 수촌리 지역을 백씨의 세력 근거지로 볼 수 없다. 백씨 세력의 근거지는 미상으로 둔다.

Ⅱ. 6좌평 중심의 정치 운영

1. 6좌평의 구성 원리

554년 성왕이 관산성 전투에서 패사하고 위덕왕이 우여곡절을 겪으면서 즉위한 후의 백제의 정치 운영 모습은 좌평제의 변화에서 살펴볼 수 있다. 사비 천도 초기에 좌평의 정원은 5명으로 그 명칭은 상좌평, 중좌평, 하좌평, 전좌평, 후좌평이었다. 5좌평은 왕도 5부의 대표로 충원되었다. 이들은 특정한 직사가 없이 중요한 국사를 함께 논의하고 결정하였다.

사비도읍기 후기에 오면 좌평의 정원은 6명이 되었다. 이를 6좌평이라 한다. 그 명칭은 내신좌평, 내두좌평, 내법좌평, 위사좌평, 조정좌평, 병관좌평이다. 내신좌평은 왕명 선납의 일을, 내두좌평은 재정 업무를, 내법좌평은 의례 관계 업무를, 위사좌평은 왕궁 숙위 업무를, 조정좌평은 형옥

---

187 이기백, 1978, 「웅진시대 백제의 귀족세력」, 『백제연구』 9집, 충남대학교 백제연구소, 9~10쪽.

188 강종원, 2005, 「수촌리 백제고분군 조영세력 검토」, 『백제연구』 42집, 충남대학교 백제연구소.

관련 업무를, 병관좌평은 병마 관계 업무를 맡았다.[189]

6좌평제는 인원수나 명칭에서 5좌평제와 직접 연계되지 않는다. 5좌평은 구체적인 직사가 없지만 6좌평은 각각의 직사가 있다. 따라서 6좌평과 5좌평은 최고귀족회의체의 구성원이라는 점은 공통이지만 구성 원리를 달리하였을 가능성이 크다.

6좌평의 구성 원리에 대해 종래의 연구에서는 당의 육전 조직과 연관시켜 이해해 왔다. 당의 육전 조직은 3성省-6부部로 이루어졌다. 3성은 상서성, 중서성, 문하성을 말한다. 6부는 이부, 호부, 예부, 병부, 형부, 공부로서 상서성에 속하였다. 이부는 문관의 임명·면직·상벌 등의 인사를, 호부는 재정 전반을, 예부는 예의·제사·학교 및 대외 관계 업무를, 병부는 군사와 무관의 인사를, 형부는 사법에 관한 일을, 공부는 토목사업 관련 일을 맡았다.

6좌평을 6부와 연결시킨 데에는 '6'이라는 숫자의 일치와 직사의 유사성이 일정한 작용을 하였다. 그러나 당의 6부는 국사를 결정하는 기구가 아니라 중서성이나 문하성에서 결정한 사항을 집행하는 기구였다. 백제의 6좌평은 최고의결기구로 당의 6부와는 성격을 달리한다. 따라서 6좌평의 조직 원리를 당의 육전 조직과 연관시킬 수 없다.[190]

6좌평의 구성 원리를 규명함에 『주례』6관六官이 주목된다. 6관은 천관天官, 지관地官, 춘관春官, 하관夏官, 추관秋官, 동관冬官을 말한다. 천관의 장인 총재는 6경卿의 우두머리로서 정치[方治]를 관장하여 왕의 천하 통치를 보좌하였다. 지관의 장인 대사도大司徒는 토지, 교육, 부세 등을 관장하

---

189 『구당서』권199 상 열전 제149 상 동이 백제전의 "所置内官曰 内臣佐平掌宣納事 内頭佐平掌庫藏事 内法佐平掌禮儀事 衛士佐平掌宿衛兵事 朝廷佐平掌刑獄事 兵官佐平掌在外兵馬事" 참조.

190 저자도 1988년 발간한 『백제정치사연구─국가형성과 지배체제의 변천을 중심으로─』(일조각, 188쪽)에서 6좌평을 3성 6부와 연계시켜 보았지만 여기서는 수정한다.

였다. 춘관의 장인 종백宗伯은 종묘제례 등을 관장하여 방국을 화합시키는 것을 도왔다. 하관의 장인 대사마大司馬는 군정을 관장하고 군대를 거느려 방국을 평안하게 하는 것을 도왔다. 추관의 장인 사구司寇는 옥송과 형벌 등의 업무를 관장하여 형벌의 내림을 도왔다. 동관 고공기考工器는 각종 제작에 관한 일을 맡았다.

6좌평의 직사를 6관의 직사와 비교해 보면 천관 총재의 직사는 내신좌평의 직사와, 지관의 직사는 내두좌평의 직사와, 춘관의 직사는 내법좌평의 직사와, 하관의 직사는 병관좌평의 직사와, 추관의 직사는 조정좌평의 직사와 대응된다. 다만 제작 업무를 맡은 동관의 직사와 연결되는 좌평은 없다.

이처럼 백제의 6좌평제와 『주례』 6관이 잘 대응되고 있다. 그 배경에는 위덕왕의 주례주의 입장이 작용하였다. 위덕왕의 주례주의 입장은 성왕이 삼례(『주례』, 『예기』, 『의례』)에 밝은 강례박사 육후를 모셔와 체제 정비를 해나간 것이 토대가 되었다. 이 토대 위에서 위덕왕은 『주례』에 입각하여 정치조직을 만든 북주의 제도를 받아들였다.[191] 그렇다면 6좌평제도 『주례』 6관을 본으로 하여 만들어진 것으로 볼 수 있다.[192] 다만 제작 업무를 맡은 동관의 직사 대신 왕궁 숙위를 맡은 위사좌평의 직사를 둔 것은 백제적 변용이라 하겠다. 위사좌평의 직사는 6관에서는 보이지 않기 때문이다.

2. 6좌평제의 운영

(1) 4부와의 관계

6좌평의 직무는 매우 구체적이다. 따라서 그 직무의 수행은 22부와의

---

191 이기동, 1996, 『백제사연구』, 일조각, 171~180쪽; 양기석, 2003, 「백제 위덕왕대의 대외관계—대중관계를 중심으로」, 『선사와 고대』 19집, 한국고대학회, 5쪽.

192 黑田達也, 1985, 「百濟の中央官制についての一試論」, 『社會科學研究』 10輯, 社會科學研究會, 32~35쪽.

연계성 속에서 살펴보아야 한다. 22부는 외관 10부와 내관 12부로 이루어졌다. 외관 10부는 일반 서정을 맡은 집행 기구이다. 이 가운데 주목되는 것이 사군부, 사도부, 사공부, 사구부의 4부이다. 뒤의 세 부는 『주례』나 『서경』 주관周官에 나오는 사도, 사공, 사구와 명칭도 동일하고 직사도 동일하다. 사군부의 '사군'은 『주례』의 사마와 뜻이 매우 유사하므로 직사도 동일하다고 할 수 있다. 따라서 이 4부는 『주례』 6관을 토대로 만들어졌다고 할 수 있다. 이는 6좌평제가 『주례』에 기반을 둔 것과 동일하다. 그렇지만 4부의 명칭은 『주례』의 관명을 그대로 차용한 반면에, 6좌평은 백제 고유의 관명인 것이 다르다. 이는 백제가 『주례』 6관 조직을 백제적으로 변용하여 6좌평제를 만든 것을 보여 준다.

여기서 정리해야 할 것은 6좌평과 4부와의 관계이다. 4부 가운데 사군부는 군사 관련 업무를, 사도부는 교육과 의례 업무를, 사공부는 토목과 재정 업무를, 사구부는 형벌 업무를 담당하였다. 이 업무는 6좌평 가운데 병관좌평, 내법좌평, 내두좌평, 조정좌평의 업무와 일치한다.

사군부 등 4부를 포함한 22부는 성왕의 사비 천도와 함께 만들어졌다. 이 22부는 왕명을 받아 집행하는 기구로 왕권 중심의 정치 운영을 뒷받침하였다. 당시 좌평의 원수는 5명이었고 각각의 직사는 없었다. 그에 따라 5좌평의 정치적 위상은 약화되어 있었다.

반면에 6좌평은 관산성 전투 패전으로 성왕이 전사한 이후 만들어졌다. 이 시기에 정치 운영은 대성팔족으로 대표되는 실권귀족들이 주도하고 있었다. 이 실권귀족들이 6좌평에 임명되었다. 이에 실권귀족들은 정치 운영에서 자신들의 입지를 보다 확실히 하기 위해 6좌평 각각에 직사를 부여하였다. 그 직사는 군사 관련 업무, 의례 관련 업무, 재정 관련 업무, 형옥 관련 업무 등 국가 운영에서 핵심적인 것이었다.

직사를 부여함으로써 6좌평은 회의를 통해 중요 국사를 의논하고 결정하면서 동시에 각각의 직사에 따라 이를 집행하는 것을 감독할 수 있게 되었다. 그 결과 6좌평의 직사와 4부의 직사가 겹치게 되지 않았을까 한다.

이렇게 보면 천관 총재에 해당하는 내신좌평은 6좌평 업무의 전체를 총괄하였고, 위사좌평을 제외한 나머지 네 좌평은 각각 그 직사에 따라 병관좌평은 사군부를, 내법좌평은 사도부를, 조정좌평은 사구부를, 내두좌평은 사공부를 관할하였다고 할 수 있다. 그리고 위사좌평은 왕궁 숙위 업무를 관장하였다. 이처럼 위덕왕 대에는 6좌평이 정치 운영을 주도하였다. 따라서 이를 '6좌평 중심 체제'라고 할 수 있다.[193]

(2) 6좌평의 선출

백제의 6좌평제는 귀족회의 중에서도 최고귀족회의체였다. 6좌평제는 신라의 6대신회의체와 고구려의 5관회의체에 대응된다.[194] 6대신회의체는 6명의 유력한 대신이 네 곳의 신성한 장소[四靈地]에 모여 중요 국사를 논의하였다.[195] 5관회의체는 대대로에서 조의두대형에 이르기까지의 5관官으로 구성되었으며 국사를 관장하였다.[196] 그러나 6좌평은 각각 분담하는 직사가 있었다. 이것이 6대신회의체나 5관회의체와는 다른 점이다.

6좌평의 선임 방법은 정사암 고사에서 살펴볼 수 있다. 여기에는 재상 선출과 관련한 내용이 나온다. 재상은 재보·재신·재추·대신·상공이라고도 하였다. 어원적으로 '재宰'는 요리를 하는 자, '상相'은 보행을 돕는 자를 일컫는 말이었지만 진秦 이래 최고행정관을 뜻하였다.

193 노중국, 1981, 「사비시대 백제지배체제의 변천」, 한우근박사정년기념사학논총간행준비위원회 편, 『한우근박사정년기념사학논총』, 지식산업사, 67~68쪽.
194 노중국, 1979, 「고구려 국상고—초기의 정치체제와 관련하여—(하)」, 『한국학보』 제5권 4호, 일지사, 22~23쪽.
195 『삼국유사』 권제1 기이 제1 진덕왕조의 "新羅有四靈地 將議大事 則大臣必會其地謀之 則其事必成 一曰東青松山 二曰南亐知山 三曰西皮田 四曰北金剛山" 참조.
196 『한원』 번이부 고려조에 인용된 『고려기』 참조.

재상은 복수였다. 중국의 경우 진秦과 전한前漢에서는 승상·태위·어사대부의 3공三公을 재상으로 불렀고, 후한 이후에는 사도·태위·승상·상서령·동중서문하평장사·중서령·내각대학사 등을 재상으로 불렀다.[197] 신라의 경우, 통일기에는 상대등·병부령·시중 등을 재상으로 불렀다.[198] 고려의 경우, 외면적으로는 종2품 이상의 모든 관직자를 재상이라 하였지만 실제로는 중서문하성의 시중 이하 5직 8인과 중추원의 판사 이하 7직 9인을 재상이라 하였다.[199] 그렇다면 6좌평도 재상이라 할 수 있다.

정사암 고사에 의하면, "재상을 뽑을 때 마땅히 뽑아야 할 3~4명의 이름을 써서 함에 봉한 후 바위 위에 놓아 두었다가 열어 보아 이름 위에 인적印跡이 있는 자를 재상으로 삼았다"고 한다.[200] '마땅히 뽑아야 할 3~4명의 이름을 써서 함에 봉하였다'는 것은 사전에 조율된 것을 의미한다. '이름 위에 인적印跡이 있는 자를 재상으로 삼았다'는 것은 일정한 의례 절차를 거침으로써 선출된 사람에게 신성성을 부여하는 의미를 가진다. 이는 6좌평이 왕의 직권에 의해 임명된 것이 아니라 귀족들의 합의에 의해 선거되었으며 국왕은 선출된 자를 추인하는 형식적인 절차만 행하였음을 보여 준다. 고구려에서 귀족들 가운데 힘 있는 자가 스스로 귀족회의 의장인 대대로에 취임하여 '왕의 서치署置를 거치지 않았다'는 것이[201] 이를 방증해 준다.

재상 선출 등 중요 국사가 논의된 정사암은 신성한 장소라고 할 수 있다.

---

197 日中民族科學硏究所編, 1980, 『中國歷代職官辭典』, 圖書刊行會.
198 이인철, 1993, 『신라정치제도사연구』, 일지사.
199 변태섭, 1967, 「고려재상고: 삼성의 권력관계를 중심으로」, 『역사학보』 35·36합집, 역사학회.
200 『삼국유사』 권제2 기이 제2, 남부여 전백제 북부여조의 "又虎嵓寺有政事嵓 國家将議宰相 則書當選者名 或三四 函封置嵓上 湏臾取看 名上有印跡者爲相" 참조.
201 『주서』 권49 열전 제41 이역 상 고려전의 "其大對盧則以彊弱相陵奪 而自爲之 不由王之署置也" 참조. 동일한 내용이 『한원』 번이부 고려조에도 나온다.

신라의 경우 이 기능을 한 장소를 사령지四靈地라 불렀다. 신성한 장소에서 논의되고 결정된 사항들에는 권위와 신성성이 부여되어 국왕도 함부로 하지 못하였다. 이 또한 이 시기의 정치 운영이 실권귀족 중심으로 이루어졌음을 보여 준다.

Ⅲ. 위덕왕과 법왕의 개혁 정치

1. 위덕왕의 개혁 정치와 한계

(1) 위덕왕의 개혁 정치

관산성 전투 패전 이후 즉위한 위덕왕 초기에는 대성팔족이 정치 운영을 좌지우지하였다. 이로 말미암아 왕권은 매우 미약하였다. 그러나 위덕왕은 재위 10년을 전후하여 왕권 강화를 위한 노력을 시도하였다. 이와 관련하여 몇 가지 사항이 주목된다.

첫째, 사찰 창건을 통해 왕권 강화를 시도하였다. 위덕왕이 세운 사찰은 현재 두 사찰이 확인되고 있다. 하나는 능산리폐사지이다. 발굴 결과 이 사찰은 중문-목탑-금당-강당과 공방으로 이루어졌음이 밝혀졌다.[202] 목탑지에서 출토된 〈창왕명석조사리감〉에는 창왕 13년(567)에 매형妹兄공주가 사리를 공양하였다는 내용이 새겨져 있다. 비록 명문에 사찰 이름은 없지만 바로 옆에 성왕의 능묘를 비롯한 왕실 무덤이 위치하고 있어 부왕의 명복을 비는 일을 맡은 능사陵寺로 볼 수 있다.[203] 사리를 공양한 사람은

---

202 국립부여박물관 편, 2000, 『능사─부여 능산리사지발굴조사 진전보고서』(국립부여박물관 유적조사보고서 제8책).
203 신광섭, 2003, 「능산리사지 발굴조사와 가람의 특징」, 국립부여박물관 편, 『백제금동대향로와 고대동아세아』(백제금동대향로발견 10주년 기념 국제학술심포지엄), 국립부여박물

왕의 누이이다. 이를 통해 성왕에게는 진흥왕의 소비로 보낸 딸 외에 또 한 명의 딸이 있음을 알 수 있다.

능사는 단순히 선왕의 명복을 비는 사찰로만 생각할 수 없다. 위덕왕의 입장에서는 성왕이 이루고자 한 뜻을 받드는 것이 중요하였다. 성왕의 뜻 은 '유불병치儒佛竝治'를 통해 삼교(유교, 불교, 도교)가 공존하고 상호 보완 하는 이상세계를 구현하여 강력한 왕권을 확립하는 것이었다. 그래서 위 덕왕은 능사 창건을 계기로 관산성 전투 패전으로 미약해진 왕권을 회복 하여 성왕의 이상을 실현하려고 한 것 같다.[204]

다른 하나는 왕흥사지에서 확인된 사찰이다. 2007년 왕흥사지 발굴 과 정에서 목탑지에서 청동제 사리합이 출토되었다. 이 합 안에는 은제병이, 은제병 안에는 금제병이 있었다. 사리합에 새겨진 명문에 의하면, 577년 창왕(위덕왕)이 죽은 아들을 위해 절을 세우고 사리를 봉안하였다.[205] 이 절 은 아들의 명복을 비는 원찰이었다. 그러나 사찰 이름은 명문에 나오지 않 아 알 수 없다. 이 아들이 위덕왕의 몇째 아들인지 또 어떻게 죽었는지 알 수 없다. 그렇지만 왕이 원찰을 세워 명복을 빈 것에서 미루어 다음 왕위 계승자였거나 원찰을 세워 줄 정도로 아꼈던 아들일 것이다.

위덕왕이 이 사리를 봉안한 2월 15일은 석가모니의 열반일인 동시에 미 륵보살이 열반한 이후 도솔천에 왕생한 뜻 깊은 날이다.[206] 이날에 사리를 봉안한 것은 위덕왕이 표면적으로는 아들의 명복을 빈다는 명목을 내세웠 지만 이면적으로 원찰의 건립을 통해 다시 한 번 왕권 강화를 도모하지 않 았을까 한다.[207]

관, 48~49쪽.
204 양기석, 2007, 「위덕왕의 즉위와 집권세력의 변화」, 『사비도읍기의 백제』 (백제문화사대계 연구총서 5), 충청남도역사문화연구원.
205 '사리합명문'의 "丁酉年二月十五日 百濟王昌爲亡王子立刹 本舍利二枚 葬時神化爲三" 참조.
206 길기태, 2009, 「왕흥사지 사리함 명문을 통해 본 백제불교」, 『한국사시민강좌』 44, 일조각.
207 양기석, 2009, 「백제 왕흥사의 창건과 변천」, 『백제문화』 41집, 공주대학교 백제문화연구소.

둘째, 금동대향로에 새겨진 다양한 조각이 보여 주는 사상이다. 금동대향로는 능사의 공방지 수조水槽에서 출토되었다. 이 향로는 성왕의 명복을 비는 불사에 사용된 향로이다. 향로에 새겨진 조각 가운데 몸체의 연화문과 용 조각 받침대는 불교 사상을, 덮개에 새겨진 기이한 짐승과 악기를 든 인물상들은 도가사상을 보여 준다. 뚜껑 손잡이 역할을 하는 봉황과 봉황이 딛고 선 보주 아래의 봉우리 및 덮개에 새겨진 산들은 삼산-오악-제산을 상징하는 것으로 유가적인 산천 제의를 보여 준다.

이 조각에는 유·불·도교 삼교가 모두 포함되어 있다. 향로에 새겨진 조각들이 가지는 의미와 사상은 향로를 만든 위덕왕의 사상이기도 하지만 이 향로가 성왕의 명복을 빌기 위한 도구라는 점에서 성왕의 사상을 표현한 것이기도 하다. 위덕왕은 성왕이 추구한 삼교를 포함하는 이상 세계를 이루려는 뜻에서 이 향로를 만들지 않았을까 한다.[208]

셋째, 역사서의 편찬이다. 720년에 만들어진 『일본서기』에는 『백제기百濟記』, 『백제신찬百濟新撰』, 『백제본기百濟本記』 등 백제 사서들이 세주로 인용되어 있다. 이를 '백제삼서百濟三書'라고 한다. 『백제기』에는 한성시대의 기사가, 『백제신찬』에는 웅진시대의 기사가, 『백제본기』에는 사비시대의 기사가 집중 인용되어 있다.[209] 삼서의 내용 중에는 『일본서기』 편찬자들이 왜를 귀국으로 표현하고, 사신 파견을 조공사로 표현하는 것과 같은 왜곡·윤색한 부분이 적지 않지만 이런 부분들을 제외하면 이 사서들에 실린 기사들은 백제사의 복원에 유용하게 사용할 수 있다.

삼서의 편찬 시기는 분명하지 않지만 『백제본기』에는 성왕의 활동이 집

---

208 노중국, 2010, 『백제사회사상사』, 지식산업사, 550~559쪽.

209 백제삼서에 대해서는 이근우, 1994, 「『일본서기』에 인용된 백제삼서에 관한 연구」, 한국정신문화연구원 한국학대학원 박사학위논문; 박재용, 2009, 「『일본서기』의 편찬과 백제 관련 문헌 연구」, 한국교원대학교 대학원 박사학위논문; 仁藤敦史, 2015, 「『日本書紀』編纂史料としての百濟三書」, 『國立歷史民俗博物館研究報告』 第194集, 國立歷史民俗博物館 참조.

중적으로 나온다. 가야 지역을 점령한 후 설치한 군령과 성주를 그대로 존치시킨 것, 두 번에 걸쳐 가야제국의 대표들을 불러 모아 이른바 '사비회의'를 개최한 것, 백제를 중심으로 하여 가야제국과 부형-자제 관계를 맺은 것, 백제가 고구려와 신라에 대항하는 중심 세력이라는 것 등이다. 이러한 기사들은 위덕왕이 사서의 편찬을 통해 왕실의 권위를 높이고, 성왕이 이루고자 한 이상을 달성하겠다는 염원을 표현한 것으로 보인다.

넷째, 주례주의의 채용이다. 위덕왕 즉위를 전후하여 남조는 양에서 진陳(557~589)으로 바뀌었고, 북조는 북위의 분열로 성립한 서위와 동위가 각각 북주(557~581)와 북제(550~577)로 바뀌었다. 위덕왕 이전에 백제는 주로 남조와 교섭·교류를 하였다. 그러나 위덕왕 대에는 남조 양梁이나 진陳뿐만 아니라 북조의 북제, 북주와도 교섭하였다. 이 시기의 북주는 『주례』에 기초해서 옛 주나라의 국호를 사용하고 『주례』에 따라 관제官制를 만들고 부병제府兵制를 실시하였다. 위덕왕은 북주와의 교섭과 교류를 통해 주례주의적 개혁 정치를 받아들여 제도를 정비하였다.

(2) 개혁 정치의 한계

성왕을 추모하는 사업을 통해 귀족들을 견제하여 왕권 강화를 이루려 한 위덕왕의 개혁 정치는 재위 후반기에 들어오면서 한계에 부딪혔다. 이를 짐작하게 하는 것이 위덕왕이 44년(597)에 왕자 아좌를 왜로 보낸 사건이다.[210] 이때 위덕왕의 나이는 74세였다. 그리고 이듬해에 죽었다. 결과적으로 위덕왕은 죽기 1년 전에 후계자인 아좌를 왜에 파견하였던 것이다.

아좌의 실체에 대해 위덕왕의 아들로 보는 견해 이외에 두 가지 다른 견해가 있다. 하나는 성왕의 아들로 보는 견해이다. 이 견해는 일본 북규슈 사가현佐賀縣 기시마군杵島郡 도좌신사稻佐神社의 목판의 판각서 "삼주신

---

210 『일본서기』 권22 추고기 5년조의 "夏四月丁丑朔 百濟王遣王子阿佐朝貢" 참조.

자三柱神者 백제국성(왕)동비왕자아좌내령야百濟國聖(王)同妃王子阿佐乃靈
也”를 근거로 하였다.[211] 그러나 도좌신사재흥표문稻佐神社再興表文에는 성
명왕(성왕)과 함께 도좌신사에 모셔진 아좌신阿佐神은 성왕의 아들인 혜(위
덕왕)의 처의 이름으로 나온다.[212] 이 때문에 아좌를 성왕의 아들로 단정하
기 어렵다.

다른 하나는 성왕의 셋째 아들인 성림태자로 보는 견해이다. 이 견해는
성림태자의 일본 입국 연대가 아좌의 일본 입국 연대와 비슷하다는 사실
등에 근거한 것이다.[213] 그러나 동일 인물을 한편에서는 성림으로, 다른 한
편에서는 아좌로 표현한 것은 자연스럽지 않아 받아들일 수 없다.

도좌신사는 대동大同 2년(807)에 세워졌으므로 아좌의 실체와 관련한 자
료는 현재로서는 『일본서기』가 가장 빠르다. 따라서 아좌의 실체는 『일본
서기』의 기사를 중심으로 살펴보아야 한다. 『일본서기』에 의하면, 현왕의
아들은 ‘왕자’라고 한 반면에 현왕의 동생은 ‘제弟’ 또는 ‘제왕자弟王子’
라고 하였다. 의자왕의 동생의 아들 교기翹岐가 ‘제왕자아교기弟王子兒翹
岐’로 나오는 것, 개로왕의 동생 곤지에 ‘제弟’가 붙은 것, 고구려의 경우
영류왕의 동생의 아들 보장왕을 ‘제왕자아弟王子兒’라 한 것 등이 그 예가
된다. 따라서 ‘왕자 아좌’는 위덕왕의 아들로 보는 것이 타당하다.

왕흥사지 〈사리기〉에서 보듯이 위덕왕에게는 아좌 이외에 아들이 있었

---

211 이도학, 2008, 「〈왕흥사지 사리기 명문〉분석을 통해 본 백제 위덕왕대의 정치와 불교」,
『한국사연구』 142집, 한국사연구회.

212 森錦洲, 1972, 『肥前國誌』, 靑潮社, 259쪽의 “稻佐大明神者 人王三十代欽明天皇之朝 附庸
國百濟聖明王爲新羅之寇所殺也 其世子餘昌並弟惠等數十人率妻子從族而來于我朝賴火君而
乞援兵 天皇托之火君令養之 惠爲人至孝而慈愛 抱父骨而來憑火君而埋之稻佐山之頂 時之
天皇下勅賜惠妹稻佐姬惠妻阿佐姬之名矣 … 人王三十四代推古天皇之朝 聖德太子使大連秦
河勝合祀聖明王及兩女之靈 爰建一社 是稱稻佐大明神云云” 참조. 도좌신사와 관련한 자료
는 충청남도역사문화연구원 박재용 박사의 도움을 받아 구할 수 있었다. 이 자리를 빌려
감사의 말씀을 드린다.

213 최연식, 2012, 「미륵사 창건의 역사적 배경」, 『한국사연구』 159집, 한국사연구회.

지만 577년 이전에 죽었다. 따라서 위덕왕 당시 왕위를 계승할 왕자는 아
좌뿐이었다. 다음 왕위 계승권자인 아좌를 타국으로 보낸다는 것은 예삿
일이 아니다. 더구나 이 시기 위덕왕은 노쇠한 나이였다. 실제로 위덕왕
은 이듬해에 죽었다. 이러한 사실은 위덕왕 후기에 와서 후계 구도를 둘러
싸고 지배층 내에서 심각한 갈등이 있었고 위덕왕이 후계 문제를 독단하
지 못하였음을 보여 준다. 이는 위덕왕이 재위 10년 이후 추진한 개혁 정
치가 한계에 부딪혀 정치 운영의 주도권이 다시 실권귀족들에게로 넘어간
것을 보여 준다고 하겠다.

2. 법왕의 왕권 강화 추진과 한계

(1) 혜왕의 즉위

아좌가 왜로 간 이듬해에 위덕왕이 죽자 동생 혜惠가 왕위를 이었다. 혜
왕의 이름은 계季이고 성왕의 둘째 아들이요 위덕왕의 동생이었다.[214] 따
라서 파른본 『삼국유사』 왕력에 혜왕을 위덕왕의 아들이라 한 것은 잘못
이다. 다만 왕력에서 혜왕의 다른 왕명으로 나오는 헌왕獻王은 이 자료에
만 보인다.[215] 혜왕이 즉위함으로써 왕위는 위덕왕의 직계가 아닌 방계로
이어지게 되었다.

위덕왕은 돌아가셨을 때의 나이가 75세였다. 따라서 동생 혜도 즉위할
당시 70세가 넘었을 것이다. 이렇게 나이 많은 혜가 왕이 된 것에 대해 위
덕왕의 총애를 받는 왕자의 돌연한 죽음으로 왕의 동생 혜가 권력 기반을

---

214 『삼국사기』 권제27 백제본기 제5 혜왕 즉위년조의 "惠王 諱季 明王第二子 昌王薨 卽位";
　　『일본서기』 권19 흠명기 16년조의 "春二月 百濟王子餘昌遣王子惠(王子惠者 威德王之弟
　　也)" 참조.
215 파른본 『삼국유사』 권제1 왕력 제1 백제 제28 혜왕조의 "惠王名季 一云獻王 威德子 戊午
　　立" 참조.

장악하였을 것으로 추론하고, 이때 50대의 나이에 들어선 혜왕의 아들 선
宣, 즉 뒷날의 법왕이 아버지의 즉위에 일정한 역할을 한 것으로 보는 견해
도 있다.[216] 그러나 혜왕의 즉위는 위덕왕의 제1의 왕위 계승 후보인 아들
아좌가 597년 왜로 보내진 문제와 연관시켜 살펴보아야 할 것이다.

아좌가 본국에 있을 때 어떤 역할을 하였는지는 알 수 없지만 왜로 보내
졌다는 사실에서 미루어 그는 실권귀족들과 갈등 관계에 있었다고 할 수
있다. 아마도 그는 부왕의 왕권 강화 정책을 적극 지지하였을 가능성이 크
다. 이는 실권귀족과의 충돌을 가져왔고 그 결과 아좌는 실권귀족들에 밀
려 왜로 보내지지 않았을까 한다. 위덕왕은 부득이하게 아들 아좌를 왜로
보냈지만 이 사건이 준 충격은 컸을 것이다. 이로 말미암아 연로한 위덕왕
은 이듬해에 돌아가신 것 같다.

아좌를 왜에 보낸 후 위덕왕이 돌아가실 때까지 후계 문제는 마무리되
지 못한 것 같은데 아마 집권 세력들의 이해관계가 복잡하게 얽혀 있었기
때문일 것이다. 그렇지만 왕위는 비워 둘 수 없었기 때문에 실권귀족들은
일단 나이 많은 혜를 옹립한 후 뒷마무리를 하려 한 것 같다. 여기에는 혜
왕의 나이가 많아 조종하기 쉽다는 생각도 일부 작용하였을 것이다. 이리
하여 혜가 왕위에 올랐다. 혜왕은 옹립된 왕이었기 때문에 정치 운영은 여
전히 실권을 장악하고 있던 귀족들에 의해 좌우되었다.

(2) 법왕의 왕흥사 창건과 단명

혜왕은 즉위 후 2년 만에 돌아셨다. 그는 즉위할 때 70세가 넘는 고령이
어서 자연사하였을 가능성이 크다. 혜왕이 죽은 후 장자인 법왕이 즉위하
였다. 혜왕이 20세에 결혼하여 법왕을 낳았다면 법왕은 즉위할 당시 50대

---

216 양기석, 2007, 「위덕왕의 즉위와 집권세력의 변화」, 『사비도읍기의 백제』 (백제문화사대계
　　연구총서 5), 충청남도역사문화연구원.

였을 것이다. 법왕은 혜왕이 왕위에 오름으로써 제1의 왕위 계승 후보가 되었고, 부왕이 재위 2년 만에 돌아가자 그 뒤를 이었다.

법왕의 이름은 선宣 또는 효순孝順이라 하였다. 효순은 유교적 이름이다. 이는 이름을 지어 준 혜왕이나 아들 법왕이 유교의 충효 사상을 중요시하였음을 짐작하게 한다.[217] 한편 법왕은 불교에도 깊은 관심을 가지고 있었다. 즉위 후 살생금지령을 내리면서 민가에서 기르는 매를 모두 날려 보내게 하고 어렵도구를 모두 불사르게 한 것,[218] 북악이 위치한 보령에 오합사를 창건하여 호국적 기능을 강조한 것,[219] 칠악사에 행차하여 기우제를 지낸 것[220] 등이 이를 보여 준다.

즉위 이후 법왕의 정치 운영을 보여 주는 것이 재위 2년(600)에 왕흥사를 창건하고 승려 30명을 출가시킨 사실이다.[221] 왕흥사는 충남 부여군 규암면에 위치하였다. 이는 왕흥사지에서 출토된 '王興'이 새겨진 고려시대의 기와에 의해 확인된다.

왕흥사지 목탑지에서 출토된 〈사리기〉 명문에는 577년에 위덕왕이 죽은 아들을 위해 원찰을 세웠다는 사실이 기록되어 있다. 〈사리기〉 명문을 따르면 법왕이 600년에 왕흥사를 창건하였다는 『삼국사기』의 기록은 부정되어야 한다. 그러나 문헌 기록도 무시할 수 없으므로 〈사리기〉가 보여 주는 내용과 문헌이 보여 주는 내용을 모두 살려 설명할 수 있는 방법을 모색해야 한다.

이때 주목되는 것이 원찰과 왕흥사는 위치가 똑같다는 것과 가람을 구성하는 주요 건물인 목탑, 금당, 강당이 일정한 계획 아래 같은 시기에 만

---

217 이기백, 1959, 「백제왕위 계승고」, 『역사학보』 11집, 역사학회, 16쪽.
218 『삼국사기』 권제27 백제본기 제5 법왕 즉위년조.
219 김수태, 2000, 「백제 법왕대의 불교」, 『선사와 고대』 15집, 한국고대학회, 9~12쪽; 길기태, 2006, 『백제 사비시대의 불교신앙 연구』, 서경문화사, 82~90쪽.
220 『삼국사기』 권제27 백제본기 제5 법왕 2년조의 "春正月 … 大旱 王幸漆岳寺祈雨" 참조.
221 『삼국사기』 권제27 백제본기 제5 법왕 2년조의 "春正月 創王興寺 度僧三十人" 참조.

들어졌다는 사실이다.[222] 이는 두 사찰이 동일한 사찰임을 보여 준다. 그런데 사찰 이름이 다르고, 창건 연대에 23년의 시간 차이가 있고, 창건 주체도 다른 것은 위덕왕이 577년에 세운 이름을 알 수 없는 원찰을 법왕이 600년에 왕흥사로 개칭하였기 때문일 것이다.[223]

위덕왕이 죽은 아들을 위해 지은 원찰을 법왕이 왕흥사로 바꾼 배경은 왕흥사라는 사찰 이름에서 살펴볼 수 있다. 사찰 이름에는 그 사찰이 지향하고자 하는 의미가 내포되어 있기 때문이다. '왕흥王興'에는 왕실의 흥륭과 왕권의 강화를 기원하는 의미가 들어 있다. 따라서 왕흥사라는 이름은 법왕의 왕권 강화 정책과 연관되어 있다고 할 수 있다.

그 배경은 관산성 전투 패전 이후 정치 운영이 실권귀족 중심으로 이루어진 상황이다. 법왕은 즉위 후 이러한 실권귀족 중심의 정치 운영 체제를 극복하려고 하였다. 그러기 위해서는 개혁의 중심축을 만드는 것이 필요하였다. 정치 개혁을 할 때 종종 사찰이 이용되는데, 성왕이 대통사를 지어 왕권 강화를 추진한 것과 신라의 진흥왕이 569년에 석가불을 모신 황룡사를 창건하여 왕실을 석가족으로 만들려고 한 것,[224] 양 무제가 동태사를 지어 개혁 정치를 한 것[225] 등이 그 예가 된다.

이 시기 사비도성 안에는 국가사찰로 정림사가 있었고, 동나성 밖에는 위덕왕이 부왕 성왕을 위해 세운 원찰인 능사가 있었다. 그러나 실권귀족들이 정치 운영의 주도권을 잡고 있는 상황에서 정림사는 귀족들과 연계되었을 가능성이 크다. 능사는 성왕뿐만 아니라 능산리 묘역에 묻힌 역대 왕과 왕비들의 명복을 비는 곳이어서 개혁의 중심으로 하기에는 부적절

222 왕흥사지 발굴 결과에 대한 성과는 국립부여문화재연구소, 2009, 『왕흥사지 Ⅲ—목탑지 금당지 발굴조사 보고서』(국립부여문화재연구소 학술연구총서 제52집) 참조.
223 양기석, 2009, 「백제 왕흥사의 창건과 변천」, 『백제문화』 41집, 공주대학교 백제문화연구소.
224 노중국, 2016, 「신라 흥륜사 미륵상과 황룡사 장륙존상 그리고 진흥왕과 거칠부」, 『신라문화제학술논문집』 37집, 동국대학교 신라문화연구소.
225 소현숙, 2010, 「양 무제와 동태사」, 『불교학보』 54집, 동국대학교 불교문화연구원.

하였을 것이다. 그렇다고 하여 새로운 사찰을 건립하는 것도 쉽지는 않다. 여기에는 많은 비용이 들기 때문이다.

이러한 상황에서 법왕은 위덕왕이 죽은 왕자를 위해 세운 원찰을 활용하려 한 것 같다. 이 원찰을 활용하면 위덕왕의 왕권 강화 의도를 계승하면서 동시에 위덕왕계 세력들을 끌어안을 수 있다. 또한 사찰 건립에 필요한 비용도 들지 않는다. 왕자의 명복을 빈다는 목적을 왕실의 안녕을 기원하는 것으로 바꾸면 사명寺名 개칭의 명분도 쉽게 얻을 수 있다. 이리하여 법왕은 이 원찰을 왕실의 흥륭을 기원한다는 의미를 갖는 '왕흥사'로 바꾸고 국가사찰로 삼아 개혁 정치의 중심 도량으로 삼지 않았을까 한다. 그래서 동일한 사찰이 위덕왕 대에는 원찰로, 법왕 대에는 왕흥사로 불리게 되었다.

그러나 법왕은 재위 2년 만에 돌아갔다. 그의 짧은 재위 기간은 돌아가실 때의 나이가 50대여서 자연사로 보는 견해도 있다.[226] 50대가 적은 나이는 아니지만 50대이기 때문에 자연사하였다고 보는 것은 도리어 자연스럽지 않다. 그보다는 법왕이 왕흥사를 창건하여 왕권 강화를 추진한 것이 실권귀족들과 갈등을 일으켰고 그 결과 실권귀족들에 의해 제거된 것으로 보는 것이 타당하지 않을까 한다. 그렇다면 그의 짧은 재위 기간은 법왕의 정치적 한계성을 보여 주는 것이라 하겠다.

226 박현숙, 2009, 「백제 무왕의 익산 경영과 미륵사」, 『한국사학보』 36집, 고려사학회; 양기석, 2009, 「백제 왕흥사의 창건과 변천」, 『백제문화』 41집, 공주대학교 백제문화연구소.

제7부

익산 경영과 미륵사

■1 익산 왕궁리 유적 전경과 내부 발굴 모습(익산 왕궁리유적전시관 제공)

왕궁리 궁성 유적은 무왕이 왕권 강화를 위해 익산 경영을 추진하면서 조영한 것이다. 왕궁은 담장을 두르고 그 안에 전각건물을 앞에, 후원을 뒤에 배치한 전조후원형前朝後園型 구조이다. 전각건물지의 규모는 부여 관북리의 전각건물지와 같다. 후원에서는 정원, 공방, 화장실 등이 확인되었다. 그러나 무왕 사후 이곳은 사찰로 바뀌었다.

■2 익산 미륵사지 전경(국립미륵사지유물전시관 제공)

미륵사는 무왕이 세운 국가사찰이다. 무왕은 미륵사 창건을 통해 전륜성왕을 자처하며 왕권 강화를 추구하였다. 삼탑-삼금당의 가람양식은 다른 나라에서는 볼 수 없는 독특한 구조이다. 중앙에 세워진 9층목탑은 제석사지7층목탑과 함께 무왕의 일통삼한의식을 보여 준다.

■3 복원된 익산 미륵사지 서탑(좌)과 사리봉영기 전면(우상)·후면(우하)(국립문화재연구소·국립미륵사지유물전시관 제공)

백제 당시의 모습을 간직하고 있는 미륵사지 서탑은 2018년에 해체·복원이 완료되었다. 해체 도중 나온 사리봉영기에 의해 서탑이 639년에 세워졌음이 밝혀졌다. 우리나라 최초의 목탑 양식을 따른 석탑으로 사탁씨 왕후가 무왕의 장수를 기원하며 만든 것으로 보인다. 사리봉영기에는 무왕을 '대왕폐하'로 부르고, 사탁씨 왕후가 '무육만민'하는 내용이 나온다.

제1장

무왕의 즉위와 왕비들

I. 무왕의 즉위

1. 파른본 『삼국유사』 '왕력'과 '권제2 무왕조'의 기사 검토

법왕의 뒤를 이어 무왕이 즉위하였다. 무왕은 관련된 문헌 자료와 고고학 자료가 많다. 문헌 자료로는 『삼국사기』 무왕본기, 『삼국유사』 왕력과 무왕조, 『관세음응험기』가 있다. 고고학 자료로는 부여의 궁남지, 익산의 왕궁리 유적, 미륵사지, 제석사지, 익산 쌍릉 등이 있다. 금석문 자료로는 당시에 만들어진 〈미륵사지 사리봉영기〉가 있다.

『삼국유사』의 경우, 현재 연구자들이 통상적으로 이용하는 것은 1512년(조선 중종 7)에 경주부윤 이계복李繼福에 의해 중간된 『삼국유사』, 이른바 임신본 『삼국유사』(이하 『임신본』)이다. 이보다 앞선 것이 1394년(조선 태조 3)에 간행된 것으로 추정되는 선초본 『삼국유사』이다. 선초본은 완질로 전하는 것은 없고 분책으로 여러 곳에 각각 분산·소장되어 있다. 그중 왕력과 권1, 권2를 한 권의 책으로 묶은 것이 파른본이다. 연세대학교박물관은 2017년 1월 파른본의 원문과 원문 교감문을 한 책으로 묶어 『파른본 삼국유사 교감』(이하 『파른본』)으로 공간하였다.[1]

---

[1] 파른본에 대해서는 하일식, 2016, 「해제—일연과 삼국유사 파른본의 특징—」, 『파른본 삼국유사 교감』, 연세대학교 박물관 참조.

『파른본』의 내용과 『임신본』의 내용은 거의 동일하지만 유독 눈에 띄게 다른 부분이 있다. 왕력 무왕조가 그것이다. 이를 제시하면 다음과 같다.

- 『파른본』 왕력: 第三十武王(或云武康 名璋 小名薯△ 庚申立 治四十一年)
- 『임신본』 왕력: 第三十武王(或云武康 獻丙 或小名一耆籂德 庚申立 治四十一年)

양자를 비교해 보면 무왕이 무강왕으로 불린 것과 경신년(600)에 즉위하여 41년간 재위한 것은 같다. 그러나 이름의 경우 '장璋'과 '헌병獻丙'은 완전히 다르며, 소명의 경우 '서薯△'와 '일기사덕一耆籂德'도 완전히 다르다. 『파른본』이 나오기 전까지 무왕의 이름은 '헌병'이고 어릴 때의 이름은 '일기사덕' 정도로만 생각하고 별다른 의미를 부여하지 않았다. 그러나 『파른본』의 무왕의 다른 왕명인 무강왕, 이름인 장, 소명인 '서△'는 『삼국유사』 권제2 기이 제2 무왕조의 내용과 동일하다. 권제2 무왕조에는 서동이란 이름이 '어릴 때 마를 캐다가 팔아서 생활하였기 때문에 붙여졌다'는 내용이 덧붙여져 있을 뿐이다.[2] 따라서 왕력 무왕조와 권제2 기이 제2 무왕조의 내용이 가지는 의미는 재음미해 보아야 한다.

두 자료에 나오는 '무강왕武康王'은 『삼국사기』에는 없다. 이를 근거로 일연스님은 무강왕의 존재 자체를 부정하였다. 그러나 『관세음응험기』에[3] 나오는 무광왕武廣王의 '광廣'은 '강康'과 글자 형태가 비슷하고 음운이 서로 통해 무강왕과 동일 인물로 볼 수 있다. 그리고 제석정사의 목탑이 불탄 정관 13년(629)이 무왕 30년이라는 연대에서 미루어 무광왕은 무왕임이 분명하다. 따라서 무광왕=무강왕=무왕이 된다. 무왕은 무강왕(무

---

2 『삼국유사』 권제2 기이 제2 무왕조의 "第三十武王 名璋 母寡居 築室於京師南池邊 池龍交通 而生 小名薯童 … 常掘薯蕷 賣為活業. 國人因以爲名" 참조.
3 『관세음응험기』의 "百濟武廣王 遷都枳慕蜜地 新營精舍 以貞觀十三年 歲次己亥 冬十一月 天大雷雨 逢災帝釋精舍 佛堂七級浮圖乃至廊房 一皆燒盡 …" 참조.

광왕)을 축약한 것이다. 이는 성명왕聖明王이[4] '성왕聖王' 또는 '명왕明王'으로 축약된 것과 같다.

『삼국사기』와 중국 사서에는 무왕의 이름은 장璋, 여장餘璋, 부여장扶餘璋으로 나온다. '부여'는 왕실의 성姓이고, '여장'은 '부여장'을 줄여 표기한 것이고, '장'은 이름만 표기한 것이다. 소명小名인 '서△薯△'의 △는 나무로 매운 후 글자를 새기지 않아 무슨 글자인지 알 수 없지만 권제2 무왕조에 의하면 '동童'으로, 권제3 흥법 제3 법왕금살조에 의하면 '여薯'로 추독할 수 있다. 그러면 무왕의 어릴 때 이름은 서동 또는 서여가 된다.

이처럼 무왕의 또 다른 왕명인 '무강왕'과 이름인 '장'이 다른 사료에 의해 입증됨으로써 『파른본』 왕력 무왕조와 권제2 무왕조에 나오는 소명인 '서동'도 사료로서의 신빙성이 있다고 할 수 있다. 그렇다면 서동이란 이름이 어린 시절에 마를 캐어 시장에 내다 팔아 생활하였기 때문에 붙여졌다는 유래담도 신뢰할 수 있다. 여기에서 밝혀야 할 것은 서동이란 소명이 나오게 된 배경이다. 이 문제는 무왕의 출계出系와 연관하여 해명해 보기로 한다.

2. 서동의 출계와 귀실씨

(1) 서동의 출계

무왕의 출계에 대해 『삼국사기』에는 법왕의 아들로 나온다.[5] 『삼국유사』에는 두 가지 자료가 나온다. 무왕조에는 무왕은 빈모와 지룡 사이에서 태어났으며 어린 시절 서동으로서 생활하다가 왕이 되었다고 하였고,

---

4 『일본서기』 권19 흠명기 13년조의 "百濟聖明王(更名 聖王)" 참조.
5 『삼국사기』 권제27 백제본기 제5 무왕 즉위년조의 "武王 諱璋 法王之子" 참조.

법왕금살조에는 '아버지가 기틀을 놓고 아들이 만들었다[父基子構]'는 법
왕의 아들설과 빈모와 지룡 사이에 태어났다는 설을 모두 기록하면서 법
왕의 아들설은 '『고기』의 기록과는 조금 다르다'고 하였다.[6] 여장(무왕)은
『수서』와 『한원』에는 여선(법왕)의 아들로, 『북사』에는 여창(위덕왕)의 아
들로 나온다. 내외 사서에 나오는 기사를 중심으로 무왕의 출계를 정리하
면 다음과 같다.

① 『삼국사기』 백제본기
　　　성왕聖王 ┬─ 위덕왕(창)
　　　　　　　 └─ 혜왕(계) ─ 법왕(선, 효순) ─ 무왕(장)
② 『삼국유사』 권제3 흥법 제3 법왕금살조
　　　성왕聖王 ─ 법왕(선) ─ 무왕
③ 『삼국유사』 권제2 기이 제2 무왕조 및 권제3 흥법 제3 법왕금살조의 세주
　　　지룡
　　　├─ 무왕(서동, 서어)
　　　빈모
④ 『수서』· 『한원』
　　　창(위덕왕) ─ 여선(법왕) ─ 여장(무왕)
⑤ 『북사』 백제전
　　　여창(위덕왕) ─ 여장(무왕)

　　이 표에 의하면 무왕의 출계는 법왕의 아들설, 위덕왕의 아들설, 지룡
의 아들 서동설로 나누어진다. 이 가운데 여장을 여창(위덕왕)의 아들로 본
『북사』의 기록은 여창 다음에 혜왕이, 혜왕 다음에 법왕이 왕위를 잇고 있
기 때문에 받아들일 수 없다. 이렇게 보면 무왕의 출계는 법왕의 아들이냐
아니면 지룡으로 표현된 제3의 인물의 아들이냐로 좁혀진다.

---

6 『삼국유사』 권제3 흥법 제3 법왕금살조의 "百濟第二十九主法王諱宣 … 創王興寺於時都泗沘
　城(今扶餘) 始立栽而升退 武王継統 父基子構 … (與古記所載小異 武王是貧母與池龍交而所
　生 小名薯蕷 …)" 참조.

무왕을 법왕의 아들로 보는 견해는 지룡이 빈모와 교통하여 서동을 낳았다고 하는 내용이 너무 설화적이라는 점과 무왕이 어린 시절에 서동으로서 마를 캐며 살았다는 것이 현실적이지 않다는 것에 근거하고 있다. 그러나 설화 속에는 역사적 사실이 내포되어 있다. 또 『파른본』 왕력 무왕조에 비추어 권제2 무왕조의 '소명 서동'도 신뢰할 수 있다. 이런 점을 감안할 때 무왕의 출계에 대한 해명은 무왕이 왜 어린 시절에 익산에서 서동으로 생활하였는가를 합리적으로 설명할 수 있어야 한다.

법왕의 아들설로는 서동으로서의 생활을 설명할 수 없다. 법왕의 아들이라면 서동은 왕자로서 왕궁이나 왕도에서 생활하였을 것이기 때문이다. 법왕의 서자설도 이 시기 왕의 서자는 차별 대우를 받지 않았기 때문에 서동으로서의 생활을 설명할 수 없다. 비류왕 대의 서제 우복, 아신왕 대의 서제 홍洪, 전지왕 대의 서제 여신은 내신좌평에 임명되었고, 신라 무열왕의 서자, 즉 문무왕의 서제인 차득공車得公은 총재의 지위에 올랐다는[7] 것이 그 예가 된다. 어머니가 미천한 가문 출신이라는 설도[8] 서동으로서의 생활을 설명할 수 없다. 미천한 출신의 여인이라도 왕의 총애를 받으면 궁에서 생활하였기 때문이다. 신라 소지왕이 날이군 사람인 파로波路의 딸 벽화碧花를 좋아한 후 궁중으로 데리고 온 후 별실에 두고 아들을 얻은 것과[9] 고구려 산상왕이 주통촌酒桶村 사람의 딸과 교통한 후 소비小妃로 맞

---

7 『삼국유사』 권제2 기이 제2 문호왕법민조의 "王一日 召庶弟車得公曰 汝爲冢宰 均理百官 平章四海" 참조.

8 김영태, 1975, 「특집: 백제 미륵사 조사연구; 미륵사 창건 연기설화고」, 『마한·백제문화』 1집, 원광대학교 마한·백제문화연구소, 89~90쪽; 정재윤, 2009, 「미륵사 사리봉안기를 통해 본 무왕·의자왕대의 정치적 동향」, 『한국사학보』 37집, 고려사학회, 42~43쪽; 김영심, 2013, 「사리기 명문을 통해 본 백제 사비시기 국왕과 귀족세력의 권력관계」, 『한국사연구』 163집, 한국사연구회, 11~12쪽; 남정호, 2016, 『백제 사비시대 후기의 정국 변화』, 학연문화사, 142~144쪽.

9 『삼국사기』 권제3 신라본기 제3 소지마립간 22년조.

아들였고 그 아들 교체郊彘가 왕위에 올라 동천왕이 되었다는 사실[10] 등이 이를 방증해 준다.

무왕이 법왕의 아들이 아니라는 점은 다음과 같은 자료들에 의해서도 방증이 된다. 첫째,『삼국사기』의 왕계보 가운데 이설이 있는 경우 본문보다는 이설이 더 타당하다는 점이다.『삼국사기』에 무령왕은 동성왕의 둘째 아들로 나오지만 실제는『일본서기』에 인용된『백제신찬』의 기사처럼 동성왕의 이모형異母兄이었다.『삼국사기』의 기록이 잘못인 것이다. 문주왕은『삼국사기』에는 개로왕의 아들로 나오지만『일본서기』의 기사처럼 개로왕의 동모제同母弟가 옳다. 문주왕을 개로왕의 아들이라 한『삼국사기』의 기록은 잘못이다. 그렇다면 출계에 이설이 있는 무왕도 법왕의 아들로 보기 어렵다.

둘째,『삼국유사』왕력에는 전왕과 현왕의 관계를 아들이나 동생으로 모두 표기하고 있다.[11] 그런데 왕력 무왕조에는 무왕이 법왕의 아들이라는 표기가 없다. 이는 법왕이 무왕의 아버지가 아님을 방증해 준다.

셋째, 의자왕의 아들인 부여융의 묘지명의 가계 표기에는 조祖 '장'과 부父 '의자'만 나올 뿐 법왕이 보이지 않는다. 이는 금석문에서도 마찬가지이다. 지금까지 중국에서 출토된 백제 유민의 묘지명 11사례 가운데 8개의 묘지명이 증조부터 표기하고 있지만[12] 부여융의 경우에는 증조가 표기되어 있지 않다. 이는 증조가 생략되었다고 보기 보다는 법왕이 무왕의 아버지가 아님을 방증해 주는 것이다.

넷째,『삼국유사』법왕금살조 본문의 '부기자구父基子構'는 일연스님이

---

10 『삼국사기』권제16 고구려본기 제4 산상왕 12년·13년조; 권제17 고구려본기 제5 동천왕 즉위년조의 "東川王 (或云東襄) 諱憂位居 少名郊彘 山上王之子 母酒桶村人 入爲山上小后 史失其族姓 前王十七年 立爲太子 至是嗣位 …"참조.
11 왕력 백제조에서 출자가 나오지 않는 것은 무왕 외에 개로왕이 있다.
12 충청남도·충청남도역사문화연구원 편, 2016,『(중국 출토) 백제인 묘지 집성-원문·역주 편』(해외 백제문화재 자료집I).

무왕이 법왕의 아들이라는 『삼국사기』의 기록을 토대로 『삼국사기』 법왕 2년조의 '왕흥사 창건' 기사와 무왕 35년조의 '왕흥사 완성 기사'를[13] 종합해 정리한 것이지 다른 근거가 있어서 그렇게 한 것이 아니다. 따라서 '부기자구'는 법왕의 아들설을 뒷받침해 주는 자료가 아니다.

한편 『고려사』 지리지에는 무강왕은 기자조선의 왕이며 말통대왕으로 불렸다는 기사가[14] 나온다. 이를 근거로 일연스님은 '백제에는 무강왕이 없다'는 주석을 달았다.[15] 그러나 '서동'은 '마동', '맛둥', '마통'으로 읽히며 이를 한자로 표기한 것이 '말통'이다.[16] 따라서 무왕=말통대왕은 서동이 됨에 따라 무왕(무강왕=무광왕)을 기자조선의 왕이라 한 것은 『고려사』의 부회에 지나지 않는 것이다.

서동의 출생지에 대해 설화에서는 '경사 남쪽의 못 가'로 나온다. 경사는 수도를 말하는데 당시 수도는 사비도성이었다. 따라서 서동의 출생지는 왕도 사비 부근의 큰 못 가였다. 이 못이 어디에 위치하였는지는 알 수 없다. 이와는 달리 익산에 마룡지馬龍池가 있고 말통末通대왕의 어머니가 이곳에 집을 짓고 살았다는 『신증동국여지승람』의 기사를[17] 근거로 서동의 출생지를 익산으로 보는 견해도 있다.[18] 그러나 익산은 경사 남쪽으로 보기에는 거리가 너무 멀다. 또 이곳은 서동의 어머니가 집을 짓고 산 곳일 뿐이다. 따라서 서동의 출생지는 익산이 아니다.

서동은 비록 『고기』에 지룡과 빈모의 소생이라는 설화적인 탄생으로 묘

---

13 『삼국사기』 권제27 백제본기 제5 법왕 2년조의 "春正月 創王興寺 度僧三十人"; 무왕 35년조의 "春二月 王興寺成 其寺臨水 彩餙壯麗 王每乘舟 入寺行香" 참조.
14 『고려사』 권57 지 제11 지리2 전라도 전주목 금마군조의 "又有後朝鮮武康王及妃陵(俗號末通大王陵 一云 百濟武王 小名薯童)" 참조.
15 『삼국유사』 권제2 기이 제2 무왕조의 "武王(古本作武康 非也 百濟無武康)" 참조.
16 이병도, 1976, 『한국고대사 연구』, 박영사, 541쪽.
17 『신증동국여지승람』 권33 전라도 익산군 산천조의 "馬龍池 (在五金寺南百餘步 世傳 薯童大王母築室處)" 참조.
18 김삼룡, 1977, 『익산문화권의 연구』, 원광대학교 출판부.

사되어 있지만 실제로는 법왕과는 계보를 달리하는 왕족 출신이었다. 그러나 그의 가문은 어떤 정치적 사건에 연루되어 몰락하게 되었고 그는 목숨을 구하기 위해 신분을 감추고 마를 캐며 빈한한 삶을 영위하여야 하였다. 따라서 왕위에 오르기 전까지 무왕의 삶은 서동으로서의 삶이었다고할 수 있다.

(2) 무왕과 귀실씨

서동은 왕족이었다. 연구자에 따라 서동이 빈모와 지룡의 소생이란 점을 강조하여 무왕의 혈통을 부여씨가 아닌 것으로 보는 견해도 있다.[19] 그러나 성씨가 다른 왕이 즉위한다는 것은 왕조 교체를 의미함으로 이 견해는 성립할 수 없다. 서동이 부여씨 왕족이라는 것은 그의 이름이 여장餘璋이라는 것과 그가 뒷날에 왕이 되었다는 것에서 입증된다.

그러나 모든 왕족이 수도에서 호강을 하며 사는 것은 아니다. 왕족도 정치적 음모나 반역 등에 연루되면 가산이 적몰되거나 몰락할 수 있다. 고구려의 경우 뒷날 미천왕이 된 을불乙弗이 아버지 돌고咄固가 봉상왕에 의해죽임을 당한 후 생명을 유지하기 위해 용작傭作을 하거나 소금 팔이를 한것과 비록 조선시대의 일이지만 철종도 왕이 되기 전에 강화도에서 자리를 짜며 생활한 것을 그 예로 들 수 있다. 이런 사례에서 미루어 무왕이 왕족임에도 어린 시절 서동으로 생활한 것은 그의 가문이 선대의 어느 시기에 정치적으로 밀려났거나 몰락하였기 때문일 가능성 크다. 그렇다면 무왕은 몰락 왕족의 후손으로 파악할 수 있다. 그 후 서동이 왕위에 오르게됨에 따라 서동의 아버지는 왕부王父의 지위를 갖게 되었다. 그래서 설화에서 서동의 아버지는 지룡으로 표현된 것이다. 용은 왕이나 왕에 버금가는 인물을 상징하기 때문이다.

---

19 서대석, 1985, 「백제의 신화」, 『진단학보』 60집, 진단학회, 243~246쪽.

무왕이 몰락하거나 밀려난 가문의 출신자임을 뒷받침해 주는 것이 귀실복신鬼室福信의 성인 '귀실씨鬼室氏'이다. 귀실씨의 유래에 대해 『신찬성씨록』에는 "귀신에 감화하였기 때문에 귀실씨라 하였다"라고[20] 되어 있지만 이는 귀실복신의 후손들이 왜에 거주하면서 자신의 성을 아화雅化시키면서 의미를 부여한 것일 뿐이다. 귀실이란 성은 663년에 만들어진 〈당유인원기공비〉에 보이고 있으므로 백제 당시에 이미 사용된 성이었다.

귀실복신은 무왕의 조카姪, 從子였으므로 무왕과 귀실복신의 아버지는 형제가 된다. 무왕이 법왕의 아들이 분명하다면 귀실복신의 아버지도 법왕의 아들이 되며 그의 성은 당연히 부여씨여야 한다. 그런데 실제는 귀실씨였다. 그렇다면 무왕도 왕이 되기 전에는 귀실씨였다고 보아야 한다.

귀실씨는 왕실 부여씨에서 분지해 나와 만들어진 성姓이다.[21] 귀실씨가 분지해 나온 시기를 단정하기 어려우나 그 계기로 생각해 볼 수 있는 것이 544년의 관산성 전투이다. 이 전투에서 백제는 대패하여 성왕과 4명의 좌평, 3만 명에 가까운 사졸이 전사하였다. 이 패배가 백제사회에 준 충격은 컸다. 이 과정에서 패배의 책임으로 몰락한 가문도 생겨났을 것이다. 어쩌면 서동 가문도 이 시기에 몰락한 가문의 하나였을 수도 있다. 그래서 무왕은 어린 시절에 마를 캐며 생활해야 하였던 것 같다.

문제는 똑같이 부여씨에서 분지해 나와 귀실씨를 칭하였는데도 불구하고 복신은 귀실씨로 나오는 반면에 무왕은 부여씨로 나오느냐이다. 이때 전제해 두어야 할 것은 왕의 성은 부여씨여야 한다는 점이다. 왕실의 성은 바뀔 수 없기 때문이다. 이러한 원칙에 따라 무왕은 즉위하면서 귀실씨를 버리고 본종本宗의 성씨인 부여씨를 칭하였던 것이다. 나머지 귀실씨 사람들은 귀실씨를 그대로 칭하였기 때문에 무왕의 조카인 복신은 귀실복신

---

20 『신찬성씨록』 우경제번 하 백제공조의 "百濟公 因鬼神感化之義 命氏爲鬼室" 참조.
21 노중국, 2010, 『백제사회사상사』, 지식산업사, 191~195쪽.

으로 불린 것이다. 귀실씨의 존재는 무왕이 법왕의 아들이 아님을 보여 주
는 또 하나의 증거가 된다.

3. 서동의 즉위: 무왕

몰락 왕족으로 익산 지역에서 마를 캐며 살던 서동은 법왕이 죽은 후 왕
위에 올랐다. 이가 무왕이다. 서동이 왕이 될 수 있었던 것은 당시의 정치
적 상황과 분리해서는 해명할 수 없다. 법왕은 재위 2년 만에 죽었다. 그
의 짧은 재위 기간은 그가 추진한 왕권 강화 정책과 연관시켜 볼 때 정치
적 희생의 결과로 보는 것이 타당할 것이다.

법왕 사후 왕위 계승 문제는 당시 실권귀족들로서는 중대한 문제였다.
누가 왕이 되느냐는 지배 세력들의 역학 관계에 변화를 가져올 수 있기 때
문이다. 이때 실권귀족들은 자신들의 정치적 영향력을 유지하기 위해 세
력 기반이 미약하고 보다 조종하기 쉬운 인물을 옹립하려고 하였다. 그 사
례로는 고구려 미천왕을 들 수 있다.

미천왕의 이름은 을불乙弗이었고 봉상왕의 동생인 돌고咄固의 아들이었
다. 봉상왕이 명망이 높은 돌고를 시기하여 죽이자 을불은 목숨을 구하기
위해 도망쳐 나와 부잣집에서 용작(품팔이)을 하기도 하고 압록강을 오르
내리며 소금 장사를 하기도 하였다. 이러한 고생으로 을불의 용모는 초췌
하여 그가 왕족임을 알아보기 어려웠다. 이때 국상 창조리는 봉상왕이 학
정을 되풀이하자 전렵지인 후산侯山에서 귀족회의를 개최하여 봉상왕을
폐위한 후 을불을 옹립하였다.[22] 이가 미천왕이다.

이러한 사례에서 미루어 볼 때 당시 백제의 실권귀족들도 익산에서 마

---

22 『삼국사기』 권제17 고구려본기 제5 미천왕 즉위년조.

를 캐며 생활하고 있던 서동을 주목하고 그를 옹립하지 않았을까 한다.[23] 여기에는 서동이 몰락 왕족 출신이어서 배경 세력도 없고, 아버지도 계시지 않아 즉위 후에도 조정하기 쉬울 것이라는 판단이 작용하였던 것 같다. 이렇게 보면 서동의 왕위 계승은 당시 지배 귀족들이 자신들의 정치적 영향력을 유지하기 위한 정략적 목적에 의해 이루어졌다고 할 수 있다. 이는 관산성 전투에서의 패전 이후 귀족 중심으로 이루어진 정치 운영이 이때까지도 이어져 온 것을 보여 주는 것이다.

II. 무왕의 왕비들

1. 첫째 왕비: 태자 의자의 모후

무왕의 왕비에 대해 『삼국사기』에는 아무런 기록이 없다. 『삼국유사』 권제2 무왕조에는 서동이 신라 진평왕의 셋째 딸 선화공주와 결혼한 것으로 나온다. 미륵사지 서탑지에서 출토된 〈사리봉영기〉에는 무왕의 왕비는 백제의 좌평인 사탁적덕의 딸로 나온다. 이로 말미암아 무왕의 원자인 태자 의자의 모후에 대해 선화공주로 보는 견해도 있고,[24] 사탁씨 왕후로 보는 견해도 있다.[25]

23 노중국, 1986, 「삼국유사 무왕조의 재검토—사비시대후기 백제지배체제와 관련하여—」, 『한국전통문화연구』 2집, 효성여자대학교 한국전통문화연구소.

24 이도학, 2004, 「백제 의자왕대의 정치 변동에 대한 검토」, 『동국사학』 40집, 동국대학교 사학회; 정재윤, 2009, 「미륵사 사리봉안기를 통해 본 무왕·의자왕대의 정치적 동향」, 『한국사학보』 37집, 고려사학회; 김수태, 2009, 「백제 무왕대의 미륵사 서탑 사리 봉안」, 『신라사학보』 16집, 신라사학회.

25 김주성, 2009, 「백제 무왕의 정국운영」, 『신라사학보』 16집, 신라사학회; 이용현, 2009, 「미륵사 건립과 사택씨—〈사리봉안기〉를 실마리로 삼아—」, 『신라사학보』 16집, 신라사학회.

여기서 전제해 두어야 할 것은 무왕은 몰락 왕족 출신이라는 점이다. 따라서 의자의 모후는 무왕의 출계 및 결혼 시기와 연계하여 살펴보아야 한다. 무왕의 첫 결혼 시기는 의자왕의 아들 부여융의 출생 시기에서 추론해 볼 수 있다. 〈부여융묘지명〉에 의하면 부여융은 영순 원년(682)에 68세의 나이로 죽었다. 그러면 부여융의 출생 연도는 615년(무왕 16)이다. 이 시기 남자의 결혼 연령을 20세로 보고 부여융이 태어난 615년에 의자의 나이를 20세 정도로 잡으면 의자의 출생 연도는 596년이 된다. 따라서 무왕은 늦어도 596년에 20세의 나이로 결혼하여 의자를 낳은 셈이 된다.

무왕은 600년에 왕위에 올랐다. 따라서 무왕이 아들 의자를 낳은 596년은 왕이 되기 5년 전으로 서동으로 살아가던 시기였다. 그는 몰락 왕족이어서 당시는 아무도 주목하지 않았을 것이다. 이 때문에 백제 제1의 귀족인 사씨 가문이 그에게 딸을 시집보냈을 가능성은 거의 없다. 신라 왕실도 왕녀를 서동에게 시집보냈을 리가 없다. 왕실 사이의 결혼은 무엇보다도 격이 맞아야 하는데 서동은 도저히 그 격에 맞지 않기 때문이다.

그렇다면 서동이 맞이한 부인은 익산 지역에 기반을 둔 가문의 여자일 가능성이 가장 높다. 현달한 가문이 서동에게 딸을 시집보내지 않았을 것이기 때문에 이 부인의 가문은 그다지 현달하지 않았을 것이다. 이 부인과의 사이에 의자가 태어났다. 5년 후 서동은 왕으로 옹립되었으므로 이 부인이 살아 있었다면 첫 왕비로 책봉되었을 것이다. 이러한 관점에서 저자는 의자의 모후를 사탁씨 왕후로 보거나 선화공주로 보는 견해에는 찬동하지 않는다.

2. 둘째 왕비: 선화공주

(1) 서동과 선화공주의 결혼을 보는 시각들

『삼국유사』권제2 무왕조에는, 마를 캐던 서동이 신라 진평왕의 셋째 딸 선화공주의 미모를 듣고 흠모하여 신라로 들어가서 선화공주가 밤마다 서동의 방을 드나든다는 내용의 노래를 퍼뜨렸고[26] 이 노래가 왕궁에까지 알려져 귀양길에 오른 공주를 도중에 만나 함께 백제로 돌아와 결혼하였 는데 그 후 서동은 왕위에 올랐다는 이야기가 나온다.

『삼국유사』무왕조 내용의 핵심은 서동과 선화공주의 결혼이다. 무왕 조의 내용은 이 결혼을 중심에 두고 앞에는 서동요가, 뒤에는 미륵사 창건 이 나오는 구조로 이루어져 있다. 그러나 서동과 선화공주의 결혼에 대해 믿기 어렵다는 견해가 많다. 그 이유는 두 가지로 정리할 수 있다.

하나는 이 결혼이 설화적으로 표현되어 있어 믿기 어렵다는 것이다. 이 결혼을 부정하는 견해에서는 이것을 가장 큰 이유로 든다. 그런데 무왕이 선화공주의 요청을 받아들여 "미륵삼회전과 탑, 낭무를 각각 세 곳에 창 건하였다"는 기록은 미륵사지 발굴에서 확인된 회랑으로 둘러싸인 삼탑- 삼금당의 모습과 일치한다. 지명법사가 신통력으로 산을 무너뜨려 못을 메웠다는 기록은 미륵사 터가 못을 메워 만들어졌다는 발굴 결과와도 일 치한다. 미륵사가 용화산 아래에 위치하였다는 것과 무왕 대에 만들어졌 다는 것도 완전히 일치한다. 그러므로 무왕과 선화공주의 결혼만 부정하 는 것은 타당하지 않다.

다른 하나는 무왕 대에 신라와의 전투가 너무 빈번하여 결혼이 이루어

---

26 『삼국유사』권제2 기이 제2 무왕조의 "聞新羅真平王第三公主善花(一作善化) 美艶無雙 剃 髮來京師 以薯蕷餉閭里羣童 羣童親附之 乃作謠 誘羣童而唱之云 善化公主主隱 他密只嫁良置古 薯童房乙夜矣卵乙抱遣去如 童謠滿京"참조.

질 수 없었을 것이라는 점이다.[27] 그래서 이 결혼은 동성왕과 신라왕녀(이찬 비지의 딸)의 결혼으로 바꾸어 보아야 한다는 견해까지도 나왔다.[28] 그런데 국가 간의 결혼은 정략결혼이므로 도리어 두 나라 사이에 긴장 관계가 높을 때 이루어진다. 553년에 성왕이 한강 하류의 6군을 신라에게 빼앗긴 급박한 상황에서 자신의 딸을 진흥왕의 소비로 보낸 것이[29] 사례가 된다. 따라서 전쟁이 빈번하였다고 하여 결혼이 이루어질 수 없다고 보는 것은 타당하지 않다.

2009년 미륵사지 서탑을 해체, 복원하는 작업 중 탑 기단부 중앙에서 사리공이 나왔고 이 사리공 내에서 각종 공양품과 함께 〈사리봉영기〉가 출토되었다. 여기에는 기해년(639, 무왕 40)에 사리를 봉영하였다는 기사와 함께 "백제왕후는 좌평 사탁적덕의 딸[我百濟王后 佐平沙乇積德女]"이라는 기사가 나온다. 이 기사에 의해 무왕의 왕후가 사탁씨 출신이라는 사실이 처음으로 알려지게 되었다.

사탁씨 왕후가 확인됨에 따라 선화공주의 실체에 대해서도 두 가지 견해가 제시되었다. 하나는 사탁씨 왕후만이 무왕의 왕비임이 확실함으로 선화공주는 허구의 존재로 보는 견해이다.[30] 이 견해는 왕후는 하나라는 생각에서 나온 것이다. 그러나 고대사회에서 왕비는 동시에 여럿 있을 수 있다. 고구려 경우 안원왕에게는 정부인, 중부인, 소부인의 세 왕비가 동시에 있었다.[31] 비록 후대의 사실이지만 고려 태조 왕건은 동시에 6명의

---

27 강봉원, 2002, 「백제 무왕과 '서동'의 관계 재검토—신라와 백제의 정치·군사적 관계를 중심으로」, 『백산학보』 63집, 백산학회.

28 이병도, 1952, 「서동설화에 대한 신고찰」, 『역사학보』 1집, 역사학회; 1976, 『한국고대사연구』, 박영사, 536~542쪽; 이기백, 1978, 「웅진시대 백제의 귀족세력」, 『백제연구』 9집, 충남대학교 백제연구소.

29 『삼국사기』 권제26 백제본기 제4 성왕 31년조의 "冬十月 王女歸于新羅" 참조.

30 김상현, 2009, 「미륵사서탑 사리봉안기의 기초적 검토」, 『대발견 사리장엄 미륵사의 재조명: 유네스코 세계문화유산 등재를 위한 학술회의』, 마한·백제문화연구소·백제학회.

31 『일본서기』 권19 흠명기 7년조의 "百濟本記云 高麗以正月丙午 立中夫人子爲王 年八歲 狛王

왕비를 두었다.[32] 이를 원용하면 무왕에게도 2명 이상의 왕비가 동시에 있을 수 있다. 따라서 선화공주의 존재는 부정할 필요가 없는 것이다.

다른 하나는 선화공주의 존재를 인정하는 것이다. 여기에도 두 가지 견해가 있다. 첫째, '선화善花'라는 이름은 미륵불과 관련되는데 석가족釋迦族을 표방한 진평왕 당시 신라 왕실에서는 이러한 이름을 쓸 수 없다는 전제하에서 선화공주는 신라왕녀가 아니라 익산 출신 여성인 것으로 보는 견해이다.[33] 그러나 선화라는 이름이 선화공주가 신라왕녀가 될 수 없다는 결정적인 증거가 되지 않는다. 또 선화가 익산 출신의 여성이라면 '공주' 칭호가 붙을 수 없을 뿐만 아니라 무왕이 백제 여성과 결혼한 것을 신라공주와 결혼한 것으로 바꾸어야 할 계기와 근거도 없다. 더구나 통일신라시기에 만들어진 설화에 '서동이 공주와 사통했다'든가, '서동요 때문에 공주를 멀리 귀양 보냈다'든가 하는 신라 왕실을 모독하는 내용이 어떻게 담길 수 있었는지도 설명할 수 없다.

둘째, 선화를 진평왕의 딸이 아니라 신라 왕족의 딸이거나 귀족의 딸로 보는 것이다.[34] 이 견해는 서동이 신라왕의 딸과 결혼할 수 없다는 전제에서 나온 것이다. 이 전제는 타당하다. 그러나 서동이 왕이 된 이후 신라 왕실의 여성과 결혼하였다면 굳이 귀족의 딸로 고치면서까지 선화공주의 존재를 부정할 필요는 없는 것이다.

저자는 서동과 선화공주가 결혼하게 되는 과정을 분해하고 종합하여 다음과 같이 이해하고자 한다. 서동과 선화공주가 결혼한 것은 사실이다. 그

有三夫人 正夫人無子 中夫人生世子 其舅氏麤群也 小夫人生子 其舅氏細群也" 참조.

32 『고려사』 권88 열전 제1 후비1에는 태조의 왕후로는 神惠왕후, 莊和왕후, 神明順成왕태후, 神靜왕태후, 神成왕태후, 貞德왕후가 나온다.

33 김수태, 2012, 「백제 무왕대의 대신라 관계」, 최완규 외, 『대발견 사리장엄 미륵사의 재조명』, 원광대학교 마한·백제문화연구소; 강종원, 2011, 「백제 무왕의 태자 책봉과 왕권의 변동」, 『백제연구』 54집, 충남대학교 백제연구소.

34 남정호, 2016, 『백제 사비시대 후기의 정국 변화』, 학연문화사, 109~110쪽.

시기는 마를 캐던 서동 시절이 아니라 왕으로 즉위한 이후이다. 이웃 나라 왕실과의 결혼은 일정한 지위와 자격을 갖추어야 하는데 마를 캐는 총각이 이웃 나라 공주와 결혼하는 것은 설화에서는 가능할지라도 현실적으로 불가능하기 때문이다. 서동이 갖는 신분상의 하자는 서동이 왕으로 옹립된 후 결혼한 것으로 보면 해결된다. 따라서 이 결혼은 서동과 선화공주의 결혼이 아니라 무왕과 선화공주의 결혼으로 보아야 한다.

그럼에도 불구하고 설화 속에서 서동과 공주의 결혼으로 바뀌게 된 것은 마를 캐던 서동이 왕이 되고 다시 이웃 나라 공주와 결혼한 사실이 당시에도 인구에 회자膾炙된 이야기의 소재였고 그것이 구전되는 과정에서 보다 재미를 더하기 위해 왕의 결혼이 서동의 결혼으로 윤색되면서 생겨난 것이라 하겠다.[35] 이렇게 보면 서동요는 마를 캐던 서동이 왕이 된 후 신라왕녀와 결혼하게 된 사실을 소재로 이야기를 전개함에 보다 극적인 재미를 더하기 위해 만들어진 노래라고 할 수 있다. 설화는 역사적 사실을 실마리로 하여 만들어진다. 그렇다면 서동요의 성립 시기를 고려 문종~충렬왕 대로 보는 견해는[36] 이를 이해하는 데 참고가 된다.

(2) 결혼의 배경과 시기

전근대 사회에서 왕비의 선택은 정치적 성격을 강하게 지닌다. 어느 가문의 여성을 왕비로 맞이하느냐는 당시 정치 세력들 사이의 역학 관계에 변화를 줄 수 있기 때문이다. 특히 왕실과 왕실 사이의 결혼은 양국의 정치적 필요성에 의해 정략적으로 이루어진다. 따라서 무왕과 선화공주의 결혼도 백제와 신라가 각각 처한 국내적 상황과 군사적 압박을 가해 오는

---

35 노중국, 1986, 「삼국유사 무왕조의 재검토─사비시대후기 백제지배체제와 관련하여─」, 『한국전통문화연구』 2집, 효성여자대학교 한국전통문화연구소.

36 송재주, 1971, 「서동요의 형성연대에 대하여」, 장암 지헌영선생 화갑기념논총 간행위원회 편, 『장암 지헌영선생화갑기념논총』, 호서출판사, 979쪽.

고구려와의 관계에서 살펴보아야 한다.

백제의 경우 무왕이 왕이 되었을 때 정치 운영은 대성팔족을 중심축으로 하는 실권귀족 중심으로 이루어지고 있었다. 그만큼 왕권이 약화되어 있었다. 무왕은 이러한 상황을 극복하여 약화된 왕권을 강화해야 하였다. 그런데 이 시기 동아시아는 중국을 통일한 수나라와 고구려 사이에 긴장 관계가 조성되어 가고 있었다. 이러한 상황에서 무왕은 수나라와 고구려의 어느 편도 들지 않는 등거리 외교, 이른바 실지양단實持兩端 정책을 쓰고 있었다.[37] 이러한 정책을 제대로 추진해 가기 위해서는 신라와의 긴장 관계를 해소하는 것도 필요하였다. 왕권도 강화하고 신라와의 긴장 관계를 해소하는 방법의 하나로 무왕은 신라왕녀와의 결혼을 꾀하였던 것 같다. 신라왕녀와 결혼하면 무왕 자신의 위상도 높이면서 국내의 실권귀족의 딸을 왕비로 맞았을 때 생겨날 수 있는 외척의 득세나 귀족들 사이의 갈등을 억제할 수도 있기 때문이다.

한편 이 시기 신라는 한강 유역을 되찾으려는 고구려로부터 빈번히 공격을 받고 있었다. 진평왕은 수나라로부터 군사적 지원을 받아 고구려에 대응하려고 608년에 원광으로 하여금 군사 원조를 요청하는 청군표를 쓰게 하는[38] 등 외교적 노력을 기울였다. 그럼에도 불구하고 고구려는 608년 2월에 신라의 북쪽 변경을 공격하여 8천 명을 포로로 잡아갔고 4월에는 우명산성을 빼앗았다.[39]

이보다 앞서 백제 무왕은 즉위 후 3년 뒤인 602년에 아막성을 공격하였고 또 4만의 병력을 동원하여 소타·외석·천산·옹잠 등 4성을 공격하는

---

37 『삼국사기』 권제27 백제본기 제5 무왕 13년조.

38 『삼국사기』 권제4 신라본기 제4 진평왕 30년조의 "王患高句麗屢侵封場 欲請隋兵以征高句麗 命圓光修乞師表 …"; 진평왕 33년조의 "王遣使隋 奉表請師 隋煬帝許之" 참조.

39 『삼국사기』 권제4 신라본기 제4 진평왕 30년조의 "二月 高句麗侵北境 虜獲八千人 四月 高句麗拔牛鳴山城" 참조.

등[40] 신라를 압박하였다. 고구려의 공격에 시달리고 있던 신라로서는 백제의 공격은 충격이었다. 이 때문에 신라는 백제와의 긴장 관계를 해소하는 것이 필요하였다. 이러한 상황에서 무왕과 선화공주의 결혼이 이루어졌다. 따라서 이 결혼은 동아시아의 정세 변화에 능동적으로 대처하려는 양국의 정치적 목적에 따른 정략적 결혼이라 할 수 있다.

이 결혼은 백제의 주도하에 추진되었다. 공주를 보내는 쪽이 일반적으로 수동적·소극적 입장을 가질 수밖에 없기 때문이다. 서동이 신라 수도에 가서 서동요를 퍼뜨렸다는 것, 공주가 서동 방을 드나들었다는 서동요 때문에 귀양 가게 되었다는 것, 귀양길에 서동을 만나 함께 백제로 갔다는 것, 지명법사를 통해 황금을 신라 왕궁에 보내 줌으로써 양국 사이에 서신 왕래가 있었다는 것 등이 이를 말해 준다.

이 결혼이 이루어진 시기를 추론하고자 할 때 주목되는 것이 신라가 605년에 백제의 동쪽 변경을 공격한[41] 이후 백제가 611년에 신라의 가잠성을 포위 공격할 때까지[42] 약 6~7년 동안 두 나라 사이에 군사 충돌이 없었다는 사실이다. 6~7년 동안 평화기는 우연이라기보다는 두 나라 사이에 어떤 약조가 있었기 때문일 것이다. 그 약조가 바로 결혼을 통한 평화 유지가 아닐까 한다. 그렇다면 무왕과 선화공주의 결혼은 605년 전쟁 이후인 아마도 605~606년 사이에 이루어졌을 가능성이 크다.

이를 방증해 주는 것이 선화공주의 나이이다. 선화공주는 진평왕의 셋째 딸이다. 진평왕은 진흥왕의 장자인 동륜태자의 원자이다. 진흥왕은 540년에 7세의 나이로 즉위하였다. 즉위 후 20세가 되는 553년경에 결혼하였다면 동륜의 출생은 553년경이 된다. 동륜이 20세가 되는 572년경에

---

40 『삼국사기』 권제27 백제본기 제5 무왕 3년조.
41 『삼국사기』 권제27 백제본기 제5 무왕 6년조의 "秋八月 新羅侵東鄙" 참조.
42 『삼국사기』 권제27 백제본기 제5 무왕 12년조의 "冬十月 圍新羅椵岑城 殺城主讚德 滅其城" 참조.

결혼하여 아들 진평왕을 낳고, 진평왕이 591년경에 결혼하여 맏딸 선덕
왕을 낳았다면 셋째 딸 선화공주는 605년을 전후한 시기에 14~15세 정도
된다.[43] 이 나이는 여자의 결혼 적령기이다. 이는 무왕과 선화공주의 결혼
시기를 605년 전후로 추정한 것과 대략 일치한다.

　무왕이 선화공주와 결혼함으로써 양국의 긴장 관계는 당분간 해소되었
다. 서동설화에 무왕이 신라 왕궁에 황금을 수송한 것으로 상징되는 경제
적 교환, 문안 서신의 왕래, 미륵사 창건 때 신라가 백공百工을 파견한 것
등은 결혼이 이루어진 이후 양국 사이의 우호적인 분위기를 보여 준다. 신
라와의 긴장 관계를 해소함으로써 무왕은 대내적 문제 해결에 집중할 수
있게 되었다. 따라서 이 결혼은 무왕이 왕권을 강화할 수 있는 조건의 하
나가 되었다고 할 수 있다.

3. 셋째 왕비: 사탁씨 왕후

　무왕이 즉위 후 선화공주와 결혼하였다고 하면 정리해야 할 또 하나의
사실은 〈사리봉영기〉에 나오는 사탁씨 왕후이다. 왕후는 좌평 사탁적덕
沙乇積德의 딸이다. 사탁沙乇은 사택沙宅(砂宅)이라고도 하는 복성인데 단
성으로는 사씨沙氏로 표기된다. 사(사택)씨는 백제의 대성팔족 가운데 첫
머리에 나오는 가장 유력한 귀족 가문의 성이며, 좌평은 16관등제의 제1
관등이다.

　〈사리봉영기〉는 백제 왕실에서 만든 금석문이므로 무왕의 왕후가 사탁
씨 출신임은 의심의 여지가 없다. 여기서 전제해야 할 것은 사탁씨 왕후는
무왕의 유일한 왕비가 아닐 뿐만 아니라 무왕이 즉위 후 처음 결혼한 왕후

---

43 윤진석, 2015, 「'해동증민' 의자왕의 즉위 전 위상 재검토―생모 문제와 태자책봉 문제를
　중심으로―」, 『대구사학』 120집, 대구사학회, 51~52쪽.

도 아니라는 점이다. 앞에서 언급한 것처럼 무왕은 즉위 전에 의자의 모후
와 결혼하였고, 즉위 후 얼마 되지 않아 선화공주와 결혼하였기 때문이다.
따라서 사탁씨 왕후와의 결혼은 선화공주와의 결혼 이후로 보는 것이 타
당하다.

무왕이 사탁씨 왕후를 맞이한 배경과 시기를 보여 주는 자료는 없다. 이
를 추론하는 데 단서가 되는 것이 무왕이 재위 33년(632)에 와서야 의자를
태자로 책봉한 사실이다. 태자 책봉이 이렇게 늦은 것은 책봉을 둘러싸고
지배 세력 사이의 갈등이 조정되지 않았기 때문일 것이다. 그렇다면 사탁
씨 왕후를 맞이한 것은 의자를 태자로 책봉하는 과정과 연계시켜 살펴볼
필요가 있다. 무왕이 사탁씨 왕후를 맞이하게 된 배경과 시기는 뒤에 언급
하기로 한다.

이렇게 보면 무왕에게는 최소 3명의 왕비가 있었다고 할 수 있다. 첫 부
인은 서동 시절에 맞이한 익산 출신의 여성이고 원자 의자를 낳았다. 이
부인은 무왕이 즉위함으로써 첫 왕후가 되었을 것이다. 즉위 후 무왕은 자
신의 정치적 입지를 강화하기 위해 다시 선화공주를 왕비로 맞이하였다.
그 후 어느 시기에 무왕은 사탁씨 왕후를 맞이하였다. 이 세 왕비가 동시
에 있었는지 아니면 앞의 왕비가 죽자 새 왕비를 맞이하였는지는 분명하
지 않다. 여기서는 이 두 가지 가능성 모두를 열어 둔다.

제2장

무왕의 익산 경영과 사탁씨 왕후의 '무육만민'

I. 익산 경영

1. 추진 배경

몰락 왕족 출신으로서 익산에서 마를 캐며 생활하고 있던 서동은 당시 실권귀족들의 타협을 통해 왕위에 올랐다. 그가 무왕이다. 무왕은 풍채와 거동이 뛰어나고 뜻과 기개가 호걸스러웠다는[44] 평처럼 녹녹한 인물이 아니었다. 왕위에 오른 무왕은 제왕의 풍모를 보이면서 왕의 권위와 위엄을 높이고 실추된 왕권을 강화하기 위한 일련의 정책을 추진하였다. 무왕의 이러한 모습은 봉상왕의 독수를 피해 온갖 고생을 하였던 고구려의 미천왕이 즉위 후 왕자王者로서의 풍모를 과시한 것과 비슷하다.

무왕이 왕권 중심의 정치 운영을 하기 위해서는 실권귀족들의 권력 기반과 경제 기반을 축소시키면서 자신의 세력 기반을 확대해야 하였다. 그러나 귀족들의 세력 기반을 약화시킨다는 것은 법왕의 단명에서 보듯이 상당한 반발을 불러오기 때문에 쉬운 것은 아니었다. 무왕은 그 방법의 하나로 자신이 생장하였던 익산을 새로운 세력 기반으로 키우려고 하였다. 이리하여 추진된 것이 익산 경영益山經營이다.

전북 익산은 청동기시대 이래 한반도 중부 이남 지역의 문화중심지의

---

44 『삼국사기』권제27 백제본기 제5 무왕 즉위년조의 "風儀英偉 志氣豪傑" 참조.

하나였으며 수로 교통이 편리한 곳이고 또 군사적 요충지였다.[45] 무왕이 익산을 새로운 정치적 중심지로 경영하려고 한 배경은 다음과 같이 정리해 볼 수 있다. 첫째, 익산은 무왕이 어린 시절 마를 캐며 생활한 곳이었을 뿐만 아니라 어머니가 마룡지馬龍池에 집을 지었다[築室]는 것에서 보듯이 서동 모자의 생활 터전이었던 곳이다.[46] 이렇게 인연이 있는 곳이어서 무왕은 익산을 중요하게 생각하였을 것이다.

둘째, 경제적인 측면이다. 백제는 웅진 천도 이후 전국적으로 제방을 수리하는 등 수리시설을 정비하였다. 이 과정에서 금강유역권에 속하는 익산 지역도 개발되었을 가능성이 크다. 그 결과 이 지역의 농업생산력이 크게 증대되었을 것이다.[47]

셋째, 익산은 금이 풍부하게 생산된 지역이다. 무왕이 서동 시절에 황금을 흙더미처럼 쌓아 놓았다는 이야기,[48] 오금사五金寺라는 절 이름이 서동이 마를 캐던 시절에 금덩어리 5개를 얻었던 것에서 비롯되었다는 이야기[49] 등 금과 관련한 많은 설화가 이를 추정하게 한다. 또 일제강점기에 이루어진 광구 조사에 의하면, 익산시의 금마면·왕궁면·웅포면·성당면·함열면 등에 금광이 있었고, 이웃한 김제시의 금구면·금산면 등 여러 곳에 금·은·사금광이 있었다.[50] 익산의 옛 이름인 금마金馬도 금이 많이 생산되었기 때문에 생겨난 이름일 가능성이 크다.[51] 풍부한 금 생산은 이 지역의 주요한 경제적 기반이 되었을 것이다.

45 김삼룡, 1977, 『익산문화권의 연구』, 원광대학교 출판부, 136~161쪽.
46 김수태, 1999, 「백제 무왕대의 정치세력」, 『마한·백제문화연구』 14집, 원광대학교 마한·백제문화연구소, 123~124쪽.
47 『세종실록』 지리지에는 익산 지역의 농경지를 '厥土肥塉半之'라 표현하고 있다.
48 『삼국유사』 권제2 기이 제2 무왕조.
49 『신증동국여지승람』 권33 전라도 익산군 불우조.
50 朝鮮總督府殖産局鑛山課 編, 1940, 『朝鮮鑛區一覽』, 朝鮮鑛業會 참조.
51 노중국, 1999, 「백제 무왕과 지명법사」, 『한국사연구』 107집, 한국사연구회.

넷째, 익산 지역의 지리적 이점이다. 익산 지역은 북서쪽으로 흐르는 금
강을 경계로 하여 군산·부여와 닿아 있고, 동북으로는 논산·연산과 경계
를 하고 있으며, 남쪽으로는 만경강 하류를 경계로 하여 전주·김제와 연
접하고 있다. 또 익산은 해로로 중국과 교섭하기 좋은 곳이었다. 익산에서
출토된 중국 도씨검桃氏劍은 이를 증명해 주는 고고학 자료이다.[52]

다섯째, 익산을 기반으로 한 세력들의 성장이다. 이를 보여 주는 것이
입점리고분군과 웅포리고분군이다. 입점리 유적에서는 횡혈식석실분 1
기와 석곽묘 7기가,[53] 웅포리 유적에서는 석곽묘 8기가 조사되었다.[54] 특
히 입점리1호분은 궁륭상천장석실분으로 내부에서는 금동제관식과 입식,
이식, 말재갈과 등자 등 마구류, 철못, 꺾쇠, 토기호, 청자사이호 등 많은
유물이 출토되었다. 이 고분은 빠르면 5세기 중반경, 늦어도 5세기 말에
서 6세기 초반경에 축조되었다고 한다.[55] 따라서 1호분의 주인공은 건마
국의 수장 세력 계통과 연결되는 백제의 고위 귀족으로 볼 수 있다. 이외
에 익산 원수리고분, 봉동 둔산리고분, 성남리고분 등도[56] 이 지역을 기반
으로 한 세력들이 조영하였을 것이다.

이처럼 무왕은 자신과 인연이 깊은 익산 경영을 통해 세력 기반을 확대
하여 왕권을 강화하고 국정을 쇄신하여 부강한 백제를 만들려고 하였다.
익산 경영을 통해 무왕이 추진한 핵심적인 사업이 왕궁 건설, 제석사 조
영, 미륵사 창건 등이다.[57]

---

52 김정배, 1976, 「준왕 및 진국과 '삼한정통론'의 제문제—익산의 청동기문화와 관련하여—」,
　　『한국사연구』 13집, 한국사연구회.

53 문화재연구소, 1989, 『익산 입점리 고분』.

54 원광대학교박물관·백제문화개발연구원 편, 1995, 『익산 웅포리 백제고분군: 1992, 1993년
　　도 발굴조사』, 백제문화개발연구원.

55 이남석, 1995, 『백제석실분연구』, 학연문화사, 480쪽.

56 최완규·김종문·원광대학교 박물관 편, 1997, 『익산 성남리 백제고분군』, 원광대학교 박물
　　관·익산시.

57 무왕의 미륵사, 제석사 창건을 神都 건설로 보는 견해(조경철, 2008, 「백제 무왕대 신도 건

2. 왕궁 건설

무왕은 익산을 경영하면서 먼저 왕궁을 조영하였다. 이를 보여 주는 것이 익산 왕궁리의 궁성 유적이다. 왕궁리 유적은 장방형 평면의 궁장宮牆(왕궁 담장)을 두르고, 전반부에는 정전 및 각종 건물들이, 후반부에는 후원, 공방, 공중화장실 등 다양한 시설들이 배치되었다. 이를 전조후원형前朝後園型 왕궁 구조라고 한다.[58] 왕궁리 유적은 6~7세기 동아시아 왕궁의 구조를 잘 보여 주는 사례이다.

현재까지의 발굴조사에 의하면 궁성의 담장은 서편은 490.27m, 동편은 493.44m, 남편은 228.33m, 북편은 243.25m 규모이고 직사각형의 모양이다. 성벽의 너비는 3m 정도이나 구간에 따라 약간의 차이가 있다. 대형 석축 배수로는 50m 이상이다. 배수로는 몇 개의 층으로 이루어져 있는데 I기期의 내부 바닥층에 퇴적된 기와, 개배 뚜껑 편 등은 모두 백제 유물들이다. 그 시기는 대략 6~7세기로 추정되고 있다.[59]

남벽 중문지에서는 남북 일직선상에 동서 길이×남북 폭이 각각 31m×15m이고 정면 7칸×측면 4칸의 대형 건물지가 발굴되었다. 이 건물지의 규모와 형태는 부여 관북리 유적의 전각건물지와 거의 같아 전각건물로 볼 수 있다. 궁성 내부에서는 중요 시설물을 보호하기 위한 치와 돈대의 기능을 하는 시설이 발굴되었다.[60] 후원에서는 공방지가 확인되었고,

---

설과 미륵사·제석사 창건」,『백제문화』 39집, 공주대학교 백제문화연구소)도 있다.

58 박순발, 2010,『백제의 도성』, 충남대학교 출판부, 317~318쪽.

59 왕궁리 유적 발굴조사에 대해서는 국립부여문화재연구소 편, 1992,『왕궁리유적 발굴 중간보고』; 1997,『왕궁리 발굴조사 중간보고 II』; 2001,『왕궁리 발굴중간보고 III』; 2012,『익산 왕궁리 VIII』 참조.

60 김용민, 2005,「익산 왕궁성 발굴성과와 그 성격」, 원광대학교 마한·백제문화연구소 편,『고대 도성과 익산 왕궁성』(제17회 마한백제문화 국제학술회의 논문집), 원광대학교 마한·백제문화연구소, 35~36쪽 참조.

물을 끌어들여 만든 정원도 나왔다. 정원 축조에는 어린석魚鱗石으로 불리는 중국산 성원석도 이용되었다.[61] 그리고 수세식처럼 만들어진 다중용화장실도 발굴되었다.

왕궁리 유적에서 출토된 수막새 중에는 부여 부소산성 안의 서쪽 기슭폐사지 두 곳에서만 출토되는 양식도 있다. 특히 주목되는 것은 '수부首府'명 인장와이다. 이 인장와는 부여의 부소산성과 구드레 일원 유적 그리고 왕궁리 유적에서 출토되고 있다. 이는 왕궁리 유적이 백제의 정치적 중심지였음을 보여 준다.[62] 한편 청자연판문육이병편과 매우 정교하게 제작된 전이 달린 토기는 왕실에서만 사용한 유물로 생각된다.[63]

그러나 현재까지 왕궁리 주변에 도시적 성격을 가진 취락의 흔적은 찾아지지 않았다. 또 궁성 바깥에 관청 등과 같은 건물지들도 아직 확인되지 않고 있다. 궁성과 여타 생활 공간을 둘러싼 나성도 없다. 따라서 현재의 궁성 유적은 왕이 행차할 때 머무는 별궁 또는 이궁의 역할을 한 것으로 보인다.[64]

왕궁리 궁성의 조영 시점에 대해 종래에는 『삼국유사』 무왕조의 기사를 중심으로 무왕 대에 조영된 것으로 보았다. 근래에 궁성 유적에서 출토된 청자연화준이 중국의 하북성 경현 봉씨묘군封氏墓群에서 출토된 것과 매우 유사하며 그 제작 연대는 6세기 3/4분기로 비정할 수 있다는 것에 근거하여 궁성의 초창 시기는 6세기 후반인 위덕왕 대로 보는 견해가 나왔다.[65] 그러나 청자연화준이 중국에서 만들어진 시기가 6세기 3/4분기라고

---

61 박순발, 2010, 『백제의 도성』, 충남대학교 출판부, 327~329쪽.
62 김용민, 2007, 「익산 왕궁성 발굴성과와 그 성격」, 『마한·백제문화』 17집, 원광대학교 마한·백제문화연구소.
63 최맹식, 2003, 「익산 왕궁유적의 성격」, 마한·백제문화연구소 편, 『익산의 선사와 고대문화』, 원광대학교 마한·백제문화연구소.
64 박현숙, 2009, 「백제 무왕의 익산 경영과 미륵사」, 『한국사학보』 36집, 고려사학회.
65 박순발, 2010, 『백제의 도성』, 충남대학교 출판부, 319~324쪽.

하더라도 이 준樽이 제작되자마자 곧장 백제로 들어왔다고 단정하기 어렵다. 또 이 준이 백제에 들어와서 곧바로 왕궁리 궁성에서 사용되었다고 단정할 수도 없다. 따라서 왕궁 건설이 위덕왕 대에 이루어졌느냐의 여부는 위덕왕 대의 상황에서 판단해야 할 것이다.

앞에서 언급한 바이지만 위덕왕은 14년(567)에 능사를 건립하고 24년(577)에 죽은 왕자를 위한 원찰을 건립하는 등 재위 10년 이후 왕권 강화를 위해 일련의 노력을 하였다. 그러나 다음 왕위를 이을 왕자 아좌를 왜로 보내야 했던 사실에서 보듯이 귀족 세력들의 견제도 만만치 않았다. 이로 말미암아 위덕왕 대에는 익산에 새로운 왕궁을 건설할 형편이 아니었다. 따라서 왕궁리 궁성은 무왕 대에 조영된 것으로 보는 것이 타당하다. 이는 왕실의 내원內院인 익산 제석사가 국가사찰인 미륵사의 중원이 완공된 629년(무왕 30) 전후에 조영된 것으로 추정되는 것에 의해 방증이 되리라 본다.

3. 제석사 조영

익산 왕궁과 연계되어 건립된 것이 제석사이다. 제석사지는 금마에서 동남쪽으로 약 6km 떨어진 궁평宮坪 마을 입구 쪽에 위치한다. 1942년 국립공주박물관에 기탁된 '제석사帝釋寺'가 새겨진 기와와 인동문 와당을 통해 이곳이 제석사지임이 밝혀졌다.[66] 『관세음응험기』에[67] 제석사가 세

---

66 김선기, 2010, 「익산지역 백제 사지 연구」, 동아대학교 대학원 박사학위논문.
67 『관세음응험기』의 "百濟武廣王 遷都枳慕蜜地 新營精舍 以貞觀十三年 歲次己亥 冬十一月 天大雷雨 逢災帝釋精舍 佛堂七級浮圖乃至廊房 一皆燒盡 塔下礎石中有種種七寶 亦有佛舍 利 晬水精瓶 又以銅作紙寫金剛波若經 貯以木漆函 發礎石開視 悉皆燒盡 唯佛舍利瓶與波若 經漆函如故 水精瓶內外徹見 蓋亦不動 而舍利悉無 不知所出 將瓶以歸大王 大王請法師 發 卽懺悔 開瓶視之 佛舍利六箇 俱在處內瓶 自外視之 六箇悉見 於是 大王及諸宮人倍加敬信 發卽供養 更造寺貯焉" 참조.

워진 곳으로 나오는 지모밀지枳慕蜜地는 익산의 다른 이름이다.

제석사는 왕실의 내원內院으로 제석천帝釋天을 주존으로 모셨는데 내궁內宮, 내원당, 내불당, 내사內舍라고도 한다. 제석신앙은 왕실의 위상 고양과 왕권 강화의 사상적 토대가 되었다. 신라 진평왕이 궁궐에 내제석궁內帝釋宮(천주사天柱寺)을 지은 것과[68] 고려 태조가 919년에 개경에 내제석원을 세우고 924년에 외제석원을 세운 것이[69] 이를 보여 준다.

『관세음응험기』에 의하면 무왕은 익산에 제석정사를 세웠다. 이 제석정사는 불당과 7층탑, 행랑, 승방으로 이루어졌다. 탑은 목탑이었고 초석에는 칠보와 불사리, 채수정병, 동판에 새겨진 반야경 등을 목칠함에 넣어 저장하였다.

제석사 건립은 국가사찰인 미륵사의 건립과 떼어 놓을 수 없다. 미륵사는 삼탑-삼금당으로 이루어진 삼원식 가람이었다. 이 가운데 먼저 지어진 것이 중원이다. 중원의 조영 시기는 중앙 목탑지 등에서 출토된 기축명己丑銘 기와에서 미루어 기축년(629년, 무왕 30)으로 볼 수 있다. 이에 대해서는 뒤에 다시 언급할 것이다. 그리고 10년 뒤인 639년(무왕 40)에 서석탑과 동석탑이 만들어졌다. 그런데 제석사 탑은 미륵사 중원의 목탑처럼 목탑이다. 미륵사 서석탑이 만들어지기 이전 백제의 탑은 모두 목탑이었다. 따라서 제석사 목탑은 미륵사의 동·서 석탑보다 먼저 만들어졌을 가능성이 크다. 이로 미루어 제석정사도 629년을 전후한 시기에 조영되지 않았을까 한다.

『관세음응험기』에 의하면 제석정사가 정관 13년(639, 무왕 40)에 불타

---

68 『삼국유사』 권제1 기이 제1 천사옥대조의 "第二十六白淨王 諡眞平大王 … 駕幸內帝釋宮(亦名天柱寺 王之所創)" 참조.
69 『고려사』 권1 세가 제1 태조 7년조의 "是歲 創外帝釋院九耀堂神衆院" 참조. 고려의 제석사에 대해서는 한기문, 1998, 「고려태조시의 사원창건」, 『고려사원의 구조와 기능』, 민족사 참조.

버리자 무왕은 다시 절을 지어 불타지 않은 사리와 사리장엄구를 다시 봉
안하였다. 그런데 제석사지의 북쪽에서 8엽연화문 수막새 등 다량의 와편
과 불보살상, 천부상, 신장상 등 소조상편, 벽체편과 기타 부스러진 소토
등 화재의 잔해물이 뒤섞여 출토되었다. 이곳은 불탄 제석사의 폐기물을
버린 폐기장이었다.[70] 이는 639년에 제석사가 화재로 소실되었다는 기록
의 정확성을 입증해 준다.

　제석사지를 발굴한 결과 이 절은 중문-탑-불전-강당을 일직선상에 배
치하고 회랑으로 둘러싼 일탑-일금당의 가람배치임이 밝혀졌다.[71] 발굴
에서 출토된 제석사지의 유물은 제석사가 불타고 난 후 폐기된 물건들을
모아 둔 곳에서 나온 유물들과 시간 차이가 있다. 따라서 현재의 제석사지
는 원래의 제석사가 불탄 후에 세워진 것은 분명하지만 무왕이 새로 조영
하여 사리를 봉안한 절인지는 단정하기 어렵다. 절이 불탄 639년 11월에
서 무왕이 돌아가신 641년 3월까지 1년 4개월 동안 현재와 같은 대규모의
사찰을 조영하기에는 시간이 너무 짧기 때문이다. 따라서 무왕이 새로 조
영한 절은 왕궁리5층석탑 아래에서 확인된 목탑지와 연결되는 절일 가능
성도 있다. 이 목탑지에 봉안하였을 사리장엄구가 현재의 왕궁리5층석탑
에 봉안된 사리장엄구인지,[72] 그리고 이 사리장엄구가 본래 제석정사에 모
셨던 사리장엄구인지에 대해서는 추후 검토해 보기로 한다.

70 김선기·조상미, 2006, 『익산왕궁리전와요지(제석사폐기장)』(원광대학교박물관 학술총서
　제23책), 원광대학교박물관.
71 제석사지 발굴조사에 대해서는 원광대학교 마한·백제문화연구소 편, 1994, 『익산 제석
　사지 시굴조사보고서』; 국립부여문화재연구소 편, 2011, 『제석사지 발굴조사보고서 I』;
　2013, 『제석사지 발굴조사보고서 II』 참조.
72 왕궁리5층석탑의 동쪽 석함 안에는 금으로 만든 상자 안에 사리가 들어 있던 녹색 병이
　발견되었고, 서쪽 석함에는 금동으로 만든 상자 안에 순제금관에 『불설금강반야바라밀다
　경』이 사경되어 있는 금관 19매가 들어 있었다. 이에 대해서는 황수영, 1966, 「익산 왕궁리
　오층석탑내 발견유물」, 『고고미술』 66집, 고고미술사학회; 국립부여문화재연구소 편, 2009,
　『왕궁리: 익산 왕궁리 유적 발굴 20년 성과와 의의』, 주류성 참조.

Ⅱ. 전륜성왕 추구와 미륵사 창건

1. 미륵하생신앙의 강조와 전륜성왕 추구

미륵사 창건 배경은 『삼국유사』 무왕조의 창건 연기설화에 나온다. 그 내용을 정리하면 다음과 같다. 무왕과 선화공주가 용화산의 사자사에 주석하고 있는 지명知命법사를 찾아가던 중 큰 못에서 미륵삼존불이 솟아나왔다. 왕과 왕비는 이 불상에 예경하였다. 왕비가 불상을 모실 절을 지을 것을 요청하자 왕이 허락하였다. 왕이 지명법사에게 못을 메울 일을 의논하니 법사가 신력으로 하룻밤 사이에 산을 무너뜨려 메웠다. 신라 진평왕은 백공을 보내 창건을 도왔다. 이로써 미륵사가 창건되었다.[73]

이 이야기 속에는 미륵사 창건 시기, 창건 주체, 창건 과정 등이 들어 있다. 창건 시기에 대해 서동을 누구로 보느냐에 따라 무왕 대설,[74] 무령왕 대설,[75] 동성왕 대설[76] 등이 있었다. 그러나 〈사리봉영기〉에 무왕 40년 (639)에 서탑에 사리를 봉영하였다는 명문銘文이 나옴에 따라 무왕 대에 창건되었음이 분명해졌다.

미륵사의 동탑과 서탑은 석탑이고 중앙의 탑은 목탑으로, 미륵사는 '삼탑-삼금당'식의 가람배치를 갖는 사찰이다.[77] 이러한 사찰 구조는 미륵사의 특징이다. 사찰 이름 미륵사와 미륵삼존불은 미륵사가 미륵신앙의 중심

---

73 『삼국유사』 권제2 기이 제2 무왕조.
74 황수영, 1973, 「백제제석사지의 연구」, 『백제연구』 4집, 충남대학교 백제연구소, 2~4쪽.
75 사재동, 1971, 「서동설화연구」, 장암 지헌영선생 화갑기념논총 간행위원회 편, 『장암 지헌영선생화갑기념논총』, 호서출판사, 905~917쪽.
76 이병도, 1976, 『한국고대사연구』, 박영사, 550~551쪽.
77 문화재관리국 문화재연구소, 1982, 『미륵사지발굴조사중간략보고』; 김삼룡, 1977, 『익산문화권의 연구』, 원광대학교 출판부, 64~65쪽.

도량이며 무왕이 미륵신앙을 신봉하고 있었음을 보여 준다.[78]

미륵제경에[79] 의하면, 도솔천의 미륵은 칠보대 안의 마니전 위 사자상獅子床에 앉아 있다가 땅이 금사로 덮여 있고 곳곳에 금·은이 쌓여 있는 시두성翅頭城의 바라문가에 하생한 후 용화수龍華樹 아래에서 성불하고 3회의 법회를 행하여 중행을 제도하는 것으로 되어 있다. 미륵경에 보이는 이러한 내용과 미륵사 창건 과정상의 내용은 여러 면에서 일치한다. 사자상은 지명법사가 거처한 용화산의 사자사獅子寺와 대응되고, 미륵이 하생한 시두성의 금과 은은 서동이 마를 캐면서 '진흙더미처럼 쌓아 놓았다'고한 금과 대응되며, 용왕이 있는 못은 용화산 아래의 큰 못과 대응되며, 용화수는 용화산과 대응되고, 용화삼회는 미륵삼회전과 대응된다.[80]

백제에서 미륵신앙은 이미 위덕왕 대에도 널리 유행하고 있었다. 신라승려 진자사眞慈師가 미륵을 만나러 백제의 웅천 수원사에 왔다든가[81] 미륵불상이 다수 조영된 사실 등이[82] 이를 보여 준다. 미륵신앙에는 상생신앙과 하생신앙이 있다. 법왕이 살생금지령을 내려 국가적 차원에서 불교를 보호하고 장려한 것은 미륵상생신앙을 보여 준다. 반면에 무왕이 하생한 미륵을 모시는 미륵사를 지은 것은 미륵하생신앙을 보여 준다. 그렇다면 무왕은 미륵의 세계를 백제에 구현하기 위해 미륵사를 창건한 것이라할 수 있다. 이리하여 백제의 미륵신앙은 미륵상생신앙에서 미륵하생신

---

78 홍윤식, 1989, 「미륵사 창건의 사상적 배경」, 『미륵사』 (유적발굴조사보고서 I), 문화재관리국 문화재연구소 참조.

79 미륵신앙의 중심을 이루는 경전은 『佛說彌勒菩薩上生兜率天經』, 『佛說彌勒下生經』, 『彌勒下生成佛經』, 『佛說彌勒大成佛經』, 『佛說彌勒來時經』, 『彌勒上生經』 등 彌勒六部經이다. 이에 대해서는 김영태, 1975, 「특집: 백제 미륵사 조사연구; 미륵사 창건 연기설화고」, 『마한·백제문화』 1집, 원광대학교 마한·백제문화연구소 참조.

80 김영태, 1975, 「특집: 백제 미륵사 조사연구; 미륵사 창건 연기 설화고」, 『마한·백제문화』 1집, 원광대학교 마한·백제문화연구소, 99~103쪽.

81 『삼국유사』 권제3 탑상 제4 미륵선화 미시랑 진자사조.

82 田村圓澄, 1982, 「백제의 미륵신앙」, 『마한·백제문화』 4집, 원광대학교 마한·백제문화연구소, 24쪽 표.

앙으로 바뀌게 되었다.[83]

미륵사 창건과 관련하여 또 하나 주목되는 것이 전륜성왕이다. 『미륵하생경』에 의하면, 시두성에 하생한 미륵이 용화수 아래에서 성불하자 이 소식을 들은 상거蠰佉전륜성왕이 가장 먼저 가서 맞이하여 예경하였다고 한다. 상거전륜성왕이 미륵불을 만나 예경한 것은 무왕이 용화산 아래의 큰 못에서 출현한 미륵삼존을 만나자 수레를 멈추고 예를 드린 것[留駕致敬]과 상응된다. 그렇다고 하면 미륵삼존불을 만난 무왕은 상거전륜성왕에 비교될 수 있다.

불교에서 전륜성왕은 칠보를 성취하고 사덕四德을 두루 갖추었으며 수미사주須彌四洲를 통일하고 정법으로 세상을 다스리는 대제왕大帝王을 말한다. 전륜성왕은 보륜에 따라 금륜왕·은륜왕·동륜왕·철륜왕으로 구별된다. 전륜성왕이 다스리는 나라는 풍요롭고 인민은 모두 화락한다고 하였다.[84]

무왕이 자신을 전륜성왕에 비의比擬한 것은 정치적으로 뿐만 아니라 종교적으로도 전륜성왕의 위엄으로 통치에 임하겠다는 의지의 표현이라 할 수 있다. 즉 무왕은 미륵사 창건을 통해 전륜성왕을 자처하여 왕의 권위와 위엄을 뒷받침하려고 하였던 것이다. 이 점은 신라 진흥왕이 아들 이름을 동륜과 사륜으로 지어 전륜성왕을 자처하며 그 권위를 높인 것과[85] 같은 맥락이다.

---

83 홍윤식, 1983, 「익산 미륵사 창건 배경을 통해 본 백제문화의 성격」, 『마한·백제문화』 6집, 원광대학교 마한·백제문화연구소, 21~29쪽.

84 世界聖傳刊行協会, 1974, 『望月佛教大辭典』 제4권, 3826~3827쪽, 轉輪聖王條.

85 김철준, 1952, 「신라 상대사회의 Dual organization (하)」 『역사학보』 2집, 역사학회, 90~95쪽; 이기백, 1978, 「신라초기불교와 귀족세력」, 『신라시대의 국가불교와 유교』, 한국 연구원, 86~87쪽.

2. 미륵사 창건

미륵사는 삼탑–삼금당의 가람양식으로 석탑은 동방 최대 규모였다.[86] 중앙 목탑은 동·서 석탑보다 규모가 훨씬 컸다. 이렇게 규모가 큰 사찰을 건립하려면 많은 물자가 필요하고, 많은 노동력을 동원해야 한다. 이 때문에 미륵사 창건에는 많은 시간이 걸렸을 것이다. 발굴조사에 의하면, 미륵사는 중앙 목탑과 금당이 먼저 세워졌고 그 뒤에 서탑과 서금당 및 동탑과 동금당이 세워졌음이 밝혀졌다. 이러한 순차적 건립은 신라 황룡사가 진흥왕 14년(553)에 착공하여 27년(566)에 1차 가람이 완공되고[87] 진평왕 대에 동금당과 서금당이 세워져[88] 2차 가람이 완공되고, 634년(선덕여왕 3)에 9층목탑이 세워진 것과[89] 유사하다.

『삼국유사』에는 미륵사가 언제 시공되어 언제 완공되었는지에 대해 언급이 없다. 미륵사지를 발굴하였지만 창건 연대를 보여 주는 분명한 기록은 없었다. 다행히 2009년 미륵사지 서탑을 해체·복원하는 작업을 하는 과정에서 〈사리봉영기〉가 출토되어 서탑은 기해년(639, 무왕 40)에 완성되었음을 알 수 있다.

중원의 완공 시기를 추정하는 데 단서가 되는 것이 간지가 새겨진 인각와印刻瓦이다. 미륵사지에서 출토된 인각와 가운데 무왕 대에 해당되는 것은 기묘(619)·갑신(624)·정해(627)·기축(629)명 인각와이다. 갑신명은 4점, 정해명은 80점, 기축명은 23점이다.[90] 이 가운데 시기가 가장 늦은 기

---

86 『신증동국여지승람』 권33 전라도 익산군 불우조의 "彌勒寺 (在龍華山 世傳武康王旣得人心 … 石塔極大 高數丈 東方石塔之最" 참조.

87 『삼국사기』 권제4 신라본기 제4 진흥왕 14년조, 27년조 참조.

88 『삼국유사』 권제3 탑상 제4 황룡사장육조의 "寺記云 眞平五年甲辰 金堂造成" 참조.

89 『삼국유사』 권제3 탑상 제4 황룡사구층탑조.

90 윤덕향, 1989, 「명문와」, 『미륵사』 (유적발굴조사보고서 I), 문화재관리국 문화재연구소, 248~251쪽.

축명 인각와는 중원의 금당지와 동원의 동승방지·강당지 및 접랑지·북승방지에서도 출토되고 있다. 이로 미루어 중앙 목탑과 중금당은 물론 강당 및 승방, 회랑은 무왕 30년(629)에 완공된 것으로 볼 수 있다.[91]

중원과 서원의 완공 시기가 다르다는 것은 완공 주체도 다를 수 있음을 시사해 준다. 서원을 완공한 주체는 〈사리봉영기〉에서 보듯이 사탁씨 왕후였다. 그렇다면 중원을 완공한 주체는 미륵사 창건을 요청한 선화공주로 볼 수 있다. 이러한 관점에서 보면 미륵사의 완공 과정은 다음과 같이 정리할 수 있다.

선화공주는 왕에게 요청하여 미륵삼존을 모시는 절을 짓기로 하였다. 이 절은 삼탑-삼금당으로 이루어진 삼원구조로 계획되었다. 무왕과 선화공주는 지명법사의 도움을 받아 먼저 중금당 건립에 착수하여 629년에 9층목탑과 금당을 완공하였다. 그후 사탁씨 왕후는 서탑과 서금당 및 나머지 시설들에 대한 건립에 착수하여 639년에 서원을 완공하였다.[92] 이리하여 삼탑-삼금당으로 이루어진 거대한 미륵사가 제 모습을 갖추게 되었다. 다만 동원東院이 서원보다 먼저 지어졌는지의 여부는 단정하기 어렵다.

여기에서 정리해야 할 것은 일연스님이 "왕흥사를 또한 미륵사라 하였다"는[93] 기사이다. 이 기사를 근거로 두 가지 견해가 나왔다. 하나는 왕흥사가 바로 미륵사라는 견해이다.[94] 그러나 부여의 왕흥사는 무왕 35년(634)에, 익산의 미륵사는 무왕 40년(639)에 완공되었다. 왕흥사는 사비도성에, 미륵사는 익산에 위치하였다. 따라서 왕흥사와 미륵사는 완공 시기

91 노중국, 1999, 「백제 무왕과 지명법사」, 『한국사연구』 107집, 한국사연구회.

92 동원의 완공 시기는 분명하지 않으나 639년이나 그 직후일 가능성이 크다.

93 『삼국유사』 권제3 흥법 제3 법왕금살조의 "明年庚申 度僧三十人 創王興寺於時都泗沘城(今扶餘) 始立栽而升遐 武王繼統 父基子構 歷數紀而畢成 其寺亦名弥勒寺 …"참조.

94 김삼룡, 2003, 「익산 미륵사 창건의 배경」, 『익산의 선사와 고대문화』, 원광대학교 마한·백제문화연구소, 익산시, 413쪽.

와 위치가 다른 별개의 사찰이다.[95]

다른 하나는 왕흥사가 완공되기 이전의 백제 수도는 익산이었다는 견해이다.[96] 이 견해는 "왕흥사성어시도사비성王興寺成於時都泗沘城"을 "왕흥사성王興寺成 시도사비성時都泗沘城"으로 끊어 읽은 후 "왕흥사가 완성되었다. 이때 도성은 사비성이었다"로 해석한 데서 나온 것이다. 이러한 끊어 읽기는 왕흥사가 창건되기 이전에 수도가 익산이었다는 것을 논증하기 위한 것에 불과하다. 이 기사는 "당시의 도성 사비성에 왕흥사를 이루었다"로 해석하는 것이 타당하다. 왕흥사가 창건되기 이전이나 이후에도 백제 수도는 사비였기 때문이다.

일연스님이 왕흥사와 미륵사를 동일 사찰로 의견을 표명한 것은 참고한 기록의 차이 때문인 것 같다. 『삼국사기』 무왕조에는 634년 왕흥사 완공 기사만 있고, 『고기』에는 미륵사 창건 기사만 있다. 두 기록을 모두 참고한 일연스님은 『고기』에 보이는 미륵사를 『삼국사기』의 왕흥사와 동일한 것으로 판단하고 왕흥사의 다른 이름을 미륵사라고 한 것 같다. 그래서 일연스님은 법왕금살조에서 법왕이 왕흥사를 세우다가 돌아가시자 무왕이 뒤를 이어 왕흥사, 즉 미륵사를 세운 것으로 보고 이를 '부기자구父基子構'라 표현하였던 것이다. '부기자구'는 일연스님의 견해일 뿐이므로 이를 근거로 왕흥사를 미륵사로 보는 것은 타당하지 않다.

---

95 저자는 이전의 저서에서 『삼국사기』 무왕 35년조의 '成王興寺'의 왕흥사는 익산의 미륵사를 가리키는 것으로 보았지만(노중국, 1988, 『백제정치사연구―국가형성과 지배체제의 변천을 중심으로―』, 일조각, 200~201쪽) 여기서는 수정한다.

96 최완규, 2009, 「고대 익산과 왕궁성」, 국립부여문화재연구소 편, 『익산 왕궁리 유적의 조사 성과와 의의: 익산 왕궁리 유적 발굴조사 20주년 기념 국제학술대회』, 국립부여문화재연구소, 249쪽.

III. 무왕의 정치적 한계

1. 사탁씨 왕후의 등장

무왕의 세 번째 왕비 사탁씨 왕후가 언제 어떻게 하여 왕비가 되었는지를 알려 주는 자료는 없다. 이 문제는 왕후의 책립이 고도의 정치적 행위라는 점에서 의자의 태자 책봉과 연관하여 살펴볼 필요가 있다. 무왕의 아들로는 현재 두 명이 확인된다. 한 사람은 맏아들 의자이다. 의자는 무왕이 서동 시절에 맞이한 부인과의 사이에서 596년경에 태어났다.

다른 한 사람은 풍장이다. 풍장은 『일본서기』 서명기 3년조의 "백제왕 의자가 왕자 풍장을 들여 보내 인질로 하였다"는[97] 기사에서 처음으로 확인된다. 이 기사대로라면 풍장은 의자왕의 아들이지만 서명기 3년은 무왕 32년(631)이므로 연대를 기준으로 하면 풍장은 무왕의 아들이 된다. 이로 말미암아 풍장의 실체에 대해 의자왕 아들설과[98] 무왕 아들설이[99] 나왔다.

그런데 『일본서기』 제명기에는 귀실복신이 왜에서 풍장을 모셔와 왕으로 옹립하였다는 기사가 나온다.[100] 이 풍장은 『속일본기』에 의자왕이 아들 풍장을 왜에 보냈다는 기사와 연결시켜 보면[101] 의자왕의 아들이 분명하다. 이는 무왕 대의 풍장과 의자왕 대의 풍장이 다른 인물임을 보여 준다. 그럼

---

97 『일본서기』 권23 서명기 3년조의 "三月庚申朔 百濟王義慈入王子豊璋爲質" 참조.
98 정효운, 1990, 「7세기대 한일관계의 연구(상)―「백강구전」에의 왜군파견 동기를 중심으로―」, 『고고역사학지』 5·6합집, 동아대학교박물관; 김수태, 1992, 「백제 의자왕대의 태자 책봉」, 『백제연구』 23집, 충남대학교 백제연구소.
99 西本昌弘, 1985, 「豊璋と翹岐 ― 大和改新前夜の倭王と百濟 ―」, 『ヒストリア』 107号, 大阪歷史學會; 鈴木靖民, 1993, 「7세기 중엽 백제의 정변과 동아시아」, 『백제연구총서』 3집, 충남대학교 백제연구소.
100 『일본서기』 권26 제명기 6년조의 "冬十月 百濟佐平鬼室福信遣佐平貴智等 來獻唐俘一百餘人 … 并乞王子餘豊璋曰 方今謹願 迎百濟國遣侍天朝王子豊璋 將爲國主 云云" 참조.
101 『속일본기』 권27 천평신호 2년조의 "高市岡本宮馭宇天皇御世 義慈王遣其子豊璋王及禪廣王 入侍于後岡本朝廷 … 其臣佐平福信 剋復社稷 遠迎豊璋 紹興絶統" 참조.

에도 불구하고 『일본서기』 편찬자가 서명기의 풍장을 제명기에 나오는 의
자왕의 아들 풍장과 동일 인물로 정리하였기 때문에 이러한 혼동이 생긴 것
이다. 따라서 서명기의 의자왕은 무왕으로, 풍장은 무왕의 아들로 고쳐 보
아야 한다.[102]

이를 뒷받침해 주는 것이 풍장과 충승의 관계이다. 충승은 백제 멸망 후
부흥운동에 참여한 왕족이었다. 그런데 충승은 『일본서기』 효덕기 백치
원년(650)조에는 풍장의 동생으로,[103] 제명기 6년(660)조에는 풍장의 숙부
로[104] 나온다. 이 가운데 하나는 맞고 다른 하나는 틀리다고 양자택일할 수
는 없다. 두 기사 모두 의미를 가지고 있다고 보면 충승의 형인 풍장과 충
승의 조카인 풍장은 동명이인이 된다.[105] 그렇다면 서명기의 풍장은 무왕
의 아들로서 충승의 형으로 보는 것이 타당하다.

무왕은 즉위하기 이전 서동 시절에 결혼하여 의자를 낳았다. 즉위 후 신
라왕녀 선화공주를 두 번째 부인으로 맞이하였다. 사탁씨 왕후의 경우 자
신의 소생을 왕위에 올리려는 모습이 보이지 않아 소생이 없었을 가능성
이 크다. 그렇다면 풍장의 모후는 선화공주가 아닐까 한다.

풍장을 선화공주의 소생으로 보면 태자 책봉의 대상은 원자 의자와 풍
장이 된다. 장자 계승의 원리대로라면 원자 의자가 태자가 되어야 한다.
그런데 무왕은 재위 33년(632)에 와서야 의자를 태자로 책봉하였다. 책봉
시기가 매우 늦었다. 이는 지배 세력들 사이의 의견 조절이 그만큼 어려

---

102 노중국, 1994, 「7세기 백제와 왜와의 관계」, 『국사관논총』 52집, 국사편찬위원회.
103 『일본서기』 권25 효덕기 백치 원년조의 "二月 … 左右大臣 乃率百官及百濟君豊璋 其弟塞
城忠勝 …" 참조.
104 『일본서기』 권26 제명기 6년조의 "冬十月 百濟佐平鬼室福信遣佐平貴智等 … 詔曰 … 以禮
發遣云云(送王子豊璋及妻子與其叔父忠勝等 …)" 참조.
105 백제에는 시기를 달리하는 동명이인의 사례가 종종 보인다. 무령왕의 이름과 의자왕의
태자 이름이 '隆'이라는 것, 전지왕 대의 병관좌평 이름과 문주왕 대의 병관좌평 이름이
'解仇'라는 것이 대표적인 사례이다. 그렇지만 풍장의 경우 숙질의 이름이 같다는 점은
어색하기도 하다. 이 문제의 해명은 앞으로의 과제로 둔다.

웠음을 시사해 준다. 그 배경에는 의자의 모후가 익산의 변변치 못한 가문 출신이라는 점이 작용하지 않았을까 한다. 이로 말미암아 당시 지배 세력들은 의자를 지지하는 세력과 풍장을 지지하는 세력으로 나뉘었을 가능성이 크다. 이러한 상황 설정은 고구려의 경우이지만 양원왕 말년에 중부인의 소생을 지지하는 추군麤群 세력과 소부인의 소생을 지지하는 세군細群 세력이 왕위 계승전을 벌인 것에 의해 방증이 되리라 본다.

의자왕은 인물 됨됨이가 '웅걸차고 용기 있고 결단력이 있으며',[106] '과단성이 있고 침착하고 생각이 깊었다'고[107] 한다. 무왕은 이를 높이 사서 의자를 후계자로 삼으려고 하였을 것이다. 그렇지만 지배 세력들이 분열되어 있는 상황에서 의자왕을 지지해 줄 수 있는 세력을 확보하는 것이 필요하였다. 이 시기 최고 귀족 가문은 사탁씨였다. 이에 무왕은 사탁씨 왕후를 맞이하면서 사탁씨로 하여금 의자의 태자 책봉을 지지하도록 하지 않았을까 한다. 그렇다면 사탁씨 왕후를 맞이한 시기는 의자를 태자로 책봉한 재위 33년(632)에서 그다지 멀지 않았을 것이다. 이리하여 사탁씨 왕후가 등장하게 되었다. 이후 무왕은 631년에 풍장을 왜로 보내고, 이듬해에 의자를 태자로 책립하여 책봉 문제를 마무리지었다.

2. 사탁씨 왕후의 '무육만민'

사탁씨 왕후에 관한 문헌 자료는 하나도 없기 때문에 왕후가 된 이후 사탁씨 왕후의 정치적 위상은 〈사리봉영기〉에서 찾아볼 수밖에 없다. 〈사리봉영기〉에는 왕후와 관련하여 정재를 희사하여 절을 지었다는 것, 왕후의 몸이 불멸하고 성불하기를 기원한 것, 선인善因을 오랜 세월에 심어 금

---

106 『삼국사기』 권제28 백제본기 제6 의자왕 즉위년조의 "雄勇有膽決" 참조.
107 〈부여융묘지명〉의 "父義慈 … 果斷沈深 聲芳獨邵" 참조.

생에서 뛰어난 과보를 받았다는 것, 삼보의 동량이 되었다는 것 등의 내용
이 나온다. 사리를 봉영하면서 왕후가 이렇게 강조되고 있는 것은 무왕 후
기에 왕후의 정치적 위상이 높았음을 시사해 준다.

이를 단적으로 보여 주는 것이 '무육만민撫育萬民'이다. '무육만민'에
서 '만민'은 '천하만민'이라는 의미로서 제왕의 영토 내에 살고 있는 모
든 백성을 말한다. 만민을 '무육'하는 일은 제왕만이 할 수 있는데, 〈사리
봉영기〉에는 만민을 무육하는 일을 왕후가 하고 있다.

왕후가 만민을 무육하게 된 배경은 두 가지로 생각해 볼 수 있다. 하나
는 무왕의 건강 상태가 좋지 않았다는 것이다. 무왕의 건강 상태를 직접
보여 주는 자료는 없지만 왕후가 639년 1월에 사리를 봉영하면서 무왕의
장수를 기원한 후 만 2년 2개월 뒤인 642년 3월에 무왕이 돌아가셨다. 이
로 미루어 무왕은 고치기 어려운 병에 걸렸을 가능성이 크다. 건강이 좋지
않음에 따라 무왕은 점차 정사에 흥미를 잃고 연락宴樂에 빠져든 것 같다.
634년에 궁남지를 만들어 즐긴 것, 636년에 사비하 북포에서 '음주극환'
한 것, 망해루에서 군신들에게 연회를 베푼 것, 638년에 빈어嬪御들과 큰
못에 배를 띄우고 논 것[108] 등이 이를 보여 준다. 이렇게 무왕이 후반에 와
서 정사에 흥미를 잃고 연락에 빠지자 왕후가 정치 일선에 나서게 되지 않
았을까 한다.

다른 하나는 왕후가 백제 제1의 귀족 가문인 사씨(사탁씨) 출신이라는
점이다. 왕후가 정치 일선에 나서게 되면 이에 반대하는 신하들이 있기 마
련이다. 이러한 반대를 억누르기 위해서는 지지 세력이 있어야 한다. 이
때 사탁씨 왕후를 지지한 제1의 세력이 바로 친정 가문이었을 것이다. 사
탁씨 가문의 위세는 사탁적덕이 1품 좌평의 관등을 지녔다는 것과 의자왕
초기에 대좌평의 지위에 있었던 사택지적의 주 활동 시기가 무왕 대라는

108 『삼국사기』 권제27 백제본기 제5 무왕 35년조, 37년조, 39년조 참조.

사실에서 확인된다.

이런 배경에서 사탁씨 왕후는 정치적 실권을 장악하여 정국을 주도하게 되었다. 그래서 〈사리봉영기〉에 왕후가 '무육만민'한다는 표현까지 나오게 된 것이다. 그렇지만 사탁씨 왕후는 무왕을 '대왕폐하'로 부르고, 대왕의 장수를 기원한 것 등에서 보듯이 무왕을 받들었다. 왕후의 이러한 입장은 혹시나 있을 수 있는 귀족들의 반발을 고려하여 나온 것이라 하겠다.

3. 익산 경영의 한계

무왕은 왕권 중심 체제의 확립이라고 하는 정치적 목적에서 익산 경영을 추진하였다. 무왕의 익산 경영을 익산 천도로 이해하는 견해도 있다. 이러한 견해는 『관세음응험기』의 "천도지모밀지遷都枳慕蜜地 신영정사新營精舍"를 근거로 하였다. '지모밀지'는 익산의 옛 이름이다. 익산 천도를 주장하는 견해에서는 이 기사를 "지모밀지에 천도하고 정사를 새로이 만들었다"고 해석하여 639년 이전에 무왕이 익산으로 천도한 것으로 파악하였다. 그리고 왕궁리 유적·미륵사지·제석사지·쌍릉 등의 유적들을 입증 자료로 하였다.[109]

그러나 익산으로 천도하였다는 견해는 재검토되어야 한다. 무엇보다도 무왕은 31년(630) 2월에 사비궁을 중수하기 위해 웅진으로 행행行幸하였다가 7월에 가뭄 때문에 공사가 중단되자 다시 사비궁으로 돌아왔다.[110]

---

109 황수영, 1973, 「백제제석사지의 연구」, 『백제연구』 4집, 충남대학교 백제연구소, 2~4쪽; 김삼룡, 1977, 『익산문화권의 연구』, 원광대학교 출판부; 藤澤一夫, 1977, 「百濟別都 益山王宮里 廢寺 卽大官寺考」, 『마한·백제문화』 2집, 원광대학교 마한·백제문화연구소, 151~156쪽; 최완규, 2014, 「고도 익산의 보존 및 복원을 위한 새로운 모색」, 『마한·백제문화』 24집, 원광대학교 마한·백제문화연구소.
110 『삼국사기』 권제27 백제본기 제5 무왕 31년조.

만약 630년 이전에 익산으로 천도하였다면 사비궁을 중수할 때 굳이 웅진으로 행행할 필요는 없었을 것이다. 또 5개월 뒤에 공사가 중단되어 환궁할 때도 사비궁으로 되돌아올 필요도 없었을 것이다. 이는 630년대까지도 사비가 수도였음을 보여 준다.

이러한 비판에 대해 익산으로의 천도를 630년 이후에서 제석정사가 불탄 639년 이전의 어느 시기라고 보아야 한다고 주장할 수도 있다. 그러나 가뭄 때문에 사비궁 중수마저 중단한 상태에서 짧은 기간 안에 새로운 수도를 만들어 천도한다는 것은 현실적으로 불가능하다. 더구나 익산으로 천도한 시기가 불명할 뿐 아니라 익산에서 다시 사비로 되돌아온 시기도 알 수 없다. 나당연합군에 의해 함락된 도성이 사비도성이 분명하기 때문이다. 따라서 무왕은 익산으로 천도하지 않은 것으로 보는 것이 타당하다.『삼국사기』에 익산으로의 천도 기사가 보이지 않는 것이 이를 방증해 준다.

여기에서 정리해야 할 것은 왕궁리 궁성 유적의 성격이다. 이에 대해 익산은 무왕 대의 별도別都였고 '천도'는 별도에 이어移御한 것으로 파악한 견해도[111] 있고,『구당서』백제전의 "왕이 살고 있는 곳은 동서 양성이 있다[王所居有東西兩城]"는[112] 기사에 근거하여 왕도 부여를 서도西都, 익산을 동도東都로 보고 백제의 도성을 복도제複都制로 파악한 견해도[113] 있다.

별도설이나 동도설은 익산에 남아 있는 왕궁지에 대한 합리적 해석을 꾀하는 과정에서 나온 것이다. 별도 또는 동도가 되려면 왕궁뿐만 아니라 관청 등의 시설이 있어야 한다. 그러나 현재 익산에는 정무를 볼 수 있는 관청 시설 등은 확인되고 있지 않다. 또 무왕 사후 왕궁은 사찰로 바뀌어 버렸다. 이러한 사실들은 별도설이나 동도설의 성립을 어렵게 한다. 다만

---

111 이병도, 1976,『한국고대사연구』, 박영사, 550~551쪽.
112 『구당서』권199 상 열전 제149 상 동이 백제전.
113 박순발, 2013,「사비도성과 익산 왕궁성」,『마한·백제문화』21집, 원광대학교 마한·백제문화연구소.

별도설에서 『관세음응험기』에 나오는 '천도'의 의미를 왕의 행어幸御로
도 볼 수 있다는 견해는 받아들여도 좋을 것이다.

저자는 현재의 상황에서 미루어 왕궁리 궁성 유적은 이궁離宮으로 보는
것이 타당하다고 생각한다. 이궁은 행궁行宮 또는 별궁別宮이라고도 하는
데 왕이 도성을 떠나 행차할 때 머무는 공간이다. 백제에 이궁(별궁)이 있
었다는 것은 아신왕이 한성 별궁에서[114] 출생한 사실에서 확인된다.

무왕은 익산 경영을 추진하면서 장차 익산으로의 천도를 계획하였던 것
같다. 그래서 왕궁을 짓고, 내원으로서의 제석사와 국가대사로서의 미륵
사를 창건하였다. 그렇지만 결국 천도하지 못하고 익산 왕궁은 별궁으로
만 이용하였다. 천도가 이루어지지 못한 원인은 사비에 기반을 둔 유력 귀
족들의 반대 때문이었을 것이다. 귀족들의 반대를 극복하지 못한 것은 무
왕의 정치적 한계성이다. 무왕 후반에 정치의 실권이 왕후의 손에 들어가
게 된 것도 이로 말미암은 것이 아닐까 한다.

---

114 『삼국사기』 권제25 백제본기 제3 아신왕 즉위년조.

제8부

백제의 멸망과 부흥백제국

1 복원·정비된 예산 임존성(경북문화재연구원 제공)

백제가 나당연합군에 의해 멸망하자 사방에서 부흥군이 일어났다. 복신과 도침이 이끈 부흥군의 초기 중심지가 임존성이다. 도침과 복신, 흑치상지는 임존성을 공격해 온 소정방의 군대를 물리쳐서 부흥군의 사기를 크게 높이자 200여 성이 호응하였다. 부흥군이 중심지를 주류성으로 옮긴 이후에도 지수신 장군은 임존성에서 끝까지 나당점령군에 저항하였다.

2 예군묘지명(탁본)과 '참제'(충북대학교 김영관 교수 제공)

웅진성 방어 임무를 맡은 방령 예군은 동생 예식진과 함께, 웅진성으로 피난 온 의자왕을 사로잡아 당나라에 항복하였다. 중국에서 출토된 예군의 묘지명에 나오는 "참제僭帝가 칭신稱臣하였다"라는 표현은 의자왕이 국내에서 황제를 칭하였음을 보여 준다. 다만 당에서는 백제를 황제국으로 인정하지 않아 '참월한 황제[僭帝]'로 표현하였다.

3 부여 은산별신제 별신당의 복신장군(좌)과 토진(도침)대사(우)(부여문화원 제공)

충남 부여군 은산면 은산리에서는 별신제를 지내고 있다. 제사를 지내는 별신당의 정면에는 산신이, 동벽에는 복신장군이, 서벽에는 토진대사의 위패와 초상화가 각각 봉안되어 있다. 백제부흥국 성립을 주도한 복신장군과 토진(도침)대사에게 올리는 별신제의 전승을 통해 옛 백제 지역에서 백제의 정신이 이어지고 있음을 엿볼 수 있다.

2

3

제1장

의자왕 대의 정치

I. 의자왕의 즉위와 친위정변의 단행

1. 의자왕의 즉위

무왕 사후 태자 의자가 즉위하였다. 의자는 무왕이 서동으로 생활하던 시기인 596년을 전후해 익산에서 결혼한 부인과의 사이에서 태어났다. 의자는 무왕 33년(632)에 태자로 책봉되었다. 이때 나이는 40세에 가까웠다. 의자가 태자로 책립되었다고 하여도 즉위하는 것이 순탄하지만은 않았다. 태자로 책봉된 이후 무왕이 돌아가신 642년 3월까지 정치적 상황이 녹록치 않았기 때문이다. 무엇보다도 60대 중반 정도[1] 된 무왕은 건강 상태가 좋지 않았던 것 같다. 〈사리봉영기〉에 왕의 장수를 기원한 후 2년 2개월 만에 왕이 돌아갔다는 사실이 이를 보여 준다. 어쩌면 이 시기에 무왕은 고칠 수 없는 고질痼疾이 도졌을지도 모른다. 이로 말미암아 무왕은 점차 환락에 빠져 들고 정사에 흥미를 잃지 않았을까 한다.

이러한 상황에서 정치적 주도권을 장악한 세력에 대해서는 두 가지 견해가 있다. 하나는 왕후의 아버지 사탁적덕이 실권을 장악하였을 것으로 보는 견해이다.[2] 이는 사탁적덕이 왕후의 아버지라는 사실에서 추론한 것

1 무왕이 596년경에 원자 의자를 낳았을 때의 나이를 20세 정도로 보면 600년에 즉위하여 재위 40년이 될 때 나이는 64~65세 정도 된다.
2 정재윤, 2009, 「미륵사 사리봉안기를 통해 본 무왕·의자왕대의 정치적 동향」, 『한국사학보』

일 뿐 근거는 없다. 다른 하나는 태자 의자가 실질적인 국정 운영자로서[3] 감국監國의 역할을 한 것으로 보는 견해이다.[4] 감국론은 『구당서』 정관 11 년조에 "의자왕이 태자 융을 보내 내조하였다"는 기사를[5] 근거로 한 것이다. 정관 11년(637)은 무왕 38년이다. 무왕 재위 기간임에도 불구하고 의자왕이 태자 융隆을 중국에 보낸 것은 이때 의자가 감국과 외교를 담당하였고 중국에서는 의자를 백제왕으로 간주하였기 때문이라는 것이다.

그러나 이 시기에 의자가 감국의 위치에 있었는지도 불분명하거니와 설혹 감국을 하였다고 하더라도 '감국'과 '왕'은 엄연히 다르므로 왕으로 표현할 수 없다. 따라서 감국론은 성립할 수 없다. 『구당서』의 정관 11년 (무왕 38)을 기준으로 하면 무왕의 태자는 의자이다. 융은 의자의 태자이다. 따라서 '기태자융其太子隆'은 '기태자자융其太子子隆'에서 '자子'자가 탈락된 것으로 보든가[6] 아니면 태자 의자의 견당을 태자 융의 견당으로 잘못 기록한 것으로 보는 것이[7] 타당할 것이다.

저자는 앞에서 언급한 것처럼 '무육만민'한 사탁씨 왕후가 정치 운영의 실권을 장악한 것으로 본다. 그에 따라 자연히 백제 조정에는 사탁씨 왕후의 세력들이 포진하였을 것이다. 뒤에 다시 말하겠지만 사탁씨 왕후가 죽은 후 의자왕이 일으킨 정변에서 추방된 제왕자弟王子의 아들 교기와 그의 어머니의 자매의 딸 등 40여 명이 왕후의 측근들이었을 것이다. 이로 말미암아 사탁씨 왕후의 향배는 이후의 정치 정세에 큰 영향을 미치게 되었다.

37집, 고려사학회.

3 강종원, 2011, 「백제 무왕의 태자 책봉과 왕권의 변동」, 『백제연구』 54집, 충남대학교 백제연구소; 최연식, 2012, 「미륵사 창건의 역사적 배경」, 『한국사연구』 159집, 한국사연구회.

4 윤진석, 2015, 「"해동증민" 의자왕의 즉위 전 위상 재검토―생모 문제와 태자책봉 문제를 중심으로―」, 『대구사학』 120집, 대구사학회.

5 『구당서』 권3 본기 제3 태종 하 정관 11년조의 "百濟王遣其太子隆來朝" 참조.

6 양종국, 2004, 「의자왕 후예들의 과거와 현재」, 『백제문화』 33집, 공주대학교 백제문화연구소.

7 양기석, 1995, 「백제 부여융 묘지명에 대한 검토」, 『국사관논총』 62집, 국사편찬위원회.

이러한 상황에서 의자는 태자 자리를 지키기 위해 '사친이효事親以孝하고 여형제이우與兄弟以友하지' 않을 수 없었다.[8] '사친이효'는 의자가 왕과 왕비의 뜻을 거스르지 않으려는 노력을, '여형제이우'는 왕족과 사이좋게 지내려는 노력을 보여 준다. 후대의 사서들은 의자가 '사친이효'하고 '여형제이우'한 것을 모두 효자의 표상인 증자와 비교하였다. 그래서의자왕을 '해동증자海東曾子' 또는 '해동증민海東曾敏'이라 하였다.

증자, 즉 증민曾敏은 고약한 부모 밑에서도 효를 다한 '효'의 상징적인인물이다. 따라서 증자와 같다는 것은 효도하기 어려운 상황이었음에도불구하고 효도를 한 경우에 사용되는 표현이다.[9] 의자에게 효도하기 어려운 상황이란 사탁씨 왕후를 추종하는 세력들의 끊임없는 농간이었을 것이다. 이에 의자는 왕후로부터 버림받지 않기 위해 효를 게을리하지 않았고그래서 '사친이효'라는 표현이 나온 것 같다. 또 의자는 왕후를 둘러싼 왕족들과 갈등을 일으키지 않으려 형제들과 우애하였을 것이다. 이리하여의자는 마침내 무왕의 뒤를 이어 왕위에 올랐다.

2. 친위정변의 단행

녹록치 않은 정치적 상황 속에서 왕위에 오른 의자왕은 곧바로 왕권 강화를 위한 과감한 정치 개혁을 단행하였다. 이를 보여 주는 것이 『일본서기』의 다음과 같은 기사이다.

> 백제 조문사의 겸인 등이 말하기를 "지난해 11월 대좌평 지적이 죽었다. 백제 사신이 곤륜국의 사신을 바다 속으로 던져 버렸다. 금년 정월에 국주의 어머

---

8 『삼국사기』 권제28 백제본기 제6 의자왕 즉위년조; 『신당서』 권220 동이열전 제145 백제전.
9 윤진석, 2015, 「"해동증민" 의자왕의 즉위 전 위상 재검토—생모 문제와 태자책봉 문제를 중심으로—」, 『대구사학』 120집, 대구사학회, 57쪽.

니가 돌아가셨다. 동생 왕자의 아들 교기와 그의 어머니의 자매의 딸 4명과 내 좌평 기미 등 이름 높은 40여 명이 섬으로 쫓겨났다"고 하였다.[10]

 이 기사는 겸인傔人들의 말을 듣고 기록한 것이다. 겸인은 종자從者 또는 시종이라고도 하는데 사신단의 수행원을 말한다.[11] 겸인들이 한 말의 내용은 지난해(641) 11월에 일어난 일과 금년(642) 정월에 일어난 일 두 가지이다. 지난해의 일은 대좌평 지적이 죽었다는 것과 백제 사신이 곤륜국 사신을 바다 속에 던져 버렸다는 것이다. 〈사택지적비〉에 의하면 사택지적은 654년(의자왕 14)에도 살아 있었다. 따라서 사택지적이 641년에 죽었다고 한 겸인의 말은 잘못이다.

 금년(642)의 일은 정월에 국주모가 죽었다는 것과 동생 왕자의 아들 교기翹岐를 비롯하여 그의 어머니의 자매의 딸 4명과 내좌평 기미 등 고명지인高名之人 40여 명이 섬으로 쫓겨난 것을 말한다. 이는 백제에서 큰 정변이 있었음을 보여 준다. 왜의 사신 아즈미노 무라지히라부阿曇連比羅夫가 "지금 백제에서는 대란이 있었다"고[12] 한 말이 이를 뒷받침해 준다.

 『일본서기』에 나오는 천황 가운데 황극과 제명은 같은 인물로서 두 번 천황이 되었다. 이를 근거로 황극기 원년조의 기사를 제명기 원년조로 옮겨야 한다는 견해도 있다.[13] 그러나 황극기 원년조에는 고구려 연개소문의 정변과 같은 여러 사건이 나오는데 그 연대는 『삼국사기』의 연대와 일

---

10 『일본서기』 권24 황극기 원년조의 "百濟吊使傔人等言 去年十一月 大佐平智積卒 又百濟使人擲崑崙使於海裏 今年正月 國主母薨 又弟王子兒翹岐及其母妹女子四人 內佐平岐味 有高名之人卌餘 被放於嶋" 참조.

11 坂本太郎 外 校注, 1967, 『日本書紀 下』(日本古典文学大系 68), 岩波書店, 41쪽의 두주 26; 권덕영, 1997, 『고대한중외교사―견당사 연구』, 일조각, 128쪽.

12 『일본서기』 권24 황극기 원년조의 "春正月 … 然其國者 今大亂矣" 참조.

13 이도학, 1997, 「『일본서기』의 백제 의자왕대 정변기사의 검토」, 『한국고대사연구』 11집, 한국고대사학회.

치한다. 이 때문에 다른 기사는 그대로 두고 의자왕의 정변 기사만을 제명기 원년조로 옮기는 것은 타당하지 않다.[14]

이 기사에서 정리해야 할 것은 국주모, 교기, 교기의 어머니의 자매의 딸 4명, 그리고 기미 등 인물들의 실체이다. 국주모는 무왕의 왕비이다. 무왕의 왕비로는 의자왕의 생모, 선화공주, 사탁씨 왕후가 있었다. 이 가운데 사탁씨 왕후는 〈사리봉영기〉에 의하면 무왕보다 늦게 돌아가셨다. 따라서 이 국주모는 사탁씨 왕후가 분명하다.[15] 사탁씨 왕후는 비록 의자왕의 생모는 아니지만 무왕의 정비였으므로 국주모로 표현된 것이다. 이는 고구려 대무신왕의 차비次妃 소생인 왕자 호동이 원비元妃를 모母라 부른 것에서[16] 방증이 되리라 본다.

교기의 경우 이 기사에는 '동생 왕자의 아들'로 나온다. 이 기사대로라면 교기는 의자왕의 조카가 된다. 그런데 『일본서기』 황극기 2년(643)조에는 "백제국주의 아들 교기와 동생인 왕자가 함께 조공사로 왔다"라는[17] 기사가 나온다. 이 기사에 의하면 교기는 백제국주, 즉 의자왕의 아들이 된다. 이로 말미암아 교기를 의자왕의 조카로 보는 설과[18] 의자왕의 아들로 보는 설이[19] 나왔다.

14 정효운, 1997, 「7세기 중엽의 백제와 왜」, 『백제연구』 27집, 충남대학교 백제연구소, 221~224쪽; 김수태, 1998, 「백제 의자왕대 왕족의 동향」, 『백제연구』 28집, 충남대학교 백제연구소, 313~320쪽.

15 김주성, 2009, 「백제 무왕의 정국운영」, 『신라사학보』 16집, 신라사학회; 정재윤, 2009, 「미륵사 사리봉안기를 통해 본 무왕·의자왕대의 정치적 동향」, 『한국사학보』, 고려사학회; 문안식, 2009, 「의자왕의 친위정변과 국정쇄신」, 『동국사학』 47집, 동국사학회.

16 『삼국사기』 권제14 고구려본기 제2 대무신왕 15년조의 "冬十一月 … 好童 王之次妃曷思王孫女所生也 … 元妃恐奪嫡爲大子 乃讒於王曰 好童不以禮待妾 殆欲乱乎 … 或謂好童曰 子何不自釋乎 荅曰 我若釋之 是顯母之惡 貽王之憂 可謂孝乎 乃伏劒而死" 참조.

17 『일본서기』 권24 황극기 2년조의 "夏四月 … 百濟國主兒翹岐弟王子" 참조.

18 鈴木靖民, 1993, 「7세기 중엽 백제의 정변과 동아시아」, 『백제연구총서』 3집, 충남대학교 백제연구소.

19 山尾幸久, 1989, 『古代の日朝関係』(塙選書 93), 塙書房, 398~399쪽.

교기의 실체는 교기가 왜로 쫓겨 간 것인가 아니면 사신으로 간 것이냐에 따라 달라진다. 교기는 황극기 원년조와 연관시켜 보면 쫓겨 간 것이되고, 2년조와 연관시켜 보면 사신으로 간 것이 된다. 그런데 황극기 원년조에 의하면, 백제에서는 고명지인 40여 명이 섬으로 쫓겨나는 '대란'이 있었다. 교기는 대란 중에 쫓겨났다. 이 교기를 의자왕의 아들이라고 하면 의자왕은 정변을 일으키면서 자기 아들을 섬으로 내쫓은 셈이 된다. 이는 실상에 맞지 않는다. 따라서 교기는 의자왕의 조카로 보는 것이 타당하다. 다만 교기의 아버지가 의자왕의 동모제인지 아니면 이모제異母弟인지는 분명히 알기 어렵다.[20]

다음 '기모매여자사인其母妹女子四人'에 보이는 '모매여자'의 실체이다. 이 기사의 '기其'는 앞에 나오는 '제왕자아교기弟王子兒翹岐'와 연결됨으로 교기를 가리킨다. 모매母妹는 동모매同母妹이다. 따라서 이 기사의 모매母妹는 교기의 어머니의 자매가 된다. '여자女子'는 '딸의 아들'이 아니라 '딸'을 지칭하는 용어이다.[21] 따라서 여자 4인은 어머니의 자매의 네 딸을 말한다. 이들은 교기와는 이종사촌이 된다.

'내좌평기미內佐平岐味'에서 내좌평은 이 기사에만 보인다. 백제 관직 가운데 내內와 좌평佐平이 함께 나오는 것으로는 내신좌평, 내두좌평, 내법좌평이 있다. 내좌평을 이 세 좌평 중의 하나의 축약형으로 볼 수도 있지만『일본서기』현종기와 흠명기에 나오는 내두內頭처럼[22] 내조內朝의 장

---

20 교기의 아버지에 대해『일본서기』서명기 3년조의 풍장으로 보는 견해(남정호, 2016,『백제 사비시대 후기의 정국 변화』, 학연문화사, 65쪽), 夫餘忠勝으로 보는 견해[山尾幸久, 1989,『古代の日朝関係』(塙選書 93), 塙書房, 398~399쪽], 사탁씨 왕후의 아들로 보는 견해 등이 있다.

21 여자가 '딸'을 말하는 것은『삼국사기』권제48 열전 제8 지은조의 "孝女知恩 韓歧部百姓 連權女子也"라는 기사에서 확인된다.

22 『일본서기』권15 현종기 3년조의 "是歲 … 百濟王大怒 遣領軍古爾解 內頭莫古解等 …"; 권19 흠명기 4년조의 "冬十一月丁亥朔甲午 遣津守連 詔百濟曰 … 是日 聖明王聞宣勅已 歷問 三佐平內頭及諸臣曰 詔勅如是 當復何如 …"참조.

으로 보는 것이[23] 타당하다. 어느 경우이든 기미는 고위 관직자였음이 분명하다. 그러나 그가 어느 가문 출신인지는 알 수 없다.

이렇게 보면 국주모의 죽음을 계기로 조카인 교기, 교기의 이종여사촌 4명, 내좌평 기미 등 유력 귀족 40여 명이 섬으로 쫓겨났다. 이는 정변의 결과인 것이다. 이 정변이 일어난 연유는 무왕의 죽음, 의자왕의 즉위, 국주모의 죽음이라고 하는 일련의 사건과의 연속선상에서 살펴보아야 한다. 그 핵심 고리가 국주모인 사탁씨 왕후의 죽음이었다.

사탁씨 왕후는 무왕이 후반에 와서 정사에 관심을 잃자 국정을 장악하고 만민을 무육하였다. 이에 따라 자연히 왕후 세력들이 국정의 요직을 차지하였다. 교기와 같은 왕족, 교기의 이종과 같은 인족姻族, 기미와 같은 고위 귀족들이 바로 왕후의 측근이었다. 의자왕은 즉위 후 사탁씨 왕후의 측근들이 국정을 장악하고 있는 상황을 타개하여야 하였다. 그 기회가 생각보다 빨리 온 것이다. 왕후가 642년 1월에 돌아가신 것이다. 가장 부담스러웠던 존재인 왕후의 죽음은 의자왕이 개혁 정치를 할 수 있는 촉매제가 되었다.

왕후의 죽음을 기회로 의자왕은 친위정변을 일으켰다. 그러나 반대하는 세력들의 저항도 만만치 않았다. 그래서 '대란'이란 표현이 나오게 되었다. 이렇게 보면 의자왕 2년의 정변은 왕권을 강화하려는 의자왕과 기존의 귀족 중심의 정치 운영을 그대로 유지하려는 사탁씨 왕후 세력 사이에서 빚어진 알력의 산물이라 할 수 있다. 이때 의자왕은 왕권에 저항하는 유력 귀족 40여 명을 섬으로 과감하게 추방하였다. 이로 말미암아 정국은 크게 출렁거렸겠지만 결국 친위정변은 성공을 거두었다. 그 결과 의자왕은 왕권 강화 정책을 보다 강력하게 추진해 나갈 수 있게 되었다.

---

23 이문기, 2005, 「사비시대 백제의 전내부체제의 운영과 변화」, 『백제연구』 42집, 충남대학교 백제연구소.

Ⅱ. 왕권 강화 추진과 대외정책

1. 왕권의 안정과 군사권 장악

의자왕이 즉위 초에 친위정변을 단행하여 소기의 성과를 거둔 이후의 정치 운영은 재위 15년을 기준으로 전기와 후기로 나누어 볼 수 있다. 전기는 괄목할만한 업적을 이룬 시기이고 후기는 탐락에 빠진 시기이다. 여기서는 먼저 전기의 정치 운영에 대해 정리하기로 한다.

전기의 정치 운영에서 의자왕을 보좌한 세력들은 의자가 태자로 책봉될 수 있도록 직간접적으로 도왔거나 즉위 후 친위정변을 일으키는 것도 지지하였을 것이다. 이 세력들은 의자왕 즉위 이후 두각을 나타냈는데, 대야성 함락의 공을 세운 윤충, 의자왕 16년 이전에 좌평의 지위에 있던 성충, 뒷날 고마미지현으로 귀양을 간 흥수 등이 핵심 세력이라 할 수 있다.

이런 지지 세력들을 기반으로 의자왕은 체제 안정을 도모하기 위해 몇 가지 조치를 행하였다. 첫째, 642년 2월에 주군을 순무하였다. 왕이 수도를 떠나 지방을 순무하는 것은 정치적 위험을 가져올 수 있다. 비록 고구려의 사례이지만 연개소문의 사후 장자 남생이 아버지의 뒤를 이어 대막리지에 오른 후 지방을 순무하는 사이에 동생 남산, 남건에 의해 실각된 것이[24] 그 예이다. 의자왕의 성공적인 지방 순무는 정변에 의해 제거된 세력들의 반항이 더 이상 없다는 것, 즉 왕권이 안정되었음을 시사해 준다. 지방 순무를 통해 의자왕은 민생을 살피고, 민심을 다독이고, 사죄 이외의 죄수들을 풀어 주는 사면령을 내려 왕의 덕화를 널리 알렸다.[25]

---

24 『삼국사기』 권제49 열전 제9 개소문전; 〈천남생묘지명〉 참조.
25 『삼국사기』 권제28 백제본기 제6 의자왕 2년조의 "二月 王巡撫州郡 慮囚除死罪 皆原之" 참조.

둘째, 642년 7월 의자왕은 친히 군대를 거느리고 신라를 공격하였다.[26] 이 친정에서 의자왕은 신라의 40여 성을 함락하여 뛰어난 군사 운용 능력과 작전 능력을 보여 주었다. 이 친정을 통해 의자왕은 군사권을 확실하게 장악할 수 있게 되었다. 이는 이후 의자왕의 정국 운영에 큰 자산이 되었을 것이다.

셋째, 642년 8월 장군 윤충으로 하여금 1만의 군대를 거느리고 가서 신라의 대야성(경남 합천)을 공격하게 하였다. 대야성은 낙동강 서쪽에 자리한 신라의 중요 군사 거점성이었다. 이때 대야성 도독은 김춘추의 사위 품석이었다. 윤충은 대야성 안에 있던 신라인 검일黔日과 내통하여 성을 함락하고 품석 부부를 죽여 왕도에 보내 승전보를 올렸다. 그리고 군대를 주둔시킨 후 남녀 1천여 명을 포로로 잡아 회군하였다.[27] 왕은 윤충의 공로를 높이 사서 말 20필과 곡식 1천 석을 상으로 내렸다.

대야성 함락은 백제군의 사기를 진작시켰을 뿐만 아니라 의자왕의 위상을 높여 주었지만 신라에 준 충격과 위기 의식은 컸다. 백제가 마음만 먹으면 낙동강을 건너 신라 왕도를 공격해 올 수 있기 때문이다. 여기에 더하여 품석의 장인 김춘추는 사위의 잘못으로 대야성이 함락되었기 때문에 입은 정치적 타격도 컸다. 김춘추는 불리한 정치적 상황과 군사적 어려움을 타개하기 위해 직접 고구려로 가서 원군을 요청하였다.[28] 그러나 한강 유역을 반환하라는 고구려의 요구 조건 때문에 뜻을 이루지 못하였다.

이렇게 정치적·군사적 안정을 이룩한 의자왕은 재위 4년(644)에 왕자 융을 태자로 책봉하였다. 태자를 조기에 책봉한 것은 책봉이 늦어질 경우

---

26 『삼국사기』 권제28 백제본기 제6 의자왕 2년조의 "秋七月 王親帥兵侵新羅 下獼猴等四十餘城" 참조.

27 『삼국사기』 권제28 백제본기 제6 의자왕 2년조의 "八月 遣將軍允忠 領兵一萬 攻新羅大耶城 城主品釋與妻子出降 允忠盡殺之 斬其首 傳之王都 生獲男女一千餘人 分居國西州縣 留兵守其城" 참조.

28 『삼국사기』 권제5 신라본기 제5 선덕왕 11년조; 『삼국사기』 권제41 열전 제1 김유신 상 참조.

생겨날 수 있는 분쟁의 소지를 사전에 제거하기 위한 것으로 보인다.[29] 이는 자신이 늦게 태자에 책봉되었던 것에 대한 경험에서 나온 것일 수도 있다. 이리하여 의자왕은 왕권 강화를 이루고 왕권 중심의 정치 운영을 해나갈 수 있게 되었다.

2. 대외정책

(1) 실지양단 정책과 여제연병 정책

의자왕은 즉위 후 당, 고구려, 신라에 대해 각각 다른 정책을 취하였다. 641년 봄 3월 의자왕은 당에 사신을 보내 무왕의 죽음을 알렸다. 당 태종은 친히 현무문에서 애도를 표하고 부의贈儀를 후히 내린 후 사부낭중 정문표鄭文表를 보내 의자왕을 주국대방군왕백제왕柱國帶方郡王百濟王으로 책봉하였다.[30] 당이 신속히 의자왕을 책봉한 것은 백제와의 우호 관계를 유지하겠다는 의도를 보여 준다. 의자왕도 641년 8월에 사신을 보내 감사의 뜻을 표하였고, 642년 봄 정월에는 하정사를 겸한 사신을 파견하였다. 이처럼 의자왕은 즉위 초에는 당과의 우호 관계 유지에 노력하였다.

『삼국사기』에는 의자왕 대의 고구려와의 관계를 직접 보여 주는 자료는 없지만 의자왕 재위 20년 동안 두 나라 사이에 군사적 충돌이 없었다는 점이 주목된다. 여기에 더하여 의자왕은 고구려와 연병連兵하여 신라를 공격하려 하였다. 이로 미루어 의자왕은 고구려에 대해 우호적인 관계를 도모하

---

29 『삼국사기』에 의자왕의 아들 가운데 태자 효가 먼저 나오는 것에 근거하여 효를 장자로, 태를 차자, 융을 제3자로 보고, 의자왕이 제3자 융을 태자로 책봉함으로 분쟁의 소지를 남겼다는 견해(남정호, 2016, 『백제 사비시대 후기의 정국 변화』, 학연문화사, 244~246쪽)도 있다. 그러나 『삼국사기』에 효가 먼저 나오는 것은 장자여서가 아니라 태자였기 때문이다. 『구당서』 백제전과 〈대당평백제국비명〉에 태자 융이 앞에 나오는 것이 이를 보여 준다. 따라서 융의 태자 책봉은 분쟁의 소지가 아니다.

30 『삼국사기』 권제28 백제본기 제6 의자왕 즉위년조.

였고 고구려도 이에 호응한 것 같다. 이에 대해서는 뒤에 다시 언급하겠다.

그렇지만 의자왕은 당과 고구려가 충돌할 경우 어느 편도 들지 않는 정책을 취하였다. 이를 실지양단實持兩端 정책이라 한다. 실지양단 정책은 부왕인 무왕 대부터 취해 온 외교 정책이었는데 의자왕이 이어받았다. 이를 보여 주는 것이 645년 당의 고구려 공격 때 백제의 태도이다. 644년 당태종은 고국으로 돌아가는 신라 사신 김다수金多遂를 통해 선덕왕에게 새서璽書를 내려 원군을 보내 줄 것을 요구하였다.[31] 645년 봄 당 태종은 의자왕에게도 조서를 보내 원군 파견을 요청하였다. 그리고 645년 2월 당태종은 낙양을 출발하여 6군軍을 거느리고 요동으로 진격하였다.

이때 신라는 당의 요구에 따라 3만의 군대를 동원하였다. 그러나 의자왕은 군대를 동원하는 대신 금휴개金髹鎧와 문개文鎧를 바친 후[32] 신라가 당을 지원하는 군대를 일으킨 틈을 타서 신라 서변의 7성을 습격하여 되찾았다.[33] 이러한 조치로 백제는 당의 고구려 공격에 가담하지 않는다는 신호를 고구려에 보낸 것이다. 이로 말미암아 북진하던 신라군은 회군하여 백제군의 침공을 막는 데 주력해야 하였다.

신라에 대해 의자왕은 군사적 압박을 가하는 정책을 추진하면서 나아가 고구려와의 연병連兵도 시도하였다. 제려濟麗연병을 보여 주는 것이 신라가 당나라에 보낸 국서에서 "고구려와 백제가 여러 차례 서로 공격하여 신라는 수십 성을 잃어버렸으며, 고구려와 백제가 연병한 것은 신라를 멸망시키기 위한 것"이라고 하소연한 기사이다.[34] 이 기사에 대해 신라가 당

---

31 『문관사림』에 수록된 「貞觀年中撫慰新羅王詔一首」 참조.
32 『삼국사기』 권제21 고구려본기 제9 보장왕 상 4년조의 "時百濟上金髹鎧 又以玄金爲文鎧 士被以從" 참조.
33 『삼국사기』 권제5 신라본기 제5 선덕왕 14년조의 "夏五月 太宗親征高句麗 王發兵三萬以助之 百濟乘虛 襲取國西七城"; 『구당서』 권199 상 열전 제149 상 동이 백제전의 "及太宗親征高麗 百濟懷二 乘虛襲破新羅十城" 참조.
34 『구당서』 권199 상 열전 제149 상 동이 신라전의 "十七年 遣使上言 高麗百濟累相攻襲 亡失

의 군사적 지원을 얻기 위해 일방적으로 주장한 것이라고 하면서 제려연병을 부정하는 견해도 있다.[35] 그러나 백제가 고구려, 말갈과 더불어 신라의 30여 성을 함락하였다는[36] 구체적인 사실도 보이고 있으므로 연병을 부정할 수 없다.

백제와 고구려가 연병할 수 있었던 배경은 640년대에 들어와 양국 사이에 일어난 정치적 상황의 변화이다. 백제 의자왕은 즉위 후 신라 지역으로의 진격을 추진하였다. 때마침 고구려에서는 642년 10월 연개소문이 정변을 일으켜 권력을 잡은 후 한강 유역을 되찾기 위해 신라에 대해 강경책을 취하고 있었다. 이는 백제로서는 바람직한 것이었다. 이에 의자왕은 고구려에 접근하여 신라에 공동으로 압박을 가하는 연병에 뜻을 같이하게 된 것 같다.[37]

643년 의자왕은 고구려와 함께 신라의 당항성을 공격하려 하였다.[38] 당항성은 신라의 대당 통교의 핵심 거점이다. 만약 신라가 이곳을 빼앗기면 대중국 교섭과 교류 활동은 크게 제약을 받게 된다. 이 공격 계획을 들은 신라는 급히 당나라에 사신을 보내 도움을 요청하였다. 의자왕은 신라가 당에 구원을 요청한 사실과 당이 백제가 고구려와 협계協契를 맺은 것이 아닌가 의심한다는 사실[39] 등을 파악한 후 더 이상 군사작전을 추진하지 않았다. 당항성 공격은 비록 계획으로 끝나고 말았지만 백제와 고구려의 연병을 보여 주는 한 사례가 된다.

數十城 兩國連兵 意在滅臣社稷 謹遣陪臣 歸命大國 乞偏師救助"참조.
35 이호영, 1982, 「여·제연화설의 검토」, 『경희사학』 9·10집, 경희사학회, 30쪽.
36 『삼국사기』 권제28 백제본기 제6 의자왕 15년조의 "八月 王與高句麗靺鞨攻破新羅三十餘城 新羅王金春秋遣使朝唐 表稱百濟與高句麗靺鞨侵我北界 沒三十餘城"참조.
37 노중국, 2010, 「7세기 신라와 백제의 관계」, 『(2010) 신라학국제학술대회 논문집 4, 7세기 동아시아의 신라』, 경주시·신라문화유산조사단, 15~16쪽.
38 『삼국사기』 권제28 백제본기 제6 의자왕 3년조.
39 『문관사림』, 「貞觀年中慰撫百濟王詔一首」 참조.

(2) 왜와의 우호 관계 회복

의자왕 즉위 초 백제와 왜의 관계는 원만하지 못하였다. 빌미를 제공한 것은 교기였다. 의자왕의 조카인 교기는 의자왕이 원년(642)에 단행한 친위정변 때 숙청된 고명지인高名之人 40여 명의 가운데 핵심 인물이었다. 추방된 교기는 왜로 갔다.

그런데『일본서기』황극기 2년(643)조에는 교기가 백제의 조사調使와 함께 왜에 외교사절로 온 것으로[40] 되어 있다. 이 기사를 그대로 따라 교기가 643년에 왜로 왔다고 보면 황극기 원년(642)조에 보이는 교기를 아즈미노야마 시로노무라지阿曇山背連의 집에 안치했다든가, 아들이 죽었음에도 교기가 장례에 오지도 않았다는 일 등은 모두 643년 이후의 일이 된다. 그러나 이러한 일들이 643년에 일어났다는 근거는 없다. 교기는 643년에 외교사절로 온 것이 아니라 642년에 추방되어 온 것으로 보아야 한다. 그렇다면 황극기 2년조의 기사는 백제국에서 조사調使가 왔고 그 조사의 이름은 알 수 없는 것으로 정리해야 할 것이다.

왜는 의자왕에게 쫓겨난 교기를 후대하였다. 소가蘇我대신이 불러 친히 대화한 후 양마 1필을 준 것, 조정에 와서 배례하게 한 것, 사렵射獵을 보게 한 것 등이[41] 이를 보여 준다. 그 배후에는 실권자인 소가蘇我대신이 있었다. 이 시기 소가씨 세력은 친백제적이었던 쇼토쿠聖德태자계의 와니씨和爾氏 세력과 대립하면서 백제에 대해서는 일정한 거리를 두는 정책을 취하고 있었다.[42] 그래서 소가대신은 추방된 교기를 우대한 것 같다. 교기가 백제국 사신으로 온 것처럼 포장된 것도 이 때문이 아니었을까 한다.

---

40 『일본서기』권24 황극기 2년조의 "四月庚子 筑紫大宰馳驛奏曰 百濟國主兒翹岐弟王子共調使來" 참조.

41 『일본서기』권24 황극기 원년조.

42 林宗相, 1974,「七世紀中葉における百濟倭關係」, 井上秀雄·旗田巍,『古代日本と朝鮮の基本問題』, 學生社, 162~163쪽.

왜의 이러한 정책은 의자왕으로서는 바람직하지 못한 것이었다. 그렇다고 하여 이런 껄끄러운 관계를 그대로 둘 수도 없었다. 이에 의자왕은 왜와의 관계를 회복하기 위해 대좌평 사택지적을 파견하였다.[43] 대좌평은 백제가 왜에 파견한 사신들이 지닌 관등 가운데 가장 높았다. 의자왕이 최고위 관료를 왜에 파견한 것은 왜와의 관계를 해결하려는 적극적인 의지를 보여 준다.

사택지적은 기대한 목적을 달성하지 못한 채 642년 8월 귀국하였다. 이에 의자왕은 왜에 대해 교역의 양과 질을 줄이는 조치를 취하였다. 643년 백제가 왜에 보낸 물품이 이전보다 간소하였다는 것, 대신大臣에게 보내는 물건도 지난해 돌려보낸 것과 다름이 없었다는 것, 여러 관료[群卿]들에게 보내는 물건도 온전하지 않았다는 것 등이 이를 보여 준다.[44] 전례前例에 어긋나는 이러한 조치는 왜의 정책에 대한 백제의 불만의 표시라 하겠다.

이후 왜에서는 새로운 정치적 상황이 전개되었다. 소가씨 세력의 발호에 나카토미노 가마코노무라지中臣鎌子連가 강력히 반발한 것이다. 그는 가루輕황자皇子 및 나카노오에中大兄황자와 결탁하여 세력을 규합한 후 645년에 삼한의 사신을 영접하고 표를 읽는 의식 행사장에서 소가노 이루카蘇我入鹿와 그의 아버지 소가노 에미시蘇我蝦夷를 죽였다. 그리고 가루황자를 옹립하였다.[45] 이가 고토쿠孝德천황이다.

고토쿠천황은 즉위 후 나카노오에를 황태자로, 아헤노우치마로노오미阿倍內摩呂臣를 좌대신으로, 소가노쿠라노 야마다노 이시카와노마로노오미蘇我倉山田石川麻呂臣를 우대신으로, 나카토미노 가마코노무라지를 내신

43 노중국, 1994, 「7세기 백제와 왜와의 관계」, 『국사관논총』 52집, 국사편찬위원회.
44 『일본서기』 권24 황극기 2년조의 "六月 … 辛丑 百濟進調船泊于難波津 … 檢百濟國調與獻物 於是大夫間調使日 所進國調 欠少前例 送大臣物 不改去年所還之色 送群卿物 亦全不將來 皆違前例 其狀何也 …"참조.
45 『일본서기』 권24 황극기 4년 6월조.

으로, 사문 민법사旻法師와 다카무코노 후비도켄리高向史玄理를 국박사로
삼았다.[46] 이렇게 집권 세력을 재편한 고토쿠천황은 646년 봄 정월에 국
정을 쇄신하였다.[47] 이것이 이른바 다이카개신大化改新이다.

이 시기에 신라는 백제와 고구려의 군사적 압박에 대응하기 위해 당의
의관제를 받아들이는 등 친당 정책을 적극 추진하였다.[48] 왜에 대해서도
빈번히 사신을 파견하였다. 647년에는 실권자인 김춘추까지 보내 우호 관
계를 도모하였다.[49] 그러나 얼마 지나지 않아 왜는 신라 사신이 당나라 옷
을 입고 온 것을 꼬투리 삼아 책망하고 돌려보냈다.[50] 이로 말미암아 두 나
라 사이에 틈이 생겼다. 이 틈을 타서 백제는 651년 6월, 652년 4월, 653
년 6월에 사신을 왜에 보냈다. 이러한 분위기 속에서 의자왕은 653년에
왜와 화호 관계를 확립하였다.[51] 『삼국사기』에 보이는 왜와의 우호 관계
기사는 428년(비유왕 2)에 왜국 사신이 백제에 온 이후 220여 년 만이다.

Ⅲ. 정치의 혼란과 황음탐락

1. 귀족 세력들의 갈등과 분열

의자왕은 즉위 초에 정변을 단행하여 왕권 중심의 정치 운영 체제를 확

---

46 『일본서기』 권25 효덕기 원년조.
47 다이카개신에 대해서는 野村忠夫, 1981, 『硏究史 大化改新』, 吉川弘文館; 山尾幸久, 「大化前
    後の東アジアの情勢と日本の政局」, 日本歷史学会 編, 『日本歷史』 第229号, 吉川弘文館 참조.
48 『삼국사기』 권제5 신라본기 제5 진덕왕 2년조, 3년조; 권제33 잡지 제2 색복조.
49 『일본서기』 권25 효덕기 대화 3년조. 그러나 김춘추의 渡日을 사실로 보기 어렵다는 견해
    (三池賢一, 1974, 「金春秋小傳」, 旗田巍·井上秀雄, 『古代の朝鮮』, 學生社, 113~117쪽)도 있다.
50 『일본서기』 권25 효덕기 백치 2년조.
51 『삼국사기』 권제28 백제본기 제6 의자왕 13년조의 "秋八月 王與倭國通好" 참조.

립하고 개혁 정책을 추진하였다. 그러나 그의 개혁 정책에도 한계가 있었다. 그 한계성은 크게 세 가지로 정리할 수 있다. 첫째, 귀족들의 견제와 내부 분열이다. 둘째, 왕의 음황과 궁중 내부의 부패와 문란이다. 셋째, 백제에 불리하게 전개되어 간 국제 관계의 변화이다. 두 번째와 세 번째의 주제에 대해서는 뒤에 다시 언급하기로 하고 여기서는 귀족 세력의 견제와 분열에 대해 먼저 정리하기로 한다.

의자왕 초의 정변에서 40여 명의 고명지인이 쫓겨남으로써 실권귀족 세력은 타격을 입었다. 그렇다고 모든 귀족들의 세력 기반이 붕괴된 것은 아니었다. 의자왕의 즉위에 적극적으로 반대하였던 세력들이 몰락하였을 뿐 나머지 유력 귀족들은 자신들의 세력 기반을 상당한 정도로 온존하고 있었다. 대표적인 예로 사택씨 가문을 들 수 있다.

의자왕은 즉위 후 국주모인 사탁씨 왕후의 죽음을 계기로 왕후의 아버지 사탁적덕沙乇積德의 세력은 꺾을 수 있었을 것이다. 그럼에도 불구하고 같은 사씨 가문에 속한 사택지적은 대좌평의 지위에 있었고, 642년(의자왕 2) 왜에 사신으로 파견되었다. 사타천복沙吒千福은 비록 660년 백제 멸망 때의 인물이지만 대좌평·대수령 직에 있었다. 이 두 사람의 존재는 사씨 세력이 가계에 따라 정치적 대응을 달리하였음과 동시에 의자왕 초기는 물론 후기에 이르기까지 건재하여 왕권에 대한 견제도 만만치 않았음을 보여 준다.

이러한 상황에서 귀족들의 내부 분열도 왕의 정치 운영에 제약적 조건으로 작용하였다. 귀족들의 분열상은 나당연합군이 백제를 공격할 때 고스란히 드러났다. 성충이나 흥수는 당군은 기벌포에서 막고 신라군은 탄현을 넘지 못하게 해야 한다고 주장하였다. 그러나 좌평 의직과 상영 등은 성충과 흥수의 의견이 옳음에도 불구하고 반대하였는데 이는 정치적 입장이 달랐기 때문이다. 여기에 더하여 국정 운영에 큰 영향력을 행사하던 좌

평 임자任子는 적대국인 신라 김유신과 내통까지 하였다.[52]

사실 백제의 국력은 만만치 않았다. 백제 멸망 후 곧바로 부흥군이 일어나자 200여 성이 호응하여 3년간에 걸쳐 나당점령군과 치열하게 싸운 것이 이를 보여 준다. 그렇지만 백제는 나당연합군의 공격에 불과 열흘도 버티지 못하고 항복해 버렸다. 국력이 약해서가 아니라 국력을 하나로 모으지 못하였기 때문이다. 이는 귀족사회 분열로 인한 것이다.

2. 의자왕의 질병과 왕비 은고의 전횡

의자왕은 사람 됨됨이가 웅걸차고 담력과 결단력이 있다는 평을 받았을 뿐만 아니라 일찍이 해동증자로까지 칭송받았다. 이러한 의자왕이 후기에 와서 황음탐락에 빠졌다. 그 이유의 하나로 의자왕의 질병을 들 수 있다. 이를 보여 주는 자료가 『문관사림』에 수록된 당 태종이 의자왕에게 보낸 국서이다. 이 국서는 644년에 의자왕이 당에 보낸 국서에 대한 답변으로 당 태종이 645년 정월이나 2월에 의자왕에게 보낸 것이다.[53] 여기에는 의자왕이 당 태종에게 장원창蔣元昌을 보내어 병을 고쳐 줄 것을 요청한 내용과 그 요청에 대한 당 태종의 답변이 들어 있다. 그 부분을 인용하면 다음과 같다.

또 장원창이 저쪽(백제─저자)으로 가서 왕을 위해 병을 치료해 줄 것을 요청하였는데 원창은 짐이 먼저 익주도로 가게 하여 지금 아직 돌아오지 않았다. 이

---

52 『삼국사기』 권제42 열전 제2 김유신전 중의 "先是 租未坤級湌爲夫山縣令 被虜於百濟 爲佐平任子之家奴 … 租未坤伺間報曰 … 其實 往新羅還來 庚信論我 來告於君曰 邦國興亡 不可先知 若君國亡 則君依於我國 我國亡 則吾依於君國 任子聞之 嘿然無言 … 任子曰 爾所傳我已悉知 可歸告之 遂來說兼及中外之事 丁寧詳悉" 참조.

53 주보돈, 1992, 「《문관사림》에 보이는 한국고대사 관련 외교문서」, 『경북사학』 15집, 경북사학회.

것이 (그로 하여금) 왕이 있는 곳으로 가게 할 수 없는 까닭이다.[54]

이 기사에서 다음과 같은 사항들을 추론해 낼 수 있다. 의자왕이 어떤 병을 앓고 있었다는 것, 당시 백제에서는 이 병을 치유할 수 있는 의료인이 없었다는 것, 백제는 왕의 병을 치유하기 위해 당나라에게 장원창이라는 의사를 보내 줄 것을 요청하였다는 것 등이다. 장원창은 백제에 오지 못하였다. 그가 당 태종의 말 그대로 익주도에 가 있었기 때문에 오지 못한 것인지 아니면 당 태종이 핑계를 대고 보내지 않은 것인지는 알 수 없다.

이 기사에서 핵심은 의자왕의 병을 백제 의술로는 고칠 수 없어서 장원창의 파견을 요청하였다는 것이다. 특정 의사를 구체적으로 지목해서 보내 달라고 한 것은 백제가 당의 의료진醫療陣에 대해 일정한 정보를 가지고 있었음을 보여 준다. 따라서 장원창이 어떤 병을 잘 고쳤느냐에 의해 의자왕을 괴롭힌 병을 추론해 볼 수 있다.

장원창은 당나라 초기에 의관을 많이 배출한 장씨蔣氏 가문 출신이다. 그는 『신수본초경』 편찬에도 참여하였다. 여기에는 당나귀 오줌을 사용하여 반위反胃를 치료한 치료법이 소개되어 있다.[55] 반위는 위암 혹은 위협착증 등으로 불리는 고질병이다. 이로 미루어 의자왕이 앓고 있던 병은 반위였을 가능성도 생각해 볼 수 있지만 구체적인 병명은 알 수 없다.

의자왕이 장원창을 보내 달라는 국서를 당에 보낸 해는 644년이다. 따라서 의자왕이 백제 의술로는 고칠 수 없는 병에 걸린 것은 644년 이전이다. 이러한 병에 걸렸음에도 의자왕은 즉위 초에는 과감하게 정치 개혁을

---

54 『문관사림』, 「貞觀年中慰撫百濟王詔一首」의 "又請蔣元昌往彼爲王療患者 元昌朕先使往益州道 今猶未還 所以未得令向王處" 참조.

55 박준형·서영교, 2014, 「『문관사림』에 보이는 장원창과 장씨가문 의관」, 『역사학보』 222집, 역사학회.

추진하면서 국정을 이끌었다. 그러나 오랫동안 질병으로 고생을 한 의자왕은 몸도 마음도 약해졌을 것이다. 그 결과 의자왕은 후반기에 와서 정무에 뜻을 잃어 국정을 포기한 것 같다. 『삼국사기』에 의자왕이 말기에 와서 궁인들과 더불어 황음, 탐락, 음주에 빠졌다고 한 것은[56] 이러한 배경에서 나온 것일 것이다.

왕이 황음함에 따라 측근들도 사치하고 국사를 돌보지 않았다. 이로 말미암아 백성들은 원망하고, 신은 노하였으며, 재이와 변괴가 자주 나타났다고 한다.[57] 이러한 상황에서 왕의 총애를 받는 왕후 은고恩古가[58] 국정을 농단하기 시작하였다. 은고는 대부인大夫人으로도 불렸다. 대부인은 무령왕릉에서 출토된 은팔찌에 새겨진 '대부인'[59]에서 보듯이 왕비에 대한 이칭이다.

그런데 왕비 은고는 『일본세기』에는 요녀妖女로, 〈대당평백제국비명〉에는 요부妖婦로 나온다. 요녀(요부)는 사특하게 왕의 마음을 사로잡아 정도를 걷지 못하게 한 여성에게 붙이는 표현이다. 이는 대부인 은고가 병약해진 의자왕의 마음을 미모나 재략才略으로 사로잡아 국정을 좌지우지하였음을 보여 준다.

이후 은고는 자신의 측근들을 등용하여 전횡하기 시작하면서 반대하는 세력들은 과감히 제거하였다. 그래서 『일본세기』에서는 "군대부인이 무도하게 국병을 천탈하여 현량한 신하들을 죽였다"고[60] 하였고, 〈대당평백

---

56 『삼국사기』 권제28 백제본기 제6 의자왕 16년조의 "王與宮人淫荒耽樂 飮酒不止" 참조.
57 『삼국사기』 권제42 열전 제2 김유신전 중의 "是時百濟君臣 奢泰淫逸 不恤國事 民怨神怒 災怪屢見" 참조.
58 『일본서기』 권26 제명기 6년 동10월조의 "百濟王義慈 其妻恩古 其子隆等 …" 참조.
59 〈무령왕릉출토은천명〉의 "庚子年二月 多利作 大夫人分二百州主耳" 참조.
60 『일본서기』 권26 제명기 6년조의 "高麗沙門道顯日本世記曰 七月云云 春秋智 借大將軍蘇定 方之手 挾擊百濟亡之 或曰百濟自亡 由君大夫人妖女之無道 擅奪國柄 誅殺賢良 故召斯禍矣 可不愼歟" 참조.

제국비명〉에서는 "밖으로는 곧은 신하를 버리고, 안으로는 요부를 믿어 충량한 신하들만 형벌을 받고 아첨하는 자들은 총애를 받았다"고[61] 하였 다. 이 기사는 요녀나 요부의 표현과 함께 왕비 은고의 전횡이 국정을 크 게 문란하게 하였음을 단적으로 보여 주는 것이다.

3. 태자 교체와 그 후유증

왕비 은고의 전횡은 태자의 교체로 나타났다. 의자왕은 4년(644)에 융을 태자로 책봉하였다. 그런데 『삼국사기』 의자왕 21년(660)조에는 태자 효 孝가[62] 나온다. 그 사이에 태자를 융에서 효로 바꾸었다는 기사는 없지만 태자 효의 존재를 인정하면 의자왕의 태자는 어느 시기에 융에서 효로 바 뀐 셈이 된다. 반면에 『삼국유사』에서는 "태자는 융이고, 효라고 한 것은 잘못이다"라고[63] 하였다.

『삼국사기』에 나오는 융에서 효로의 태자 교체에 대해 이를 인정하지 않는 견해와 인정하는 견해가 있다. 인정하지 않는 견해는 백제 멸망 당시 에 효가 태자로 나오는 기사는 융을 태자로 인정하지 않으려는 신라의 입 장이 반영된 것으로 보고 있다.[64] 그러나 신라가 효를 태자로 만들었다는 근거는 없다.

태자 효의 존재를 인정할 때 태자를 교체할 만한 힘을 가진 사람과 태자 효와의 관계 및 태자의 교체 시기를 정리해야 한다. 이 시기에 태자를 교체 할 힘을 가진 사람은 왕비 은고밖에 없다. 그렇다면 효는 은고의 아들로 보

---

61 〈대당평백제국비명〉의 "況外棄直臣 內信祆婦 刑罰所及 唯在忠良 寵任所加 必先諂倖" 참조.
62 『삼국사기』 권제28 백제본기 제6 의자왕 21년조의 "唐兵乘勝薄城 王知不免 嘆曰 悔不用成 忠之言 以至於此 遂與太子孝 走北鄙" 참조.
63 『삼국유사』 권제1 기이 제1 태종춘추공조의 "遂與太子隆(或作孝誤也)走北鄙" 참조.
64 양기석, 1995, 「백제 부여융 묘지명에 대한 검토」, 『국사관논총』 62집, 국사편찬위원회 참조.

는 것이 타당할 것이다.[65] 융을 은고의 아들로 보는 견해도 있지만[66] 융이 은고의 아들이라면 굳이 태자를 효로 바꿀 이유가 없기 때문에 받아들이 기 어렵다. 은고는 의자왕 사후에 대비해 태자를 융에서 자신의 아들인 효 로 바꾼 것 같다.

태자가 융에서 효로 바뀐 시기를 추론하는 데 단서가 되는 것이 의자왕 15년(655)의 기사이다. 여기에는 '태자궁을 매우 사치스럽고 화려하게 수 리한 내용'이[67] 나온다. 이 시기는 왕비 은고가 정치적 실권을 장악한 시 기와 대략 일치한다. 양자를 연결시켜 보면 은고는 새 태자 효의 위엄을 과시하기 위해 태자궁을 화려하게 수리한 것으로 보인다. 태자궁 수리가 655년 봄 정월에 이루어졌으므로 융에서 효로의 태자 교체 시기는 654년 말쯤으로 추정해 볼 수 있다.

태자 교체 이후 의자왕은 17년(657)에 서자 41명을 좌평에 임명하고 식 읍을 사여하였다.[68] 좌평은 1품으로서 정원은 본래 6명으로 제한되어 있 었다. 이 좌평에 왕의 서자들을 무더기로 임명하였다. 이는 규정을 초월하 는 조치이다. 그럼에도 불구하고 이러한 인사 조치를 한 배경에는 서자들 을 태자 효의 울타리로 삼아 태자 효의 입지를 강화하려는 왕비 은고의 의 도가 작용하지 않았을까 한다.

한편 『구당서』와 『일본서기』 등 사서와 〈대당평백제국비명〉 및 〈당 유인원기공비〉 등 금석문에 태자는 융으로, 효는 외왕外王 또는 소왕小王 으로 나온다. 〈대당평백제국비명〉은 660년 8월에, 〈당유인원기공비〉는 663년에 세워진 금석문이다. 이 두 금석문은 660년 당시 융이 태자의 지

---

65 윤진석, 2011, 「백제 멸망기 '태자' 문제의 재검토—관련사료 분석과 기존견해 비판을 중 심으로—」, 『지역과 역사』 29집, 부경역사연구소.

66 김수태, 1992, 「백제 의자왕대의 태자책봉」, 『백제연구』 23집, 충남대학교 백제연구소.

67 『삼국사기』 권제28 백제본기 제6 의자왕 15년조의 "春二月 修太子宮極侈麗" 참조.

68 『삼국사기』 권제28 백제본기 제6 의자왕 17년조의 "春正月 拜王庶子四十一人爲佐平 各賜 食邑" 참조.

위에, 효는 외왕(소왕)의 지위에 있었음을 보여 준다.

이 시기 무왕은 미륵사지 서탑 출토 〈사리봉영기〉에서 보듯이 '대왕폐하'였다. 의자왕도 〈예군묘지명〉의 '참제僭帝'에서 보듯이 황제를 칭하였다. 무왕과 의자왕이 폐하와 황제를 칭한 것에서 미루어 소왕이나 외왕은 제후왕과 같은 존재라 할 수 있다. 그 지위는 다음 왕위 계승자인 태자보다 낮았음은 물론이다.

당시의 금석문에 따르면 효는 태자가 아니었다. 그렇다고 하여 『삼국사기』에 나오는 태자 효의 존재 자체를 무시할 수도 없다. 따라서 두 자료를 취사 선택할 것이 아니라 둘 다 살려서 설명할 수 있는 방법을 모색해야 한다. 이러한 관점에서 저자는 이 문제에 대해 다음과 같이 이해하고자 한다.

660년 7월 의자왕은 사비도성이 나당군에 의해 포위되자 황급히 웅진성으로 피난을 가면서 긴급 대응책으로 융을 태자로 다시 책봉하고 효를 외왕(소왕)으로 봉하였다. 이로써 효는 태자의 지위를 잃고 외왕(소왕)이 되었다. 〈대당평백제국비명〉, 『구당서』 백제전 및 『일본서기』는 당시의 사실을 그대로 반영하여 융을 태자로, 효는 소왕 또는 외왕으로 표기하였다.

의자왕이 막판에 효에서 융으로 태자를 교체한 것과 웅진성으로의 도피는 부작용을 일으켰다. 의자왕이 웅진으로 피난을 간 후 곧바로 차자 태泰가 사비도성을 지킨다는 명분으로 스스로 왕위에 오른 것이다. 이렇게 보았을 때 다시 정리해야 할 것은 의자왕과 함께 웅진성으로 피난한 태자가 누구이냐이다. 『구당서』와 『신당서』에는 태자 융이 의자왕과 함께 웅진성으로 간 것으로[69] 나오지만 『삼국사기』에는 태자 효가 의자왕과 함께 하였고 융은 왕자로서 의자왕보다 앞서 당에 항복한 것으로[70] 나오기 때문

---

[69] 『구당서』 권83 열전 제33 소정방전의 "其王義慈及太子隆奔於北境"; 『신당서』 권220 동이 열전 제145 백제전의 "義慈挾太子隆走北鄙" 참조.

[70] 『삼국사기』 권제5 신라본기 제5 태종무열왕 7년조의 "秋七月 … 十三日 義慈率左右 夜遁 走 保熊津城 義慈子隆與大佐平千福等出降" 참조.

이다.

그러나 웅진성으로 피난한 당시의 태자를 효로 보면 중국 사서와 금석문에 효가 소왕(외왕)으로 나오는 것을 설명할 수 없다. 저자는 『삼국사기』 편찬자는 의자왕 15년경에 융에서 효로 태자가 교체된 이후 백제 멸망 때까지 효를 태자로 보는 입장에서 태자 융과 관련한 사항은 모두 태자 효와 관련한 것으로 정리하고 융은 '왕자 융' 또는 '백제왕자'로 기술한 것으로 파악한다. 그렇다면 의자왕의 적손嫡孫이나 손孫으로 나오는 문사文思는 태자 효의 아들이[71] 아니라 융의 아들이라[72] 할 수 있다. 의자왕의 맏아들이 융이라면[73] 적손인 문사는 융의 아들이 되기 때문이다.

의자왕이 15년(655)경에 융에서 효로 태자를 교체한 과정은 커다란 후유증을 가져왔다. 지배 세력이 융을 지지하는 세력과 효를 지지하는 세력으로 분열하였기 때문이다. 여기에 더하여 태자 효와 그의 지지 세력들은 정도를 벗어나기 시작하였다. 이들은 자기들의 세상이 된 것으로 생각하고 요직을 차지하여 국정을 농단하였던 것이다.

이러한 상황을 추론하게 하는 것이 백제가 멸망하기 1년전인 659년에 일어난 두 가지 흉조이다. 하나는 봄 정월에 많은 여우들이 궁중에 들어왔는데 한 마리의 흰 여우가 상좌평의 서안書案에 앉았다는 흉조이다.[74] 상좌평의 이름은 알 수 없지만 그 지위로 미루어 효를 지지한 핵심적인 인물이었을 것이다. 여우는 간교한 동물로 여겨지는데 호가호위狐假虎威라는 사자성어에서 보듯이 남의 위세를 빌어 자신을 드러내는 성격의 동물로 상징된다. 이러한 여우 여러 마리가 궁궐에 들어왔다는 것은 궁궐이 간

---

71 『삼국사기』 권28 백제본기 제6 의자왕 20년조의 "太子孝文思謂王子隆曰" 참조.
72 『자치통감』 권200 당기16 고종 상지하 현경 5년조의 "隆子文思曰 王與太子皆在 …" 참조.
73 융이 의자왕의 몇째 아들인지는 明記가 없다. 그러나 차자가 태라는 사실과 융이 의자왕 4년에 태자로 책봉된 것에서 미루어 장자로 보는 것이 타당할 것이다.
74 『삼국사기』 권제28 백제본기 제6 의자왕 19년조의 "春二月 衆狐入宮中 一白狐坐上佐平書案" 참조.

신들로 가득 찼다는 것을 의미한다. 이 가운데 흰 여우가 상좌평의 책상에 앉았다는 것은 상좌평이 여우처럼 교활한 인물로서 국정 농단을 주동하였음을 상징하는 것이라 할 수 있다.

다른 하나는 4월에 태자궁의 암탉이 작은 참새와 교미하였다는 흉조이다.[75] 암탉과 참새의 교미는 일어날 수 없는 데도 일어난 것이다. 이 교미는 성생활이 매우 문란하였을 뿐만 아니라 희한한 성생활까지 있었음을 짐작하게 한다. 이런 일이 태자궁에서 일어난 것은 태자궁이 문란한 성생활의 온상이었음을 시사해 준다. 이 모두 태자 교체가 가져온 폐해를 상징한다.

대부인 은고는 음황과 탐락에 빠진 왕을 배후에서 조종하여 정권을 농단하였다. 태자를 교체하여 자신의 집권을 영구히 하려고 하였다. 이때 신라와 내통까지 한 임자가 왕비의 최측근으로서 국정을 좌지우지하였을 가능성이 크다. 그 결과 충량한 신하들은 형벌을 받고 아첨하는 자들은 총애를 받아, 왕의 음행을 간하던 성충은 감옥에 갇히고 흥수는 귀양을 갔다. 여기에 더하여 태자궁은 부패와 문란의 온상이 되었다. 이로 말미암아 의자왕 후기의 정치 운영은 파행으로 치달았다. 이는 왕조의 말기적 현상으로 결과적으로 백제를 멸망으로 이끌고 말았다.

---

75 『삼국사기』 권제28 백제본기 제6 의자왕 19년조의 "夏四月 太子宮雌雞與小雀交" 참조.

제2장

백제의 멸망

Ⅰ. 동아시아의 정세와 나당동맹의 결성

1. 동아시아의 정세

589년 중국에서는 수가 남조의 진陳을 멸망시켜 남북조시대를 마감하고 통일제국을 이루었다. 그러나 수는 무리하게 고구려 정벌을 단행하였다가 실패하여 마침내 618년에 멸망하였다. 그 뒤를 이어 당이 새로이 중국을 통일하였다. 통일 이후 당은 주변 세력에 대한 평정 작업을 추진하여 630년에 마침내 동돌궐 세력을 와해시켜[76] 북방을 안정시켰다.

631년 당은 광주廣州사마 장손사長孫師를 고구려에 보내 수나라 군사들의 해골이 묻힌 곳에서 제사를 지내고 고구려가 세운 경관京觀을 파괴하도록 하였다.[77] 고구려는 압박을 가해 오는 당에 유화적인 외교정책을 쓰면서 한편으로 장성을 축조하는 등[78] 대비책을 강구하였다. 그러나 당의 고구려에 대한 압박은 그치지 않았다. 당은 640년 고창국을 멸망시키고 안서도호부를 설치하여 후환을 없앤 후 645년, 647년, 648년 세 번에 걸

---

76 『자치통감』 권193 당기15 정관 4년조 참조.
77 『삼국사기』 권제20 고구려본기 제8 영류왕 14년조.
78 『삼국사기』 권제20 고구려본기 제8 영류왕 14년조의 "春二月 王動衆築長城 東北自扶餘城 東南至海 千有餘里 凡一十六年畢功" 참조.

처 고구려 공격을 강행하였다.[79] 그러나 이 공격들은 모두 실패하고 말았다. 특히 645년 안시성 전투에서 고구려는 당 태종이 친히 거느린 당군의 공격을 잘 막아 내어 대승을 거두었다.

이 시기 고구려는 당과 대결하면서 신라에 대해서도 압박을 가하였다. 신라에게 빼앗긴 한강 유역을 되찾기 위해서였다. 그래서 고구려는 당나라가 신라를 공격하지 말 것을 권유하였음에도 이를 무시하였다. 642년 신라는 백제가 대야성을 함락하자 이 위기를 극복하기 위해 김춘추를 고구려에 파견하여 원군을 요청하였다. 그렇지만 고구려는 한강 유역을 되돌려 줄 것을 조건으로 내걸어 이를 거절하였다.[80]

한편 백제 의자왕은 642년에 신라를 공격하여 미후성 등 40여 성을 함락하고, 대야성을 공격하여 함락하였다. 또 고구려와 연병하여 신라를 압박하였다. 이후에도 백제는 신라를 빈번히 공격하였다. 신라와의 전쟁에서 백제는 승리를 거두기도 하였지만 패배하기도 하였다. 그러나 빈번한 전쟁으로 말미암아 국력의 피폐는 가속화되고 농민 경제는 파탄에 이르게 되었다.

2. 나당동맹의 결성

고구려와 백제가 신라에 대한 압박을 계속함에 따라 신라는 한반도 내에서 고립되었다. 이 위기를 벗어나기 위해 신라는 647년에 김춘추를 왜에 파견하였다.[81] 파견 목적은 나와 있지 않지만 신라가 처한 상황으로 미

---

79 『삼국사기』 권제21 고구려본기 제9 보장왕 상 4년, 5년조; 권제22 고구려본기 제10 보장왕 하 6년조.

80 『삼국사기』 권제5 신라본기 제5 선덕왕 11년조.

81 『일본서기』 권25 효덕기 대화 3년조의 "新羅遣上臣大阿飡金春秋等 送博士小德高向黑麻呂 小山中中臣連押熊 來獻孔雀一隻 鸚鵡一隻 仍以春秋爲質 春秋美姿顏 善談咲" 참조.

루어 원병을 요청하기 위한 것으로 볼 수 있다. 김춘추의 대왜 외교에 대해 군사 협력 체제를 성립시킨 성과를 거두었다고 보는 견해도[82] 있다. 그러나 이 시기 왜는 백제와 우호 관계를 맺고 있었기 때문에 김춘추는 이렇다 할 성과를 거두지 못한 것으로 보는 것이 타당하다. 이렇게 되자 김춘추는 648년 당에 들어가 당 태종을 만나 군사 원조를 요청하였다. 당 태종이 이에 응함에 따라 나당동맹이 맺어졌다.[83] 이때 김춘추와 당 태종은 몇 가지 사항에 대해 합의를 하였다.

첫째, 이 동맹은 군사동맹이라는 것이다. 지금까지 당은 백제에 사신을 보내 신라를 공격하지 말 것을 요구하는 형태의 외교적 압박을 하였다. 그렇지만 이번에 당은 신라의 요청에 응해 군대를 동원하기로 약속하였다. 외교적 동맹에서 군사적 동맹으로 격상된 것이다. 따라서 이 동맹을 군사동맹으로 부를 수 있다.

둘째, 나당동맹군의 1차 공격 대상을 백제로 정한 것이다. 종래까지 당의 공격 대상은 국경을 접하고 있던 고구려였다. 김춘추는 백제에 대한 선제공격을 제안하였다. 이는 김춘추의 말 가운데 고구려에 대한 언급이 없는 것에서 알 수 있다. 고구려를 공격하였다가 빈번히 실패한 당 태종은 이 제안을 받아들였다. 이는 이제까지 중국 왕조로부터 직접 공격을 받아본 적이 없던 백제로서는 예상하지 못한 전략이었다.

셋째, 백제와 고구려를 멸망시킨 이후 대동강 이남의 땅을 신라가 차지한다는 데 합의한 것이다. 두 나라가 군사동맹을 맺은 후 제3국을 공격해 멸망시키게 되면 먼저 정리해야 할 것이 멸망시킨 나라의 영토를 누가 얼마나 차지하느냐 하는 이른바 전후 처리 문제이다. 나당동맹의 결성 때에도 이는 최종적으로 정리해야 할 문제였다. 당 태종과 김춘추는 고구려 수

---

82 金鉉球, 1985, 『大和政權の對外關係硏究』, 吉川弘文館, 416~422쪽.
83 『삼국사기』 권제5 신라본기 제5 진덕왕 2년조.

도 평양은 당이 차지하고 대동강 이남은 신라가 차지한다는 데 합의하였다.[84] 당은 수도 평양을 차지하는 것만으로도 고구려를 멸망시켰다는 성과를 과시할 수 있다고 생각하여 신라가 대동강 이남을 차지하는 것에 합의한 것으로 보인다.

나당동맹을 성공적으로 맺은 김춘추는 맏아들 법민法敏을 당에 숙위宿衛로 보내어 당에 대한 신뢰를 담보하고 또 당의 연호를 사용하는 등 적극적인 친당 정책을 폈다. 이에 호응해 당 태종도 신라를 지원하는 외교 조치를 취하였다. 651년 당이 의자왕에게 조서를 보내 신라로부터 빼앗은 성과 포로들을 돌려 주도록 종용한 것은[85] 당의 외교 정책이 친신라 정책으로 전환되었음을 보여 준다.

나당동맹의 결성으로 상황이 불리하게 전개되자 의자왕은 대왜 외교에 힘을 기울였다. 653년 백제는 왜국과의 우호 관계를 재확인하고, 655년에 대사 달솔 여의수餘宜受, 부사 은솔 조신인調信仁을 비롯한 100여 명을 왜에 파견하였다.[86] 고구려도 656년에 대사 달사達沙와 부사 이리지伊利之 등 총 81명을 왜에 파견하였다. 왜는 백제와 긴밀한 관계를 가지면서 대사 가시와데노오미 하쓰미膳臣葉積를 대표로 하는 대규모 사신단을 고구려에 파견하였다.[87] 이는 왜가 백제-고구려의 연병에 접근하려는 움직임을 보여 주는 것이다.[88] 이러한 움직임을 눈치챈 신라는 657년 당나라에 사신을 보내는 일을 중개해 달라는 왜의 요청을 거부하였다.[89] 이로써 650

---

84 『삼국사기』 권제7 신라본기 제7 문무왕 11년조의 "大王報書云 先王貞觀二十二年 入朝面奉太宗文皇帝恩勅 朕今伐高麗 非有他故 憐你新羅 攝乎兩國 每被侵陵 靡有寧歲 山川土地 非我所貪 玉帛子女 是我所有 我平定兩國 平壤已南百濟土地 並乞你新羅 永爲安逸" 참조.

85 『삼국사기』 권제28 백제본기 제6 의자왕 11년조.

86 『일본서기』 권26 제명기 원년 시세조 세주.

87 『일본서기』 권26 제명기 2년조.

88 山尾幸久, 1992, 「7세기 중엽의 동아시아」, 『백제연구』 23집, 충남대학교 백제연구소, 175쪽.

89 『일본서기』 권26 제명기 3년조의 "是歲 使使於新羅曰 欲將沙門智達 間人連御厩 依網連稚子等 付汝國使 令送到大唐 新羅不肯聽送 …" 참조.

년대 동아시아는 고구려-백제-왜 세력 대 신라-당 세력이 대결하는 구
도가 형성되었다.

II. 멸망의 징후와 백제의 멸망

1. 멸망을 예고하는 여러 징후들

중국 역사서는 물론 우리나라 역사서에도 천문 현상과 자연의 이변에
대한 기록이 많다. 동양사회에서는 자연현상의 변화를 인간 사회의 변화
를 예언해 주는 징조라고 여겨 꼼꼼하게 기록하였기 때문이다. 그래서 군
주는 천문 현상을 잘 살펴 미래에 닥칠 위험과 불행을 사전에 예방해야 한
다고 생각하였다.

천문 현상의 변화와 자연의 이변은 왕조 말기에 집중적으로 나타난다.
그만큼 사회가 불안하고 민심이 왕조를 떠났다는 의미이다. 그럼에도 불
구하고 당시의 지배층들은 이러한 현상에 주목하지 않거나 아전인수식으
로 해석하였다. 그 예로 신라 헌강왕이 포석정에 놀러 갔을 때 남산의 신
과 북악의 신이 나타나 나라가 장차 망할 줄 알고 춤을 추어 경계하였는데
당시 국왕과 귀족들은 도리어 좋은 일이 일어날 조짐이라고 한 것을 들 수
있다.[90] 이러한 현상은 백제도 마찬가지였다.

『삼국사기』에 의하면, 백제에서 불길한 징후는 655년부터 보이기 시작
하여 659년과 660년(의자왕 20)에 집중적으로 보인다. 659년 2월에 태자
궁의 암탉이 참새와 교미한 것과 상좌평의 서안에 흰 여우가 앉는 기이한
현상이 나타났다. 앞에서 언급한 바와 같이 이 현상은 태자를 둘러싼 음

---

90 『삼국유사』 권제2 기이 제2 처용랑 망해사조 참조.

란한 생활과 부패상을 보여 준다. 5월에 왕도 서남쪽의 사비하泗沘河에 죽은 대어大魚가 떠올랐는데 길이가 3장丈이나 되었다고 한다. 왕도를 감싸 도는 사비하는 왕도를 지켜 주는 최후의 방어선 역할을 하는 강이었다. 이 강에는 용이 살고 있어[91] 국가와 왕실을 지켜 준다고 생각하였다. 3장이나 되는 대어는 수신水神을 상징한다. 이 대어가 죽어서 물 위에 떠올랐다는 것도 왕조의 멸망을 예조한 것이라 할 수 있다. 9월에 궁중의 회화나무[槐樹]가 울었는데 사람이 곡하는 소리 같았다고 한다. 회화나무는 백제가 신성시한 나무였다. 이 나무가 사람의 곡소리를 낸 것도 백제의 멸망을 예조한 것이라 할 수 있다.

660년 봄 2월에 사비하의 물과 왕도의 우물물이 핏빛이 되었다고 한다. 이는 나당점령군에 의해 사비도성이 피비린내 나는 생지옥과 같은 현장이 될 것을 예조한 것이다. 여름 4월에 두꺼비와 개구리 수만 마리가 나무 위에 모였다고 한다. 개구리는 노한 형상으로 병사를 상징한다.[92] 병사를 상징하는 개구리 수만 마리가 모인 것은 적병, 즉 백제를 공격해 온 나당군의 규모를 미리 보여 준 것이다. 또 서울의 저자 사람들[市人]이 까닭이 없이 놀라 달아났는데 넘어져[僵仆] 죽은 자가 100여 명이나 되었고 잃은 재물이 헤아릴 수 없었다고 한다. 이는 사비도성이 함락될 급박한 상황에서 민들이 보여 주는 우왕좌왕하는 모습과 도성 함락 이후 벌어질 약탈 등과 같은 아비규환의 모습을 상징하는 것이라고 할 수 있다. 6월에 왕흥사王興寺의 여러 승려들이 배의 돛과 같은 것이 큰물을 따라 절 문으로 들어오는 것을 보았다고 한다. 왕흥사는 국가사찰이고 호국사찰이었다. 이곳에 배의 돛과 같은 것이 큰물을 따라 들어왔다는 것은 당나라 수군이 강을 따라 이곳까지 들어온다는 것을 예조한 것이다. 실제 소정방이 거느린 당나라

---

91 『신증동국여지승람』 권18 충청도 부여현 고적조의 '釣龍臺' 참조.
92 『삼국유사』 권제1 기이 제1 선덕왕 지기삼사조의 "蛙有怒形 兵士之像" 참조.

군대는 서해를 건너 덕물도에 이른 후 기벌포, 즉 금강 하구에 도착하여 조수의 흐름을 타고 강을 거슬러 올라왔다.

이러한 불길한 징후를 대하는 의자왕의 태도를 단적으로 보여 주는 것이 660년 6월에 일어난 징후이다. 이때 귀신 하나가 궁궐 안으로 들어와 "백제가 망한다. 백제가 망한다[百濟亡百濟亡]"고 크게 외치고는 곧 땅으로 들어갔다. 왕이 이상하게 여겨 사람을 시켜 땅을 파 보게 했더니 3자[尺] 가량의 깊이에 거북이 한 마리가 있었다. 그 등에 "백제는 둥근 달[月輪]과 같고 신라는 초생달[月新]과 같다"는 글이 써 있었다. 무당[巫]이 "둥근 달과 같다는 것은 가득 찼다는 것이고, 가득 차면 기운다. 초생달과 같다는 것은 아직 차지 않은 것인데 차지 않으면 점점 가득 차게 될 것이다"라고 해석하자 의자왕은 무당의 말을 믿지 않고 도리어 죽이고 말았다. 그러자 한 측근이 "둥근 달과 같다는 것은 왕성하다는 것이요, 초생달과 같다는 것은 미약하다는 것이니 우리 나라[國家]는 왕성하게 되고 신라는 점차 미약해진다는 뜻이다"라고 하였다. 왕은 이 말을 듣고 기뻐하였다고 한다.

예로부터 거북은 점복에 많이 사용되었고 무당은 인간과 귀신 사이를 매개해 주는 역할을 하였다. 거북의 등에 쓰여진 글자 "백제동월윤 신라여신월百濟同月輪 新羅如月新"은 백제의 미래를 예고한 것으로 무당은 그 글귀의 의미에 대해 정확하게 설명한 것이다. 그러나 의자왕은 무당의 점복 설명이 귀에 거슬린다고 하여 죽여 버리고 대신 아첨한 사람의 말에 기뻐하였다. 이는 당시 의자왕이 사세를 옳게 판단하지 못해 아첨하는 사람, 듣기 좋은 말을 하는 사람들만 곁에 남긴 것을 보여 준다.

2. 멸망 과정

(1) 백제 조정의 공수 논쟁

6세기 중반 동아시아가 고구려-백제-왜 세력 대 신라-당 세력의 대결이라는 구도로 재편되는 상황에서 백제 조정에서는 앞으로 일어날 일을 걱정하는 사람도 있었다. 좌평 성충이 대표적이다. 그는 의자왕의 탐락을 극간하다가 왕의 노여움을 사서 하옥되었다. 죽음에 앞서 성충은 글을 올려 "만약 이국병異國兵이 오면 육로로는 침현을 막고 수군은 기벌포 해안으로 들어오지 못하게 해야 한다"고 간언하였다.[93] 성충이 말한 이국병은 신라와 당나라 군대이다. 성충이 수군을 언급한 것은 당이 바다를 건너 공격해 올 수도 있다는 것을 간파하였음을 보여 준다. 그렇지만 의자왕은 성충의 간언을 살펴보지도 않았다.

660년 3월 당나라 군대는 산동반도의 내주萊州를 출발하여 6월 21일 서해상의 덕물도에 도착하였다. 신라 태종무열왕은 5월 26일 김유신, 진주眞珠, 천존天存 등과 함께 군사를 거느리고 왕경을 출발하여 6월 18일 남천정에 집결하였다. 나당연합군의 침공 소식을 들은 의자왕은 신하들을 모아 대응책을 논의하였다.

이때 신하들은 당군을 먼저 막을 것인가, 신라군을 먼저 막을 것인가 하는 문제와 당군을 어디에서 막아야 하며 신라군을 어디에서 저지해야 하는가의 문제로 의견이 갈렸다. 좌평 의직義直은 "당나라 군대와 먼저 결전하는 것이 옳다"고 주장하였지만 상영常永 등은 "신라군을 먼저 쳐서 그

---

93 『삼국사기』권제28 백제본기 제6 의자왕 16년조의 "春三月 王與宮人淫荒耽樂 飮酒不止 佐平成忠(或云淨忠)極諫 王怒囚之獄中 … 成忠瘐死 臨終上書曰 忠臣死不忘君 願一言而死 臣常觀時察變 必有兵革之事 凡用兵 必審擇其地 處上流以延敵 … 若異國兵來 陸路不使過沈峴 水軍不使入伎伐浦之岸 據其險隘以禦之 然後可也 王不省焉" 참조.

날카로운 기세를 꺾어야 한다"고 주장하였다.[94]

신하들의 의견이 모아지지 않자 의자왕은 당시 고마미지현古馬彌知縣에 귀양가 있던 좌평 홍수興首를 불러 의견을 물었다. 홍수는 "백강(기벌포)과 탄현(침현)은 우리나라의 요충지로서 한 사람이 창을 가지고 지키면 만 명도 당할 수 없다. 마땅히 용사를 뽑아 보내 지키게 하여 당나라 군대가 백강에 들어오지 못하게 하고, 신라 군대는 탄현을 넘지 못하게 해야 한다"고 말하였다. 홍수의 견해는 앞서 성충이 앞날을 예견하며 제시한 전략과 같은 것이었다.

그러나 대신들은 "홍수는 오랫동안 갇힌 몸으로 있어 임금을 원망하고 나라를 사랑하지 않으므로 그 말을 믿을 수 없다"고 하면서 "당나라 군사는 백강에 들어오게 하고, 신라군은 탄현을 넘도록 해야 한다"고 하였다. 대신들이 반대한 것은 홍수의 의견이 틀려서가 아니라 홍수를 적대적인 인물로 여겼기 때문이다. 풍전등화와 같은 위기에서도 당시 지배층들은 자신의 이해관계만을 앞세웠던 것이다. 이로 말미암아 의자왕은 올바른 판단을 할 수 없었다. 조정이 논의만 분분히 하는 사이에 신라군은 이미 탄현을 넘어 버렸고 당나라 군대는 백강으로 들어와 버렸다. 이로써 백제는 전략다운 전략을 제대로 마련할 겨를도 없이 나당연합군의 공격을 받게 되었다.

(2) 황산벌 전투와 기벌포 전투

660년 6월 21일 덕물도에 가서 소정방을 맞이하였던 신라 태자 법민은 무열왕에게 "7월 10일에 사비 남쪽에서 당군과 합세하기로 군사 기일을 정하였다"는 보고를 하였다. 무열왕은 금돌성(경북 상주 백화산성)에 진을 친 후 대장군 김유신 등에게 5만의 군대를 거느리고 당군을 접응하게 하

---

94 『삼국사기』 권제28 백제본기 제6 의자왕 20년조.

였다. 신라군이 출발한 곳은 보은의 삼년산성이었다. 이는 태종무열왕이 백제를 멸망시킨 후 회군하면서 삼년산성에 머문 것에서 입증된다.[95]

보은에서 사비도성으로 가고자 할 때 통과해야 할 요충지가 바로 탄현 炭峴이다. 탄현의 위치에 대해서는 전북 완주군 운주면 삼거리의 탄현으로 보는 견해, 충남과 충북의 경계인 마도령으로 보는 견해, 충남 석성면 정각리의 숯고개로 비정하는 견해, 대전 동쪽의 식장산으로 보는 견해 등이 있다.[96] 그러나 김유신 군대가 군사 기일에 맞추어 사비도성에 도착할 수 있는 가장 빠른 길은 보은-옥천-진산-연산으로 이어지는 길이다. 따라서 탄현은 진산의 '숯고개'로 보는 견해가 타당하다.

신라군이 이미 탄현을 통과하였다는 소식을 들은 의자왕은 장군 계백으로 하여금 5천 결사대를 거느리고 황산벌에 가서 막도록 하였다. 황산벌에 세운 백제의 영채는 3개였다. 세 영채의 위치는 황령재의 황령산성과 산직리에 있는 산직리산성 및 모촌리산성에 비정되고 있다.[97] 이때 백제군의 지휘관으로 계백 이외에 좌평 충상과 상영이 있었다. 충상과 상영은 관등이 좌평이어서 계백 예하의 장군들이 아니다. 이들은 별도의 부대를 이끌고 출전한 것으로 보인다. 따라서 세 영채는 계백의 영채와 상영 및 충상의 영채로 보는 것이 타당하다.[98]

황산벌에 다다른 신라군은 세 길로 나누어 백제군의 세 영채를 공격하였다. 이리하여 '황산벌 격전'이 벌어졌다. 계백의 5천 결사대는 수적 열세에도 불구하고 5만 신라군의 공격을 네 번씩이나 물리쳤다. 그러나 결

95 노중국, 2003, 『백제부흥운동사』, 일조각, 47~49쪽.
96 탄현의 위치에 대한 여러 견해의 정리는 성주탁, 1990, 「백제 탄현 소고; 김유신장군의 백제공격로를 중심으로」, 『백제논총』 2집, 백제문화개발연구원, 12~13쪽 참조.
97 박순발·성정용, 2000, 「황산벌 전적지에 대한 고고학적 조사」, 충남대학교백제연구소 편, 『논산 황산벌 전적지』, 충남대학교 백제연구소·논산시.
98 이문기, 1998, 「사비시대 백제의 군사조직과 그 운용」, 『백제연구』 28집, 충남대학교 백제연구소, 281~283쪽.

국 패배하여 계백은 전사하고 충상과 상영 등 20여 명은 포로가 되었다.[99]
백제군을 격파한 신라군은 곧바로 수도 사비성으로 진격하였다.

한편 소정방은 13만의 군대를 거느리고 기벌포(금강 하구)에서 상륙을
시도하였다. 1차 상륙부대를 직접 거느리고 상륙한 소정방은 강을 따라
진을 치고 있던 백제군과 전투를 벌였다. 이 싸움에서 백제군은 패하여 수
천여 명이 죽었고 나머지 군사들은 달아났다.[100] 상륙하지 않은 당군은 조
수를 타고 강으로 올라가[101] 사비성으로 진격하였다. 당군이 도성에서 일
사一舍, 즉 30리 정도 떨어진 곳까지 오자 백제는 최대로 군대를 동원하여
당군을 막았지만 1만여 명이 죽거나 사로잡혀 패배하였다.[102]

(3) 의자왕의 항복

당군이 사비도성으로 진격해 오자 백제왕자는 좌평 각가覺伽를 시켜서
당나라 장군에게 편지를 보내 철병할 것을 간절히 요청하였다. 소정방은
이를 받아들이지 않았다. 7월 12일 당군은 신라군과 함께 소부리벌에 진
을 치고 있던 백제군을 네 길로 공격하여 격파하였다. 상황이 이렇게 전개
되자 백제왕자는 상좌평을 시켜 푸짐한 음식을 당군에 보냈다. 소정방은
이 또한 받지 않았다. 이에 의자왕의 서자인 궁躬은 좌평 여섯 사람과 함
께 정방을 찾아가 용서를 빌었으나 역시 받아들여지지 않았다.[103]

이때 백제왕자의 이름과 지위는 알 수 없다. 그러나 그는 좌평을 당군
진영에 보내고 상좌평으로 하여금 당군에 음식을 보내는 등 백제 조정을
대표하는 것처럼 행동하였다. 이러한 행동을 할 수 있는 위치에 있는 사람

---

99 『삼국사기』 권제5 신라본기 제5 태종무열왕 7년조의 "百濟衆大敗 堦伯死之 虜佐平忠常常
   永等二十餘人" 참조.
100 『삼국사기』 권제42 열전 제2 김유신전 중.
101 『구당서』 권83 열전 제33 소정방전.
102 『구당서』 권83 열전 제33 소정방전의 "賊傾國來拒 大戰破之 殺虜萬餘人" 참조.
103 『삼국사기』 권제5 신라본기 제5 태종무열왕 7년조.

은 일차적으로 태자이다. 이 시기의 태자는 660년 8월에 세워진 〈대당평 백제국비명〉에 의하면 융이다. 『삼국사기』는 태자는 효라는 입장에서 융 을 왕자로만 표기한 것 같다. 태자 융은 이 위기를 벗어나기 위해 좌평 등 을 당군의 진영에 보내 철군을 요청하였던 것이다.

나당군이 철군 요청을 받아들이지 않고 공세를 강화하자 의자왕은 뒤늦 게 성충의 충고를 받아들이지 않은 것을 후회하면서 7월 13일에 웅진성 으로 피난하였다. 이때 동행한 사람은 태자와 소수의 측근들뿐이었다. 이 렇게 되자 둘째 아들 태가 스스로 왕이 되어 사비성을 굳게 지키려고 하였 다. 태가 사비성을 굳게 지키려 한 의도는 좋았다고 하더라도 스스로 왕 이 된 것은 일종의 반란이었다. 그래서 곧장 반발이 일어났다. 융의 아들, 즉 의자왕의 적손인 문사文思가 "숙부가 멋대로 왕이 되었으므로 당군이 물러나면 생명을 보전하기 어렵다"고 하면서 무리와 함께 줄을 타고 성을 넘어 나가버렸다. 이러한 내부 이탈로 사비도성을 지키는 군사들의 사기 는 크게 떨어졌고 태는 동요하는 민심을 진정시킬 수 없었다. 소정방의 군 사들이 성에 올라 당나라 군대의 깃발을 세우니 태는 결국 성문을 열어 항 복하고 말았다.

이때 웅진성 내부에서도 심상치 않은 상황이 발생하였다. 먼저 태자 융 이 좌평 천복과 함께 당에 항복한 것이다. 그 시기는 의자왕이 웅진으로 피난한 7월 13일에서 의자왕이 항복한 7월 18일 사이 어느 시기로 보인 다. 그가 사비성에 있다가 항복하였는지의 여부는 분명히 알기 어려우나 융이 왕과 함께 웅진성으로 피난하였다는 기록을 고려할 때 그는 웅진성 에서 나와 항복하였던 것 같다.

융이 이렇게 항복하자 웅진성 방어를 책임지고 있던 웅진방령 예식禰植 (예식진禰寔進)이 딴 마음을 품었다. 『삼국사기』에는 의자왕이 스스로 웅 진방령군을 거느리고 나와 항복한 것으로 되어 있다. 그러나 『구당서』에는 "대장 예식이 또 의자를 거느리고 와서 항복하였다. 태자 융과 여러 성의 성주들도 모두 예를 표하였다"라고 하였고,[104] 『신당서』에는 "장군 예식이 의자왕과 함께 항복하였다"고[105] 하였다. 예식은 '대장' 또는 '장將'이었음으로 웅진방령으로 추정된다. 이 기사는 웅진방령이었던 예식이 의자왕을 사로잡아 나당연합군에 항복하였음을 보여 준다.[106]

이를 뒷받침해 주는 것이 예씨묘지명이다.[107] 〈예식진묘지명〉에 의하면 예식진은 백제 웅천주인이고 할아버지와 아버지는 좌평의 관등을 지녔다. 예식진을 줄인 외자 이름이 예식이다. 예씨 가문은 웅진 지역을 기반으로 하였으며 무왕 대부터 좌평의 벼슬을 역임한 가문이었다.[108] 예식진은 『구당서』의 예식과 동일 인물인데 웅진방령으로서 웅진성을 지키는 책임을 맡았다. 그러나 그는 사세를 돌이킬 수 없다고 보고 살길을 찾아 형과 모의하여 의자왕을 사로잡아 당에 항복하였다. 예식진의 아들인 예소사의 묘지명에 예식진이 '그 왕을 이끌고 고종황제에게 귀의하였다[引其王 歸義于高宗皇帝]'고 한 것이 이를 보여 준다. 그래서 웅진성으로 도피해 온 의자왕은 변변히 싸워 보지도 못하고 포로가 되었다.

7월 18일 웅진성에서 나와 항복한 의자왕은 8월 2일에 항복의 예를 올렸다. 당하의 의자왕은 당상의 태종무열왕과 소정방 및 여러 장수들에게 친히 술을 따라 올렸다. 이를 본 백제의 좌평 등 군신들은 오열하며 눈물

---

104 『구당서』 권83 열전 제33 소정방전의 "其大將禰植 又將義慈來降 太子隆幷與諸城主皆同送款" 참조.

105 『신당서』 권111 열전 제36 소정방전의 "其將禰植與義慈降" 참조.

106 노중국, 1995, 「백제 멸망 후 백제 부흥군의 부흥 활동 연구」, 한림과학원 편, 『역사의 재조명』, 소화, 196쪽.

107 〈예식진묘지명〉, 〈예군묘지명〉, 〈예소사묘지명〉, 〈예인수묘지명〉 등 예씨묘지명의 판독문은 충청남도·충청남도역사문화연구원 편, 2016, 『(중국 출토) 백제인 묘지 집성─원문·역주편』(해외 백제문화재 자료집Ⅰ), 189~262쪽 참조.

108 권덕영, 2012, 「백제 유민 예씨일족 묘지명에 대한 단상」, 『사학연구』 105호, 한국사학회; 김영관, 2012, 「중국 발견 백제 유민 예씨 가족 묘지명 검토」, 『신라사학보』 24집, 신라사학회.

을 흘리지 않은 이가 없었다고 한다.[109] 이리하여 백제는 온조왕이 기원전 18년에 건국한 이후 678년 만에 망하고 말았다.

660년 9월 3일 소정방은 의자왕과 왕비 및 왕자 효, 태, 융, 연 등과 대신 장사 88명 그리고 백성 12,807명을 포로로 잡아 낙양으로 갔다.[110] 의자왕은 낙양 숭무문에서 또 항복의 예를 올렸다. 당 고종은 의자왕과 포로로 잡혀 온 자들을 모두 풀어 주었다.[111] 그러나 의자왕은 이후 얼마 지나지 않아 죽었다. 당은 그를 낙양 북망산의 손호孫皓(동오의 마지막 임금)와 진숙보陳叔寶(진陳의 마지막 임금) 무덤 곁에 묻고 비를 세워 주었다. 그렇지만 현재까지 의자왕의 무덤과 비는 확인되지 않고 있다.

109 『삼국사기』 권제5 신라본기 제5 태종 무열왕 7년조.
110 『삼국사기』 권제28 백제본기 제6 의자왕 20년조.
111 『자치통감』 권200 당기16 현경 5년 11월조의 "戊戌朔 上御則天門樓 受百濟俘 自其王義慈 以下 皆釋之" 참조.

제3장

부흥백제국

Ⅰ. 백제국의 부활

1. 부흥군의 활동[112]

백제를 멸망시킨 나당점령군은 사비도성에 들어와 재물을 약탈하고, 부녀자들을 겁탈하고, 젊은이들을 붙잡아 죽이는 등 온갖 행패를 자행하였다. 의자왕이 항복 의례를 행할 때의 굴욕적인 광경과 군신들이 오열하는 모습은 이를 듣거나 본 자들에게 의분을 불러일으켰다. 이로 말미암아 각처에서 부흥군이 일어났다. 이들은 멸망한 왕조를 다시 일으키겠다는 구호를 내걸었다. 이를 '부위계절扶危繼絶' 또는 '흥망계절興亡繼絶'이라[113] 한다.

부흥군 장군으로는 두시원악에서 일어난 정무正武, 구마노리성의 여자 진여自進, 풍달군에서 일어난 흑치상지·사타상여, 임존성을 근거지로 한 복신·도침 등을 들 수 있다. 이중 핵심적인 인물이 복신과 도침이었다. 660년 8월 26일 복신과 도침은 흑치상지, 사타상여와 협력하여 임존성을 공격해 온 소정방의 군대를 물리쳐서 기세를 높였다. 이 승리로 200여 성

---

112 이 부분은 저자의 『백제부흥운동사』(2003, 일조각) 206~224쪽 내용을 축약한 것이다.
113 『일본서기』권26 제명기 6년조의 "冬十月 … 詔曰 乞師請救 聞之古昔 扶危繼絶 著自恒典";『삼국사기』권제6 신라본기 제6 문무왕 5년조의 "然懷柔伐叛 前王之令典 興亡繼絶往哲之通規" 참조.

이 부흥군에 호응하였다.[114]

부흥군은 초기에는 신라와의 전투에서도 승리를 거두었다. 대표적인 전투가 두량윤성(충남 정산 계봉산성) 전투이다. 이 전투는 661년 부흥군의 포위로 위기에 빠진 당군을 구원하기 위해 신라가 대군을 일으킴으로써 벌어졌다. 이때 출동한 신라군은 대당군, 상주군, 하주군, 남천주군, 서당군, 낭당군으로 구성된 정예부대였고, 대당장군인 이찬 품일 등을 비롯한 11명 이상의 고위 장군들이 지휘하였다.

661년 3월 5일 신라 장군 품일이 거느린 대당大幢 휘하의 일부 군대가 먼저 두량윤성 남쪽에 이르렀다. 신라군이 진을 칠 지역을 찾으려고 전열을 제대로 정비하지 못한 틈을 타서 부흥군은 기습 작전을 폈다. 불의의 공격을 받은 신라군은 제대로 대응하지 못해 패주하였다. 부흥군은 기선을 제압하였고 신라군은 수세에 몰렸다.[115]

한편 사비성 남부로 진군한 신라군은 3월 12일에 고사비성, 즉 고부에 와서 성 밖에 진을 쳤다. 그러나 두량윤성에서 대당의 분견대가 패하였다는 소식을 듣고는 급히 두량윤성으로 이동하였다. 이리하여 부흥군과 신라군 사이에 본격적인 전투가 벌어졌다. 대군이 동원된 이 전투는 1달 6일 동안 지속되었다. 여러 차례 공방전을 되풀이한 후 마침내 부흥군은 신라군을 물리치는 데 성공하였다. 이 전투의 승리로 부흥군의 기세는 한껏 고조된 반면 신라는 엄청난 병마의 손실을 입었을 뿐만 아니라 감히 다시 출병하지 못할 정도로 크게 전의를 상실하였다.[116]

---

114 『삼국사기』 권제44 열전 제4 흑치상지전의 "常之懼 與左右酋長十餘人遯去 嘯合逋亡 依任存山自固 不旬日 歸者三萬 定方勒兵攻之 不克 遂復二百餘城" 참조.

115 『삼국사기』 권제5 신라본기 제5 태종무열왕 8년조의 "三月五日 至中路 品日分麾下軍 先行往豆良尹(一作伊)城南 相營地 百濟人望陣不整 猝出急擊不意 我軍驚駭潰北" 참조.

116 『삼국사기』 권제5 신라본기 제5 태종무열왕 8년조의 "三月 … 十二日 大軍來屯古沙比城外 進攻豆良尹城 一朔有六日 不克 夏四月十九日 班師 … 王聞軍敗大驚 …";『자치통감』 권200 당기 16 용삭 원년 3월조의 "羅王春秋奉詔 遣其將金欽 將兵救仁軌等 至古泗 福信邀

2. 부여풍의 즉위와 부흥백제국[117]

(1) 부여풍

백제가 멸망하기 이전 부여풍은 왜에 파견되어 있었다. 그 시기는 백제가 왜와 통호를 한 653년 8월로[118] 추정된다. 『삼국사기』에는 왜에 파견된 부여풍을 인질로 표현하고 있다.[119] 그러나 동일한 내용을 전하는 『구당서』와 『신당서』 및 『자치통감』에는 '옛 왕자 부여풍[故王子扶餘豊]'으로, 『일본서기』에도 왕자 여풍장餘豊璋으로 나온다. 이 사서들에는 인질이란 표현이 없다. 따라서 인질이란 표현은 『삼국사기』 편찬자인 김부식의 역사관에서 비롯된 것으로[120] 사실로 받아들일 수 없다.

부여풍의 출자에 대해 『일본서기』 서명기를 근거로 무왕의 아들로 보는 견해도 있고, 『일본서기』 황극기에 나오는 교기와 제명기 6년조 및 천지기 2년조에 보이는 왕자 규해紏解를 동일 인물로 보고 교기, 즉 규해가 풍장이라는 견해도 있다.[121] 그러나 앞에서 언급한 것처럼 서명기 3년조의 부여풍은 무왕의 아들이고 제명기의 부여풍은 의자왕의 아들이다. 두 사람은 동명이인으로, 활동한 시기가 다르므로 동일 인물일 수 없다. 또 교기를 규해와 동일 인물이라고 하면서 규해를 풍장으로 보는 견해도 있다. 그러나 한 인물이 동일한 책에서 동일한 시기에 교기, 규해, 풍장으로 표기 되었다고 하는 것 역시 받아들일 수 없다. 더구나 『일본서기』에는 풍

擊敗之 … 欽自葛嶺道遁還 新羅不敢復出" 참조.

117 이 부분은 저자의 『백제부흥운동사』(2003, 일조각) 내용을 축약한 것이다.

118 『삼국사기』 권제28 백제본기 제6 의자왕 13년조의 "秋八月 王與倭國通好" 참조.

119 『삼국사기』 권제28 백제본기 제6 의자왕 20년조의 "武王從子福信嘗將兵 … 迎古王子扶餘豊 嘗質於倭國者 立之爲王" 참조.

120 신종원, 2015, 「삼국사기 신라 상대 기사에 보이는 왜: 김부식의 대외관과 저술의 실제」, 『한국사학사학보』 32집, 한국사학사학회, 126~131쪽.

121 이러한 여러 견해에 대한 소개는 남정호, 2016, 『백제 사비시대 후기의 정국 변화』, 학연문화사, 39~66쪽 참조.

장이 귀국해 왕이 된 이후부터 '백제왕' 또는 '백제왕 풍장'으로 표기하고 있는 반면에, 규해는 규해로만 표기하고 있다. 이는 규해는 왕자 규해일 뿐이지 풍장이 아닌 것을 보여 준다.[122] 한편 『구당서』와 『삼국사기』에 부여풍을 고왕자故王子 또는 고왕자古王子로 표기하고 있는 것을 근거로 풍장을 교기로 고쳐 보는 견해도 있다. 그러나 '고왕자'는 이미 망해 버린 나라의 왕자라는 의미이므로 이 견해 역시 성립할 수 없다. 따라서 부흥백제국의 왕이 된 부여풍은 의자왕의 아들로 보아야 한다.

(2) 부흥백제국의 성립

두량윤성 전투에서 큰 승리를 거둔 복신과 도침은 중심지를 임존성에서 주류성(전북 부안 위금암산성)으로 옮겼다.[123] 당군도 격파하고 신라군도 격파하여 기세가 오른 복신과 도침은 백제국을 부활시키려 하였다. 그러기 위해서는 왕을 옹립하여야 하였다. 의자왕의 왕자들이 모두 포로로 잡혀 당으로 끌려간 상황에서 이들은 왜에 있는 부여풍을 주목하였다. 의자왕의 아들 부여풍을 모시면 왕위의 정통성도 확보할 뿐만 아니라 왜의 지원을 얻는 데도 크게 도움이 되기 때문이다.[124] 이에 복신과 도침은 661년 9월 왜에 가 있던 부여풍을 모셔 와 왕으로 옹립하고 국가 통치와 관련한 모든 권한을 맡겼다.[125] 이로써 새로운 왕국이 탄생하였다. 이 왕국이 바로 부흥백제국이다.[126]

부흥백제국의 성립으로 부흥군 장군들은 풍왕의 신하가 되었고, 부흥군

122 노중국, 2003, 『백제부흥운동사』, 일조각, 104~105쪽.
123 전영래, 1996, 『백촌강에서 대야성까지: 백제최후결전장의 연구』, 신아출판사, 121쪽.
124 노중국, 1994, 「7세기 백제와 왜와의 관계」, 『국사관논총』 52집, 국사편찬위원회.
125 『일본서기』 권26 제명기 6년조의 "冬十月 百濟佐平鬼室福信遣佐平貴智等 … 又乞師請救 幷乞王子餘豊璋曰 … 方今謹願 迎百濟國遣侍天朝王子豊璋 將爲國主云云"; 『일본서기』 권27 천지기 7년조의 "九月 … 於是 豊璋入國之時 福信迎來 稽首奉國朝政 皆悉委焉" 참조.
126 노중국, 2003, 『백제부흥운동사』, 일조각, 116~122쪽.

은 왕국의 군대가 되었다. 나당점령군의 힘이 미치지 못하는 곳은 부흥백
제국의 영역이 되었다. 이리하여 복신과 도침 등을 비롯한 부흥군 장군들
은 그 위상이 강화되고 또 정통성을 부여받게 되었다.

그러나 당은 부흥백제국을 인정하지 않았다. 그래서 부흥운동에 참여
한 왕자 부여충승과 부여충지를 '위왕자僞王子'로, 부흥군 장군인 복신을
'위한솔僞扞率', 도침을 '위승僞僧'이라 하였다. 이들의 직함 앞에 거짓 왕
조라는 의미로 '위僞' 자를 붙였던 것이다. 신라도 부흥백제국을 '백제잔
적百濟殘賊' 또는 '백제여적百濟餘賊'으로 표기하면서 정식 왕국으로 인정
하지 않았다. 부흥백제국을 단순히 '잔적殘賊' 또는 '여적餘賊'으로만 본
것이다. 반면에 왜는 부흥백제국을 엄연한 왕국으로, 부여풍을 백제왕으
로 인정하였다. 『일본서기』에 661년 9월 이전까지는 부여풍을 풍장으로
기록하다가 661년 9월 부여풍이 왕이 된 이후에는 '백제왕 풍장百濟王豊
璋' 또는 '백제왕百濟王'으로 표기하고 있는 것이 이를 입증해 준다.

Ⅱ. 부흥백제국의 멸망과 역사적 의미

1. 지휘부의 내분과 멸망

부흥백제국을 성립시킨 이후 복신과 도침은 나당점령군에 대한 공격을
강화하였다. 신라군이 웅진성으로 군량을 운반하는 길을 끊어 웅진성에
주둔한 당군을 곤핍하게 하기도 하였다. 그러나 얼마 지나지 않아 부흥백
제국 지휘부 내에서 분열이 일어났다. 복신이 동지였던 도침을 죽인 것이
다. 이후 군사권을 장악한 복신은 풍왕은 안중에 없이 정치와 군사 운영을
독단하였을 뿐만 아니라 나아가 풍왕을 제거하려고까지 하였다. 복신의

음모를 간파한 풍왕은 믿을 수 있는 사람들을 거느리고 가서 복신을 사로
잡아 죽였다.[127] 복신의 죽음으로 부흥군은 크게 동요하였다.

이러한 내분을 파악한 나당군은 663년 9월 총 공세를 가하였다. 위기에
처한 풍왕은 왜와 고구려에 구원군을 요청하였다. 이때 왜는 1천 척의 배
에 2만 7천 명의 원군을 실어 파견하였다.[128] 백제·왜연합군은 백강 입구
에서 당나라 수군과 만나 네 번에 걸쳐 공방전을 벌였다. 이를 백강구 전
투라고 한다. 당군의 화공을 받은 왜 수군은 400척이 불타는 패배를 당하
였다.[129] 전투에 패한 풍왕은 황급히 고구려로 몸을 피하였다.

고구려로 피신한 풍왕은 왜에 있던 부여용扶餘勇과 연락을 취하면서 백
제를 다시 일으킬 것을 도모하였다.[130] 풍왕이 이런 일을 할 수 있었던 것
은 고구려가 부여풍을 부흥백제국의 국왕으로 인정하고 대우해 주었기 때
문이다. 부여용은 부흥운동에 참여하였다가 663년 주류성이 함락되는 시
기를 전후해 왜로 망명한 것 같다. 그는 풍왕의 동생이었기 때문에 왜 조
정으로부터 일정한 대우를 받았다. 그래서 그는 풍왕과 접촉하여 백제의
부흥을 도모할 수 있었던 것이다.[131]

한편 왕도 주류성을 지키던 부흥군은 신라군의 공격을 잘 막고 있었다.
그렇지만 백강구 전투에서 제·왜연합군이 패배하였다는 소식을 듣고 사
기가 떨어졌다. 사세가 어렵다고 판단한 왕자 부여충승扶餘忠勝과 부여
충지扶餘忠志 등은 성을 버리고 당에 항복하였다. 이제 남은 거점성은 임

---

127 『삼국사기』 권제28 백제본기 제6 의자왕조의 "時福信旣專權 與扶餘豊寢相猜忌 福信稱疾
　　臥於窟室 欲俟豊問疾執殺之 豊知之 帥親信 掩殺福信" 참조.

128 『일본서기』 권27 천지기 2년 추8월조.

129 『구당서』 권84 열전 제34 유인궤전; 권199 상 열전 제149 상 동이 백제전. 이에 대해서는
　　김영관, 2005, 『백제부흥운동연구』, 서경 참조.

130 『구당서』 권84 열전 제34 유인궤전의 "陛下若欲殄滅高麗 不可棄百濟土地 餘豊在北 餘勇
　　在南 百濟高麗舊相黨援 倭人雖遠 亦相影響 …" 참조.

131 노중국, 2003, 『백제부흥운동사』, 일조각, 285~287쪽.

존성(충남 예산군 덕산면 봉수산성)뿐이었다. 장군 지수신遲受信은 임존성을 끝까지 사수하려 하였지만 힘이 다해 성이 함락되자 고구려로 망명하였다.[132] 이로써 부흥백제국도 멸망하였다.

나당점령군이 부흥백제국을 멸망시키는 데는 당에 항복하여 협조한 백제 유민들도 일정하게 기여하였다. 대표적인 인물로는 흑치상지黑齒常之와 부여융을 들 수 있다. 흑치상지는 백제가 멸망하자 곧바로 부흥군을 일으켜 복신 및 도침과 힘을 합쳐 임존성에서 당나라 장군 소정방의 군대를 크게 물리쳤다. 그러나 그는 그 후 당군에 항복하여 가림성에 주둔한 부흥군을 진압하는 데 가장 먼저 앞장섰다.

부여융은 의자왕의 태자로서 의자왕이 항복한 후 당나라에 끌려갔다. 그 후 웅진을 지키던 유인궤의 요청으로 당나라의 점령군 사령부인 웅진도독에 임명되었다. 그에게 주어진 임무는 백제 유민들이 부흥군에 가담하지 않도록 위무하는 것이었다. 이외에 웅진성을 지키고 있던 예군은 동생 예식진(예식)과 함께 의자왕을 사로잡아 당나라에 항복한 후 웅진도독부의 관료로서 대왜 외교 활동을 하였다.

흑치상지와 부여융 등의 삶은 백제 부흥을 위해 목숨을 걸고 끝까지 싸운 복신, 풍왕, 지수신 등의 삶과는 극명히 대비된다. 당에 항복한 이들은 이후 당에 들어가 고위 관직에 올랐다. 단채 신채호는 당의 앞잡이가 되어 부흥군을 진압하는 데 공을 세운 인물들 가운데 흑치상지를 대표적으로 거명하며 '백제를 멸한 제2의 죄인'이라고[133] 역사적 단죄를 하였다. 그럼에도 불구하고 당이 세운 웅진도독부의 도독으로 임명된 부여융과 도독부에서 근무한 백제 유민의 활동을 백제부흥운동의 일환으로 보는 견해도 있다. 이는 본말을 전도한 견해이므로 당연히 성립할 수 없다.

---

132 『삼국사기』 권제28 백제본기 제6 의자왕조.
133 신채호, 1987, 『단재 신채호전집』 상, 형설출판사, 354쪽.

2. 부흥백제국의 역사적 의미

한 왕조가 멸망하면 왕조를 다시 일으키려는 움직임이 있게 마련이다. 고구려의 경우 나당연합군에 의해 고구려가 멸망하자 안승과 검모잠이 금마저金馬渚에 보덕국을 세웠다. 그렇지만 이는 신라에 기생한 망명 정부였다.[134] 신라의 경우 경순왕이 고려 태조에게 귀순하였을 때 마의麻衣태자가 귀순을 강력히 반대하다가 뜻을 이루지 못하자 개골산에 들어가 숨어 지냈다.[135] 이는 소극적인 저항에 불과하다. 반면에 백제부흥군은 나당 점령군과 치열하게 싸우면서 왜에서 부여풍을 모셔와 백제국을 부활시켰다. 이것이 부흥백제국이다.

우리나라 역사에서 점령군이 주둔하고 있는 데도 부흥운동을 전개하여 새로운 왕조를 연 것은 부흥백제국이 처음이다. 그 바탕에는 백제를 다시 부흥시키려는 '흥망계절興亡繼絶'의 정신과 점령군에게 강력히 맞서겠다는 저항 정신이 깔려 있었다. 부흥군 장군들은 이러한 정신을 갖고 있는 유민들을 규합하여 큰 형세를 이루었던 것이다.

백제의 저항 정신과 문화는 후대로 이어졌다. 대표적인 몇 가지 사례를 들면 다음과 같다. 첫째, 정치적인 측면에서는 신라 말에 견훤이 완산주에서 나라를 세울 때 의자왕의 원수를 갚고 백제를 다시 일으키겠다고 하면서 국호를 '후백제'라 한 것을[136] 들 수 있다. 견훤은 신라 상주 출신으로

---

134 『삼국사기』 권제6 신라본기 제6 문무왕 상 10년조의 "六月 高句麗水臨城人牟岑大兄 收合殘民 … 向新羅行 至西海史冶島 見高句麗大臣淵淨土之子安勝 迎致漢城中 奉以爲君 遣小兄多式等 哀告曰 … 今臣等得國貴族安勝 奉以爲君 … 王處之國西金馬渚"참조.

135 『삼국사기』 권제12 신라본기 제12 경순왕 9년조의 "冬十月 王曰 … 至使無辜之民 肝腦塗地 吾所不能忍也 乃使侍郎金封休 賷書請降於太祖 王子哭泣辭王 徑歸皆骨山 倚嚴爲屋 麻衣草食 以終其身"참조.

136 『삼국사기』 권제50 열전 제10 견훤전의 "萱西巡至完山州 州民迎勞 萱喜得人心 謂左右曰 … 於是百濟開國金馬山 六百餘年 摠章中 唐高宗以新羅之請 遣將軍蘇定方 以船兵十三萬越海 新羅金庾信卷土 歷黃山至泗沘 與唐兵合攻百濟滅之 今予敢不立都於完山 以雪義慈宿憤

백제와 아무런 지역적 연고가 없었다. 그런데도 그가 국호를 후백제라고
한 것은 무진주 일대와 완산주 일대 주민들이 백제에 대한 향수 및 백제를
부흥시키려는 의식을 여전히 가지고 있음을 정확히 파악하고 이를 정치
적으로 활용하였음을 보여 준다. 그 배경은 옛 백제 지역 주민들이 백제에
대해 갖고 있는 강한 애정이었다.

둘째, 문화적인 측면에서 백제 멸망 이후 만들어지지 않았던 백제계 석
탑이 신라 말 고려 초에 옛 백제 지역의 여러 곳에서 다수 건립된 사실이
다. 이는 통일 이후 신라 정부의 억압 속에서도 백제 유민들이 백제적 문
화전통을 유지하고 있었음을 보여 준다.[137] 이러한 문화전통이 온축되어
있었기 때문에 고려시대에 백제 고지에서 백제계 석탑이 다시 만들어질
수 있었던 것이다.

셋째, 종교 운동을 한 진표眞表 율사의 사례이다. 그는 통일신라시대의 전
주(완산주) 김제군(벽골군) 황경현(두내산현 · 도군산촌) 대정리 출신 사람이다.
『송고승전』에 의하면 진표는 백제인으로 나온다.[138] 진표가 활약하던 시기
는 경덕왕 대어서 백제 멸망 이후 약 100여 년이 지난 뒤이다. 그럼에도 그
는 스스로 백제인임을 자처하였다.[139] 이는 백제인이라는 의식이 백제 지역
에 거주하고 있던 주민들에게 강하게 이어져 왔음을 보여 준다.

넷째, 은산별신제恩山別神祭이다. 부여군 은산면에서 열리는 이 별신제
에서는 복신장군과 토진대사를 제사 지내고 있다.[140] 복신장군과 토진대
사, 즉 도침은 부흥군을 이끈 장군이다. 두 장군을 모시는 은산별신제는

平 遂自稱後百濟王 設官分職 …" 참조.

137 김정기, 1987, 「백제계 석탑의 특징」, 『馬韓 · 百濟文化』10집, 원광대학교 마한 · 백제문화연
  구소.

138 『송고승전』 권제14 당백제국 김산사 진표전.

139 이기백, 1986, 「진표의 미륵신앙」, 『신라사상사연구』, 일조각, 267~268쪽.

140 임동권, 1971, 『한국민속학론고』, 선명문화사, 188쪽; 이필영, 2001, 「민간신앙의 분석」,
  부여문화원 편, 『부여의 민간 신앙』, 부여문화원, 392쪽.

백제의 저항 정신이 옛 백제 지역에서 오늘날까지 면면히 이어지고 있음을 보여 준다. 여기에는 신라 정부의 경주 중심의 국가 운영과 사회 운영이 백제 지역 주민들로 하여금 백제적 의식을 더 강하게 띠도록 하지 않았을까 한다.

맺는 글

한국고대의 정치사는 국國의 성립에서부터 시작되었다. 이 국의 발전과 변화 및 체제 정비 과정이 바로 정치사의 전개 과정이다. 초기국가로서의 십제국은 처음에는 규모도 크지 않았고 지배조직도 단순하였다. 그러나 백제국으로 국호를 개칭한 이후 점차 주변국들을 병합하여 영역을 확대함에 따라 중앙과 지방이 생겨나고, 권력은 국왕에게 집중되었으며, 민을 지배하기 위한 다양한 지배조직들이 만들어졌다.

이 국을 운영한 주체가 국왕과 국왕을 둘러싼 지배 세력이다. 국왕은 중앙귀족들과 일정한 길항拮抗 관계를 가지면서 대내적으로는 대민 지배를 강화하고 권력을 집중하여 왕실의 위상을 높여 나갔고, 대외적으로는 주변국에 대한 우월 의식을 가지면서 자국의 이익을 추구하였다. 이러한 모습은 백제의 경우도 예외는 아니다.

국왕의 위상의 격상 과정을 잘 보여 주는 것이 최고지배자에 대한 칭호의 변화이며, 주변국에 대한 우월 의식은 천하관을 통해 드러난다. 이러한 우월 의식과 천하관은 분열된 나라를 하나로 통합하겠다는 일통의식一統意識을 형성시켰다. 백제가 최고지배자에 대한 칭호를 격상시켜 가는 모습과 주변국들을 부용국으로 보는 천하관, 그리고 삼국을 일통하려는 삼한일통三韓一統 의식을 정리하는 것으로 본서의 마무리를 하고자 한다.

1. 대왕과 폐하

(1) 최고지배자의 칭호 변화

국호는 대내적으로 민의 결속력을 다지고 대외적으로는 자신의 정체성을 드러낸다. 또한 왕호는 대내적으로 왕실의 위상을 높여 주면서 국제 관계에서 그 나라의 존재 가치를 보여 준다. 국호와 왕호는 국가 발전 단계에 따라 또는 정치적 목적에 따라 바뀌기도 하였다. 한국고대사회에서 왕호의 변화를 잘 보여 주는 것이 신라의 경우이다. 신라는 최고지배자를 초기 국가 단계에서는 거서간, 차차웅이라 하였고, 연맹체 단계에서는 이사금으로, 부체제 단계에서는 마립간으로 칭하다가 중앙집권체제가 갖추어진 이후에는 '왕'호를 칭하였다.[1] 이 '왕'호를 더 높인 것이 '대왕'호이다.

백제의 국호는 국가 발전 단계에 따라 변화가 있었다. 건국 초기에는 십제국이었다. 이후 중앙집권체제를 갖추면서 백제로 칭하였다. 왕호의 경우 『삼국사기』에는 백제가 처음부터 왕호를 사용한 것으로 나온다. 그러나 왕호는 신라의 경우에서 보듯이 국가 발전 단계와 궤도를 같이하며 변화한다. 따라서 백제도 처음에는 토착적인 칭호를 사용하였을 것이다.

『삼국지』 동이전 한조에는 마한연맹체를 구성한 국들의 지배자의 칭호로 신지臣智와 읍차邑借가 나온다. 신지는 대국의 최고지배자가, 읍차는 소국의 최고지배자가 자칭한 것이다. 백제국(십제국)은 마한 54국 가운데 하나였으므로 그 수장의 칭호는 신지나 읍차였을 것이다. 이렇게 보면 백제가 처음부터 왕호를 칭하였다고 한 『삼국사기』의 기록은 사실이 아니다.

신지나 읍차는 3세기 말까지 사용된 칭호이다. 4세기에 들어와 백제 최고지배자의 칭호로 주목되는 것이 어라하於羅瑕와 건길지鞬吉支 그리고 어

---

1 『삼국사기』 권제4 신라본기 제4 지증마립간 4년조의 "又觀自古有國家者 皆稱帝稱王 自我始祖立國 至今二十二世 但稱方言 未正尊號 今群臣一意 謹上號新羅國王 王從之" 참조.

류於陸이다.[2] 어라하와 건길지는 둘 다 왕을 뜻하고, 어륙은 왕비를 뜻하는 토착적인 칭호이다. '건길지'는 민(피지배층)에서 쓰는 말이었고, '어라하'는 지배층에서 쓰는 말이었다.

어라하의 '하瑕'는 고구려나 부여에서 족장을 의미하는 '가加'와 음운이 상통함으로 '부여어계 언어'라고 할 수 있다. '건길지'는 『일본서기』에 백제 왕호를 훈독한 '코키시コキシ'·'코니키시コニキシ'에 해당된다. '건'과 '코니コニ'·'코コ'는 '큰大'의 음사이고, '길지吉支'와 '키시キシ'는 귀인을 나타내는 존칭이다. 이 길지는 신라의 '길사吉師', 가야의 '한기旱岐'와 상통한다.[3] 따라서 건길지는 '한어계'라고 할 수 있다. 지배층이 부르는 왕에 대한 칭호가 피지배층이 부르는 것과 다른 것은 백제 지배층이 부여·고구려계 중심으로 이루어졌고 민은 한계韓系라는 사실과도 대응된다.

어라하나 건길지는 『주서』에 처음 보인다. 『주서』는 북주(557~581)의 역사를 정리한 역사서이다. 그렇다고 하여 어라하나 건길지가 북주와 같은 시기에 백제에서 처음 사용된 것으로 볼 필요는 없다. 왜냐하면 삼국은 중국식의 '왕'호를 사용하면서부터 토착식 칭호는 사용하지 않았기 때문이다. 신라에서 지증왕이 '왕' 칭호를 사용한 이후 이사금, 마립간 등을 더 이상 사용하지 않는 것이 이를 보여 준다. 따라서 토착식 칭호인 어라하나 건길지는 왕호를 칭하기 이전에 사용된 칭호였지만 백제왕이 '왕'을 칭한 이후부터는 더 이상 사용되지 않고 기층사회에서 전승되어 오다가 『주서』에 채록된 것으로 보아야 할 것이다.

신라는 4세기에 들어와 종래의 이사금 대신 마립간을 사용하였다. 마립간을 사용한 시기는 부체제 단계이다. 그 이후 중앙집권체제를 갖추면서

---

2 『주서』 권49 열전 제41 이역 상 백제전의 "王姓夫餘氏號於羅瑕 民呼爲鞬吉支 夏言竝王也 妻號於陸 夏言妃也" 참조.

3 이병도, 1977, 『국역 삼국사기』, 을유문화사, 351쪽의 주) 1.

왕호를 사용하였다. 가야의 경우, 변한연맹체 단계에서는 신지나 험측, 번예, 읍차 등을 칭하다가 가야연맹체 단계에서는 '한기'라는 토착식 칭호로 바꾸었고 그 후에 왕호를 사용하였다. 이로 미루어 백제도 부체제 단계에 지배자의 권력이 강화되자 그에 걸맞는 칭호로서 종래의 신지나 읍차 대신 '어라하'와 '건길지'를 새로 칭하지 않았을까 한다. 백제에서 부체제가 성립한 시기는 고이왕 대(234~286) 후반이고 이 부체제는 비류왕 대(304~344)까지 이어졌다. 따라서 어라하와 건길지가 사용되기 시작한 시기는 3세기 후반에서 4세기 전반경 사이로 볼 수 있다.

이후 백제는 중앙집권체제를 갖추면서 중국식 왕호를 사용하였다. 이를 보여 주는 것이 〈칠지도〉 명문이다. 〈칠지도〉는 태화 4년(369)에 만들어져 371년에 왜에 보내졌다. 이 명문에는 '백제왕세자百濟王世子'가 나온다. 세자는 백제왕의 세자이다. 따라서 이 명문은 백제가 늦어도 369년에는 왕호를 사용하였음을 보여 준다. 그래서 근초고왕, 즉 여구餘句는 372년에 백제왕의 자격으로 동진에 사신을 보냈고 동진도 근초고왕을 백제왕으로 불렀다.[4] 그렇다면 백제가 토착식의 건길지나 어하라 대신 중국식 '왕'호를 사용한 시기는 근초고왕 대로 볼 수 있다.

(2) 대왕 칭호

중앙집권국가 체제를 갖추면서 '왕'호를 사용한 백제는 이후 '대왕' 칭호를 사용하기 시작하였다. 아신왕의 죽음을 '대왕기세大王棄世'로 표현한 것,[5] 541년과 544년에 사비에서 열린 이른바 '사비회의'에서 가야제국의 수장들이 백제 성왕을 '대왕'으로 부른 것,[6] 부여 구아리에서 출토된

---

4 『진서晉書』 권9 제기 제9 간문제 함안 2년조의 "春正月辛丑 百濟林邑王 各遣使貢方物 … 六月 遣使拜百濟王餘句爲鎭東將軍領樂浪太守" 참조.
5 『삼국사기』 권제25 백제본기 제3 전지왕 즉위년조.
6 『일본서기』 권19 흠명기 2년조, 5년조.

〈일근명一斤銘 거푸집〉 뒤에 새겨진 '대왕천大王天' 명문, 〈사리봉영기〉
의 '대왕폐하大王陛下' 등이 그 예가 된다.

　대왕 칭호는 백제뿐만 아니라 고구려, 신라, 가야, 왜에서도 사용하였
다. 고구려의 경우 〈광개토대왕비〉에 광개토대왕이, 신라의 경우 〈천전
리서석 을묘명〉에 성법흥대왕이, 〈마운령비〉와 〈황초령비〉 등에 진흥대
왕이 나온다. 대가야의 경우 충남대학교 소장 대가야 양식 토기에 '대왕
大王'이 새겨져 있다. 왜의 경우 이나리야마고분稻荷山古墳에서 출토된 철
검의 명문에 '획가다치로대왕獲加多齒鹵大王'이 나온다.

　'대왕'은 '왕'을 높여 부른 칭호이다. 대왕 칭호의 사용이 어떤 의미를
가지는가를 파악하는 데 단서가 되는 것이 중국 16국시대의 '천왕天王'
칭호이다. 3세기 말 이후 만리장성 북쪽에서 생활하던 유목족들, 즉 흉노
匈奴, 갈羯, 선비鮮卑, 저氐, 강羌 족들은 장성을 넘어와 중원에서 16국을 세
웠다. 이리하여 16국시대가 전개되었다.

　16국의 최고지배자들은 종래의 선우單于 칭호 대신 천왕 칭호를 사용하
였다. 흉노의 근준靳準이 318년에 한천왕漢天王을, 전진의 부건苻健이 351
년에 천왕대선우天王大單于를, 부견苻堅이 357년에 대진천왕大秦天王을,
여광呂光이 396년에 대량천왕大梁天王을, 혁련발발赫連勃勃이 406년에 천
왕대선우天王大單于를, 후연後燕의 고운高雲이 409년에 천왕天王을, 풍발馮
跋이 411년에 대연천왕大燕天王을 칭한 것이[7] 이를 잘 보여 준다.

　16국의 최고지배자들이 천왕 칭호를 사용한 이유는 대진大秦의 시조인
강족 출신[羌人] 요익중姚弋仲이 "자고로 융적이 천자가 된 적이 없다"고[8]
한 말에서 찾아볼 수 있다. 융적은 16국의 지배자들을 말한다. 요익중의

---

7 『진서晉書』 권112 재기 제12 부건, 부견; 권122 재기 제22 여광; 권130 재기 제30 혁련발발;
　권124 재기 제24 모용운; 권125 재기 제25 풍발 참조.
8 『진서晉書』 권116 재기 제16 요익중전의 "今石氏已滅 中原無主 自古以來 未有戎狄作天子者"
　참조.

말에 의하면, 16국의 지배자들은 천자를 칭하지 않았다. 그 배경은 중국 왕조와의 관계 때문이었다. 즉 16국 지배자들은 천자는 중국 왕조에서만 칭할 수 있는 것으로 보고 감히 천자를 칭하지 않았던 것이다.

그러나 16국은 중국 천자의 지배를 받는 제후국이 아니라 독립국이었다. 그래서 16국의 지배자들은 그 위상이 천자보다는 아래지만 천자의 제후보다는 상위라는 인식을 가지고 있었다. 그렇지만 '왕'을 칭하면 중국 천자의 '제후왕'과 같은 존재가 되어 독립국으로서의 면모를 가질 수 없게 된다. 이에 16국의 지배자들은 천왕을 칭하여 제후왕과는 다름을 표시하였다. 이런 사례를 원용하면 백제왕도 중국 천자보다는 낮지만 제후왕보다는 격이 높다는 의미에서 대왕을 칭하지 않았을까 한다.[9]

(3) 폐하 칭호

백제의 최고지배자가 칭한 칭호 가운데 가장 주목되는 것이 〈사리봉영기〉에 나오는 '폐하'이다. 중국에서 최고지배자에 대한 칭호로는 천자와 황제가 있다. 천자는 중국의 상고시대부터 사용되어 온 것인데 천명을 받아 천하를 지배하는 군주라는 의미이다. 황제는 진시황이 중국을 통일한 후 칭한 위호位號로서 진이 망한 이후에도 계속 사용되었다. 폐하는 황제국에서 황제, 황후, 태황제, 황태후, 태황태후에 대한 존칭이다. 일본의 『율령』에서는 최고지배자의 칭호에 대해 "천자는 제사에서 칭하는 바이고, 천황은 조서에서 칭하는 바이고, 황제는 화이華夷에서 칭하는 바이고, 폐하는 상표上表에서 칭하는 바"라고 개념을 규정하고 있다.[10]

'폐하'는 『삼국유사』 만파식적조에 신라 신문왕을 칭하는 용어로 나온

---

9 노중국, 2012, 「백제의 문서행정과 관인제」, 성주탁 교수 추모논총간행위원회 편, 『백제와 주변세계』, 진인진, 53~56쪽.

10 井上光貞·關晃·土田直鎭·靑木和夫 校注, 1976, 『律令 日本思想大系 3』, 岩波書店, 令 卷第 7 儀制令 第18의 "天子祭祀所稱 天皇詔書所稱 皇帝華夷所稱 陛下上表所稱 …" 참조.

다.[11] 그러나 금석문에서 '폐하'라는 존호가 보이는 것은 삼국 가운데 현재까지는 백제가 유일하다. 왕실에서 만든 공식적인 성격의 〈사리봉영기〉에 '대왕폐하'라고 새긴 것은 백제 왕실이 무왕을 대왕폐하로 불렀음을 보여 준다. 즉 무왕은 국내에서는 황제와 같은 존재였던 것이다.

〈사리봉영기〉의 폐하와 연동되는 것이 〈예군묘지명禰軍墓誌銘〉이다. 여기에는 "참제가 일단 칭신하면서 대수망 수십 인을 거느리고 입조해 조알하려고 하였다[僭帝一旦稱臣 仍領大首望數十人 將入朝謁]"는 내용이 나온다. 예군은 660년 당시 웅진성을 지키던 장군이었다. 나당군이 사비도성을 포위 공격하자 의자왕은 웅진성으로 피난하였다. 이때 웅진성을 지키고 있던 예군은 자기 살길을 찾아 동생 예식진과 함께 의자왕을 사로잡아 당군에 항복하였다.[12] 그 후 그는 당나라에 들어가 벼슬을 하였고 묘지명도 남겼다.

이 묘지명에 나오는 '참제僭帝'는 '참월한 황제'라는 의미이다. 황제를 칭할 수 없는 자가 황제를 칭하였을 경우 '참제'라고 한다. 이 '참제'를 고구려 왕족 안승安勝을 보덕국왕으로 책봉한 신라 문무왕으로 보는 견해도[13] 있고, 백제 멸망 후 부여풍에게 직관織冠을 수여하여 귀국하도록 한 왜왕 천지天智로 보는 견해도[14] 있다. 그러나 신라 문무왕이나 왜왕 천지가 대수망大首望 등을 거느리고 당나라에 입조한 사실은 없다.

이 묘지명의 이 구절은 〈대당평백제국비명〉에 의자왕이 태자 융, 외왕

---

11 『삼국유사』 권제2 기이 제2 만파식적조의 "日官金春質(一作春日)占之曰 … 二聖同德 欲出守 城之寶 若陛下行幸海辺 必得無價大寶 王喜 …" 참조.

12 〈예군묘지명〉에 대한 소개는 김영관, 2012, 「중국 발견 예씨 가족 묘지명 검토」, 『신라사학』 24집, 신라사학회; 권덕영, 2012, 「백제유민 예씨 일족 묘지명에 대한 단상」, 『사학연구』 105집, 한국사학회 참조.

13 李成市 저·정동준 역, 2013, 「예군 묘지 연구」, 『목간과 문자』 10집, 한국목간학회.

14 최상기, 2014, 「〈예군 묘지〉의 연구 동향과 전망—한·중·일 학계의 논의 사항을 중심으로—」, 『목간과 문자』 12집, 한국목간학회.

여효餘孝 등 왕자 13명과 대수령 대좌평인 사타천복沙吒天福, 국변성國辯成 등 70여 명과 함께 소정방에 의해 당나라에 끌려가 항복의 예를 올린 것과[15] 매우 유사하다. '대수령大首領'은 명칭에서 미루어 '대수망大首望'에 대응된다. 따라서 참제는 백제 의자왕을 가리키는 것이 분명하다.

이 묘지명은 의자왕이 대수망大首望 등을 이끌고 당나라에 입조한 것을 '참제'가 입조한 것으로 표현하였다. 이는 당시 의자왕이 황제를 칭하였음을 보여 준다. 의자왕의 칭제는 무왕이 폐하를 칭한 것의 연장선상에서 나온 것이었다.[16] 그러나 당은 의자왕을 황제로 인정하지 않아 '참제'로 표현하였다. 이는 남제가 북위를 인정하지 않고 '위조僞朝', '위로魏虜'로 부르고, 북위의 황제를 '위주僞主'로 표현한 것과[17] 같은 맥락이다. 그렇다고 하더라도 〈사리봉영기〉의 폐하와 〈예군묘지명〉의 참제는 백제왕이 국내에서는 황제로 군림하였음을 보여 주는 것이다. 즉 이 시기의 백제는 황제국을 자처하였던 것이다.

2. 천하관

(1) '대왕폐하'와 '외왕내제' 의식

대왕 칭호와 관련하여 정리해야 할 것은 〈사리봉영기〉에 나오는 '대왕폐하'의 의미이다. 대왕폐하는 '대왕'과 '폐하'의 합성어로서 '대왕'이면서 '폐하'라는 뜻이다. 그러나 두 칭호는 격이 달라 함께 사용할 수 없다. 그럼에도 불구하고 〈사리봉영기〉에는 두 칭호가 함께 사용되고 있다. 따

---

15 한국고대사회연구소 편, 1992, 『역주 한국고대금석문』 제1권(고구려·백제·낙랑 편), 가락국사적개발연구원, 〈대당평백제국비명〉의 "其王扶餘義慈及太子隆 自外王餘孝一十三人 幷其大首領大佐平沙吒天福國辯成以下七百餘人 旣入重閣 竝就擒獲 …"참조.

16 노중국, 2012, 『백제의 대외 교섭과 교류』, 지식산업사, 453~454쪽.

17 『남제서』 권58 열전 제39 동남이전 고려조의 "建元 … 三年 遣使貢獻 乘舶汎海 使驛常通 亦使魏虜 … 永明七年 … 虜元會與高麗使相次 幼明謂僞主客郞裴叔令曰 …"참조.

라서 그 의미를 살펴보는 것이 필요하다.

〈사리봉영기〉의 대왕과 폐하는 모두 무왕을 가리킨다. 그러나 폐하는 국제적으로는 드러내 놓고 사용할 수 있는 칭호가 아니다. 중국 중심의 세계 질서 속에서는 중국 황제만이 황제를 칭할 수 있었기 때문이다. 그럼에도 불구하고 무왕은 폐하를 칭하였다.

반면에 대왕은 국내에서 사용할 수 있으면서 또 대외적으로도 사용할 수 있다. 대왕은 비록 '대' 자가 앞에 붙었지만 왕호의 일종이기 때문이다. 이렇게 보면 '대왕폐하'는 무왕이 대외적으로는 대왕이지만 동시에 국내에서는 황제와 같은 존재임을 보여 준다. 이를 방증해 주는 것이 미륵사의 9층탑이다.

무왕이 9층탑을 세운 의도는 '9'라는 숫자가 가지는 의미에서 추정해 볼 수 있다. 동양에서 '9'라는 숫자는 천하를 의미한다. 이러한 의미는 중국의 전설상의 황제인 우왕禹王이 9년 홍수를 극복하고 나서 천하를 구주九州로 나눈 것에서 비롯되었다. 9라는 숫자가 보여 주는 이러한 의미는 불탑의 건립에도 반영되었다. 북위의 경우 헌문제는 466년에 수도 평성平城(산서성 대동大同)에 조영한 영녕사에 7층목탑을 세웠고, 효명제는 낙양으로 천도 후 518년에 북위 최대의 황실사찰인 영녕사를 다시 조영하면서 장엄한 9층목탑을 만들었다.[18] 이에 자극 받아 남조 양 무제도 527년에 건강성에 동태사를 조영하고 9층목탑을 만들었다.[19] 동위(534~550)와 북제(550~577) 시대의 도성인 업남성鄴南城 사지에서도 영녕사 9층목탑에 맞먹는 거대한 규모의 목조탑지가 발견되었다.[20] 장대한 이 9층탑들은 황

---

18 『위서』 권6 현조기 제6의 "顯祖即位 … 是後七年而帝踐祚 號天安元年 … 明年 盡有淮北之地 其歲 高祖誕載 於時起永寧寺 構七級佛圖 高三百餘尺 … 爲天下第一"; 『위서』 권13 황후열전 제1의 "宣武靈皇后胡氏 … 自稱曰朕 … 尋幸永寧寺 親建剎於九級之基" 참조.

19 『역대삼보기』 권3(『대정신수대장경』 49, 45쪽 상)의 "普通八年 造同泰寺成 樓閣殿臺房廊 綺飾陵雲 九級壯麗魏永寧 …" 참조.

20 中國社會科學院考古研究所 · 河北省文物研究所鄴城考古工作隊, 2003, 「河北臨漳縣鄴北城遺

제의 권위를 내세우고 그 위상을 드높이는 상징물로 세워졌던 것이다.

사비도성에 세워진 탑은 모두 5층이었다. 그러나 미륵사 탑만은 9층탑이었다. 9층탑이 세워질 때 무왕은 〈사리봉영기〉에서 보듯이 폐하를 칭하고 있었다. 이로 미루어 무왕은 대왕폐하의 위상에 걸맞게 또 대왕폐하의 위엄을 드러내기 위해 국찰인 미륵사의 탑을 9층으로 건립한 것 같다. 여기에는 중국이 9층탑을 세운 것이 외적인 자극제가 되지 않았을까 한다.

이처럼 무왕은 중국과의 관계에서 왕호(대왕호)를 사용하면서 국내에서는 황제를 칭하여 왕실을 신성화하였다. 즉 무왕은 중국 왕조와의 형식적인 사대는 받아들이되, 자신은 나름의 소천하小天下를 갖는 황제로 생각하였던 것이다. 이를 '외왕내제外王內帝 의식'이라 한다. 고려의 경우 이러한 외왕내제 의식이 잘 드러나고 있다.[21] '대왕'과 '폐하'를 합친 〈사리봉영기〉의 '대왕폐하'는 바로 무왕의 외왕내제 의식을 보여 주는 것이다. 그렇다면 〈무령왕릉묘지석〉에 무령왕을 '사마왕'이라 하면서 왕의 죽음을 천자의 죽음에 사용하는 '붕崩' 자를 사용한 것도 외왕내제 의식의 반영이라 할 수 있다.

(2) 사이관적 천하관

천하관이나 대외관은 자국을 중심에 두고 주변국을 대하고 바라보는 관점이다. 이 천하관은 자국의 위상을 높이면 높일수록 주변국을 이적시夷賊視하는 형태로 나타난다. 이렇게 하여 나온 것이 중국의 사이관四夷觀이다. 중국 왕조는 사이관에 따라 주변 민족들을 동이, 서융, 남만, 북적으로 불렀다. 그리고 사이의 민족들이 세운 나라가 중국과 외교 교섭을 할 때는

址東魏北齊佛寺塔基遺跡的發現與發掘」,『考古』 제10기, 3~6쪽.

21 노명호, 2009,『고려국가와 집단의식: 지위공동체·삼국유민·삼한일통·해동천자의 천하』, 서울대학교출판문화원; 최종석, 2015, 「베트남 외왕내제 체제와의 비교를 통해 본 고려전기 이중 체제의 양상」,『진단학보』 125집, 진단학회.

조공·책봉의 원리를 적용하였다.

백제도 앞에서 언급한 것처럼 최고지배자에 대한 칭호는 처음에는 토착식 칭호였지만 4세기 중반에 들어와 중국식의 '왕'호로 바뀌었다. 이 칭호는 '왕'에서 '대왕'으로, 대왕은 다시 '폐하'로 격상되었다. 칭호의 격상은 그것만으로 그치는 것이 아니라 대외관의 변화도 수반한다. 이 과정에서 백제는 중국의 사이관을 빌려 주변국을 이적시하는 대외관(천하관)을 형성하였다. 그 시기로 주목되는 것이 근초고왕 대이다.

근초고왕은 비류왕 대에 이루어진 경제적·군사적 발전을 토대로 중앙집권국가를 만들었다. 그리고 고구려 고국원왕이 거느린 2만의 군대를 물리치는 등 국력을 과시하였다. 고구려와의 전쟁에서 승리를 거둔 근초고왕은 한수 남쪽에서 크게 열병식을 열었는데, 이때 모든 깃발을 황색으로 하였다.[22] 오행사상에 의할 때 황색은 중앙을 말한다. 황색 깃발은 왕실이 백제국의 중심이고, 백제국은 천하의 중심이고, 백제 군대는 천하의 군대임을 상징한 것이다. 이렇게 왕실을 드높이고 백제국을 고양시키는 과정에서 사이관이 형성되었다.

백제의 사이관을 보여 주는 것이 『일본서기』 신공기 49년조 기사이다. 이에 의하면 백제는 영산강 유역의 심미다례 세력을 남만南蠻으로 불렀다. 심미다례는 본래 마한연맹체의 일원이었지만 3세기 중반에 백제가 마한의 맹주국인 목지국을 멸망시키고 새로이 맹주가 되자 이에 반발하여 이탈해 나갔다. 백제는 이탈해 나간 이 세력을 정복과 교화의 대상으로 보고 '남만南蠻'으로 불렀던 것이다. 그리고 369년에 남방을 경략하면서 심미다례 세력을 평정하여 영역으로 편입하였다.[23] 남만이란 표현은 백제가

---

22 『삼국사기』 권제24 백제본기 제2 근초고왕 24년조의 "秋九月 高句麗王斯由帥步騎二萬 來屯雉壤 … 王遣太子以兵徑至雉壤 急擊破之 獲五千餘級 其虜獲分賜將士 冬十一月 大閱於漢水南 旗幟皆用黃" 참조.

23 『일본서기』 권9 신공기 49년조.

주변 세력들을 이적시하는 천하관을 가지고 있었음을 보여 준다.

(3) 조공국: 부용국

근초고왕 대에 형성된 사이관은 이후에도 이어졌다. 이와 관련하여 주목되는 것이 문주왕이 476년에 탐라국이 처음으로 사신을 보내와 방물을 바치자 그 사신에게 은솔의 관등을 수여한 사실이다.[24] 외국의 수장이나 그 사신에게 자국의 관등을 수여하는 것은 책봉의 일종이다. 문주왕 대의 책봉 기사는 이때 처음으로 행해진 것이 아니라 그 이전부터 행해져 왔음을 시사해 준다. 그 연장상에서 문주왕은 웅진 천도 초기의 황망한 와중에도 탐라국을 조공국으로 인식하고 그 사신에게 관등을 수여하였던 것이다.

한편 『양직공도』에는 무령왕이 고령의 반파국, 합천의 다라국, 제주도의 하침라, 함안의 전라(안라), 사라(신라) 등을 '소국小國'으로 부르면서 백제에 '부지附之'하였다는 내용이 나온다. 반파국, 다라국, 전라 등은 가야를 구성한 국들이고, 사라는 신라의 별칭이고, 하침라는 탐라국을[25] 가리킨다. 백제가 주변 나라들을 소국이라 한 것은 자신은 대국, 즉 대왕의 나라임을 전제로 한 것이다. '부지附之'는 주변국들을 백제의 '부용국附庸國'으로 본 것이다. 무령왕은 가야제국은 물론 신라도 부용국으로 인식하였다.

그 배경에는 두 가지 요소가 작용하였다. 하나는 무령왕 대의 국력의 신장이다. 무령왕은 왕족을 중용하고, 지방에 대한 통제력을 강화하였다. 저수지 수리를 통해 경제 기반도 확대하고, 유식자들을 귀농시켜 사회적 안

---

24 『삼국사기』 권제26 백제본기 제4 문주왕 2년조 "三月 遣使朝宋 高句麗塞路 不達而還 夏四月 耽羅國獻方物 王喜 拜使者爲恩率" 참조.

25 하침라, 즉 탐라국이 백제의 부용국이었음은 『일본서기』 권17 계체기 2년조의 "十二月 南海中耽羅人 初通百濟國"에서 짐작할 수 있다. 이때의 '初通'은 무령왕 재위 중에 처음으로 통교한 것을 말한다.

정도 이루었다. 이 바탕 위에서 무령왕은 고구려와 맞대결하여 고구려를 먼 저 공격하기도 하고 또 공격해 오는 고구려군을 물리치기도 하였다. 이 승 세를 타서 무령왕은 양나라에 사신을 파견하여 '다시 강국이 되었다'고[26] 선언하였다. 이렇게 강성한 국력으로 인해 무령왕은 주변국들을 부용국 으로 인식하였던 것 같다.

다른 하나는 이 시기 신라와 가야제국이 백제를 통해 중국과 교섭을 하 였다는 사실이다. 신라 법흥왕이 521년 양나라에 사신을 보낼 때 백제가 뱃길을 안내하고 통역을 해 주었다.[27] 가라국왕(대가야왕) 하지는 479년에 남제에 사신을 보내 처음으로 보국장군 본국왕의 작호를 받았다. 가라국 은 이제까지 중국 왕조와 교섭한 적이 한 번도 없었기 때문에 남제로 가기 위해서는 뱃길 안내와 통역이 필요하였다. 이를 충족시켜 줄 수 있는 나라 는 당시에는 백제밖에 없었다. 따라서 대가야도 백제의 도움을 받아 남제 에 사신을 보낼 수 있었을 것이다. 부용이란 천자를 직접 뵐 수 없는 국이 이웃하는 제후국을 통해 천자를 뵙는 형태를 말한다.[28] 백제의 입장에서 는 신라와 가야제국이 백제를 통해 중국 왕조와 교통하는 것은 부용과 마 찬가지였다. 그래서 백제는 신라와 가야제국을 부용국으로 인식하지 않 았을까 한다.

그러나 6세기 중반에 들어와 한반도의 정치적 상황이 크게 변하였다. 그러한 변화를 가져온 것은 신라였다. 신라는 554년 관산성 전투에서 백 제 성왕을 전사시키고 한강 유역을 차지한 후 독자적으로 북조의 북제北 齊와[29] 남조의 진陳에[30] 사신을 파견하여 책봉 관계를 맺었다. 또 신라는

26 『양서』 권54 열전 제48 제이 백제전.
27 『양서』 권54 열전 제48 제이 신라전의 "普通二年 王姓募名秦 始使使隨百濟奉獻方物 … 無 文字 刻木爲信 語言待百濟而後通焉" 참조.
28 『맹자』 권10 만장 장구 하의 "天子之制 地方千里 公侯皆方百里 伯七十里 子男五十里 凡四 等 不能五十里 不達於天子 附於諸侯 曰附庸" 참조.
29 『삼국사기』 권제4 신라본기 제4 진흥왕 25년조, 26년조.

562년에 대가야를 공격하여 멸망시키고 가야제국을 모두 병합하였다. 신라의 성장과 가야제국의 멸망으로 신라와 가야는 더 이상 백제의 부용국이 아니었다. 이리하여 무왕 대에 백제의 부용국으로는 탐라국만 남게 되었다.

이를 보여 주는 자료가 두 가지이다. 하나는 『삼국사기』 문무왕 2년조에 "탐라는 무덕 이래로 백제에 신속하여 좌평 관호를 사용하였다"는 기사이다.[31] 무덕(618~626)은 당 고종의 연호로서 무왕(600~641) 대에 해당된다. 신속은 독립국이 정치적으로 머리를 숙여 조공–책봉 관계를 맺는 것을 말한다. 다른 하나는 『수서』 백제전에 "탐라국은 백제에 부용하고 있다"고 한 기사이다. 이 기사는 백제가 탐라국을 부용국(제후국)으로 보았음을 보여 준다.

무왕이 탐라국을 대하는 모습은 〈충주고구려비〉에 "고려 태왕(장수왕)이 신라를 동이東夷라 부르고, '여형여제如兄如弟'의 관계를 맺으면서 신라왕과 그 신하들에게 의복을 하사한 것"과[32] 궤도를 같이한다. 그러나 고구려와는 달리 무왕은 국내에서 폐하를 칭하였다. 이는 고구려에서는 볼 수 없는 것이다. 폐하를 칭한 것은 무왕의 천하관의 특징을 보여 주는 것이라 하겠다.

3. 9층·7층 목탑의 건립과 일통삼한의식

사찰은 조영자의 조영 목적에 의해 지어진다. 사찰 조영의 주체가 누구

---

30 『삼국사기』 권제4 신라본기 제4 진흥왕 28년조, 29년조, 31년조, 32년조 참조.
31 『삼국사기』 권제6 신라본기 제6 문무왕 2년조의 "耽羅國主佐平徒冬音律(一作津)來降 耽羅自武德以來 臣屬百濟 故以佐平爲官號 至是降爲屬國" 참조.
32 한국고대사회연구소 편, 1992, 『역주 한국고대금석문』 제1권(고구려·백제·낙랑 편), 가락국사적개발연구원, 〈중원 고구려비〉의 "五月中 高麗太王祖王令 △新羅寐錦 世世爲願如兄如弟 上下相和 … 賜寐錦之衣服 … 教諸位賜上下衣服 …" 참조.

이며 어떠한 목적으로 조영되었느냐에 따라 그 사찰이 가지는 정치적 의미는 달라진다. 백제 사찰 가운데 조영 주체와 조영 목적을 알 수 있는 사찰로는 금석문이 출토된 부여의 능사와 왕흥사지, 익산의 미륵사지 그리고 관련 문헌 자료가 있는 제석사지 정도이다. 이외에 그 위치로 미루어 성격을 짐작할 수 있는 사찰은 정림사지와 부소산성사지(서복사지)이다. 시가지 중심에 위치한 정림사지는 국가사찰이고 부소산성은 왕궁에 딸린 시설이므로 부소산성사지는 왕실사찰인 제석사로 볼 수 있다.

무왕은 즉위 후 익산 경영을 추진하면서 왕궁리에 별궁을 조영하고 국가대사와 왕실사찰을 만들었다. 국가대사인 미륵사는 특이하게 삼탑-삼금당의 가람배치를 갖는 사찰이다. 서원은 〈사리봉영기〉에 의해 무왕 40년(639)에 세워졌음이 밝혀졌다. 중원이 세워진 시기는 중원 목탑지에서 출토된 기축명 인각와에 의해 무왕 30년(629)으로 볼 수 있다. 639년에 불타 버린 제석사의 창건 연대는 알 수 없지만 미륵사 중원의 목탑이 조영된 기축년(629, 무왕 30)을 전후한 시기에 조영되지 않았을까 한다.

왕도 사비 지역에 만들어진 백제의 탑은 모두 5층탑이었다. 능사의 5층목탑, 왕흥사지5층목탑, 서복사지5층목탑, 정림사지5층석탑 등이 이를 입증해 준다. 그러나 무왕이 익산을 경영하면서 5층탑 조영에 변화가 일어났다. 미륵사 삼원의 탑이 9층으로, 제석사의 탑이 7층으로 만들어졌기 때문이다. 미륵사 탑은 동탑지의 발굴과 발굴 과정에서 출토된 노반석露盤石의 크기로 9층임이 밝혀졌다. 제석사 목탑은 『관세음응험기』의 '칠급부도七級浮圖'에서 7층임을 알 수 있다. 미륵사의 9층탑과 제석사의 7층탑은 그것이 목탑이든 석탑이든 백제에서는 모두 처음이자 마지막이다.

무왕이 익산에 별궁을 조영하면서 사비도성의 탑과는 달리 제석사에 7층목탑을, 미륵사에 9층목탑을 만든 데에는 어떤 목적이나 사상적 배경이 있었을 것이다. 그 배경을 추론하는 데 단서가 되는 것이 『고려사』 최응崔

凝 열전에 나오는 고려 태조 왕건이 최응에게 한 다음과 같은 말이다.

어느 날 태조가 최응에게 이르기를 "옛날에 신라가 9층탑을 만들어 드디어 일통의 위업을 달성하였다. 이제 개경에 7층탑을 건조하고 서경에 9층탑을 건축하여 현묘한 공덕을 빌어 악당들을 제거하고 삼한을 합하여 일가로 하려고 한다. 경은 나를 위해 발원하는 글을 지어라"하니 최응은 드디어 발원소를 지었다.[33]

이 기사의 핵심은 태조 왕건이 신라를 본받아 삼한을 일통하겠다는 것이다. 그 방법으로 태조는 신라가 불력佛力(玄功)의 힘에 의지해 9층탑을 세운 것을 본받아 개경에 7층탑을, 서경에 9층탑을 세웠다. 현재 경주 시내에는 황룡사9층목탑지는 확인되었지만 7층탑의 흔적은 확인되지 않고 있다. 그런데 경주 남산 탑곡마애불상군 북면의 암벽에는 연꽃 대좌 위에 앉아 있는 불상의 오른쪽에 9층목탑이, 왼쪽에 7층목탑이 새겨져 있다. 이를 통해 신라가 7층목탑도 세운 것을 알 수 있다. 분황사의 7층 모전석탑이 이를 방증해 준다. 그러나 7층목탑 자체는 아직 확인되지 않았다.

태조 왕건은 개경 외에 서경을 개척하여 자신의 정치적 배경으로 삼았다. 무왕도 익산을 새로이 경영하여 자신의 정치적 기반으로 하였다. 태조 왕건 대에는 후삼국이 분립分立하여 있었고, 무왕 대에는 삼국이 대립하고 있었다. 태조 왕건은 개경에 7층탑을, 서경에 9층탑을 세운 것처럼 무왕도 익산의 제석사에 7층탑을, 미륵사에 9층탑을 세웠다. 이처럼 태조 왕건과 백제 무왕은 유사점이 많다.

태조 왕건이 7층탑과 9층탑을 세운 것은 후삼국을 통일하려는 의지의

33 『고려사』 권92 열전 제5 崔凝傳의 "他日 太祖謂崔凝曰 昔新羅造九層塔 遂成一統之業 今欲開京建七層塔 西京建九層塔 冀借玄功 除群醜 合三韓爲一家 卿爲我作發願疏 凝遂製造 …" 참조.

표방이었다. 이를 원용하면 무왕이 익산에 7층탑과 9층탑을 세운 것도 삼국을 통일하려는 일통삼한─統三韓 의식의 소산이라 하겠다. 백제의 일통 의식에 대해서는 그동안 자료가 없어 거의 언급되지 않았다. 그러나 익산 의 9층목탑과 7층목탑을 통해 백제도 나름대로 일통의식을 가지고 있었 음을 알 수 있다. 이는 무왕의 익산 경영이 가지는 또 다른 의미를 보여 주 는 것이다.

찾아보기

노중국盧重國

경북 울진에서 태어나 계명대학교 사학과를 졸업하고, 서울대학교 대학원 국사학과에서 문학석사, 문학박사 학위를 받았다. 1979년 9월 계명대학교 사학과에 전임강사로 부임하여 정교수를 거쳐 2014년 8월 정년퇴직하였다. 현재 계명대학교 사학과 명예교수이다. 한국고대사학회 1~4대 회장, 대구사학회 회장, 백제학회 회장, 제1기 한일역사공동연구위원회 위원, 한성백제박물관건립추진단 전시기획실무위원회 위원장, 문화재위원회 사적분과위원장, 서울특별시사편찬위원회 위원, 백제역사유적지구 세계유산등재추진위원회 위원장, 삼국유사 목판사업 자문위원회 위원장을 지냈으며, 백제문화사대계(25권)와 신라천년의 역사와 문화 연구총서·자료집(30권) 편찬 때 편집위원장을 맡았다. 저서로는『백제정치사연구』(1988),『백제부흥운동사』(2003),『백제사회사상사』(2010),『백제의 대외 교섭과 교류』(2012),『역주 삼국사기 I·II·III·IV·V』(공역주, 2012),『대가야의 정신세계』(공저, 2009),『한국고대의 수전농업과 수리시설』(공저, 2010) 등이 있다.

백제정치사

1판 1쇄 펴낸날 2018년 12월 31일

지은이 | 노중국
펴낸이 | 김시연

펴낸곳 | (주)일조각
등록 | 1953년 9월 3일 제300-1953-1호(구 : 제1-298호)
주소 | 03176 서울시 종로구 경희궁길 39
전화 | 02-734-3545 / 02-733-8811(편집부)
      02-733-5430 / 02-733-5431(영업부)
팩스 | 02-735-9994(편집부) / 02-738-5857(영업부)
이메일 | ilchokak@hanmail.net
홈페이지 | www.ilchokak.co.kr

ISBN 978-89-337-0753-1 93910
값 42,000원